Kristof Becker
Astrid Gorsky
Isaf Gün
Stefanie Holtz
Michael Kröll
Dieter Lenz
Jürgen Ratayczak
Thomas Ressel
Julian Uehlecke

Praxis der JAV von A bis Z
Das Lexikon für die Arbeit der Jugend- und Auszubildendenvertretung

Kristof Becker
Astrid Gorsky
Isaf Gün
Stefanie Holtz
Michael Kröll
Dieter Lenz
Jürgen Ratayczak
Thomas Ressel
Julian Uehlecke

Praxis der JAV von A bis Z

Das Lexikon für die Arbeit der Jugend- und Auszubildendenvertretung

13., überarbeitete Auflage

Bibliografische Information der Deutschen Nationalbibliothek
Die Deutsche Nationalbibliothek verzeichnet diese Publikation in der Deutschen Nationalbibliografie; detaillierte bibliografische Daten sind im Internet über *http://dnb.d-nb.de* abrufbar.

13., überarbeitete Auflage 2025
© Bund-Verlag GmbH, Emil-von-Behring-Straße 14, 60439 Frankfurt am Main, 1999
Umschlag: Neil McBeath, Stuttgart
Satz: Dörlemann Satz, Lemförde
Druck: CPI books GmbH, Birkstr. 10, 25917 Leck

ISBN 978-3-7663-7403-5

Das Werk einschließlich aller seiner Teile ist urheberrechtlich geschützt. Jede Verwertung außerhalb der engen Grenzen des Urheberrechtsgesetzes ist ohne Zustimmung des Verlages unzulässig und strafbar. Das gilt insbesondere für Vervielfältigungen, Übersetzungen, Mikroverfilmungen und die Speicherung und Verarbeitung in elektronischen Systemen.

www.bund-verlag.de

Vorwort

Junge Arbeitnehmerinnen und Arbeitnehmer sowie Auszubildende haben besondere Belange. Diese werden in den Betrieben und Verwaltungen durch die gewählten Jugend- und Auszubildendenvertretungen wahrgenommen. Als Jugend- und Auszubildendenvertreter:innen erhaltet ihr mit der 13. Auflage des aktualisierten Handwörterbuchs eine Orientierung anhand von Stichwörtern, darüber hinaus zahlreiche Anmerkungen, Beispiele sowie Mustertexte für die tägliche Arbeit. Neben den Arbeitsgrundlagen der Jugend- und Auszubildendenvertretung, wie sie im Betriebsverfassungsgesetz, aber auch durch die Rechtsprechung des Bundesarbeitsgerichts (BAG) bestimmt werden, sind ebenso die Bereiche des Berufsbildungsgesetzes, des Jugendarbeitsschutzgesetzes und andere für junge Arbeitnehmerinnen und Arbeitnehmer sowie für die Auszubildenden relevanten Bereiche mit aufgenommen. Unter den Stichwörtern wird in die jeweiligen Themen eingeführt und vielfältigste Lösungsmöglichkeiten an die Hand gegeben. Das Anliegen der Verfasser:innen ist es dabei, die verschiedensten Bereiche anschaulich und für die tägliche Praxis nutzbar zu machen.

Mit der vorliegenden Auflage wurden die Stichworte unter Berücksichtigung der aktuellen Rechtsprechung und gesetzlichen Entwicklungen aktualisiert, sowie praxisrelevante Aspekte ergänzt. Als neue Stichwörter sind »Validierung«, »Hinweisgeberschutz«, »Künstliche Intelligenz«, »Mentale Gesundheit«, »Ausbildung 4.0/New Work« und »Azubi-Wohnen« aufgenommen worden.

Das Buch wendet sich vorrangig an dich: Als Praktiker:in in der Jugend- und Auszubildendenvertretung, im Betriebsratsgremium und in der Gewerkschaft. Es bietet aber auch allen anderen Interessierten die Möglichkeit, sich umfassend über die Grundlagen und Arbeit der Jugend- und Auszubildendenvertretungen zu informieren.

Die Verfasser sind für Anregungen und kritische Anmerkungen dankbar. Hinweise aus der betrieblichen Praxis werden gerne entgegengenommen.

Die Verfasser, September 2024

Inhaltsverzeichnis

Vorwort 5
Abkürzungsverzeichnis 13

Abmahnung 19
Akkordarbeit/Akkordlohn. 23
Allgemeine Aufgaben der JAV – JAV und Betriebsrat 26
Allgemeines Gleichbehandlungsgesetz (AGG) 39
Änderungskündigung 43
Anrechnung von Berufsschul- und Prüfungszeiten auf die
Arbeitszeit 47
Arbeitgeber 50
Arbeitnehmerbegriff 53
Arbeitnehmererfindung 55
Arbeitnehmerhaftung. 58
Arbeitsgericht/Arbeitsgerichtsbarkeit 61
Arbeitskleidung 63
Arbeitsordnung 66
Arbeitsplatzbegehung. 69
Arbeitsstättenverordnung 71
Arbeitsunfähigkeit 73
Arbeitsunfähigkeitsbescheinigung. 75
Arbeitsverhinderung 77
Arbeitszeit/Ausbildungszeit/Berufsschulzeit 80
Arbeitszeitgesetz 85
Arztbesuch 87
Assessment-Center 88
Assistierte Ausbildung 90
Aufsichtsbehörde nach dem Jugendarbeitsschutzgesetz 91
Ausbildende Fachkräfte/Ausbildungsbeauftragte. 93
Ausbilder/Ausbildereignungsverordnung 95
NEU: Ausbildung 4.0/New Work 98

Inhaltsverzeichnis

Ausbildungsberufe	100
Ausbildungsfremde Tätigkeiten	102
Ausbildungskosten, Rückzahlung von	104
Ausbildungsmittel	106
Ausbildungsordnung	108
Ausbildungsplan	117
Ausbildungsplatzsituation	122
Ausbildungsqualität	125
Ausbildungsreife	129
Ausbildungsreport	131
Ausbildungsvergütung	133
Ausbildungsvertragsmuster	149
Ausländerfeindliches/rassistisches Verhalten	169
Ausländische Arbeitnehmer:innen/Menschen mit Migrationshintergrund	171
Ausschüsse für Berufsbildung	185
Außerbetriebliche und überbetriebliche Ausbildung	189
Aussetzen von Beschlüssen des Betriebsrats	194
Auswahlverfahren/Auswahlrichtlinien/Einstellungstests	196
NEU: Azubi-Wohnen	200
Beendigung des Ausbildungsverhältnisses	204
Befristeter Arbeitsvertrag	206
Berichtshefte	218
Berufsausbildungsverhältnis	228
Berufsbildung	230
Berufsbildungsbedarf	232
Berufsbildungsgesetz	235
Berufsgenossenschaften	238
Berufsgrundbildungsjahr	240
Berufsschule	242
Berufsschulpflicht	244
Beschäftigungsverbote und -beschränkungen	245
Beschwerderecht	247
Betriebliche Sozialleistungen	250
Betriebliches Eingliederungsmanagement (BEM)	252
Betriebsbegriff	255
Betriebsbußen	259
Betriebsgeheimnis oder Geschäftsgeheimnis	260
Betriebsrat	263
Betriebsübergang – Arbeitgeberwechsel	269

Betriebsvereinbarung 271
Betriebsverfassungsgesetz 277
Betriebsversammlung 278
Beurteilungsverfahren 285
Bildungsurlaub. 292
Blockunterricht 297
Bußgeldvorschriften/Strafvorschriften 299

Datenschutz 300
Deutscher Qualifikationsrahmen 303
Digitale Medien in der Ausbildung 306
Doppelmitgliedschaft in JAV- und BR-Gremien 309
Drogentests 311
Dual Studierende/Duale Studiengänge 314
Duales Ausbildungssystem 320

Einfachberufe/Schmalspurausbildung 322
Einigungsstelle 325
Einstiegsqualifizierungen für Jugendliche – EQ 329
Europäischer Qualifikationsrahmen 332

Fahrtkosten 334
Familienbetrieb, -haushalt 336
Ferienjobs 337
Freistellung 340
Fristlose Kündigung 343

Gefährliche Arbeiten 346
Gesamt-Jugend- und Auszubildendenvertretung 348
Geschäftsordnung 352
Gesundheitliche Betreuung Jugendlicher 360
Gewerbeaufsicht 362
Gewerkschaften 363
Gleichberechtigung 368
Gleitende Arbeitszeit 379

Handwerkskammern/Handwerksinnungen 381
NEU: Hinweisgeberschutz 383

Inhaltsverzeichnis

Industrie- und Handelskammer (IHK) 387
Interessenausgleich und Sozialplan 389

Jugendarbeitsschutzausschüsse 391
Jugendarbeitsschutzgesetz 392
Jugend- und Auszubildendenversammlung 394
Jugend- und Auszubildendenvertretung 400

Kinderarbeit und Kinderarbeitsschutzverordnung 404
Konzern-Jugend- und Auszubildendenvertretung 407
Kündigung 411
Kündigung des Ausbildungsverhältnisses 414
Kündigungsfristen 415
Kündigungsschutz 417
Kündigungsschutzprozess 419
NEU: Künstliche Intelligenz 422
Kurzarbeit und Kurzarbeitergeld 424

Leiharbeit 428
Literatur und Internet 431

NEU: Mentale Gesundheit....................................... 436
Mindestalter für Beschäftigung 441
Mindestvergütung/Mindestausbildungsvergütung 443
Mitbestimmung und Ausbildung 445
Mitbestimmungsrechte – JAV und Betriebsrat 455
Mobbing 462
Mobile Arbeit... 464
Mobile Ausbildung 467
Modulausbildung 471
Mutterschutz/Elterngeld 473

Nachtarbeit/Nachtruhe... 475
Nachweisgesetz 477

Personalakte 480
Personalrat 486
Personalvertretungsrecht 493
Pflegeberufegesetz (PflBG) 498
Pflichten des Ausbildenden 503
Pflichten der/des Auszubildenden 505

Inhaltsverzeichnis

Praktikum 506
Probezeit in der Berufsausbildung 510
Prozessorientierte Ausbildung 511
Prüfung 514

Rauchen am Arbeitsplatz/Alkoholverbot 517
Ruhepausen 519

Samstagsarbeit/Sonntagsarbeit/Feiertagsarbeit 521
Schichtarbeit 523
Schüler:innenvertretung 524
Schutzvorschriften/Schutz Auszubildender in Betriebsrat sowie Jugend-
und Auszubildendenvertretung 526
Schwerbehinderte Menschen 531
Schwerbehindertenvertretung 538
Sexuelle Belästigung 545
Sitzungen der Jugend- und Auszubildendenvertretung 547
Social Media 549
Sprechstunden 551
Standardberufsbildpositionen 552
Strafvorschriften 556
Streikrecht für Auszubildende 560
Streitigkeiten zwischen Auszubildenden und Ausbilder 563
Stufenausbildung/Anrechnungsmodell 564

Tarifautonomie/Koalitionsfreiheit 566
Tarifvertrag 567
Teilzeitarbeit nach Beendigung der Ausbildung 568
Teilzeitberufsausbildung 570
Telefongespräche, E-Mail, Internet – private Nutzung 574

Übernahme in ein unbefristetes Arbeitsverhältnis 577
Umlagefinanzierung 582
Unternehmensmitbestimmung 585
Urlaub 590

NEU: Validierung 593
Verbesserungsvorschlag 596
Verbundausbildung 605
Verkürzung der Ausbildung 607
Virtuelle Sitzungen 609

Inhaltsverzeichnis

Wahl der JAV 612
Weiterbildung 623
Werkstudierende.. 633
Werkvertrag und Scheinwerkvertrag 635

Zeugnis 637

Stichwortverzeichnis.. 639

Abkürzungsverzeichnis

Abs.	Absatz
AEUV	Vertrag über die Arbeitsweise der Europäischen Union
AEVO	Ausbilder-Eignungsverordnung
AFG	Arbeitsförderungsgesetz
AG	Aktiengesellschaft
AGG	Allgemeines Gleichbehandlungsgesetz
AiB	Arbeitsrecht im Betrieb (Zeitschrift)
AltPflG	Altenpflegegesetz
APO	Arbeitsprozessorientiertes Lernen
ArbGG	Arbeitsgerichtsgesetz
ArbMedVV	Verordnung zur arbeitsmedizinischen Vorsorge
ArbNErfG	Arbeitnehmererfindungsgesetz
ArbSchG	Arbeitsschutzgesetz
ArbStättV	Arbeitsstättenverordnung
ArbZG	Arbeitszeitgesetz
ARS	Regeln für Arbeitsstätten
ASiG	Arbeitssicherheitsgesetz
AufenthG	Gesetz über den Aufenthalt, die Erwerbstätigkeit und die Integration von Ausländern im Bundesgebiet
Aufl.	Auflage
AÜG	Arbeitnehmerüberlassungsgesetz
AuR	Arbeit und Recht (Zeitschrift)
BA	Bundesagentur für Arbeit
BAB	Berufsausbildungsbeihilfe
BAG	Bundesarbeitsgericht
BAföG	Bundesausbildungsförderungsgesetz
BAT	Bundes-Angestelltentarifvertrag
BBA	Berufsausbildungsausschuss
BBiG	Berufsbildungsgesetz
BDSG	Bundesdatenschutzgesetz

Abkürzungsverzeichnis

BEEG	Bundeselterngeld- und Elternzeitgesetz
BEM	Betriebliches Eingliederungsmanagement
BerASichG	Berufsausbildungssicherungsgesetz
BerBiFG	Berufsbildungsförderungsgesetz
BetrVG	Betriebsverfassungsgesetz
BGB	Bürgerliches Gesetzbuch
BGBl.	Bundesgesetzblatt
BGJ	Berufsgrundbildungsjahr
BGS	Berufsgrundschuljahr
BIBB	Bundesinstitut für Berufsbildung
BMBF	Bundesminister für Bildung und Forschung
BMWI	Bundeswirtschaftsministerium für Wirtschaft und Technologie
BPersVG	Bundespersonalvertretungsgesetz
BR	Betriebsrat
BRMoG 2021	Betriebsrätemodernisierungsgesetz 2021
BSI	Bundesamt für Sicherheit in der Informationstechnik
BVaDiG	Berufsbildungsvalidierungs- und -digitalisierungsgesetz
BVerfG	Bundesverfassungsgericht
BVJ	Berufsvorbereitungsjahr
CuA	Computer und Arbeit (Zeitschrift)
DELTA	Dezentrales Lernen in Teamarbeit
DGB	Deutscher Gewerkschaftsbund
d. h.	das heißt
DIHK	Deutscher Industrie- und Handelskammertag
DKW	Däubler/Klebe/Wedde (Hrsg.), Betriebsverfassungsgesetz mit Wahlordnung, Kommentar für die Praxis
DrittelbG	Drittelbeteiligungsgesetz
DQR	Deutscher Qualifikationsrahmen
DSGVO	EU-Datenschutz-Grundverordnung, Verordnung EU 2016/679
EFZG	Entgeltfortzahlungsgesetz
EntgTranspG	Entgelttransparenzgesetz
EQ	Einstiegsqualifizierung
EQF	European Qualifications Framework
EQR	Europäischer Qualifikationsrahmen
ERP	External Recruiting Partner
etc.	et cetera

Abkürzungsverzeichnis

FESTL	Fitting u. a., Betriebsverfassungsgesetz, Handkommentar
GA	Gute Arbeit – Fachzeitschrift für Arbeitsschutz und Arbeitszeitgestaltung
GBR	Gesamtbetriebsrat
GeschGehG	Geschäftsgeheimnisgesetz
GewO	Gewerbeordnung
GG	Grundgesetz
ggf.	gegebenenfalls
GJAV	Gesamt-Jugend- und Auszubildendenvertretung
HAG	Heimarbeitsgesetz
HebG	Hebammengesetz
HinSchG	Hinweisgeberschutzgesetz
Hrsg.	Herausgeber
HWK	Handwerkskammer
HwO, HandwO	Handwerksordnung
IAB	Institut für Arbeitsmarkt- und Berufsforschung
i. d. F.	in der Fassung
IHK	Industrie- und Handelskammer
ILO	International Labor Organisation; Internationale Arbeitsorganisation
inkl.	inklusive
i. S.	im Sinne
i. V. m.	in Verbindung mit
JA-Versammlung	Jugend- und Auszubildendenversammlung
JArbSchG	Jugendarbeitsschutzgesetz
JAV	Jugend- und Auszubildendenvertretung
KBR	Konzernbetriebsrat
KDVG	Kriegsdienstverweigerungsgesetz
KG	Kommanditgesellschaft
KI	Künstliche Intelligenz
KJAV	Konzern-Jugend- und Auszubildendenvertretung
KrPflG	Krankenpflegegesetz
KSchG	Kündigungsschutzgesetz
KWB	Koordinierungsstelle Weiterbildung und Beschäftigung e. V.

Abkürzungsverzeichnis

LAG	Landesarbeitsgericht
Lakies/Malottke	Lakies, Malottke, Berufsbildungsgesetz, Kommentar für die Praxis
MiLoG	Mindestlohngesetz
MitbestG	Gesetz über die Mitbestimmung der Arbeitnehmer
MTA	Medizinisch-technische Assistenz
MuSchG	Mutterschutzgesetz
NZA-RR	NZA-Rechtsprechungs-Report Arbeitsrecht (Fachzeitschrift)
OHG	Offene Handelsgesellschaft
PflAPrV	Ausbildungs- und Prüfungsverordnung für die Pflegeberufe
PflBG	Pflegeberufegesetz
Rn.	Randnummer(n)
RVO	Reichsversicherungsordnung
S.	Seite(n)
s.	siehe
s. o.	siehe oben
SBV	Schwerbehindertenvertretung
SchwbG	Schwerbehindertengesetz
SE	Europäische Aktiengesellschaft (»Societas Europaea«)
SGB	Sozialgesetzbuch
SGB II	Sozialgesetzbuch Zweites Buch – Bürgergeld, Grundsicherung für Arbeitsuchende
SGB III	Sozialgesetzbuch Drittes Buch – Arbeitsförderung
SGB VII	Sozialgesetzbuch Siebtes Buch – Gesetzliche Unfallversicherung
SGB IX	Sozialgesetzbuch Neuntes Buch – Rehabilitation und Teilhabe von Menschen mit Behinderungen
SMV	Schülermitvertretung
SV	Schülervertretung
TRAS	Technische Regeln für Anlagensicherheit
TVA-L	Tarifvertrag für Auszubildende der Länder
TVAöD	Tarifvertrag für Auszubildende des öffentlichen Dienstes

Abkürzungsverzeichnis

TzBfG	Gesetz über Teilzeitarbeit und befristete Arbeitsverträge (Teilzeit- und Befristungsgesetz)
u. a.	unter anderem
usw.	und so weiter
u. v. m.	und vieles mehr
WBS	Wohnberechtigungsschein
WG	Wohngemeinschaft
WO	Erste Verordnung zur Durchführung des Betriebsverfassungsgesetzes (Wahlordnung – WO)
WZB	Wissenschaftszentrum Berlin
ZDH	Zentralverband des Deutschen Handwerks e. V.

Abmahnung

Grundlagen

Mit der Abmahnung rügt der Arbeitgeber eine Pflichtverletzung des Arbeitnehmers. Abmahnungsberechtigt sind die Vorgesetzten, die auch zur Kündigung berechtigt sind, daneben aber auch alle weiteren, die befugt sind, verbindliche Anweisungen zu erteilen, wie die Arbeitsleistung erbracht werden soll. Sie unterscheidet sich von einer allgemeinen Rüge dadurch, dass sie sich an dem folgenden Schema orientiert:
1. Die Abmahnung enthält die Beschreibung des gerügten Verhaltens, etwa die Verletzung der Arbeitspflicht oder von Nebenpflichten aus dem Arbeitsvertrag wie Zuspätkommen zur Arbeit, unentschuldigtes Fehlen, Verstoß gegen Arbeitsanweisungen, verbotener Alkoholgenuss, verbotenes privates Telefonieren oder verbotener privater E-Mail-Versand am Arbeitsplatz.
2. Die Abmahnung enthält die Aufforderung, das gerügte Verhalten zu ändern.
3. Die Abmahnung enthält die Androhung der Kündigung für den Fall, dass das gerügte Verhalten wiederholt wird.

Es ist nicht erforderlich, dass die Abmahnung schriftlich erfolgt. Dies ist allerdings allgemein üblich, um die Abmahnung beweisen zu können.
Die Abmahnung ist nach Auffassung des BAG im Regelfall Voraussetzung für eine spätere verhaltensbedingte Kündigung (BAG 18.1.1980, EzA § 1 KSchG Verhaltensbedingte Kündigung Nr. 7). Nur in besonders schweren Fällen ist eine Abmahnung entbehrlich, etwa wenn die Vertrauensgrundlage zerstört (z. B. Diebstahl), der Betriebsfrieden nachhaltig gestört ist (tätlicher Angriff auf Arbeitskollegen) oder der Pflichtverstoß so krass ist, dass die Fortsetzung des Arbeitsverhältnisses nicht in Betracht kommt (Trunkenheitsfahrt mit Linienbus).
Die Abmahnung kann mitbestimmungsfrei ohne Beteiligung des Betriebs- oder Personalrats oder der Jugendvertretung ausgesprochen werden.
Abmahnungen werden üblicherweise zu den → **Personalakten** genommen. Die Warnfunktion einer Abmahnung ist zeitlich begrenzt, es gibt aber keine starre Frist, wann die Abmahnung ihre Wirkung verliert, das richtet sich vielmehr nach

Abmahnung

den Umständen des Einzelfalls, als ein Anhaltspunkt mag ein Zeitraum von ein bis zwei Jahren gelten. Nach Ablauf dieser Zeit hat die Abmahnung, auch wenn sie nicht aus der Personalakte entfernt wurde, ihre Wirkung als Voraussetzung für eine spätere → **Kündigung** verloren.

Eine interessante Frage ist, ob der betroffene Arbeitnehmer aus datenschutzrechtlichen Gründen einen Anspruch auf Entfernung der Abmahnung aus der Personalakte hat, wenn diese durch Zeitablauf ihre Warnwirkung verloren hat und wann das der Fall sein kann.

Nach ersten Urteilen dazu tut sich die Rechtsprechung damit schwer und sieht auch keine Änderung durch das neue BDSG (vgl. LAG Sachsen 31.3.2023 – 4 Sa 117/21).

Ein Ausbildungsverhältnis, das nach Ablauf der Probezeit nur noch außerordentlich gekündigt werden kann, kann ebenfalls ohne vorherige Abmahnung bei schwerwiegender Pflichtverletzung gekündigt werden. Das BAG hat eine solche schwerwiegende Pflichtverletzung bei → **ausländerfeindlichem/rassistischem Verhalten** eines Jugendlichen anerkannt (vgl. dort).

Soll eine Kündigung nach vorheriger Abmahnung wegen wiederholten Verstoßes ausgesprochen werden, muss sich die Abmahnung auf den Verstoß bezogen haben, auf den die Kündigung gestützt werden soll. Eine Kündigung wegen der Weigerung, eine Arbeitsanweisung zu befolgen, kann nicht auf eine z. B. vorangegangene Abmahnung wegen wiederholten Zuspätkommens gestützt werden und umgekehrt.

> **Beispiel:**
> Sehr geehrte/r Frau/Herr …,
> bereits in der Vergangenheit sind Sie mehrfach zu spät gekommen. Sie sind nun wieder am … ohne Angabe von Gründen um … Stunden verspätet zur Arbeit gekommen. Damit haben Sie erneut gegen Ihre arbeitsvertraglichen Pflichten verstoßen.
> Wir ersuchen Sie nachdrücklich, künftig Ihren Pflichten aus dem Arbeitsvertrag in vollem Umfang nachzukommen. Für den Wiederholungsfall müssen wir Ihnen androhen, das Arbeitsverhältnis zu kündigen.
> Eine Durchschrift dieser Abmahnung wird zu den Personalakten genommen.
> Mit freundlichen Grüßen
> (Arbeitgeber)

Abmahnung

Bedeutung für den Betriebsrat/die JAV

Die Abmahnung berührt grundsätzlich nur das Verhältnis zwischen Arbeitgeber und Arbeitnehmer. Daraus folgt nach Auffassung des BAG, dass die Abmahnung als solche nicht mitbestimmungspflichtig ist. Etwas anderes gilt nur im Bereich förmlicher → **Betriebsbußen** (siehe dort). Der Betriebsrat hat jedoch ein Recht, über ausgesprochene Abmahnungen informiert zu werden (§ 80 Abs. 2 BetrVG). Ist die Abmahnung im Einzelfall also ein individualrechtlicher Streit zwischen dem Arbeitgeber und dem betroffenen Arbeitnehmer, kann der Betriebsrat über sein Informationsrecht den kollektiven Bezug der Abmahnung erkennen. Manchmal gelingt es dem Betriebsrat durch das Gespräch mit dem entsprechenden Vorgesetzten, den Abmahnungsvorwurf zu klären. Häufig bleibt aber der Versuch, den Streit im Einzelfall auszuräumen, fruchtlos. Im Vordergrund wird daher häufig die Überwachungsfunktion des Betriebsrats stehen, etwa nach welchen Grundsätzen und in welcher Häufigkeit abgemahnt wird, ob die Abmahnung von allen Vorgesetzten gleichmäßig oder aber völlig unterschiedlich gehandhabt wird.

Der Betriebsrat gewinnt so einen Überblick darüber, ob möglicherweise durch andere Maßnahmen den Ursachen für die Abmahnung begegnet werden kann. Insoweit hat der Betriebsrat nach §§ 84, 85 BetrVG die Möglichkeit, den Arbeitnehmer bei seiner Beschwerde gegen den Inhalt der Abmahnung zu unterstützen. Dieser Weg ist im Normalfall einfacher, als etwa in einem gerichtlichen Verfahren auf Entfernung der Abmahnung aus der Personalakte zu klagen.

Gibt es eine Arbeitsordnung in Form einer Betriebsvereinbarung, sollte der Betriebsrat dort eine Regelung verankern, dass Abmahnungen je nach Schwere des Vorwurfs nach Ablauf einer bestimmten Zeit und/oder wenn keine erneute Abmahnung hinzukommt, wieder aus der Personalakte entfernt werden.

> **Beispiel für eine Regelung der Abmahnung in einer Arbeitsordnung:**
> Abmahnungen werden in die Personalakte aufgenommen. Die Abmahnungen werden nach Ablauf von einem Jahr bei leichten Verstößen und nach Ablauf von zwei Jahren bei schweren Verstößen aus der Personalakte entfernt und vernichtet, wenn nicht innerhalb dieser Frist eine erneute Abmahnung hinzutritt. In diesem Fall werden sie erst nach einem weiteren abmahnungsfreien Zeitraum aus der Personalakte entfernt.

Lenz

Abmahnung

Bedeutung für die Beschäftigten

Abmahnungen müssen bei Arbeitnehmern die »Warnglocken« klingeln lassen, jedenfalls sollte die Warnfunktion der → **Abmahnung** sehr ernst genommen werden. Manche Arbeitgeber bereiten nämlich Kündigungen systematisch mit Abmahnungen vor. Davor sind auch Auszubildende nicht gefeit, obwohl eine Kündigung (s. dort) nach § 22 BBiG nur aus wichtigem Grund möglich ist, wenn die Probezeit abgelaufen ist.

Rechtsmittel gegen eine → **Abmahnung**: Ist eine Abmahnung nicht oder nicht in vollem Umfang berechtigt, kann der Arbeitnehmer ihre Entfernung aus der Personalakte verlangen. Er kann zunächst aber auch eine Gegendarstellung zum Inhalt des Abmahnungsschreibens zur Personalakte geben. In Betrieben, die einen Betriebsrat gewählt haben, ergibt sich dieses Recht aus § 83 Abs. 2 BetrVG. Dort heißt es, »Erklärungen des Arbeitnehmers zum Inhalt der Personalakte sind dieser auf sein Verlangen beizufügen«. Das gleiche Recht ergibt sich in betriebsratslosen Betrieben aus allgemeinen Grundsätzen des Arbeitsvertragsrechts.

Der Arbeitnehmer kann aber auch, wenn er eine Abmahnung für nicht gerechtfertigt erachtet, notfalls ihre Entfernung aus der Personalakte in einem arbeitsgerichtlichen Verfahren durchzusetzen versuchen. Das Arbeitsgericht hat dann in diesem Verfahren zu prüfen, ob und in welchem Umfang die Abmahnung gerechtfertigt war.

Wichtig ist, dass der Arbeitnehmer keineswegs gegen die Abmahnung vorgehen muss, um seine Rechte zu wahren. Schweigen gilt hier nicht als Zustimmung, der Vorwurf wird damit nicht als berechtigt anerkannt. Will der Arbeitgeber sich bei einer später ausgesprochenen Kündigung auf diese Abmahnung stützen, kann der Arbeitnehmer zu diesem Zeitpunkt die Berechtigung der Abmahnung bestreiten (BAG 13.3.1987 – EZA § 611 BGB, Abmahnung Nr. 5). Der Arbeitgeber muss dann in einem solchen Kündigungsschutzprozess beweisen, dass der von ihm behauptete Sachverhalt zutreffend ist, was zu diesem späteren Zeitpunkt häufig deutlich schwieriger ist, als wenn sofort gegen die Abmahnung geklagt wird. Der Arbeitgeber kann auch jetzt keine Fehler der Abmahnung mehr korrigieren. So sehr der Wunsch des betroffenen Arbeitnehmers psychologisch verständlich ist, irgendetwas gegen die von ihm als ungerecht empfundene Abmahnung zu unternehmen, verhält er sich aus den genannten Gründen in der Regel klüger, wenn er die Abmahnung hinnimmt.

Akkordarbeit/Akkordlohn

Grundlagen

Im Normalfall richtet sich die Vergütung nach der arbeitsvertraglichen Vereinbarung oder nach einem Lohntarifvertrag und nach der jeweiligen Lohngruppe, in die man aufgrund seiner Tätigkeit eingeordnet wird. Es spielt dann keine Rolle für die Höhe der Vergütung, ob man viel arbeitet oder weniger. Davon zu unterscheiden sind Formen des Leistungslohnes, bei denen die Vergütung auch vom Umfang der Leistung abhängt.
Akkordarbeit und Akkordlohn sind Begriffe für eine leistungsabhängige Vergütung bzw. »Leistungsvergütung«, womit sämtliche Vergütungsformen angesprochen sind, bei denen die Lohnhöhe in irgendeiner Weise vom Arbeitsergebnis abhängig ist.
Die Leistung selbst kann bei Akkordarbeit durch Messen oder Zählen oder bei einer Leistungsbewertung nach anderen differenzierten Kriterien erfasst werden.
Mit Akkordarbeit wird also eine Tätigkeit bezeichnet, bei der die Vergütung, der Akkordlohn, leistungsabhängig nach dem Arbeitsergebnis und nicht nach der Arbeitszeit bemessen wird.
In welcher Form die Arbeit zu leisten ist und wie sie entlohnt wird, richtet sich nach dem Arbeitsvertrag. Ist Akkordarbeit nicht vereinbart, kann sie auch nicht etwa über das Direktionsrecht des Arbeitgebers einseitig angeordnet werden.
Üblicherweise richten sich daher Art, Umfang und Vergütung der Akkordarbeit nach Tarifvertrag oder Betriebsvereinbarung i. V. m. dem Arbeitsvertrag.
Da Akkordarbeit wegen des Interesses der Arbeitnehmer, einen möglichst hohen Akkordlohn zu erzielen, in der Regel mit besonderen gesundheitlichen Gefahren verbunden ist, ist die Akkordtätigkeit für bestimmte Arbeitnehmergruppen eingeschränkt oder verboten.
So dürfen werdende Mütter gemäß § 4 Abs. 3 Nr. 1 MuSchG nicht in Akkordarbeit bzw. mit Tätigkeiten beschäftigt werden, bei denen das Arbeitstempo die Höhe des Entgelts bestimmt. Ausnahmen kann nur die Aufsichtsbehörde zulassen.

Akkordarbeit/Akkordlohn

Insbesondere dürfen auch Jugendliche nach § 23 JArbSchG nicht beschäftigt werden:
1. mit Akkordarbeit und sonstigen Arbeiten, bei denen durch ein gesteigertes Arbeitstempo ein höheres Entgelt erzielt werden kann,
2. in einer Arbeitsgruppe mit erwachsenen Arbeitnehmern, die mit Arbeiten nach Nr. 1 beschäftigt werden,
3. mit Arbeiten, bei denen ihr Arbeitstempo nicht nur gelegentlich vorgeschrieben, vorgegeben oder auf andere Weise erzwungen wird.

Von diesem grundsätzlichen Akkordarbeitsverbot für Jugendliche macht § 23 Abs. 2 JArbSchG eine Ausnahme. Die Beschäftigung nach den vorstehenden Nummern 1 bis 3 ist für Jugendliche erlaubt, »soweit dies zur Erreichung ihres Ausbildungszieles erforderlich ist« oder »wenn sie eine Berufsausbildung für diese Beschäftigung abgeschlossen haben« und ihr Schutz durch die Aufsicht eines Fachkundigen gewährleistet ist.

Formen der Akkordarbeit:
- *Stückakkord:*
  Hier wird auf die Zahl der hergestellten Arbeitsgegenstände pro Zeiteinheit abgestellt.
- *Gewichtakkord:*
  Hier wird das Gewicht der bearbeiteten Menge der Vergütung zugrunde gelegt.
- *Flächenakkord:*
  Hier ist die bearbeitete Fläche für die Entlohnung maßgeblich, z. B. Putzkolonne.

Daneben muss noch der Geldfaktor bestimmt werden. Wird z. B. beim Stückakkord für die Bearbeitung eines Kleiderbügels 0,80 Euro angesetzt und werden 100 Kleiderbügel bearbeitet, beträgt die Vergütung 80,00 Euro. Entsprechendes gilt für Gewicht- oder Flächenakkord.

Häufig findet auch der »Zeitakkord« Anwendung, bei dem für eine bestimmte Arbeitsleistung eine festgelegte Zeit als Berechnungsfaktor vorgesehen ist. Die Vorgabezeit muss dann mit einem Geldfaktor multipliziert werden. Beträgt der Geldfaktor für eine Stunde 12,00 Euro und die Vorgabezeit sechs Minuten, müssten bei Normalleistung in einer Stunde zehn Stücke bearbeitet bzw. hergestellt werden. Bei einer höheren Stückzahl erfolgt dann eine entsprechend höhere Vergütung.

Eine andere Form des Leistungslohnes ist der Prämienlohn, bei dem je nach Interesse des Arbeitgebers bzw. des Betriebs Prämien für bestimmte Arbeitsergebnisse gezahlt werden. Dabei kann es sich um Anreize für eine Erhöhung der Produktion, aber auch für eine Verringerung der Fehlerquote oder für die Erzielung von Einsparungen handeln.

Bedeutung für den Betriebsrat/die JAV

Nach § 87 Abs. 1 Nr. 11 BetrVG hat der Betriebsrat mitzubestimmen über »Festsetzung der Akkord- und Prämiensätze und vergleichbarer leistungsbezogener Entgelte einschließlich der Geldfaktoren«.
Der gesamte Bereich der Leistungsentlohnung unterliegt somit dem Mitbestimmungsrecht des Betriebsrats. Das Mitbestimmungsrecht erstreckt sich auf die Festsetzung aller Bezugsgrößen bei den Akkordsätzen, die für die Ermittlung und Berechnung des Akkordlohns von Bedeutung sind. Sie umfasst auch die Festsetzung und Änderung der sogenannten Vorgabezeiten. Auch bei der Festsetzung der Prämiensätze erstreckt sich das Mitbestimmungsrecht auf die Festlegung aller Bezugsgrößen.
Im Übrigen gilt für Jugendliche nach § 23 JArbSchG das grundsätzliche Verbot der Tätigkeit in Akkord- und Leistungsentlohnung (siehe oben).

Bedeutung für die Beschäftigten

Zwar kann bei Akkordarbeit und Akkordentlohnung der Arbeitnehmer durch besondere Anstrengungen, Fleiß und Geschick eine höhere Vergütung erzielen als beim Zeitlohn. Auf der anderen Seite entsteht ein höherer Leistungsdruck, die Gefahr der Selbstausbeutung und einer erhöhten Gesundheitsgefährdung, weshalb für Jugendliche solche Tätigkeiten auch verboten sind, wie § 23 JArbSchG bestimmt (zu Ausnahmen siehe oben).

Allgemeine Aufgaben der JAV – JAV und Betriebsrat

Rechtliche Grundlagen

Das Betriebsverfassungsgesetz weist der JAV in § 70 BetrVG allgemeine Aufgaben zu, die folgende Bereiche umfassen:
1. Die JAV hat darauf zu achten, dass die zugunsten der jugendlichen Arbeitnehmer:innen und der Auszubildenden geltenden Schutzvorschriften, d. h. Gesetze, Verordnungen und Unfallverhütungsvorschriften, Tarifverträge und Betriebsvereinbarungen, im Betrieb eingehalten werden.
2. Die JAV hat Maßnahmen zur Durchsetzung der tatsächlichen Gleichstellung der Auszubildenden und jugendlichen Arbeitnehmer:innen beim Betriebsrat zu beantragen.
3. Die JAV hat beim Betriebsrat Maßnahmen zu beantragen, die den jugendlichen Arbeitnehmer:innen und den Auszubildenden dienen.
4. Die JAV hat Anregungen der jugendlichen Arbeitnehmer:innen sowie der Auszubildenden entgegenzunehmen und auf ihre Erledigung beim Betriebsrat hinzuwirken.
5. Die JAV hat die Integration ausländischer Auszubildender und jugendlicher Arbeitnehmer:innen zu fördern und entsprechende Maßnahmen beim Betriebsrat zu beantragen.

Überwachungsrecht

Die Einhaltung aller Schutzvorschriften im Betrieb umfasst den gesamten Bereich der in Gesetzen, Verordnungen und sonstig fixierten Rechte und Schutzbestimmungen zugunsten der Jugendlichen und zu ihrer Berufsausbildung beschäftigten Arbeitnehmer:innen. Dabei beinhaltet das Überwachungsrecht für die JAV auch gleichzeitig eine Überwachungspflicht. Das Überwachungsrecht setzt voraus, dass die JAV sich gründlich über die Situation im Betrieb informiert und auf dem Laufenden hält. Die Ausübung des Überwachungsrechts kann ohne Hinzuziehung des Betriebsrats durch die JAV selbstständig ausgeübt werden. So kann die JAV ohne konkreten Anlass Stichproben durchführen, um die Einhaltung von Schutzvorschriften zu kontrollieren (BAG 21. 1. 1982 – 6 ABR

17/79). Ebenfalls kann sie zum Zwecke der Ausübung ihrer Überwachungsaufgaben auch → **Betriebsbegehungen** vornehmen (BAG 21. 1. 1982 – 6 ABR 17/79, wobei das BAG unverständlicherweise die Einholung der Zustimmung des Betriebsrats voraussetzen will; so auch ArbG Iserlohn 22. 9. 2021 – 3 BVGa 6/21). Durch diese Betriebsbegehungen kann die JAV am besten herausbekommen, welche Beschwerden und welche Anregungen die jugendlichen Beschäftigten und die Auszubildenden haben. Vertrauliche Gespräche am Arbeitsplatz sind am besten dazu geeignet, häufig anzutreffende Ängste der jugendlichen Arbeitnehmer:innen und der Auszubildenden zu überwinden. Eine weitere Form der Informationsbeschaffung ist die Durchführung einer Fragebogenaktion unter den jugendlichen Beschäftigten bzw. den Auszubildenden (siehe Musterfragebogen zur Ausbildungsqualität weiter unten). Die Durchführung der Fragebogenaktion ist beim Betriebsrat zu beantragen und von ihm zu beschließen. Die vom Betriebsrat und von der JAV gemeinsam durchgeführte Fragebogenaktion hat der Arbeitgeber zu dulden (BAG 8. 2. 1977 – 1 ABR 82/74). Sachgemäß und damit zulässig sind auch Fragen nach den subjektiven Einstellungen der jugendlichen Arbeitnehmer:innen und der Auszubildenden, z. B. zur JAV oder zu den Ausbildungsbedingungen. Weiterhin kann die JAV auch Informationsblätter (z. B. digital) herausgeben, um die jugendlichen Beschäftigten und die Auszubildenden auf ihre Rechte hinzuweisen.

Initiativrecht
Die allgemeinen Aufgaben, die für die JAV einen eigenen Zuständigkeitsbereich schaffen, umfassen alle sozialen, personellen und wirtschaftlichen Angelegenheiten, die die jugendlichen Arbeitnehmer:innen und Auszubildenden unmittelbar oder auch nur mittelbar berühren. Das Initiativrecht der JAV ist somit sehr weit gefasst, sodass praktisch alle Initiativen davon erfasst werden, die den Interessen der jugendlichen Beschäftigten und Auszubildenden dienen. Wichtig ist dabei nur, dass es sich bei den Maßnahmen um den Betrieb betreffende Fragen handeln muss.
Infrage kommen insbesondere solche Angelegenheiten, die in den Gesetzen und Tarifverträgen nur ungenügend oder gar nicht geregelt sind. Als Beispiele seien erwähnt:
- Gestaltung des Ausbildungsplans,
- Förderung der Gleichstellung in der Ausbildung,
- Beschaffung von Ausbildungsmitteln,
- Schaffung von ausbildungsbegleitenden Hilfen,
- Durchführung von zusätzlichem Unterricht,
- Einrichtung von Ausbildungswerkstätten und Ausbildungsbereichen,
- Verbesserung der Ausbildungsmethoden,
- Schaffung von zusätzlichen Ausbildungsplätzen, insbesondere für Frauen,

Allgemeine Aufgaben der JAV – JAV und Betriebsrat

- Einbeziehung ökologischer Fragen in die Ausbildung,
- Beschaffung von zusätzlichen Ausbildungsmitteln,
- Freistellung zur Vorbereitung auf Prüfungen,
- Kritik an Ausbildern,
- Regelungen zur Übernahme nach der Ausbildung,
- bezahlter Bildungsurlaub,
- Fragen der Arbeitszeit,
- Probleme der Urlaubsgestaltung,
- Gewährung von Fahrgeld bzw. eines Fahrgeldzuschusses,
- soziale Einrichtungen wie Aufenthaltsräume, Toiletten, Wasch- und Umkleideräume,
- zusätzliche Arbeitssicherheitsmaßnahmen.

Anregungsrecht
Durch dieses Recht erhält jede/r jugendliche Arbeitnehmer:in bzw. jeder Auszubildende die Möglichkeit, sich mit Anregungen an die JAV zu wenden. Dabei umfasst der Begriff »Anregungen« Meinungsäußerungen aller Art, zu denen auch Beschwerden (→ **Beschwerderecht**) zählen.
Diese Anregungen sind von der JAV entgegenzunehmen. Auf einer Sitzung hat sich dann die JAV mit den Anregungen zu befassen und darüber zu befinden, wie sie mit der Anregung weiter verfahren will. Wichtig ist dabei, dass sich die JAV gründlich mit der Anregung auseinandersetzt. Bei der Frage, was mit der Anregung weiter passieren soll, steht der JAV ein Beurteilungsspielraum zu. Hält sie die Anregung z. B. für unrealistisch, unzweckmäßig oder aus sonstigen Gründen für unberechtigt, so kann die JAV in eigener Kompetenz darüber entscheiden. Sie ist jedoch verpflichtet, und dieses entspricht letztlich auch einem kollegialen Umgang untereinander, die betroffenen Arbeitnehmer:innen zu informieren.
Wenn die JAV die Anregung jedoch als berechtigt ansieht, muss sie den Betriebsrat darüber informieren, der seinerseits die Anregung selbstständig prüft. In der Betriebsratssitzung, in der über die Anregung verhandelt und beschlossen werden soll, ist die JAV teilnahme- und auch ggf. stimmberechtigt, wenn die Anregung besonders bzw. überwiegend Angelegenheiten der jugendlichen Arbeitnehmer:innen bzw. der Auszubildenden betrifft (§ 67 Abs. 1 und Abs. 2 BetrVG). Hält der Betriebsrat die Anregungen für berechtigt, ist er verpflichtet, mit dem Arbeitgeber Verhandlungen aufzunehmen. Dabei ist die JAV in den Angelegenheiten zu beteiligen, die besonders die jugendlichen Arbeitnehmer:innen oder die Auszubildenden betreffen (§ 68 BetrVG).
Über das Ergebnis ihrer Bemühungen hat die JAV den/die Arbeitnehmer:in, der/die die Anregung vorgebracht hat, zu unterrichten. Dieses betrifft zum einen das Ergebnis der Verhandlungen zwischen Arbeitgeber und Betriebsrat, aber z. B. auch den Beschluss des Betriebsrats.

Agieren, und nicht nur Reagieren, muss das Ziel der JAV-Arbeit sein. Im Vordergrund muss das Bemühen stehen, eine generelle Verbesserung der Arbeits- und Ausbildungsbedingungen der jugendlichen Beschäftigten bzw. der Auszubildenden zu erreichen. Dazu bieten die allgemeinen Aufgaben in § 70 Abs. 1 BetrVG eine solide Grundlage für die JAV-Arbeit.

Bedeutung für den Betriebsrat

Mit Ausnahme der Überwachungspflicht nach § 70 Abs. 1 Nr. 2 BetrVG kann die JAV die im Aufgabenkatalog genannten allgemeinen Aufgaben nur unter Hinzuziehung des Betriebsrats wahrnehmen. Soweit Maßnahmen beim Arbeitgeber zu beantragen sind oder auf eine Erledigung von Anregungen der von der JAV vertretenen jugendlichen Arbeitnehmer:innen bzw. der Auszubildenden hinzuwirken ist, kann dieses nur über den Betriebsrat geschehen. Beteiligungs- und Mitbestimmungsrechte gegenüber dem Arbeitgeber können somit nicht direkt durch die JAV wahrgenommen werden; es bedarf vielmehr der Einbeziehung des Betriebsrats.

Daraus folgt auch, dass die JAV ihre Aufgaben in enger Zusammenarbeit mit dem Betriebsrat zu erfüllen hat. Die JAV vertritt die Interessen somit nicht unabhängig vom Betriebsrat und direkt gegenüber dem Arbeitgeber. Allein deswegen kann auch die JAV keine gegenüber dem Arbeitgeber wirksamen Beschlüsse fassen.

Nach § 80 Abs. 1 Nr. 3 BetrVG ist der Betriebsrat verpflichtet, mit der JAV eng zusammenzuarbeiten und Anregungen der JAV gegenüber dem Arbeitgeber zu verfolgen. Daraus folgt, dass der Betriebsrat Maßnahmen, die die Belange der jugendlichen Arbeitnehmer:innen und der Auszubildenden betreffen, nicht im Alleingang, sondern in Zusammenarbeit mit der JAV in Angriff nehmen muss. So hat er die JAV in allen Angelegenheiten zu beraten und die zur sachgerechten Wahrnehmung ihrer Aufgaben notwendigen Hinweise zu geben. Ebenso kann der Betriebsrat von der JAV Vorschläge und auch Stellungnahmen anfordern. Die verantwortliche Vertretung der Interessen der jugendlichen Beschäftigten und der Auszubildenden gegenüber dem Arbeitgeber nimmt der Betriebsrat als die Interessenvertretung aller Arbeitnehmer:innen im Betrieb wahr – unter Beteiligung der JAV. Wenn die JAV einen ordnungsgemäßen Beschluss im Zusammenhang mit einer Maßnahme nach § 70 Abs. 1 Nr. 1 BetrVG (Antragsrecht) gefasst hat, ist der Betriebsrat verpflichtet, sich mit diesem von der JAV gestellten Antrag zu befassen. Bei der Beratung im Betriebsrat ist dabei die JAV gemäß § 67 Abs. 1 BetrVG hinzuziehen, wobei ein Stimmrecht für die JAV sich im Einzelfall aus § 67 Abs. 2 BetrVG ergibt. Wenn der Betriebsrat zu der Auffassung kommt,

Allgemeine Aufgaben der JAV – JAV und Betriebsrat

dass die mit dem JAV-Antrag verfolgte Maßnahme begründet, sachdienlich oder zweckmäßig ist, muss der Betriebsrat die Angelegenheit mit dem Arbeitgeber erörtern. Ein Teilnahmerecht der JAV kann sich bei dieser Erörterung aus § 68 BetrVG ergeben.

Je nach der Qualität der ins Auge gefassten Maßnahme stehen dem Betriebsrat Beteiligungsrechte bis hin zur Mitbestimmung (→ **Mitbestimmungsrechte**) zu.

Unterrichtung und Vorlage von Unterlagen durch den Betriebsrat

Zum Agieren ist es notwendig, dass die JAV auch durch den Betriebsrat rechtzeitig und umfassend unterrichtet wird, damit sie ihre Aufgaben erfüllen kann. Diese Unterrichtungspflicht ist in § 70 Abs. 2 BetrVG geregelt. Adressat dieses Unterrichtungsrechts ist der Betriebsrat und nicht der Arbeitgeber. Zur Durchführung der Aufgaben, die sich insbesondere aus den allgemeinen Aufgaben des § 70 Abs. 1 BetrVG ergeben, hat der Betriebsrat der JAV alle wesentlichen Informationen zur Verfügung zu stellen, wozu auch Bewertungen und Auskünfte zu gesetzlichen Vorschriften zählen. Falls der Betriebsrat selbst keine oder nur ungenügende Informationen hat, ist er verpflichtet, beim Arbeitgeber oder bei sonstigen Stellen sich weitere Auskünfte zu verschaffen. Die Unterrichtung hat dabei rechtzeitig zu erfolgen. Rechtzeitigkeit liegt dann vor, wenn die JAV die Mitteilungen noch bei der Durchführung ihrer Aufgaben berücksichtigen kann. Rechtzeitigkeit wäre somit dann nicht mehr gegeben, wenn die Informationen während der Beschlussfassung erst erfolgen.

Daneben hat der Betriebsrat auf Verlangen der JAV die ihr zur Durchführung ihrer Aufgaben erforderlichen Unterlagen zur Verfügung zu stellen. Unter Aufgaben fallen dabei:

- die allgemeinen Aufgaben nach § 70 Abs. 1 BetrVG,
- sonstige Aufgaben, die die jugendlichen Arbeitnehmer:innen oder die Auszubildenden betreffen.

Wie beim Unterrichtungsrecht kann der Betriebsrat Unterlagen, die ihm selbst nicht vorliegen, vom Arbeitgeber einfordern (§ 80 Abs. 2 Satz 2 BetrVG). Die Unterlagen sind der JAV für eine angemessene Zeit auch zu überlassen und nicht nur durch den Betriebsrat vorzulegen. Unterlagen als auch Informationen, die Betriebs- oder Geschäftsgeheimnisse beinhalten, dürfen der JAV vom Betriebsrat jedoch nicht mitgeteilt bzw. herausgegeben werden (strittig: siehe im Einzelnen DKW-Dornberger, § 70 Rn. 29). Dieses betrifft auch die Lohn- und Gehaltslisten, zumal der Betriebsrat hierauf selbst keinen Anspruch auf Vorlage, sondern lediglich ein Einblicksrecht hat. Beim Betriebsrat kann jedoch von Seiten der JAV beantragt werden, dass der Betriebsrat in die Lohn- und Gehaltslisten Einblick nimmt und der JAV das Ergebnis mitteilt.

Das Gesetz spricht von »erforderlichen Unterlagen«. Die Erforderlichkeit liegt z. B. vor bei
- den für die Arbeit der JAV erforderlichen Rechtsvorschriften,
- den Ausbildungsplänen,
- Untersuchungen zur Berufsausbildung,
- Berichten der für die Berufsausbildung zuständigen Behörden und Ämter.

Literaturhinweise

Bettina Zurstrassen, David Becker, Mitarbeit Sebastian Becker, Go and find out! Die Betriebserkundung in der Arbeitswelt, Eine Handreichung für die sozioökonomische Bildung, September 2019. Die Broschüre kann zum Preis von 2 Euro unter folgenden Adressen bestellt werden: GEW: *www.gew-shop.de* (Mindestabnahme 10 Expl., zzgl. Versandkosten, Artikelnr. 1479) oder broschueren@gew.de (Einzelexemplare, zzgl. Portokosten), Kontaktadresse IG Metall: *berufsbildung@igmetall.de*. Dazu gibt es auch eine DVD: »Ready Steady Go! Ein Planspiel zur Berufsorientierung« zum Preis von 1,50 Euro im gew-shop zu kaufen.

Musterfragebogen zur Ausbildungsqualität

Der nachstehende Musterfragebogen ist von der IG Metall Jugend entwickelt worden und den jeweiligen betrieblichen Bedingungen anzupassen. Der Fragebogen befindet sich in der Arbeitshilfe »STARK IN QUALITÄT«, Arbeitshilfe für Jugend- und Auszubildendenvertreter:innen der IG Metall Jugend mit weiteren Materialien.

Anschreiben:

»Hallo,
schön, dass du einen Ausbildungs- bzw. Studienplatz bei uns im Betrieb hast. Wir hoffen, deine Ausbildung oder dein duales Studium macht dir Spaß und du fühlst dich gut aufgehoben. Eine hochwertige und moderne Ausbildung ist eine wichtige Investition in die Zukunft.
In deine persönliche Zukunft, weil die Anforderungen an Beschäftigte wachsen und sich verändern. In die Zukunft deines Betriebes, weil ohne qualifizierte Fachkräfte nichts geht. Und in die Zukunft der gesamten Gesellschaft, weil Fortschritt ohne Bildung, Ausbildung und Weiterbildung nicht zu haben ist. Uns dafür stark machen, können wir aber nur mit dir gemeinsam.
Uns, deiner IG Metall Jugend und deiner Jugend- und Auszubildendenvertretung, liegen die Interessen von Auszubildenden und dual Studierenden besonders am Herzen. Ein erster Schritt, um Verbesserungen herbeizuführen, ist es, ein Bild von der betrieblichen Realität zu bekommen. Erst wenn Mängel erkannt sind, können die Ursachen dafür geklärt und Abhilfe geschaffen werden.
Dafür brauchen wir dich! Du weißt am besten, was in deiner Ausbildung oder deinem dualen Studium gut läuft und wo es Verbesserungsbedarf gibt.

Allgemeine Aufgaben der JAV – JAV und Betriebsrat

Deshalb möchten wir dich bitten, dir ein wenig Zeit zu nehmen und den folgenden Fragebogen auszufüllen.
Natürlich ist die Befragung anonym und wir werden keine einzelnen Fragebögen vorstellen, sondern allen Auszubildenden und dual Studierenden die anonymisierte Gesamtauswertung auf einer Jugend- und Auszubildendenversammlung präsentieren.
Deine JAV und deine IG Metall Jugend«

Meine Daten

Ausbildungsberuf _____

Ausbildungsjahr
( ) 1.
( ) 2.
( ) 3.
( ) 4.

Ausbildungsart
( ) Kaufmännisch
( ) Gewerblich
( ) Duales Studium

Ausbildung
( ) im Betrieb
( ) außerbetriebliche Ausbildungswerkstatt
( ) vollschulische Ausbildung

Allgemeines

Mit meiner Ausbildung/meinem dualen Studium bin ich insgesamt
( ) sehr zufrieden
( ) zufrieden
( ) unzufrieden
( ) sehr unzufrieden

In meiner Ausbildung fühle ich mich
( ) überfordert
( ) unterfordert
( ) weder noch

Die fachliche Qualität meiner betrieblichen Ausbildung ist meiner Ansicht nach
( ) sehr gut
( ) gut
( ) ausreichend

( ) schlecht
( ) sehr schlecht

Die fachliche Qualität meines Berufsschulunterrichts finde ich
( ) sehr gut
( ) gut
( ) ausreichend
( ) schlecht
( ) sehr schlecht

Die fachliche Qualität meiner Vorlesungen (Universität, Hochschule) finde ich
( ) sehr gut
( ) gut
( ) ausreichend
( ) schlecht
( ) sehr schlecht

Ich habe Probleme, mich nach der Ausbildung in meiner Freizeit zu erholen
( ) immer
( ) häufig
( ) manchmal
( ) selten
( ) nie

Arbeitszeit

Ich mache regelmäßig Überstunden
( ) ja
( ) nein

Meine Überstunden werden
( ) mit Zeit ausgeglichen
( ) bezahlt
( ) weder noch
( ) weiß nicht

Interessenvertretung

Mit der Arbeit der Jugend- und Auszubildendenvertretung bin ich
( ) sehr zufrieden
( ) zufrieden
( ) unzufrieden
( ) sehr unzufrieden

Allgemeine Aufgaben der JAV – JAV und Betriebsrat

Mit der Arbeit des Betriebsrates bin ich
( ) sehr zufrieden
( ) zufrieden
( ) unzufrieden
( ) sehr unzufrieden

Um folgende Themen soll sich die Interessenvertretung kümmern
_____

Bei mir im Betrieb gilt ein Tarifvertrag
( ) ja
( ) nein
( ) weiß nicht

Ich bin Mitglied der IG Metall
( ) ja
( ) nein

Ausbildungspersonal

Ich werde in einer externen Ausbildungswerkstatt ausgebildet
( ) ja
( ) nein

Ich habe eine/n hauptberufliche/n Ausbilder/in im Betrieb
( ) ja
( ) nein

Mein/e Ausbilder/in steht mir am Ausbildungsplatz zur Verfügung
( ) immer
( ) häufig
( ) manchmal
( ) selten
( ) nie

Meine Ausbilderin/mein Ausbilder erklärt mir Arbeitsgänge
( ) immer
( ) häufig
( ) manchmal
( ) selten
( ) nie

Ich werde von meinen Ausbildern meiner Meinung nach korrekt behandelt
( ) immer
( ) häufig
( ) manchmal
( ) selten
( ) nie

Bei mir im Betrieb betreut ein/e Ausbilder/in folgende Anzahl an Auszubildenden
( ) 1–5
( ) 6–10
( ) 11–15
( ) 16–20
( ) mehr als 20

In den einzelnen Abteilungen steht mir immer ein/e Ansprechpartner/in zur Verfügung
( ) ja
( ) nein

Ausbildungsmittel

Mein Ausbildungsbetrieb verfügt über alle zu meiner Ausbildung und zu meiner Prüfungsvorbereitung notwendigen Arbeitsmittel (Werkzeuge, Maschinen, EDV etc.)
( ) ja
( ) nein

Folgende Ausbildungsmittel fehlen
_____
_____

Mir werden alle zu meiner Ausbildung notwendigen Ausbildungsmittel (Werkzeuge, Schulbücher etc.) kostenlos zur Verfügung gestellt
( ) ja
( ) nein

Folgende Ausbildungsmittel werden nicht kostenfrei zur Verfügung gestellt
_____
_____

Allgemeine Aufgaben der JAV – JAV und Betriebsrat

Ausbildungsinhalte

Meinen Ausbildungsplan (sachlich-zeitliche Gliederung der Ausbildungsinhalte) habe ich zu Beginn meiner Ausbildung erhalten
( ) ja
( ) nein

Mein Ausbildungsplan wird sowohl inhaltlich als auch zeitlich eingehalten
( ) immer
( ) häufig
( ) manchmal
( ) selten
( ) nie

Ich muss Tätigkeiten verrichten, die eindeutig nicht zu meiner Ausbildung gehören
( ) immer
( ) häufig
( ) manchmal
( ) selten
( ) nie

Folgende Tätigkeiten, die nicht zu meiner Ausbildung gehören, muss ich regelmäßig verrichten
_____

Ausbildungsform

Bei mir im Betrieb finden innerbetriebliche Prüfungsvorbereitungen statt
( ) ja
( ) nein
( ) weiß nicht

Ich werde am Tag vor Prüfungen von der Arbeit freigestellt
( ) ja
( ) nein
( ) weiß nicht

In meiner Ausbildung findet Werksunterricht statt
( ) ja
( ) nein

Falls ja: Der Werksunterricht findet statt
( ) unregelmäßig
( ) regelmäßig (z. B. wöchentlich) _____

Allgemeine Aufgaben der JAV – JAV und Betriebsrat

Betriebliche Qualitätsprüfung der Ausbildung

Meine Kenntnisse und Leistungen hinsichtlich meiner Ausbildung werden regelmäßig überprüft
( ) ja
( ) nein

Falls ja: Meine Leistungen werden anhand festgelegter Lernziele kontrolliert (Lernziel erreicht/Lernziel nicht erreicht)
( ) ja
( ) nein

Falls ja: Es werden nur fachliche Kenntnisse und Fertigkeiten beurteilt
( ) ja
( ) nein

Falls ja: Persönliche Kriterien wie Äußeres, Charakter u. Ä. spielen bei der Beurteilung eine Rolle
( ) ja
( ) nein

Falls ja: Bei Nichterreichen von Lernzielen werden gezielt Fördermaßnahmen durchgeführt
( ) ja
( ) nein

Hierzu möchte ich noch sagen
_____
_____

Berufsschule/Universität/Hochschule

Ich bin der Auffassung, dass die Lerninhalte in der Berufsschule/Universität/Hochschule und im Betrieb gut aufeinander abgestimmt sind
( ) ja
( ) nein

Aus meiner Sicht sind die drängendsten Probleme in meiner Berufsschule/Universität/Hochschule
( ) zu große Klassen
( ) ständig wechselnde Lehrkräfte
( ) fehlende/zu wenige Lehrkräfte
( ) häufiger Unterrichtsausfall
( ) veraltete Lehrmaterialien
( ) mangelnde technische Ausstattung

Allgemeine Aufgaben der JAV – JAV und Betriebsrat

( ) marode Gebäude
( ) veraltete technische Ausstattung
( ) andere, nämlich

_____

_____

So weit ist meine Berufsschule/Universität/Hochschule zeitlich bzw. räumlich von meinem Wohnort entfernt:

_____

_____

Meine Fahrtkosten werden mir erstattet
( ) ja
( ) nein

Meine Fahrtzeiten werden mir angerechnet
( ) ja
( ) nein

Falls ich vor Ort bleiben muss: Der Arbeitgeber übernimmt die Kosten für meine Unterbringung
( ) ja
( ) nein

Perspektiven

Ich werde im Anschluss an meine Ausbildung übernommen
( ) ja
( ) nein
( ) weiß nicht

Falls ja
( ) befristet
( ) unbefristet

Zu guter Letzt: Was ich sonst noch sagen möchte

_____

_____

Allgemeines Gleichbehandlungsgesetz (AGG)

Grundlagen

In Art. 3 GG wird ein zentraler Grundsatz unseres sozialen, wirtschaftlichen und staatlichen Lebens formuliert. Ausgehend von dem Gleichheitssatz des Art. 3 Abs. 1 GG, wonach alle Menschen vor dem Gesetz gleich sind, wird in Art. 3 Abs. 3 GG dieser im Rahmen eines Diskriminierungs- und Benachteiligungsverbotes konkretisiert. Er lautet:
»Niemand darf wegen seines Geschlechts, seiner Abstammung, seiner Rasse, seiner Sprache, seiner Heimat und Herkunft, seines Glaubens, seiner religiösen oder politischen Anschauungen benachteiligt oder bevorzugt werden. Niemand darf wegen seiner Behinderung benachteiligt werden.«
Die Debatte um den Begriff der »Rasse« steht seit mehreren Jahren zur Disposition. Die Änderung des Begriffs gestaltet sich schwierig. Experten empfehlen mehrheitlich den Begriff »Rasse« aus dem Diskriminierungsverbot in Art. 3 des Grundgesetzes zu streichen und durch das Verbot »rassistischer« Benachteiligung oder Bevorzugung zu ersetzen.
Im Arbeitsleben gilt dieser zentrale Grundsatz des GG als sogenannter »arbeitsrechtlicher Gleichbehandlungsgrundsatz«. Daneben gibt es auf europäischer Ebene Regelungen zur Durchsetzung der Gleichbehandlung, die als EU-Richtlinien in nationales Recht umzusetzen waren und so zum Allgemeinen Gleichbehandlungsgesetz (AGG) führten.
Ziel des AGG ist es, umfassend vor Diskriminierungen und Benachteiligungen insbesondere im Arbeitsleben zu schützen. Dieses soll zum einen durch sinnvolle Vermeidungsstrategien für Benachteiligungen erfolgen (Prävention). Ebenso geht es aber auch um effektive Möglichkeiten zur Beseitigung von Benachteiligungsfolgen (Reaktion im Einzelfall).
Dabei schützt das AGG (§ 1 AGG) Personen vor Benachteiligungen wegen:
- der »Rasse«,
- der ethnischen Herkunft,
- des Geschlechts,
- der Religion,

Allgemeines Gleichbehandlungsgesetz (AGG)

- der Weltanschauung,
- einer Behinderung,
- des Alters oder
- der sexuellen Identität.

Nahezu das gesamte Arbeitsleben ist in den Schutzbereich einbezogen; vgl. dazu die Auflistung in § 2 AGG. Niemand, also auch weder ein Arbeitgeber noch ein/e Vorgesetzte/r noch ein/e Arbeitnehmer:in, darf jemanden wegen der oben genannten Merkmale unmittelbar oder mittelbar benachteiligen, belästigen oder eine Benachteiligung anweisen (§ 3 AGG).

Gleiches gilt für sexuelle Belästigungen (§ 3 Abs. 4 und 5 AGG), wobei es hier für die »Unerwünschtheit« ausschließlich auf das Empfinden des Opfers ankommt.

Ausnahmen und Rechtfertigungsgründe ergeben sich aus beruflichen Anforderungen (§ 8 AGG), aus dem »Kirchenprivileg« (§ 9 AGG) sowie im Zusammenhang mit dem Alter (§ 10 AGG). Im Falle von Belästigungen und sexuellen Belästigungen kommt eine Rechtfertigung nicht in Betracht.

> **Wann liegt eine unmittelbare Diskriminierung vor?**
> - Du erfährst eine schlechtere Behandlung als eine andere Person in einer vergleichbaren Situation,
> - es besteht ein ursächlicher Zusammenhang zwischen der schlechten Behandlung und dem Diskriminierungsschutzmerkmal § 1 AGG,
> - es gibt keine Rechtfertigung.

Im Einzelnen sind insbesondere folgende Bereiche betroffen:
- Stellenausschreibungen, Einstellungs- und Auswahlverfahren sowie die Gestaltung von Arbeitsverträgen,
- Aus- und Weiterbildung,
- Leistungsbewertungen und Beurteilungen sowie Versetzungen,
- Gehaltssysteme und -strukturen,
- Personalentwicklung,
- Tarif- und Betriebsvereinbarungen,
- Kündigungen, insbesondere Fragen der Sozialauswahl,
- Sozialplanregelungen.

Um eine Benachteiligung von Anfang an zu unterbinden, ist der Arbeitgeber verpflichtet (§ 12 Abs. 1 AGG), die erforderlichen Maßnahmen zum Schutz vor Benachteiligungen zu treffen, wobei dieser Schutz auch und gerade vorbeugende Maßnahmen umfasst. Dazu gehört eine Sensibilisierung der Vorgesetzten, eine Aufklärung über das AGG und seinen Inhalt als auch die Durchführung von Aus- und Fortbildungsmaßnahmen. Nach § 17 Abs. 1 AGG sind die Interessenvertretungen (JAV, BR, PR, SBV) aufgefordert, in einer gemeinsamen Strategie

Allgemeines Gleichbehandlungsgesetz (AGG)

mit dem Arbeitgeber und den Beschäftigten auf eine neue Unternehmenskultur hinzuwirken (»Diversity«), um umfassend vor Diskriminierungen bzw. Benachteiligungen im Unternehmen/Betrieb zu schützen.
Neben den Pflichten des Arbeitgebers verfügt der/die Betroffene aber auch über eine Reihe von Rechten, nämlich über ein Beschwerderecht bei der zuständigen Stelle (§ 13 AGG), über ein Recht zur Leistungsverweigerung (§ 14 AGG) und schließlich über einen Anspruch auf Entschädigung und Schadensersatz (§ 15 AGG). Geschützt vor Strafsanktionen durch den Arbeitgeber (§ 16 AGG) sind Arbeitnehmende, die sich gegen Diskriminierung selbst beschweren oder z. B. als Zeug:innen dabei unterstützen. Schadensersatz- und Entschädigungsansprüche müssen innerhalb einer Frist von zwei Monaten gegenüber dem Arbeitgeber geltend gemacht werden. Diese Frist wird allerdings durch die allgemeinen Ausschlussfristen in Tarifverträgen verdrängt, wenn ein Tarifvertrag anzuwenden ist. Dann ist die Frist entsprechend länger. Danach muss eine Klage binnen drei Monaten nach der schriftlichen Geltendmachung des Anspruchs gegenüber dem Arbeitgeber erhoben werden (§ 61b Abs. 1 ArbGG).
Um ihre Ansprüche durchzusetzen, müssen Betroffene »Indizien« darlegen und beweisen, die eine Benachteiligung wegen eines der im Gesetz genannten Diskriminierungsgründe vermuten lassen. Dann trägt der Arbeitgeber die volle Beweislast dafür, dass kein Gesetzesverstoß vorliegt (§ 22 AGG).

Bedeutung für den Betriebsrat/die JAV

Opfer von Diskriminierung müssen hohe emotionale Hürden überspringen, bevor sie etwa ihre Arbeitgeber verklagen. Die Angst vor dem Verlust des Arbeitsplatzes, fehlende Rechtsberatung oder die Prozesskosten sind nur einige der Gründe. Außerdem ist eine Diskriminierung schwer zu beweisen. Häufig fehlen die Daten und die Kenntnisse, um eine Diskriminierung im Sinne des AGG mit Indizien untermauern zu können. Und selbst wenn die Klage erfolgreich war, klärt sie nur den individuellen Fall und bewirkt in der Regel nicht, dass andere davon profitieren.
Daher kommt den Betriebsräten als Institution eine besondere Rolle zu: Sie müssen versuchen, von sich aus die Situation im Betrieb zu verbessern, sie können entscheidende Beiträge zur Durchsetzung einer Antidiskriminierungspolitik im Betrieb leisten.
Bei einem groben Verstoß des Arbeitgebers gegen die Vorschriften aus dem AGG können der Betriebsrat und auch eine im Betrieb vertretene Gewerkschaft vom Arbeitgeber die Unterlassung, Duldung oder auch Vornahme einer Handlung

Allgemeines Gleichbehandlungsgesetz (AGG)

fordern (siehe § 17 Abs. 2 AGG). Ein grober Verstoß liegt dann vor, wenn dieser objektiv erheblich und offensichtlich schwerwiegend ist.
Wegen weiterer Einzelheiten siehe:
→ **Ausländische Arbeitnehmer:innen/Migranten**
→ **Gleichberechtigung**
→ **Sexuelle Belästigung**
→ **Schwerbehinderte Menschen**

Internethinweise

http://www.boeckler.de/themen_33715.htm
Die Antidiskriminierungsstelle des Bundes hat diverse Literatur zum Thema veröffentlicht, abrufbar unter *www.antidiskriminierungsstelle.de*

Literaturhinweis

Nollert-Borasio/Dickerhof-Borello/Wenckebach, Allgemeines Gleichbehandlungsgesetz, 6. Aufl., 2024.

Änderungskündigung

Grundlagen

Will der Arbeitgeber die Arbeitsbedingungen verändern, kann er dies innerhalb der durch den Arbeitsvertrag abgesteckten Grenzen anweisen, wobei die Mitbestimmungsrechte des Betriebsrats zu beachten sind, sofern es sich um eine Versetzung handelt. Werden aber die Grenzen, die der Arbeitsvertrag setzt, überschritten, und kommt es nicht zu einer einvernehmlichen Regelung, so bleibt dem Arbeitgeber nur das Mittel der Änderungskündigung.

> **Beispiel:**
> Ist der Arbeitnehmer laut Arbeitsvertrag für die »Regionaldirektion West« eingestellt, so kann der Arbeitgeber ihn durch einfache Weisung an jeden Ort innerhalb der Regionaldirektion West einsetzen, ggf. muss er den Betriebsrat zu einer Versetzung anhören. Ein Einsatz außerhalb der Regionaldirektion West ist dagegen aufgrund des Arbeitsvertrags nicht möglich, sondern erfordert eine Änderungskündigung.

Eine Änderungskündigung ist stets erforderlich, wenn die Hauptpflichten des Arbeitsvertrags verändert werden sollen, d.h., wenn der Arbeitgeber weniger Geld zahlen will oder aber eine längere Wochenarbeitszeit durchsetzen will. In aller Regel handelt es sich um Verschlechterungen zulasten des Arbeitnehmers. Bei Verbesserungen (der Arbeitnehmer wird befördert, er soll mehr Verantwortung und eine höhere Bezahlung bekommen) wird das Einverständnis des Arbeitnehmers ausdrücklich erklärt oder aber anzunehmen sein, insbesondere, wenn er die Stelle tatsächlich antritt. Auch hier sind Ausnahmen denkbar, etwa weil der Arbeitnehmer aufgrund der höheren Verantwortung befürchtet, überfordert zu sein.
Mit der Änderungskündigung kündigt der Arbeitgeber das Arbeitsverhältnis und unterbreitet zugleich das Angebot, es zu veränderten Bedingungen fortzusetzen.

Änderungskündigung

Es gelten die gleichen formellen Voraussetzungen für eine (Voll-) Kündigung, die auf eine Beendigung des Arbeitsvertrags abzielt. In beiden Fällen liegt eine einseitige Erklärung vor, die schriftlich erfolgen und dem Arbeitnehmer zugehen muss.
Es sind auch bei der Änderungskündigung die Kündigungsfristen nach § 622 BGB einzuhalten, wenn nicht ausnahmsweise ein wichtiger Grund für eine fristlose Kündigung vorliegt.
Die besonderen Kündigungsschutzregeln gelten nicht nur für die Beendigungskündigung, sondern auch für die Änderungskündigung, etwa im Rahmen des Berufsausbildungsverhältnisses nach § 22 BBiG, im Mutterschutz nach § 9 MuSchG, für Mandatsträger in der Betriebsverfassung nach § 15 KSchG usw. Das Kündigungsschutzgesetz ist uneingeschränkt anwendbar, wie sich ausdrücklich aus § 2 KSchG ergibt. Der Betriebsrat ist vor jeder Änderungskündigung nach § 102 BetrVG zu hören.
Nach § 2 KSchG hat der → **Arbeitnehmer** mehrere Möglichkeiten, auf eine Änderungskündigung zu reagieren:
- er kann das geänderte Vertragsangebot ohne Vorbehalt annehmen mit der Folge, dass die Vertragsänderung wirksam wird. In der Regel wird dann der Arbeitnehmer zu schlechteren Arbeitsbedingungen beschäftigt sein, denn für Verbesserungen seines Arbeitsvertrags hätte es ja keiner Änderungskündigung des Arbeitgebers bedurft;
- er kann das Vertragsangebot unter Vorbehalt der sozialen Rechtfertigung der Änderung annehmen und muss dann innerhalb von drei Wochen durch eine → **Kündigungsschutzklage** geltend machen, dass die geänderten Vertragsbedingungen sozial nicht gerechtfertigt sind. Je nach Entscheidung des Arbeitsgerichts in diesem Verfahren muss er dann zu den alten oder zu den neuen Arbeitsbedingungen weiterbeschäftigt werden. Versäumt der Arbeitnehmer die 3-Wochen-Frist zur Einlegung der Kündigungsschutzklage, gilt die Vertragsänderung als vereinbart. Er muss dann die neuen Regelungen hinnehmen, ohne dass das Arbeitsgericht die Rechtfertigung der Vertragsänderung überprüft hat;
- er kann schließlich das Änderungsangebot ablehnen. Nach Ablauf der Kündigungsfrist wäre dann das Arbeitsverhältnis insgesamt beendet, wenn nicht der Arbeitnehmer innerhalb von drei Wochen eine Kündigungsschutzklage erhebt und gewinnt, das Arbeitsgericht also die Änderungskündigung für sozial nicht gerechtfertigt erklärt.

Änderungskündigung

Beispiele:
Sehr geehrter Herr V.,
Sie waren bisher in Lohngruppe V als ... beschäftigt.
Hiermit kündigen wir das Arbeitsverhältnis zum nächstmöglichen Termin und bieten Ihnen gleichzeitig eine Beschäftigung in Lohngruppe IV als ... an.
Oder: Ihre Arbeitszeit betrug bislang 38 Stunden. Wegen Rückgang der Produktion kündigen wir dieses Arbeitsverhältnis und bieten Ihnen gleichzeitig zu ansonsten unveränderten Arbeitsbedingungen eine Beschäftigung mit einer wöchentlichen Arbeitszeit von 24 Stunden und entsprechend reduziertem Gehalt an.
Oder: Sie waren bisher ausschließlich bei uns in der Tagschicht beschäftigt. Wir kündigen dieses Arbeitsverhältnis und bieten Ihnen gleichzeitig an, das Arbeitsverhältnis in Wechselschichtarbeit fortzusetzen.

Bedeutung für den Betriebsrat/die JAV

Die Änderungskündigung ist zunächst eine normale Kündigung. Dies bedeutet, dass in Betriebsratsbetrieben die → **Mitbestimmungsrechte des Betriebsrats** etwa nach § 102 BetrVG zu beachten sind. Der Betriebsrat ist vor jeder Kündigung zu hören. Er kann der beabsichtigten Änderungskündigung widersprechen. Wenn er der beabsichtigten Änderungskündigung unter einer der in § 102 Abs. 3 BetrVG aufgeführten Gründe widerspricht und bei erfolgter Kündigung der Arbeitnehmer eine Änderungskündigungsschutzklage erhebt, ist der Arbeitnehmer bis zum rechtskräftigen Ausgang des Verfahrens zu unveränderten Arbeitsbedingungen weiter zu beschäftigen. Nach sogenannter herrschender Meinung gilt das nicht, wenn der Arbeitnehmer die geänderten Arbeitsbedingungen unter Vorbehalt angenommen hat. Allerdings wird in diesen Fällen häufig zugleich eine Versetzung vorliegen, zu der der Arbeitgeber wiederum die Zustimmung des Betriebsrats benötigt.

Bedeutung für die Beschäftigten

Nach erfolgter Änderungskündigung durch den Arbeitgeber muss der Arbeitnehmer reagieren. Er kann, wie oben dargelegt, die Änderung der Arbeitsbedingungen annehmen; er kann sie unter Vorbehalt annehmen und muss dann binnen drei Wochen seit Zugang der Kündigung eine → **Änderungskündigungsschutzklage** erheben. Dies ist für den Arbeitnehmer dann der sinnvollste Weg, wenn er mit der angebotenen Änderung der Arbeitsbedingungen nicht einverstanden ist, gleichwohl aber notfalls auch zu den geänderten Arbeitsbedin-

Änderungskündigung

gungen weiterarbeiten will. Das Gericht prüft nämlich dann im Rahmen des Kündigungsschutzprozesses lediglich, ob der Arbeitnehmer die Änderungen der Arbeitsbedingungen hinnehmen muss oder nicht. Er kann schließlich die Änderung insgesamt ablehnen. Dann endet das Arbeitsverhältnis nach Ablauf der Kündigungsfrist, wenn sie nicht erfolgreich durch eine → **Kündigungsschutzklage** angegriffen wird.

Wichtig für die Einlegung einer Kündigungsschutzklage ist die Einhaltung der Dreiwochenfrist. Die Frist läuft ab Zugang der Kündigung, und zwar auch dann, wenn die Wirkung der Änderung erst viel später, z. B. erst nach drei Monaten oder »zu Beginn des nächsten Halbjahres« einsetzen soll.

Anrechnung von Berufsschul- und Prüfungszeiten auf die Arbeitszeit

Grundlagen

§ 15 Abs. 1 BBiG regelt die Freistellung zum Besuch der Berufsschule und bei Prüfungen. Es gilt ein Beschäftigungsverbot, wenn die Berufsschule an demselben Tag vor 9.00 Uhr beginnt. Ausbildende haben Auszubildende für die Teilnahme am Berufsschulunterricht grundsätzlich freizustellen. Auszubildende sind an einem Berufsschultag mit mehr als fünf Unterrichtsstunden von mindestens je 45 Minuten einmal in der Woche für einen vollen Arbeitstag freizustellen. Ebenso sind sie in Berufsschulwochen mit einem planmäßigen Blockunterricht von mindestens 25 Stunden an mindestens fünf Tagen freizustellen. In Berufsschulwochen mit Blockunterricht sind zusätzliche betriebliche Ausbildungsveranstaltungen bis zu zwei Stunden wöchentlich zulässig. Für die Teilnahme an Prüfungen und Ausbildungsmaßnahmen, die auf Grund öffentlich-rechtlicher oder vertraglicher Bestimmungen außerhalb der Ausbildungsstätte durchzuführen sind sowie an dem Arbeitstag, der der schriftlichen Abschlussprüfung unmittelbar vorangeht, sind Auszubildende freizustellen.

Berufsschulzeiten und Zeiten der Freistellung für Prüfungen sind nach § 15 Abs. 2 BBiG auf die Ausbildungszeit anzurechnen. Auf die Ausbildungszeit der Auszubildenden wird die Unterrichtszeit in der Berufsschule einschließlich der Pausen und der notwendigen Wegezeiten zwischen Berufsschule und Ausbildungsstätte angerechnet. Ein voller Berufsschultag nach § 15 Abs. 1 Nr. 2 BBiG wird mit der durchschnittlichen täglichen Ausbildungszeit angerechnet. Berufsschulwochen werden mit der durchschnittlichen wöchentlichen Ausbildungszeit angerechnet. Bei Prüfungen erfolgt die Anrechnung auf die durchschnittliche tägliche Ausbildungszeit (→ **Arbeitszeit/Ausbildungszeit/Berufsschulzeit**) mit der Zeit der Teilnahme an der Prüfung einschließlich der Pausen; genauso wird mit der Freistellung an dem Arbeitstag vor der schriftlichen Abschlussprüfung verfahren.

Anrechnung von Berufsschul- und Prüfungszeiten auf die Arbeitszeit

Bedeutung für den Betriebsrat/die JAV

Mit den gesetzlichen Freistellungs- und Anrechnungsregelungen werden auch geltende Tarifverträge tangiert. In der operativen Handhabung der beiden Regelwerke gilt das »Günstigkeitsprinzip«. Das bedeutet: Es ist die Regelung anzuwenden, die für die Auszubildenden günstiger ist. Für alle Auszubildenden sind die für sie gültigen Tarifverträge anzuwenden, sofern die Arbeitszeit für Auszubildende darin günstiger geregelt ist.
Nach § 87 Abs. 1 Nrn. 2 und 3 BetrVG hat der Betriebsrat ein Mitbestimmungsrecht über die genaue Lage und Verteilung der Arbeitszeit. Somit ist sowohl die Verteilung der Arbeitszeit als auch eine etwaige Änderung vonseiten des Betriebsrats mitbestimmungspflichtig und bedarf ggf. des Spruchs einer Einigungsstelle. Der Betriebsrat sollte in diesem Zusammenhang darauf achten, dass die Arbeitszeit gleichmäßig auf fünf Tage in der Woche verteilt wird. Das Wochenende muss dabei arbeitsfrei bleiben.

Bedeutung für Auszubildende

Auszubildende sollten grundsätzlich darauf achten, dass im Sinne der hier beschriebenen rechtlichen Grundlagen und Empfehlungen für die Praxis auf die Einhaltung und Anwendung der bestehenden Gesetze, Tarifverträge und des Ausbildungsvertrags geachtet wird.
Bei einer gestreckten Abschlussprüfung müssen oft jeweils schriftliche Prüfungen in Teil 1 und in Teil 2 der Abschlussprüfung abgelegt werden. Bei Berufen in deren Ausbildungsordnungen im Teil 1 sowie im Teil 2 schriftliche Prüfungen vorgesehen sind, ergibt sich aus § 15 Abs. 1 Nr. 5 BBiG ein Anspruch auf jeweils einen Freistellungstag jeweils vor der schriftlichen Prüfung (insgesamt zwei Tage Freistellung).
Fällt der Tag vor der schriftlichen Abschlussprüfung auf ein Wochenende, entfällt der Anspruch auf Freistellung, da der Gesetzgeber davon ausgeht, dass sich die/der Auszubildende »frei von Arbeitszwängen« auf die schriftliche Abschlussprüfung vorbereiten kann. Gleiches gilt, wenn dem Prüfungstermin ein Feiertag vorangeht. Anders sieht es aus, wenn der Tag unmittelbar vor der schriftlichen Abschlussprüfung einen Schultag ist. An einem Schultag hätte die/der Auszubildende keinen Freiraum, um sich auf die anstehende schriftliche Abschlussprüfung vorzubereiten. Daher ist die/der Auszubildende in den Fällen, in denen sie/er an dem unmittelbar der Prüfung vorangehenden Tag Berufsschulunterricht hat, am Tag vor dem Berufsschultag freizustellen, um die Prüfungsvorbereitung zu gewährleisten.

Anrechnung von Berufsschul- und Prüfungszeiten auf die Arbeitszeit

Findet der schriftliche Prüfungsteil an mehreren aufeinander folgenden Tagen statt, so ist die/der Auszubildende nur vor dem ersten Prüfungstag freizustellen.
Ein Freistellunganspruch existiert auch, falls eine schriftliche Abschlussprüfung wiederholt werden muss.
Bei Ausbildungsordnungen, die eine Zwischenprüfung vorsehen, besteht kein Freistellungsanspruch.

Arbeitgeber

Begriff

Im arbeitsrechtlichen Sinne ist Arbeitgeber jeder, der eine andere Person als Arbeitnehmer beschäftigt. Zum Begriff des Ausbildenden bzw. Ausbilder: → **Ausbilder/Ausbildereignungsverordnung**.
Der Begriff des Arbeitgebers im Sinne von § 3 JArbSchG geht weiter und umfasst jede Person, die ein Kind oder eine/n Jugendliche/n beschäftigt (»Minderjährige«), da das Gesetz nicht nur Arbeitsverhältnisse, sondern jede Form der abhängigen Beschäftigung erfasst (»funktioneller Arbeitgeberbegriff«). Somit ist die Person Arbeitgeber, zu deren Gunsten und unter deren Leitung die Beschäftigung im Sinne des § 1 JArbSchG ausgeübt wird (*Henssler/Willemsen/Kalb-Tillmann*, Arbeitsrecht Kommentar, 9. Aufl., § 3 JArbSchG Rn. 1).
Das Begriffspaar »Arbeitgeber« und »Arbeitnehmer:in« dient dabei der Verschleierung der tatsächlichen Begebenheiten. Der/die »Arbeitnehmer:in« ist es, der/die seine/ihre Arbeitskraft verkauft, also »gibt«, während der »Arbeitgeber« die Arbeitskraft für sich nutzt, also »nimmt«.
Das BetrVG versteht den Arbeitgeber grundsätzlich als Organ der Betriebsverfassung. Hier steht der Arbeitgeber als Inhaber eines Betriebs im Vordergrund, da Rechte und Pflichten des Arbeitgebers aus dem Betriebsverfassungsrecht für bzw. gegen den/die jeweilige/n Inhaber:in des Betriebs gelten, wobei der betriebsverfassungsrechtliche Begriff des Arbeitgebers mit dem des Unternehmens identisch ist. Das BetrVG erwähnt den Unternehmer – z. B. in § 111 BetrVG –, wenn es sich um wirtschaftliche Angelegenheiten handelt, und das Unternehmen als wirtschaftliche Einheit betroffen ist.
Das Arbeitsrecht kennt zwei Typen von Arbeitgebern, die Träger von Rechten und Pflichten sein können. Dieses sind die natürlichen und die juristischen Personen.
Nach unserem Rechtssystem sind alle lebend geborenen Menschen natürliche Personen. In dieser Eigenschaft können sie auch Arbeitgeber sein.
Von juristischen Personen spricht man dann, wenn ein Zusammenschluss von natürlichen Personen vorliegt, der durch Vertrag, Satzung oder Gesetz erfolgt.

Arbeitgeber

Arbeitgeber ist somit:
- Der/die Einzelunternehmer:in, der/die z. B. als Buchhändler:in seine/ihre Geschäfte führt und mindestens eine/n Arbeitnehmer:in beschäftigt (= natürliche Person);
- eine Gesellschaft bürgerlichen Rechts, eine OHG oder eine KG, mittels deren Personen ein Handelsgewerbe unter einer gemeinschaftlichen Firma betrieben wird (= Zusammenschluss mehrerer natürlicher Personen/Gesamthandsgemeinschaft);
- eine AG, eine Gesellschaft mit beschränkter Haftung, eine eingetragene Genossenschaft oder ein eingetragener Verein (= juristische Person).

Das Gesetz gibt keine Definition des Begriffs Arbeitgeber, sondern setzt den Begriff als bekannt voraus.

Bedeutung für den Betriebsrat/die JAV

Das BetrVG versteht den Arbeitgeber hauptsächlich als Organ der Betriebsverfassung. Der Arbeitgeber wird hier als Inhaber des Betriebs gesehen, da Rechte und Pflichten des Arbeitgebers aus dem Betriebsverfassungsrecht für bzw. gegen die/den jeweilige/n Inhaber:in des Betriebs bestehen. Da neben der arbeitsrechtlichen Leitungsmacht auch die unternehmerische Funktion durch das BetrVG erfasst wird, ist der betriebsverfassungsrechtliche Begriff des Arbeitgebers mit dem des Unternehmens identisch.

Demzufolge ist Arbeitgeber bei einer natürlichen Person derjenige, der Inhaber des Betriebs ist.

Bei einer juristischen Person ist diese auch selbst Arbeitgeber. Im Falle einer GmbH ist also entsprechend die GmbH Arbeitgeber. Die juristischen Personen handeln durch ihre Organe, z. B. durch den Vorstand einer Aktiengesellschaft oder die Geschäftsführung einer GmbH.

Als Organ der Betriebsverfassung ist der Arbeitgeber sozialer und wirtschaftlicher Gegenspieler vor allem des Betriebsrats (→ **Betriebsrat**) und der JAV (→ **Jugend- und Auszubildendenvertretung**). Er hat bestimmte Rechte und Pflichten nach dem BetrVG, z. B. den Kosten- und Sachaufwand des Betriebsrats und der JAV zu tragen. Des Weiteren trifft ihn eine umfassende Unterrichtungs- und Beratungspflicht, wie sie sich z. B. aus §§ 80 Abs. 2, 90, 111 BetrVG ergibt. Durch organisatorische und finanzielle Voraussetzungen hat der Arbeitgeber dafür Sorge zu tragen, dass die Betriebsrats- und JAV-Tätigkeit reibungslos ablaufen kann. Zusammen mit dem Betriebsrat schafft der Arbeitgeber generelle Regelungen grundsätzlich in der Form von Betriebsvereinbarungen, die die betriebliche und betriebsverfassungsrechtliche Ordnung sowie die Gestaltung der individuellen

Rechtsbeziehungen zwischen dem Arbeitgeber und den Arbeitnehmer:innen beinhalten.

Das BetrVG erfasst daneben aber auch den Arbeitgeber als Vertragspartei der Arbeitnehmer:innen insoweit, als dass sich die Betriebsratstätigkeit oder die JAV-Tätigkeit auf den Inhalt des Einzelarbeitsvertrags auswirkt. Dieses ist der Fall, wenn es z. B. um die Entgeltfortzahlung bei der Freistellung von BR- bzw. JAV-Mitgliedern nach den §§ 37, 38 BetrVG geht.

Bedeutung für die Beschäftigten

Der Arbeitgeber ist Partei des Arbeitsvertrags. Seine Rechte und Pflichten gegenüber dem/der Arbeitnehmer:in ergeben sich somit zunächst einmal aus diesem Vertrag (Vereinbarung von Arbeitspflicht und Entgeltzahlungspflicht). Der Arbeitsvertrag kann dabei sowohl mündlich als auch schriftlich vereinbart worden sein. Ein mündlich vereinbarter Arbeitsvertrag ist aber unwirksam, wenn die Schriftform nach Gesetz, Tarifvertrag oder Betriebsvereinbarung vorgesehen ist. Spätestens einen Monat nach dem vereinbarten Beginn des Arbeitsverhältnisses hat der Arbeitgeber die wesentlichen Vertragsbedingungen schriftlich zu fassen, zu unterzeichnen und dem/der Arbeitnehmer:in auszuhändigen. Dieses regelt das Nachweisgesetz.

Aus diesem Arbeitsvertrag i. V. m. § 611a BGB ergibt sich die Verpflichtung zur Arbeit, die letztlich durch Weisungen, durch das »Direktionsrecht« des Arbeitgebers, nach § 106 Satz 1 GewO ausgeführt wird. Das Weisungsrecht des Arbeitgebers erstreckt sich nach § 106 Satz 2 GewO auch auf die Ordnung und das Verhalten der Arbeitnehmer im Betrieb.

Der Arbeitgeber hat danach das Recht, im Rahmen des Arbeitsvertrags sowie unter Beachtung

- der Gesetze und Verordnungen,
- der Tarifverträge,
- der Betriebsvereinbarungen,
- der allgemeinen Arbeitsbedingungen,
- der betrieblichen Übung

von sich aus jede ihm zweckmäßig erscheinende Anordnung zur Erfüllung der Arbeitspflicht zu treffen. Dieses kann dabei sowohl durch Einzelanweisungen als auch durch allgemeine Anordnungen erfolgen. Diese ist aber dann unwirksam, wenn sie nicht gem. § 315 Abs. 3 BGB der »Billigkeit« entspricht. An eine Weisung des Arbeitgebers, die die Grenzen billigen Ermessens nicht wahrt, ist ein/e Arbeitnehmer:in nach § 106 Satz 1 GewO, § 315 BGB nicht gebunden – und zwar auch nicht vorläufig (BAG 18.10.2017 – 10 AZR 330/16).

Arbeitnehmerbegriff

Grundlagen

Für die Anwendung des Arbeitsrechts ist der Arbeitnehmerbegriff von besonderer Bedeutung. An ihn knüpfen vor allem viele Arbeitnehmerschutzgesetze an. Aber auch für das kollektive Arbeitsrecht ist er bedeutsam, wenn etwa § 1 BetrVG bestimmt: »*In Betrieben mit in der Regel mindestens fünf ständigen wahlberechtigten Arbeitnehmern, von denen drei wählbar sind, werden Betriebsräte gewählt*«.
Der Arbeitnehmerbegriff ist in § 611a BGB definiert:
Danach ist Arbeitnehmer:in, wer
- im Dienst eines anderen;
- zur Leistung weisungsgebundener, fremdbestimmter Arbeit;
- in persönlicher Abhängigkeit verpflichtet ist;
- weisungsgebunden ist, wer nicht im Wesentlichen frei seine Tätigkeit gestalten und seine Arbeitszeit bestimmen kann;
- der Grad der persönlichen Abhängigkeit hängt dabei auch von der Eigenart der jeweiligen Tätigkeit ab;
- für die Feststellung, ob ein Arbeitsvertrag vorliegt, ist eine Gesamtbetrachtung aller Umstände vorzunehmen;
- zeigt die tatsächliche Durchführung des Vertragsverhältnisses, dass es sich um ein Arbeitsverhältnis handelt, kommt es auf die Bezeichnung im Vertrag nicht an.

Schwierigkeiten ergeben sich bei der Abgrenzung der Arbeitnehmer:innen zu selbstständigen Personen (Problem der Scheinselbstständigkeit). Hier ist der Einzelfall zu prüfen, insbesondere, ob eine persönliche Abhängigkeit besteht und wie ausgeprägt das Weisungsrecht ist. Schreibt der Arbeitgeber Beginn und Ende der täglichen Arbeitszeit sowie die Anwesenheitspflicht im Einzelnen vor, spricht dies ganz wesentlich für die Annahme eines Arbeitsverhältnisses. Die Bezeichnung des Vertragsverhältnisses in einem Vertrag spielt keine Rolle.
Es besteht die Möglichkeit, das Sozialgericht anzurufen, das dann entscheidet (§ 7a SGB IV).

Arbeitnehmerbegriff

In der jüngeren Rechtsprechung des BSG wurde bei einem Erziehungsbeistand eine freie Mitarbeit und kein Arbeitsverhältnis angenommen, weil die Honorierung der geleisteten Stunden deutlich über dem üblichen Arbeitsentgelt lag (BSG 31.3.2017 – B 12 R 7/15 R). Dass der Betroffene nicht in den Dienstplan aufgenommen wird, reicht allein nicht aus, um ihn als freien Mitarbeiter zu betrachten (BSG 28.9.2011 – B 12 R 17/09 R).

Nach wie vor wird in einigen Branchen versucht, abhängig Beschäftigte als Selbstständige zu deklarieren (**Scheinselbstständigkeit**). Dies ist insbesondere anzunehmen, wenn tatsächlich die Arbeitskraft nur in den Dienst eines Vertragspartners gestellt wird, die Möglichkeit eigener unternehmerischer Entscheidungen nicht besteht, eine Berichtspflicht und Kontrolle der Tätigkeit vorgesehen ist und es sich schließlich um Arbeiten handelt, die ansonsten von abhängig Beschäftigten ausgeübt werden. Insbesondere die Abgrenzung zur sogenannten freien Mitarbeit bleibt schwierig.

Im Übrigen finden sich in unterschiedlichen Gesetzen verschiedene Festlegungen. So sind Arbeitnehmer:innen nach § 5 ArbGG Arbeiter:innen, Angestellte und die zur Berufsausbildung Beschäftigten. Als Arbeitnehmer:innen gelten aber auch die in Heimarbeit Beschäftigten und die ihnen Gleichgestellten sowie sonstige Personen, die wegen ihrer wirtschaftlichen Unselbstständigkeit als arbeitnehmerähnliche Personen anzusehen sind. Ebenfalls in § 5 ArbGG erfolgt die Festlegung, dass nicht als Arbeitnehmer:innen in Betrieben einer juristischen Person, die Personen gelten, »die kraft Gesetzes, Satzung oder Gesellschaftsvertrags allein oder als Mitglieder des Vertretungsorgans zur Vertretung der juristischen Person oder der Personengesamtheit berufen sind«.

Auch das BetrVG i. d. F. vom 10.12.2001 enthält in § 5 vergleichbare Festlegungen, erweitert den Katalog derjenigen Personen jedoch, die nicht als Arbeitnehmer im Sinne des BetrVG gelten, etwa auf Personen, deren Beschäftigung nicht in erster Linie ihrem Erwerb dient, sondern vorwiegend durch Beweggründe karitativer oder religiöser Art bestimmt ist. Leitende Angestellte gelten im Rahmen der Betriebsverfassung nach § 5 Abs. 3 BetrVG nicht als Arbeitnehmer:innen, während sie es im übrigen Arbeitsrecht grundsätzlich sind.

Keine Arbeitnehmer:innen sind Richter:innen, Beamt:innen und Soldat:innen (§ 5 Abs. 2 ArbGG, und zwar unabhängig davon, ob sie Beamt:innen auf Lebenszeit, nur auf Zeit oder auf Widerruf sind).

Die Einordnung eines Beschäftigten als Arbeitnehmer:in hat erhebliche praktische Auswirkungen, da die Schutznormen des Arbeits- und Sozialrechts grundsätzlich nur für Arbeitnehmer:innen gelten, also insbesondere das → **Kündigungsschutzgesetz**, das → **Entgeltfortzahlungsgesetz**, das → **Arbeitszeitgesetz**, das → **Bundesurlaubsgesetz**, aber auch das → **Betriebsverfassungs- und das Tarifvertragsgesetz**. Auch die Versicherungspflicht für die Kranken-, Renten- und Arbeitslosenversicherung knüpft an das bestehende Arbeitsverhältnis an.

Arbeitnehmererfindung

Grundlagen

Grundsätzlich gehört das Ergebnis der Arbeit eines Arbeitnehmers dem Arbeitgeber. Dieser erwirbt das Eigentum am Arbeitsergebnis. Der Arbeitnehmer erhält dafür das Arbeitsentgelt.
Davon gibt es eine Ausnahme, wenn es sich bei dem Arbeitsergebnis um eine Arbeitnehmererfindung handelt, die unter die Bestimmungen des Arbeitnehmererfindungsgesetzes fällt.
Das Arbeitnehmererfindungsgesetz vom 25.7.1957, zuletzt geändert durch Gesetz vom 18.1.2002 (BGBl. I S. 414), regelt die Behandlung von Arbeitnehmererfindungen. Dies sind solche Arbeitsergebnisse eines Arbeitnehmers, die während der Dauer des Arbeitsverhältnisses gemacht werden und patent- oder gebrauchsmusterfähige Erfindungen darstellen, die entweder maßgeblich auf Erfahrungen oder Arbeiten des Betriebs beruhen oder aus der dem Arbeitnehmer im Betrieb obliegenden Tätigkeit entstanden sind.
Solche Arbeitnehmer- oder Diensterfindungen hat der Arbeitnehmer dem Arbeitgeber schriftlich zu melden. Der Arbeitgeber hat dann zu entscheiden, ob er die Erfindung beschränkt oder unbeschränkt in Anspruch nehmen will. Bei unbeschränkter Inanspruchnahme wird der Arbeitgeber Eigentümer der Erfindung. Er muss sie zum Patent oder Gebrauchsmuster anmelden und muss für die Verwertung der Diensterfindung dem Arbeitnehmererfinder eine Vergütung zahlen. Bei der beschränkten Inanspruchnahme erhält er ein nicht ausschließliches Benutzungsrecht der Diensterfindung.

Bedeutung für Arbeitnehmer/Auszubildende

Hat ein Arbeitgeber eine Diensterfindung unbeschränkt in Anspruch genommen, muss er eine angemessene Vergütung zahlen. Die Höhe der Vergütung richtet sich nach Richtlinien des Bundesministeriums für Arbeit und Sozialordnung

Arbeitnehmererfindung

für die Vergütung von Arbeitnehmererfindungen. Ihre Höhe richtet sich nach dem Wert der Erfindung und dem Anteil des Betriebs am Zustandekommen der Erfindung einerseits bzw. dem Nutzen der Erfindung für den Betrieb andererseits und dem Anteil des Arbeitnehmers am Zustandekommen der Erfindung und nach der Stellung des Arbeitnehmers im Betrieb. Auch Auszubildende sind Arbeitnehmer i. S. des Gesetzes und können Erfindungen machen und haben unter den gesetzlichen Voraussetzungen Anspruch auf volle Vergütung einer genutzten Diensterfindung.

Im Übrigen muss der Arbeitgeber eine unbeschränkt in Anspruch genommene Erfindung auf seine Kosten zum Patent oder Gebrauchsmuster anmelden und die Erfindung verwerten.

> **Beispiel:**
> Es wird angenommen, dass eine Erfindung gemacht wird, für die ein Arbeitgeber einen Lizenzsatz von 3 % zahlen müsste. Mit der Erfindung macht er einen Umsatz von 200 000,00 Euro. Der Anteilsfaktor, nämlich der Anteil des Arbeitnehmers am Zustandekommen der Erfindung, richtet sich nach der Stellung der Aufgabe, nach der Lösung der Aufgabe und nach den Aufgaben und der Stellung des Arbeitnehmers im Betrieb.
> Der Anteil des Arbeitnehmers am Zustandekommen der Diensterfindung ist umso größer, je größer seine Initiative bei der Aufgabenstellung ist. Wenn der Arbeitgeber ihm die Aufgabe gestellt und dabei unmittelbar den Lösungsweg angegeben hat, gibt es einen Punkt. Hat der Arbeitnehmer sich die Aufgabe selbst außerhalb seines Aufgabenbereichs gestellt, gibt es sechs Punkte. Dazwischen liegen die Abstufungen 2 bis 5.
> Bei der Lösung der Aufgabe gibt es Wertzahlen von 1 bis 6, die sich danach richten, ob die Lösung mithilfe der dem Erfinder beruflich geläufigen Überlegungen gefunden wurde, ob sie aufgrund betrieblicher Arbeiten oder Kenntnisse gefunden wurde und/oder ob der Betrieb den Erfinder mit technischen Hilfsmitteln unterstützt hat.
> Liegen bei einer Erfindung alle diese Merkmale vor, erhält die Erfindung für die Lösung der Aufgabe die Wertzahl 1, liegt keines dieser Merkmale vor, erhält sie die Wertzahl 6.
> Schließlich sind die Aufgaben und Stellung des Arbeitnehmers im Betrieb zu bestimmen. Hier gibt es acht Gruppen, beginnend mit ungelernten Arbeitern, angelernten Arbeitern oder Auszubildenden. Dann gibt es die Wertzahl 8 bis hinauf zum Leiter der gesamten Forschungsabteilung eines Unternehmens bzw. zum technischen Leiter größerer Betriebe mit der Wertzahl 1.
> Wenn im Beispiel ein Anteilsfaktor von
> a) 2 Punkte, b) 1 Punkt, c) 5 Punkte
> unterstellt wird, muss aus der nachstehenden Tabelle aus der Wertzahl 8 der Prozentsatz A mit 15 % angenommen werden. Die Jahresvergütung beträgt danach: Umsatz 200 000,00 Euro × 3 : 100 × 15 : 100 = 900,00 Euro.

Die Vergütung ist jährlich anhand des jeweiligen Umsatzes neu zu berechnen und zu zahlen.

Tabelle

a+b+c	=	3	4	5	6	7	8	9	10	11	12	13	14	15	16	17	18	19	(20)
A	=	2	4	7	10	13	15	18	21	25	32	39	47	55	63	72	81	90	(100)

In dieser Tabelle bedeuten:
a = Wertzahlen, die sich aus der Stellung der Aufgabe ergeben,
b = Wertzahlen, die sich aus der Lösung der Aufgabe ergeben,
c = Wertzahlen, die sich aus Aufgaben und Stellung im Betrieb ergeben,
A = Anteilsfaktor (Anteil des Arbeitnehmers am Erfindungswert in Prozenten).
Die Summe, die sich aus den Wertzahlen a, b und c ergibt, braucht keine ganze Zahl zu sein. Sind als Wertzahlen Zwischenwerte (z. B. 3,5) gebildet worden, so ist als Anteilsfaktor eine Zahl zu ermitteln, die entsprechend zwischen der angegebenen Zahl liegt. Die Zahlen 20 und 100 sind in Klammern gesetzt, weil zumindest in diesem Fall eine freie Erfindung vorliegt.

Bedeutung für den Betriebsrat/die JAV

Insbesondere in Großbetrieben, bei denen auch das Verbesserungsvorschlagswesen (siehe dort) in einer Betriebsvereinbarung geregelt ist, gibt es häufig Regelungen über die Behandlung von Arbeitnehmererfindungen, nämlich über die Form der Meldung der Erfindung durch den Arbeitnehmer oder Auszubildenden und über die zuständigen Stellen. Oft wird auch vereinbart, dass Erfindungen zunächst im Rahmen des Verbesserungsvorschlagswesens vergütet werden, wobei eine Anrechnung einer später zu zahlenden Erfindervergütung auf die Vergütung als Verbesserungsvorschlag erfolgt. Im Übrigen sind etwa 80 % aller beim Deutschen Patentamt angemeldeten Erfindungen, Diensterfindungen von Arbeitnehmern.
Bei freien Erfindungen, die nicht auf Erfahrungen oder Arbeiten des Betriebs beruhen und nicht mit der betrieblichen Tätigkeit in Verbindung gebracht werden können, ist ein Arbeitnehmer in den Verwertungsrechten nicht beschränkt. Lediglich dann, wenn die Erfindung in den Arbeitsbereich des Betriebs des Arbeitgebers fällt, muss er dem Arbeitgeber ein nicht ausschließliches Recht zur Benutzung der Erfindung zu angemessenen Bedingungen anbieten.
Auch ein Prämienanspruch der aus einer Betriebsvereinbarung über »das betriebliche Vorschlagwesen« abgeleitet wird, verfällt grundsätzlich mit Ablauf der tariflichen Verfallfrist (BAG 22.1.2008 – 9 AZR 416/07).

Arbeitnehmerhaftung

Grundlagen

Die Arbeitnehmerhaftung hat große praktische Bedeutung, da Arbeitnehmer im modernen Arbeitsleben erhebliche Verantwortung tragen und mit Arbeitsmitteln umgehen müssen, die einen hohen Wert darstellen. Die Rechtsgrundlagen für die Haftung in einem Vertragsverhältnis finden sich im Bürgerlichen Gesetzbuch, nämlich § 276 BGB. Danach hat man im Vertragsverhältnis für jedes Verschulden, Vorsatz und Fahrlässigkeit zu haften. Die Besonderheit der Arbeitnehmerhaftung liegt darin, dass der Arbeitnehmer erhebliche Haftungsrisiken im Interesse des Arbeitgebers auf sich nimmt, ohne dass er hierfür etwa im Arbeitsentgelt einen entsprechenden Ausgleich erhielte. Deshalb wendet die Arbeitsgerichtsbarkeit einen anderen Haftungsmaßstab an.

Arbeitnehmer, also auch Jugendliche oder Auszubildende, haften:
- bei leichtester Fahrlässigkeit nicht,
- bei mittlerer Fahrlässigkeit je nach den Umständen des Einzelfalls,
- bei grober Fahrlässigkeit kommt sowohl eine alleinige Haftung des Arbeitnehmers als auch eine Quotierung in Betracht,
- bei vorsätzlicher Schadensverursachung haftet der Arbeitnehmer allein.

Im Bereich der mittleren Fahrlässigkeit sind das Verschulden des Arbeitnehmers und das Betriebsrisiko gegeneinander abzuwägen. In der Regel wird der Schaden geteilt, wobei die Quote nach Billigkeits- und Zumutbarkeitsgesichtspunkten zu bestimmen ist. Hierbei spielt das Schadensrisiko der Tätigkeit ebenso eine Rolle wie die Schadenshöhe, ein vom Arbeitgeber einkalkuliertes oder versicherungsmäßig abgedecktes Risiko, die berufliche Stellung des Arbeitnehmers (insbesondere Berufsanfänger oder Anlernkraft) und die Höhe des Arbeitsentgeltes.

Aber auch die persönlichen Verhältnisse des Arbeitnehmers, wie etwa die Dauer seiner Betriebszugehörigkeit und sein bisheriges Verhalten sowie seine familiären Unterhaltsverpflichtungen spielen eine Rolle. Es ist ferner zu vermeiden, dass die Durchsetzung des Schadensersatzanspruches zu Existenzbedrohung führt.

Bei Kraftfahrzeugschäden am Fahrzeug des Arbeitgebers ist inzwischen von der Rechtsprechung anerkannt, dass sich der Schaden nur auf die Selbstbeteiligung

Arbeitnehmerhaftung

bei einer dem Arbeitgeber zumutbaren Vollkaskoversicherung beschränkt. Ob der Arbeitgeber eine solche Versicherung tatsächlich abschließt, bleibt ihm überlassen und hat auf den zu ersetzenden Schaden dann keinen Einfluss mehr.
Beispiele für grobe Fahrlässigkeit: Motorschaden infolge unterlassener Ölstandskontrolle bei einem LKW-Fahrer; Alkohol am Steuer aber auch bereits das Fahren bei Rotlicht.
Das Mitverschulden des Arbeitgebers ist nach § 254 BGB zu berücksichtigen. Beispiel: Setzt ein Arbeitgeber einen Arbeitnehmer als Fahrer ein, von dem er weiß, dass er keinen Führerschein besitzt, kann der Arbeitnehmer nach einem Verkehrsunfall verlangen, von Ansprüchen Dritter freigestellt zu werden. Das gilt selbst dann, wenn der Unfall selbst grob fahrlässig herbeigeführt wurde. Das BAG hat in einem solchen Fall ein überwiegendes Verschulden des Arbeitgebers angenommen (BAG 23. 6. 1988, AiB 1989, 92).
Verursacht ein Arbeitnehmer einen Personenschaden an einem Arbeitskollegen (Arbeitsunfall) so haftet er dem Arbeitskollegen gegenüber nicht auf Schadenersatz. Es gibt vielmehr einen Anspruch aus der gesetzlichen Unfallversicherung nach §§ 105 ff. SGB VII.
Bei Sachschäden dagegen besteht die Haftung gegenüber dem Arbeitskollegen in vollem Umfang. Die dem Arbeitgeber gegenüber bestehende Haftungserleichterung kommt im Verhältnis der Arbeitskollegen zueinander nicht in Betracht. Wohl kann der schädigende Arbeitnehmer je nach den Umständen des Einzelfalles vom Arbeitgeber verlangen, von der Haftung freigestellt zu werden.
Bei Schadenersatzansprüchen aus Vertragsverhältnissen wurde mit Wirkung ab 1. Januar 2005 die Beweislastregel erheblich zum Nachteil des Schädigers verändert. Zugleich wurde aber durch § 619a BGB klargestellt, dass es für den Bereich des Arbeitsrechts bei der bisherigen Beweislastverteilung bleibt, die der Arbeitgeber in vollem Umfange für Schäden trägt, die vom Arbeitnehmer verursacht worden sind. Das gilt allerdings dann nicht, wenn der Arbeitnehmer die Aufklärung eines Unfalls durch eine vorsätzlich falsche Schilderung des Unfallgeschehens vereitelt hat (LAG Mecklenburg-Vorpommern 11. 1. 2006 – 2 Sa 397/05).
Ein besonderes Problem des Schadenersatzes im Arbeitsverhältnis stellt die sogenannte Mankohaftung dar. Es geht hierbei um die Frage, unter welchen Voraussetzungen der Arbeitnehmer für den Schaden einzutreten hat, den der Arbeitgeber durch einen Fehlbestand in einer von dem Arbeitnehmer geführten Kasse oder einem Warenbestand erleidet. Diese Mankohaftung spielt in der täglichen Praxis eine große Rolle. In einer noch heute maßgeblichen Grundsatzentscheidung hat das BAG im Jahre 1998 die Grundsätze der Mankohaftung bestimmt (BAG 17. 9. 1998, NZA 1999, 141). Danach gelten im Bereich der Mankohaftung in vollem Umfang die Grundsätze über die beschränkte Arbeitnehmerhaftung. Der Arbeitgeber trägt die volle Beweislast für ein Verschulden des Arbeitneh-

Arbeitnehmerhaftung

mers, und zwar auch bei solchen Arbeitnehmern, die selbstständig über den Geld- oder Warenbestand verfügen.

Die Arbeitgeber haben sich häufig in der Vergangenheit im Arbeitsvertrag sogenannte Mankoabreden unterschreiben lassen, die die Rechtslage insbesondere im Bereich der Beweislast zu ihren Gunsten verschieben sollten. Spätestens seit dem Jahre 2003 unterliegen jedoch auch Arbeitsverträge der AGB-Kontrolle.

Nach der derzeitigen Rechtslage sind Mankoabreden unwirksam, die gegen die Grundsätze der beschränkten Arbeitnehmerhaftung verstoßen, wenn nicht zugleich ein gleichwertiger Ausgleich (Mankogeld) geleistet wird. Soll der Arbeitnehmer nach dem Arbeitsvertrag verschuldensunabhängig den Kassenbestand trotz eines eventuell tatsächlich vorhandenen Mankos in voller Höhe an den Arbeitgeber zahlen müssen, so gilt dies nur bis zur Höhe eines gezahlten Mankogeldes. Vorformulierte Klauseln in Arbeitsverträgen, die diese Grundsätze nicht beachten, sind insgesamt unwirksam, sie werden nicht etwa angepasst.

Bedeutung für die Beschäftigten

Durch die Grundsätze der Arbeitnehmerhaftung besteht im Arbeitsverhältnis ein relativer Schutz des Arbeitnehmers vor Schadenersatzansprüchen.
Dies gilt allerdings nur bis zur mittleren Fahrlässigkeit. Wer sich im Arbeitsleben grob fahrlässig verhält oder gar den Arbeitgeber vorsätzlich schädigt, haftet in aller Regel voll.

Bedeutung für Auszubildende

Nach § 10 Abs. 2 BBiG sind auf den Berufsausbildungsvertrag die für den Arbeitsvertrag geltenden Rechtsvorschriften und Rechtsgrundsätze anzuwenden, soweit sich aus dem Wesen und Zweck des Berufsausbildungsvertrages nichts anderes ergibt. Das BAG hat klargestellt, dass im Ausbildungsverhältnis keine anderen Haftungsgrundsätze gelten als im Arbeitsverhältnis (BAG 18.4.2002, AiB 2003, 316 mit Anm. *Schwab*).

Arbeitsgericht/Arbeitsgerichtsbarkeit

Grundlagen

Streitigkeiten zwischen Arbeitgebern und Arbeitnehmern oder Auszubildenden aus dem Arbeits- oder Ausbildungsverhältnis fallen in die Zuständigkeit der Arbeitsgerichtsbarkeit.
Die Arbeitsgerichtsbarkeit ist ein besonderer Gerichtszweig für arbeitsrechtliche Streitigkeiten nach den Bestimmungen des Arbeitsgerichtsgesetzes. Sie ist dreistufig aufgebaut. Alle arbeitsrechtlichen Streitigkeiten werden in der ersten Instanz zunächst vor dem örtlich zuständigen Arbeitsgericht verhandelt. Die zweite Instanz bildet das LAG und die dritte, die sogenannte Revisionsinstanz, das BAG.
Sowohl die Kammern beim Arbeitsgericht als auch beim LAG sind jeweils mit einem Berufsrichter und je einem ehrenamtlichen Richter aus Kreisen der Arbeitgeber und der Arbeitnehmer besetzt. Beim BAG ist jeder Senat mit drei Berufsrichtern und je einem ehrenamtlichen Richter von Arbeitgeber- und Arbeitnehmerseite besetzt.
Das Arbeitsgerichtsgesetz unterscheidet Urteilsverfahren und Beschlussverfahren. Im Urteilsverfahren werden etwa Streitigkeiten zwischen Arbeitnehmern und Arbeitgebern aus dem Arbeitsverhältnis, über das Bestehen oder Nichtbestehen eines Arbeitsverhältnisses, aus unerlaubten Handlungen im Zusammenhang mit dem Arbeitsverhältnis oder auch Fragen über Zeugnis- und Arbeitspapiere entschieden. In Beschlussverfahren sind die Arbeitsgerichte z. B. zuständig für Angelegenheiten aus dem Betriebsverfassungsgesetz oder aus den Mitbestimmungsgesetzen.
Streitigkeiten zwischen Auszubildenden und Ausbilder siehe dort.
In der ersten Instanz vor dem Arbeitsgericht kann sich jeder Arbeitnehmer oder Auszubildende selbst vertreten. Da jedoch die Formalien eines gerichtlichen Verfahrens beachtet werden müssen und überdies der Arbeitgeber in der Regel sich kompetent vertreten lässt, empfiehlt sich auch für den Arbeitnehmer eine rechtskundige Vertretung durch einen Anwalt oder den gewerkschaftlichen Rechtsschutz. Die Kosten eines Anwalts lassen sich durch eine Rechtsschutz-

Arbeitsgericht/Arbeitsgerichtsbarkeit

versicherung abdecken. Für Mitglieder ist der gewerkschaftliche Rechtschutz kostenlos.

Anders als in anderen Gerichtszweigen besteht im Urteilsverfahren des ersten Rechtszuges kein Anspruch der obsiegenden Partei auf Erstattung der Kosten für die Hinzuziehung eines Prozessbevollmächtigten. Das heißt, auch wer seinen Arbeitsgerichtsprozess gewinnt, muss, wenn er z.B. einen Rechtsanwalt eingeschaltet hat, dessen Kosten selbst tragen. Eine Kostenerstattungspflicht der unterlegenen Partei besteht erst beim LAG und beim BAG. Für Gewerkschaftsmitglieder gilt, dass alle Kosten jeder Instanz, unabhängig vom Ausgang des Verfahrens, von der jeweiligen Mitgliedsgewerkschaft nach entsprechender Rechtsschutzgewährung übernommen werden.

Bedeutung für Arbeitnehmer/Auszubildende

Die Bedeutung des arbeitsgerichtlichen Verfahrens spiegelt sich in der Zahl der Klagen wider. Zurzeit werden alljährlich rund 400 000 neue Klagen eingereicht. Der weitaus überwiegende Teil der Klagen wird von Arbeitnehmern anhängig gemacht, hiervon wiederum machen die Kündigungsschutzverfahren (vor Streitigkeiten wegen Arbeitsentgelt) den weitaus größten Teil aus. Im Schnitt dauert ein arbeitsgerichtliches Verfahren rund sieben Monate, beim LAG und BAG kommt jeweils gut ein weiteres halbes Jahr hinzu. Schöpft also der Arbeitgeber den gesamten Instanzenzug aus, muss der Arbeitnehmer rund zwei Jahre warten, bis seine Ansprüche realisiert sind. Das verstärkt den Druck auf den Arbeitnehmer, einen Vergleich zu schließen, sich also gütlich mit dem Arbeitgeber zu einigen, um die Verfahrensdauer abzukürzen.

Arbeitskleidung

Grundlagen

Die Arbeitskleidung gehört nicht zu den → **Arbeitsmitteln**, die der Arbeitgeber den Auszubildenden und zur Berufsausbildung Beschäftigten im Rahmen der Berufsausbildung zur Verfügung stellen muss. Der Arbeitgeber kann laut Rechtsprechung des BAG von den Beschäftigten eine Kleidung verlangen, die der Art der Tätigkeit, den Kundenerwartungen und dem Niveau der angebotenen Leistungen des Unternehmens entspricht. Die Kosten für Arbeitskleidung sind also von den zur Berufsausbildung Beschäftigten selbst zu tragen, es sei denn, dass es eine kollektivrechtliche Regelung (Betriebsvereinbarung oder Tarifvertrag) gibt, die etwas Günstigeres regelt.
Allerdings ist der Arbeitgeber nach § 618 BGB verpflichtet, Schutzmaßnahmen gegen Gefahren für Leben und Gesundheit der Arbeitnehmer zu treffen. Der Arbeitgeber muss deshalb die im Rahmen des Arbeits- und Gesundheitsschutzes notwendige Schutzbekleidung zur Verfügung stellen, die aufgrund von Unfallverhütungsvorschriften, dem Arbeitsschutzgesetz, dem → **Jugendarbeitsschutzgesetz** und sonstigen Bestimmungen zum Schutze des einzelnen Mitarbeiters zu tragen ist (z. B. Handschuhe und Schürze bei Schweißarbeiten, Schutzhelme auf Baustellen, Schutzbrille bei Schleifarbeiten, Sicherheitsschuhe, Lärmschutz etc.). Die Kosten hierfür sind allein vom Arbeitgeber zu tragen.
Dazu zählt auch die Dienstkleidung in Krankenhäusern im Bereich der Gesundheits- und Krankenpflege, Geburtshilfe etc. In der Praxis immer wieder strittig ist hier, ob auch die Arbeitsschuhe Bestandteil der Schutzkleidung sind. Gerade, wenn aufgrund von speziellen Hygienevorschriften besondere Anforderungen an das Schuhwerk gestellt werden, ist davon auszugehen, dass der Arbeitgeber diese nach § 618 BGB zur Verfügung zu stellen hat, beispielsweise im OP.
Entstehen Kosten für die Reinigung von Arbeitskleidung, deren Tragen aus hygienischen Gründen vorgeschrieben ist, hat der Arbeitgeber diese ebenfalls zu tragen. In dem Fall sind auch das Anlegen der Berufskleidung und die Wegezeiten zwischen Umkleideort und Arbeitsstelle als Arbeitszeit anzusehen und

Arbeitskleidung

dementsprechend zu vergüten nach § 611a Abs. 1 BGB (Anschluss an BAG 25.4.2018 – 5 AZR 245/17, BAG 31.3.2021 – 5 AZR 148/20).
Soweit eine einheitliche Arbeitskleidung nicht vorgeschrieben oder unumgänglich ist, z. B. Uniform bei Sicherheitspersonal, sondern nur vom Arbeitgeber als einheitliches Erscheinungsbild gewünscht wird, z. B. Kleidungsstücke mit Logo, hat der Betriebsrat nach § 87 Abs. 1 Nr. 1 bzw. Nr. 7 BetrVG mitzubestimmen. Im Rahmen einer dann abzuschließenden Betriebsvereinbarung ist auch eine Regelung über die Kosten zu treffen. Hierbei ist Folgendes zu beachten:
Verursacht die Regelung zusätzliche betriebliche Kosten, so hat diese, wie alle Betriebskosten, grundsätzlich der Arbeitgeber zu tragen. Eine Kostenbeteiligung der Beschäftigten ist unzulässig. Kann die/der (zur Berufsausbildung) Beschäftigte die Kleidung auch in der Freizeit sinnvoll tragen, kann sie/er an den Kosten beteiligt werden. Voraussetzung ist jedoch, dass die/der (zur Berufsausbildung) Beschäftigte einen Gebrauchsvorteil durch das Tragen der Kleidung in ihrer/seiner Freizeit erlangt und die Kostenbeteiligung nicht unverhältnismäßig zur Ausbildungsvergütung ist. Bei Kleidungsstücken, die mit dem Logo des Arbeitgebers versehen sind, ist eine private Nutzung nahezu ausgeschlossen; der private Gebrauchswert liegt somit bei »Null«. Eine Kostenbeteiligung kommt daher nicht in Betracht.
Des Weiteren kann sich ein Anspruch auf Kostenübernahme bzw. Lohn- oder Gehaltszuschläge aus einem für den Betrieb geltenden → **Tarifvertrag** ergeben. Dies ist beispielsweise dann der Fall, wenn die Arbeit die eigene Arbeitskleidung der Beschäftigten außergewöhnlich beschmutzt oder in Mitleidenschaft zieht.
Unter bestimmten Voraussetzungen gewährt die Arbeitsagentur im Rahmen der Berufsausbildungsbeihilfe (§ 56 SGB III) während einer beruflichen Ausbildung oder einer berufsvorbereitenden Maßnahme einen Zuschuss zur Arbeitskleidung. Der Antrag ist von den Auszubildenden bei der Agentur für Arbeit zu stellen.
Darüber hinaus lassen sich die Anschaffungs- und Reinigungskosten für Arbeitskleidung als Werbungskosten von der Steuer absetzen. Dies trifft aber nur auf Kleidung zu, die üblicherweise nicht in der Freizeit getragen werden kann (z. B. Arbeitsschutzschuhe, »Blaumann« etc.).

Bedeutung für den Betriebsrat/die JAV

Die Überwachung geltender Gesetze, Verordnungen, Unfallverhütungsvorschriften, Tarifverträge und Betriebsvereinbarungen gehört zu den originären Aufgaben der JAV (§ 70 Abs. 1 Nr. 2 BetrVG). In diesem Zusammenhang spielt

Arbeitskleidung

der Arbeits- und Gesundheitsschutz eine erhebliche Rolle, vor allem für die jugendlichen Arbeitnehmer:innen.

Aber auch dann, wenn die Arbeitskleidung nicht im Zusammenhang mit dem Arbeitsschutz steht, kann die JAV aktiv werden. Im Rahmen ihres Antragsrechts kann sie beim Betriebsrat darauf hinwirken, eine → **Betriebsvereinbarung** zur Kostenübernahme für Arbeitskleidung mit dem Arbeitgeber zu verhandeln.

Arbeitsordnung

Grundlagen

Aus dem zwischen Arbeitgeber und Arbeitnehmer abgeschlossenen Arbeitsvertrag ergeben sich zunächst die wechselseitigen Rechte und Pflichten aus diesem Arbeitsverhältnis.
Im Einzelnen wird die Arbeitspflicht als Hauptpflicht des Arbeitnehmers durch das sogenannte Direktionsrecht des Arbeitgebers konkretisiert.
Insbesondere in Großbetrieben erfolgt jedoch eine weitere Konkretisierung der verschiedensten Pflichten durch eine Arbeits-/Betriebsordnung, in der die unterschiedlichsten Bereiche für die Arbeitnehmer und Auszubildenden des Betriebes geregelt werden können.
Die Regelungsbereiche betreffen etwa Fragen der Arbeitszeit und der Arbeitsverhinderung (Krankheit, Arztbesuch, persönliche Verhinderung aus sonstigen Gründen), Fragen der Entgeltzahlung (Zeit, Ort und Art) oder des Urlaubs, Verschwiegenheitspflichten, Gestattung von Nebentätigkeiten sowie Fragen über die Ordnung und das Verhalten des Arbeitnehmers im Betrieb, aber auch – gelegentlich → **Betriebsbußenregelungen** oder Alkohol- und Rauchverbote oder private Internetnutzung, E-Mail-Versand oder privates Telefonieren.

Bedeutung für den Betriebsrat/die JAV

Arbeitsordnungen werden üblicherweise zwischen Betriebsrat und Arbeitgeber vereinbart. Nach § 87 Abs. 1 Nr. 1 BetrVG hat nämlich der Betriebsrat ein erzwingbares → **Mitbestimmungsrecht** zur Regelung der Fragen der Ordnung des Betriebs und des Verhaltens der Arbeitnehmer im Betrieb. Häufig sind auch weitere Tatbestände der Mitbestimmung in sozialen Angelegenheiten nach § 87 Abs. 1 BetrVG umfasst, so bei unseren obigen Beispielen Zahlung des Arbeitsentgelts (Nr. 4) und Grundsätze der Urlaubsplanung (Nr. 5). Diese Bereiche »Ordnung« und »Verhalten« lassen sich nicht eindeutig trennen, umfassen aber ins-

Arbeitsordnung

gesamt wesentliche Bereiche, die etwa in betriebsratslosen Betrieben allein unter das Direktionsrecht des Arbeitgebers fallen. Anfang:

Beispiel:
Kontrollmaßnahmen, etwa über An- und Abwesenheitskontrollen, Alkohol- und Rauchverbote, Benutzung von Wasch- und Umkleideräumen oder die Benutzung von Park- und Abstellmöglichkeiten, das Tragen von Schutzkleidung oder die Benutzung betrieblicher Telefonanlagen für private Zwecke oder private Internetnutzung.

Arbeitsordnungen enthalten vielfach auch allgemeine Regelungen über die Weiterzahlung der Vergütung bei persönlicher Arbeitsverhinderung.

Beispiel:
Freistellung von der Arbeit aus besonderen Anlässen
1. Anspruch auf Arbeitsbefreiung unter Fortzahlung des Arbeitsentgelts besteht gemäß § 616 BGB bei
   a) Wohnungswechsel der bzw. des Beschäftigten
      ohne eigenen Hausstand 1 Arbeitstag
      mit eigenem Hausstand, aber am Ort 2 Arbeitstage
      mit eigenem Hausstand und Ortswechsel 3 Arbeitstage
   b) Eheschließung der bzw. des Beschäftigten 3 Arbeitstage
   c) Konfirmation, Erstkommunion, Jugendweihe sowie vergleichbaren feierlichen Anlässen anderer Weltanschauungen, Eheschließung von Kindern oder eines unmittelbaren Familienangehörigen je 1 Arbeitstag
   d) der silbernen oder goldenen Hochzeit der bzw. des Beschäftigten, der Eltern oder der Schwiegereltern je 1 Arbeitstag
   e) Niederkunft der Ehefrau bzw. der Partnerin einer eheähnlichen Lebensgemeinschaft für den Vater des Kindes 2 Arbeitstage
   f) dem Tod der Ehefrau bzw. des Ehemannes/der Partnerin bzw. des Partners einer eheähnlichen Lebensgemeinschaft oder eines Kindes je 5 Arbeitstage
   g) dem Tod von Eltern, Schwiegereltern je 3 Arbeitstage
   h) dem Tod von Großeltern, Geschwistern je 2 Arbeitstage
2. Anspruch auf Arbeitsbefreiung im Sinne des Absatzes 1 besteht auch, wenn es nach ärztlichem Zeugnis erforderlich ist, dass der bzw. die Beschäftigte zur Beaufsichtigung, Betreuung oder Pflege eines erkrankten Kindes im Alter zwischen dem vollendeten 12. und 15. Lebensjahr der Arbeit fernbleibt, eine andere im Haushalt lebende Person das Kind nicht beaufsichtigen, betreuen oder pflegen kann und ein Anspruch auf Krankengeld wegen Überschreitens der Altersgrenze des Kindes nicht besteht. Der Anspruch auf Arbeitsbefreiung besteht in jedem Kalenderjahr längstens für 5 Arbeitstage, für Alleinerziehende längstens für 10 Arbeitstage. Er besteht für Beschäftigte insgesamt für nicht mehr als 15 Arbeitstage, für Alleinerziehende für nicht mehr als 30 Arbeitstage.

Arbeitsordnung

Soweit Betriebsrat und Arbeitgeber diese Fragen in einer Betriebsordnung geregelt haben, wird das Direktionsrecht des Arbeitgebers durch diese Regelungen begrenzt.

Bedeutung für Arbeitnehmer/Auszubildende

Soweit der Betriebsrat im Rahmen der Vereinbarung einer Arbeitsordnung mit dem Arbeitgeber auch Fragen regelt, die jugendliche Beschäftigte des Betriebes betreffen, ist hier auch die Jugend- und Auszubildendenvertretung mit einzubeziehen.

Arbeitsplatzbegehung

Grundlagen

Zur Erfüllung ihrer Aufgaben kann es für die JAV erforderlich sein, im Rahmen einer Arbeitsplatzbegehung Kontakt zu den Wahlberechtigten zu halten. Gemäß § 65 i. V. m. § 37 Abs. 2 BetrVG müssen Mitglieder der JAV von ihrer beruflichen Tätigkeit befreit werden, soweit dies zur ordnungsgemäßen Ausführung ihrer Aufgaben erforderlich ist. Dazu gehört beispielsweise auch die Freistellung für Arbeitsplatzbegehungen.
Die JAV kann, um die Einhaltung von Gesetzen, Verordnungen, Tarifverträgen usw. zu überwachen, Arbeitsplatzbegehungen vornehmen.

Bedeutung für den Betriebsrat/die JAV

Eine Arbeitsplatzbegehung sollte von der JAV gut vorbereitet werden. Zuerst ist ein Versetzungsplan zu besorgen. Er ist bei der Ausbildungsleitung bzw. bei den Ausbildungsverantwortlichen erhältlich. Dadurch erfährt die JAV, in welchen Abteilungen die Auszubildenden gerade eingesetzt sind.
Bevor ein Arbeitsplatzrundgang stattfindet, muss der Betriebsrat informiert werden. Es sollte auch der örtliche Betriebsrat, in dessen Bereich die Begehung stattfindet, informiert werden bzw. er sollte an der Begehung teilnehmen. Vor der Betriebsbegehung muss sich das JAV-Mitglied beim/bei der Vorgesetzten abmelden.
Die JAV sollte sich bereits im Voraus überlegen, mit welchen Fragestellungen sie mit den Auszubildenden Kontakt aufnimmt. Sinnvoll kann es sein, sich einfach Arbeitsabläufe und den Ablauf des Arbeitstags schildern zu lassen. Dadurch erfährt man, wie die örtlichen Ausbildungsbedingungen sind und ob möglicherweise Verstöße gegen Gesetze, Verordnungen, Tarifverträge usw. vorliegen.

Arbeitsplatzbegehung

Während der Arbeitsplatzbegehung sollte sich die JAV Notizen über die vorgefundene bzw. geschilderte Ausbildungssituation machen. Dies könnte beispielsweise wie folgt aussehen:

> **Beispiel:**
> Datum: 25. September 2024
> Abteilung: Produktionsbereich XY
> Kollege/in: Marcel Mustermann, 3. Ausbildungsjahr, Industriemechaniker
> Problem: Umgang mit gefährlichen Stoffen (Umwelt- und Gesundheitsgefährdung) ohne Hinweis und Information, ausbildungsfremde Tätigkeiten, tägliche Kantinengänge für Beschäftigte im Produktionsbereich.

Wichtig ist, dass im Anschluss an eine Begehung die Probleme ausgewertet, analysiert und bearbeitet werden. Die Auszubildenden sollten unbedingt regelmäßig, beispielsweise im Rahmen weiterer Arbeitsplatzrundgänge, über den Bearbeitungsstand informiert werden.

Bedeutung für die Auszubildenden

Auszubildende haben die Möglichkeit, auch während ihres betrieblichen Einsatzes Kontakt zur JAV zu halten. Sie können die JAV bei Arbeitsplatzbegehungen über Missstände informieren. Sie erhalten von der JAV Informationen zu aktuellen Themen.
Auszubildende sollten im Rahmen der nächsten Begehung durch die JAV gezielt nachfragen, was zwischenzeitlich getan wurde.

Arbeitsstättenverordnung

Grundlagen

Die Arbeitsstättenverordnung (ArbStättV) hat das Ziel, Beschäftigte in Arbeitsstätten zu schützen und zur Verhütung von *Arbeitsunfällen* und *Berufskrankheiten* beizutragen. Sie dient der menschengerechten Gestaltung der Arbeit, indem sie Anforderungen an gesundheitlich zuträgliche Luft-, Klima- und Beleuchtungsverhältnisse und an einwandfreie soziale Einrichtungen, insbesondere Sanitär- und Erholungsräume formuliert.

Gefährdungsbeurteilung

In der ArbStättV werden allgemeine Schutzziele anstatt konkreter Maßnahmen und Detailanforderungen beschrieben. Diese Anforderungen werden in jedem Betrieb spezifisch umgesetzt. Hierzu ist eine Gefährdungsbeurteilung durchzuführen (§ 3 ArbStättV), wobei der Arbeitgeber zunächst die vorhandenen Gefahren festzustellen hat – insbesondere die physischen und psychischen Belastungen, denen die Arbeitnehmer ausgesetzt sind. Ausdrücklich genannt werden weiterhin die besondere Belastung der Augen und die Gefährdung des Sehvermögens bei Bildschirmarbeitsplätzen. Der Betriebsrat hat ein gleichberechtigtes Mitbestimmungsrecht, wie die Gefährdungsbeurteilung durchgeführt werden soll (§ 87 Abs. 1 Nr. 7 BetrVG).
Ein wesentliches Hilfsmittel für die praktische Umsetzung sind die *Technischen Regeln für Arbeitsstätten* (ASR), die beschreiben, wie die in der ArbStättV gestellten Schutzziele und Anforderungen hinsichtlich Sicherheit und Gesundheit der Beschäftigten beim Einrichten und Betreiben von Arbeitsstätten vom Arbeitgeber konkret erreicht werden können.
Weitere Regelungen finden sich in den Bauvorschriften der Länder und zum Schutz bestimmter Personengruppen (z. B. in § 2 MuSchG).

Arbeitsstättenverordnung

Beispiele

Eine wichtige Regelung der ArbStättV ist der Nichtraucherschutz in § 5 ArbStättV. Danach hat der Arbeitgeber die erforderlichen Maßnahmen zu treffen, damit die nicht rauchenden Beschäftigten wirksam vor den Gesundheitsgefahren durch Tabakrauch geschützt sind. Soweit erforderlich hat er ein allgemeines oder auf bestimmte Bereiche der Arbeitsstätte beschränktes Rauchverbot zu erlassen. Bei der konkreten Umsetzung hat der Betriebsrat ein erzwingbares Mitbestimmungsrecht nach § 87 Abs. 1 Nr. 1 BetrVG.

§ 3a Abs. 2 ArbStättV enthält Regelungen, die bei der Beschäftigung behinderter Menschen zu beachten sind, etwa zur barrierefreien Gestaltung von Arbeitsplätzen.

Auch Vorschriften über die Raumtemperatur (»Hitzefrei für Arbeitnehmer«) finden sich im Anhang zur ArbStättV Nr. 3.5. Danach muss in Arbeits-, Pausen-, Bereitschafts-, Sanitär-, Kantinen- und Erste-Hilfe-Räumen eine gesundheitlich zuträgliche Raumtemperatur bestehen, sofern aus betriebstechnischer Sicht keine spezifischen Anforderungen zu beachten sind. Genauere Angaben zu den bei bestimmten Temperaturen ggf. zu ergreifenden Maßnahmen finden sich in den entsprechenden ASR.

Des Weiteren enthält der Anhang Vorgaben über die Konstruktion der Gebäude, über die Abmessung von Räumen, Sicherheitskennzeichnung, Energieversorgung, Fensteroberlichter, Türen, Tore, Verkehrswege, Fahrtreppen, Fahrsteige u. v. m.

Arbeitsunfähigkeit

Grundlagen

Wenn ein Arbeitnehmer aus gesundheitlichen Gründen nicht in der Lage ist, seine vertraglich vereinbarte Arbeitsleistung zu erbringen, etwa weil er krank ist, spricht man von Arbeitsunfähigkeit.
Das Entgeltfortzahlungsgesetz (EFZG) regelt für diesen Fall Umfang und Dauer des Lohnfortzahlungsanspruchs des erkrankten Arbeitnehmers.
Bei unverschuldeter Arbeitsunfähigkeit infolge Krankheit haben Arbeiter, Angestellte und zu ihrer Berufsausbildung Beschäftigte nach § 3 EFZG einen gesetzlichen Anspruch auf Weiterzahlung des Entgelts. Es gilt das Lohnausfallprinzip, d. h. es ist das Entgelt fortzuzahlen, das konkret in der ausgefallenen Zeit erzielt worden wäre. Dies umfasst grundsätzlich auch alle Zulagen, allerdings keine Überstundenzuschläge und keinen Ersatz für konkrete Aufwendungen. Voraussetzung ist nach § 3 Abs. 3 EFZG, dass das Arbeits- oder Ausbildungsverhältnis bereits vier Wochen ununterbrochen bestanden hat. Der Anspruch besteht für dieselbe Krankheit maximal sechs Wochen, danach besteht Anspruch auf Krankengeld der gesetzlichen Krankenversicherung. Tarifverträge enthalten vereinzelt längere Entgeltfortzahlungszeiträume.
Das Entgelt wird vom ersten Tag an in voller Höhe gezahlt.
Der erkrankte Arbeitnehmer muss, wenn die Arbeitsunfähigkeit länger als drei Tage dauert, diese durch Bescheinigung eines Arztes nachweisen (Arbeitsunfähigkeitsbescheinigung).
Die Arbeitsunfähigkeit muss unverschuldet sein. Von einem Verschulden, mit der Folge, dass die Entgeltfortzahlung entfällt, spricht man jedoch nur dann, wenn der Arbeitnehmer die Krankheit durch einen groben Verstoß herbeigeführt hat. Dabei muss es sich aber um ein völlig unverständliches Verhalten handeln. So führen etwa Sportverletzungen auch bei gefährlichen Sportarten und daraus herrührende Verletzungen in aller Regel nicht zu einer verschuldeten Arbeitsunfähigkeit.

Arbeitsunfähigkeit

Wird ein Arbeitnehmer infolge seiner Alkoholabhängigkeit arbeitsunfähig krank, geht die Rechtsprechung in der Regel nicht von einem schuldhaften Verhalten aus (vgl. BAG 18.3.2015 – 10 AZR 99/14).
Dagegen ist eine selbstverschuldete Arbeitsunfähigkeit in einem Fall angenommen worden, in dem der Arbeitnehmer in eine von ihm durch Fahrverhalten und Provokationen mit heraufbeschworene Schlägerei geraten ist (LAG Köln 22.6.1988 – 5 Sa 351/88).

Arbeitsunfähigkeitsbescheinigung

Grundlagen

Nach § 5 EFZG hat ein Arbeitnehmer oder Auszubildender dem Arbeitgeber eine Arbeitsunfähigkeit und deren voraussichtliche Dauer unverzüglich, d.h. ohne schuldhaftes Zögern, anzuzeigen. Dies ist die sogenannte Anzeigepflicht.
Dauert die Arbeitsunfähigkeit länger als drei Kalendertage, hat der Arbeitnehmer eine ärztliche Bescheinigung über das Bestehen der Arbeitsunfähigkeit sowie deren voraussichtliche Dauer, also die sogenannte Arbeitsunfähigkeitsbescheinigung, spätestens am darauffolgenden Arbeitstag vorzulegen (Nachweispflicht).
Der Arbeitgeber ist berechtigt, die Vorlage der ärztlichen Bescheinigung früher, z.B. bereits vom ersten Tag der Arbeitsunfähigkeit an zu verlangen.
Will der Arbeitgeber von dieser gesetzlichen Befugnis Gebrauch machen, so hat er das Mitbestimmungsrecht des Betriebsrats nach § 87 Abs. 1 Nr. 1 BetrVG zu beachten (BAG 25.1.2000, AiB Telegramm 2000, 8).

Bedeutung für die Beschäftigten

Solange der erkrankte Arbeitnehmer die Arbeitsunfähigkeitsbescheinigung nicht vorgelegt hat, obwohl er sie vorlegen musste, kann der Arbeitgeber die Fortzahlung des Arbeitsentgelts gemäß § 7 EFZG verweigern. Wird die Bescheinigung später nachgereicht und umfasst sie den gesamten Zeitraum der Erkrankung, ist das einbehaltene Entgelt nachzuzahlen.
Bei Erkrankungen im Ausland ist der Arbeitnehmer verpflichtet, die Arbeitsunfähigkeit in der schnellstmöglichen Art der Übermittlung dem Arbeitgeber bekannt zu geben, also per Fax oder Telefon. Die Kosten hierfür hat der Arbeitgeber zu erstatten. Entsprechendes gilt bei Mitgliedern einer gesetzlichen Krankenkasse, die diese zu informieren haben.

Arbeitsunfähigkeitsbescheinigung

Bei Zweifeln an der Arbeitsunfähigkeit kann der Arbeitgeber oder die Krankenkasse eine gutachtliche Stellungnahme des Medizinischen Dienstes der Krankenversicherung einholen. Auch hierbei kommt ein Mitbestimmungsrecht des Betriebsrats nach § 87 Abs. 1 Nr. 1 BetrVG in Betracht.
Seit 2019 gibt es ein einheitliches und verbindliches elektronisches Verfahren zur Übermittlung von Arbeitsunfähigkeitsdaten durch die Ärzte an die Krankenkassen, das damit die bisherigen, der Krankenkasse vorzulegenden, papiergebundenen Arbeitsunfähigkeitsbescheinigungen ersetzt. Nach einigen Anlaufschwierigkeiten läuft das Verfahren auch in der Praxis. In diesem Zusammenhang wurde gesetzlich klargestellt, dass die Pflicht zur Übermittlung dieser Daten an die Krankenkassen den Ärzten und Einrichtungen obliegt, die die Arbeitsunfähigkeit feststellen.

Beispiele für Regelungen in einer Arbeitsordnung:

Arbeitsverhinderung/Arbeitsunfähigkeit
1. Bei Arbeitsverhinderung hat die bzw. der Beschäftigte unverzüglich Ursache und vermutliche Dauer der Verhinderung mitzuteilen.
2. Bei Arbeitsverhinderung durch Krankheit hat die bzw. der Beschäftigte auf Verlangen und Kosten des Arbeitgebers eine ärztliche Arbeitsunfähigkeitsbescheinigung vorzulegen.

Entgeltfortzahlung im Krankheitsfall und Beihilfe
1. Bei Arbeitsunfähigkeit infolge Krankheit oder bei der Teilnahme an Maßnahmen der medizinischen Rehabilitation in stationären Einrichtungen wird das Arbeitsentgelt bis zu sechs Wochen weitergezahlt.
2. Vom Beginn der siebten Woche an erhalten Beschäftigte mit einer Gesamtbeschäftigungszeit von mindestens
   - 5 Jahren für die Dauer von 13 Wochen,
   - 10 Jahren für die Dauer von 26 Wochen,
   - 15 Jahren für die Dauer von 39 Wochen,
   - nicht jedoch über das Ende des Arbeitsverhältnisses hinaus, als Beihilfe einen Zuschuss zum Krankengeld bzw. Übergangsgeld. Der Zuschuss wird in Höhe des Unterschiedsbetrages zwischen der jeweils erhaltenen Leistung des Sozialversicherungsträgers und dem bisherigen Nettoentgelt gezahlt. Unter Nettoentgelt ist das um die gesetzlichen Abzüge geminderte Bruttoarbeitsentgelt vor Beginn der Arbeitsunfähigkeit, unter Krankengeld der Zahlbetrag der Krankenkasse nach Abzug der gesetzlichen Sozialversicherungsbeiträge zu verstehen.

Arbeitsverhinderung

Grundlagen

Der im Arbeitsverhältnis geltende Grundsatz »ohne Arbeit kein Lohn« wird nicht nur bei Arbeitsverhinderung wegen Krankheit oder Urlaub durchbrochen, sondern auch bei vielen anderen Fällen der Arbeitsverhinderung aus persönlichen Gründen.
Rechtsgrundlage ist § 616 BGB, der bestimmt, dass ein Arbeitnehmer den Vergütungsanspruch auch dann behält, wenn er für eine verhältnismäßig nicht erhebliche Zeit durch einen in seiner Person liegenden Grund ohne sein Verschulden an der Erbringung der Arbeitsleistung verhindert ist.
Arbeitgeber und Arbeitnehmer können jedoch von dem gesetzlichen Grundmodell abweichende Regelungen treffen. Auch für den Arbeitnehmer nachteilige Regelungen sind zulässig. In vielen Tarifverträgen, Betriebsvereinbarungen oder Arbeitsverträgen bzw. Arbeitsordnungen wird häufig im Einzelfall konkret geregelt, unter welchen Voraussetzungen bei einer persönlichen Arbeitsverhinderung der Arbeitgeber den Lohn oder das Entgelt fortzahlt.

> **Beispiele:**
> Familiäre Anlässe, Hochzeiten, Beerdigungen naher Anverwandter, Geburt eines Kindes, goldene Hochzeit der Eltern, aber auch → **Arztbesuche**, soweit sie nicht außerhalb der Arbeitszeit möglich sind, Erkrankung eines Kindes, wenn anderweitige Betreuung nicht möglich ist.

Fahrverbote wegen Glatteis oder der Zusammenbruch des öffentlichen Verkehrs sind nach der Rechtsprechung des BAG Arbeitsverhinderungen, die nicht »in der Person des Arbeitnehmers begründet sind« und führen nicht zu einem Lohnfortzahlungsanspruch.
Allgemeine Voraussetzung für den Lohnfortzahlungsanspruch ist ferner, dass die Verhinderung nicht nur aufgrund eines in der Person des Arbeitnehmers liegenden Grundes gegeben sein muss, sondern die Verhinderung muss auch unverschuldet sein und es darf sich nur um eine »verhältnismäßig nicht erheb-

Arbeitsverhinderung

liche Zeit« handeln. Hier ist auf alle Umstände des Einzelfalles abzustellen. Die nachstehend wiedergegebenen tarifvertraglichen Beispiele einer solchen Regelung können Anhaltspunkte geben.

Beispiel:
(Aus MTV Groß- und Außenhandel NRW vom 9.7.1997): § 12
Bezahlte Freistellung von der Arbeit
1. In unmittelbarem Zusammenhang mit den nachstehenden Ereignissen ist dem Arbeitnehmer ohne Anrechnung auf den Urlaub unter Fortzahlung des Entgeltes Freizeit zu gewähren:
    a) bei eigener Eheschließung 2 Werktage
    b) bei Niederkunft der Ehefrau 2 Werktage
    c) bei Eheschließung von Eltern, Kindern und Geschwistern 1 Werktag
    d) bei eigener Silberhochzeit und zur Teilnahme an goldener Hochzeit und weiteren Hochzeiten der Eltern, Schwiegereltern und Großeltern 1 Werktag
    e) beim Tod des Ehegatten 3 Werktage
    f) beim Tod von Eltern und Kindern 2 Werktage
    g) beim Tod von Geschwistern, Großeltern, Enkeln, Schwiegereltern und Stiefeltern 1 Werktag
        soweit in häuslicher Gemeinschaft 2 Werktage
    h) bei Wohnungsumzug/Erstbezug, sofern das Arbeitsverhältnis nicht vom Arbeitnehmer gekündigt worden ist, innerhalb eines Kalenderjahres 2 Werktage
    i) bei Wohnungsumzug auf Wunsch des Arbeitgebers nach Vereinbarung
    j) bei Erfüllung gesetzlich auferlegter Pflichten aus öffentlichen Ehrenämtern für die ausfallende Arbeitszeit. (Soweit ein Erstattungsanspruch besteht, entfällt in dieser Höhe der Anspruch auf den regelmäßigen Arbeitsverdienst oder geht auf Wunsch des Arbeitnehmers auf den Arbeitgeber über.)
    k) Tarifkommissionsmitgliedern zur Vorbereitung und zur Teilnahme an gemeinsamen Tarifverhandlungen; außerdem gewählte Mandatsträger der vertragschließenden Gewerkschaften höchstens bis zu 5 Tagen im Jahr zur Teilnahme an Sitzungen in Gewerkschaftsangelegenheiten.
        Mit § 12 Nr. 1a) bis k) sind die in Anwendung des § 616 BGB möglichen Fälle abschließend festgelegt.
2. Entgeltansprüche aus § 12 Nr. 1a), c), h), i) bestehen nicht für Aushilfen und Beschäftigte während der Probezeit innerhalb der ersten vier Wochen; die Freistellung ist jedoch zu gewähren.
3. Während der Kündigungsfrist sowie vor Ablauf eines auf bestimmte Zeit eingegangenen Arbeitsverhältnisses ist dem Arbeitnehmer auf Verlangen angemessene bezahlte Freizeit zur Bewerbung um eine neue Arbeitsstelle zu gewähren.

Arbeitsverhinderung

4. Der Anspruch auf bezahlte Freizeit entfällt, wenn der Arbeitnehmer durch Arbeitsunfähigkeit, Kur, Urlaub oder andere Gründe ohnehin an der Erbringung der Dienstleistung gehindert ist.

Arbeitszeit/Ausbildungszeit/ Berufsschulzeit

Grundlagen

Die Arbeitszeit wird im Wesentlichen durch zwei Regelungen definiert, die abhängig vom Alter der Beschäftigten heranzuziehen sind. Für volljährige Auszubildende gilt das Arbeitszeitgesetz (ArbZG). Für Auszubildende, die das 18. Lebensjahr noch nicht vollendet haben, findet sich im Jugendarbeitsschutzgesetz (JArbSchG) eine konkretere Regelung.

JArbSchG	ArbZG
Gilt für	
Auszubildende, die das 18. Lebensjahr noch nicht vollendet haben.	Auszubildende, die das 18. Lebensjahr bereits vollendet haben.
Arbeitszeit	
Werktäglich nicht mehr als 8 Stunden und wöchentlich nicht mehr als 40 Stunden (§ 8 Abs. 1 JArbSchG).	Werktäglich nicht mehr als 8 Stunden und wöchentlich nicht mehr als 48 Stunden (§ 3 ArbZG).
Ruhepausen	
Mindestens 30 Minuten bei 4 ½ bis 6 Stunden täglicher Arbeitszeit (§ 11 Abs. 1 Nr. 1 JArbSchG). Mindestens 60 Minuten bei mehr als 6 Stunden täglicher Arbeitszeit (§ 11 Abs. 1 Nr. 2 JArbSchG).	Nach spätestens 6 Stunden ist eine Pause von mindestens 30 Minuten zu gewähren. Ab einer Arbeitszeit von mehr als 9 Stunden ist eine Pause von mindestens 45 Minuten zu gewähren (§ 4 ArbZG).
Ruhezeit / Tägliche Freizeit	
Mindestens 12 Stunden nach Beendigung der täglichen Arbeitszeit (§ 13 JArbSchG).	Mindestens 11 Stunden nach Beendigung der täglichen Arbeitszeit (§ 5 Abs. 1 ArbZG).

Definition der täglichen Arbeitszeit

Die tägliche Arbeitszeit von Personen, die noch nicht 18 Jahre alt sind, wird in § 4 Abs. 1 JArbSchG definiert als »die Zeit vom Beginn bis zum Ende der täglichen Beschäftigung ohne die Ruhepausen«. Damit zählen auch Wartezeiten am Arbeitsplatz oder Bereitschaftsdienst mit zum Begriff der Arbeits- bzw. Ausbildungszeit. Für Auszubildende, die das 18. Lebensjahr bereits vollendet haben, findet das Arbeitszeitgesetz (ArbZG) Anwendung (vgl. → **Arbeitszeitgesetz**).

Nur die Ruhepausen, nämlich Arbeitsunterbrechungen von mindestens 15 Minuten, wie § 11 JArbSchG bestimmt, zählen nicht zur Arbeitszeit. Die Ruhepausen dürfen frühestens eine Stunde nach Beginn und spätestens eine Stunde vor Ende der täglichen Arbeitszeit stattfinden. Kürzere Arbeitsunterbrechungen, wie sie häufig tarifvertraglich vereinbart sind, gelten als Arbeitszeit.

Im Rahmen eines Berufsausbildungsverhältnisses zählt zur Arbeitszeit die Ausbildungszeit, in welcher der/die Ausbildende dem/der Auszubildenden die Kenntnisse und Fertigkeiten vermittelt, die zur Erreichung des vereinbarten Ausbildungszieles erforderlich sind, also etwa auch der betriebliche theoretische Unterricht, wenn dieser obligatorisch ist.

Die Teilnahme am Berufsschulunterricht ist keine Arbeitszeit; sie wird jedoch nach § 9 JArbSchG auf die Arbeitszeit angerechnet. Die Anrechnungsvorschrift aus § 9 JArbSchG gilt nicht für volljährige Auszubildende. Mit der Änderung des Berufsbildungsgesetzes zum 1.1.2020 hat der Gesetzgeber eine Verbesserung für volljährige Auszubildende erwirkt: Gemäß § 15 Abs. 2 BBiG werden Berufsschulzeiten auf die Ausbildungszeit angerechnet (→ **Anrechnung von Berufsschul- und Prüfungszeiten auf die Arbeitszeit**).

Neben dem Begriff der Arbeitszeit kennt das Jugendarbeitsschutzgesetz in § 4 auch die Schichtzeit, nämlich die tägliche Arbeitszeit unter Hinzurechnung der Ruhepausen. Die Schichtzeit ist bedeutsam für die Tätigkeit im Bergbau unter Tage. Hier gilt nach § 4 Abs. 3 JArbSchG die Schichtzeit als Arbeitszeit. Sie wird gerechnet vom Betreten des Förderkorbes bei der Einfahrt bis zum Verlassen des Förderkorbes bei der Ausfahrt.

Für die Berechnung der wöchentlichen Arbeitszeit ist als Woche die Zeit von Montag bis einschließlich Sonntag zugrunde zu legen. Die Arbeitszeit, die an einem Werktag infolge eines gesetzlichen Feiertags ausfällt, wird auf die wöchentliche Arbeitszeit angerechnet, wie § 4 Abs. 4 JArbSchG bestimmt.

Wird ein/e Jugendliche/r von mehreren Arbeitgebern beschäftigt, so werden die Arbeits- und Schichtzeiten sowie die Arbeitstage zusammengerechnet (vgl. § 4 Abs. 5 JArbSchG).

Arbeitszeit/Ausbildungszeit/Berufsschulzeit

Berufsbildungsgesetz (BBiG) § 15 Freistellung, Anrechnung
(1) Ausbildende dürfen Auszubildende vor einem vor 9 Uhr beginnenden Berufsschulunterricht nicht beschäftigen. Sie haben Auszubildende freizustellen
1. *für die Teilnahme am Berufsschulunterricht,*
2. *an einem Berufsschultag mit mehr als fünf Unterrichtsstunden von mindestens je 45 Minuten, einmal in der Woche,*
3. *in Berufsschulwochen mit einem planmäßigen Blockunterricht von mindestens 25 Stunden an mindestens fünf Tagen,*
4. *für die Teilnahme an Prüfungen und Ausbildungsmaßnahmen, die auf Grund öffentlich-rechtlicher oder vertraglicher Bestimmungen außerhalb der Ausbildungsstätte durchzuführen sind, und*
5. *an dem Arbeitstag, der der schriftlichen Abschlussprüfung unmittelbar vorangeht.*

Im Fall von Satz 2 Nummer 3 sind zusätzliche betriebliche Ausbildungsveranstaltungen bis zu zwei Stunden wöchentlich zulässig.
(2) Auf die Ausbildungszeit der Auszubildenden werden angerechnet
1. *die Berufsschulunterrichtszeit nach Absatz 1 Satz 2 Nummer 1 einschließlich der Pausen und der notwendigen Wegezeiten zwischen Berufsschule und Ausbildungsstätte,*
2. *Berufsschultage nach Absatz 1 Satz 2 Nummer 2 mit der durchschnittlichen täglichen Ausbildungszeit,*
3. *Berufsschulwochen nach Absatz 1 Satz 2 Nummer 3 mit der durchschnittlichen wöchentlichen Ausbildungszeit,*
4. *die Freistellung nach Absatz 1 Satz 2 Nummer 4 mit der Zeit der Teilnahme einschließlich der Pausen und der notwendigen Wegezeiten zwischen Teilnahmeort und Ausbildungsstätte und*
5. *die Freistellung nach Absatz 1 Satz 2 Nummer 5 mit der durchschnittlichen täglichen Ausbildungszeit.*
(3) Für Auszubildende unter 18 Jahren gilt das Jugendarbeitsschutzgesetz.

§ 15 BBiG regelt die Freistellung zum Besuch der Berufsschule und bei Prüfungen und die Anrechnung dieser Zeiten auf die betriebliche Ausbildungszeit. Die Berufsschulzeit ist somit Ausbildungszeit. Eine Ausbildung im Betrieb vor 9 Uhr ist an Berufsschultagen unzulässig. Auszubildende haben das Recht, die Ausbildung im Betrieb zu verweigern, wenn diese vor 9 Uhr an einem Berufsschultag stattfinden soll.

Arbeitszeit/Ausbildungszeit/Berufsschulzeit

Freistellung gibt es für...	Grundlage	Angerechnet wird ...	Grundlage
den Berufsschulunterricht	§ 15 Abs. 1 Satz 2 Nr. 1 BBiG	Berufsschulunterrichtszeit inkl. Pausen	§ 15 Abs. 2 Nr. 1 BBiG
einen Berufsschultag mit mehr als fünf Unterrichtsstunden von mindestens je 45 Minuten (Einschränkung: einmal die Woche)	§ 15 Abs. 1 Satz 2 Nr. 2 BBiG	die durchschnittliche tägliche Ausbildungszeit (= vereinbarte wöchentliche Arbeitszeit: Anzahl der wöchentlichen Arbeitstage)	§ 15 Abs. 2 Nr. 2 BBiG
Berufsschulwochen mit einem planmäßigen Blockunterricht von mindestens 25 Stunden an fünf Tagen	§ 15 Abs. 1 Satz 2 Nr. 3 BBiG	die durchschnittliche wöchentliche Ausbildungszeit	§ 15 Abs. 2 Nr. 3 BBiG
Prüfungen und Ausbildungsmaßnahmen außerhalb des Betriebes	§ 15 Abs. 1 Satz 2 Nr. 4 BBiG	die Zeit der Teilnahme inkl. Pausen	§ 15 Abs. 2 Nr. 4 BBiG
den Arbeitstag, der der schriftlichen Abschlussprüfung unmittelbar vorausgeht	§ 15 Abs. 1 Satz 2 Nr. 5 BBiG	die durchschnittliche wöchentliche Ausbildungszeit (= vereinbarte wöchentliche Arbeitszeit: Anzahl der wöchentlichen Arbeitstage)	§ 15 Abs. 2 Nr. 5 BBiG

Weitere Informationen zur Freistellung vor Prüfungen können im Stichwort → **Prüfungen** nachgelesen werden.

Bedeutung für den Betriebsrat/die JAV

Auch wenn die Dauer der Arbeits- oder Ausbildungszeit im Tarifvertrag oder im Arbeits- bzw. Ausbildungsvertrag geregelt wird, besteht doch nach § 87 Abs. 1 Nr. 2 BetrVG ein zwingendes Mitbestimmungsrecht des Betriebsrats sowohl über Beginn und Ende der täglichen Arbeitszeit einschließlich der Pausen sowie

Arbeitszeit/Ausbildungszeit/Berufsschulzeit

über die Verteilung der Arbeitszeit auf die einzelnen Wochentage. Betriebsräte und JAVen müssen darauf achten, dass die neuen Regelungen des § 15 BBiG eingehalten werden und eine Anrechnung entsprechend erfolgt. Sofern die Berufsschule vor 9 Uhr beginnt, haben nun alle Auszubildenden Rechtssicherheit darüber, nicht in den Betrieb zu müssen. Eine indirekte Verlängerung der täglichen Ausbildungszeit durch den Besuch der Berufsschule über die vertraglich vereinbarte, wöchentliche Ausbildungzeit hinaus, ist somit nicht mehr möglich.
Bei Sonderfällen nach § 87 Abs. 1 Nr. 3 BetrVG sollen Betriebsräte im Rahmen ihrer Mitbestimmungsrechte darauf achten, Auszubildende grundsätzlich auszunehmen.

Hinweis:
Die vorübergehende Verkürzung der betriebsüblichen Arbeitszeit oder die Vereinbarung von Kurzarbeit kann dazu führen, dass die Ausbildungsziele nicht erreicht werden, denn die jeweilige → **Ausbildungsordnung** ist auf eine gleichmäßige wöchentliche Arbeitszeit ausgelegt. Auf dieser Annahme ist i. d. R. auch der → **Ausbildungsplan** erstellt worden.

Es handelt sich bei § 87 BetrVG um ein erzwingbares Mitbestimmungsrecht. Wenn Arbeitgeber und Betriebsrat sich nicht einigen, kann die Entscheidung durch ein Einigungsstellenverfahren herbeigeführt werden (vgl. → **Einigungsstelle**).
Die Arbeitszeit bei Auszubildenden sollte möglichst immer als Ausbildungszeit betitelt werden. Die Ausbildung steht im Vordergrund, nicht die Arbeit (vgl. → **Ausbildungsfremde Tätigkeiten**).

Arbeitszeitgesetz

Grundlagen

Um die Sicherheit und den Gesundheitsschutz der Arbeitnehmer:innen bei der Arbeitszeitgestaltung zu gewährleisten, sieht das Arbeitszeitgesetz (ArbZG) Begrenzungen der täglichen und wöchentlichen → **Arbeitszeit** vor und regelt Beschränkungen der Nacht- und Schichtarbeit, aber auch der Sonn- und Feiertagsarbeit.

Es handelt sich um ein Schutzgesetz, das Bußgeldvorschriften und Strafbestimmungen enthält, wenn Arbeitgeber zuungunsten der Arbeitnehmer:innen vorsätzlich oder fahrlässig gegen die Bestimmungen des Gesetzes verstoßen.

Arbeitszeit ist nach § 2 ArbZG die Zeit von Beginn bis Ende der Arbeit ohne Ruhepausen. Grundsätzlich beginnt sie mit Betreten und endet mit Verlassen des Betriebs, wenn nicht tarifliche oder betriebliche Regelungen etwas anderes bestimmen.

Nachtzeit ist die Zeit von 23:00–6:00 Uhr bzw. in Bäckereien und Konditoreien die Zeit von 22:00–5:00 Uhr.

Die werktägliche Arbeitszeit der Arbeitnehmer:innen darf acht Stunden nicht überschreiten, wie § 3 ArbZG bestimmt. Diese Regel wird schon in Satz 2 des § 3 durchbrochen, wonach die Arbeitszeit auf bis zu zehn Stunden täglich verlängert werden kann, wenn innerhalb von sechs Kalendermonaten im Durchschnitt acht Stunden werktäglich gearbeitet wird. Dabei wird auf die Werktage der Woche abgestellt, nämlich auf die Tage Montag bis einschließlich Samstag. Die in der Praxis geläufige 5-Tage-Woche wird vom Gesetz ignoriert. Weitere Ausnahmen sind durch Tarifverträge, aber auch für Notfälle und/oder nach Genehmigung von Ausnahmen durch die Aufsichtsbehörde zulässig.

Was die Überstunden anbetrifft, so ist die frühere Regelung der Arbeitszeitordnung abgeschafft worden, wonach bereits für die erste Überstunde – dies war wegen des Bezuges auf die 6-Tage-Woche und den 8-Stunden-Tag die 49. Stunde – ein gesetzlicher Zuschlag von 25 % zu zahlen war. Überstundenregelungen, die eine höhere Vergütung vorsehen, finden sich allerdings durchweg noch in Tarifverträgen.

Arbeitszeitgesetz

Auch wenn das Arbeitszeitgesetz besondere Schutzregelungen für Sonn- und Feiertagsruhe vorsieht, ist der Grundsatz des § 9 Abs. 1 »Arbeitnehmer dürfen an Sonn- und gesetzlichen Feiertagen von 0:00–24:00 Uhr nicht beschäftigt werden« nur schöner Schein. Überall dort, wo Sonn- und Feiertagsbeschäftigung notwendig ist, aber auch dort, wo sie notwendig erscheint, regelt das Gesetz umfängliche Ausnahmen vom Arbeitsverbot an Sonn- und Feiertagen. Dies gilt nicht nur für Polizei, Feuerwehr und Krankenhäuser oder Hotels und Gaststätten, Verkehrsbetriebe, Landwirtschaft bzw. Tierhaltung, sondern auch bei Messen, Ausstellungen und Märkten sowie bei durchgängiger Produktion und wenn entsprechender Ausnahmen durch die Aufsichtsbehörden zugelassen werden. Bundeseinheitliche Feiertage sind Neujahr, Karfreitag, Ostermontag, 1. Mai, Christi Himmelfahrt, Pfingstmontag, 3. Oktober sowie 1. und 2. Weihnachtsfeiertag. Daneben gibt es weitere Feiertage, die von Bundesland zu Bundesland, teilweise auch von Region zu Region unterschiedlich gehandhabt werden: Heilige Drei Könige, Fronleichnam, Mariä Himmelfahrt, Reformationstag, Allerheiligen, Buß- und Bettag, Internationaler Frauentag.

Literaturhinweis

Fischer/Steiner/Mittländer, Arbeitszeitgesetz, Basiskommentar, 2. Aufl., Bund-Verlag 2024

Arztbesuch

Grundlagen

Zur → **Arbeitsverhinderung** aus persönlichen Gründen, bei der nach § 616 Satz 1 BGB jede/r Beschäftigte seinen Entgeltfortzahlungsanspruch behält, gehört auch die Arbeitsverhinderung wegen eines Arztbesuchs, wenn keine Arbeitsunfähigkeit wegen Erkrankung vorliegt. Voraussetzung ist, dass der Arztbesuch nicht außerhalb der Arbeitszeit, etwa im Rahmen einer Gleitzeitregelung, erfolgen kann.

> **Beispiel:**
> Wenn bei akuten Zahnschmerzen das sofortige Aufsuchen eines Zahnarztes notwendig ist, der Arzt einen Termin vorgibt und ein Termin außerhalb der Arbeitszeit nicht verfügbar ist.

In solchen Fällen bleibt der Lohnfortzahlungsanspruch des Arbeitnehmers/der Arbeitnehmerin bestehen.

Besonderheiten für Auszubildende

Für Jugendliche gelten besondere Bestimmungen hinsichtlich der ärztlichen Untersuchung nach §§ 32 ff. JArbSchG. Hier bestimmt § 43 JArbSchG, dass der Arbeitgeber die Jugendlichen für die Ausführung der im Jugendarbeitsschutzgesetz beschriebenen ärztlichen Untersuchung (→ **Gesundheitliche Betreuung Jugendlicher**) freizustellen hat und dass ein Entgeltausfall hierdurch nicht eintreten darf. Dies ist eine zwingende gesetzliche Regelung. Sie findet somit auch Anwendung, wenn für andere Beschäftigte, die nicht mehr unter den Geltungsbereich des Jugendarbeitsschutzgesetzes fallen, z. B. Fragen des Arztbesuchs besonders geregelt sind.

Assessment-Center

Grundlagen

Unter einem Assessment-Center (engl. assessment »Bewertung/Beurteilung«) ist ein systematisches Verfahren zur Feststellung von Verhaltensleistungen und Verhaltensdefiziten zu verstehen, das von mehreren beobachtenden Personen gleichzeitig für mehrere Teilnehmer:innen in Bezug auf vorher definierte Anforderungen angewandt wird. War das Assessment-Center früher ein beliebtes Instrument zur Auswahl von Führungskräften, da hier die formale Qualifikation – wie beruflicher Abschluss und Berufserfahrung – keine ausreichenden Indikatoren sind, so begegnet man dieser Form der Personalauswahl (→ **Auswahlverfahren**) immer häufiger auch im Rahmen der Einstellung von Auszubildenden und dual Studierenden. Vor allem bei der Auswahl von dual Studierenden gewinnt das Assessment-Center immer mehr an Bedeutung.

Es kann sich zusammensetzen aus Prüfungen – auch in Form von psychologischen Tests – und Arbeitsproben, wie z. B. Postkorbbearbeitung, Gruppendiskussion, Dialogführung, Rollenspiel und Präsentation, die als Aufgabentypen miteinander verknüpft werden können. Durch ein Assessment-Center soll festgestellt werden, welche Bewerber:innen am besten zum Unternehmen passen.

Was früher noch als Assessment-Center bezeichnet wurde, tritt inzwischen häufig auch unter neuen Bezeichnungen wie »Workshop«, »Meet and Greet« oder »Auswahltag« auf. Inhaltlich unterscheiden sich diese oft kaum.

Bedeutung für den Betriebsrat/die JAV

Bei der Einführung, Gestaltung und Umsetzung hat der Betriebsrat Mitbestimmungsrechte nach § 94 BetrVG und § 95 BetrVG. Der Betriebsrat muss hier im Rahmen seiner Mitbestimmungsrechte die unter → **Auswahlverfahren** beschriebenen Standards ansetzen.

Assessment-Center

Diese Tests müssen auf das arbeitsplatzbezogene Anforderungsprofil zugeschnitten sein. Die Einwilligung der Bewerber:innen ist Voraussetzung für die Durchführung eines Assessment-Centers.

Assistierte Ausbildung

Grundlagen

Förderungsbedürftige Jugendliche in einer Ausbildung bzw. einer Einstiegsqualifizierung können durch Maßnahmen der Assistierten Ausbildung gefördert werden.
Die bisher bekannten ausbildungsbegleitenden Hilfen werden in der neuen assistierten Ausbildung im Rahmen des »Arbeit-von-morgen-Gesetz« 2020 ausgebaut und weiterentwickelt. Die assistierte Ausbildung enthält keine Einschränkung mehr auf lernbeeinträchtigte und sozial benachteiligte Auszubildende. Somit steht die assistierte Ausbildung mehr Auszubildenden und Betrieben offen.
Die Regelungen dazu finden sich in §§ 75 ff. SGB III.
Die assistierte Ausbildung zielt darauf ab, Jugendlichen, die besonderer Hilfen bedürfen, durch Förderung des Erlernens von Fachtheorie, Stützunterricht zum Abbau von Sprach- und Bildungsdefiziten sowie durch sozialpädagogische Begleitung, die Aufnahme, Fortsetzung sowie den erfolgreichen Abschluss einer erstmaligen betrieblichen Berufsausbildung in anerkannten Ausbildungsberufen zu ermöglichen.
Für die Durchführung erhalten die Bildungsträger die erforderlichen Maßnahmekosten.
Die assistierte Ausbildung stellt über die gesamte Dauer der Maßnahme eine Bezugsperson zur Verfügung. So wird eine individuelle Förderung sichergestellt. Das Gesetz ermöglicht eine Betreuung bis zu einem Jahr über das Ende der Ausbildung hinaus. Damit können weitere Brüche beim Übergang Schule/Beruf vermieden werden.

Aufsichtsbehörde nach dem Jugendarbeitsschutzgesetz

Grundlagen

Die Aufsicht über die Ausführung des Jugendarbeitsschutzgesetzes und der aufgrund des Gesetzes erlassenen Rechtsverordnungen obliegt nach § 51 JArbSchG der nach Landesrecht zuständigen Behörde als Aufsichtsbehörde. Nach den von den Bundesländern getroffenen Zuständigkeitsregelungen sind die örtlichen Gewerbeaufsichtsämter als zuständige Aufsichtsbehörden benannt. Für die Beschäftigung im Bergbau ist das örtliche Bergamt zuständig.

Die Aufsichtsbehörden sind im Rahmen des Opportunitätsprinzips verpflichtet, die ordnungsgemäße Einhaltung der Bestimmungen des Jugendarbeitsschutzgesetzes in allen Verwaltungen und allen Betrieben zu überwachen. Sie haben nach pflichtgemäßem Ermessen zu entscheiden, welche Betriebe sie verstärkt prüfen, d. h. zum Beispiel Begehungen durchführen oder Auskünfte nach § 50 einholen.

Bei Anzeigen und Beschwerden haben sie immer einzugreifen. Ihr Ermessen ist insoweit eingeschränkt.

Hinweise über Verstöße hat die Aufsichtsbehörde vertraulich zu behandeln. Sie darf dem Arbeitgeber z. B. keine Namen von »Informanten« nennen. Die Behörde muss sorgfältig mit solchen Informationen umgehen, da sie praktisch keine Möglichkeit hat, z. B. Jugendliche wirksam vor Repressalien zu schützen.

Die Beauftragten der Aufsichtsbehörde sind berechtigt, die Arbeitsstätten während der üblichen Betriebs- und Arbeitszeit zu betreten und zu besichtigen. Der Arbeitgeber muss das Betreten und Besichtigen der Arbeitsstätte gestatten.

Die Betriebsbesichtigung kann ohne Voranmeldung, also überraschend, durchgeführt werden. Dies entspricht dem Sinn und Zweck der Betriebsbesichtigung, nämlich eventuelle Verstöße festzustellen.

Bedeutung für den Betriebsrat/die JAV

Nach § 89 Abs. 2 BetrVG müssen Arbeitgeber und Aufsichtsbehörde bei der Besichtigung des Betriebes Betriebs- bzw. Personalräte hinzuziehen.
Nach § 70 Abs. 1 Nr. 2 BetrVG hat die JAV darüber zu wachen, dass die zugunsten der jugendlichen Arbeitnehmer/innen geltenden Gesetze, Verordnungen, Unfallverhütungsvorschriften, insbesondere also auch das Jugendarbeitsschutzgesetz, eingehalten werden. Zur Erfüllung dieser Aufgabe ist der Betriebsrat nach § 70 Abs. 2 BetrVG verpflichtet, die JAV rechtzeitig und umfassend zu unterrichten. Daher wird die Aufsichtsbehörde grundsätzlich nicht nur den Betriebsrat, sondern auch die JAV bzw. die von der JAV beauftragten Mitglieder bei der Untersuchung hinzuzuziehen haben.

Ausbildende Fachkräfte/ Ausbildungsbeauftragte

Grundlagen

Ein wesentlicher Teil der Ausbildung wird im Rahmen des betrieblichen → **Ausbildungsplanes** in Fachabteilungen absolviert. In Fachabteilungen, denen Auszubildende zugewiesen werden, hat der/die Ausbildende für die praxis- und berufsorientierte Ausbildung Sorge zu tragen. Dazu kann er/sie ausbildende Fachkräfte/Ausbildungsbeauftragte nach § 28 Abs. 3 BBiG benennen.
Hierzu sind vom/von der Ausbildenden geeignete Beschäftigte heranziehen, welche die arbeits- und berufspädagogische Eignung haben bzw. diese auf eigenen Wunsch erwerben.
Die betrieblichen Praxisphasen von → **dualen Studiengängen** finden ebenfalls häufig in Fachabteilungen statt. Auch hier sind entsprechende Ausbildungsbeauftragte zu benennen.
Im Rahmen einer Betriebsvereinbarung können Rahmenbedingungen für ausbildende Fachkräfte geregelt werden. Neben zeitlichen Ressourcen sollten regelmäßige Qualifizierungszeiten für arbeitspädagogische Fertigkeiten, Kenntnisse und Fähigkeiten eingeräumt werden. In diesem Zusammenhang sollte auch die Kostenübernahme durch den Arbeitgeber beim Erwerb der berufs- und arbeitspädagogischen Eignung nach Ausbildereignungsverordnung (AEVO) geklärt werden.
Die Schnittstelle zwischen Ausbilder:innen und ausbildenden Fachkräften kann durch regelmäßige Informationsveranstaltungen über Ausbildungsinhalte, -entwicklungen und Prüfungsanforderungen beschrieben werden.
Für die Attraktivität der Aufgabe sind ein Schutz vor Benachteiligung und ein finanzieller Anreiz wie zum Beispiel Zulagen oder Höhergruppierungen sinnvoll. Dadurch wird die Rolle in den betrieblichen Abläufen definiert und das eigene Interesse an der erweiterten Aufgabe ausgeprägt. In Produktionsbereichen oder Bereichen mit Projektarbeit und Termindruck kann ein reserviertes Zeitkontingent sinnvoll sein.
Von großem Interesse für alle Beteiligten sind der Umgang mit Konflikten und die Rollenklärung der betroffenen Personen. Zum einen nehmen ausbildende

Ausbildende Fachkräfte/Ausbildungsbeauftragte

Fachkräfte Vorgesetztenaufgaben gegenüber den Auszubildenden/dual Studierenden wahr, zum anderen unterliegen sie der Weisungsbefugnis des/der eigenen Vorgesetzten. Eine Interessenabwägung zwischen Ausbildungsinhalten und der eigenen Arbeitsaufgabe darf nicht zur Gefährdung des Ausbildungszieles führen.

Bedeutung für den Betriebsrat/die JAV

Für den Betriebsrat und die JAV sind hier die gleichen Punkte wie bei → **Ausbildern** zu beachten. Die Mitbestimmungsrechte nach § 98 BetrVG kommen voll zum Tragen.

Betriebsrat und JAV müssen darüber informiert sein, welche Personen die Ausbildung in den Fachabteilungen verantworten. Auf dieser Grundlage wird bei → **Betriebsrundgängen** kontrolliert, ob Auszubildende und dual Studierende gemäß Ausbildungsziel in den Fachabteilungen beschäftigt und von den dazu befähigten ausbildenden Fachkräften/Ausbildungsbeauftragten begleitet werden.

Betriebsrat und JAV haben ihre Mitbestimmungsrechte dafür zu nutzen, dass die ausbildenden Fachkräfte die nötigen Ressourcen haben und die Tätigkeit nicht als zusätzliche Belastung, sondern als Bereicherung des eigenen Aufgabengebietes verstehen.

Bedeutung für Auszubildende/dual Studierende

Entscheidend ist, dass bei einem Einsatz in Fachabteilungen nicht die wertschöpfende Tätigkeit im Vordergrund steht, sondern Ausbildungsinhalte und Ziele maßgeblich sind. Die ausbildende Fachkraft ist für die Vermittlung von ausbildungsrelevanten Inhalten verantwortlich.

Als Orientierung ist hier der betriebliche → **Ausbildungsplan** zu nutzen. Vor allem die zu vermittelnden Inhalte müssen bekannt und kontrollierbar sein. Eine offene Feedback-Kultur kann dafür sorgen, dass Auszubildende und dual Studierende an der individuellen Ausgestaltung mitwirken und je nach Fortschritt der Ausbildung im Dialog mit der ausbildenden Fachkraft bzw. dem/der Ausbildungsbeauftragten vertiefende Inhalte klären. Bei Konflikten und → **ausbildungsfremden Tätigkeiten** ist die JAV bzw. der Betriebsrat zu informieren.

Ausbilder/Ausbildereignungsverordnung

Grundlagen

Der/die Ausbilder:in wird vom/von der Ausbildenden mit der Durchführung der Berufsausbildung beauftragt, falls der/die Ausbildende nicht selbst die Ausbildung vornimmt (§ 14 Abs. 1 Nr. 2 BBiG). Er/sie hat den Auszubildenden die zur Erreichung des Ausbildungsziels notwendigen praktischen und theoretischen Kenntnisse zu vermitteln und muss nach § 28 Abs. 1 BBiG persönlich und fachlich dazu geeignet sein.

§ 29 BBiG gibt Aufschluss darüber, wer nicht persönlich geeignet ist. Hierbei sei vor allem auf eine Vorschrift des → **Jugendarbeitsschutzgesetzes** (§ 25 JArbSchG) verwiesen, nach der bestimmte Personen (z. B. Straftäter) Kinder und Jugendliche nicht beschäftigen dürfen.

Fachlich geeignet ist nach § 30 Abs. 1 BBiG, wer die beruflichen sowie die berufs- und arbeitspädagogischen Fertigkeiten, Kenntnisse und Fähigkeiten besitzt, die für die Vermittlung der Ausbildungsinhalte erforderlich sind.

§ 30 Abs. 2 BBiG beschreibt genauer, wer die erforderlichen beruflichen Fertigkeiten, Kenntnisse und Fähigkeiten besitzt, nämlich wer:
1. die Abschlussprüfung in einer dem Ausbildungsberuf entsprechenden Fachrichtung bestanden hat,
2. eine anerkannte Prüfung an einer Ausbildungsstätte oder vor einer Prüfungsbehörde oder eine Abschlussprüfung an einer staatlichen oder staatlich anerkannten Schule in einer dem Ausbildungsberuf entsprechenden Fachrichtung bestanden hat,
3. eine Abschlussprüfung an einer deutschen Hochschule in einer dem Ausbildungsberuf entsprechenden Fachrichtung bestanden hat oder
4. im Ausland einen Bildungsabschluss in einer dem Ausbildungsberuf entsprechenden Fachrichtung erworben hat, dessen Gleichwertigkeit nach dem Berufsqualifikationsfeststellungsgesetz oder anderen rechtlichen Regelungen festgestellt worden ist

und eine angemessene Zeit in seinem Beruf praktisch tätig gewesen ist.

Ausbilder/Ausbildereignungsverordnung

Die Absätze 3 bis 5 des § 30 BBiG sind »Kann-Bestimmungen«. Das Bundesministerium für Wirtschaft und Klimaschutz oder das sonst zuständige Fachministerium kann im Einvernehmen mit dem Bundesministerium für Bildung und Forschung nach Anhörung des Hauptausschusses des Bundesinstituts für Berufsbildung durch Rechtsverordnung (dazu gehört auch die Ausbildereignungsverordnung AEVO), die nicht der Zustimmung des Bundesrats bedarf, Folgendes bestimmen: Welche Prüfungen werden für welche Ausbildungsberufe anerkannt? Welche Ausnahmen von Absatz 2 werden zugelassen? Ist der Erwerb berufs- und arbeitspädagogischer Fertigkeiten, Kenntnisse und Fähigkeiten gesondert nachzuweisen?

§ 30 Abs. 6 BBiG sieht vor, dass die nach Landesrecht zuständige Behörde auch Personen, die die Voraussetzungen der Absätze 2, 4 oder 5 nicht erfüllen, die fachliche Eignung nach Anhörung der zuständigen Stelle widerruflich zuerkennen kann.

Für den Nachweis der berufs- und arbeitspädagogischen Eignung gibt es die Ausbildereignungsverordnung (AEVO). Alle mit der Ausbildung betrauten Personen, also auch die mit der Ausbildung Beauftragten in den Versetzungsstellen, sollten über einen solchen Nachweis verfügen. Die AEVO umfasst die Kompetenz zum selbstständigen Planen, Ausführen und Kontrollieren der Berufsausbildung in den Handlungsfeldern:

- Ausbildungsvoraussetzungen prüfen und Ausbildung planen,
- Ausbildung vorbereiten und bei der Einstellung von Auszubildenden mitwirken,
- Ausbildung ausführen und
- Ausbildung abschließen.

Ausbildungspersonal sollte sich ständig weiterbilden, beispielsweise durch Fachliteratur oder den Besuch von Fachtagungen. Für Ausbilder:innen gibt es auch ein berufliches Weiterbildungssystem. Aufbauend auf die AEVO folgt die zweite Qualifizierungsstufe »Geprüfte/r Aus- und Weiterbildungspädagoge/in« und darauf aufbauend die dritte Stufe »Geprüfte/r Berufspädagoge/in«.

Bedeutung für den Betriebsrat/die JAV

Nach § 98 BetrVG hat der Betriebsrat bei der Durchführung betrieblicher Bildungsmaßnahmen ein Mitbestimmungsrecht. So kann der Betriebsrat nach § 98 Abs. 2 BetrVG der Bestellung eines Ausbilders/einer Ausbilderin widersprechen oder auch seine/ihre Abberufung verlangen, wenn er/sie die persönliche oder fachliche, vor allem auch die berufs- und arbeitspädagogische Eignung nicht besitzt oder seine/ihre Aufgaben vernachlässigt.

Ausbilder/Ausbildereignungsverordnung

Der Betriebsrat sollte darauf achten, dass mit der Ausbildung Beauftragte eine erfolgreiche Teilnahme an der Ausbildereignungsprüfung nachweisen. In der AEVO sind die Prüfungsanforderungen formuliert. Kurse bei örtlichen Bildungsanbietern oder online-Kurse bereiten auf die Prüfung vor. Die Prüfung wird bei den Kammern abgenommen. Mit einer erfolgreichen AEVO-Prüfung wird der Erwerb berufs- und arbeitspädagogischer Fertigkeiten, Kenntnisse und Fähigkeiten nachgewiesen.

Der Betriebsrat sollte aber auch auf die ständige Weiterbildung des Ausbildungspersonals achten und die erforderlichen Informationen vom Arbeitgeber anfordern. Er kann verlangen, dass der Arbeitgeber die **Berufsbildungsbedarfe** des Ausbildungspersonals ermittelt, und er kann Vorschläge hierzu machen. Dem Ausbildungspersonal ist genauso wie allen anderen Beschäftigten eine Teilnahme an Berufsbildungsmaßnahmen zu ermöglichen.

Ausbildung 4.0/New Work

Grundlagen

Der Begriff Ausbildung 4.0 ist zunächst angelehnt an Industrie 4.0 und bezeichnet die Integration digitaler Technologien in die Berufsausbildung. Dazu zählen beispielsweise E-Learning-Angebote, virtuelle Klassenzimmer und Online-Lernplattformen, welche ein individuelles Lernen möglich machen. Das erfordert auch neue medienpädagogische Kompetenzen für Personal in der beruflichen Bildung.

Unter »New Work« werden moderne Arbeitskonzepte verstanden, die durch die Transformation und Digitalisierung entstehen. Diese haben zum Ziel, die Souveränität, Flexibilität und Sinnhaftigkeit zu verstärken, sowie die Effizienz zu steigern. Dabei ergeben sich neue Formen der Zusammenarbeit in Teams und neue Führungsstile. In der Berufsausbildung bedeutet dies beispielsweise, dass Auszubildende und dual Studierende in Projekte eingebunden werden, früh eigenverantwortliches Arbeiten lernen und dabei digitale Tools nutzen können. Auch die → **mobile Ausbildung** fällt darunter.

Bedeutung für den Betriebsrat/die JAV

Betriebsräte und Jugend- und Auszubildendenvertretungen müssen sich mit den Vor- aber auch Nachteilen von Ausbildung 4.0 und New Work auseinandersetzen. Die Einführung von → **Künstlicher Intelligenz** und → **mobiler Ausbildung** unterliegen der Mitbestimmung. Betriebsrat und JAV sollten darauf achten, dass die Ausbildungsinhalte den Anforderungen einer modernen Ausbildung gerecht werden und Arbeitszeitregelungen, sowie Arbeitsschutzmaßnahmen vor allem in Bezug auf die mobile Ausbildung überwachen. Die JAV sollte zusammen mit dem Betriebsrat überprüfen, dass allen Auszubildenden und dual Studierenden die notwendigen Geräte und erforderlichen Programme/Zugänge durch den Arbeitgeber zur Verfügung gestellt werden.

Bedeutung für Auszubildende und dual Studierende

Die Veränderungen in der Berufsausbildung erfordern andere und zum Teil neue Kompetenzen von Auszubildenden und dual Studierenden. Sie profitieren auf der einen Seite von Flexibilität und Mobilität in der Ausbildung, müssen auf der anderen Seite aber darauf achten, dass die Ausbildung an sich, aber vor allem Ausbildungszeiten nicht entgrenzt werden. Blended Learning und ähnliche Lernkonzepte erfordern ein hohes Maß an Selbstorganisation der Lernenden. Das Ausbildungspersonal sollte regelmäßige Weiterbildungen durch das Unternehmen erhalten, um mit den Veränderungen Schritt halten zu können.

Ausbildungsberufe

Grundlagen

Die Anerkennung von Ausbildungsberufen erfolgt gem. § 4 BBiG nach einer Ausbildungsordnung gem. § 5 BBiG, die Grundlage für eine geordnete und einheitliche Berufsausbildung ist. Die Ausbildungsordnung hat die Bezeichnung des Ausbildungsberufs festzulegen, die Ausbildungsdauer und die Fertigkeiten, sowie Kenntnisse und Fähigkeiten die Gegenstand der Berufsausbildung sind, ebenso muss sie eine Anleitung zur sachlichen und zeitlichen Gliederung der Fertigkeiten, Kenntnisse und Fähigkeiten entsprechend des Ausbildungsrahmenplans enthalten sowie die Prüfungsanforderungen.
Nach § 34 BBiG hat die zuständige Stelle für anerkannte Ausbildungsberufe ein Verzeichnis der Berufsausbildungsverhältnisse einzurichten und zu führen, in das der wesentliche Inhalt des Berufsausbildungsvertrags einzutragen ist.

Bedeutung für den Betriebsrat/die JAV

Die Gewerkschaften sprechen sich für eine qualifizierte, mindestens dreijährige Berufsausbildung aus. Damit wird die Beschäftigungsfähigkeit der Ausgebildeten gesichert, ihnen die Möglichkeit einer beruflichen Entwicklung gegeben und letztlich auch ein ausreichendes Einkommen ermöglicht. Für gering Qualifizierte sind diese Entwicklungsperspektiven wesentlich schlechter. Betriebsräte sollten deshalb darauf achten, dass in qualifizierten, mindestens dreijährigen Ausbildungsberufen ausgebildet wird. Bei der Entscheidung, in welchen Ausbildungsberufen ausgebildet wird, hat der Betriebsrat ein Unterrichtungs- und Beratungsrecht nach § 92 BetrVG. Der Arbeitgeber hat den Betriebsrat über geplante Ausbildungsberufe und Einstellzahlen von Auszubildenden zu unterrichten und mit ihm zu beraten. Eine Mitbestimmung besteht jedoch nicht. Dennoch sollten Argumente für eine qualifizierte mindestens dreijährige Ausbildung (z. B. Digitalisierung, qualifizierte Fachkräfte für innovative Produktion, Beschäftigungs-

Ausbildungsberufe

fähigkeit Ausgebildeter, Anschlussfähigkeit an Weiterbildung) eingebracht werden. Zur Förderung von schwächeren Jugendlichen sollten Fördermaßnahmen vorgeschlagen werden (Assistierte Ausbildung, Berufsvorbereitung).

Informationen zu staatlich anerkannten Ausbildungsberufen

https://www.bibb.de/de/40.php

Ausbildungsfremde Tätigkeiten

Grundlagen

In § 14 Abs. 3 BBiG ist geregelt, dass den Auszubildenden nur Verrichtungen übertragen werden dürfen, die dem Ausbildungszweck dienen und den körperlichen Kräften angemessen sind.

Die genaue Bestimmung, ob eine Tätigkeit dem Ausbildungszweck dient oder nicht, ist oftmals nicht einfach. Dem Ausbildungszweck dienen bedeutet dabei, dass die Tätigkeit zur Vermittlung von beruflichen Kenntnissen und Fertigkeiten erforderlich ist. Um welche Fertigkeiten und Kenntnisse es sich dabei handelt, kann dem jeweiligen Ausbildungsrahmenplan entnommen werden. Dient eine Tätigkeit nicht dem Ausbildungszweck, handelt es sich um eine ausbildungsfremde Tätigkeit. Es soll vermieden werden, dass die Auszubildenden als »billige Arbeitskraft« missbraucht wird.

Bestimmte Tätigkeiten sind sofort als ausbildungsfremd zu erkennen.

Beispiele:
- Ein Industriekaufmann wird zum Einkaufen in den Supermarkt geschickt,
- ein Kfz-Mechatroniker muss die Fenster putzen oder den Rasen mähen.

Es gibt aber auch nicht immer sofort erkennbare ausbildungsfremde Tätigkeiten. Auch hier einige Beispiele:

- Ablage- und Kopierarbeiten in der kaufmännischen Ausbildung:
  Diese Tätigkeiten sind zweifelsohne auch Bestandteil einer kaufmännischen Ausbildung. Wenn solche Tätigkeiten in der Ausbildung jedoch dominieren oder gar ausschließlich gemacht werden, dienen sie nicht mehr dem Ausbildungszweck.
- Urlaubs- oder Krankheitsvertretung:
  Zweifelsohne macht eigenverantwortliches Arbeiten vielen Auszubildenden Spaß und wirkt motivierend. Auch trägt es dem Ausbildungsziel des selbstständigen Planens, Durchführens und Kontrollierens Rechnung. Aber: Es muss

geprüft werden, ob Urlaubs- oder Krankheitsvertretung nicht auf Kosten der Vermittlung von wichtigen Ausbildungsinhalten geht. Weiter sollte beachtet werden, dass andauernde Urlaubs- oder Krankheitsvertretung durch Auszubildende dazu führt, dass Unternehmen weniger Personal als Reserve benötigen. Dadurch entfallen Übernahmemöglichkeiten für auslernende Auszubildende.

Bedeutung für den Betriebsrat/die JAV

Nach § 70 Abs. 1 Nr. 2 BetrVG hat die JAV darüber zu wachen, dass die zugunsten der Wahlberechtigten geltenden Gesetze, Verordnungen, Unfallverhütungsvorschriften, Tarifverträge und Betriebsvereinbarungen eingehalten werden. Im Fall von ausbildungsfremden Tätigkeiten bedeutet dies, dass die Bestimmungen des BBiG gem. § 14 Abs. 3 in Verbindung mit dem Ausbildungsrahmenplan eingehalten werden. Bei eindeutig erkennbaren ausbildungsfremden Tätigkeiten hat die JAV unverzüglich den Betriebsrat darüber zu informieren und darauf zu drängen, dass dieser gegenüber Ausbildungsverantwortlichen dafür Sorge trägt, dass die Tätigkeiten nicht mehr dem Auszubildenden übertragen werden.
Bei nicht sofort erkennbaren ausbildungsfremden Tätigkeiten hat die JAV gemeinsam mit dem Betriebsrat dafür zu sorgen, dass die Inhalte des Ausbildungsrahmenplans entsprechend vermittelt werden. Dies bedeutet gleichzeitig, dass beispielsweise der Anteil von Kopiertätigkeiten und Ablagetätigkeiten auf das übliche Maß des jeweiligen Ausbildungsberufes bzw. Arbeitsumfeldes zurückzuführen ist.

Bedeutung für die Auszubildenden

Der/die Auszubildende kann ihm/ihr übertragene Tätigkeiten in Bezugnahme auf den § 14 Abs. 3 BBiG verweigern. Er/sie hat ein Leistungsverweigerungsrecht nach § 273 Abs. 1 BGB. Durch die Weigerung, eine ausbildungsfremde Tätigkeit auszuführen, verliert er/sie nicht den Anspruch auf Ausbildungsvergütung (§§ 615 und 293 BGB). Auch stellt eine entsprechende Verweigerung keinen wichtigen Grund für eine Kündigung dar.

Ausbildungskosten, Rückzahlung von

Grundlagen

Nach § 10 BBiG hat der Ausbildende dem Auszubildenden eine angemessene Vergütung zu gewähren, die nach dem Lebensalter des Auszubildenden so zu bemessen ist, dass sie mit fortschreitender Berufsausbildung mindestens jährlich ansteigt.

Wird nun vom Auszubildenden oder Ausbilder das Berufsausbildungsverhältnis nach Ablauf der Probezeit vorzeitig gelöst, kann nach § 23 BBiG der Ausbildende oder der Auszubildende vom anderen Teil Ersatz des Schadens verlangen, wenn der andere den Grund für die Auflösung zu vertreten hatte. Davon gibt es nur dann eine Ausnahme, wenn gemäß § 22 Abs. 2 Nr. 2 BBiG der Auszubildende das Ausbildungsverhältnis gekündigt hat, weil er die Berufsausbildung aufgeben oder sich für einen anderen Beruf ausbilden lassen will.

Der Schadenersatzanspruch ist im Übrigen innerhalb von drei Monaten nach Beendigung des Berufsausbildungsverhältnisses geltend zu machen.

Grundsätzlich kommt im Normalfall eine Rückzahlung einer Vergütung nicht in Betracht. Das kann lediglich bei Berufsfortbildungsverträgen vereinbart werden, weil der Arbeitgeber die Fortbildungskosten ja deswegen übernimmt, um sich einen qualifizierten Nachwuchs zu verschaffen, also in der Erwartung, dass der Arbeitnehmer nach Beendigung der Fortbildung einen gewissen Zeitraum weiter tätig ist. Wenn dann ein Arbeitnehmer nach Beendigung der Fortbildung die Stelle nicht antritt oder vor Ablauf vereinbarter Fristen die Arbeit ohne rechtfertigenden Grund aufgibt, werden gelegentlich Rückzahlungsklauseln vereinbart.

Die Rechtsprechung des BAG hat Regelungen als wirksam angesehen, soweit sie nicht zu einer unangemessenen Bindung des Arbeitnehmers führen. Es kommt dabei auf alle Umstände an, ob dem Arbeitnehmer eine wirtschaftliche, den Marktwert seiner Arbeitskraft erhöhende Ausbildung zugeflossen ist und die Bleibefrist nicht unangemessen lang ist.

Die Zulässigkeit einzelvertraglicher Klauseln, wonach der Arbeitnehmer bei vorzeitigem Ausscheiden Fortbildungskosten zurückzuzahlen hat, hängt auch von

Ausbildungskosten, Rückzahlung von

der Dauer der Bildungsmaßnahme ab. Besteht diese aus mehreren Unterrichtsabschnitten, so sind die dazwischen liegenden Zeiten bei der Berechnung der Dauer nicht mit zu berücksichtigen.
Bei einer Lehrgangsdauer von drei bis vier Monaten entschied das BAG (6.9.1995 – 5 AZR 241/94) bezüglich des Verwaltungslehrgangs I der Bayerischen Verwaltungsschule, dass eine Bindungsdauer von zwei Jahren jedenfalls nicht zu lange bemessen ist, eine längere Bindungsdauer in derartigen Fällen regelmäßig aber unzulässig ist. Das BAG hat in dieser Entscheidung auch festgelegt, dass es keinen Grundsatz gäbe, dass die Bindungsdauer höchstens sechsmal so lang sein darf wie die Dauer der Bildungsmaßnahme.

Beispiel:
Der Arbeitnehmer nimmt vom ... bis zum ... an einer Fortbildungsveranstaltung unter Weiterzahlung seiner Vergütung teil. Der Arbeitgeber trägt die Kosten der Fortbildungsveranstaltung.
Für den Fall, dass der Arbeitnehmer das Arbeitsverhältnis nach Beendigung der Fortbildungsmaßnahme kündigt, sind die Aufwendungen des Arbeitgebers für die Fortbildung vom Arbeitnehmer zurückzuzahlen, und zwar bei Kündigung innerhalb eines halben Jahres nach Beendigung des Fortbildungsverhältnisses zu 100 %, nach Ablauf des ersten Jahres bis zu 18 Monaten zu 50 %.

Ausbildungsmittel

Grundlagen

In § 14 Abs. 1 Nr. 3 BBiG ist geregelt, dass den Auszubildenden kostenlos Ausbildungsmittel, vor allem Werkzeuge, Werkstoffe und Fachliteratur zur Verfügung zu stellen sind, die zur Berufsausbildung und zum Ablegen der Zwischen- und Abschlussprüfungen, auch soweit solche nach Beendigung des Berufsausbildungsverhältnisses stattfinden, erforderlich sind.

Zu den Ausbildungsmitteln gehören grundsätzlich alle üblichen Werkzeuge, Werkstoffe und Fachliteratur, wie z. B. Tabellensammlungen, Zeichengeräte, Zeichenpapier, Fachbücher aller Art, Reißwerkzeuge, Schablonen und dergleichen. Ebenso die für das digitale mobile Ausbilden erforderliche Hard- und Software.

Die Ausbildungsmittel müssen kostenlos zur Verfügung gestellt werden. Sie müssen nicht übereignet werden; es ist ausreichend, sie leihweise zur Verfügung zu stellen. Anders ist dies bei Berichtsheften, die auch zu den Ausbildungsmitteln gehören. Die Berichtshefte gehen mit fortschreitender Führung in das Eigentum des/der Auszubildenden über (§ 950 BGB).

Ausbildungsmittel für Prüfungen müssen auch dann zur Verfügung gestellt werden, wenn die Prüfung erst nach Beendigung des Ausbildungsverhältnisses (§ 21 BBiG) erfolgt. Wird die Ausbildung durch Kündigung nach § 22 BBiG beendet, müssen die Ausbildungsmittel nur dann für Prüfungen bereitgestellt werden, wenn die Kündigung durch schuldhaftes Verhalten des/der Auszubildenden veranlasst ist.

Ausbildungsmittel, die ausschließlich für den Berufsschulunterricht erforderlich sind, müssen nicht bereitgestellt werden. Hier findet § 14 Abs. 1 Nr. 3 BBiG keine Anwendung.

Ausbildungsmittel

Bedeutung für den Betriebsrat/die JAV

Die JAV hat nach § 70 Abs. 1 Nr. 2 BetrVG darauf zu achten, dass diese Regelung aus dem BBiG eingehalten wird. Der Betriebsrat kann in Bezugnahme auf § 14 Abs. 1 Nr. 3 BBiG eine ergänzende Betriebsvereinbarung mit dem Arbeitgeber abschließen, in der die Details zur Bereitstellung von Ausbildungsmitteln geregelt werden. Es ist auch möglich, mit dem Arbeitgeber zu vereinbaren, dass Ausbildungsmittel für die Berufsschule bereitgestellt bzw. Zuschüsse zur Beschaffung von Berufsschulbüchern gewährt werden.

Stellt der/die Ausbildende die Ausbildungsmittel, zu denen er/sie verpflichtet ist, dem/der Auszubildenden nicht oder nicht rechtzeitig zur Verfügung und kommt der/die Ausbildende trotz Aufforderung durch den/die Auszubildende/n bzw. Drängen der JAV und des Betriebsrats seiner/ihrer Pflicht nicht nach, so kann der/die Auszubildende die Ausbildungsmittel selbst anschaffen und die Auslagen dem/der Ausbildenden in Rechnung stellen. Erstattet der/die Ausbildende die Kosten, muss der/die Auszubildende dem/der Ausbildenden die Mittel übereignen.

Ausbildungsordnung

Grundlagen

Der Bundesminister für Wirtschaft und Klimaschutz oder der sonst zuständige Fachminister kann nach Einvernehmen mit dem Bundesminister für Bildung und Forschung durch Rechtsverordnung Ausbildungsberufe staatlich anerkennen (§ 4 Abs. 1 BBiG), die Anerkennung aufheben (§ 4 Abs. 5 BBiG) und für die Ausbildungsberufe Ausbildungsordnungen erlassen. Da nach § 4 Abs. 3 BBiG in anerkannten Ausbildungsberufen nur nach einer Ausbildungsordnung ausgebildet werden darf und nach § 4 Abs. 4 BBiG Jugendliche lediglich in anerkannten Ausbildungsberufen ausgebildet werden dürfen (soweit die Berufsausbildung nicht auf den Besuch weiterführender Bildungsgänge vorbereitet), besteht somit eine Verpflichtung zum Erlass von entsprechenden Ausbildungsordnungen (die inhaltliche Entsprechung dazu findet sich für die Ausbildung im Handwerk in § 25 HwO).
Die Mindestinhalte, die eine Ausbildungsordnung enthalten muss, werden in § 5 Abs. 1 BBiG bzw. § 26 HwO (für das Handwerk) umschrieben:
1. die Bezeichnung des Ausbildungsberufs, der anerkannt wird,
2. die Ausbildungsdauer; sie soll nicht mehr als drei und nicht weniger als zwei Jahre betragen,
3. die beruflichen Fertigkeiten, Kenntnisse und Fähigkeiten, die mindestens Gegenstand der Berufsausbildung sind (Ausbildungsberufsbild); bei der Festlegung dieser Fertigkeiten, Kenntnisse und Fähigkeiten ist insbesondere die technologische und digitale Entwicklung zu beachten,
4. eine Anleitung zur sachlichen und zeitlichen Gliederung der Vermittlung der beruflichen Fertigkeiten, Kenntnisse und Fähigkeiten (Ausbildungsrahmenplan),
5. die Prüfungsanforderungen.

Auf Weisung des zuständigen Bundesministeriums hat das Bundesinstitut für Berufsbildung (BIBB) an der Vorbereitung von Ausbildungsordnungen mitzuwirken (§ 90 Abs. 3 Satz 1a BBiG). Die Ausbildungsordnungen werden von Sachverständigen, die von Arbeitgeber- sowie von Arbeitnehmer:innenseite benannt werden, unter Mitwirkung des BIBB erarbeitet. Parallel und in Ab-

Ausbildungsordnung

stimmung hierzu wird vonseiten der Bundesländer ein Rahmenlehrplan für die Berufsschulen entwickelt.
Ausbildungsordnungen werden im Konsens der Beteiligten entwickelt (Konsensprinzip). Der Hauptausschuss des BIBB, dem sowohl Beauftragte der Arbeitgeber, der Arbeitnehmer:innen sowie des Bundes und der Länder angehören, empfiehlt dem Verordnungsgeber (zuständiges Bundesministerium) die erarbeiteten Ausbildungsordnungen zur Verabschiedung. Nach Veröffentlichung im Bundesgesetzblatt treten sie in Kraft.
Ausbildungsordnungen findet man beim BIBB für jeden anerkannten Ausbildungsberuf: *https://www.bibb.de/de/40.php*

Verordnung über die Berufsausbildung zum Kraftfahrzeugmechatroniker und zur Kraftfahrzeugmechatronikerin

Eingangsformel
Auf Grund des § 4 Absatz 1 in Verbindung mit Absatz 4 und mit § 5 des Berufsbildungsgesetzes, von denen § 4 Absatz 1 durch Artikel 232 Nummer 1 der Verordnung vom 31. Oktober 2006 (BGBl. I S. 2407) geändert worden ist, und auf Grund des § 25 Absatz 1 Satz 1 der Handwerksordnung, der zuletzt durch Artikel 146 der Verordnung vom 31. Oktober 2006 (BGBl. I S. 2407) geändert worden ist, verordnet das Bundesministerium für Wirtschaft und Technologie im Einvernehmen mit dem Bundesministerium für Bildung und Forschung:

§ 1 Staatliche Anerkennung des Ausbildungsberufes
Der Ausbildungsberuf des Kraftfahrzeugmechatronikers und der Kraftfahrzeugmechatronikerin wird staatlich anerkannt
1. nach § 4 Absatz 1 des Berufsbildungsgesetzes und
2. nach § 25 der Handwerksordnung zur Ausbildung für das Gewerbe Nummer 20, Kraftfahrzeugtechniker, der Anlage A der Handwerksordnung.

§ 2 Dauer der Berufsausbildung
Die Ausbildung dauert dreieinhalb Jahre.

§ 3 Struktur der Berufsausbildung
Die Berufsausbildung gliedert sich in gemeinsame Ausbildungsinhalte und die Ausbildungsinhalte in einem der Schwerpunkte
1. Personenkraftwagentechnik,
2. Nutzfahrzeugtechnik,
3. Motorradtechnik,
4. System- und Hochvolttechnik oder
5. Karosserietechnik.

Ausbildungsordnung

§ 4 Ausbildungsrahmenplan, Ausbildungsberufsbild
(1) Gegenstand der Berufsausbildung sind mindestens die im Ausbildungsrahmenplan (Anlage) aufgeführten Fertigkeiten, Kenntnisse und Fähigkeiten (berufliche Handlungsfähigkeit). Eine von dem Ausbildungsrahmenplan abweichende Organisation der Berufsausbildung ist insbesondere insoweit zulässig, als betriebspraktische Besonderheiten die Abweichung erfordern.
(2) Die Berufsausbildung zum Kraftfahrzeugmechatroniker und zur Kraftfahrzeugmechatronikerin gliedert sich in
1. Berufsprofilgebende Fertigkeiten, Kenntnisse und Fähigkeiten,
2. Integrative Fertigkeiten, Kenntnisse und Fähigkeiten.
(3) Berufsprofilgebende Fertigkeiten, Kenntnisse und Fähigkeiten sind:
1. Bedienen von Fahrzeugen und Systemen,
2. Außer Betrieb nehmen und in Betrieb nehmen von fahrzeugtechnischen Systemen,
3. Messen und Prüfen an Systemen,
4. Durchführen von Service- und Wartungsarbeiten,
5. Diagnostizieren von Fehlern und Störungen an Fahrzeugen und Systemen,
6. Demontieren, Reparieren und Montieren von Bauteilen, Baugruppen und Systemen,
7. Durchführen von Untersuchungen an Fahrzeugen nach rechtlichen Vorgaben,
8. Aus-, Um- und Nachrüsten von Fahrzeugen.
(4) Integrative Fertigkeiten, Kenntnisse und Fähigkeiten sind:
1. Berufsbildung, Arbeits- und Tarifrecht,
2. Aufbau und Organisation des Ausbildungsbetriebes,
3. Sicherheit und Gesundheitsschutz bei der Arbeit,
4. Umweltschutz,
5. Planen und Vorbereiten von Arbeitsabläufen sowie Kontrollieren und Bewerten von Arbeitsergebnissen,
6. Betriebliche und technische Kommunikation,
7. Durchführen von qualitätssichernden Maßnahmen.

§ 5 Durchführung der Berufsausbildung
(1) Die in dieser Verordnung genannten Fertigkeiten, Kenntnisse und Fähigkeiten sollen so vermittelt werden, dass die Auszubildenden zur Ausübung einer qualifizierten beruflichen Tätigkeit im Sinne von § 1 Absatz 3 des Berufsbildungsgesetzes befähigt werden, die insbesondere selbstständiges Planen, Durchführen und Kontrollieren einschließt. Diese Befähigung ist auch in Prüfungen nach den §§ 6 bis 8 nachzuweisen.
(2) Die Ausbildenden haben unter Zugrundelegung des Ausbildungsrahmenplans für die Auszubildenden einen Ausbildungsplan zu erstellen.

Ausbildungsordnung

(3) Die Auszubildenden haben einen schriftlichen Ausbildungsnachweis zu führen. Ihnen ist Gelegenheit zu geben, den schriftlichen Ausbildungsnachweis während der Ausbildungszeit zu führen. Die Ausbildenden haben den schriftlichen Ausbildungsnachweis regelmäßig durchzusehen.

§ 6 Abschluss- oder Gesellenprüfung

Die Abschluss- oder Gesellenprüfung besteht aus den beiden zeitlich auseinanderfallenden Teilen 1 und 2. Durch die Abschluss- oder Gesellenprüfung ist festzustellen, ob der Prüfling die berufliche Handlungsfähigkeit erworben hat. In der Abschluss- oder Gesellenprüfung soll der Prüfling nachweisen, dass er die dafür erforderlichen beruflichen Fertigkeiten beherrscht, die notwendigen beruflichen Kenntnisse und Fähigkeiten besitzt und mit dem im Berufsschulunterricht zu vermittelnden, für die Berufsausbildung wesentlichen Lehrstoff vertraut ist. Die Ausbildungsordnung ist zugrunde zu legen. Dabei sollen Fertigkeiten, Kenntnisse und Fähigkeiten, die bereits Gegenstand von Teil 1 der Abschluss- oder Gesellenprüfung waren, in Teil 2 der Abschluss- oder Gesellenprüfung nur insoweit einbezogen werden, als es für die Feststellung der Berufsbefähigung erforderlich ist.

§ 7 Teil 1 der Abschluss- oder Gesellenprüfung

(1) Teil 1 der Abschluss- oder Gesellenprüfung soll vor dem Ende des zweiten Ausbildungsjahres stattfinden.
(2) Teil 1 der Abschluss- oder Gesellenprüfung erstreckt sich auf die in der Anlage für die ersten drei Ausbildungshalbjahre aufgeführten Fertigkeiten, Kenntnisse und Fähigkeiten sowie auf den im Berufsschulunterricht zu vermittelnden Lehrstoff, soweit er für die Berufsausbildung wesentlich ist.
(3) Teil 1 der Abschluss- oder Gesellenprüfung besteht aus dem Prüfungsbereich Serviceauftrag.
(4) Für den Prüfungsbereich bestehen folgende Vorgaben:
1. Der Prüfling soll nachweisen, dass er in der Lage ist,
    a) die Arbeitsschritte zu planen, Daten zu recherchieren, Schaltpläne und Funktionen zu analysieren, Arbeitsmittel und Messgeräte auszuwählen, Messungen durchzuführen, Ergebnisse zu dokumentieren,
    b) Instandhaltungsvorgaben, insbesondere den Zusammenhang von Technik, Arbeitsorganisation, Umweltschutz sowie Sicherheit und Gesundheitsschutz zu berücksichtigen,
    c) fachbezogene Probleme und deren Lösungen darzustellen, die relevanten fachlichen Hintergründe aufzuzeigen sowie die Vorgehensweise bei der Durchführung begründen zu können;
2. der Prüfling soll an mindestens einem der nachfolgenden Systeme
    a) Bordnetzsystem,

Ausbildungsordnung

b) Beleuchtungssystem,
c) Ladestromsystem,
d) Startsystem oder
e) Bremsmechanik

Messungen und Prüfungen durchführen, dabei Fehler, Störungen und deren Ursachen feststellen, Mess- oder Prüfprotokolle anfertigen sowie eine fahrzeugtechnische Baugruppe demontieren, warten, montieren und eine Dokumentation erstellen;

3. abweichend von Nummer 2 können andere Tätigkeiten zugrunde gelegt werden, wenn sie in gleicher Breite und Tiefe die in Nummer 1 genannten Nachweise ermöglichen;
4. der Prüfling soll eine Arbeitsaufgabe, die aus mehreren Teilaufgaben bestehen kann und Kundenaufträgen entspricht, durchführen, ein situatives Fachgespräch, das aus mehreren Gesprächsphasen bestehen kann, führen und Aufgaben schriftlich bearbeiten, die sich auf die Arbeitsaufgabe beziehen;
5. die Prüfungszeit für die Arbeitsaufgabe und das situative Fachgespräch beträgt drei Stunden; innerhalb dieser Zeit soll das situative Fachgespräch höchstens zehn Minuten dauern; die Prüfungszeit für die schriftlichen Aufgabenstellungen beträgt 120 Minuten.

§ 8 Teil 2 der Abschluss- oder Gesellenprüfung

(1) Teil 2 der Abschluss- oder Gesellenprüfung erstreckt sich auf die in der Anlage aufgeführten Fertigkeiten, Kenntnisse und Fähigkeiten sowie auf den im Berufsschulunterricht zu vermittelnden Lehrstoff, soweit er für die Berufsausbildung wesentlich ist.

(2) Teil 2 der Abschluss- oder Gesellenprüfung besteht aus den Prüfungsbereichen:
1. Kundenauftrag,
2. Kraftfahrzeug- und Instandhaltungstechnik,
3. Diagnosetechnik,
4. Wirtschafts- und Sozialkunde.

(3) Für den Prüfungsbereich Kundenauftrag bestehen folgende Vorgaben:
1. Der Prüfling soll nachweisen, dass er in der Lage ist,
   a) Arbeitsabläufe selbstständig zu planen, umzusetzen und die Ergebnisse zu dokumentieren,
   b) Informationssysteme zu nutzen, mit Kunden zu kommunizieren,
   c) Fahrzeuge und Systeme zu bedienen und zu erklären,
   d) fahrzeugtechnische Systeme außer und in Betrieb zu nehmen,
   e) Systemfunktionen zu überprüfen, Diagnosesysteme einzusetzen, Fehler und Störungen zu diagnostizieren,
   f) Fahrzeuge und deren Systeme instand zu setzen oder nachzurüsten,

Ausbildungsordnung

g) Ergebnisse zu dokumentieren, Mess- und Prüfprotokolle anzufertigen und zu analysieren,

h) Probleme und deren Lösungen darzustellen und fachliche Hintergründe aufzuzeigen sowie die Vorgehensweise bei der Durchführung des Kundenauftrages zu begründen;

2. für den Nachweis nach Nummer 1 sind folgende Tätigkeiten zugrunde zu legen:

2.1 Überprüfen von Fahrzeugen oder Fahrzeugsystemen nach Herstellervorgaben oder straßenverkehrszulassungsrechtlichen Vorschriften;

2.2 Diagnostizieren von Fehlern, Störungen und deren Ursachen an mindestens einem der folgenden Systeme:
  a) Bremssystem,
  b) Fahrwerkssystem,
  c) Kraftübertragungssystem,
  d) Antriebssystem,
  e) Komfortsystem,
  f) Sicherheitssystem,
  g) Hochvoltsystem oder
  h) vernetzte Systeme;

2.3 Instandsetzen von Fahrzeugen oder Fahrzeugsystemen;

3. andere Tätigkeiten können zugrunde gelegt werden, wenn sie in gleicher Breite und Tiefe die in Nummer 1 genannten Nachweise ermöglichen;

4. der Prüfling soll drei gleichwertige Arbeitsaufgaben, die aus mehreren Teilaufgaben bestehen können und Kundenaufträgen entsprechen, bearbeiten sowie hierüber ein situatives Fachgespräch führen, das aus mehreren Gesprächsphasen bestehen kann; die Arbeitsaufgaben nach Nummer 2.2 und 2.3 sollen sich auf den gewählten Schwerpunkt beziehen;

5. die Prüfungszeit beträgt fünf Stunden; innerhalb dieser Zeit soll das situative Fachgespräch in insgesamt höchstens 20 Minuten durchgeführt werden.

(4) Für den Prüfungsbereich Kraftfahrzeug- und Instandhaltungstechnik bestehen folgende Vorgaben:

1. Der Prüfling soll nachweisen, dass er in der Lage ist,
  a) kraftfahrzeugtechnische Systeme und deren Funktionen zu beschreiben,
  b) Problemanalysen durchzuführen, technologische und mathematische Sachverhalte zu analysieren, zu bewerten, Vorgehensweisen und Lösungswege darzustellen,
  c) Sicherheits-, Gesundheitsschutz- und Umweltschutzbestimmungen, zulassungsrechtliche Vorschriften sowie die Methoden der Instandhaltung unter Berücksichtigung des Qualitätsmanagements und der Grundsätze der Kundenorientierung anzuwenden und Ergebnisse zu bewerten,

Ausbildungsordnung

    d) für die Instandhaltung erforderliche Ersatzteile, Werkzeuge, Mess- und Prüfgeräte sowie Werkstatteinrichtungen und Hilfsmittel unter Beachtung von technischen Regeln und Herstellerangaben auszuwählen,
    e) Maßnahmen unter Berücksichtigung betrieblicher Abläufe zu planen,
    f) branchenbezogene Software zu nutzen und Daten auszuwerten sowie
    g) elektrotechnische Arbeiten an Hochvoltkomponenten unter Anwendung der Sicherheitsvorschriften darzustellen;
2. der Prüfling soll Aufgaben, die sich auf Kundenaufträge beziehen, schriftlich bearbeiten;
3. die Prüfungszeit beträgt 120 Minuten.

(5) Für den Prüfungsbereich Diagnosetechnik bestehen folgende Vorgaben:
1. Der Prüfling soll nachweisen, dass er in der Lage ist,
    a) Problemanalysen durchzuführen, technologische und mathematische Sachverhalte zu analysieren, zu bewerten, Vorgehensweisen und Lösungswege darzustellen,
    b) Informationen aus Funktions-, Schalt- und Vernetzungsplänen, branchenbezogener Software sowie Herstelleranweisungen auszuwerten,
    c) Störungen, Fehler und deren Ursachen systematisch einzugrenzen,
    d) Ergebnisse der eingesetzten Mess-, Prüf- und Diagnosegeräte sowie Kundenhinweise zu nutzen, auszuwerten und zu bewerten,
    e) die Vernetzung von Systemen des Kraftfahrzeuges zu beschreiben und zu analysieren;
2. der Prüfling soll Aufgaben, die sich auf Kundenaufträge beziehen, schriftlich bearbeiten;
3. die Prüfungszeit beträgt 120 Minuten.

(6) Für den Prüfungsbereich Wirtschafts- und Sozialkunde bestehen folgende Vorgaben:
1. Der Prüfling soll nachweisen, dass er allgemeine wirtschaftliche und gesellschaftliche Zusammenhänge der Berufs- und Arbeitswelt darstellen und beurteilen kann;
2. der Prüfling soll praxisbezogene Aufgaben schriftlich bearbeiten;
3. die Prüfungszeit beträgt 60 Minuten.

§ 9 Gewichtungs- und Bestehensregelungen
(1) Die Prüfungsbereiche sind wie folgt zu gewichten:
1. Serviceauftrag mit 35 Prozent,
2. Kundenauftrag mit 35 Prozent,
3. Kraftfahrzeug- und Instandhaltungstechnik mit 10 Prozent,
4. Diagnosetechnik mit 10 Prozent,
5. Wirtschafts- und Sozialkunde mit 10 Prozent.

Ausbildungsordnung

(2) Die Abschluss- oder Gesellenprüfung ist bestanden, wenn die Leistungen wie folgt bewertet worden sind:
1. im Gesamtergebnis von Teil 1 und Teil 2 der Abschlussprüfung mit mindestens »ausreichend«,
2. im Prüfungsbereich Kundenauftrag mit mindestens »ausreichend«,
3. im Ergebnis von Teil 2 der Abschlussprüfung mit mindestens »ausreichend«,
4. in mindestens zwei der übrigen Prüfungsbereiche von Teil 2 der Abschlussprüfung mit mindestens »ausreichend« und
5. in keinem Prüfungsbereich von Teil 2 der Abschlussprüfung mit »ungenügend«.

(3) Auf Antrag des Prüflings ist die Prüfung in einem der Prüfungsbereiche Kraftfahrzeug- und Instandhaltungstechnik, Diagnosetechnik oder Wirtschafts- und Sozialkunde durch eine mündliche Prüfung von etwa 15 Minuten zu ergänzen, wenn
1. der Prüfungsbereich schlechter als »ausreichend« bewertet worden ist und
2. die mündliche Ergänzungsprüfung für das Bestehen der Abschlussprüfung den Ausschlag geben kann.

Bei der Ermittlung des Ergebnisses für diesen Prüfungsbereich sind das bisherige Ergebnis und das Ergebnis der mündlichen Ergänzungsprüfung im Verhältnis von 2 : 1 zu gewichten.

§ 10 Fortsetzung der Berufsausbildung
Die erfolgreich abgeschlossene Ausbildung zum Kraftfahrzeugservicemechaniker und zur Kraftfahrzeugservicemechanikerin kann ab dem dritten Ausbildungsjahr im Ausbildungsberuf zum Kraftfahrzeugmechatroniker und zur Kraftfahrzeugmechatronikerin nach dieser Verordnung fortgesetzt werden.

§ 11 Inkrafttreten, Außerkrafttreten
(1) Diese Verordnung tritt am 1. August 2013 in Kraft.
(2) Gleichzeitig treten die Verordnung über die Berufsausbildung zum Kraftfahrzeugmechatroniker/zur Kraftfahrzeugmechatronikerin vom 20. Juli 2007 (BGBl. I S. 1501) und die Verordnung über die Berufsausbildung zum Mechaniker für Karosserieinstandhaltungstechnik und zur Mechanikerin für Karosserieinstandhaltungstechnik vom 25. Juli 2008 (BGBl. I S. 1442) außer Kraft.

Ausbildungsordnung

Bedeutung für den Betriebsrat/die JAV

Nach § 11 Abs. 1 Nr. 1 BBiG ist dem Auszubildenden mit dem Ausbildungsvertrag eine sachliche und zeitliche Gliederung der Berufsausbildung auszuhändigen, die auf der Grundlage der entsprechenden Ausbildungsordnung und vor allem des Ausbildungsrahmenplans zu erstellen ist. Der Betriebsrat hat ein allgemeines Beratungs- und Vorschlagsrecht in den Angelegenheiten der betrieblichen Berufsbildung (§ 96 Abs. 1 BetrVG). Diese Regelung wird ergänzt und konkretisiert durch ein Mitbestimmungsrecht bei der Umsetzung von Maßnahmen der betrieblichen Berufsbildung (§ 98 Abs. 1 und 4 BetrVG).

Die JAV hat nach § 70 Abs. 1 BetrVG gerade im Bereich der Berufsbildung dem Betriebsrat gegenüber ein Antrags-, Überwachungs- und Anregungsrecht. Der Betriebsrat unterstützt die JAV und vertritt die berechtigten Anliegen der JAV gegenüber dem Arbeitgeber.

Bedeutung für die Auszubildenden

Zum Schutz der Auszubildenden ist ein Ausbildungsvertrag schriftlich niederzulegen. Der beiliegende Ausbildungsplan (sachliche und zeitliche Gliederung des konkreten Ausbildungsverlaufs) soll dem Auszubildenden die Möglichkeit geben, den vertragsmäßigen Ablauf kontrollieren zu können. Bei Schwierigkeiten (z. B. → **Ausbildungsfremde Tätigkeiten**) sollte man sich – wenn vorhanden – an seine JAV oder an den Betriebsrat wenden, die dann den Arbeitgeber zu entsprechenden Änderungen auffordern bzw. rechtliche Schritte einleiten. Oder man sollte selbst einen Rechtsbeistand z. B. über seine Gewerkschaft suchen.

Ausbildungsplan

Grundlagen

Die Berufsausbildung muss nach § 14 BBiG in einer durch ihren Zweck gebotenen Form planmäßig, zeitlich und sachlich gegliedert, und so ausgeführt werden, dass das Ausbildungsziel in der vorgesehenen Ausbildungszeit erreicht werden kann.

Dies setzt einen betrieblichen Ausbildungsplan voraus, nach dem verfahren wird und der Bestandteil des Berufsausbildungsvertrags ist (§ 11 Abs. 1 Nr. 1 BBiG). Hierzu hat der Bundesausschuss für Berufsbildung (BIBB) gem. § 50 BBiG von 1969 Empfehlungen zur sachlichen und zeitlichen Gliederung der Berufsausbildung vom 28./29. 3. 1972 (Empfehlung Nr. 012) herausgegeben, die nachstehend wiedergegeben sind. Die Intention dieser Empfehlung hat weiterhin seine Gültigkeit. Verzeichnis der Empfehlungen des BIBB-Hauptausschuss: *https://www.bibb.de/de/11703.php.*

Empfehlung des Bundesausschusses für Berufsbildung (§ 50 BBiG) vom 28./29. 3. 1972

Der Bundesausschuß für Berufsbildung, der gem. § 51 Abs. 2 Nr. 3 BBiG Vorschläge für die Ordnung, den Ausbau und die Förderung der Berufsausbildung zu erarbeiten hat, hat die nachfolgenden Grundsätze für die sachliche und zeitliche Gliederung der Berufsausbildung beschlossen. Er erwartet, daß diese Grundsätze bei der Abfassung von Berufsausbildungsverträgen zugrunde gelegt werden.

I. Vorbemerkungen

Die Niederschrift des Berufsausbildungsvertrages muß nach § 4 BBiG Angaben zur sachlichen und zeitlichen Gliederung (Ausbildungsplan) enthalten; sie sind Bestandteil des Berufsausbildungsvertrages und der Niederschrift als Anlage beizufügen.

Ausbildungsplan

Berufsausbildungsverträge ohne diese Angaben entsprechen nicht den Anforderungen des Berufsbildungsgesetzes und dürfen nicht in das Verzeichnis der Berufsausbildungsverhältnisse eingetragen werden.
Der Auszubildende hat unter Zugrundelegung des Ausbildungsrahmenplanes gemäß § 25 BBiG bzw. § 25 HwO einen den betrieblichen und individuellen Gegebenheiten angepaßten Ausbildungsplan zu erstellen, der sowohl den sachlichen Aufbau als auch die zeitliche Folge der Berufsausbildung ausweist. Sofern eine Ausbildungsordnung nach § 25 BBiG/§ 25 HwO vorliegt, kann auch der Inhalt des Ausbildungsrahmenplanes als Ausbildungsplan zugrunde gelegt werden, wenn dieser den Erfordernissen im Einzelfall entspricht. Wenn noch keine Ausbildungsordnung nach § 25 BBiG/§ 25 HwO vorliegt, sind die weiter anzuwendenden Berufsbilder, Berufsbildungspläne (§ 108 BBiG), die Fachlichen Vorschriften (§ 122 HwO) usw. zugrunde zu legen.
Die sachliche und zeitliche Gliederung soll möglichst zusammengefaßt werden, indem den Sachgebieten die entsprechenden Zeitangaben zugeordnet werden.

II. Kriterien
Bei der Erstellung der sachlichen und zeitlichen Gliederung durch die Ausbildungsstätten und bei ihrer Überprüfung durch die zuständigen Stellen ist folgendes zu beachten:
1. Sachliche Gliederung
    1.1 Die sachliche Gliederung muß alle im Ausbildungsrahmenplan bzw. in dem weiter anzuwendenden Berufsbild, Berufsbildungsplan und in den fachlichen Vorschriften aufgeführten Fertigkeiten und Kenntnisse enthalten.
    1.2 Bei Ordnungsmitteln, die keine Berufsbildungspläne, sondern nur Berufsbilder enthalten, müssen die einzelnen Ausbildungsinhalte näher beschrieben werden.
    1.3 Die Probezeit ist inhaltlich so zu gestalten, daß ihr Zweck erfüllt wird und Aussagen über Eignung und Neigung des Auszubildenden möglich sind.
    1.4 Fertigkeiten und Kenntnisse sollen so zusammengefaßt und gegliedert werden, daß Ausbildungseinheiten entstehen, die bestimmten Funktionen (z. B. Verkauf, Rechnungswesen, Montage) oder bestimmten Abteilungen der Ausbildungsstätte (z. B. Buchhaltung, Lehrwerkstätte, Modellbau) zugeordnet werden können.
    1.5 Die Ausbildungseinheiten sollen überschaubar sein. Bei größeren zusammenhängenden Ausbildungsabschnitten sollen – soweit erforderlich – sachlich gerechtfertigte Unterabschnitte gebildet werden.
    1.6 Die sachliche Gliederung muß auf die Anforderungen in den Zwischen- und Abschlußprüfungen abgestellt sein.

Ausbildungsplan

1.7 Sofern einzelne Ausbildungseinheiten lehrgangsmäßig oder durch Maßnahmen außerhalb der Ausbildungsstätte vermittelt werden, müssen sie so angeordnet sein, daß betriebliche und außerbetriebliche Maßnahmen sinnvoll ineinandergreifen und aufeinander aufbauen.

1.8 Die sachliche Gliederung der Ausbildung soll insgesamt, aber auch innerhalb jeder Ausbildungseinheit den Grundsatz beachten, daß erst nach Vermittlung einer möglichst breiten Grundlage die spezielle Anwendung und die Festigung der vermittelten Fertigkeiten und Kenntnisse erfolgen soll.

2. Zeitliche Gliederung

2.1 Sofern die Ausbildungsordnung eine zeitliche Folge zwingend vorschreibt, muß diese eingehalten werden (z. B. in den ersten beiden Monaten, im ersten Halbjahr, im ersten Ausbildungsjahr).

2.2 Die zeitliche Folge muß unter dem Gesichtspunkt der Reihenfolge der Prüfungen gegliedert werden.

2.3 Die zeitliche Gliederung ist nach sachlogischen und pädagogischen Gesichtspunkten zu ordnen.

2.4 Sind für die Vermittlung von Fertigkeiten und Kenntnissen zeitliche Richtwerte vorgegeben, so kann innerhalb dieses Rahmens je nach den betrieblichen Gegebenheiten eine flexible Regelung getroffen werden.

2.5 Jede zeitliche Gliederung soll entsprechend dem Ausbildungsinhalt überschaubare Abschnitte vorsehen und den Urlaub berücksichtigen.
Als überschaubar sind Abschnitte von höchstens 6 Monaten anzusehen. Wenn möglich und je nach Ausbildungsberuf und Ausbildungsjahr geboten, sind Unterabschnitte, etwa nach Monaten oder Wochen, anzugeben.

2.6 Die zeitliche Gliederung ist auf einen Ausbildungsablauf im Rahmen der vertraglichen Ausbildungszeit abzustellen.
Die Dauer der Ausbildungsabschnitte und ihre zeitliche Folge können nach den Fähigkeiten des Auszubildenden und den Besonderheiten der Ausbildungsstätte variiert werden, soweit die Teilziele und das Gesamtziel der Ausbildung nicht beeinträchtigt werden.
Die einzelnen Ausbildungsabschnitte sollen bei besonderen Leistungen gekürzt werden, bei besonderen Schwächen können sie unter Beachtung der vertraglichen Ausbildungszeit verlängert werden.

2.7 Zeitliche Verschiebungen und Umstellungen innerhalb der Ausbildungsabschnitte sind möglich, wenn sie unter Beachtung der vorstehenden Grundsätze vorgenommen werden.

3. In begründeten Ausnahmefällen kann in begrenztem Umfang von der Gliederung abgewichen werden, wenn dadurch die Teilziele und das Gesamtziel nicht beeinträchtigt werden. Die Ausbildungsstätte hat die Abweichung mit Begründung festzuhalten und der zuständigen Stelle anzuzeigen.

III. Ausbildungsplätze und Ausbildungsmittel
In der sachlichen und zeitlichen Gliederung sollen Ausbildungsplätze und Ausbildungsmittel aufgeführt werden.

Bedeutung für den Betriebsrat/die JAV

Die JAV hat nach § 70 Abs. 1 Nr. 2 BetrVG die Aufgabe, darüber zu wachen, dass die für die Wahlberechtigten zur JAV geltenden Gesetze, Verordnungen usw. eingehalten werden. Hierzu gehört es, die Einhaltung des Ausbildungsplans zu überprüfen, beispielsweise im Rahmen von Betriebsrundgängen (→ **Betriebsbegehung**).
Werden von der JAV Mängel bezüglich der Einhaltung des Ausbildungsplans festgestellt, müssen diese gegenüber dem Betriebsrat benannt werden. Der Betriebsrat wiederum nimmt nach § 80 Abs. 1 Nr. 3 BetrVG die Anregungen der JAV entgegen. Er muss nunmehr gegenüber dem Arbeitgeber auf eine Beseitigung der Mängel hinwirken. Zu Gesprächen mit dem Arbeitgeber ist die JAV nach § 68 BetrVG hinzuzuziehen. Die JAV hat zu diesem Thema auch ein Teilnahmerecht an Betriebsratssitzungen, ein Stimmrecht und ein Antragsrecht (§§ 67, 70 Abs. 1 Nrn. 1, 3 BetrVG) in Betriebsratssitzungen.
Nach § 98 Abs. 1 BetrVG hat der Betriebsrat bei der Umsetzung von Maßnahmen der Berufsbildung ein Mitbestimmungsrecht. Da die Grundlagen der Berufsausbildung weitgehend gesetzlich geregelt sind, im Wesentlichen im BBiG und in den nach §§ 4 und 5 BBiG und §§ 25 und 26 HwO erlassenen Ausbildungsordnungen, bezieht sich die Mitbestimmung vor allem auf die betriebliche Umsetzung dieser gesetzlichen Bestimmungen. Beim Ausbildungsplan bedeutet das beispielsweise, dass der Betriebsrat bezüglich der zeitlichen und sachlichen Gliederung der betrieblichen Berufsausbildung (hierzu gehören auch Versetzungspläne für den Durchlauf einzelner Abteilungen) ein Mitbestimmungsrecht hat.
Sind keine betrieblichen Ausbildungspläne vorhanden, haben der Betriebsrat und die JAV darauf hinzuwirken, dass diese erstellt und den Auszubildenden mit dem Ausbildungsvertrag ausgehändigt werden. Können Ausbildungsinhalte nicht im Betrieb vermittelt werden, muss der Arbeitgeber dafür Sorge tragen, dass der/die Auszubildende Gelegenheit erhält, die notwendigen Inhalte außerhalb des Betriebs vermittelt zu bekommen. Die Kosten für die Teilnahme des/der Auszubildenden an einer solchen außerbetrieblichen Ausbildungsmaßnahme hat der Arbeitgeber in diesem Fall zu tragen.

Ausbildungsplan

Bedeutung für die Auszubildenden

Mit dem Ausbildungsvertrag muss dem/der Auszubildenden eine sachliche und zeitliche Gliederung (betrieblicher Ausbildungsplan) ausgehändigt werden. Ist dies nicht geschehen, sollten die JAV oder der Betriebsrat darüber informiert werden.

Anhand des Ausbildungsplans kann der/die Auszubildende überprüfen, ob die vorgeschriebenen Ausbildungsinhalte tatsächlich vermittelt werden. Bei Missständen sollten die JAV bzw. der Betriebsrat informiert werden.

Ausbildungsplatzsituation

Grundlagen

Der Ausbildungsmarkt steht vor ernsten Herausforderungen: Seit vielen Jahren schon stehen junge Menschen in Deutschland vor dem gravierenden Problem fehlender betrieblicher Ausbildungsplätze. Fast ein Drittel (31,1 %) derjenigen, die sich für eine Ausbildung interessieren, sind nach dem Start des Ausbildungsjahrs 2023 nicht in eine Ausbildung eingemündet. Die Chancen auf einen Ausbildungsplatz hängen dabei von vielen Faktoren ab: Schulabschluss, Wohnort, soziale Herkunft, Geschlecht und auch davon, ob sie von rassistischer Diskriminierung betroffen sind.

Die Folge dieser Probleme auf dem Ausbildungsmarkt ist, dass im Jahr 2022 ca. 2,86 Millionen junge Menschen im Alter zwischen 20 und 34 Jahren ohne Berufsabschluss waren. Die Auswirkungen von Corona-Pandemie und Krieg wirkten hier wie ein Brandbeschleuniger: Im Vergleich zu vor der Pandemie ist dieser Wert um ca. 700 000 junge Menschen bzw. 4,4 Prozentpunkte angestiegen. Insgesamt fehlen damit fast jedem/jeder Fünften die Voraussetzung für einen qualifizierten Zugang zum Erwerbsleben.

Der Ausbildungsmarkt hat sich immer noch nicht von dem historischen Einbruch der Ausbildungszahlen erholt: Noch nie in der Geschichte der dualen Berufsausbildung wurde so wenig ausgebildet, wie während der Corona-Pandemie. Und noch immer werden jährlich fast 36 000 Ausbildungsverträge weniger abgeschlossen als vor der Pandemie, obwohl sich die Zahl der neu abgeschlossenen Ausbildungsverträge laut Berufsbildungsbericht 2024 mit insgesamt 489 200 neuen Verträgen erneut erholt hat. Im Vergleich zum Vorjahr ist dieser Wert um 4,6 % angestiegen.

Bedeutung für die jungen Menschen

Trotz dieser Erholung gaben allein im Jahr 2023 insgesamt 63 700 junge Menschen an, dass sie zum Stichtag 30. September noch immer einen Ausbildungsplatz suchten. Dem standen 73 400 offene betriebliche Ausbildungsplätze gegenüber. Auf dem Ausbildungsmarkt zeichnet sich damit eine paradoxe Situation ab: Während jährlich zehntausende Jugendliche keinen Ausbildungsplatz finden, steigt gleichzeitig die Zahl der unbesetzten Stellen. Doch fallen offenes Angebot und offene Nachfrage sehr oft regional auseinander. Hoher Pendelaufwand und steigende Mieten stehen hier der Mobilität junger Menschen im Weg, einen Ausbildungsplatz fernab des eigenen Wohnorts aufzunehmen. Mehr Azubi-Wohnheime (vgl. → **Azubi-Wohnen**) könnten hier Abhilfe schaffen.

Zudem zeigt sich ein nach Berufen zersplittertes Bild. Während einige Berufe sehr gefragt sind und die Betriebe in diesen Branchen nahezu keine Rekrutierungsprobleme haben, gab es bei anderen Berufen (z. B. Fachverkäufer:in im Lebensmittelhandwerk, Fleischer:in, Klempner:in, Beton- und Stahlbauer:in) erhebliche Besetzungsprobleme. Schlechte Ausbildungsqualität, viele Überstunden, ungünstige Ausbildungsbedingungen und niedrige Ausbildungsvergütungen sind hierfür einige Gründe.

Darüber hinaus setzt sich ein Trend fort, der bereits seit längerer Zeit zu beobachten ist. Es werden deutlich weniger Ausbildungsverträge mit Frauen abgeschlossen, als mit Männern. Frauen sind dabei nicht nur in geringerem Maße in der dualen Berufsausbildung vertreten, sie konzentrieren sich auch auf weniger Ausbildungsberufe.

Als ein Grund hierfür kann eine nachgewiesene Benachteiligung von Frauen im Bewerbungsprozess, insbesondere in männlich dominierten Berufen, genannt werden. Außerdem zeigt sich, dass Frauen noch immer überdurchschnittlich in Ausbildungsberufen landen, die weiblich konnotiert sind und sich durch schlechtere Ausbildungsbedingungen auszeichnen – auch obwohl diese oft nicht zu ihren Wunschberufen zählen.

Angesichts dieser Verteilungssituation besteht weiterhin eine wichtige Aufgabe darin, mehr junge Frauen für gewerblich-technische Berufe und junge Männer auch für soziale Berufe zu interessieren. Hierfür muss eine gute Berufsorientierung an den Schulen sowie bei der Bundesagentur für Arbeit ihren Teil beitragen.

Auch das zeigt der Berufsbildungsbericht 2024: Mehr als vier von fünf Unternehmen in Deutschland stellen keine Auszubildenden ein. Die Ausbildungsbeteiligung der Betriebe in Deutschland ist im Jahr 2022 erneut gesunken – auf nur noch 18,9 %. Jahr für Jahr wird ein neuer historischer Tiefststand erreicht. In den letzten 15 Jahren sind mehr als 72 400 Ausbildungsbetriebe verloren gegangen.

Ausbildungsplatzsituation

Dabei handelt es sich längst nicht nur um Kleinbetriebe. Über alle Betriebsgrößen ist die Ausbildungsbetriebsquote in den letzten Jahren gesunken. Bereits vor der Pandemie zeigte eine Erhebung des Wissenschaftszentrums Berlin (WZB), dass die DAX 30-Konzerne zwar Milliarden-Dividenden an ihre Aktionäre ausgezahlt, aber zeitgleich die berufliche Ausbildung zurückgefahren haben.

Zur Lösung der Probleme auf dem Ausbildungsmarkt hatten die Gewerkschaften und Gewerkschaftsjugend die Einführung einer umlagefinanzierten Ausbildungsgarantie vorgeschlagen. Sie soll allen jungen Menschen eine sichere Perspektive bieten und dabei die Betriebe nicht aus der Verantwortung entlassen. Zielsetzung ist, alle Jugendlichen mit einem Ausbildungsplatz zu versorgen und gleichzeitig mehr betriebliche Ausbildungsplätze zu schaffen. Bundestag und Bundesrat hatten sich im Jahr 2023 auf die Einführung einer Ausbildungsgarantie geeinigt – allerdings ohne Umlagefinanzierung durch alle Betriebe. Die Umsetzung der geplanten Maßnahmen (Mobilitätszuschuss, Berufsorientierungspraktikum, Flexibilisierung der Einstiegsqualifizierung (EQ) sowie außerbetriebliche Ausbildungsplätze) soll erstmals im Jahr 2024 erfolgen.

Die DGB-Jugend fordert weiterhin eine Umlagefinanzierung der Ausbildungskosten durch einen Zukunftsfonds, in den alle Betriebe einzahlen. Außerdem müssen mehr junge Menschen von den beschlossenen Maßnahmen der gesetzlichen Ausbildungsgarantie, insbesondere von der außerbetrieblichen Ausbildung profitieren können.

Ausbildungsqualität

Grundlagen

Wenn es um Ausbildungsqualität geht, dann geht es wesentlich um folgende Fragen: Ist die Ausstattung der Ausbildung hinreichend? Sind die betrieblichen Ausbildungseinsatzorte geeignet? Wird der Ausbildungsrahmenplan betrieblich umgesetzt? Verfügt das neben- und hauptberufliche Ausbildungspersonal über hinreichende Qualifikationen? Steht überhaupt genügend Ausbildungspersonal bereit? Eine wichtige Grundlage ist die Empfehlung 162 des Hauptausschusses beim Bundesinstitut für Berufsbildung (BIBB) zur Eignung der Ausbildungsstätten (*https://www.bibb.de/de/34108.php*). Die von Arbeitgebern und Gewerkschaften mit verabschiedete Empfehlung gibt Ausbildungsverantwortlichen, Betriebsräten sowie JAVen eine gute Orientierung zur betrieblichen Ausbildungsgestaltung.

Um Ausbildungsqualität festzustellen, muss ein Standard als Maßstab festgelegt werden, die Empfehlung 162 bietet dafür eine gute Grundlage. Für die betriebliche Ausbildung können beispielsweise für folgende Bereiche Qualitätsstandards formuliert werden:
- Anzahl und Qualifikation des Ausbildungspersonals,
- Ausbildungsausstattung und -organisation, also die erforderliche Einrichtung, Unterlagen und Planung,
- die Ausbildungsdurchführung also die Gestaltung des Lernprozesses und
- die Vorbereitung auf Prüfungen und die Prüfungsergebnisse.

Ausbildungsverantwortliche, Betriebsrat und JAV verständigen sich zunächst über den Anspruch der zu erfüllen ist, beispielsweise soll der Qualitätsanspruch erfüllt werden, dass eine Betreuung der Auszubildenden an allen Ausbildungsstellen durch fachlich und pädagogisch qualifizierte Ausbildungsverantwortliche sichergestellt ist. Hierzu können dann folgende Qualitätsstandards festgelegt werden: Für alle Ausbildungsabteilungen und -bereiche sind Ausbildungsverantwortliche benannt. Die Ausbildungsverantwortlichen haben die → **Ausbildereignungsprüfung** (AEVO) absolviert. Die Ausbildungsverantwortlichen sind

Ausbildungsqualität

fachlich kompetent und verfügen über einen Berufsabschluss oder über eine mindestens zweijährige Berufserfahrung.

Zur Entwicklung eines gemeinsamen Qualitätsbewusstseins in der betrieblichen Ausbildung sollten alle Akteure am Entwicklungsprozess beteiligt sein. Ausbildungsverantwortliche, Auszubildende, Betriebsrat und JAV müssen Träger des Vorgehens sein, damit die gewünschte Qualitätsentwicklung erreicht wird.

Im Qualitätsmanagement werden meist vier Phasen unterschieden, in denen der Prozess der kontinuierlichen Verbesserung beschrieben wird. Man spricht auch vom »Demingkreis«, benannt nach William Edwards Deming (1900–1993), einem amerikanischen Physiker und Statistiker, dessen Wirken maßgeblich den heutigen Stellenwert des Qualitätsmanagements beeinflusst hat. Die vier Phasen werden auch PDCA-Zyklus (Plan, Do, Check, Act) genannt oder in deutscher Übersetzung Planen – Durchführen – Überprüfen – Reagieren. Zuerst steht der Plan, es folgt die Durchführung, dann die Überprüfung der Praxis und aus der Praxis wird anschließend das Reagieren abgeleitet. Damit beginnt ein neuer Plan mit Maßnahmen zur Veränderung, usw. Diese vier Phasen – übertragen auf die betriebliche Ausbildung – können wie folgt aussehen:

- Planen (Qualitätsansprüche und -standards sowie Verfahren der Überprüfung vereinbaren)
- Durchführen (Ausbildung entsprechend der Qualitätsansprüche und -standards)
- Überprüfen (Qualitätscheck)
- Reagieren (Ergebnisse des Qualitätschecks werden im betrieblichen Berufsbildungsausschuss ausgewertet und Maßnahmen werden beraten. Die vereinbarten Maßnahmen werden im neuen Plan aufgenommen und der Kreislauf setzte sich fort: Planen – Durchführen – Überprüfen – Reagieren.)

Eine wesentliche Rolle im Qualitätszyklus spielt die Überprüfung der Praxis, beispielsweise mit einem Qualitätscheck. Mit dem Qualitätscheck sollen die handelnden Verantwortlichen in den Ausbildungsbetrieben dabei unterstützt werden, ihre Ausbildungspraxis zu reflektieren, Stärken und Defizite festzustellen und Qualitätsverbesserungen auf den Weg zu bringen. Gemeinsam sollte eine Verständigung zu den einzelnen Qualitätsstandards getroffen werden. Der Qualitätscheck kann in Form einer regelmäßigen Befragung aller Beteiligten umgesetzt werden oder in Form eines Audits. Bei Letzteren müssten Auditoren benannt und geschult werden, die anhand der Checkliste die betriebliche Ausbildung unter die Lupe nehmen. Der Auditorenbericht bzw. die Ergebnisse der Befragung sollten in jedem Fall gemeinsam im betrieblichen Berufsbildungsausschuss ausgewertet, Maßnahmen beraten und eingeleitet werden.

Ausbildungsqualität

Bedeutung für den Betriebsrat/die JAV

Der Betriebsrat und die JAV haben in Fragen der Berufsbildung weitreichende Mitbestimmungs-, Beratungs-und Informationsrechte, vor allem nach §§ 96 bis 98 BetrVG. Diese beinhalten auch das Recht, selbst die Initiative zu ergreifen. Fragen der Ausbildungsqualität gehören zu den wichtigsten Aufgaben, um die sich die JAV kümmert.
Im Bildungsausschuss können die Qualitätssicherung koordiniert und Qualitätsansprüche und -standards festgelegt werden. Durch regelmäßige Befragungen (Qualitätschecks) der an der Ausbildung Beteiligten (Auszubildende, Ausbilder:innen und Ausbildungsbeauftragte) können Verbesserungspotentiale in der Ausbildung aufgespürt werden. Der Bildungsausschuss kann dann über Maßnahmen beraten und Vereinbarungen treffen.

Checkliste: Welche Punkte muss der Ausbildungsplan enthalten?

(Quelle: IG Metall)
Für jeden Ausbildungsberuf gibt es eine Ausbildungsverordnung. Sie legt fest, wie lange die Ausbildung dauert und welche Fertigkeiten und Kenntnisse für den Beruf erforderlich sind. Grundlage für den betrieblichen Ausbildungsplan ist der in der Ausbildungsverordnung festgelegte Ausbildungsrahmenplan. Auf Basis dieses Ausbildungsrahmenplans wird innerbetrieblich eine sachliche und zeitliche Gliederung der Berufsausbildung erstellt – der Ausbildungsplan. Und das hier muss drin stehen:
- Wann werden die geforderten Kenntnisse und das entsprechende Know-how vermittelt?
- Wer ist die Verantwortliche für die jeweilige Lerneinheit?
- In welcher Abteilung erfolgt die Lerneinheit?
- Mit welchen Lehr- bzw. Arbeitsmitteln erfolgt die Wissensvermittlung?

Was gehört noch zu einer guten Ausbildung?

- Die Anleitung an modernen Maschinen, Computern und Werkzeugen.
- Die kostenlose Bereitstellung der Ausbildungsmittel für den Betrieb und die Berufsschule.
- Ein qualifiziertes und geprüftes Ausbildungspersonal mit fachlichen und pädagogischen Kenntnissen.
- Die Ausbildung in kleinen Arbeitsgruppen.
- Ausbildungsstandkontrollen statt Leistungskontrollen einzelner Auszubildender.
- Eine enge Kooperation zwischen Berufsschule und Ausbildungsbetrieb.

Ausbildungsqualität

Was sind ausbildungsfremde Tätigkeiten?

Natürlich kann es vorkommen, dass Auszubildende während der Ausbildung Arbeiten erledigen müssen, die nicht im Ausbildungsplan stehen. Doch während der Ausbildung tagelang nur Botengänge zu machen oder das Lager aufzuräumen ist unzulässig. Die Ausbilder:innen dürfen Auszubildenden nicht dauerhaft Arbeiten auftragen, die nichts mit der Ausbildung zu tun haben oder deren Dauer stark vom Ausbildungsplan abweicht. Ausbildungsfremde Tätigkeiten sind zum Beispiel:

- Urlaubs- und Krankheitsvertretungen
- Private Besorgungen für den/die Chef:in
- Regelmäßiges Putzen von Werkstätten und Büros – es sei denn, es handelt sich um den eigenen Arbeitsplatz oder regelmäßig genutztes Werkzeug
- Akkord- und Fließbandarbeit

Überstunden

Grundsätzlich sind Auszubildende nicht verpflichtet, länger zu arbeiten, als im Ausbildungsvertrag vereinbart. Überstunden bei Azubis müssen also freiwillig sein. Folgende Kriterien sind wichtig:

- Überstunden müssen dem Zweck der Ausbildung dienen.
- Überstunden müssen vergütet oder mit Freizeit ausgeglichen werden.

Ausbildungsreife

Grundlagen

»Ich habe überhaupt keine Hoffnung mehr in die Zukunft unseres Landes, wenn einmal unsere Jugend die Männer von morgen stellt. Unsere Jugend ist unerträglich, unverantwortlich und entsetzlich anzusehen.«
Aristoteles, 384 v. Chr. bis 322 v. Chr.
Immer wieder wird jungen Menschen vorgeworfen, sie seien nicht ausbildungsreif und kämen deshalb für eine betriebliche Ausbildung nicht in Frage. Ihr geistiger und sozialer Entwicklungsstand entspräche nicht den Ausbildungsanforderungen. Die Verantwortung dafür, dass junge Menschen keinen Ausbildungsplatz finden, wird ihnen so selbst zugeschoben; sie seien halt nicht reif genug. Damit wird von den Problemen abgelenkt, dass von der Wirtschaft nicht genügend Ausbildungsplätze angeboten werden und Unternehmen oft nur die vermeintlich leistungsstärksten jungen Menschen für eine Ausbildung auswählen.
Der Begriff Ausbildungsreife ist kritisch zu hinterfragen. Selbst wenn junge Menschen über Defizite verfügen, bedeutet das doch nicht, dass sie geistig nicht in der Lage wären, diese zu beheben. Die Gewerkschaften stehen dem Begriff der Ausbildungsreife deshalb kritisch gegenüber und fordern stattdessen, junge Menschen in ihrer Entwicklung zu fördern.
Eine Expertise im Auftrag der Hans-Böckler-Stiftung ist dem Mythos der mangelnden Ausbildungsreife nachgegangen. Dabei wurden Umfragen und Aussagen, vor allem auch der Arbeitgeber, näher durchleuchtet. Fazit: Der Begriff der Ausbildungsreife ist unscharf und beliebig. Außerdem hätte der Begriff der Ausbildungsreife nur dann eine bildungspolitische Berechtigung, wenn die strukturellen Bedingungen von Ausbildungsreife berücksichtigt werden. In diesem Fall wäre die Frage der Ausbildungsreife eine gesamtgesellschaftliche, die danach fragt, wie reif die strukturelle Verfasstheit des Gesellschaftssystems ist, um eine berufliche und gesellschaftliche Integration junger Menschen zu gewährleisten.

Ausbildungsreife

Dennoch hat der Nationale Pakt für Ausbildung und Fachkräftenachwuchs in Deutschland, an dem sich die Gewerkschaften nicht beteiligt haben, 2006 einen Kriterienkatalog zur Ausbildungsreife erstellt. Die Agenturen für Arbeit nutzen diesen seither, um die Ausbildungsreife zu beurteilen. Demnach sind Mindeststandards für die Aufnahme einer Berufsausbildung:
- Schulische Basiskenntnisse (z. B. lesen, schreiben, mathematische und wirtschaftliche Grundkenntnisse)
- Psychologische Leistungsmerkmale (z. B. Sprachvermögen, rechnerisches Denken, logisches Denken, räumliches Vorstellungsvermögen, Merkfähigkeit, Bearbeitungsgeschwindigkeit)
- Merkmale des Arbeits- und Sozialverhaltens (z. B. Durchhaltevermögen und Frustrationstoleranz, Kommunikations-, Kritik- und Konfliktfähigkeit, Leistungsbereitschaft, Selbstständigkeit)
- Physische Merkmale (z. B. altersgerechter Entwicklungsstand und gesundheitliche Voraussetzungen)
- Berufswahlreife (z. B. Selbsteinschätzungs- und Informationskompetenz)

Bedeutung für den Betriebsrat/die JAV

Der Betriebsrat und die JAV haben nach § 95 BetrVG ein Mitbestimmungsrecht, wie das Auswahlverfahren neuer Auszubildender abläuft (→ **Auswahlrichtlinien**). Sie sollten darauf achten, dass auch junge Menschen mit schwächeren Eingangsvoraussetzungen berücksichtigt werden. Bei Defiziten ist es wenig hilfreich, die Mängel zu beklagen. Besser ist es, mit Förderkonzepten und qualifiziertem Ausbildungspersonal die Defizite zu beheben. Die §§ 96 bis 98 BetrVG räumen dem Betriebsrat weitgehende Informations-, Beratungs- und Mitbestimmungsrechte ein. Der Betriebsrat hat vor allem bei der Umsetzung von Maßnahmen der betrieblichen Berufsbildung mitzubestimmen.

Internethinweise

Kriterienkatalog des Nationalen Pakts für Ausbildung und Fachkräftenachwuchs auf der Web-Seite der BA, *https://www.arbeitsagentur.de/datei/dok_ba015275.pdf*
Dobischat/Kühnlein/Schurgatz, Ein umstrittener Begriff beim Übergang Jugendlicher in eine Berufsausbildung. Reihe: Arbeitspapier, Bildung und Qualifizierung, Bd. 189, Düsseldorf, 2012, *https://www.boeckler.de/pdf/p_arbp_189.pdf*

Ausbildungsreport

Grundlagen

Der Ausbildungsreport wird jährlich von der DGB-Jugend veröffentlicht. Die repräsentative Studie gibt einen Überblick, in welchen Berufen junge Menschen eine qualitativ hochwertige Ausbildung erhalten – und wo es welche Mängel gibt.
Für den Ausbildungsreport werden im Rahmen der Berufsschultouren der Gewerkschaftsjugend über 10 000 Auszubildende aus den 25 meistgewählten Ausbildungsberufen befragt – aus allen Ausbildungsjahren und aus Betrieben unterschiedlichster Größe.
Ziel des Ausbildungsreports ist es, ein möglichst detailliertes Bild zur Qualität in der dualen Berufsausbildung darzustellen und etwaige Mängel aufzudecken. Gleichzeitig soll eine Orientierung bei der Suche nach dem richtigen Ausbildungsberuf gegeben werden, indem die Ausbildungsreife der Betriebe unter die Lupe genommen wird. Hierfür werden einerseits jährlich gleichbleibende Fragen genutzt, um zu ermöglichen, dass Entwicklungen zwischen mehrere Befragungsjahren dargestellt werden können. Andererseits leuchtet ein jährlich wechselnder Schwerpunkt Themen wie die Digitalisierung der Ausbildung (2023), die Berufsorientierung (2022) oder Mobilität und Wohnen (2020) aus.

Qualität der Berufsausbildung

Branche

Die Bewertung der Ausbildungsqualität ist stark abhängig vom jeweiligen Ausbildungsberuf bzw. der Branche. Am unteren Ende der Skala rangieren leider oft Berufe im Hotel- und Gaststättenbereich, im Einzelhandel sowie in Teilen des Handwerks. Hier sind erhebliche Anstrengungen notwendig, um diese Ausbildungsberufe für junge Menschen attraktiv zu machen.

Betriebsgröße

Es gilt der Grundsatz: Je größer ein Betrieb, desto höher die Zufriedenheit der Auszubildenden. Das gute Abschneiden von großen Betrieben liegt auf der einen Seite an den guten personellen und materiellen Voraussetzungen, mit denen eine strukturierte und qualitativ hochwertige Ausbildung gewährleistet werden kann. Zum anderen verfügen Großbetriebe eher über Mitbestimmungsstrukturen. Klein- und Kleinstbetriebe hingegen stehen vor der Herausforderung, mit wenig Personal flexibel auf Angebot und Nachfrage reagieren zu müssen. Sie binden ihre Auszubildenden oft überdurchschnittlich stark nach Auftragslage in die reguläre Arbeit ein und weniger nach betrieblichem Ausbildungsplan. Darunter leidet auch die fachliche Anleitung.

Berufsschule

Der Lernort Berufsschule spielt im Rahmen der dualen Ausbildung eine ebenso wichtige Rolle wie der Ausbildungsbetrieb. Angesichts der Probleme in vielen Berufsschulen ist es wenig verwunderlich, dass die Zufriedenheit der Auszubildenden mit der Berufsschule 2023 auf ein historisches Tief gesunken ist und deutlich hinter der Zufriedenheit mit dem Ausbildungsbetrieb zurückbleibt. Der Ausbildungsreport zeigt eindeutig Nachholbedarf bei den infrastrukturellen Rahmenbedingungen auf: Eine zeitgemäße Ausstattung der Berufsschulen mit Unterrichtsmaterialien, Schulbüchern, technischen Geräten, insbesondere Laptops, Whiteboards, Tablets und Ähnlichem ist nicht nur mit Blick auf die Digitalisierung notwendig. Neben der Ausstattung muss auch die Administration der technischen Infrastruktur gewährleistet werden. Elementar ist ebenso ausreichendes Personal, das einen regelmäßigen Berufsschulunterricht in sinnvollen Klassengrößen erlaubt. Auch regelmäßige Weiterbildungs- und Qualifizierungsmöglichkeiten für Lehrkräfte sind notwendig. Zu guter Letzt muss die Abstimmung zwischen Berufsschule und Ausbildungsbetrieb verbessert werden, da sie sich positiv auf den Lernerfolg auswirkt.

Übernahme nach der Ausbildung

Eine qualitativ hochwertige Ausbildung ist das Fundament für einen guten Start in die Arbeitswelt und den Übergang von der Ausbildung in ein reguläres Arbeitsverhältnis. Für viele junge Menschen gestaltet sich dieser Übergang sehr schwierig: Jede/r Dritte befragte Auszubildende weiß selbst im letzten Ausbildungsjahr nicht, ob sie im Anschluss an ihre Ausbildung übernommen werden.

Internethinweis

Ausbildungsreport unter: *www.jugend.dgb.de/ausbildung*

Ausbildungsvergütung

Grundlagen

Der/die Ausbildende ist verpflichtet, dem/der Auszubildenden eine Ausbildungsvergütung zu zahlen. Dieser Vergütungsanspruch besteht nach § 17 Abs. 1 BBiG.
Die Zahlung und die Höhe der Ausbildungsvergütung müssen Bestandteil des Ausbildungsvertrags sein (§ 11 Abs. 1 Nr. 7 BBiG). Neu ist seit dem 20.7.2022, dass in der Vertragsniederschrift nicht nur die Höhe der Vergütung festgeschrieben sein muss, sondern auch die Zusammensetzung, sofern sie sich aus mehreren Teilen zusammensetzt. Ebenfalls neu ist, dass auch die Vergütung (oder der Ausgleich) von Überstunden Teil des Ausbildungsvertrages sein muss (§ 11 Abs. 1 Nr. 8 BBiG).
Die Höhe der Vergütung richtet sich nach dem jeweils geltenden Tarifvertrag. Sollte kein Tarifvertrag bestehen, muss die Höhe der Vergütung nach § 17 Abs. 1 BBiG »angemessen« sein.
Die Angemessenheit der Vergütung ist ausgeschlossen, wenn sie eine festgelegte
→ **Mindestvergütung/Mindestausbildungsvergütung** unterschreitet.
Das Mindestlohngesetz (MiLoG) schließt Auszubildende in § 22 Abs. 3 MiLoG ausdrücklich aus dem Geltungsbereich aus und findet damit keine Anwendung.
Die Mindestvergütung gilt künftig auch für außerbetriebliche Ausbildung und zusätzlich für behinderte Menschen, die eine von der Bundesagentur für Arbeit geförderte außerbetriebliche Ausbildung aufnehmen.

Bedeutung für die Auszubildenden

Die Vergütung ist nach Lebensalter der Auszubildenden so zu bemessen, dass sie mit laufender Berufsausbildung, mindestens jährlich, ansteigt (§ 17 Abs. 1 BBiG).

Ausbildungsvergütung

Die Ausbildungsvergütung für den laufenden Monat muss bis zum letzten Arbeitstag des Monats gezahlt werden (§ 18 Abs. 2 BBiG). Bei → **Arbeitsunfähigkeit** wird die Vergütung sechs Wochen lang vom/von der Ausbildenden fortgezahlt, danach zahlt die Krankenkasse Krankengeld.
Der/die Ausbildende hat nach § 19 Abs. 1 Nr. 2 BBiG die Vergütung sechs Wochen fortzuzahlen, wenn Auszubildende »aus einem sonstigen, in ihrer Person liegenden Grund unverschuldet verhindert sind, ihre Pflichten aus dem Berufsausbildungsverhältnis zu erfüllen.« Der Schutzparagraf greift beispielsweise, wenn in einem Betrieb Kurzarbeit angemeldet wird. Die Vergütung von Auszubildenden ist so für sechs Wochen geschützt.
Mehrarbeit und Überstunden sind durch die Ausbildungsvergütung nicht automatisch abgegolten. Sollten Auszubildende über die vereinbarte tägliche oder wöchentliche → **Arbeitszeit** (Ausbildungszeit) hinausgehend beschäftigt werden, also Überstunden machen, muss nach § 17 Abs. 7 BBiG gesondert vergütet werden oder ein entsprechender Freizeitausgleich stattfinden. Die Mitbestimmungsrechte des Betriebsrats nach § 87 BetrVG sind in diesem Fall zu wahren (vgl. → **Arbeitszeit**).

Berufsbildungsgesetz (BBiG)

§ 17 Vergütungsanspruch und Mindestvergütung
(1) Ausbildende haben Auszubildenden eine angemessene Vergütung zu gewähren. Die Vergütung steigt mit fortschreitender Berufsausbildung, mindestens jährlich, an. [...]
(3) Angemessen ist auch eine für den Ausbildenden nach [...] geltende tarifvertragliche Vergütungsregelung, durch die die [...] genannte jeweilige Mindestvergütung unterschritten wird. Nach Ablauf eines Tarifvertrages [...] gilt dessen Vergütungsregelung für bereits begründete Ausbildungsverhältnisse weiterhin als angemessen, bis sie durch einen neuen oder ablösenden Tarifvertrag ersetzt wird.
(4) Die Angemessenheit der vereinbarten Vergütung ist auch dann, wenn sie die Mindestvergütung [...] nicht unterschreitet, in der Regel ausgeschlossen, wenn sie die Höhe der in einem Tarifvertrag geregelten Vergütung, in dessen Geltungsbereich das Ausbildungsverhältnis fällt, an den der Ausbildende aber nicht gebunden ist, um mehr als 20 Prozent unterschreitet.
(5) Bei einer Teilzeitberufsausbildung kann eine [...] zu gewährende Vergütung unterschritten werden. Die Angemessenheit der Vergütung ist jedoch ausgeschlossen, wenn die prozentuale Kürzung der Vergütung höher ist als die prozentuale Kürzung der täglichen oder der wöchentlichen Arbeitszeit. [...]
(7) Eine über die vereinbarte regelmäßige tägliche Ausbildungszeit hinausgehende Beschäftigung ist besonders zu vergüten oder durch die Gewährung entsprechender Freizeit auszugleichen.

Ausbildungsvergütung

Gesamtübersicht: Tarifliche Ausbildungsvergütungen 2023 in Euro
Durchschnittliche Beträge in Euro pro Monat in den einzelnen Ausbildungsjahren sowie im Durchschnitt über die gesamte Ausbildungsdauer

Berufsbezeichnung	Bereich	Dauer in Monaten	Westdeutschland*					Ostdeutschland**				
			1. AJ	2. AJ	3. AJ	4. AJ	Insgesamt	1. AJ	2. AJ	3. AJ	4. AJ	Insgesamt
Anlagenmechaniker/-in	IH	42	1.108	1.199	1.285	1.374	1.232	1.030	1.101	1.168	1.226	1.133
Anlagenmechaniker/-in für Sanitär-, Heizungs- und Klimatechnik	Hw	42	820	874	952	1.011	906					
Augenoptiker/-in	Hw	36	815	881	959		883	905	945	970		935
Ausbaufacharbeiter/-in	Hw	24	931	1.221			1.103	871	1.086			999
Automobilkaufmann/-frau	Hw	36	901	935	1.011		945	850	913	950		900
Automobilkaufmann/-frau	IH	36	894	941	1.019		947	814	844	897		847
Bäcker/-in	Hw	36	862	948	1.086		971	860	945	1.085		960
Bankkaufmann/-frau	IH	36	1.134	1.189	1.259		1.197	1.131	1.184	1.256		1.189
Baugeräteführer/-in	IH	36	942	1.201	1.449		1.179	886	1.089	1.286		1.077
Baustoffprüfer/-in	IH	36	925	1.068	1.156		1.048					
Bauzeichner/-in	IH	36	736	905	1.071		913	701	871	1.038		865
Berufskraftfahrer/-in	IH	36	975	1.059	1.146		1.057	924	1.019	1.096		1.010
Bestattungsfachkraft	Hw	36	757	869	986		862					
Beton- und Stahlbetonbauer/-in	Hw	36	937	1.223	1.480		1.227					
Beton- und Stahlbetonbauer/-in	IH	36	931	1.213	1.464		1.210	890	1.078	1.287		1.096

Ausbildungsvergütung

Berufsbezeichnung	Bereich	Dauer in Monaten	Westdeutschland*					Ostdeutschland**				
			1. AJ	2. AJ	3. AJ	4. AJ	Insgesamt	1. AJ	2. AJ	3. AJ	4. AJ	Insgesamt
Biologielaborant/-in	IH	42	1.056	1.124	1.178	1.264	1.128					
Bodenleger/-in	Hw	36	727	787	876		804					
Brauer/-in und Mälzer/-in	IH	36	1.036	1.174	1.292		1.162					
Buchhändler/-in	IH	36	919	1.013	1.119		1.015					
Chemielaborant/-in	IH	42	1.064	1.133	1.198	1.289	1.143	1.052	1.114	1.132	1.214	1.115
Chemikant/-in	IH	42	1.069	1.153	1.221	1.313	1.170	1.072	1.129	1.156	1.216	1.140
Dachdecker/-in	Hw	36	864	1.049	1.324		1.076	860	1.042	1.319		1.067
Drogist/-in	IH	36	952	1.049	1.172		1.048	899	988	1.108		993
Eisenbahner/-in im Betriebsdienst (alle Fachrichtungen)***	IH	36		1.093	1.163		1.129		1.083	1.148		1.114
Eisenbahner/-in im Betriebsdienst Lokführer/-in und Transport***	IH	36	1.027				1.028					
Eisenbahner/-in in der Zugverkehrssteuerung***	IH	36	1.020				1.030					
Elektroniker/-in (alle Fachrichtungen)	Hw	42	894	961	1.036	1.103	990	882	982	1.088	1.168	1.009
Elektroniker/-in für Automatisierungstechnik	IH	42	1.068	1.139	1.229	1.309	1.171	1.026	1.091	1.175	1.232	1.127
Elektroniker/-in für Betriebstechnik	IH	42	1.075	1.160	1.250	1.331	1.194	1.007	1.086	1.165	1.235	1.114
Elektroniker/-in für Geräte und Systeme	IH	42	1.065	1.129	1.207	1.281	1.162	1.036	1.106	1.187	1.250	1.138
Elektroniker/-in für Informations- und Systemtechnik	IH	42	1.058	1.136	1.201	1.265	1.146					

Ausbildungsvergütung

Berufsbezeichnung	Bereich	Dauer in Monaten	Westdeutschland* 1.AJ	2.AJ	3.AJ	4.AJ	Insgesamt	Ostdeutschland** 1.AJ	2.AJ	3.AJ	4.AJ	Insgesamt
Elektroniker/-in für Maschinen und Antriebstechnik	Hw	42	924	975	1.033	1.130	1.015					
Elektroniker/-in für Maschinen und Antriebstechnik	IH	42	1.060	1.119	1.210	1.275	1.157					
Fachangestellte/-r für Arbeitsmarktdienstleistungen	ÖD	36	1.068	1.118	1.164		1.116	1.068	1.118	1.164		1.117
Fachangestellte/-r für Bäderbetriebe	ÖD	36	1.071	1.123	1.169		1.121	1.070	1.121	1.166		1.121
Fachangestellte/-r für Medien- und Informationsdienste (alle FR)	ÖD	36	1.080	1.132	1.181		1.130	1.077	1.125	1.175		1.128
Fachinformatiker/-in (alle Fachrichtungen)	IH	36	1.044	1.114	1.195		1.114	996	1.088	1.150		1.074
Fachkraft Agrarservice	Lw	36	817	890	1.000		908	895	976	1.035		960
Fachkraft für Abwassertechnik	ÖD	36	1.070	1.122	1.167		1.121					
Fachkraft für Gastronomie****	IH	24	970	1.076			1.017	902	1.019			955
Fachkraft für Kreislauf- und Abfallwirtschaft	IH	36	1.067	1.123	1.193		1.128					
Fachkraft für Kurier-, Express- und Postdienstleistungen	IH	24	937	1.017			981	930	1.010			972
Fachkraft für Lagerlogistik	IH	36	1.012	1.090	1.173		1.091	959	1.032	1.107		1.032
Fachkraft für Lebensmitteltechnik	IH	36	1.053	1.141	1.289		1.167	1.048	1.130	1.207		1.125
Fachkraft für Metalltechnik (alle Fachrichtungen)	IH	24	1.059	1.126			1.093	1.034	1.108			1.068

Ausbildungsvergütung

Berufsbezeichnung	Bereich	Dauer in Monaten	Westdeutschland*					Ostdeutschland**				
			1. AJ	2. AJ	3. AJ	4. AJ	Insgesamt	1. AJ	2. AJ	3. AJ	4. AJ	Insgesamt
Fachkraft für Möbel-, Küchen- und Umzugsservice	IH	36	935	1.042	1.140		1.034	896	992	1.060		990
Fachkraft für Schutz und Sicherheit	IH	36	973	1.044	1.140		1.048	840	928	1.038		918
Fachkraft im Fahrbetrieb	IH	36	989	1.074	1.156		1.073	977	1.038	1.106		1.041
Fachlagerist/-in	IH	24	1.006	1.077			1.040	941	1.011			974
Fachmann/-frau für Restaurants und Veranstaltungsgastronomie****	IH	36	969	1.089	1.204		1.058	915	1.022	1.123		1.000
Fachmann/-frau für Systemgastronomie	IH	36	931	1.028	1.144		1.030	926	1.021	1.136		999
Fachverkäufer/-in im Lebensmittelhandwerk (alle Schwerpunkte)	Hw	36	875	964	1.101		984	860	945	1.085		954
Fahrzeuglackierer/-in	Hw	36	842	909	1.030		929	815	857	989		887
Feinwerkmechaniker/-in	Hw	42	911	983	1.072	1.132	1.031					
Fertigungsmechaniker/-in	IH	36	1.082	1.144	1.228		1.151	1.041	1.098	1.165		1.103
Fleischer/-in	Hw	36	930	1.038	1.155		1.048					
Fliesen-, Platten- und Mosaikleger/-in	Hw	36	931	1.222	1.483		1.235	882	1.088	1.289		1.080
Florist/-in	IH	36	838	939	1.053		938	692	796	897		786
Fluggerätmechaniker/-in (alle Fachrichtungen)	IH	42	1.095	1.146	1.205	1.255	1.165	1.058	1.119	1.180	1.241	1.139
Forstwirt/-in	Lw	36	1.051	1.109	1.161		1.109	1.083	1.134	1.184		1.134
Friseur/-in	Hw	36	596	695	813		705					

Ausbildungsvergütung

Berufsbezeichnung	Bereich	Dauer in Monaten	Westdeutschland*					Ostdeutschland**				
			1. AJ	2. AJ	3. AJ	4. AJ	Insgesamt	1. AJ	2. AJ	3. AJ	4. AJ	Insgesamt
Gärtner/-in (alle Fachrichtungen)	Lw	36	1.015	1.108	1.213		1.118	1.023	1.124	1.223		1.120
Gebäudereiniger/-in	Hw	36	881	1.013	1.175		1.022	874	1.014	1.178		1.013
Geomatiker/-in	ÖD	36	1.083	1.132	1.184		1.132					
Gerüstbauer/-in	Hw	36	1.041	1.236	1.511		1.256	1.040	1.238	1.512		1.274
Gestalter/-in für visuelles Marketing	IH	36	954	1.052	1.173		1.050					
Gießereimechaniker/-in	IH	42	1.068	1.125	1.216	1.278	1.165	1.044	1.097	1.176	1.271	1.133
Glaser/-in (alle Fachrichtungen)	Hw	36	803	860	953		878					
Gleisbauer/-in	IH	36	986	1.099	1.244		1.121	880	1.096	1.303		1.116
Hauswirtschafter/-in	Hs	36	1.010	1.085	1.146		1.087					
Hochbaufacharbeiter/-in	Hw	24	936	1.227			1.103	880	1.095			1.003
Hochbaufacharbeiter/-in	IH	24	940	1.217			1.081	883	1.091			995
Holzbearbeitungsmechaniker/-in	IH	36	985	1.057	1.154		1.069					
Holzmechaniker/-in (alle Fachrichtungen)	IH	36	986	1.080	1.173		1.084	895	992	1.067		979
Hotelfachmann/-frau	IH	36	979	1.090	1.203		1.073	927	1.029	1.112		1.007
Immobilienkaufmann/-frau	IH	36	1.063	1.174	1.289		1.178	1.068	1.176	1.288		1.175
Industrieelektriker/-in (alle Fachrichtungen)	IH	24	1.020	1.121			1.071	930	1.058			997
Industriekaufmann/-frau	IH	36	1.046	1.122	1.217		1.127	998	1.059	1.140		1.063
Industriemechaniker/-in	IH	42	1.065	1.131	1.216	1.288	1.171	1.036	1.097	1.170	1.236	1.134
Informationselektroniker/-in	Hw	42	908	973	1.038	1.108	971					

Ausbildungsvergütung

Berufsbezeichnung	Bereich	Dauer in Monaten	Westdeutschland*					Ostdeutschland**				
			1. AJ	2. AJ	3. AJ	4. AJ	Insgesamt	1. AJ	2. AJ	3. AJ	4. AJ	Insgesamt
IT-System-Elektroniker/-in	IH	36	1.050	1.136	1.215		1.137	1.006	1.094	1.195		1.104
Justizfachangestellte/-r	ÖD	36	1.095	1.149	1.199		1.147	1.087	1.141	1.191		1.144
Kaufmann/-frau für Büromanagement	Hw	36	887	977	1.112		992	845	950	1.054		940
Kaufmann/-frau für Büromanagement	IH	36	1.008	1.096	1.199		1.103	967	1.052	1.147		1.054
Kaufmann/-frau für Büromanagement	ÖD	36	1.074	1.127	1.175		1.127	1.078	1.129	1.180		1.130
Kaufmann/-frau für Dialogmarketing	IH	36	1.081	1.142	1.222		1.150					
Kaufmann/-frau für Digitalisierungsmanagement	IH	36	1.075	1.140	1.220		1.138					
Kaufmann/-frau für Groß- und Außenhandelsmanagement (alle FR)	IH	36	1.031	1.102	1.181		1.106	973	1.030	1.109		1.037
Kaufmann/-frau für Hotelmanagement****	IH	36	988	1.098	1.219		1.101					
Kaufmann/-frau für IT-System-Management	IH	36	1.039	1.105	1.186		1.116	1.049	1.120	1.172		1.121
Kaufmann/-frau für Marketingkommunikation	IH	36	1.013	1.087	1.180		1.088					
Kaufmann/-frau für Spedition und Logistikdienstleistung	IH	36	968	1.050	1.131		1.047	896	977	1.079		982
Kaufmann/-frau für Tourismus und Freizeit	IH	36	926	1.037	1.147		1.033	855	998	1.142		1.012
Kaufmann/-frau für Verkehrsservice	IH	36	988	1.060	1.136		1.057					
Kaufmann/-frau für Versicherungen und Finanzanlagen****	IH	36	1.166	1.241	1.325		1.245	1.167	1.241	1.324		1.244
Kaufmann/-frau im E-Commerce	IH	36	994	1.076	1.174		1.078	951	1.023	1.110		1.026

Ausbildungsvergütung

Berufsbezeichnung	Bereich	Dauer in Monaten	Westdeutschland*					Ostdeutschland**				
			1. AJ	2. AJ	3. AJ	4. AJ	Insgesamt	1. AJ	2. AJ	3. AJ	4. AJ	Insgesamt
Kaufmann/-frau im Einzelhandel	IH	36	950	1.045	1.167		1.073	897	980	1.100		1.003
Kaufmann/-frau im Gesundheitswesen	IH	36	1.070	1.141	1.204		1.138	1.081	1.154	1.225		1.157
Koch/Köchin	IH	36	981	1.097	1.207		1.085	921	1.036	1.143		1.026
Konditor/-in	Hw	36	967	1.089	1.187		1.077	877	961	1.086		961
Konstruktionsmechaniker/-in	IH	42	1.057	1.123	1.212	1.287	1.164	1.047	1.118	1.187	1.250	1.147
Kraftfahrzeugmechatroniker/-in (alle Schwerpunkte)	Hw	42	895	951	1.029	1.085	986	829	866	917	952	887
Kraftfahrzeugmechatroniker/-in (alle Schwerpunkte)	IH	42	1.060	1.124	1.209	1.273	1.154	1.012	1.076	1.137	1.207	1.102
Lacklaborant/-in	IH	42	1.067	1.150	1.215	1.310	1.176					
Land- und Baumaschinenmechatroniker/-in	Hw	42	854	955	1.055	1.115	990					
Land- und Baumaschinenmechatroniker/-in	IH	42	950	1.106	1.283	1.418	1.167	926	1.093	1.203	1.316	1.121
Landwirt/-in	Lw	36	823	911	1.000		935	855	935	1.002		928
Maler/-in und Lackierer/-in (alle Fachrichtungen)	Hw	36	782	869	1.035		892	781	869	1.030		877
Maschinen- und Anlagenführer/-in	IH	24	1.042	1.110			1.074	992	1.048			1.016
Mathematisch-technische/-r Softwareentwickler/-in	IH	36	1.076	1.121	1.185		1.130					
Maurer/-in	Hw	36	934	1.226	1.490		1.241	883	1.093	1.304		1.095
Mechatroniker/-in	IH	42	1.059	1.131	1.221	1.291	1.165	1.016	1.090	1.164	1.224	1.113

Ausbildungsvergütung

Berufsbezeichnung	Bereich	Dauer in Monaten	Westdeutschland*					Ostdeutschland**				
			1. AJ	2. AJ	3. AJ	4. AJ	Insgesamt	1. AJ	2. AJ	3. AJ	4. AJ	Insgesamt
Mechatroniker/-in für Kältetechnik	Hw	42	812	875	959	1.028	915					
Mediengestalter/-in Bild und Ton	IH	36	1.056	1.112	1.166		1.107					
Mediengestalter/-in Digital und Print (alle Fachrichtungen)	IH	36	1.023	1.085	1.161		1.086	977	1.053	1.119		1.041
Medienkaufmann/-frau Digital und Print	IH	36	942	1.014	1.086		1.017					
Medientechnologe/-technologin Druck	IH	36	1.045	1.107	1.162		1.104	1.023	1.029	1.119		1.056
Medientechnologe/-technologin Druckverarbeitung	IH	36	1.026	1.079	1.132		1.076					
Medizinische/-r Fachangestellte/-r	FB	36	929	1.003	1.078		1.000	927	1.005	1.080		1.000
Metallbauer/-in (alle Fachrichtungen)	Hw	42	864	944	1.041	1.105	990	728	811	946	987	865
Milchtechnologe/-technologin	Lw	36	1.215	1.322	1.445		1.330					
Milchwirtschaftliche/-r Laborant/-in	Lw	36	1.145	1.244	1.370		1.250					
Oberflächenbeschichter/-in	IH	36	1.059	1.124	1.204		1.127					
Orthopädieschuhmacher/-in	Hw	42	730	837	942	1.016	890					
Packmitteltechnologe/-technologin	IH	36	1.084	1.156	1.235		1.163					
Papiertechnologe/-technologin	IH	36	1.128	1.195	1.263		1.200					
Parkettleger/-in	Hw	36	723	773	851		786					
Pferdewirt/-in (alle Fachrichtungen)	Lw	36	852	927	1.017		939	879	999	1.045		978

Ausbildungsvergütung

Berufsbezeichnung	Be-reich	Dauer in Monaten	Westdeutschland*					Ostdeutschland**				
			1. AJ	2. AJ	3. AJ	4. AJ	Ins-ge-samt	1. AJ	2. AJ	3. AJ	4. AJ	Ins-ge-samt
Pharmakant/-in	IH	42	1.063	1.139	1.191	1.291	1.147					
Pharmazeutisch-kaufmännische/-r Angestell-te/-r	FB	36	802	859	919		855	795	850	927		854
Physiklaborant/-in	IH	42	1.059	1.099	1.174	1.266	1.129					
Produktionsfachkraft Chemie	IH	24	1.058	1.137			1.095					
Raumausstatter/-in	Hw	36	743	825	916		826	748	839	933		841
Rohrleitungsbauer/-in	IH	36	1.010	1.234	1.447		1.278	920	1.094	1.277		1.138
Rollladen- und Sonnenschutzmechatroniker/-in	Hw	36	823	912	1.014		925					
Schifffahrtskaufmann/-frau (alle Fachrichtungen)	IH	36	934	1.030	1.142		1.038					
Schilder- und Lichtreklamehersteller/-in	Hw	36	861	911	1.005		927					
Schornsteinfeger/-in	Hw	36	761	833	932		847	768	830	933		846
Sozialversicherungsfachangestellte/-r (alle FR)	ÖD	36	1.090	1.148	1.201		1.148	1.085	1.147	1.211		1.143
Steinmetz/-in und Steinbildhauer/-in (alle Fachrichtungen)	Hw	36	898	1.009	1.159		1.015	896	1.011	1.169		1.031
Straßenbauer/-in	Hw	36	943	1.220	1.476		1.221	889	1.097	1.300		1.089
Straßenbauer/-in	IH	36	944	1.216	1.473		1.260	889	1.088	1.301		1.151
Straßenwärter/-in	ÖD	36	1.081	1.132	1.180		1.132	1.078	1.129	1.179		1.130
Stuckateur/-in	Hw	36	925	1.211	1.475		1.202					

Ausbildungsvergütung

Berufsbezeichnung	Bereich	Dauer in Monaten	Westdeutschland*					Ostdeutschland**				
			1. AJ	2. AJ	3. AJ	4. AJ	Insgesamt	1. AJ	2. AJ	3. AJ	4. AJ	Insgesamt
Technische/-r Modellbauer/-in (alle Fachrichtungen)	Hw	42	876	956	1.012	1.082	993					
Technische/-r Modellbauer/-in (alle Fachrichtungen)	IH	42	1.014	1.082	1.173	1.264	1.143					
Technische/-r Produktdesigner/-in (alle Fachrichtungen)	IH	42	999	1.078	1.178	1.273	1.112	1.039	1.092	1.124	1.253	1.118
Technische/-r Systemplaner/-in (alle Fachrichtungen)	IH	42	768	919	1.108	1.396	957	783	911	1.068	1.267	956
Tiefbaufacharbeiter/-in	Hw	24	935	1.218			1.082	881	1.096			989
Tiefbaufacharbeiter/-in	IH	24	935	1.214			1.072	882	1.094			993
Tiermedizinische/-r Fachangestellte/-r	FB	36	799	880	969		871	797	873	953		869
Tierpfleger/-in (alle Fachrichtungen)	IH	36	1.054	1.109	1.157		1.105					
Tierwirt/-in (alle Fachrichtungen)	Lw	36						851	965	1.019		946
Tischler/-in	Hw	36	757	878	992		897	668	800	975		815
Tourismuskaufmann/-frau (Kaufmann/-frau für Privat- und Geschäftsreisen)*****	IH	36	805	914	1.057		902	800	909	1.052		873
Veranstaltungskaufmann/-frau	IH	36	976	1.095	1.194		1.080					
Verfahrensmechaniker/-in – Glastechnik	IH	36	912	983	1.068		986					
Verfahrensmechaniker/-in für Beschichtungstechnik	IH	36	1.072	1.126	1.208		1.135					

Ausbildungsvergütung

Berufsbezeichnung	Bereich	Dauer in Monaten	Westdeutschland*					Ostdeutschland**				
			1. AJ	2. AJ	3. AJ	4. AJ	Insgesamt	1. AJ	2. AJ	3. AJ	4. AJ	Insgesamt
Verfahrensmechaniker/-in für Kunststoff- u. Kautschuktechnik (alle FR)	IH	36	1.002	1.067	1.143		1.068	911	981	1.031		973
Verfahrensmechaniker/-in in der Steine- und Erdenindustrie (alle FR)	IH	36	1.003	1.128	1.306		1.173					
Verfahrenstechnologe/-technologin Metall (alle Fachrichtungen)	IH	42	1.047	1.101	1.182	1.276	1.152					
Verkäufer/-in	IH	24	953	1.048			998	896	979			935
Vermessungstechniker/-in (alle Fachrichtungen)	ÖD	36	1.078	1.131	1.179		1.129	1.078	1.132	1.176		1.129
Verwaltungsfachangestellte/-r (alle Fachrichtungen)	ÖD	36	1.072	1.123	1.169		1.121	1.069	1.120	1.165		1.119
Wasserbauer/-in	ÖD	36	1.070	1.120	1.167		1.120					
Werkfeuerwehrmann/-frau	IH	36	1.059	1.141	1.200		1.138					
Werkstoffprüfer/-in (alle Fachrichtungen)	IH	42	1.055	1.121	1.187	1.278	1.150					
Werkzeugmechaniker/-in	IH	42	1.050	1.112	1.194	1.267	1.159	1.033	1.089	1.165	1.203	1.127
Winzer/-in	Lw	36	926	990	1.051		1.001					
Zahnmedizinische/-r Fachangestellte/-r	FB	36	931	1.005	1.085		1.002					
Zerspanungsmechaniker/-in	IH	42	1.059	1.117	1.206	1.274	1.164	1.059	1.116	1.182	1.241	1.153
Zimmerer/Zimmerin	Hw	36	928	1.214	1.478		1.280	874	1.084	1.297		1.088
Zweiradmechatroniker/-in (alle Fachrichtungen)	Hw	42	910	992	1.094	1.121	1.022	910	942	1.029	1.052	966
Zweiradmechatroniker/-in (alle Fachrichtungen)	IH	42	971	1.053	1.162	1.223	1.078					

Ausbildungsvergütung

* Westdeutschland mit Berlin
** Keine Auswertung, wenn für die Region keine tariflichen Vereinbarungen zu den Ausbildungsvergütungen vorlagen oder die Besetzungsstärke zu gering war
*** 2022 wurde der bisherige Ausbildungsberuf Eisenbahner/in im Betriebsdienst mit den beiden Fachrichtungen »Lokführer und Transport« sowie »Fahrweg« in die zwei eigenständigen Ausbildungsberufe Eisenbahner/in im Betriebsdienst Lokführer/in und Transport und Eisenbahner/-in in der Zugverkehrssteuerung überführt. Ausbildungsvergütungen können daher für den Beruf Eisenbahner/in im Betriebsdienst nur für das 2. und 3. Ausbildungsjahr ausgewiesen werden, für die Berufe Eisenbahner/in im Betriebsdienst Lokführer/in und Transport und Eisenbahner/in in der Zugverkehrssteuerung für das 1. Ausbildungsjahr.
**** Durch Neuordnungen erhielten einige Ausbildungsberufe einen neuen Namen. Die früheren Namen werden jeweils in Klammern aufgeführt. Dies betrifft die Berufe Fachkraft für Gastronomie (Fachkraft im Gastgewerbe), Fachmann/-frau für Restaurants und Veranstaltungsgastronomie (Restaurantfachmann/-frau), Kaufmann/-frau für Hotelmanagement (Hotelkaufmann/-frau) und Kaufmann/-frau für Versicherungen und Finanzanlagen (Kaufmann/-frau für Versicherungen und Finanzen).
***** Die geringen Durchschnittswerte und die Abnahmen im Vergleich zu 2022 sind auf die geringe Besetzung des zweiten und dritten Ausbildungsjahres zurückzuführen. Knapp 50 Prozent der Auszubildenden befanden sich nach der Berufsbildungsstatistik zum Stand 31.12. 2022 im ersten Ausbildungsjahr, in dem niedrigere Vergütungen gezahlt werden.

Abkürzungen:
AJ Ausbildungsjahr,
FB Freie Berufe,
FR Fachrichtung,
HS Hauswirtschaft,
Hw Handwerk,
ICH Industrie und Handel,
Lw Landwirtschaft,
ÖD Öffentlicher Dienst,
SP Schwerpunkt

Berechnungsgrundlage: Tarifliche Ausbildungsvergütungen zum Stand 1.10.2023.
Quelle: Bundesinstitut für Berufsbildung, Datenbank Tarifliche Ausbildungsvergütungen.

Ausbildungsvergütung

Hintergrundinformationen zu den Gesamtübersichten der durchschnittlichen tariflichen Ausbildungsvergütungen
Die Datenbank Ausbildungsvergütungen umfasst ausschließlich Berufe, die nach Berufsbildungsgesetz (BBiG) bzw. Handwerksordnung (HwO) im dualen System der Berufsausbildung, d. h. in Betrieb und Berufsschule, ausgebildet werden. Hier haben die Auszubildenden gegenüber ihrem Ausbildungsbetrieb einen rechtlichen Anspruch auf eine angemessene Vergütung (§ 17 BBiG).

Tarifliche Vereinbarungen für Branchen
In den meisten Branchen wird die Höhe der Ausbildungsvergütungen zwischen den Tarifpartnern (Arbeitgeberverbände und Gewerkschaften) vereinbart. Dabei wird keine Unterscheidung nach dem Ausbildungsberuf vorgenommen. Innerhalb einer Branche hängt die Vergütungshöhe also nicht davon ab, in welchem Beruf ausgebildet wird. Allerdings gibt es in den meisten Branchen mehr oder weniger große regionale Vergütungsunterschiede, insbesondere zwischen West- und Ostdeutschland.
Zwischen den Branchen bestehen zum Teil beträchtliche Unterschiede in der Höhe der tariflichen Ausbildungsvergütungen. Deshalb kann die Vergütung in ein und demselben Beruf sehr stark variieren, je nach dem, in welcher Branche die Ausbildung stattfindet, d. h. welcher Branche der Ausbildungsbetrieb angehört.
Die tariflichen Vergütungssätze sind für tarifgebundene Betriebe verbindliche Mindestbeträge, d. h. niedrigere Zahlungen sind unzulässig, übertarifliche Zuschläge dagegen möglich. Eine Tarifbindung liegt vor, wenn der Betrieb dem Arbeitgeberverband angehört, der einen entsprechenden Tarifvertrag abgeschlossen hat. Nicht tarifgebundene Ausbildungsbetriebe orientieren sich häufig an den in ihrer Branche und Region geltenden tariflichen Sätzen, die sie jedoch nach § 17 Abs. 4 BBiG maximal bis zu 20 % unterschreiten dürfen. Andernfalls ist die Ausbildungsvergütung nicht angemessen. In nicht tarifgebundenen Betrieben kann die tatsächlich gezahlte Ausbildungsvergütung daher deutlich unter dem tariflich vereinbarten Vergütungsbetrag liegen.
Bei den tariflichen Ausbildungsvergütungen handelt es sich um Bruttobeträge. Sofern die Vergütung monatlich über 450 Euro liegt, sind vom/von der Auszubildenden Sozialversicherungsbeiträge zu leisten. Gegebenenfalls erfolgt auch ein Einkommenssteuerabzug, und zwar, wenn der Grundfreibetrag mit dem Gesamteinkommen (Ausbildungsvergütung und ggf. sonstige Einkünfte) überschritten ist.

Vergütungsdurchschnitte für einzelne Ausbildungsberufe
Aufgrund der branchenspezifischen und regionalen Unterschiede existiert für den einzelnen Beruf in der Regel keine einheitliche Ausbildungsvergütung. Im

Ausbildungsvergütung

Rahmen der Datenbank Ausbildungsvergütungen werden auf Grundlage der unterschiedlichen Vereinbarungen aus rund 450 bedeutenden Tarifbereichen Deutschlands Vergütungsdurchschnitte pro Beruf ermittelt. Im individuellen Fall kann die tatsächlich gezahlte Vergütung erheblich vom tariflichen Durchschnittswert des betreffenden Berufs abweichen.

Die Auswertungen im Rahmen der Datenbank Ausbildungsvergütungen beschränken sich auf stärker besetzte Berufe (d. h. mit einer Besetzungszahl von mindestens rund 500 Auszubildenden im Jahr der Erstaufnahme des Berufs in die Datenbank). Neu geschaffene Ausbildungsberufe werden daher zunächst noch nicht berücksichtigt.

Einige stark besetzte Berufe können nicht einbezogen werden, da sie in Bereichen ausgebildet werden, in denen keine tariflichen Vereinbarungen zu den Ausbildungsvergütungen geschlossen werden (z. B. »Rechtsanwaltsfachangestellte/r«, »Steuerfachangestellte/r«).

Generell können in den Berechnungen für die einzelnen Berufe nur diejenigen Wirtschaftsbereiche berücksichtigt werden, in denen auch tarifliche Regelungen existieren. Insbesondere für die Berufe »Fachinformatiker/in«, »Informatikkaufmann/frau«, »Informations- und Telekommunikationssystem-Elektroniker/in« sowie »Informations- und Telekommunikationssystem-Kaufmann/frau« ist darauf hinzuweisen, dass es in der IT-Branche zum Teil keine tarifvertraglichen Festlegungen der Ausbildungsvergütungen gibt.

Außerbetriebliche Ausbildung und Ausbildung außerhalb von BBiG/HwO

In der außerbetrieblichen Ausbildung (in BBiG/HwO-Berufen), die durch staatliche Programme oder auf gesetzlicher Grundlage mit öffentlichen Mitteln finanziert wird, gelten die tariflichen Ausbildungsvergütungen nicht. Die hier gezahlten Ausbildungsvergütungen werden staatlich festgesetzt und entsprechen der Mindestvergütung nach BBiG.

Nicht einbezogen sind in die Datenbank Ausbildungsvergütungen die Berufe, in denen die Ausbildung nicht nach BBiG/HwO, sondern nach sonstigen bundes- oder landesrechtlichen Regelungen erfolgt (z. B. Berufe in der Kranken- und Altenpflege, Assistentenberufe); hierfür liegen keine Angaben vor.

Ausbildungsvertragsmuster

Rechtliche Grundlage

Nach § 11 BBiG hat der/die Ausbildende nach Abschluss des Berufsausbildungsvertrags, spätestens aber vor Beginn der Berufsausbildung, den wesentlichen Inhalt des Vertrags in Textform abzufassen. Die Vertragsabfassung muss mindestens Angaben enthalten über:
1. Art, sachliche und zeitliche Gliederung sowie Ziel der Berufsausbildung, vor allem die Berufstätigkeit, für die ausgebildet werden soll,
2. Beginn und Dauer der Berufsausbildung,
3. Ausbildungsmaßnahmen außerhalb der Ausbildungsstätte,
4. Dauer der regelmäßigen täglichen Ausbildungszeit,
5. Dauer der Probezeit,
6. Zahlung und Höhe der Vergütung,
7. Dauer des Urlaubs,
8. Voraussetzungen, unter denen der Berufsausbildungsvertrag gekündigt werden kann,
9. ein in allgemeiner Form gehaltener Hinweis auf die Tarifverträge, Betriebs- oder Dienstvereinbarungen, die auf das Berufsausbildungsverhältnis anzuwenden sind,
10. die Form des Ausbildungsnachweises nach § 13 Satz 2 Nr. 7 BBiG.

Dieser Vertrag ist dem Auszubildenden und deren gesetzlichen Vertretern unverzüglich auszuhändigen. Bei elektronischer Abfassung ist der Vertrag so zu übermitteln, dass er gespeichert und ausgedruckt werden kann. Ausbildende müssen den Empfang des Vertrages durch den Auszubilden und deren gesetzlichen Vertretern nachweisen. Der Vertrag und der Empfangsnachweis sind drei Jahre lang nach Beendigung des Ausbildungsverhältnisses aufzubewahren.

Ausbildungsvertragsmuster

Bedeutung für den Betriebsrat/die JAV

Es sollte darauf geachtet werden, dass immer das aktuelle Ausbildungsvertragsmuster verwendet wird.
Empfehlungen des BIBB-Hauptausschusses:
https://www.bibb.de/de/11703.php
Empfehlung 115, Ausbildungsvertragsmuster:
https://www.bibb.de/dokumente/pdf/HA115.pdf
Empfehlungen des Hauptausschusses des BIBB vom 20.2.2023:

Ausbildungsvertragsmuster

Bundesinstitut für Berufsbildung

Empfehlung des Hauptausschusses des Bundesinstituts für Berufsbildung vom 20. Februar 2023 zum Ausbildungsvertragsmuster

Das Bundesinstitut für Berufsbildung gibt bekannt:
Der Hauptausschuss des Bundesinstituts für Berufsbildung (BIBB) hat mit Datum vom 20. Februar 2023 die Aktualisierung der Empfehlung 115 beschlossen. Der Hauptausschuss des BIBB empfiehlt den Vertragspartnern eines Berufsausbildungsverhältnisses, das nachstehende Ausbildungsvertragsmuster sowie das erläuternde Merkblatt dem Vertragsverhältnis zugrunde zu legen.

Ausbildungsvertragsmuster
Berufsausbildungsvertrag

(§§ 10, 11 des Berufsbildungsgesetzes – BBiG)

Zwischen

___

(Name und Anschrift des Ausbildenden*[1] (Ausbildungsbetriebs))[2]
und

___

(Name und Anschrift der/des Auszubildenden)

---

[1] Soweit keine geschlechtsneutrale Formulierung gewählt wird, dient dies allein der Vereinfachung der Lesbarkeit. Auch dort werden alle Menschen angesprochen – unabhängig von ihrem Geschlecht (m/w/d).
[2] Zur Erfüllung der vertraglichen Verpflichtungen der Ausbildenden können mehrere natürliche oder juristische Personen in einem Ausbildungsverbund zusammenwirken, soweit die Verantwortlichkeit für die einzelnen Ausbildungsabschnitte sowie für die Ausbildungszeit insgesamt sichergestellt ist (Verbundausbildung, § 10 Absatz 5 BBiG).

Ausbildungsvertragsmuster

geboren am _____

gesetzlich vertreten durch[3] _____

wird nachstehender Berufsausbildungsvertrag zur Ausbildung im Ausbildungsberuf

_____

(wenn einschlägig, bitte einschließlich Fachrichtung, Schwerpunkt, Wahlqualifikation(en) und/oder Einsatzgebiet nach der Ausbildungsordnung bezeichnen) nach Maßgabe der Ausbildungsordnung[4] geschlossen:

§ 1 – Dauer der Ausbildung

1. (Dauer)
☐ Die Ausbildungsdauer beträgt nach der Ausbildungsordnung _____ Jahre/Monate.
☐ Auf die Ausbildungsdauer wird die Berufsausbildung zum
_____[5]
bzw. eine berufliche Vorbildung in

_____

mit _____ Monaten angerechnet.[6]
Die Berufsausbildung wird in
☐ Vollzeit
☐ Teilzeit[7] (_____ % der Ausbildungszeit in Vollzeit)
durchgeführt. Die Ausbildungsdauer verlängert sich aufgrund der Teilzeit um _____ Monate.

---

3 Vertretungsberechtigt sind beide Eltern gemeinsam, soweit nicht die Vertretungsberechtigung nur einem Elternteil zusteht. Ist ein Vormund bestellt, so bedarf dieser zum Abschluss des Ausbildungsvertrags der Genehmigung des Vormundschaftsgerichts.
4 Gemäß § 103 Absatz 1 BBiG und § 122 Absatz 4 HwO sind die vor dem 1. September 1969 bestehenden Ordnungsmittel anzuwenden, solange eine Ausbildungsordnung nicht erlassen ist.
5 Die Dauer einer anderen abgeschlossenen Berufsausbildung ist bei entsprechender Vereinbarung der Vertragsparteien nach § 5 Absatz 2 Satz 3 BBiG ganz oder teilweise auf die Ausbildungsdauer anzurechnen, sofern die dem Vertrag zugrunde liegende Ausbildungsordnung eine Anrechnungsmöglichkeit nach § 5 Absatz 2 Satz 1 Nummer 4 BBiG vorsieht.
6 Durch Rechtsverordnung der Landesregierungen kann bestimmt werden, dass der Besuch eines Bildungsganges berufsbildender Schulen oder die Berufsausbildung in einer sonstigen Einrichtung ganz oder teilweise auf die Ausbildungsdauer angerechnet wird. Wird eine solche Rechtsverordnung nicht erlassen, kann die Anrechnung durch die zuständige Stelle im Einzelfall erfolgen. Für die Entscheidung über die Anrechnung auf die Ausbildungsdauer kann der Hauptausschuss des Bundesinstituts für Berufsbildung Empfehlungen beschließen. Im Einzelfall bedarf es für die Anrechnung eines gemeinsamen Antrags der Auszubildenden und der Ausbildenden. Der Anrechnungszeitraum muss in ganzen Monaten durch sechs teilbar sein.
7 Ausbildende und Auszubildende können die Durchführung der Berufsausbildung in Teilzeit vereinbaren (§ 7a BBiG). Die Dauer der Teilzeitberufsausbildung verlängert sich

Ausbildungsvertragsmuster

☐ Die Ausbildungsdauer verkürzt sich vorbehaltlich der Entscheidung der zuständigen Stelle aufgrund _____ um _____ Monate[8].
☐ Die Berufsausbildung wird im Rahmen eines ausbildungsintegrierenden dualen Studiums absolviert.
Das Berufsbildungsverhältnis
beginnt am _____ und endet am _____ [9].
2. (Probezeit)
Die Probezeit beträgt _____ Monate[10]. Wird die Ausbildung während der Probezeit um mehr als ein Drittel dieser Zeit unterbrochen, so verlängert sich die Probezeit um den Zeitraum der Unterbrechung.
3. (Vorzeitige Beendigung des Berufsausbildungsverhältnisses)
Bestehen Auszubildende vor Ablauf der in Nummer 1 vereinbarten Ausbildungsdauer die Abschlussprüfung, so endet das Berufsausbildungsverhältnis mit Bekanntgabe des Ergebnisses durch den Prüfungsausschuss.
4. (Verlängerung des Berufsausbildungsverhältnisses)
Bestehen Auszubildende die Abschlussprüfung nicht, so verlängert sich das Berufsausbildungsverhältnis auf ihr Verlangen bis zur nächstmöglichen Wiederholungsprüfung, höchstens um ein Jahr.

§ 2 – Ermächtigung zur Anmeldung zu Prüfungen

Die/der Auszubildende ermächtigen den Ausbildenden, sie/ihn in ihrem/seinem Namen zu Prüfungen im Rahmen der Ausbildung anzumelden; siehe näher § 4 Nummer 11 dieses Vertrags.

---

entsprechend, höchstens jedoch bis zum Eineinhalbfachen der Dauer, die in der Ausbildungsordnung für die betreffende Berufsausbildung in Vollzeit festgelegt ist. Die Dauer der Teilzeitberufsausbildung ist auf ganze Monate abzurunden. Auf Verlangen der Auszubildenden verlängert sich die Ausbildungsdauer auch über die Höchstdauer des Eineinhalbfachen hinaus bis zur nächsten möglichen Abschlussprüfung. Der Antrag auf Eintragung des Berufsausbildungsvertrags kann mit dem Antrag auf Verkürzung der Ausbildungsdauer verbunden werden.

8 Nach § 8 Absatz 1 BBiG hat die zuständige Stelle auf gemeinsamen Antrag der/des Auszubildenden und Ausbildenden die Ausbildungsdauer zu verkürzen, wenn zu erwarten ist, dass das Ausbildungsziel auch in der verkürzten Zeit erreicht wird.

9 Wenn die Ausbildungsordnung vorsieht, dass die Berufsausbildung in sachlich und zeitlich besonders gegliederten, aufeinander abgestimmten Stufen erfolgt, soll zwar nach den einzelnen Stufen ein Ausbildungsabschluss vorgesehen sein, der zu einer qualifizierten beruflichen Tätigkeit befähigt (sogenannte »echte« Stufenausbildung, § 5 Absatz 2 Satz 1 Nummer 1 BBiG). Auch in diesem Fall muss aber der Vertrag über die gesamte Ausbildungsdauer abgeschlossen werden (§ 21 Absatz 1 BBiG).

10 Die Probezeit muss mindestens einen Monat und darf höchstens vier Monate betragen.

Ausbildungsvertragsmuster

§ 3 – Ausbildungsstätte

Die Ausbildung findet vorbehaltlich der Regelungen nach § 4 Nummer 12 in _____ _____ (Ausbildungsstätte) und den mit dem Betriebssitz für die Ausbildung üblicherweise zusammenhängenden Bau-, Montage- und sonstigen Arbeitsstellen statt.

§ 4 – Pflichten des Ausbildenden

Der Ausbildende verpflichtet sich,
1. (Ausbildungsziel)
dafür zu sorgen, dass der/dem Auszubildenden die berufliche Handlungsfähigkeit vermittelt wird, die zum Erreichen des Ausbildungsziels erforderlich ist, und die Berufsausbildung nach den beigefügten Angaben zur sachlichen und zeitlichen Gliederung des Ausbildungsablaufs so durchzuführen, dass das Ausbildungsziel in der vorgesehenen Ausbildungszeit erreicht werden kann;
2. (Ausbilderinnen/Ausbilder)
selbst auszubilden oder eine/einen persönlich und fachlich geeignete/geeigneten Ausbilderin/Ausbilder ausdrücklich damit zu beauftragen und diese/diesen der/dem Auszubildenden jeweils schriftlich bekannt zu geben;
3. (Ausbildungsordnung)
der/dem Auszubildenden vor Beginn der Ausbildung die Ausbildungsordnung kostenlos auszuhändigen;
4. (Ausbildungsmittel)
der/dem Auszubildenden kostenlos die Ausbildungsmittel, insbesondere Werkzeuge, Werkstoffe und Fachliteratur zur Verfügung zu stellen, die für die Ausbildung in den betrieblichen und überbetrieblichen Ausbildungsstätten und zum Ablegen von Zwischen- und Abschlussprüfungen[11], auch soweit solche nach Beendigung des Berufsausbildungsverhältnisses und in zeitlichem Zusammenhang damit stattfinden, erforderlich sind;
5. (Besuch der Berufsschule und von Ausbildungsmaßnahmen außerhalb der Ausbildungsstätte; Prüfungen)
die/den Auszubildende/n zum Besuch der Berufsschule anzuhalten und freizustellen bzw. nicht zu beschäftigen. Der Ausbildende verpflichtet sich daneben, die/den Auszubildende/n, wenn Ausbildungsmaßnahmen außerhalb der Ausbildungsstätte vorgeschrieben oder nach Nummer 12 durchzuführen sind, freizustellen. Das Gleiche gilt für die Teilnahme an Prüfungen und an dem Arbeitstag, der der schriftlichen Abschlussprüfung unmittelbar vorangeht.
6. (Führung von schriftlichen oder elektronischen Ausbildungsnachweisen)
schriftliche oder elektronische[12] Ausbildungsnachweise der/dem Auszubildenden für die Berufsausbildung kostenfrei zur Verfügung zu stellen und ihnen Gelegenheit zu

---

11 Auch eines ersten Teils der Abschlussprüfung, sofern nach der Ausbildungsordnung vorgesehen.
12 Unzutreffendes streichen.

Ausbildungsvertragsmuster

geben, die Ausbildungsnachweise während der Ausbildungszeit am Arbeitsplatz zu führen.
Die/der Ausbildende wird die/den Auszubildende/n zum ordnungsgemäßen Führen der Ausbildungsnachweise anhalten und dies durch regelmäßige Abzeichnung oder in sonstiger geeigneter Weise bestätigen;
7. (Ausbildungsbezogene Tätigkeiten)
der/dem Auszubildenden nur Aufgaben zu übertragen, die dem Ausbildungszweck dienen und ihren/seinen körperlichen Kräften angemessen sind;
8. (Sorgepflicht)
dafür zu sorgen, dass die/der Auszubildende charakterlich gefördert sowie sittlich und körperlich nicht gefährdet wird;
9. (Ärztliche Untersuchungen)
sofern die/der Auszubildende noch nicht 18 Jahre alt ist, sich Bescheinigungen gemäß den §§ 32, 33 des Jugendarbeitsschutzgesetzes darüber vorlegen zu lassen, dass sie/er
a) vor der Aufnahme der Ausbildung untersucht und
b) vor Ablauf des ersten Ausbildungsjahres nachuntersucht worden ist;
10. (Eintragungsantrag)
unverzüglich nach Abschluss des Berufsausbildungsvertrags die Eintragung in das Verzeichnis der Berufsausbildungsverhältnisse bei der zuständigen Stelle unter Beifügung der Vertragsniederschriften und – bei Auszubildenden unter 18 Jahren – einer Kopie oder Mehrfertigung der ärztlichen Bescheinigung über die Erstuntersuchung gemäß § 32 des Jugendarbeitsschutzgesetzes zu beantragen; Entsprechendes gilt bei späteren Änderungen des wesentlichen Vertragsinhalts;
11. (Anmeldung zu Prüfungen)
die/den Auszubildende/n im Rahmen einer gemäß § 2 dieses Vertrags erteilten Ermächtigung rechtzeitig zu den angesetzten Zwischen- und Abschlussprüfungen oder zum ersten und zweiten Teil einer gestreckten Abschlussprüfung anzumelden und für die Teilnahme freizustellen sowie der Anmeldung zur Zwischenprüfung oder zum ersten Teil einer gestreckten Abschlussprüfung bei Auszubildenden, die noch nicht 18 Jahre alt sind, eine Kopie oder Mehrfertigung der ärztlichen Bescheinigung über die erste Nachuntersuchung gemäß § 33 des Jugendarbeitsschutzgesetzes beizufügen; die/der Auszubildende erhalten eine Kopie des Anmeldeantrags;
12. (soweit zutreffend: Ausbildungsmaßnahmen außerhalb der Ausbildungsstätte)

_____
_____
_____

Ausbildungsvertragsmuster

§ 5 – Pflichten der/des Auszubildenden

Die/Der Auszubildende hat sich zu bemühen, die berufliche Handlungsfähigkeit zu erwerben, die erforderlich ist, um das Ausbildungsziel zu erreichen. Sie/Er verpflichtet sich insbesondere,

1. (Lernpflicht)
die ihr/ihm im Rahmen ihrer/seiner Berufsausbildung übertragenen Aufgaben sorgfältig auszuführen;
2. (Berufsschulunterricht, Prüfungen und sonstige Maßnahmen)
am Berufsschulunterricht und an Prüfungen sowie an Ausbildungsmaßnahmen außerhalb der Ausbildungsstätte teilzunehmen, für die sie/er nach § 4 Nummer 5, 11 und 12 freigestellt bzw. nicht beschäftigt wird;
3. (Weisungsgebundenheit)
den Weisungen zu folgen, die ihr/ihm im Rahmen der Berufsausbildung von Ausbildenden, von Ausbilderinnen oder Ausbildern oder von anderen weisungsberechtigten Personen, soweit sie als weisungsberechtigt bekannt gemacht worden sind, erteilt werden;
4. (Betriebliche Ordnung)
die für die Ausbildungsstätte geltende Ordnung zu beachten;
5. (Sorgfaltspflicht)
Werkzeug, Maschinen und sonstige Einrichtungen pfleglich zu behandeln und sie nur zu den ihr/ihm übertragenen Arbeiten zu verwenden;
6. (Betriebsgeheimnisse)
über Betriebs- und Geschäftsgeheimnisse Stillschweigen zu wahren;
7. (Führung von schriftlichen oder elektronischen[13]
Ausbildungsnachweisen) die vorgeschriebenen schriftlichen oder elektronischen Ausbildungsnachweise ordnungsgemäß zu führen und regelmäßig vorzulegen;
8. (Benachrichtigung)
bei Fernbleiben von der betrieblichen Ausbildung, vom Berufsschulunterricht oder von sonstigen Ausbildungsveranstaltungen dem Ausbildenden unter Angabe von Gründen unverzüglich Nachricht zu geben. Bei einer Arbeitsunfähigkeit infolge von Krankheit, die länger als drei Kalendertage dauert, hat die/der Auszubildende, sofern sie/er Mitglied einer gesetzlichen Krankenkasse ist, das Bestehen der Arbeitsunfähigkeit sowie deren voraussichtliche Dauer feststellen und sich eine ärztliche Bescheinigung aushändigen zu lassen. Auf Verlangen des Ausbildenden ist die Arbeitsunfähigkeit und deren voraussichtliche Dauer früher als im Gesetz vorgesehen ärztlich feststellen zu lassen. Dauert die Arbeitsunfähigkeit länger als in der Bescheinigung angegeben, ist die/der Auszubildende verpflichtet, sich eine neue ärztliche Bescheinigung aushändigen zu lassen.

---

13 Unzutreffendes streichen.

Ausbildungsvertragsmuster

9. (Ärztliche Untersuchungen)
soweit auf sie/ihn die Bestimmungen des Jugendarbeitsschutzgesetzes Anwendung finden, sich gemäß den §§ 32 und 33 dieses Gesetzes ärztlich
a) vor Beginn der Ausbildung untersuchen
b) vor Ablauf des ersten Ausbildungsjahres nachuntersuchen zu lassen und die Bescheinigungen hierüber dem Ausbildenden vorzulegen.

§ 6 – Vergütung und sonstige Leistungen

1. (Höhe und Fälligkeit)
☐ Das Ausbildungsverhältnis fällt in den Geltungsbereich des folgenden Tarifvertrags:

_____

☐ Das Ausbildungsverhältnis fällt nicht in den Geltungsbereich eines gültigen Tarifvertrags.
Der Ausbildende zahlt der/dem Auszubildenden eine angemessene Vergütung in Höhe von monatlich
Euro _____ brutto im ersten Ausbildungsjahr,
Euro _____ brutto im zweiten Ausbildungsjahr,
Euro _____ brutto im dritten Ausbildungsjahr,
Euro _____ brutto im vierten Ausbildungsjahr.
Eine über die vereinbarte regelmäßige tägliche Ausbildungszeit hinausgehende Beschäftigung wird als Überstunde
☐ besonders vergütet
☐ in Freizeit ausgeglichen
☐ besonders vergütet oder in Freizeit ausgeglichen
☐ besonders vergütet und in Freizeit ausgeglichen[14]
Die Vergütung wird spätestens am letzten Arbeitstag des Monats gezahlt. Das auf die Urlaubszeit entfallende Entgelt (Urlaubsentgelt) wird vor Antritt des Urlaubs ausgezahlt.
Die Beiträge für die Sozialversicherung tragen die Vertragschließenden nach Maßgabe der gesetzlichen Bestimmungen.
2. (Zusammengesetzte Vergütung)
☐ Die Vergütung setzt sich aus verschiedenen Bestandteilen, die in einer Anlage zum Ausbildungsvertrag aufgeführt werden, zusammen.
3. (Kosten für Maßnahmen außerhalb der Ausbildungsstätte)
Ausbildende tragen die Kosten für Maßnahmen außerhalb der Ausbildungsstätte nach § 4 Nummer 5, soweit sie nicht anderweitig gedeckt sind. Ist eine auswärtige Unterbringung erforderlich, so können Auszubildenden anteilige Kosten für Verpflegung in dem Umfang in Rechnung gestellt werden, in dem diese Kosten einsparen. Die Anrechnung von anteiligen Kosten und Sachbezugswerten nach § 17 Absatz 6 BBiG darf 75 % der vereinbarten Bruttovergütung nicht übersteigen.

_____

14 Mögliche darüberhinausgehende Ausgleichsansprüche für Überstunden aus Betriebsvereinbarung oder Tarifvertrag sind davon unberührt.

Ausbildungsvertragsmuster

4. (Berufskleidung)
Wird vom Ausbildenden eine besondere Berufskleidung vorgeschrieben, so wird sie von ihm zur Verfügung gestellt.

5. (Fortzahlung der Vergütung)
Der/Dem Auszubildenden wird die Vergütung auch gezahlt
a) für die Zeit der Freistellung gemäß § 4 Nummer 5, 11 und 12 dieses Vertrags sowie gemäß § 10 Absatz 1 Nummer 2 und § 43 des Jugendarbeitsschutzgesetzes
b) bis zur Dauer von sechs Wochen, wenn sie/er
   aa) sich für die Berufsausbildung bereithält, diese aber ausfällt,
   bb) aus einem sonstigen, in ihrer/seiner Person liegenden Grund unverschuldet verhindert ist, die Pflichten aus dem Berufsausbildungsverhältnis zu erfüllen,
   cc) bei Krankheit nach Maßgabe des Entgeltfortzahlungsgesetzes.

§ 7 – Ausbildungszeit, Anrechnung und Urlaub

1. (Tägliche und wöchentliche Ausbildungszeit[15])
a) Die regelmäßige tägliche Ausbildungszeit beträgt _____ Stunden[16]
b) Die durchschnittliche wöchentliche Ausbildungszeit beträgt _____ Stunden.

2. (Anrechnung)
Auf die Ausbildungszeit der Auszubildenden werden angerechnet
a) die Berufsschulunterrichtszeit einschließlich der Pausen nach § 15 Absatz 1 Satz 2 Nummer 1 BBiG bzw. § 9 Absatz 2 Nummer 3 des Jugendarbeitsschutzgesetzes (JArbSchG),
b) Berufsschultage nach § 15 Absatz 1 Satz 2 Nummer 2 BBiG bzw. § 9 Absatz 1 Satz 2 Nummer 2 JArbSchG mit der durchschnittlichen täglichen Ausbildungszeit,
c) Berufsschulwochen nach § 15 Absatz 1 Satz 2 Nummer 3 BBiG bzw. § 9 Absatz 1 Satz 2 Nummer 3 JArbSchG mit der durchschnittlichen wöchentlichen Ausbildungszeit,
d) die Freistellung nach § 15 Absatz 1 Satz 2 Nummer 4 BBiG bzw. § 10 Absatz 1 Nummer 1 JArbSchG mit der Zeit der Teilnahme einschließlich der Pausen und
e) die Freistellung nach § 15 Absatz 1 Satz 2 Nummer 5 BBiG bzw. § 10 Absatz 1 Nummer 2 JArbSchG mit der durchschnittlichen täglichen Ausbildungszeit.

---

15 Nach dem JArbSchG beträgt die höchstzulässige tägliche Arbeitszeit (Ausbildungszeit) bei noch nicht 18 Jahre alten Personen grundsätzlich acht Stunden. Ist allerdings die Arbeitszeit an einzelnen Werktagen auf weniger als acht Stunden verkürzt, können Jugendliche an den übrigen Werktagen derselben Woche bis zu achteinhalb Stunden beschäftigt werden (§ 8 JArbSchG). Im Übrigen sind die Vorschriften des JArbSchG über die höchstzulässigen Wochenarbeitszeiten zu beachten.

16 Im Berufsausbildungsvertrag ist für die gesamte Ausbildungszeit oder für einen bestimmten Zeitraum der Berufsausbildung die Verkürzung der täglichen oder der wöchentlichen Ausbildungszeit zu vereinbaren. Diese Kürzung darf bei einer Teilzeitberufsausbildung jedoch nicht mehr als 50 % betragen.

Ausbildungsvertragsmuster

3. (Urlaub)
Der Ausbildende gewährt der/dem Auszubildenden Urlaub nach den geltenden Bestimmungen. Es besteht ein Urlaubsanspruch
auf _____ Werktage oder _____ Arbeitstage im Jahr _____,
auf _____ Werktage oder _____ Arbeitstage im Jahr _____,
auf _____ Werktage oder _____ Arbeitstage im Jahr _____,
auf _____ Werktage oder _____ Arbeitstage im Jahr _____.
4. (Lage des Urlaubs)
Der Urlaub soll zusammenhängend und in der Zeit der Berufsschulferien erteilt und genommen werden. Während des Urlaubs darf die/der Auszubildende keine dem Urlaubszweck widersprechende Erwerbsarbeit leisten.

§ 8 – Kündigung

1. (Kündigung während der Probezeit)
Während der Probezeit kann das Berufsausbildungsverhältnis ohne Einhaltung einer Kündigungsfrist und ohne Angabe von Gründen gekündigt werden.
2. (Kündigungsgründe)
Nach der Probezeit kann das Berufsausbildungsverhältnis nur gekündigt werden
a) aus einem wichtigen Grund[17] ohne Einhaltung einer Kündigungsfrist
b) von der/dem Auszubildenden mit einer Kündigungsfrist von vier Wochen, wenn sie/er die Berufsausbildung aufgeben oder sich für eine andere Berufstätigkeit ausbilden lassen will.
3. (Form der Kündigung)
Die Kündigung muss schriftlich, im Fall der Nummer 2 unter Angabe der Kündigungsgründe erfolgen.
4. (Unwirksamkeit einer Kündigung)
Eine Kündigung aus einem wichtigen Grund ist unwirksam, wenn die ihr zugrunde liegenden Tatsachen dem zur Kündigung Berechtigten länger als zwei Wochen bekannt sind. Ist ein Schlichtungsverfahren gemäß § 10 eingeleitet, so wird bis zu dessen Beendigung der Lauf dieser Frist gehemmt.
5. (Schadensersatz bei vorzeitiger Beendigung)
Wird das Berufsausbildungsverhältnis nach Ablauf der Probezeit vorzeitig gelöst, so kann der Ausbildende oder die/ der Auszubildende Ersatz des Schadens verlangen, wenn die andere Person den Grund für die Auflösung zu vertreten hat. Das gilt nicht bei Kündigung wegen Aufgabe oder Wechsels der Berufsausbildung (Nummer 2 Buchstabe b). Der Anspruch erlischt, wenn er nicht innerhalb von drei Monaten nach Beendigung des Berufsausbildungsverhältnisses geltend gemacht wird.
6. (Aufgabe des Betriebs, Wegfall der Ausbildungseignung)

---

17 Ein wichtiger Grund ist gegeben, wenn Tatsachen vorliegen, aufgrund derer dem Kündigenden unter Berücksichtigung aller Umstände des Einzelfalls und unter Abwägung der Interessen beider Vertragsteile die Fortsetzung des Ausbildungsverhältnisses bis zum Ablauf der Ausbildungsdauer nicht zugemutet werden kann.

Ausbildungsvertragsmuster

Bei Kündigung des Berufsausbildungsverhältnisses wegen Betriebsaufgabe oder wegen Wegfalls der Ausbildungseignung verpflichten sich Ausbildende, sich mit Hilfe der Berufsberatung der zuständigen Arbeitsagentur rechtzeitig um eine weitere Ausbildung im bisherigen Ausbildungsberuf in einer anderen geeigneten Ausbildungsstätte zu bemühen.

§ 9 – Betriebliches Zeugnis

Die/der Ausbildende hat der/dem Auszubildenden bei Beendigung des Berufsausbildungsverhältnisses ein Zeugnis auszustellen. Die elektronische Form ist ausgeschlossen. Hat der Ausbildende die Berufsausbildung nicht selbst durchgeführt, so soll auch die Ausbilderin oder der Ausbilder das Zeugnis unterschreiben. Es muss Angaben enthalten über Art, Dauer und Ziel der Berufsausbildung sowie über die erworbenen beruflichen Fertigkeiten, Kenntnisse und Fähigkeiten der/des Auszubildenden. Auf Verlangen der/des Auszubildenden sind auch Angaben über Verhalten und Leistung aufzunehmen.

§ 10 – Beilegung von Streitigkeiten

Bei Streitigkeiten aus dem bestehenden Berufsausbildungsverhältnis ist vor Inanspruchnahme des Arbeitsgerichts der nach § 111 Absatz 2 des Arbeitsgerichtsgesetzes errichtete Schlichtungsausschuss anzurufen, sofern ein solcher bei der zuständigen Stelle besteht.

§ 11 – Erfüllungsort

Erfüllungsort für alle Ansprüche aus diesem Vertrag ist der Ort der Ausbildungsstätte.

§ 12 – Sonstige Vereinbarungen[18]; Hinweis auf Betriebs- bzw. Dienstvereinbarungen

_____

_____

Rechtswirksame Nebenabreden, die das Berufsausbildungsverhältnis betreffen, können nur durch schriftliche Ergänzung im Rahmen des § 12 dieses Berufsausbildungsvertrags getroffen werden.

---

18 Unter anderem können als integraler Bestandteil der Ausbildung Ausbildungsabschnitte im Ausland bis zu einem Viertel der Ausbildungsdauer vereinbart werden. Weiterhin können Zusatzqualifikationen vereinbart werden. Diese können Wahlbausteine in neuen Ausbildungsordnungen oder Teile anderer Ausbildungs- oder Fortbildungsordnungen sein. Zusatzqualifikationen müssen gesondert geprüft und bescheinigt werden.

Ausbildungsvertragsmuster

Vorstehender Vertrag ist in Ausfertigungen (bei Mündeln _____fach) ausgestellt und von den Vertragsschließenden eigenhändig unterschrieben worden.

_____, den _____
(Ort)   (Datum)

Die/der Ausbildende: Die/der Auszubildende:

_____
(Stempel und Unterschrift)

Die gesetzlichen Vertreter des/der Auszubildenden:
Vater: _____
und Mutter: _____
oder Vormund: _____

Dieser Vertrag ist in das Verzeichnis der Berufsausbildungsverhältnisse eingetragen am _____ unter Nummer _____

Vorgemerkt zur Prüfung für (Siegel) _____

Anlage gemäß § 4 Nummer 1 des Berufsausbildungsvertrags

Angaben zur sachlichen und zeitlichen Gliederung des Berufsausbildungsablaufs:
_____
_____

Anlage gemäß § 6 Nummer 2 des Berufsausbildungsvertrags

Die monatliche Ausbildungsvergütung setzt sich wie folgt zusammen:
...

Merkblatt zum Berufsausbildungsvertrag

Der Berufsausbildungsvertrag wird zwischen der/dem Ausbildenden und der/dem Auszubildenden geschlossen. Ausbildende/r ist diejenige natürliche oder juristische Person (z. B. GmbH), die einen anderen zur Berufsausbildung einstellt. Davon zu unterscheiden sind diejenigen, die die Ausbildung praktisch durchführen. Das können der Ausbildende selbst oder von ihm beauftragte Ausbilder oder Ausbilderinnen sein. Auszubildende sind diejenigen, die ausgebildet werden. Im Fall der Minderjährigkeit ist zum Vertragsschluss die Zustimmung der gesetzlichen Vertreter erforderlich. Für Jugendliche unter 18 Jahren darf ein Berufsausbildungsvertrag nur in einem anerkannten Ausbildungsberuf abgeschlossen werden. Ausbildungsberufe werden durch Rechtsverordnung gemäß den §§ 4, 5 des Berufsbildungsgesetzes (BBiG) und den

Ausbildungsvertragsmuster

§§ 25, 26 der Handwerksordnung anerkannt. Solange dies nicht geschehen ist, sind gemäß § 103 Absatz 1 BBiG die bisherigen Ordnungsmittel (Berufsbild, Berufsbildungsplan und Prüfungsanforderungen) bzw. gemäß § 122 Absatz 4 der Handwerksordnung die fachlichen Vorschriften anzuwenden. Das amtliche Verzeichnis der anerkannten Ausbildungsberufe kann bei der Berufsberatung der Agentur für Arbeit oder bei der zuständigen Stelle eingesehen werden. Ist durch den übereinstimmenden Willen, dass eine Ausbildung in diesem Ausbildungsberuf stattfinden soll, zwischen den Vertragspartnern der Ausbildungsvertrag zustande gekommen, so muss unverzüglich, spätestens vor Beginn der Berufsausbildung, die Vertragsniederschrift ausgefertigt werden. Als Niederschrift dient das von der zuständigen Stelle vorgesehene Muster des Berufsausbildungsvertrags. Unverzüglich nach Ausfertigung der Vertragsniederschrift hat der Ausbildende bei der zuständigen Stelle die Eintragung in das Verzeichnis der Berufsausbildungsverhältnisse zu beantragen.

Bei der Ausfertigung der Vertragsniederschrift ist im Einzelnen Folgendes zu beachten:

§ 1 – Dauer der Ausbildung

Zu Nummer 1 (Dauer)
Die vorgeschriebene Ausbildungsdauer ist der Ausbildungsordnung zu entnehmen.
Die tatsächliche Dauer der Ausbildung ist unter Berücksichtigung von etwaigen Verkürzungen oder Anrechnungen im Vertrag mit dem Datum des Beginns und des Endes anzugeben.
Eine längere Dauer als in der Ausbildungsordnung vorgeschrieben darf nicht vereinbart werden. Es ist aber möglich, dass während der Laufzeit des Ausbildungsverhältnisses die/der Auszubildende im Ausnahmefall einen Verlängerungsantrag stellt, den die zuständige Stelle genehmigen kann, wenn die Verlängerung erforderlich ist, um das Ausbildungsziel zu erreichen. Gegebenenfalls kann auf die Ausbildungsdauer eine vorherige Berufsausbildung oder nach besonderen Bestimmungen der einzelnen Bundesländer oder bei Fehlen einer solchen Rechtsverordnung des Landes durch die zuständige Stelle im Einzelfall eine anderweitige berufliche Vorbildung wie etwa ein Berufsgrundbildungsjahr ganz oder teilweise angerechnet werden.
Die zuständige Stelle hat auf gemeinsamen Antrag die/der Auszubildenden und Ausbildenden die Ausbildungsdauer zu kürzen, wenn zu erwarten ist, dass die/der Auszubildende das Ausbildungsziel in der gekürzten Dauer erreicht. Für die Entscheidung im Einzelfall sind die Empfehlungen des Hauptausschusses des Bundesinstituts für Berufsbildung und der jeweiligen zuständigen Stelle maßgebend.
Die Verkürzung der Ausbildungsdauer oder die Anrechnung auf die Ausbildungsdauer ist in § 1 Nummer 1 der Vertragsniederschrift unter Angabe des bereits abgeleisteten Anrechnungszeitraums bzw. der besuchten Schulen auszuweisen.
Über die vertraglich vereinbarten Verkürzungen und Anrechnungen hinaus eröffnet das BBiG die Möglichkeit der vorzeitigen Zulassung zur Abschlussprüfung (§ 45 Absatz 1 BBiG, § 37 Absatz 1 HwO). Das Nähere regelt die Prüfungsordnung der zuständigen Stelle.

Ausbildungsvertragsmuster

Der Berufsausbildungsvertrag endet spätestens mit Ablauf der vereinbarten Ausbildungsdauer. Im Berufsausbildungsvertrag ist die Vereinbarung einer Weiterbeschäftigung nach Beendigung des Berufsausbildungsverhältnisses unzulässig. Außerhalb des Berufsausbildungsvertrags kann eine solche Vereinbarung frühestens während der letzten sechs Monate des bestehenden Berufsausbildungsverhältnisses getroffen werden. Wenn die Vertragsparteien dies beabsichtigen, soll im Interesse der Vertragsklarheit innerhalb der letzten sechs Monate des bestehenden Berufsausbildungsverhältnisses eine entsprechende Willensäußerung der/des Auszubildenden erfolgen. Das Arbeitsverhältnis kann auf unbestimmte Zeit oder befristet eingegangen werden. Bei einer Befristung sind die Bestimmungen des Teilzeit- und Befristungsgesetzes zu beachten.

§ 2 – Ermächtigung zur Anmeldung zu Prüfungen

Entgegen verbreiteter früherer Praxis steht die Anmeldung zu Prüfungen grundsätzlich der bzw. dem Auszubildenden selbst zu. Der Ausbildende kann zur Prüfung nicht bereits aus eigenem Recht anmelden, sondern nur infolge einer Ermächtigung; eine solche in § 2 vorgesehene Ermächtigung ist aber auch nachdrücklich zu empfehlen, um eine fristgerechte Anmeldung zur Prüfung zu gewährleisten und eine ungewollte Unterbrechung des Vertragsverhältnisses zu vermeiden. Eine Unterbrechung mit der Folge des Wegfalls der Ausbildungsvergütung könnte eintreten, wenn die Prüfung infolge verspäteter Anmeldung erst nach Ende der vereinbarten Ausbildungsdauer anberaumt werden könnte, § 21 Absatz 1 BBiG.

§ 3 – Ausbildungsstätte

Hier ist aufzuführen,
a) wenn die gesamte Ausbildung nur in einer Ausbildungsstätte vorgenommen wird: der Ort der Ausbildungsstätte;
b) wenn die Ausbildung in mehreren Ausbildungsstätten vorgenommen wird: die Bezeichnung der Ausbildungsstätten mit Angabe des Ortes.

§ 4 – Pflichten des Ausbildenden

Zu Nummer 1 (Ausbildungsziel)
Dem Berufsausbildungsvertrag sind Angaben über die sachliche und zeitliche Gliederung der Berufsausbildung als Anlage beizufügen. Der Ausbildungsablauf ist unter Zugrundelegung des Ausbildungsrahmenplans gemäß § 5 BBiG bzw. § 26 HwO den betrieblichen Gegebenheiten entsprechend so aufzugliedern, dass sowohl die zeitliche Folge als auch der sachliche Aufbau der Berufsausbildung ersichtlich ist.
Zu Nummer 5 (Besuch der Berufsschule und von Ausbildungsmaßnahmen außerhalb der Ausbildungsstätte; Prüfungen)
Der Ausbildende hat erwachsene Auszubildende in folgenden Fällen freizustellen:
a)   für die Teilnahme am Berufsschulunterricht,

Ausbildungsvertragsmuster

b) an einem Berufsschultag mit mehr als fünf Unterrichtsstunden von mindestens je 45 Minuten, einmal in der Woche,
c) in Berufsschulwochen mit einem planmäßigen Blockunterricht von mindestens 25 Wochenstunden an mindestens fünf Tagen; zusätzliche betriebliche Ausbildungsveranstaltungen bis zu zwei Stunden wöchentlich sind zulässig,
d) für Ausbildungsmaßnahmen, die außerhalb der Ausbildungsstätte vorgeschrieben oder nach Nummer 12 durchzuführen sind, sowie die Teilnahme an Prüfungen,
e) an dem Arbeitstag, der der schriftlichen Abschlussprüfung unmittelbar vorangeht.

Der Ausbildende darf jugendliche Auszubildende in den vorgenannten Fällen der Buchstaben b und c nicht beschäftigen und hat sie in den Fällen der Buchstaben a, d und e freizustellen.

Daneben darf der Ausbildende Auszubildende vor einem vor 9 Uhr beginnenden Berufsschulunterricht nicht beschäftigen.

Zu Nummer 9 (Untersuchungen)
Nach § 32 JArbSchG darf der Ausbildende mit der Berufsausbildung einer/eines Jugendlichen nur beginnen, wenn dieser innerhalb der letzten 14 Monate von einem Arzt untersucht worden ist und ihm eine von diesem Arzt ausgestellte Bescheinigung vorliegt. Der Ausbildende hat sich vor Ablauf des ersten Ausbildungsjahres die Bescheinigung eines Arztes darüber vorlegen zu lassen, dass der Jugendliche nachuntersucht worden ist.

Zu Nummer 10 (Eintragungsantrag)
Der Eintragungsantrag muss vor Beginn des Berufsausbildungsverhältnisses bei der zuständigen Stelle gestellt werden, nicht etwa erst während der Probezeit. Dem Antrag sind die Vertragsniederschriften in der von der zuständigen Stelle benötigten Stückzahl und die sonstigen Formblätter der zuständigen Stelle beizufügen. Auch nachträgliche Änderungen des Vertragsinhalts, die von dem ursprünglich der zuständigen Stelle eingereichten Text des Vertrags und der Anlagen abweichen, müssen der zuständigen Stelle unverzüglich mitgeteilt werden.

Zu Nummer 11 (Anmeldung zu Prüfungen)
Siehe Erläuterung zu § 2.

Zu Nummer 12 (Ausbildungsmaßnahmen außerhalb der Ausbildungsstätte)
An dieser Stelle sind diejenigen Ausbildungsmaßnahmen einzutragen, die außerhalb der Ausbildungsstätte durchgeführt werden. Für diese Maßnahmen trägt der Ausbildende die Kosten entsprechend § 6 Nummer 3 des Berufsausbildungsvertrags.

§ 5 – Pflichten der/des Auszubildenden

Zu Nummer 4 (Betriebliche Ordnung)
Die für die Ausbildungsstätte geltende Ordnung kann z. B. betreffen: Sicherheits- und Unfallverhütungsvorschriften, Anlegen von Schutzkleidung, Vorschriften über das Betreten von Werkstätten und bestimmten Räumen, Benutzungsordnungen für Sozialeinrichtungen, allgemeine Hausordnung usw., soweit sie nicht zu den Bestimmungen des BBiG im Widerspruch stehen. Der Ausbildende hat die Auszubildenden auf bestehende Ordnungen hinzuweisen. Die Auszubildenden sollen sich auch selbst über die Ordnungen informieren, wenn diese in der Ausbildungsstätte allgemein zugänglich sind.

Ausbildungsvertragsmuster

Zu Nummer 6 (Betriebsgeheimnisse)
Die Auszubildenden haben über die ihnen als Betriebs- und Geschäftsgeheimnisse bezeichneten Tatsachen hinaus auch dann Stillschweigen zu bewahren, wenn sie eindeutig erkennen mussten, dass es sich um Betriebs- und Geschäftsgeheimnisse handelt.

Zu Nummer 8 (Benachrichtigung)
Für Auszubildende, die privat krankenversichert sind, gilt im Krankheitsfall die Anzeige- und Nachweispflicht nach § 5 Absatz 1 EFZG. Ärztliche Bescheinigungen sind Ausbildenden danach unmittelbar vorzulegen.
Ärztliche Bescheinigungen sind auch bei Auslandsaufenthalt zum Zeitpunkt der Arbeitsunfähigkeit, bei Arbeitsunfähigkeitsfeststellung durch Ärzte, die nicht an der vertragsärztlichen Versorgung teilnehmen (Privatärzte), bei Erkrankung eines Kindes, stufenweiser Wiedereingliederung, Inanspruchnahme von Rehabilitationsleistungen oder Beschäftigungsverboten vorzulegen.

§ 6 – Vergütung und sonstige Leistungen

Zu Nummer 1 (Höhe und Fälligkeit)
In die vorgesehenen Zeilen der Vertragsniederschrift ist die der/dem Auszubildenden zu gewährende Vergütung für jedes Ausbildungsjahr einzutragen. Die Vergütung muss mit fortschreitender Berufsausbildung, mindestens jährlich, ansteigen.
Fällt das Ausbildungsverhältnis in den Geltungsbereich eines Tarifvertrags, ist dieser die Grundlage für die Beurteilung der Angemessenheit der Ausbildungsvergütung entsprechend der nachfolgenden Regelungen. Auch bei bestehender Tarifbindung steht es den Vertragsparteien frei, eine über den tariflich festgelegten Sätzen liegende Ausbildungsvergütung zu vereinbaren.
Fällt das Ausbildungsverhältnis nicht in den Geltungsbereich eines Tarifvertrags, so gelten die nachfolgenden Regelungen zur Mindestvergütung.
1. Mindestvergütung
Vorbehaltlich der nachstehenden Sonderregelungen ist die Angemessenheit einer Vergütung ausgeschlossen, wenn sie die Mindestvergütung nach § 17 Absatz 2 BBiG unterschreitet.
Dabei ergeben sich für die Mindestvergütung bei einem Ausbildungsbeginn in den Jahren 2020 bis 2023 folgende Beträge:
a) wenn die Berufsausbildung zwischen dem 1. Januar 2020 und dem 31. Dezember 2020 begonnen wird, monatlich
Euro 515,00 brutto im ersten Ausbildungsjahr,
Euro 608,00 brutto im zweiten Ausbildungsjahr,
Euro 695,00 brutto im dritten Ausbildungsjahr,
Euro 721,00 brutto im vierten Ausbildungsjahr.
b) wenn die Berufsausbildung zwischen dem 1. Januar 2021 und dem 31. Dezember 2021 begonnen wird, monatlich
Euro 550,00 brutto im ersten Ausbildungsjahr,
Euro 649,00 brutto im zweiten Ausbildungsjahr,

Euro 743,00 brutto im dritten Ausbildungsjahr,
Euro 770,00 brutto im vierten Ausbildungsjahr.
c) wenn die Berufsausbildung zwischen dem 1. Januar 2022 und dem 31. Dezember 2022 begonnen wird, monatlich
Euro 585,00 brutto im ersten Ausbildungsjahr,
Euro 690,00 brutto im zweiten Ausbildungsjahr,
Euro 790,00 brutto im dritten Ausbildungsjahr,
Euro 819,00 brutto im vierten Ausbildungsjahr.
d) wenn die Berufsausbildung zwischen dem 1. Januar 2023 und dem 31. Dezember 2023 begonnen wird, monatlich
Euro 620,00 brutto im ersten Ausbildungsjahr,
Euro 732,00 brutto im zweiten Ausbildungsjahr,
Euro 837,00 brutto im dritten Ausbildungsjahr,
Euro 868,00 brutto im vierten Ausbildungsjahr.
Ab dem 1. Januar 2024 wird die Höhe der Mindestvergütung nach Maßgabe des § 17 Absatz 2 Satz 2 bis 7 BBiG gesetzlich fortgeschrieben.

2. Sonderregelungen zur Mindestvergütung

a) Tarifbindung der Ausbildenden

Wenn für den Ausbildenden nach § 3 Absatz 1 des Tarifvertragsgesetzes eine tarifvertragliche Vergütungsregelung gilt, ist diese nach § 17 Absatz 3 BBiG auch angemessen, wenn sie die jeweilige Mindestvergütung unterschreitet. Die tarifvertragliche Regelung erfährt im Fall der Tarifbindung des Ausbildenden also Vorrang vor der Mindestvergütung. Nach Ablauf des jeweiligen Tarifvertrags gilt dessen Vergütungsregelung für bereits begründete Ausbildungsverhältnisse weiterhin als angemessen, bis sie durch einen neuen oder ablösenden Tarifvertrag ersetzt wird.

b) Fehlende Tarifbindung der Ausbildenden

Die vereinbarte Vergütung kann nach § 17 Absatz 4 BBiG auch dann unangemessen sein, wenn sie die Höhe der Mindestvergütung nicht unterschreitet: Soweit das Ausbildungsverhältnis in den Geltungsbereich eines Tarifvertrags fällt, an der der Ausbildende aber nicht gebunden ist, so ist die vereinbarte Vergütung in der Regel nicht angemessen, wenn sie die Höhe der im Tarifvertrag geregelten Vergütung um mehr als 20 % unterschreitet.

c) Teilzeitberufsausbildung

Bei einer Teilzeitberufsausbildung kann die in Nummer 1, Nummer 2 Buchstabe a und Nummer 2 Buchstabe b genannte Vergütung gemäß § 17 Absatz 5 BBiG unterschritten werden. Die Angemessenheit der Vergütung ist jedoch ausgeschlossen, wenn die prozentuale Kürzung der Vergütung höher ist als die prozentuale Kürzung der täglichen oder der wöchentlichen Ausbildungszeit.

Zu Nummer 2 (Zusammengesetzte Vergütung)

Bestandteile der Ausbildungsvergütung gemäß § 17 BBiG sind nur solche, die im Ausbildungsvertrag konkret bestimmt werden, nicht von bestimmten oder bestimmbaren Ereignissen abhängig gemacht und entsprechend § 18 Absatz 1 Satz 1 BBiG monatlich ausgezahlt werden

Ausbildungsvertragsmuster

Bestandteile der Vergütung können z. B. Sachleistungen oder regelmäßige monatliche Zulagen sein.
Sofern Ausbildende Auszubildenden im Rahmen einer zusammengesetzten Vergütung angemessene Wohnung und Verpflegung im Rahmen der Hausgemeinschaft gewähren, können diese Leistungen in Höhe der nach § 17 des Vierten Buches Sozialgesetzbuch festgesetzten Sachbezugswerte angerechnet werden, jedoch nicht über 75 % der Bruttovergütung hinaus. Können Auszubildende während der Zeit, für welche die Vergütung fortzuzahlen ist, aus berechtigtem Grund Sachleistungen nicht abnehmen (z. B. bei Urlaub, Krankenhausaufenthalt etc.), so sind diese nach den Sachbezugswerten abzugelten.
Zu Nummer 3 (Kosten für Maßnahmen außerhalb der Ausbildungsstätte)
Hier sind auch abweichende Regelungen zugunsten der/des Auszubildenden zulässig.
Zu Nummer 4 (Berufskleidung)
Die Regelung, dass eine besondere Berufskleidung zur Verfügung gestellt wird, soll die Auszubildenden vor übermäßiger Kostenbelastung schützen. Sie soll außerdem verhindern, dass Berufsausbildungsverhältnisse nicht eingegangen werden können, weil die Beschaffung und Unterhaltung einer vorgeschriebenen besonderen Berufskleidung die finanzielle Leistungsfähigkeit der Auszubildenden und ihrer Eltern übersteigen würde. Deshalb ist in erster Linie an diejenigen Fälle gedacht, wo außerhalb der Entscheidungsfreiheit der Auszubildenden eine in ihrer Art, Qualität oder sonstigen Hinsicht von der in der betreffenden Branche üblichen Berufskleidung abweichende Berufskleidung vom Ausbildenden vorgeschrieben wird.

§ 7 – Ausbildungszeit, Anrechnung und Urlaub

Zu Nummer 1 (Tägliche und wöchentliche Ausbildungszeit)
Die regelmäßige tägliche Ausbildungszeit ist ausdrücklich in der Vertragsniederschrift zu vereinbaren. Sie bezieht sich auf den Arbeitstag und hat ihre obere Grenze bei den gesetzlichen Bestimmungen, z. B. im JArbSchG. Die Vereinbarung der regelmäßigen täglichen Ausbildungszeit hat die Auswirkung, dass eine über sie hinausgehende Beschäftigung der/des Auszubildenden als Überstunde besonders zu vergüten oder durch Freizeit auszugleichen ist.
In Ausbildungsbetrieben, in denen eine gleitende Arbeitszeit eingeführt ist und die Auszubildenden in diese Regelung einbezogen werden, darf die Dauer der täglichen Arbeitszeit nicht über die im JArbSchG höchstzulässigen Grenzen ausgedehnt werden. Die Lage der täglichen Ausbildungszeit muss sich innerhalb der vom JArbSchG gezogenen Grenzen bewegen.
Die vorstehenden Ausführungen zur täglichen Ausbildungszeit, namentlich zum JArbSchG, gelten für die wöchentliche Ausbildungszeit entsprechend.
Zu Nummer 2 (Anrechnung)
Berufsschulunterrichtszeiten gemäß § 4 Nummer 5 Buchstabe a dieses Merkblatts werden einschließlich der Pausen auf die Ausbildungszeit angerechnet; Berufsschultage gemäß § 4 Nummer 5 Buchstabe b dieses Merkblatts sowie die Freistellung gemäß § 4 Nummer 5 Buchstabe e dieses Merkblatts werden mit der durchschnittlichen

Ausbildungsvertragsmuster

täglichen Ausbildungszeit angerechnet. Berufsschulwochen gemäß § 4 Nummer 5 Buchstabe c dieses Merkblatts werden mit der durchschnittlichen wöchentlichen Ausbildungszeit angerechnet. Die Freistellung gemäß § 4 Nummer 5 Buchstabe d dieses Merkblatts wird mit der Zeit der Teilnahme einschließlich der Pausen angerechnet.

In der Regel wird als durchschnittliche tägliche Ausbildungszeit die im Ausbildungsvertrag angegebene regelmäßige tägliche Ausbildungszeit anzurechnen sein. Bei einer wöchentlichen Ausbildungszeit ist diese durch die Zahl der Ausbildungstage (einschließlich Berufsschultage) zu teilen. Sind für bestimmte Tage unterschiedliche Ausbildungszeiten vereinbart, so ist die gesamte Ausbildungszeit in einer Woche zu ermitteln und durch die Zahl der Ausbildungstage zu teilen. Entsprechendes gilt für die anrechenbaren Zeiten von jugendlichen Auszubildenden.

Zu Nummer 3 (Urlaub)

In die vorgesehenen Zeilen der Vertragsniederschrift ist der/dem Auszubildenden zustehende Urlaub für jedes Kalenderjahr (nicht Ausbildungsjahr) einzutragen, soweit nicht bereichsspezifische Ausnahmen bestehen. Es ist jeweils nur eine Spalte, entweder Werktage oder Arbeitstage, je nach tariflicher oder einzelvertraglicher Vereinbarung, einzutragen.

Die Dauer des Urlaubs richtet sich nach dem Alter der/des Auszubildenden zu Beginn eines jeden Kalenderjahres. Ferner ist maßgebend, ob der Urlaub nach dem JArbSchG, dem Bundesurlaubsgesetz oder nach Tarif gewährt wird. Nur allgemeine Hinweise auf tarifliche Urlaubsregelungen sind nicht ausreichend.

Soweit nicht günstigere Urlaubsregelungen zur Anwendung kommen, besteht ein jährlicher Urlaubsanspruch:

- von mindestens 30 Werktagen, wenn der Jugendliche zu Beginn des Kalenderjahres noch nicht 16 Jahre alt ist,
- von mindestens 27 Werktagen, wenn der Jugendliche zu Beginn des Kalenderjahres noch nicht 17 Jahre alt ist,
- von mindestens 25 Werktagen, wenn der Jugendliche zu Beginn des Kalenderjahres noch nicht 18 Jahre alt ist,
- von mindestens 24 Werktagen, wenn der Jugendliche zu Beginn des Kalenderjahres das 18. Lebensjahr bereits vollendet hat.

§ 10 – Beilegung von Streitigkeiten

Zuständig für Streitigkeiten aus einem Berufsausbildungsverhältnis ist das Arbeitsgericht. Wenn die zuständige Stelle für die Beilegung von Streitigkeiten einen sogenannten Schlichtungsausschuss errichtet hat, ist Voraussetzung für die Durchführung des arbeitsgerichtlichen Verfahrens, dass dieser Schlichtungsausschuss vor Inanspruchnahme des Arbeitsgerichts angerufen wird. Die Anrufung des Schlichtungsausschusses ist schriftlich oder mündlich zu Protokoll bei der zuständigen Stelle vorzunehmen.

Ausbildungsvertragsmuster

§ 12 – Sonstige Vereinbarungen

Es dürfen keine Vereinbarungen getroffen werden, die mit dem Sinn und Zweck der Berufsausbildung im Widerspruch stehen oder zuungunsten der Auszubildenden von den Vorschriften des BBiG abweichen. Unzulässig sind insbesondere Vereinbarungen, die die Auszubildenden für die Zeit nach Beendigung des Berufsausbildungsverhältnisses in der Ausübung ihrer beruflichen Tätigkeit beschränken.
Vertragsstrafen dürfen nicht vereinbart werden. Ebenso unzulässig sind Vereinbarungen über den Ausschluss oder die Beschränkung von Schadensersatzansprüchen und über die Festsetzung der Höhe eines Schadensersatzes in Pauschbeträgen.
Verstöße gegen Bestimmungen des BBiG/der Handwerksordnung im Zusammenhang mit dem Vertragsschluss und der Niederschrift des Vertrags sowie der Eintragung in das Verzeichnis der Berufsausbildungsverhältnisse können als Ordnungswidrigkeiten mit einer Geldbuße bis zu 1000 Euro, in bestimmten Fällen mit einer Geldbuße bis zu 5000 Euro geahndet werden (§ 101 BBiG, § 118 HwO).

Ausländerfeindliches/rassistisches Verhalten

Grundlagen

Arbeitgeber und Betriebsrat haben darüber zu wachen, dass jede unterschiedliche Behandlung von Personen aufgrund ihrer Rasse oder ihrer Nationalität unterbleibt, § 75 Abs. 1 BetrVG. Gleiches gilt für die weiteren dort genannten Diskriminierungstatbestände, nämlich ethnische Herkunft, Abstammung oder sonstige Herkunft, Religion oder Weltanschauung, Behinderung, Alter, politische oder gesellschaftliche Betätigung oder Einstellung, Geschlecht oder sexuelle Orientierung. Es handelt sich um dieselben Diskriminierungsverbote wie im Allgemeinen Gleichbehandlungsgesetz (AGG). Dort richten sie sich gegen jedermann, in § 75 BetrVG wird die besondere Verantwortung der Betriebsparteien betont. Mit der Schaffung des AGG und der folgenden Regelungen im Betriebsverfassungsgesetz wurde lediglich eine Selbstverständlichkeit klargestellt und konkretisiert. Verboten war rassistisches und ausländerfeindliches Verhalten schon immer. Die gemeinsame Verantwortung von Betriebsrat und Arbeitgeber, ausländerfeindliches und rassistisches Verhalten zu unterbinden, findet sich auch in anderen Regelungen der Betriebsverfassung. So kann der Betriebsrat nach § 99 Abs. 2 Nr. 6 BetrVG einer Einstellung oder einer Versetzung widersprechen, wenn der betreffende Arbeitnehmer den Betriebsfrieden durch rassistische oder fremdenfeindliche Betätigung stören würde. Nach § 104 BetrVG kann der Betriebsrat vom Arbeitgeber verlangen, einen Arbeitnehmer aus dem Betrieb zu entfernen, der den Betriebsfrieden durch rassistische und fremdenfeindliche Betätigungen wiederholt und ernstlich gestört hat.

Gleichwohl kommt es gelegentlich im Betrieb zu ausländerfeindlichem Verhalten. Bei den Tätern handelt es sich oft um Jugendliche, die sich der Tragweite ihres Tuns nicht bewusst sind. In jüngerer Zeit wird gezielt von rechten und populistischen Gruppierungen Ausländerfeindlichkeit geschürt, um die Belegschaft zu spalten. Von einigen Gruppen wird konkret versucht, Sitze in Jugend- und Auszubildendenvertretungen und damit Einfluss auf die Gremien zu erzielen. Mit Meinungsfreiheit haben rassistische, antisemitische oder neonazistische Äußerungen nichts zu tun.

Ausländerfeindliches/rassistisches Verhalten

Durch ein solches Verhalten gefährden Beschäftigte ein Arbeits- oder Ausbildungsverhältnis in hohem Maße. In derartigen Fällen ist eine fristlose Kündigung ohne vorherige Abmahnung möglich, da kein Arbeitnehmer erwarten kann, der Arbeitgeber werde ausländerfeindliche Äußerungen dulden oder eine Herabsetzung von anderen Mitarbeitern im Betrieb hinnehmen (LAG Baden-Württemberg 25. 3. 2009 – 2 Sa 94/08). Das BAG hatte sich in einer Entscheidung mit der Frage zu befassen, ob für Jugendliche ein anderer Maßstab zu gelten habe. Zwei Auszubildende hatten in den Räumen der Arbeitgeberin ein Schild mit der Aufschrift »Arbeit macht frei, Türkei schönes Land« an der Werkbank eines türkischen Kollegen angebracht. Das BAG hielt eine Abmahnung trotz des jugendlichen Alters der Kläger für entbehrlich. Die Rechtswidrigkeit des ausländerfeindlichen Verhaltens sei ohne Weiteres erkennbar gewesen. Die fristlose Kündigung sei gerechtfertigt (BAG 1. 7. 1999, AuR 2002, 72).

Ausländer- und fremdenfeindliches Verhalten ist auch ein wichtiger Grund, um das Arbeitsverhältnis eines aktiven Betriebsratsmitglieds zu beenden (LAG Schleswig-Holstein 2. 4. 2008 – 6 TaBV 46/07).

Betriebsräte und Jugend- und Auszubildendenvertreter sollen daher – schon im Interesse der Jugendlichen – auch bei kleinsten Anlässen reagieren, aufklärend tätig werden und jedes Verhalten unterbinden, das als ausländerfeindlich oder rassistisch gewertet werden könnte. Die JAV hat nach § 70 Abs. 1 Nr. 4 BetrVG ausdrücklich die Aufgabe, die Integration ausländischer jugendlicher Arbeitnehmer und zu ihrer Ausbildung Beschäftigter zu fördern und die entsprechenden Maßnahmen beim Betriebsrat zu beantragen.

Ausländische Arbeitnehmer:innen/ Menschen mit Migrationshintergrund

Begriff

Die erste Generation der Migrant:innen wurde Mitte der 1950er Jahre in die Bundesrepublik als sogenannte »Gastarbeiter« geholt, um geringqualifizierte, körperlich schwere und schmutzige und auch schlecht bezahlte Arbeiten auszuüben. Die Migrant:innen der ersten Stunde aber waren und sind keine Maschinen, die auf Knopfdruck Leistung erbringen. Sie sind Menschen wie du und ich, die mit ihren Familien in Deutschland leben, deren Kinder und Enkel:innen hier aufwachsen, zur Schule gehen und ebenso wie gleichaltrige Deutsche auch einen Ausbildungs- und Arbeitsplatz suchen. Sie sind Teil unserer Gesellschaft geworden und ebenso Einheimische, die ihr Zuhause in Berlin, Hamburg, Düsseldorf oder München haben.

Weltweit sind derzeit mehr als 117 Millionen Menschen auf der Flucht. Die Gründe, die Menschen dazu bewegen, ihre Heimat zu verlassen, sind vielfältig. Sie fliehen vor gewaltsamen Konflikten, Menschenrechtsverletzungen, politischer, religiöser und ethnischer Verfolgung, Umweltkatastrophen oder existenzieller Not.

Stellt ein Mensch einen Asylantrag beim Bundesamt für Migration und Flüchtlinge (BAMF), wird nach den verschiedenen einschlägigen Gesetzen geprüft, ob diese Person einen Anspruch auf Schutz in Deutschland hat. Das Recht auf Asyl stellt nach Art. 14 der Allgemeinen Erklärung der Menschenrechte ein grundlegendes Menschenrecht dar. Das Asylrecht wird in Deutschland nicht nur auf Grund der völkerrechtlichen Verpflichtung aus der Genfer Flüchtlingskonvention gewährt, sondern hat als Grundrecht Verfassungsrang. Durch die Änderung des Asylgrundrechts nach Art. 16 Abs. 2 Satz 2 in Art. 16a GG ist das Versprechen des Asylgrundrechts »Politisch Verfolgte genießen Asylrecht« erheblich eingeschränkt worden. Menschen, die auf dem Landweg nach Deutschland gelangen, tun dies über einen sicheren Drittstaat und können sich daher auf das Asylgrundrecht nicht berufen. Der Kreis derer, die sich auf Art. 16a Abs. 1 GG berufen können, ist daher erheblich eingeschränkt worden.

Ausländische Arbeitnehmer:innen/Menschen mit Migrationshintergrund

Menschen aus vielen Staaten der Welt ist es de facto unmöglich, ein Arbeits- oder Ausbildungsvisum für Deutschland zu bekommen. Deswegen bleibt ihnen gezwungenermaßen keine andere Möglichkeit, als nach der Einreise einen Asylantrag zu stellen, auch wenn sie nicht in die eigentlichen Kategorien passen. Moralisch wie völkerrechtlich ist Geflüchteten Schutz zu gewähren. Aus menschlicher Sicht ist es völlig unerheblich, ob jemand flieht, weil er politisch verfolgt wird oder vom Hungertod bedroht ist.

Heute leben in Deutschland
- insgesamt 23,9 (2023) Millionen Menschen mit Migrationshintergrund, das bedeutet, sie sind selbst nach Deutschland zugewandert oder stammen von einer Person ab, die zugewandert ist,
- davon 13,9 Millionen Menschen ohne deutschen Pass.

Im Jahr 2023 wurden in Deutschland insgesamt 329 120 Asylanträge gestellt.

Diese Fakten sprechen eine eindeutige Sprache: Deutschland ist ein Einwanderungsland.

Migration ist heute nicht eindimensional, neben geringqualifizierten Arbeitnehmer:innen sind ebenso Wissenschaftler:innen und Ingenieure:innen anzutreffen. Einwanderungserleichterungen für Fachkräfte sind durch das Fachkräfteeinwanderungsgesetz eingeführt worden. Es kommen nicht nur Fachkräfte, sondern Menschen. Damit sie sich in Deutschland wohlfühlen und dauerhaft hierbleiben, braucht es einen sozialen Rahmen. Das Gesetz wird den Anforderungen an ein transparentes und nachhaltig gestaltetes System der Zu- und Einwanderung aber nicht gerecht.

Ein entsprechendes System erfordert eine offene und solidarische Einwanderungspolitik, die eine umfassende Teilhabe am politischen, gesellschaftlichen und betrieblichen Leben gewährleistet.

Dabei kann Integration ohne Gleichstellung, Chancenförderung und Rechtssicherheit nicht Realität werden. Grundlage dafür ist, dass ausreichende Ausbildungs- und Arbeitsplätze geschaffen werden.

Von daher haben in Betrieben und Verwaltungen gerade die Betriebsräte, JAVen und gewerkschaftlichen Vertrauensleute eine hohe Verantwortung, um in ihrem Wirkungsbereich Rassismus und Diskriminierung zu verhindern und sich für die Gleichbehandlung und Integration aller Beschäftigten, gleich welcher Herkunft, Nationalität, welchen Geschlechts, sexueller Orientierung, Religion und Hautfarbe, einzusetzen.

Ausländische Arbeitnehmer:innen/Menschen mit Migrationshintergrund

Rechtliche Grundlagen

Neben der grundsätzlichen solidarischen und moralischen Verpflichtung zu einem solchen Tun, ergeben sich auch rechtliche Handlungsmöglichkeiten aus dem BetrVG. Mit der Novellierung 2001 ist die betriebliche Integration ausländischer Arbeitnehmer:innen und die Bekämpfung rassistischer Betätigung im Betrieb durch verschiedene Regelungen verstärkt worden. Diese Handlungsmöglichkeiten müssen jedoch genutzt werden, damit diskriminierendes Verhalten aufgedeckt, Benachteiligung am Arbeitsplatz erkannt und thematisiert werden. Wichtig ist dabei eine Sensibilisierung für Diskriminierung von Migrant:innen und die Bereitschaft, diese aufzudecken und ihr entgegenzuwirken.
Unser Grundgesetz untersagt ausdrücklich in Art. 3 Abs. 3 GG jegliche Benachteiligung bzw. Diskriminierung eines Menschen aus rassistischen Gründen oder seiner Herkunft. Dieses Grundrecht wird ergänzt durch das Allgemeine Gleichbehandlungsgesetz. Im Vordergrund steht dabei die Bekämpfung von Benachteiligungen im Arbeitsleben. So ist der Arbeitgeber verpflichtet, die erforderlichen Maßnahmen zum Schutz vor Benachteiligungen aus rassistischen Gründen oder wegen der Herkunft zu ergreifen. Vorbeugende Maßnahmen sind ausdrücklich miteingeschlossen (§ 12 Abs. 1 AGG). Nach § 17 Abs. 1 AGG sind die Interessenvertretungen aufgefordert, in einer gemeinsamen Strategie mit dem Arbeitgeber und den Beschäftigten auf eine neue vielfältige Unternehmenskultur hinzuwirken (»Interkulturelle Öffnung«), um umfassend vor Diskriminierungen bzw. Benachteiligungen im Unternehmen/Betrieb zu schützen.
Beim Arbeitsmarktzugang von Geflüchteten gelten komplexe Regelungen. Während anerkannte Flüchtlinge einen uneingeschränkten Arbeitsmarktzugang haben, gelten für Asylbewerber:innen und Geduldete spezielle Regelungen. Der Zugang zum Arbeitsmarkt ist für Geflüchtete im Grundsatz folgendermaßen geregelt (sofern keine Duldung mit Arbeitsverbot vorliegt):
- Werden Asylbewerber:innen anerkannt oder wird ihnen ein anderer Schutzstatus zuerkannt, erhalten sie eine Aufenthaltserlaubnis. Geflüchtete mit einer Aufenthaltserlaubnis haben einen uneingeschränkten Zugang zum Arbeitsmarkt. Das bedeutet, dass sie jede Arbeit annehmen können und keine Arbeitserlaubnis beantragen müssen.
- Geflüchtete mit einer Duldung und Geflüchtete mit einer Aufenthaltsgestattung haben einen eingeschränkten Zugang zum Arbeitsmarkt. Das bedeutet, dass vor Beginn einer Arbeit/Ausbildung eine Arbeitserlaubnis bei der zuständigen Ausländerbehörde beantragt werden muss. Es gelten Beschränkungen bzgl. Zeitpunkt der Aufnahme einer Ausbildung/Arbeit, Erlaubnis der Aufnahme und Prüfung der Tätigkeit.

Eine Aufenthaltsgestattung wird Personen zur Durchführung ihres Asylverfahrens erteilt.

Gün

Ausländische Arbeitnehmer:innen/Menschen mit Migrationshintergrund

Eine Duldung wird erteilt, wenn nach Ablehnung des Asylverfahrens die Abschiebung eines/einer Ausländers/in vorübergehend ausgesetzt wird. Besondere Duldungsgründe stellen die Ausbildung und bei bestimmten Voraussetzungen auch eine Beschäftigung (§ 60d AufenthG) dar. Für Auszubildende mit einem negativen Asylbescheid besteht die Möglichkeit, ihren Aufenthalt in Deutschland für die Dauer der Ausbildung und einer anschließenden Beschäftigung als qualifizierte Fachkraft durch eine Ausbildungsduldung (§ 60c AufenthG) oder eine Ausbildungs-Aufenthaltserlaubnis (§ 16g AufenthG) zu sichern. Sie wird nicht nur für eine qualifizierte Berufsausbildung erteilt, sondern unter bestimmten Voraussetzungen auch für Helfer- und Assistenzausbildungen. Die Voraussetzungen für beide Regelungen sind weitestgehend identisch. Allerdings muss bei der Ausbildungs-Aufenthaltserlaubnis (§ 16g AufenthG) der Lebensunterhalt gesichert sein. Konkret heißt das: Reicht die Ausbildungsvergütung und ein eventueller Hinzuverdienst nicht, kommt nur die Ausbildungsduldung in Betracht.

Der unsichere Aufenthaltsstatus und die bestehenden Hürden am Arbeitsmarkt erschweren für Geflüchtete nicht nur die Aufnahme einer Beschäftigung, sie machen sie auch anfällig für prekäre Beschäftigungsverhältnisse. Schlechte Arbeitsbedingungen, Lohndumping oder gar Ausbeutung sind schon jetzt für viele Geflüchtete die Realität.

Durch das neue Fachkräfteeinwanderungsgesetz wurde das Aufenthaltsgesetz an einigen Stellen geändert und soll somit den Zuzug von Fachkräften aus Drittstaaten erleichtern.

Die Zuwanderung von Drittstaatsangehörigen wird auf den **drei Säulen »Fachkräfte-Säule«**, **»Erfahrungssäule«** und **»Potenzialsäule«** basieren:

Fachkräfte-Säule Erleichterung und Flexibilisierung der Blaue-Karte-Regelungen	Personen mit einem in Deutschland anerkannten beruflichen oder akademischen Abschluss können nach Deutschland einreisen und jede qualifizierte Beschäftigung ausüben, auch »fachfremde« (Ausnahmen gibt es für reglementierte Berufe, z. B. Ärzte). Bei der Blauen Karte (für Hochqualifizierte und Akademiker:innen) werden die erforderlichen Gehaltsschwellen abgesenkt.

Ausländische Arbeitnehmer:innen/Menschen mit Migrationshintergrund

Erfahrungssäule Einwanderungsmöglichkeiten für Personen mit ausländischem Abschluss und Berufserfahrung	Als Arbeitskraft kann einwandern, wer mindestens einen im Herkunftsland staatlich anerkannten Berufsabschluss und mindestens zwei Jahre Berufserfahrung hat (ausgenommen sind reglementierte Berufe, z. B. Ärzte). Personen, die noch keine Anerkennung ihrer Qualifikation (oder nur Teilanerkennung) haben, können zur Anerkennung einreisen. Voraussetzung: Einhaltung einer Gehaltsschwelle (45 % der Beitragsbemessungsgrenze der gesetzlichen Rentenversicherung, 2024 ca. 40 770 Euro/Jahr) oder der Arbeitgeber muss tarifgebunden sein.
Potenzialsäule Neue Möglichkeiten zur Arbeitssuche für Drittstaatenangehörige	Neu: **Chancenkarte** zur Arbeitssuche, die auf einem **Punktesystem** basiert. Auswahlkriterien sind: Qualifikation, Deutsch- und Englischkenntnisse, Berufserfahrung, Deutschlandbezug, Alter und mitziehende Lebens- oder Ehepartner. Es handelt sich um ein zweistufiges Verfahren, in dem beides notwendig ist: das Sprach- und das Qualifikationskriterium.

Der Arbeitgeber hat die Pflicht, in den Betriebs- und Abteilungsversammlungen regelmäßig über den Stand der Integration der im Betrieb beschäftigten ausländischen Arbeitnehmer:innen zu berichten (§§ 43, 53 BetrVG). Hierdurch wird der Arbeitgeber angehalten, auf alltägliche und strukturelle Formen der Diskriminierung ausländischer Arbeitnehmer:innen in seinem Betrieb zu achten, sie innerhalb der Belegschaft zu thematisieren und geeignete Gegenmaßnahmen zu ergreifen. Außerdem besteht die Möglichkeit, Fragen der Integration der im Betrieb beschäftigten ausländischen Arbeitnehmer:innen als Thema auf den Betriebs- und Abteilungsversammlungen zu behandeln (§§ 45, 53 BetrVG). Themen können auch sein: Rassismus, die Eingliederung ausländischer Arbeitnehmer:innen in sozialer und gesellschaftlicher Hinsicht oder konkrete Vorfälle im Betrieb. Eine Betriebsversammlung mit dem Themenschwerpunkt sollte zum Ziel haben, zur Achtung und Toleranz unter den Arbeitskolleg:innen beizutragen, kulturelle Unterschiede zu erklären und gegen Rassismus vorzugehen.
Der Betriebsrat hat nach § 80 Abs. 1 Nr. 7 BetrVG im Rahmen seiner allgemeinen Aufgaben die Verpflichtung, die Integration von Migrant:innen im Betrieb und

das Verständnis zwischen allen Arbeitnehmer:innen zu fördern. Diese Verpflichtung obliegt ebenfalls der JAV gem. § 70 Abs. 1 Nr. 4 BetrVG; entsprechende Maßnahmen kann die JAV beim Betriebsrat beantragen.
Der Betriebsrat und die JAV haben ferner die Aufgabe, gegen betriebliche Erscheinungsformen von Rassismus vorzugehen (→ **Ausländerfeindliches/rassistisches Verhalten**). Der Betriebsrat hat dabei ausdrücklich ein Antragsrecht in Bezug auf Maßnahmen zur Bekämpfung von Rassismus und Fremdenfeindlichkeit im Betrieb.
Immer wieder belegen Studien: Jugendliche mit Migrationshintergrund haben schlechtere Chancen auf einen Ausbildungsplatz – auch bei gleicher Qualifikation. Demnach hat insbesondere der Betriebsrat, aber auch die JAV bei der Vorbereitung und Durchführung von personellen Maßnahmen des Arbeitgebers besonders darauf zu achten, dass Menschen mit Migrationshintergrund bei der Zuweisung von Arbeitsplätzen bzw. Ausbildungsplätzen nicht diskriminiert werden und dass ihre Kenntnisse, Fähigkeiten und Möglichkeiten in ausreichendem Maße berücksichtigt werden. Hier besteht auch die Möglichkeit, berufsbezogene Deutschkurse am Arbeitsplatz anzubieten.
Nach § 11 AGG darf ferner ein Arbeitsplatz nicht unter Verstoß gegen die Benachteiligungsverbote des AGG ausgeschrieben werden. In einer Stellenausschreibung ist es daher unzulässig, dass die »Muttersprache Deutsch« oder »akzentfreies Deutsch« sein muss.
Darüber hinaus kann auch die Notwendigkeit bestehen, gesonderte Informationsveranstaltungen oder besondere Sprechstunden für Migrant:innen durchzuführen. Nach § 75 Abs. 1 BetrVG sind der Betriebsrat, die JAV, aber auch der Arbeitgeber ausdrücklich verpflichtet, darüber zu wachen, dass eine Benachteiligung von Arbeitnehmer:innen u. a. wegen ihrer Herkunft, Abstammung, Religion, Nationalität, Herkunft oder aus rassistischen Gründen unterbleibt. Damit wird der Gleichbehandlungsgrundsatz des Art. 3 GG noch einmal für den Bereich der Betriebe und Verwaltungen ausdrücklich betont. Zudem erfolgt eine direkte Verknüpfung mit dem AGG.
Es handelt sich dabei um elementare Grundsätze für die Behandlung von Betriebsangehörigen durch Arbeitgeber, Betriebsrat und JAV. Neben der Überwachungspflicht räumt diese Vorschrift dem Betriebsrat und der JAV ein Überwachungsrecht ein, sodass unabhängig von konkreten Anlässen oder Beschwerden betroffener Arbeitnehmer:innen die Einhaltung der Grundsätze im Betrieb überwacht und bei Verstößen auf Abhilfe hingewirkt werden kann. Dabei gehört es zu den Aufgaben sowohl des Betriebsrats als auch der JAV, im Rahmen seiner bzw. ihrer Einflussmöglichkeiten aktiv für die Grundsätze einzutreten. Des Weiteren schließt diese Überwachungspflicht von Arbeitgeber und Betriebsrat auch die Pflicht ein, bei ihren eigenen gemeinsamen oder allein zu treffenden Maß-

nahmen die Grundsätze des § 75 BetrVG zu beachten und einzuhalten. Dieses trifft ebenfalls für die JAV zu.

Das Beschwerdeverfahren nach § 13 AGG sowie den §§ 84 bzw. 85 BetrVG (→ **Beschwerderecht**) ermöglicht zudem diskriminierten Arbeitnehmer:innen, sich beim Betriebsrat oder beim Arbeitgeber zu beschweren. Rassistische oder fremdenfeindliche Betätigung stellen nicht nur einen Zustimmungsverweigerungsgrund bei einer personellen Einzelmaßnahme nach § 99 Abs. 2 Nr. 6 BetrVG dar, sondern der Betriebsrat kann sogar proaktiv die Entlassung oder Versetzung betriebsstörender Arbeitnehmer nach § 104 BetrVG verlangen. Diese Sanktionsmöglichkeit richtet sich nach der Schwere des Verstoßes, wobei die Verhältnismäßigkeit der Mittel zu berücksichtigen ist.

Einen Ansatz, die Benachteiligung von Menschen mit Migrationshintergrund zu verringern, bieten u. a. die Mitbestimmungsregelungen des Betriebsrats bei betrieblichen Bildungsmaßnahmen (§§ 96 ff. BetrVG). Neben dem Mitbestimmungsrecht bei der Frage, ob der Arbeitgeber betriebliche Bildungsmaßnahmen anbieten muss (§ 97 Abs. 2 BetrVG), besteht ein Mitbestimmungsrecht des Betriebsrats bei der Durchführung aller Maßnahmen der betrieblichen Berufsbildung, Fortbildung und Umschulung sowie bei der Einstellung von Auszubildenden nach § 99 BetrVG. Wenn bei der Berufsausbildung die gesetzlichen Bestimmungen, wie z. B. die Ausbildungsordnungen, zu berücksichtigen sind, gibt es große Möglichkeiten für die Beseitigung von Diskriminierungen. So ergeben sich Mitbestimmungsmöglichkeiten bei der Erstellung von Auswahlrichtlinien nach § 95 bei der Einstellung. Weiterhin können die Inhalte möglicher Einstellungstests und deren Ergebnisse überprüft werden.

Auch wenn die Festlegung starrer Quoten für nichtdeutsche Auszubildende rechtlich nicht zulässig ist, da aufgrund des Gleichheitsgrundsatzes niemand wegen seiner Herkunft benachteiligt, aber auch nicht bevorzugt werden darf, besteht doch die Möglichkeit, sogenannte weiche Quoten gem. § 5 AGG in Vereinbarungen aufzunehmen. Danach dürfte eine Bevorzugungsregelung wirksam sein, die bei gleichwertiger und gleicher Qualifikation greift, eine Einzelfallbeurteilung voraussetzt sowie allgemein nicht unverhältnismäßig ist.

Der Betriebsrat hat nach § 98 BetrVG auch beim Ausbildungspersonal ein Mitbestimmungsrecht. So kann er die Abberufung eines/einer Ausbilders/in fordern bzw. die Einstellung oder Beauftragung verhindern, wenn die fachliche und persönliche Eignung in dieser Person nicht vorliegt. Im Rahmen der Umsetzung betrieblicher Ausbildungspläne bzw. Weiterbildungsangebote des Betriebs bzw. der Verwaltung kann der Betriebsrat über sein Mitbestimmungsrecht Einfluss auf die Inhalte der Ausbildung nehmen und so z. B. interkulturelle Inhalte einbeziehen. Durch sein Mitbestimmungsrecht nach § 98 BetrVG kann der Betriebsrat Wesentliches zur Gleichbehandlung der Menschen mit Migrationshintergrund beitragen, indem er sicherstellt, dass ihnen die gleichen Chancen

beim Zugang gewährt werden. Dazu können betriebliche Auswahlkriterien und ein mit der Arbeitgeberseite ausgehandelter Fort- und Weiterbildungsplan für einzelne Berufe bzw. Arbeitnehmergruppen eine wichtige Grundlage bilden. Der Betriebliche Gleichstellungsbericht ist zu beziehen über: *http://www.infis.eu/*.
Die JAV kann die zuvor genannten Maßnahmen beim Betriebsrat nach § 70 Abs. 1 Nr. 1 und 4 BetrVG beantragen, wenn sie den von ihr vertretenen Arbeitnehmern:innen dienen.
Da gegen Rassismus und die Diskriminierung ethnischer Minderheiten nur gemeinsam durch alle Beteiligte in Betrieb und Verwaltung angegangen werden kann, sollte ein/e systematische/s, interkulturelle/s Personalpolitik bzw. -management entwickelt werden. Hierzu besteht auch eine Verpflichtung für die Betriebsparteien nach § 17 Abs. 1 AGG. Erster Schritt dazu ist eine Betriebsvereinbarung, die den Willen und die Bereitschaft aller Beteiligten bekundet, jegliche Diskriminierung und Benachteiligung zu ächten und aktiv zu bekämpfen. In dieser Betriebsvereinbarung sind Diskriminierung und Benachteiligung eindeutig zu definieren, ausdrücklich zu verbieten und auch mit konkreten Sanktionen zu belegen. Solche Betriebsvereinbarungen können zur Aufdeckung von Diskriminierungen beitragen, wenn entsprechende Beschwerdemöglichkeiten und auch Beschwerdeverfahren in ihr geregelt sind.
Weitere Informationen hierzu unter: *http://www.migration-online.de*
Wegen weiterer Einzelheiten siehe: → **Betriebsversammlung**

Internethinweise

Das Projekt ANERKANNT des DGB Bildungswerks BUND bietet Unterstützung und Bildungsbausteine rund um die Themen Ausländer:innen im Betrieb, Anerkennungsverfahren und soziale Integration. Web: *www.dgb-bildungswerk.de/anerkannt*
IG Metall, Faktenblatt FACHKRÄFTEEINWANDERUNG (Juli 2023)
Sachverständigenrat für Integration und Migration: Jahresgutachten 2022, zu beziehen über *http://www.svr-migration.de*
IQ-Fachstelle Berufsbezogenes Deutsch: *www.deutsch-am-arbeitsplatz.de*
Info zum Thema Antidiskriminierung sowie Antidiskriminierungsstelle des Bundes: Positive Maßnahmen zur Verhinderung oder zum Ausgleich bestehender Nachteile im Sinne des § 5 AGG unter *https://www.antidiskriminierungsstelle.de*
Mehr Informationen für Geflüchtete bei PRO ASYL unter *http://www.proasyl.de/*
Die Amadeu Antonio Stiftung bietet auf ihrer Homepage eine vielfältige Sammlung über Rassismus an. Die Materialien entstanden u. a. in Zusammenarbeit mit der IG Metall; unter *www.amadeu-antonio-stiftung.de*
Der Verein »Mach' meinen Kumpel nicht an! – für Gleichbehandlung, gegen Fremdenfeindlichkeit und Rassismus e. V.« auch bekannt unter der gelben Hand bietet auf seiner Homepage Handlungshilfen gegen Rassismus an. Unter anderem findet sich dort eine good-prac-

tice Datenbank mit vielen Beispielen, wie gegen Rassismus vorgegangen werden kann; unter *www.gelbehand.de*
INQA-Kurzcheck für Unternehmen »**Geflüchtete im Betrieb integrieren**« (barrierefreies PDF soll insbesondere kleinen und mittleren Unternehmen helfen, Geflüchtete zu gewinnen und zu beschäftigen: in den drei Phasen: Gewinnung, Ankommen sowie (langfristige) Arbeit im Betrieb. Von rechtlichen Fragen über Anerkennung und Deutschlern-Angebote bis hin zur Unternehmenskultur. Der Check ist online abrufbar unter *www.inqa.de/kurzcheck-integration*
Magazin »In Arbeit« – Tipps und Praxisbeispiele zur erfolgreichen Integration Geflüchteter in den Betrieb unter *www.inqa.de*

Literaturhinweise

Böhm, Integration von Migranten, in: AiB 7–8/2016, 38–41
DGB-Bildungswerk Thüringen, Baustein für nichtrassistische Bildungsarbeit, insb. Kapitel 10 zum Thema »Rechtliche Instrumente ... gegen Diskriminierungen und Ungleichbehandlung am Arbeitsplatz« (*www.dgb-bwt.de*)
DGB-Bundesvorstand, Referat Migration, Broschüre »Handreichung, Diskriminierung am Arbeitsplatz – aktiv werden für Gleichbehandlung« (Der Broschüre ist die unten abgebildete Betriebsvereinbarung entnommen)
IG Metall, Migrationsland D., Eine Handlungshilfe für Begegnung und Dialog, 2019
IG Metall, Vielfalt fördern – Zusammenhalt stärken, Handlungshilfe für eine interkulturelle Gleichstellungs- und Personalpolitik, 2012
IQ-Fachstelle Berufsbezogenes Deutsch (Hrsg.), Deutsch und Basisqualifizierung im Betrieb, 2012, *www.deutsch-am-arbeitsplatz.de*
Krug von Nidda/Söhn, Ausbildungschancen von Jugendlichen mit Migrationshintergrund. Benachteiligung in betrieblichen Rekrutierungsprozessen vermeiden – Anregungen für Personalverantwortliche, Forschungsförderung der Hans-Böckler-Stiftung, Working Paper Nr. 258, Oktober 2022
PRO ASYL/Amadeu Antonio Stiftung, Pro Menschenrechte. Contra Vorurteile. Fakten und Argumente zur Debatte über Flüchtlinge in Deutschland und Europa
Räder/Schubert, Ausbildung und Arbeit für Flüchtlinge, 2016
Riedlinger, Rassismus enttarnen und entkräften, in: AiB 10/2019, 28 ff.
Wlecklik, Interkulturelles Lernen in der Ausbildung, in: Cramer/Schmidt/Wittwer, Ausbilder Handbuch, Deutscher Wirtschaftsdienst, 2003
Wlecklik, Konsequente Gleichstellungspolitik – ein Beitrag zur Demokratie, in: Frieden und Wissenschaft 1/2011

Ausländische Arbeitnehmer:innen/Menschen mit Migrationshintergrund

Beispiel für eine Betriebsvereinbarung

Förderung der Gleichbehandlung ausländischer Belegschaftsmitglieder

Betriebsvereinbarung
zwischen
der Geschäftsleitung ...
und dem Betriebsrat der Firma ...
wird zur Förderung der Gleichbehandlung aller ausländischen und deutschen Belegschaftsmitglieder folgende Betriebsvereinbarung abgeschlossen:

Präambel

Eine Unternehmenskultur, die sich durch ein partnerschaftliches Verhalten am Arbeitsplatz auszeichnet, bildet die Basis für ein positives innerbetriebliches Arbeitsklima und ist damit eine wichtige Voraussetzung für den wirtschaftlichen Erfolg eines Unternehmens.

In Anbetracht der Tatsache, dass das Zusammenleben von ausländischen und deutschen Belegschaftsmitgliedern nicht immer ohne Probleme verläuft, gleichwohl im Betrieb eine langjährige, im Wesentlichen positive Tradition der Zusammenarbeit besteht, wollen die vertragsschließenden Parteien mit dieser Betriebsvereinbarung die Gleichbehandlung fördern.

Vor diesem Hintergrund bekräftigen sie die Absicht, auch künftig sicherzustellen, dass

- in Ausfüllung des Gleichheitsgrundsatzes nach Artikel 3 Satz 1 Grundgesetz kein Belegschaftsmitglied wegen seines Geschlechtes, seiner Abstammung, seiner Sprache, seiner Heimat, seiner Herkunft, seines Glaubens, seiner religiösen, politischen Anschauung oder aus rassistischen Gründen benachteiligt oder bevorzugt wird. Auch darf niemand wegen seiner Behinderung benachteiligt werden;
- die einschlägigen Normen der Europäischen Gemeinschaft zur Gleichbehandlung beachtet werden;
- sämtliche im Unternehmen beschäftigten deutschen und ausländischen Belegschaftsmitglieder im Sinne des § 75 BetrVG nach den Grundsätzen von Recht und Billigkeit sowie mit dem erforderlichen Respekt handeln und behandelt werden.

Mobbing gegen Einzelne sowie Diskriminierung nach Herkunft und Hautfarbe und der Religion stellen am Arbeitsplatz eine schwerwiegende Störung des Arbeitsfriedens dar. Sie gelten als Verstoß gegen die Menschenwürde sowie als eine Verletzung des Persönlichkeitsrechts. Solche Verhaltensweisen sind unvereinbar mit den Bestimmungen der Arbeitsordnung.

Es besteht zwischen den vertragsschließenden Parteien Einvernehmen, dass bei der ...GmbH für Diskriminierung jeglicher Art kein Raum ist und sein darf.

Das Unternehmen verpflichtet sich, Mobbing und Diskriminierung zu unterbinden und ein partnerschaftliches Klima zu fördern und aufrechtzuerhalten. Dies gilt auch für die Werbung und Darstellung in der Öffentlichkeit.

Ausländische Arbeitnehmer:innen/Menschen mit Migrationshintergrund

1. Geltungsbereich
persönlich

2. Betriebliche Gleichbehandlungsgrundsätze
Zur Förderung eines konfliktfreien Miteinanders im Unternehmen ist besonderer Wert auf die Rechte und Pflichten eines jeden Belegschaftsmitgliedes zur Gleichbehandlung zu legen. Diese gelten insbesondere im Hinblick auf:
- Personelle Angelegenheiten
Vor allem die personalverantwortlichen Führungskräfte sind bei personellen Einzelmaßnahmen (Einstellungen, Versetzungen, Lohn/Gehaltsfestsetzungen, Beförderungen, Austritte, Qualifizierungen etc.) gehalten, die Gleichbehandlung der Belegschaftsmitglieder nach einheitlichen Kriterien zu beachten.
Offene Stellen sind in ihrer Besetzung auszuschreiben.
Bei der Besetzung innerbetrieblicher Stellen sind vorrangig vorhandene Mitarbeiter zu berücksichtigen.
Entscheidend dabei sind die fachliche Qualifikation und die persönliche Eignung in Bezug auf die Anforderungen des Arbeitsplatzes. Bei den Auswahlkriterien sind die nicht in Deutschland erworbenen vergleichbaren Qualifikationen und Berufserfahrungen entsprechend zu berücksichtigen.
- Soziale Angelegenheit
Auf betriebliche Sozialleistungen, die das Unternehmen auf freiwilliger Basis gewährt, haben deutsche und ausländische Belegschaftsmitglieder gleichermaßen Anspruch, sofern die Voraussetzungen hierzu erfüllt sind.
- Berufsbildung
Gleichbehandlung und das Bemühen zur Integration sind schon im Rahmen der Berufsausbildung zu beachten, um den Auszubildenden ein entsprechendes Wertverständnis frühzeitig zu vermitteln.
Die Auswahl von Bewerberinnen und Bewerbern für die Einstellung in Ausbildungsverhältnisse hat für alle Ausbildungsberufe nach einheitlichen Eignungskriterien und ohne Quoten- bzw. Schwerpunktbildung nach Nationalitäten in bestimmten Ausbildungsberufen zu erfolgen. Entscheidend ist das Gesamtbild des Bewerbers aus Testergebnis, persönlichem Eindruck im Vorstellungsgespräch und der Feststellung der gesundheitlichen Eignung.
Die betrieblichen Ausbildungspläne sind für alle Auszubildenden des jeweiligen Ausbildungsberufes gleich. In besonderen Fällen werden ausbildungsbegleitende Hilfen angeboten.
Das Weiterbildungsangebot des Unternehmens im Anschluss an die Berufsausbildung und damit verbundene Personalentwicklungsmaßnahmen stehen allen Belegschaftsmitgliedern offen. Zur Förderung der Integration werden u. a. interkulturelle Qualifizierungsmaßnahmen angeboten. Hierzu gehören vor allem eine Verbesserung der Sprachkompetenz und des Verständnisses für unterschiedliche Kulturen, um das Miteinander im Arbeitsleben zu erleichtern.

Ausländische Arbeitnehmer:innen/Menschen mit Migrationshintergrund

Die vertragsschließenden Parteien werden gemeinsam auf die Durchführung der betrieblichen Gleichbehandlungsgrundsätze achten und diese fördern in dem Bewusstsein, dass nur Vergleichbares gleich behandelt werden kann. Eine Differenzierung ist nur dann zulässig, wenn besondere sachliche Gründe dies erfordern.

3. Verstöße gegen betriebliche Gleichbehandlungsgrundsätze

Die vertragsschließenden Parteien werden im Rahmen ihrer Einflussmöglichkeiten auf die Belegschaft und ggf. Dritte einwirken, um Verstöße gegen die unter Ziffern 1 und 2 aufgestellten Grundsätze zu verhindern oder zu beseitigen. Beschwerden über die Verletzung dieser Prinzipien sind gem. § 84 BetrVG an den Arbeitgeber zu richten.
Zur Verletzung dieser Prinzipien gehören unter anderem:
- Mobbing, wie beispielsweise
  - Verleumden von Werksangehörigen oder deren Familien,
  - Verbreiten von Gerüchten über Werksangehörige oder deren Familien,
  - absichtliches Zurückhalten von arbeitsnotwendigen Informationen oder sogar Desinformation,
  - Drohungen und Erniedrigungen,
  - Beschimpfung, verletzende Behandlung, Hohn und Aggressivität,
  - unwürdige Behandlung durch Vorgesetzte, wie z.B. die Zuteilung kränkender, unlösbarer, sinnloser oder gar keiner Aufgaben.
- Diskriminierung, wie beispielsweise aus
  - rassistischen, ausländerfeindlichen oder religiösen Gründen, die in mündlicher oder schriftlicher Form geäußert werden sowie
  - diesbezüglicher Handlungen gegenüber Werksangehörigen.

Die o.g. Gründe gelten gleichermaßen für das Verhalten von Werksangehörigen gegenüber im Unternehmen beschäftigten Fremdfirmenangehörigen.
Soweit durch Diskriminierung ein konkreter Verstoß gegen die Gleichbehandlungsgrundsätze vorliegt, werden die vertragsschließenden Parteien entsprechend ihrer Zuständigkeit die hierfür gebotene Reaktion im Rahmen der betrieblichen Ordnungsmaßnahmen einleiten. Die Personalabteilung wird eine Klärung des Sachverhaltes herbeiführen und erforderliche Maßnahmen treffen.
Der Betriebsrat bietet diskriminierten Belegschaftsmitgliedern Beratung und Unterstützung an, soweit erforderlich kann er hierzu besondere Vertrauenspersonen benennen; die diskriminierten Personen können diese hinzuziehen oder sich durch sie vertreten lassen.

4. Beschwerderecht

Wenn eine persönliche Zurechtweisung durch die belästigte Person im Einzelfall erfolglos ist oder unangebracht erscheint, können sich die betroffenen Werksangehörigen, die sich durch Missachtung der unter Punkt 2 beschriebene Grundsätze beeinträchtigt fühlen, an die nachfolgenden Stellen wenden:
Verantwortliche Stellen in diesem Sinne sind insbesondere

Ausländische Arbeitnehmer:innen/Menschen mit Migrationshintergrund

- der/die betrieblichen Vorgesetzte/n
- der Betriebsrat
- das Personalwesen

Diese haben die Aufgabe, unverzüglich, spätestens innerhalb einer Woche nach Kenntnis des Vorfalls:

- die Betroffenen zu beraten und zu unterstützen,
- in getrennten oder gemeinsamen Gesprächen mit den Belästigenden und den belästigten Personen den Sachverhalt festzustellen und zu dokumentieren,
- die belästigende Person über die tatsächlichen und arbeitsrechtlichen Zusammenhänge und Folgen einer Belästigung im vorgenannten Sinne am Arbeitsplatz aufzuklären,
- den zuständigen Gremien Gegenmaßnahmen und ggf. arbeitsrechtliche Konsequenzen im Rahmen der bestehenden Verfahren vorzuschlagen,
- allen – auch vertraulichen – Hinweisen und Beschwerden von Belästigungen im vorgenannten Sinne nachzugehen,
- auf Wunsch die/den Betroffene/n zu/in allen Gesprächen und Besprechungen einschließlich zu Sitzungen des Personalausschusses zu begleiten, zu beraten und sie in ihrer Vertretung zu unterstützen.

Über die Teilnahme von Vertrauenspersonen an seinen Sitzungen entscheidet der Personalausschuss in Abwägung der Umstände des Einzelfalls.

Darüber hinaus können sich betroffene Werksangehörige auch jederzeit an Personen ihres Vertrauens wenden.

Die §§ 84 und 85 BetrVG über das allgemeine Beschwerderecht bleiben unberührt.

Die Beschwerde darf nicht zu Benachteiligung führen.

5. Vertraulichkeit

Über die Informationen und Vorkommnisse persönlicher Daten und Gespräche ist absolutes Stillschweigen gegenüber Dritten zu bewahren, die nicht am Verfahren beteiligt sind.

6. Maßnahmen

Das Unternehmen hat die dem Einzelfall angemessenen betrieblichen Maßnahmen, wie z. B.

- Belehrung,
- Abmahnung oder
- Kündigung zu ergreifen.

Die Durchführung erfolgt in Abstimmung mit dem Betriebsrat.
Zur Abhilfe kann auch ein Beratungs- und/oder Therapieangebot erfolgen.
Im Übrigen gelten die einschlägigen gesetzlichen Bestimmungen, z. B. das Beschäftigtenschutzgesetz.

7. Schlussbestimmung

Die Betriebsvereinbarung tritt am ... in Kraft. Sie kann mit einer Frist von 3 Monaten zum Jahresende, erstmals zum ... gekündigt werden. Wird diese Betriebsvereinbarung gekündigt, z. B. im Falle einer Änderung einschlägiger gesetzlicher Vorschriften oder Rechtsprechung, gelten die Festlegungen dieser Betriebsvereinbarung bis zum Abschluss einer neuen Vereinbarung weiter.

Ausschüsse für Berufsbildung

Grundlagen

Ausschüsse für Berufsbildung werden von den in § 71 BBiG aufgeführten »zuständigen Stellen« errichtet; z. B. für Berufe der Handwerksordnung die Handwerkskammern; für Gewerbeberufe die Industrie- und Handelskammern; für die Berufsbildung von Fachangestellten die jeweils entsprechenden Kammern. Dies regeln die Bestimmungen des § 77 bzw. § 82 BBiG für die Landesausschüsse für Berufsbildung bei den Landesregierungen.

Den nach § 77 BBiG errichteten Berufsbildungsausschüssen gehören sechs Beauftragte der Arbeitgeber, sechs Beauftragte der Arbeitnehmer und sechs Lehrkräfte an berufsbildenden Schulen an, diese jedoch mit beratender Stimme, sofern nicht Belange der Schule betroffen sind.

Die Beauftragten der Arbeitnehmer werden auf Vorschlag der auf Landesebene bestehenden Gewerkschaften berufen. Die Tätigkeit ist ehrenamtlich.

Die Aufgaben der Berufsbildungsausschüsse sind in § 79 BBiG geregelt:

(2) Wichtige Angelegenheiten, in denen der Berufsbildungsausschuss anzuhören ist, sind insbesondere:
1. *Erlass von Verwaltungsgrundsätzen über die Eignung von Ausbildungs- und Umschulungsstätten, für das Führen von Ausbildungsnachweisen nach § 13 Satz 2 Nummer 7, für die Verkürzung der Ausbildungsdauer, für die vorzeitige Zulassung zur Abschlussprüfung, für die Durchführung der Prüfungen, zur Durchführung von über- und außerbetrieblicher Ausbildung sowie Verwaltungsrichtlinien zur beruflichen Bildung,*
2. *Umsetzung der vom Landesausschuss für Berufsbildung empfohlenen Maßnahmen,*
3. *wesentliche inhaltliche Änderungen des Ausbildungsvertragsmusters.*

(3) Wichtige Angelegenheiten, in denen der Berufsbildungsausschuss zu unterrichten ist, sind insbesondere:

Ausschüsse für Berufsbildung

1. *Zahl und Art der der zuständigen Stelle angezeigten Maßnahmen der Berufsausbildungsvorbereitung und beruflichen Umschulung sowie der eingetragenen Berufsausbildungsverhältnisse,*
2. *Zahl und Ergebnisse von durchgeführten Prüfungen sowie hierbei gewonnene Erfahrungen,*
3. *Tätigkeit der Berater und Beraterinnen nach § 76 Absatz 1 Satz 2,*
4. *für den räumlichen und fachlichen Zuständigkeitsbereich der zuständigen Stelle neue Formen, Inhalte und Methoden der Berufsbildung,*
5. *Stellungnahmen oder Vorschläge der zuständigen Stelle gegenüber anderen Stellen und Behörden, soweit sie sich auf die Durchführung dieses Gesetzes oder der auf Grund dieses Gesetzes erlassenen Rechtsvorschriften beziehen,*
6. *Bau eigener überbetrieblicher Berufsbildungsstätten,*
7. *Beschlüsse nach Absatz 5 sowie beschlossene Haushaltsansätze zur Durchführung der Berufsbildung mit Ausnahme der Personalkosten,*
8. *Verfahren zur Beilegung von Streitigkeiten aus Ausbildungsverhältnissen,*
9. *Arbeitsmarktfragen, soweit sie die Berufsbildung im Zuständigkeitsbereich der zuständigen Stelle berühren.*

(4) Der Berufsbildungsausschuss hat die auf Grund dieses Gesetzes von der zuständigen Stelle zu erlassenden Rechtsvorschriften für die Durchführung der Berufsbildung zu beschließen. Gegen Beschlüsse, die gegen Gesetz oder Satzung verstoßen, kann die zur Vertretung der zuständigen Stelle berechtigte Person innerhalb einer Woche Einspruch einlegen. Der Einspruch ist zu begründen und hat aufschiebende Wirkung. Der Berufsbildungsausschuss hat seinen Beschluss zu überprüfen und erneut zu beschließen.

(5) Beschlüsse, zu deren Durchführung die für Berufsbildung im laufenden Haushalt vorgesehenen Mittel nicht ausreichen, bedürfen für ihre Wirksamkeit der Zustimmung der für den Haushaltsplan zuständigen Organe. Das Gleiche gilt für Beschlüsse, zu deren Durchführung in folgenden Haushaltsjahren Mittel bereitgestellt werden müssen, die die Ausgaben für Berufsbildung des laufenden Haushalts nicht unwesentlich übersteigen.

(6) Abweichend von § 77 Absatz 1 haben die Lehrkräfte Stimmrecht bei Beschlüssen zu Angelegenheiten der Berufsausbildungsvorbereitung und Berufsausbildung, soweit sich die Beschlüsse unmittelbar auf die Organisation der schulischen Berufsbildung auswirken.

So können beispielsweise Informationsveranstaltungen zum Thema Ausbildungsplanung durchgeführt werden oder gute Ausbildungsbeispiele aus der Region veröffentlicht werden. Neben dem Berufsbildungsausschuss gibt es Landesausschüsse für Berufsbildung nach § 82 BBiG bei den Landesregierungen.

Ausschüsse für Berufsbildung

§ 82 BBiG hat folgenden Wortlaut:

(1) Bei der Landesregierung wird ein Landesausschuss für Berufsbildung errichtet. Er setzt sich zusammen aus einer gleichen Zahl von Beauftragten der Arbeitgeber, der Arbeitnehmer und der obersten Landesbehörden. Die Hälfte der Beauftragten der obersten Landesbehörden muss in Fragen des Schulwesens sachverständig sein.
(2) Die Mitglieder des Landesausschusses werden längstens für vier Jahre von der Landesregierung oder der von ihr bestimmten obersten Landesbehörde berufen, die Beauftragten der Arbeitgeber auf Vorschlag der auf Landesebene bestehenden Zusammenschlüsse der Kammern, der Arbeitgeberverbände und der Unternehmerverbände, die Beauftragten der Arbeitnehmer auf Vorschlag der auf Landesebene bestehenden Gewerkschaften und selbstständigen Vereinigungen von Arbeitnehmern mit sozial- oder berufspolitischer Zwecksetzung. Die Tätigkeit im Landesausschuss ist ehrenamtlich. Für bare Auslagen und für Zeitversäumnis ist, soweit eine Entschädigung nicht von anderer Seite gewährt wird, eine angemessene Entschädigung zu zahlen, deren Höhe von der Landesregierung oder der von ihr bestimmten obersten Landesbehörde festgesetzt wird. Die Mitglieder können nach Anhören der an ihrer Berufung Beteiligten aus wichtigem Grund abberufen werden. Der Ausschuss wählt ein Mitglied, das den Vorsitz führt, und ein weiteres Mitglied, das den Vorsitz stellvertretend übernimmt. Der Vorsitz und seine Stellvertretung sollen nicht derselben Mitgliedergruppe angehören.
(3) Die Mitglieder haben Stellvertreter oder Stellvertreterinnen. Die Absätze 1 und 2 gelten für die Stellvertreter und Stellvertreterinnen entsprechend.
(4) Der Landesausschuss gibt sich eine Geschäftsordnung, die der Genehmigung der Landesregierung oder der von ihr bestimmten obersten Landesbehörde bedarf. Sie kann die Bildung von Unterausschüssen vorsehen und bestimmen, dass ihnen nicht nur Mitglieder des Landesausschusses angehören. Absatz 2 Satz 2 gilt für die Unterausschüsse hinsichtlich der Entschädigung entsprechend. An den Sitzungen des Landesausschusses und der Unterausschüsse können Vertreter der beteiligten obersten Landesbehörden, der Gemeinden und Gemeindeverbände sowie der Agentur für Arbeit teilnehmen.
(5) Der Landesausschuss ist beschlussfähig, wenn mehr als die Hälfte seiner Mitglieder anwesend ist. Er beschließt mit der Mehrheit der abgegebenen Stimmen.

Aufgabe der Landesausschüsse ist die Beratung der Landesregierungen in den Fragen der Berufsbildung, die sich für das Land ergeben. Vor allem hat er, wie § 83 Abs. 2 BBiG bestimmt, im Interesse einer einheitlichen Berufsbildung auf eine Zusammenarbeit zwischen der schulischen Berufsbildung und der Berufsbildung nach dem BBiG hinzuwirken.

Ausschüsse für Berufsbildung

Bedeutung für den Betriebsrat/die JAV

Bei Problemen in der Berufsausbildung oder bei Beratungsbedarf zur Durchführung einer Berufsausbildung sind die Ausbildungsberater:innen bei den zuständigen Stellen eine mögliche Anlaufstelle. Es können auch die Arbeitnehmervertreter in den Berufsbildungsausschüssen über die zuständige Gewerkschaft angesprochen werden.

Außerbetriebliche und überbetriebliche Ausbildung

Grundlagen

Unter außerbetrieblicher Ausbildung wird die praktische Berufsbildung in reinen Ausbildungsbetrieben verstanden. Die Träger dieser Einrichtungen finanzieren diese vollständig oder zu überwiegenden Teilen durch staatliche Förderprogramme, öffentliche Mittel oder durch die Agentur für Arbeit. Der Betriebszweck des Ausbildungsträgers ist die Berufsausbildung. Damit sollen vor allem Jugendliche ohne Ausbildungsplatz und/oder mit weiterem Förderbedarf für den Arbeitsmarkt qualifiziert werden. Im besten Fall sollen sie bereits im ersten Ausbildungsjahr in eine betriebliche Ausbildung übergeleitet werden. Es ist aber auch möglich, die komplette Ausbildung bei dem Träger der außerbetrieblichen Maßnahme zu absolvieren.
Es werden zwei Formen unterschieden:
- Bei der integrativen Form findet die komplette Ausbildung bei dem Träger statt. Dieser muss fachlich geeignete Ausbilder:innen zur Verfügung stellen. Einzelne Praktika in Betrieben sind jedoch auch hier möglich.
- Bei dem kooperierenden Modell findet die Ausbildung in sogenannten Kooperationsbetrieben statt. Diese müssen fachlich geeignete Ausbilder:innen zur Verfügung stellen. Je nach Ausgestaltung übernimmt der Träger der außerbetrieblichen Ausbildungsmaßnahme nur noch die sozialpädagogische Begleitung. Eventuell wird zum Beginn der Ausbildung auch eine Vorqualifizierung der Auszubildenden durch den Träger angeboten.

Bei überbetrieblicher Ausbildung finden einzelne Ausbildungsabschnitte nicht im eigentlichen Ausbildungsbetrieb statt. Hier wird zwischen unterschiedlichen Formen unterschieden:
- Bei der → **Verbundausbildung** schließen sich mehrere Unternehmen zusammen, um die Ausbildung gemeinsam zu organisieren oder schließen Kooperationsverträge zur Auftragsausbildung durch ein anderes Unternehmen.
- Bei der betriebsübergreifenden Ausbildung in einem Unternehmen wiederum gibt es meist einen für die Ausbildung verantwortlichen Stammbetrieb, die Ausbildung findet jedoch auch in weiteren Betrieben des Unternehmens statt.

Außerbetriebliche und überbetriebliche Ausbildung

- Außerdem kann die Ausbildung von mehreren Betrieben eines Unternehmens in einem Ausbildungszentrum oder einer Ausbildungsstätte zusammengefasst sein (nicht mit der außerbetrieblichen Ausbildung verwechseln). Es gilt die Formen genau zu unterscheiden, da sie Auswirkungen auf die Wahlberechtigung bei der → **Wahl der JAV** haben.

Für eine rechtliche Bewertung lassen sich zwei wesentliche Problembereiche bei außerbetrieblicher und überbetrieblicher Ausbildung benennen: Zum einen die Zuständigkeit und das Wahlrecht zu einer Interessenvertretung und zum anderen die Gültigkeit von Tarifverträgen.

Interessenvertretung bei außerbetrieblicher Ausbildung

Auszubildende, deren praktische Ausbildung in einer integrativen Berufsausbildung in einem reinen Ausbildungsbetrieb stattfindet, fallen nicht unter den Arbeitnehmerbegriff im Sinne des § 5 BetrVG und sind somit nicht berechtigt zur Wahl einer JAV oder zu einem Betriebsrat. Dies hat das BAG in verschiedenen Urteilen entschieden (BAG 21.7.1993 – 7 ABR 35/92 sowie 20.3.1995 – 7 ABR 34/95, 7 ABR 41/95, 7 ABR 46/95).

Der Gesetzgeber hat im Rahmen der BBiG-Reform 2005 den neuen Abschnitt 6 »Interessenvertretung« ins BBiG aufgenommen. Zu den außerbetrieblichen Auszubildenden zählen laut § 51 BBiG Auszubildende, deren praktische Berufsbildung in einer sonstigen Berufsbildungseinrichtung außerhalb der schulischen und betrieblichen Berufsbildung stattfindet und die nicht wahlberechtigt zu anderen Gremien wie Betriebsrat oder JAV sind.

Der § 52 BBiG regelt, dass das Bundesministerium für Bildung und Forschung berechtigt ist, eine Verordnung zu erlassen, in der die Rechte und Möglichkeiten der Interessenvertretung sowie das Verfahren zu deren Wahl geregelt werden. Leider ist jedoch der bereits im Gesetzgebungsverfahren strittig gewesene Punkt über die Rechte der Interessenvertretung bis heute offen geblieben: Eine die Rechte der Interessenvertretung und das Verfahren zu deren Wahl klärende Verordnung wurde bis heute nicht erlassen.

Verschiedene gesellschaftliche Akteure und einschlägige juristische Kommentatoren schlagen jedoch vor, sich bei der Wahl und der Arbeit an den rechtlichen Grundlagen zu den JAV-Wahlen bzw. der JAV-Arbeit zu orientieren. Ebenfalls kann ein Handlungsrahmen in Form einer Betriebsvereinbarung festgelegt werden.

Interessenvertretung bei überbetrieblicher Ausbildung

Anders verhält es sich bei der überbetrieblichen Ausbildung, bei der Teile der Ausbildung in überbetrieblichen Ausbildungsstätten (Ausbildungszentren) stattfinden. Das BAG hat am 13.3.1991 (7 ABR 89/89) zur Frage der Ausbildung in mehreren Betrieben folgenden Leitsatz beschlossen:

Außerbetriebliche und überbetriebliche Ausbildung

»Wird die betriebliche Berufsausbildung abschnittweise jeweils in verschiedenen Betrieben des Ausbildungsunternehmens oder eines mit ihm verbundenen Unternehmens durchgeführt, jedoch von einem der Betriebe des Ausbildungsunternehmens derart zentral, mit bindender Wirkung auch für die anderen Betriebe, geleitet, dass die wesentlichen, der Beteiligung des Betriebsrats unterliegenden, die Ausbildungsverhältnisse berührenden Entscheidungen dort getroffen werden, so gehört der Auszubildende während der gesamten Ausbildungszeit dem die Ausbildung leitenden Stammbetrieb an und ist dort wahlberechtigt zum Betriebsrat und zur JAV. Dagegen begründet die vorübergehende Beschäftigung der Auszubildenden in den anderen Betrieben keine Wahlberechtigung zu deren Arbeitnehmervertretungen.«

Auszubildende haben somit vorrangig in dem Betrieb das Wahlrecht zu Arbeitnehmervertretungen, in dem die »wesentlichen, der Beteiligung des Betriebsrats unterliegenden, die Ausbildungsverhältnisse berührenden Entscheidungen getroffen werden« (→ **Wahl der JAV**).

Eine ebenfalls wichtige Entscheidung wurde vom BAG am 12.11.1991 (1 ABR 21/91) zur Frage der lediglich formalen Übertragung der Ausbildung an ein anderes Unternehmen getroffen.

Leitsatz:
»Der Arbeitgeber ist Träger einer Berufsbildungsmaßnahme, wenn er diese zwar von einem anderen Unternehmen durchführen lässt, aber auf Inhalt und Gestaltung den beherrschenden Einfluss hat.«

Auch wenn es sich bei dem dieser Entscheidung zugrunde liegenden Fall um eine Weiterbildungsmaßnahme handelt, muss davon ausgegangen werden, dass diese ebenso für die Fragen der beruflichen Erstausbildung anzunehmen ist.

Bedeutung für den Betriebsrat/die JAV

Für den Bereich der überbetrieblichen Ausbildung gilt, dass die Auszubildenden dort als Wahlberechtigte in die Wählerliste aufgenommen werden sollten, wo die Interessenvertretung tatsächlich praktiziert wird. Entscheidend ist, wo der beherrschende Einfluss auf Inhalt und Gestaltung der Berufsausbildung stattfindet (→ **Wahl der JAV**).

Gleiches gilt für außerbetriebliche Auszubildende, die im Rahmen ihrer Ausbildung ein betriebliches Praktikum absolvieren, bzw. für Auszubildende als Teilnehmende von kooperierenden außerbetrieblichen Ausbildungsmaßnahmen:

Außerbetriebliche und überbetriebliche Ausbildung

Sie sind als wahlberechtigt zur JAV in die Wählerliste des Praktikumsbetriebs bzw. Ausbildungsbetriebs mit aufzunehmen.
Für die Wahl der Interessenvertretung in außerbetrieblichen Ausbildungsstätten mangelt es weiterhin an einer rechtsverbindlichen Grundlage. Dennoch sollte der Vorschlag des BBIB, eine solche auf freiwilliger Basis zu errichten, in die Praxis umgesetzt werden. Es bleibt zu hoffen, dass das zuständige Bildungsministerium anhand dieser praktischen Erfahrungen dann hoffentlich doch noch seine Verantwortung wahrnimmt und die in § 52 BBiG vorgesehene Verordnung erlässt.

Tariflicher Geltungsbereich
Grundsätzlich gelten Tarifverträge für die Mitglieder der tarifvertragschließenden Parteien im räumlichen, persönlichen und fachlichen Geltungsbereich. Darüber hinaus ist zu beachten, was im Ausbildungsvertrag geregelt ist. Im Standardausbildungsvertrag ist ein Bezug zur tariflichen Vergütung und Arbeitszeit formuliert. Fehlt ein tariflicher Bezug im Ausbildungsvertrag, war oftmals die Höhe der Ausbildungsvergütung bei einer außerbetrieblichen Ausbildung strittig.
Nach der Novellierung des BBiG 2019 hat die/der Ausbildende dem/der Auszubildenden nicht nur eine angemessene Vergütung zu gewähren, sondern auch eine Mindestausbildungsvergütung gemäß des § 17 Abs. 2 BBiG (→ **Mindestvergütung/Mindestausbildungsvergütung**).
Somit gibt es eine Verbesserung zu bestehenden BAG-Entscheidungen, die eine Ausbildungsvergütung erst, wenn sie die in einem für den Ausbildungsbetrieb einschlägigen Tarifvertrag enthaltenen Vergütungen um mehr als 20% unterschreitet, als nicht mehr angemessen ansieht (Entscheidung vom 10.4.1991, 5 AZR 226/90).
Die Mindestausbildungsvergütung jedoch gilt nur für Auszubildende, die in einem nach dem BBiG oder der Handwerksordnung (HwO) geregelten Beruf ausgebildet werden.

Teilnahme an Betriebs- und JA-Versammlungen:
Findet eine Betriebs- oder JA-Versammlung (→ **JA-Versammlung**) statt, so stellt sich die Frage, ob Auszubildende einer außer- oder überbetrieblichen Ausbildung im jeweiligen Einsatzbetrieb an diesen Versammlungen teilnehmen dürfen. Dazu legte das Bundesarbeitsgericht 2011 folgendes fest: »Auszubildende eines reinen Ausbildungsbetriebs, die ihre praktische Ausbildung vollständig oder teilweise in dem Betrieb eines anderen Unternehmens des Konzerns absolvieren, sind berechtigt, an Betriebsversammlungen in diesem Einsatzbetrieb teilzunehmen.« (BAG 24.8.2011 – 7 ABR 8/10). Auszubildende in außer- und überbetrieblichen Ausbildungsverbünden können ebenfalls von Regelungen in

ihren Einsatzbetrieben betroffen sein und ein Interesse an den Informationen von Betriebsrat und Jugend- und Auszubildendenvertretung haben. Da es vielfältige Vertrags- und Regelungsfälle bei der außer- und überbetrieblichen Ausbildung gibt muss teilweise jedoch die Teilnahme der Auszubildenden vor der Versammlung von der JAV beantragt werden.

Mitbestimmung bei der überbetrieblichen Ausbildung
Maßnahmen der beruflichen Bildung, sowie der betriebliche Ausbildungsplan unterliegen der Mitbestimmung. Auch Einsätze in Partnerbetrieben und Ausbildungsstätten gehören dazu. Transparente Planung der Einsätze außerhalb der Ausbildungsstätte, sowohl zeitlich als auch inhaltlich, sind Teil von betrieblichen Ausbildungsplänen (→ **Ausbildungsplan**). Nicht nur das, auch im Ausbildungsvertrag muss überbetriebliche Ausbildung transparenter aufgeführt werden. Seit 2023 ist im § 11 Abs. 1 Nr. 4 BBiG festgelegt, das nicht nur die Ausbildungsmaßnahmen außerhalb der Ausbildungsstätte, sondern auch die weiteren Ausbildungsstätten im Ausbildungsvertrag genannt werden müssen (→ **Ausbildungsvertragsmuster**).

Bedeutung für die Auszubildenden

Vor allem außerbetriebliche Auszubildende sind gegenüber betrieblichen Auszubildenden in vielfacher Hinsicht benachteiligt. Sie haben bei dem außerbetrieblichen Ausbildungsträger weder die Chance nach der Ausbildung übernommen zu werden noch den Anspruch auf eine tarifliche Ausbildungsvergütung.
Immerhin kann aber die Interessenvertretung, sofern sie gewählt wird, an der Gestaltung der Ausbildungsbedingungen mitwirken. Eine erste Anlaufstelle zur Gründung einer Interessenvertretung stellen die regionalen DGB-Jugend-Geschäftsstellen dar. Ansprechpartner und weitere Informationen sind auf der Homepage der DGB-Jugend zu finden: *http://www.dgb-jugend.de*.

Aussetzen von Beschlüssen des Betriebsrats

Grundlagen

In § 66 Abs. 3 BetrVG ist geregelt, dass die JAV einen Beschluss des Betriebsrats für die Dauer von einer Woche aussetzen kann (→ **Betriebsrat**). Dies ist jedoch nur möglich, wenn der Betriebsratsbeschluss eine erhebliche Beeinträchtigung wichtiger Interessen der Jugendlichen und Auszubildenden bedeutet. Ob die Beeinträchtigung objektiv vorliegt, ist gleichgültig; es genügt die sachliche Meinung der JAV, dass eine erhebliche Beeinträchtigung der Jugendlichen und Auszubildenden gegeben ist. Weiterhin ist Voraussetzung, dass in der Sitzung der JAV die Mehrheit aller anwesenden Mitglieder der JAV dem Antrag zustimmt. Sollte sich jedoch die JAV bei der Beschlussfassung im Betriebsrat mehrheitlich für den Beschluss ausgesprochen haben, besteht kein Recht mehr, diesen Beschluss auszusetzen. Der Beschluss wird für eine Woche außer Kraft gesetzt (§ 66 BetrVG), wobei die Wochenfrist von der BR-Sitzung aus berechnet wird. Während der Frist der Aussetzung des Beschlusses soll eine Verständigung ggf. mithilfe der im Betrieb vertretenen Gewerkschaften versucht werden. Wird der Beschluss bestätigt, so kann er nicht mehr ausgesetzt werden und wird wirksam.

Oftmals kommt es zu einem Aussetzungsantrag, wenn die JAV, entgegen der Regelung des § 67 Abs. 1 und 2 BetrVG, vom Betriebsrat nicht zur Behandlung der die Jugendlichen und Auszubildenden überwiegend betreffenden Angelegenheiten hinzugezogen worden ist.

Bedeutung für den Betriebsrat/die JAV

Die Aussetzung eines Betriebsratsbeschlusses nach § 66 BetrVG empfiehlt sich nur in Ausnahmefällen. Ein solches Verfahren wird im Einzelfall sicherlich nicht zu einer besseren Zusammenarbeit zwischen Betriebsrat und JAV beitragen.

Aussetzen von Beschlüssen des Betriebsrats

Wichtig ist, dass die Kommunikation zwischen Betriebsrat und JAV gut funktioniert. Dadurch können Situationen, die zur Aussetzung von Beschlüssen führen, verhindert werden. Deshalb sollte Folgendes beachtet werden:
1. Bereits vor einer Betriebsratssitzung sollten Betriebsratsmitglieder über die Haltung der JAV bzw. der Jugendlichen und Auszubildenden zu einem im Betriebsrat zu beratenden Thema informiert werden. Werden dabei Mehrheitsverhältnisse gegen das Anliegen der JAV deutlich, so kann das Thema zu einem späteren Zeitpunkt in den Betriebsrat eingebracht werden. Zwischenzeitlich kann versucht werden, für eine andere Mehrheit zu werben.
2. Bevor die Aussetzung eines Beschlusses des Betriebsrats nach § 66 BetrVG beantragt wird, ist zu prüfen, ob keine andere Lösungsmöglichkeit besteht.
3. Bei Konflikten sollte die zuständige Gewerkschaft unbedingt einbezogen werden, damit sie zwischen Betriebsrat und JAV vermitteln kann.

Aussetzungsantrag – Beispiel:

An den Betriebsrat Düsseldorf, den ...
z. H. des/der Vorsitzenden
Betr.: Aussetzung des Beschlusses zur Senkung des Fahrtkostenzuschusses

Liebe Kolleginnen und Kollegen,

die JAV wurde auf der Sitzung ... darüber informiert, dass der Betriebsrat der Senkung des Fahrtkostenzuschusses zugestimmt hat. Entsprechend der §§ 35, 66 des BetrVG beantragt die JAV die Aussetzung des Beschlusses von einer Woche.
Gleichzeitig beantragt die JAV eine erneute Sitzung des Betriebsrats mit dem Tagesordnungspunkt »Fahrtkostenzuschuss für Auszubildende«, zu der alle Mitglieder der JAV eingeladen werden.

Mit freundlichen Grüßen
Jugend- und Auszubildendenvertretung

Auswahlverfahren/Auswahlrichtlinien/ Einstellungstests

Grundlagen

In § 95 Abs. 1 BetrVG ist geregelt, dass Richtlinien über die personelle Auswahl bei Einstellungen, Versetzungen, Umgruppierungen und Kündigungen der Zustimmung des Betriebsrats bedürfen.
Wenn ein Arbeitgeber neue Auszubildende einstellen will und hierzu ein entsprechendes Einstellungsverfahren entwickelt (z. B. Einstellungstest, Vorstellungsgespräche), muss dieses Verfahren mit dem Betriebsrat abgestimmt werden. Der Betriebsrat hat ein Mitbestimmungsrecht; kommt eine Einigung nicht zustande, entscheidet die Einigungsstelle.
Das Gleiche gilt, wenn ein Betrieb zur Übernahme auslernender Auszubildender ein Auswahlverfahren festlegt.
Nach § 67 Abs. 3 Satz 2 BetrVG soll der Betriebsrat Angelegenheiten, die besonders die Wahlberechtigten der JAV betreffen, dieser zur Beratung zuleiten. Auch hat die JAV nach § 67 Abs. 1 und 2 BetrVG ein Teilnahme- und Stimmrecht an Betriebsratssitzungen, wenn es um Beschlüsse des Betriebsrats, die überwiegend die Wahlberechtigten zur JAV betreffen, geht. Da Einstellungsverfahren sowohl zu Ausbildungsbeginn als auch bei der Übernahme überwiegend die Auszubildenden und somit die Wahlberechtigten zur JAV betreffen, ist diese in den Beratungs- und Beschlussfassungsprozess über entsprechende Auswahlrichtlinien vom Betriebsrat einzubeziehen.

Bedeutung für den Betriebsrat/die JAV

Auswahlverfahren (Stellenwert von Schulnoten, Test, Vorstellungsgespräche) sollen aus Arbeitgebersicht dazu beitragen, die bestmöglichen Kandidaten für eine Einstellung auszuwählen. Aus Sicht der JAV und des Betriebsrats ist dabei jedoch zu berücksichtigen, dass ein Verfahren, das sich daran orientiert, die Besten auszuwählen, für alle vermeintlich Schwächeren keine Chance offen hält. Für all diejenigen, die bereits im Betrieb sind, hat es ebenso negative Auswirkungen, da das Leistungsniveau insgesamt angehoben wird und damit der individuelle Leistungsdruck steigt. Deshalb sollten die JAV und der Betriebsrat darauf achten, dass bei der Auswahl soziale Gesichtspunkte berücksichtigt werden. Das heißt beispielsweise,

- dass die Bewerber:innen mit Hauptschulabschluss angemessen berücksichtigt werden, z. B. durch Festlegung von Gruppen, die der regionalen Zusammensetzung der Schulabgänger entsprechen;
- dass nach einem festgelegten Schlüssel Ausbildungsplätze für besonders benachteiligte Bewerber:innen freigehalten werden;
- dass Menschen mit Migrationshintergrund gleichberechtigt berücksichtigt werden;
- dass Frauen gezielt gefördert werden. Vor allem in Berufen mit traditionell geringem Frauenanteil sind Bewerberinnen bevorzugt einzustellen, bis ein Verhältnis von 50 zu 50 zwischen den Geschlechtern erreicht ist.

Bedeutung für Jugendliche und Auszubildende

Immer dann, wenn der Mangel an Ausbildungs- und Arbeitsplätzen besonders groß ist, verschärft sich die Auslese im Sinne der Arbeitgeber. Umgekehrt gilt auch, wenn die Bewerbungszahlen sinken, werden auch Bewerber:innen, die vorher von vornherein als »ungeeignet« abqualifiziert worden sind, von den Unternehmen umworben. Wird man in einem Auswahlverfahren »aussortiert«, bedeutet dies nicht, dass man selbst schuld ist und ggf. »zu dumm« ist. Verantwortlich dafür ist der Mangel an Arbeits- und Ausbildungsplätzen.

Muster für eine Betriebsvereinbarung

Auswahlrichtlinien für die Einstellung von Auszubildenden

1. Ziel
   Mit dieser Betriebsvereinbarung werden die Auswahlrichtlinien für die Einstellung von Auszubildenden vereinbart. Ziel dieses Verfahrens ist, jede/n Auszubildenden auf den richtigen (richtig = entsprechend der Neigung und Eignung der Jugendlichen) Ausbildungsplatz zu vermitteln.
2. Geltungsbereich
   Diese Vereinbarung gilt:
   1. räumlich: für (z. B.) die Hauptverwaltung und alle Niederlassungen/Zweigstellen/Filialen des Unternehmens ...
   2. persönlich: für alle Bewerber:innen um Ausbildungsstellen.

Auswahlverfahren/Auswahlrichtlinien/Einstellungstests

3. Die Ausbildungsberufe und die Zahl der einzustellenden Auszubildenden für die einzelnen Ausbildungsberufe werden gemeinsam vom Betriebsrat und der Unternehmensleitung festgelegt.
   Die Besetzung der Ausbildungsstellen mit Bewerbern erfolgt nach Geschlecht gleichberechtigt.
4. Die Ausbildungsberufe und die Zahl der Ausbildungsplätze werden der Agentur für Arbeit gemeldet, und zwar jeweils am 1. September für das am 1. September des nächsten Jahres beginnende Ausbildungsjahr.
5. Informationen für interessierte Jugendliche
   In Zusammenarbeit mit der Agentur für Arbeit und den betreffenden Schulen finden Informationsveranstaltungen statt.
   Beispiel:
   a) Informationsabende
   b) Tag der offenen Tür
   c) Unterrichtsbesuche
   d) Plätze für Betriebspraktika werden angeboten
6. Bewerbungsschlussdatum
   Das Bewerbungsschlussdatum wird festgelegt auf den 15. Dezember.
7. Für die Auswahl der Bewerber:innen um Ausbildungsstellen gelten folgende Regelungen:
   Absolventen allgemeinbildender und berufsbildender Schulen werden nach folgendem Schlüssel berücksichtigt:
   a) Absolventen von Sonderschulen werden bei den entsprechenden Schulabschlüssen (Hauptschule, mittlerer Bildungsabschluss, Abitur) berücksichtigt.
   Absolventen von Sonderschulen für Lernbehinderte werden nach Rücksprache mit Eltern, Berufsberatern, Lehrern und Ausbildungsberatern der Industrie und Handelskammer gesondert berücksichtigt. Ziel ist es, jedes Jahr auch Lernbehinderten die Chance einer Berufsausbildung zu geben.
   b) Bewerber:innen mit Hauptschulabschluss
   sollen mindestens zu ... % bei der Gesamtzahl der Auszubildenden berücksichtigt werden. Für die einzelnen Ausbildungsberufe ist folgender Anteil einzuhalten:
   Industriemechaniker/in ... %
   Industriekaufmann/frau ... %
   c) Bewerber:innen mit mittlerem Bildungsabschluss (Sek. I) sind bei der Gesamtzahl der Auszubildenden mit ... % zu berücksichtigen.
   Für die einzelnen Ausbildungsberufe gilt folgender Anteil:
   Industriemechaniker/in ... %
   Industriekaufmann/frau ... %
   d) Bewerber:innen mit Abschluss Berufsfachschule sind mit ... % zu berücksichtigen.
   Für die einzelnen Ausbildungsberufe gilt folgender Anteil:
   Industriemechaniker/in ... %
   Industriekaufmann/frau ... %

Auswahlverfahren/Auswahlrichtlinien/Einstellungstests

e) Bewerber:innen mit Abschluss Sekundarstufe II (Abitur) sind mit ... % zu berücksichtigen.
Für die einzelnen Ausbildungsberufe gilt folgender Anteil:
Industriemechaniker/in ... %
Industriekaufmann/frau ... %
f) Bewerber:innen mit sonstigen Bildungsabschlüssen werden den vergleichbaren Bewerbergruppen zugeordnet.
8. Sind in einer Gruppe weniger Bewerber:innen als freie Ausbildungsstellen vorhanden, können die nicht zu besetzenden Ausbildungsplätze anteilmäßig den anderen Gruppen zugeschlagen werden.
9. Bewertung der Zeugnisse
Innerhalb der Quotengruppen werden die Zeugnisse gesichtet. Bewerber:innen für kaufmännische Ausbildungsberufe müssen im Fach Rechnen/Mathematik mindestens ausreichende Leistungen nachweisen.
10. Ranglisten
Nach der Berücksichtigung der Punkte 7–9 werden Ranglisten erstellt.
11. Bewerbungsgespräch
Personalleitung und Betriebsrat führen mit den ausgewählten Bewerber:innen ein Gespräch.
12. Sind in einer Gruppe bis zu diesem Zeitpunkt mehr geeignete Bewerber:innen als freie Ausbildungsplätze vorhanden, erfolgt die Vergabe unter Berücksichtigung weiterer sozialer Gesichtspunkte. Ziel hierbei ist es vor allem auch, für ausländische Jugendliche sowie schwerbehinderte Bewerber:innen die Zugangsmöglichkeiten zur beruflichen Bildung zu verbessern.
13. Benachrichtigung der Bewerber:innen
Alle Bewerber:innen erhalten bis zum (Beispiel) 1. Februar eine endgültige Nachricht darüber, ob sie einen Ausbildungsplatz erhalten oder nicht.
Bei Absagen wird auf besonders sorgfältige Formulierung geachtet und ggf. auf andere Möglichkeiten und spätere Einstellung (Nachrücker) verwiesen.
14. Alle in dieser Betriebsvereinbarung geregelten Punkte werden einvernehmlich zwischen Betriebsrat und Unternehmensleitung vereinbart.
Kommt eine Einigung nicht zustande, entscheidet der unparteiische Vorsitzende einer zu bildenden gemeinsamen Berufsbildungskommission oder Einigungsstelle.
15. Inkrafttreten und Kündigung
Diese Vereinbarung tritt am ... in Kraft.
Die Vereinbarung gilt auf unbestimmte Zeit, sie kann mit einer halbjährlichen Frist zum jeweiligen Jahresende gekündigt werden.
Widerspricht die andere Seite der Kündigung, gilt die Vereinbarung entsprechend § 77 Abs. 6 BetrVG fort, bis sie durch eine andere Abmachung ersetzt wird.

Azubi-Wohnen

Grundlagen

Vor allem in Großstädten und städtischen Ballungsgebieten gehen die Mietpreise seit vielen Jahren nur nach oben. Ein WG-Zimmer kostete Anfang 2024 in Universitätsstädten im Durchschnitt 479 Euro. In einzelnen Städten wie München (760 Euro) oder Frankfurt am Main (670 Euro) sind die Preise sogar noch höher.[1]
Gleichzeitig halten die Ausbildungsvergütungen mit dieser Entwicklung nicht mit: Auszubildende, die im Jahr 2024 ihre Ausbildung beginnen, erhalten im ersten Ausbildungsjahr eine gesetzliche Mindestausbildungsvergütung von nur 649 Euro brutto. Mit durchschnittlich 968 Euro brutto im ersten Ausbildungsjahr verdienten Auszubildende 2023 in tarifgebundenen Betrieben zwar deutlich mehr als gesetzlich vorgeschrieben.[2] Doch mit Blick auf die steigenden Mieten und Lebenshaltungskosten haben auch sie es oft schwer, ein WG-Zimmer oder eine eigene kleine Wohnung zu finden.
Das hat Folgen: Über 70% der Auszubildenden leben noch bei ihren Eltern oder Verwandten, obwohl mehr als zwei Drittel von ihnen lieber in den eigenen vier Wänden wohnen würden. Zu diesem Ergebnis kam der DGB-Jugend-Ausbildungsreport 2020.[3] So sind junge Menschen, die am Ausbildungsort keinen bezahlbaren Wohnraum finden, gezwungen täglich zum Teil mehrstündige Pendelwege in Kauf zu nehmen, um den Ausbildungsbetrieb oder aber die Berufsschule zu erreichen. Lange Fahrtwege sind auch ein zentraler Stressfaktor, der im schlimmsten Fall bis hin zum Ausbildungsabbruch führen kann. Klar ist auch, dass die Mietpreise dazu führen können, dass junge Menschen vor der Auf-

---

1 Moses Mendelssohn Institut (2024): Pressemitteilung vom 19.3.2024, *https://cms.mosesmendelssohn-institut.de/uploads/24_03_19_PM_Wohnkosten_Studierende_05e99eb04c.pdf*.
2 Bundesinstitut für Berufsbildung (2024): Tarifliche Ausbildungsvergütungen 2023: Anstieg erneut unterhalb der Inflationsrate. Verlag Barbara Budrich, *https://www.bibb.de/dienst/publikationen/de/19383*.
3 DGB-Jugend (2020): Ausbildungsreport 2020. Schwerpunkt: Mobilität und Wohnen. S. 26.

nahme einer Ausbildung fernab des aktuellen Wohnorts zurückschrecken. Das verschärft den Fachkräftemangel zusätzlich.

Es gibt verschiedene Lösungsansätze, um mehr bezahlbaren Wohnraum für Auszubildende zu schaffen. Ein Lösungsansatz sind hierbei Azubi-Wohnheime, die von den Kommunen gebaut und unter Beteiligung der Interessenvertretungen junger Menschen (Jugendringe, Gewerkschaftsjugend, etc.) verwaltet und betrieben werden. Das AzubiWerk München e. V. ist hierbei ein gutes Beispiel, dass moderne Ausstattung, Mitbestimmung der Bewohner:innen und vor allem günstige Mietpreise vereint – und das in der Stadt, in der die Mietpreise seit Jahren explodieren.[4]

Ein weiterer Lösungsansatz kann die Bereitstellung von Wohnraum für Mitarbeitende sein, denn auch Betriebe haben ein Interesse daran, dass ihre Arbeitnehmer:innen bezahlbaren Wohnraum finden. In einer Umfrage der IHK Nord Westfalen gaben 2022 zwei Drittel der befragten Unternehmen an, dass ein Mangel an bezahlbarem Wohnraum die Suche nach personeller Verstärkung ausbremst.[5] Vor diesem Hintergrund sehen sich auch immer mehr Betriebe gezwungen, sich mit Mitarbeitenden-Wohnen zu beschäftigen.

Mit Blick auf die Zielgruppe der Auszubildenden kann das Mitarbeitenden-Wohnen aus verschiedenen Gründen für die Betriebe interessant sein: Zur Verfügung gestellter, bezahlbarer Wohnraum stellt eine starke Motivation für den Abschluss eines Ausbildungsvertrags gerade in Großstädten dar. Vertragslösungsquoten können so reduziert; die Bindung an den Ausbildungsbetrieb und die Ausbildungszufriedenheit erhöht und der Fachkräftebedarf gesichert werden.

Bedeutung für den Betriebsrat/die JAV

Auch aus Perspektive betrieblicher Mitbestimmung ist das Mitarbeitenden-Wohnen interessant: Denn der § 87 Abs. 1 Nr. 9 BetrVG besagt, dass der Betriebsrat bei der »Zuweisung und Kündigung von Wohnräumen, die den Arbeitnehmern mit Rücksicht auf das Bestehen eines Arbeitsverhältnisses vermietet werden, sowie die allgemeine Festlegung der Nutzungsbedingungen« mitzubestimmen hat.[6] Das bedeutet, dass ein Mitbestimmungsrecht über die Frage besteht, wem

---

4 Zum Projekt AzubiWerk München e. V.: *https://www.azubiwerk-muenchen.de/ueber-uns.html*.
5 IHK Nord Westfalen (2022): Wohnraum für Fachkräfte, *https://www.ihk.de/nordwestfalen/wirtschaftsspiegel-online/standort-und-politik/wohnungen-5786912*.
6 DGB-Rechtsschutz GmbH (2018): Mitbestimmungsrecht bei Werkswohnungen. 9. 5. 2018, *https://www.dgbrechtsschutz.de/recht/arbeitsrecht/betriebsraete-und-personalraete/mitbestimmungsrecht-bei-werkswohnungen/*.

die Wohnung zugewiesen oder wem gekündigt wird. Insbesondere die Frage der Kriterien der Zuweisung sind hier von Bedeutung, so können die Wohnungen speziell für Auszubildende vorgesehen werden aber auch in der Frage der Nutzungsregelungen und der Mietpreisgestaltung spielt eine Rolle. Die JAV ist nach den Maßgaben des § 67 BetrVG zu beteiligen, wenn die Wohnungen vor allem für Auszubildende vorgesehen sind.

Die grundsätzliche Entscheidung jedoch, ob der Arbeitgeber Mitarbeitenden-Wohnen zur Verfügung stellt, unterliegt leider nicht der Mitbestimmung. Auch die Frage, wie hoch der finanziellen Rahmen für das Mitarbeitenden-Wohnen ist, ist nicht mitbestimmungspflichtig. Jedoch kann der Betriebsrat innerhalb des vorgegebenen finanziellen Rahmens bei der Ausgestaltung der Mietpreise mitbestimmen und so zu mehr Vergabegerechtigkeit beitragen.

Bedeutung für die Jugendlichen und Auszubildenen

Für (angehende) Auszubildende auf der Suche nach Wohnraum kann das Angebot der Initiative »*auswärts-zuhause.de*« interessant sein, die viele Unterkünfte für Azubi- und Jugendwohnen bundesweit auflistet.[7] Auch lohnt sich vielfach ein Blick auf die Angebote kommunaler Wohngesellschaften, da diese oftmals günstigeren Wohnraum anbieten als private Anbieter.

Vielfach haben Auszubildende auch einen Anspruch auf einen Wohnberechtigungsschein (WBS), womit ihnen der Zugang zu staatlich geförderten und damit günstigen Mietwohnungen ermöglicht wird. Voraussetzung ist, dass die von den Bundesländern vorgeschriebenen Einkommensgrenzen eingehalten werden. Außerdem kann ein Antrag teilweise erst nach einer bestimmten Wohndauer vor Ort (z. B. zwei bis drei Jahre) gestellt werden. Ein Antrag auf einen WBS kann bei den Wohnungsämtern der Gemeinden gestellt werden, vielfach gibt es vor Ort auch spezielle Beratungsangebote oder allgemeine Sprechstunden.

Ein weiteres staatliches Unterstützungsinstrument ist die Berufsausbildungsbeihilfe (BAB).[8] Sie kann von Auszubildenden der dualen Berufsausbildung beantragt werden, wenn diese aufgrund von Entfernung während der Ausbildung nicht mehr bei den eigenen Eltern wohnen können, volljährig mit ihrem/ihrer Partner/in zusammenleben oder aber Kinder haben und nicht mehr bei den eigenen Eltern leben. Die Höhe der Berufsausbildungsbeihilfe orientiert sich an den BAföG-Sätzen in § 13 Abs. 1 Satz 1 und Abs. 2 Satz 2 BAföG. Der Bundestag

---

7 *https://auswaerts-zuhause.de/uebersicht-unterkuenfte.*
8 Die rechtlichen Grundlagen der Berufsausbildungsbeihilfe sind in den §§ 56 bis 72 Sozialgesetzbuch Drittes Buch (SGB III) geregelt.

hat ab Oktober 2024 eine Erhöhung der möglichen Förderung über einen Mietzuschuss auf 380 Euro im Monat sowie des Grundbedarfs auf bis zu 442 Euro beschlossen, um das Leben am Ausbildungsort zu ermöglichen. Für Auszubildende, die mit Vollverpflegung in Wohnheimen, Internaten oder anderen sozialpädagogisch begleiteten Wohnformen leben, gelten abweichende Fördersätze gemäß § 61 Abs. 2 SGB III. In diesem Fall werden in der Regel die kompletten Kosten für Unterkunft und Verpflegung übernommen.

Ausschlaggebend für die Förderhöhe sind die Höhe der Ausbildungsvergütung und das Einkommen der Eltern beziehungsweise von Ehe- oder Lebenspartner:in. Die Berufsausbildungsbeihilfe kann auch online unter *https://www.arbeitsagentur.de/bildung/ausbildung/berufsausbildungsbeihilfe-bab* beantragt werden. In vielen Städten gibt es Beratungs- und Unterstützungsangebote für den BAB-Antrag.

Beendigung des Ausbildungsverhältnisses

Grundlagen

Das Berufsausbildungsverhältnis ist ein befristetes Vertragsverhältnis, welches grundsätzlich nach § 21 Abs. 1 BBiG mit Ablauf der Ausbildungszeit bzw. im Falle der Stufenausbidlung mit Ablauf der letzten Stufe endet. Es endet aber auch, wenn der Auszubildende vor Ablauf der Ausbildungszeit die Abschlussprüfung besteht, vgl. § 21 Abs. 2 BBiG. Dagegen verlängert es sich nicht ohne Weiteres, wenn die Abschlussprüfung erst nach dem Ende der Ausbildungszeit abgelegt werden kann (BAG 13.3.2007, AiB Newsletter 2007, Nr. 5, 3).
Es kann ferner einvernehmlich beendet werden. Dabei ist § 623 BGB zu beachten, der für jede Beendigung von Arbeitsverhältnissen die Schriftform vorschreibt. Auch wenn ein Berufsausbildungsverhältnis kein Arbeitsverhältnis ist, gebieten Sinn und Zweck der Vorschrift die Anwendung auch auf Berufsausbildungsverhältnisse.
Das Berufsausbildungsverhältnis kann schließlich nach § 22 BBiG durch → **Kündigung** beendet werden (siehe dort).
Rechtliche Grundlage für eine Beendigung des Ausbildungsverhältnisses ist zunächst § 21 BBiG für den Fall des Ablaufs der Ausbildungszeit bzw. für den Fall des vorzeitigen Bestehens der Abschlussprüfung.
Wenn der Auszubildende die Abschlussprüfung zum Ablauf der Ausbildungszeit nicht besteht, verlängert sich nach § 21 Abs. 3 BBiG das Berufsausbildungsverhältnis auf Verlangen des Auszubildenden bis zur nächstmöglichen Wiederholungsprüfung höchstens um ein Jahr. Gemeint ist ein Ausbildungsjahr und nicht das Kalenderjahr. Wenn dann auch die Wiederholungsprüfung nicht bestanden wird, kann erneut eine Verlängerung bis zur nächstmöglichen Wiederholungsprüfung verlangt werden. § 37 Abs. 1 BBiG bestimmt, dass die Abschlussprüfung zweimal wiederholt werden kann. Dem Sinn der Vorschrift entspricht es, dass in diesem Fall eine erneute Verlängerung bis zu höchstens einem Jahr gefordert werden kann.

Beendigung des Ausbildungsverhältnisses

Sofern die Abschlussprüfung in zwei zeitlich auseinander fallenden Teilen durchgeführt wird, ist der erste Teil der Abschlussprüfung nicht eigenständig wiederholbar. Dies bestimmt § 37 Abs. 1 Satz 3 BBiG.
Die Vergütung richtet sich in dieser Zeit nach der Vergütung für das dritte Ausbildungsjahr.

Befristeter Arbeitsvertrag

Begriff

Unter einem befristeten Arbeitsvertrag versteht man ein Arbeitsverhältnis, das nach Ablauf einer bestimmten Zeit oder nach Eintritt eines Ereignisses (Zweck) automatisch endet, ohne dass es einer Kündigung bedarf.
Dagegen versteht man unter einem normalen Arbeitsverhältnis ein unbefristetes Arbeitsverhältnis. Darauf sind auch die Beschäftigten angewiesen, da sie in aller Regel nicht mehr als ihre Arbeitskraft zu verkaufen haben. Um somit ihre Existenz sichern zu können, ist ein durchgängiger Arbeitsvertrag eine entscheidende Grundlage zur Existenzsicherung.
Bei befristeten Arbeitsverträgen werden zwei Fallgruppen unterschieden:
1. ein befristetes Arbeitsverhältnis aufgrund eines sachlichen Grundes (§§ 14 Abs. 1, 21 TzBfG i. V. m. § 620 Abs. 3 BGB),
2. ein befristetes Arbeitsverhältnis ohne sachlichen Grund auf der Grundlage des Teilzeit- und Befristungsgesetzes (§ 14 Abs. 2, 2a und 3 TzBfG).

Mit dem seit Anfang 2001 geltenden Gesetz über Teilzeitarbeit und befristete Arbeitsverträge (TzBfG) sind neue und abschließende Regelungen sowohl zur Teilzeitarbeit aber auch zur Befristung von Arbeitsverträgen mit zum Teil erheblichen negativen Auswirkungen für die Arbeitnehmer:innen geschaffen worden.
Das Teilzeitbefristungsgesetz gilt ebenso für (befristete) Arbeitsverträge zwischen Verleihern und Leiharbeitnehmer:innen.
Im Jahr 2018 wollte die CDU/CSU und SPD den Missbrauch bei den Befristungen abschaffen und kündigten dazu im Koalitionsvertrag der »Großen Koalition« vielfältige Änderungen an (*www.cdu.de/system/tdg/media/dokumente/koalitionsvertrag_2018.pdf?file=1*; s. auch IAB-Kurzbericht, 16/2018). Über einen Referentenentwurf kam die damalige Koalition nicht hinaus.
Im Koalitionsvertrag SPD/Grüne/FDP 2021 heißt es auf S. 70 nur noch schlicht: *»Damit der öffentliche Dienst als Arbeitgeber mit gutem Beispiel vorangeht, schaffen wir die nur dort bestehende Möglichkeit der Haushaltsbefristung ab. Beim Bund als Arbeitgeber reduzieren wir die sachgrundlose Befristung Schritt für Schritt. Um Kettenbefristungen zu vermeiden, begrenzen wir mit Sachgrund befristete Arbeits-*

Befristeter Arbeitsvertrag

verträge beim selben Arbeitgeber auf sechs Jahre. Nur in eng begrenzten Ausnahmen ist ein Überschreiten dieser Höchstdauer möglich.« Da erübrigt sich jeder Kommentar! Ob und wie dieses minimalistische Vorhaben realisiert wird, wird die Zukunft zeigen. So hat es lediglich das Vorhaben einer Reform des Wissenschaftszeitvertragsgesetzes im Frühjahr 2024 (27. 3. 2024) bis zum Stadium eines Regierungsentwurfs geschafft (*https://www.bundesregierung.de/breg-de/themen/forschung/befristungsrecht-wissenschaft-2267194*).

Befristung von Arbeitsverhältnissen aus sachlichem Grund
Bei Vorlage eines sachlichen Grundes waren und sind befristete Arbeitsverhältnisse schon immer möglich gewesen. Es handelt sich hier um eine jahrzehntelange Praxis, die durch begrenzte Ausnahmetatbestände gekennzeichnet war. Eine der wichtigsten Grenzen für diese befristeten Arbeitsverhältnisse ist dadurch gezogen worden, dass durch diese Befristungen der gesetzliche Kündigungsschutz nicht umgangen werden durfte. Da das TzBfG die Notwendigkeit des »sachlichen Grundes« nicht mehr aus diesem Umgehungstatbestand herleitet, kommt es weder auf die 6-Monatsfrist des § 1 Abs. 1 KSchG noch auf die Betriebsgröße des § 23 KSchG an. Auch Arbeitsverhältnisse für die Dauer von maximal sechs Monaten unterliegen somit einer Befristungskontrolle (z. B. nach § 14 Abs. 2 Satz 2 TzBfG).
Ein sachlicher Grund ist nach § 14 Abs. 1 TzBfG in folgenden Beispielfällen anerkannt:
- es besteht nur ein vorübergehender betrieblicher Bedarf an der Arbeitsleistung (z. B. Saisonarbeiten, Abwicklungsarbeiten);
- die Befristung des Arbeitsvertrags mit einem/r Arbeitnehmer/in erfolgt aus dem Grund, dass der Arbeitgeber eine/n Auszubildende/n in ein unbefristetes Dauerarbeitsverhältnis übernehmen will; in diesem Fall besteht für die Beschäftigung eines/r anderen Arbeitnehmers/in auf dem für den/die Auszubildenden vorgesehenen Arbeitsplatz von vornherein nur ein zeitlich begrenztes Bedürfnis (BAG 18. 3. 2015 – 7 AZR 115/13);
- die Befristung erfolgt im Anschluss an eine Ausbildung oder ein Studium, um den Übergang in eine Anschlussbeschäftigung zu erleichtern (z. B. unmittelbar im Anschluss an die Erstausbildung);
- die Beschäftigung des/der Arbeitnehmers/in erfolgt zur Vertretung eines anderen Beschäftigten (z. B. wegen Krankheit, Urlaub, Mutterschutz);
- die Befristung eines Arbeitsvertrags eines Betriebsratsmitglieds erfolgt, um die personelle Kontinuität der Betriebsratstätigkeit zu wahren, wobei sich die Laufzeit des Vertrags auf die Dauer der gesetzlichen Amtszeit des Betriebsrats erstrecken muss (BAG 8. 6. 2016 – 7 AZR 467/14);
- die Befristung rechtfertigt sich durch die Eigenart der Arbeitsleistung (z. B. im Kunstbereich sowie in den Medien);

Befristeter Arbeitsvertrag

- die Befristung wird zur Erprobung vorgenommen;
- die Befristung erfolgt aus Gründen, die in der Person des/der Arbeitnehmers/in liegen (z. B. wegen einer befristeten Aufenthaltsgenehmigung);
- der/die Arbeitnehmer/in wird aus Haushaltsmitteln vergütet (betrifft den öffentlichen Dienst);
- die Befristung beruht auf einem gerichtlichen Vergleich.

Nach § 21 TzBfG ist anerkannt:
- der Arbeitsvertrag wird unter einer auflösenden Bedingung geschlossen (z. B. mit Zustellung des Bescheids über eine Erwerbsunfähigkeitsrente endet der Arbeitsvertrag).

Daneben gelten weiterhin (vgl. § 23 TzBfG) die Befristungsregelungen in anderen Gesetzen, wie u. a. in § 21 Bundeselterngeld- und Elternzeitgesetz.

Die Befristung eines Arbeitsvertrags bedarf der Schriftform, um wirksam zu sein (§ 14 Abs. 4 TzBfG). Die Klagefrist beträgt gem. § 17 TzBfG drei Wochen nach Ende des befristeten Arbeitsvertrags.

Befristete Arbeitsverträge auf der Grundlage eines sachlichen Grundes können kalendermäßig befristet oder als Zweckbefristung vorgenommen werden. Bei der kalendermäßigen Befristung wird eine bestimmte Dauer des Arbeitsverhältnisses (z. B. für zwölf Monate) oder ein Datum seiner Beendigung (z. B. bis 31. 12. 2024) vereinbart. Bleibt der Zeitpunkt unbestimmt (z. B. für ca. sechs Monate), dann ist eine Befristung schon deshalb unwirksam. Die Folge ist, dass ein unbefristeter Arbeitsvertrag vereinbart worden ist (§ 16 TzBfG).

Bei der Zweckbefristung muss sich aus dem Erreichen des bestimmten Zwecks (z. B. Beendigung des Winterschlussverkaufs) die Dauer des Arbeitsverhältnisses ergeben. Dabei muss der Befristungszweck ausdrücklich vereinbart werden. Auch hier gilt, dass bei einer unzulässigen Zweckbefristung (z. B. solange Arbeit vorhanden ist), die Befristung unwirksam und ein unbefristeter Arbeitsvertrag vereinbart worden ist.

Ein großes Problem stellen in diesem Bereich die sogenannten »Kettenarbeitsverträge« dar. Darunter versteht man aufeinander folgende mehrfach befristete Arbeitsverträge. Diese sind nach der Rechtsprechung dann nicht verboten, wenn jeweils für die Befristungen sachliche Gründe vorliegen. Hier ist jedoch die Rechtsprechung in den letzten Jahren zu Ungunsten der Arbeitnehmer abgeändert worden. Bei einem Streit um die Wirksamkeit der Befristung von »Kettenarbeitsverträgen« soll jetzt nur der jeweils letzte befristete Arbeitsvertrag gerichtlich auf seinen sachlichen Grund überprüft werden. Diese arbeitnehmerfeindliche Rechtsprechung hat zu Recht viel Kritik erfahren. Es ist deshalb zu verlangen, dass bei einer Anschlussbefristung zumindest noch der letzte befristete Arbeitsvertrag, der unter Berufung auf einen sachlichen Grund abgeschlossen worden ist, durch die Gerichte dahingehend kontrolliert wird, ob wirklich ein sachlicher Grund vorlag oder nicht. Trotz der Entscheidung des EuGH vom 26. 1. 2012

Befristeter Arbeitsvertrag

(C-586/10 »Kücük«), wonach sich ein Missbrauch aus konkreten Umständen des Einzelfalls ergeben kann (Anzahl und Gesamtdauer der abgeschlossenen Arbeitsverträge), hat das BAG seine Rechtsprechung zwar nicht geändert. Die vom EuGH geforderte Missbrauchskontrolle soll aber nach Auffassung des BAG (18.7.2012 – 7 AZR 443/09) in jeder Befristungsklage erfolgen.

Befristung von Arbeitsverhältnissen ohne Sachgrund (sogenannte erleichterte Befristung)
1985 wurde den Unternehmen durch das Beschäftigungsförderungsgesetz ein besonderes Geschenk gemacht, wonach auch befristete Arbeitsverträge möglich sind, ohne dass ein sachlicher Grund vorliegen muss. Diese Erweiterung erfolgte durch die damalige Regierung Kohl unter dem Vorwand, das Arbeitsrecht beschäftigungsfreundlich zu flexibilisieren. Seit Inkrafttreten des Beschäftigungsförderungsgesetzes im Jahre 1985 muss jedoch festgestellt werden, dass Befristungen weit mehr genutzt wurden, den gesetzlichen Kündigungsschutz bei der Besetzung ohnehin bestehender Arbeitsplätze von den Unternehmern zu umgehen, als neue Arbeitsplätze zu schaffen.
Durch das TzBfG ist das Beschäftigungsförderungsgesetz ab 2001 modifiziert worden. Danach sind nunmehr folgende Regelungen möglich (§ 14 Abs. 2, 2a und 3 TzBfG):
- Befristete Arbeitsverträge können bis zu zwei Jahre ohne sachlichen Grund vereinbart werden.
- Im Rahmen der Gesamtdauer von zwei Jahren kann ein auf kürzere Zeit befristetes Arbeitsverhältnis dreimalig – allerdings ohne Sachgrund – verlängert werden; es darf dabei keine Unterbrechung des Arbeitsverhältnisses erfolgen.
- Die Befristung ohne sachlichen Grund ist nicht zulässig, wenn mit dem Arbeitgeber bereits zuvor ein befristetes oder unbefristetes Arbeitsverhältnis bestanden hat. Kettenarbeitsverträge – wie beim Beschäftigungsförderungsgesetz – sind rechtlich nicht mehr zulässig. Nach der abzulehnenden und inzwischen korrigierten Rechtsprechung des BAG (6.4.2011 – 7 AZR 716/09; 21.9.2011 – 7 AZR 375/10) sollte sich das Vorbeschäftigungsverbot nur auf die letzten drei Jahre beziehen, sodass eine sachgrundlose Befristung durch ein Arbeitsverhältnis, das mehr als drei Jahre zurückliegt, nicht mehr ausgeschlossen wird. Diese Änderung der Rechtsprechung stieß auf sehr viel Kritik. Mit Beschluss vom 6.6.2018 (1 BvL 7/14, 1 BvR 1375/14) hat das Bundesverfassungsgericht festgestellt, dass diese Rechtsprechung des BAG mit dem Grundgesetz nicht zu vereinbaren ist. Das BAG missachtet mit seiner Rechtsprechung, dass der Gesetzgeber mit § 14 Abs. 2 Satz 2 TzBfG die dem Arbeitgeber strukturell unterlegenen Arbeitnehmer:innen vor Kettenbefristungen schützen und zugleich das unbefristete Arbeitsverhältnis als Regelbeschäftigungsform sichern will. Davon sollen aber nach Auffassung des BVerfG Aus-

Befristeter Arbeitsvertrag

nahmen zulässig sein, wenn und soweit eine Gefahr der Kettenbefristung in Ausnutzung der strukturellen Unterlegenheit der Beschäftigten nicht besteht und das Verbot der sachgrundlosen Befristung nicht erforderlich ist, um das unbefristete Arbeitsverhältnis als Regelbeschäftigungsform zu erhalten. Als Beispiele führt das Bundesverfassungsgericht auf: wenn eine Vorbeschäftigung sehr lang zurückliegt, ganz anders geartet war oder von sehr kurzer Dauer gewesen ist. Das können bestimmte geringfügige Nebenbeschäftigungen während der Schul- und Studienzeit oder der Familienzeit sein, die Tätigkeit von Werkstudierenden oder die lang zurückliegende Beschäftigung von Menschen, die sich später beruflich völlig neu orientieren. Das BAG hat inzwischen den Maßgaben des BVerfG entsprochen und entschieden, dass die sachgrundlose Befristung eines Arbeitsvertrags nach § 14 Abs. 2 Satz 2 TzBfG nicht zulässig ist, wenn zwischen dem/der Arbeitnehmer:in und dem Arbeitgeber bereits acht Jahre zuvor ein Arbeitsverhältnis von etwa eineinhalbjähriger Dauer bestanden hat, dass eine vergleichbare Arbeitsaufgabe zum Gegenstand hatte (BAG 23.1.2019 – 7 AZR 733/16). In einer neuen Entscheidung hat nunmehr das BAG (21.8.2019 – 7 AZR 452/17) eine neue Befristung nach 22 Jahren erlaubt. In dem zu entscheidenden Fall gäbe es keine besonderen Umstände, die dennoch die Anwendung des in § 14 Abs. 2 Satz 2 TzBfG bestimmten Verbotes gebieten würden. Von einer sehr kurzen Dauer scheint das BAG nunmehr dann auszugehen, wenn das Arbeitsverhältnis höchstens drei Monate gedauert hat (BAG 15.12.2021 – 7 AZR 530/20, in dem Fall bestand in der Zeit vom 21.6.2004 bis zum 14.8.2004 ein Arbeitsverhältnis).

- Eine Befristung ohne sachlichen Grund ist ferner nicht zulässig, wenn sie im Rahmen eines Anschlussarbeitsvertrags mit einem/r Arbeitnehmer:in erfolgt, der/die zuvor als Leiharbeitnehmer:in in dem Betrieb gearbeitet hat, und der Leiharbeitsvertrag ausschließlich deshalb vereinbart wurde, um das Anschlussverbot des § 14 Abs. 2 Satz 2 TzBfG zu umgehen (BAG 15.5.2013 – 7 AZR 525/11).
- Im Anschluss an die Berufsausbildung können befristete Arbeitsverhältnisse abgeschlossen werden, da die Berufsausbildung nicht als Arbeitsverhältnis im Sinne des § 14 Abs. 2 Satz 2 TzBfG gilt (BAG 21.9.2011 – 7 AZR 375/10).
- Wer als Leiharbeitnehmer vom Entleiher übernommen wird, kann einen sachgrundlos befristeten Arbeitsvertrag erhalten, da der vorausgegangene Einsatz als Leiharbeitnehmer kein vorheriges Arbeitsverhältnis im Sinne des Anschlussbefristungsverbots darstellt (BAG 5.4.2023 – 7 AZR 223/22),
- Für Befristungen ohne sachlichen Grund können in Tarifverträgen die Anzahl der Verlängerungen oder die Höchstdauer der Befristung abweichend vom Gesetz geregelt werden. So gibt es Tarifverträge, die die Befristung ohne Sachgrund bis zu 48 Monaten ermöglichen. Dies ist aber nur eine Möglichkeit ohne Bindungswirkung für den Betriebsrat.

Befristeter Arbeitsvertrag

- Bei der Neugründung eines Unternehmens ist in den ersten vier Jahren eine kalendermäßige Befristung ohne Sachgrund bis zur Dauer von vier Jahren zulässig. Bis zu dieser Gesamtdauer ist auch eine mehrfache Verlängerung zulässig.
- Wenn der Arbeitnehmer das 52. Lebensjahr vollendet hat, ist bis zu einer Dauer von fünf Jahren eine Befristung ohne Sachgrund möglich. Der Arbeitnehmer muss aber unmittelbar davor mindestens vier Monate beschäftigungslos (§ 119 Abs. 1 Nr. 1 SGB III) gewesen sein, Transferkurzarbeitergeld bezogen oder an einer öffentlich geförderten Beschäftigungsmaßnahme nach dem SGB II oder SGB III teilgenommen haben. Bis zu dieser Gesamtdauer ist auch eine mehrfache Verlängerung zulässig.
- Die Befristung bedarf zu ihrer Wirksamkeit der Schriftform (§ 14 Abs. 4 TzBfG), wobei jede Verlängerung einen selbstständigen Arbeitsvertrag darstellt und unterschrieben werden muss, da die Befristung ansonsten unwirksam und ein unbefristeter Arbeitsvertrag geschlossen worden ist (§ 16 TzBfG).
- Es gilt eine Klagefrist von drei Wochen nach dem Ende der Befristung für alle befristeten Arbeitsverträge, also auch für die Arbeitsverträge, die unter Berufung auf einen sachlichen Grund abgeschlossen worden sind (§ 17 TzBfG). Diese Klagefrist müssen die Beschäftigten einhalten, wenn sie gegen die Beendigung des Arbeitsverhältnisses wegen einer unwirksamen Befristung gerichtlich vorgehen wollen.

Die Geltungsdauer dieser Regelungen ist zeitlich nicht beschränkt.

Bei einer Befristung muss ebenfalls der arbeitsrechtliche Gleichbehandlungsgrundsatz sowie das AGG beachtet werden. So ist es z. B. unzulässig, wenn bei einer Entscheidung über unbefristete oder befristete Einstellungen Beschäftigte ausländischer Herkunft benachteiligt werden. Gleiches gilt, wenn der Grund für die Beschäftigung im befristeten Arbeitsverhältnis nur das Geschlecht der Beschäftigten ist. Dies ist z. B. der Fall, wenn von sechs Auszubildenden bei gleichen Ausbildungsberufen und ähnlichen Prüfungsergebnissen in unbefristeten Arbeitsverhältnissen nur die drei männlichen Auszubildenden übernommen werden, während die drei weiblichen Auszubildenden nur befristete Arbeitsverträge erhalten. Darin liegt ein Verstoß gegen das gesetzliche Gebot, Männer und Frauen arbeitsrechtlich gleich zu behandeln (Art. 3 Abs. 2 GG, § 1 AGG, § 75 Abs. 1 BetrVG). Die Folge ist, dass die Befristung unwirksam ist.

Bei einer Zeitbefristung endet der Arbeitsvertrag mit Ablauf des vereinbarten Datums. Wird mit Wissen des Unternehmers über das Befristungsende hinaus das befristete Arbeitsverhältnis fortgesetzt, entsteht ein unbefristetes Arbeitsverhältnis, wenn der Arbeitgeber nicht unverzüglich widerspricht (§ 15 Abs. 6 TzBfG). Der Widerspruch kann durch den Arbeitgeber schon vor dem Ende des befristeten Arbeitsverhältnisses erklärt werden, wobei er schriftlich, aber auch mündlich als auch durch schlüssiges Verhalten erklärt werden kann.

Befristeter Arbeitsvertrag

Ein zweckbefristeter Arbeitsvertrag findet sein Ende mit dem Erreichen des Zweckes, frühestens jedoch zwei Wochen nach Zugang der schriftlichen Unterrichtung des/der Arbeitnehmers/in durch den Arbeitgeber über den Zeitpunkt der Zweckerreichung. Wird es nach Zweckerreichung mit Wissen des Arbeitgebers fortgesetzt, so entsteht ein unbefristeter Arbeitsvertrag, wenn der Arbeitgeber dem/der Arbeitnehmer:in die Zweckerreichung nicht unverzüglich mitteilt (§ 15 Abs. 2 und 6 TzBfG).

Grundsätzlich gilt in einem befristeten Arbeitsverhältnis, dass während der Befristung eine ordentliche Kündigung nicht ausgesprochen werden kann. Demgegenüber ist jedoch eine außerordentliche Kündigung aus wichtigem Grund möglich. Eine ordentliche Kündigung kann nur dann ausgesprochen werden, wenn sie ausdrücklich vertraglich vereinbart worden ist. Eine solche Vereinbarung kann sich auch aus einem Tarifvertrag ergeben (§ 15 Abs. 4 TzBfG).

Nicht selten ergibt sich das Problem, dass ein/e Unternehmer/in eine/m Beschäftigte/n in einem unbefristeten Arbeitsverhältnis zu verstehen gibt, dass er/sie nicht zu einer unbefristeten, jedoch zu einer befristeten Fortsetzung des Arbeitsverhältnisses ohne Sachgrund bereit ist. Selbst wenn eine solche Vereinbarung einer befristeten Fortsetzung des Arbeitsverhältnisses einvernehmlich erfolgt ist, ist die Befristung unzulässig und unwirksam. Das neue befristete Arbeitsverhältnis stände dann nämlich in einem engen sachlichen Zusammenhang mit dem unbefristeten Arbeitsverhältnis. Es entsteht vielmehr ein unbefristetes Arbeitsverhältnis. Eine solche Vereinbarung für eine befristete Fortsetzung des Arbeitsverhältnisses ist nur dann zulässig, wenn ein sachlicher Grund dafür vorliegt.

Ein besonderer Kündigungsschutz besteht u.a. für JAV-Mitglieder, Betriebsratsmitglieder, werdende Mütter, Schwerbehinderte, Ersatzdienstleistende und Wehrdienstleistende. Entsteht aber während eines befristeten Arbeitsverhältnisses dieser besondere Kündigungsschutz, ist er in aller Regel im Zusammenhang mit der Befristung unwirksam. Der besondere Kündigungsschutz knüpft nämlich an eine Kündigung an. Das befristete Arbeitsverhältnis endet jedoch durch Fristablauf oder Zweckerreichung automatisch, ohne dass es einer Kündigung dazu bedarf. Dieses gilt sowohl für einen befristeten Arbeitsvertrag auf der Grundlage eines sachlichen Grundes als auch bei der sogenannten erleichterten Befristung (ohne Sachgrund). Etwas anderes gilt für den Fall, dass andere befristet Beschäftigte vom Arbeitgeber ein Übernahmeangebot erhalten, und nur das Betriebsratsmitglied wegen der Betriebsratstätigkeit nicht in ein unbefristetes Arbeitsverhältnis übernommen werden soll (BAG 5.12.2012 – 7 AZR 698/11). Dann hat das befristet beschäftigte Betriebsratsmitglied einen Anspruch auf unbefristete Beschäftigung.

Bedeutung für den Betriebsrat/die JAV

Mit den befristeten Arbeitsverträgen und aktuell durch den massiven Einsatz von Leiharbeitnehmer:innen sowie Werkvertragsarbeitnehmer:innen sollen die Dauerarbeitsverhältnisse unterlaufen werden. Seit Mitte der 1980er-Jahre haben die befristeten Arbeitsverhältnisse erheblich an Bedeutung gewonnen. Im Jahr 2020 lagen sie bei etwa 2,4 Millionen bzw. 6,3 Prozent aller Beschäftigungsverhältnisse, wobei 1,36 Millionen aller Befristungen in diesem Jahr ohne Nennung eines Sachgrundes (»sachgrundlose Befristung«) ausgesprochen wurden. Dabei ist zu beachten, dass die Zahl der befristet Beschäftigten zwischen 2018 und 2020 von 3,2 auf 2,4 Millionen sank. Dahinter stehen zwei unterschiedliche Entwicklungen: Im Jahr 2019 wurden noch viele befristet Beschäftigte in ein unbefristetes Beschäftigungsverhältnis übernommen. Im Corona-Jahr 2020 hingegen sackte vor allem die Zahl der Neueinstellungen, auch der befristeten, deutlich ab (*Christian Hohendanner*, Befristungen im zweiten Jahr in Folge Rückläufig, 26.4.2021, Quelle: *https://www.iab-forum.de/befristungen-im-zweiten-jahr-infolge-rueckleaufig/?pdf=21783*). Es ist aber bei einem erneuten konjunkturellen Aufschwung davon auszugehen, dass Befristungen wieder an Bedeutung gewinnen werden. Durch dieses Einstellungsverhalten wird in langjährig bewährte Arbeitnehmerschutzrechte, wie den Kündigungsschutz, eingegriffen. Tiefe Einschnitte beim arbeitsrechtlichen Schutz begünstigen eine Ausweitung des Bereichs der ungeschützten Arbeitsverhältnisse. Die Unternehmen nutzen diese befristeten Arbeitsverhältnisse dazu, um mehr Flexibilität in ihren Personalbestand zu bringen. Dieses führt zu einer Senkung von Personalkosten und zu einem ständigen Aushilfsbedarf, wofür insbesondere wieder befristete Einstellungen vorgenommen werden. Durch eine solche Personalpolitik können die Unternehmen kurzfristig auf die jeweilige Auftragslage reagieren. Damit erfolgt eine Abwälzung des Unternehmerrisikos auf die Beschäftigten. Die Stammbelegschaft wird auf die unbedingt erforderliche Anzahl von Beschäftigten zurückgeführt, während Auftragsüberhänge und Produktionsspitzen durch eine flexible Personalhaltung, insbesondere durch befristete Einstellungen ausgeglichen werden. Dieses führt zu einer massiven Senkung der Personalkosten durch einen dauerhaften Personalabbau.

Befristete Arbeitsverhältnisse werden zudem oft zur Verlängerung der Probezeit und zu Disziplinierungszwecken missbraucht. Unliebsame Beschäftigte erhalten nach Ablauf der Befristung keinen Anschlussvertrag mehr. Die Auswirkungen auf die Stammbelegschaft sind gravierend. Es muss ständig damit gerechnet werden, dass durch Befristungsablauf frei werdende Arbeitsplätze nicht oder erst verzögert erneut besetzt werden und durch vermehrte Fluktuation erhöhter Einarbeitungs- und Vertretungsbedarf entsteht. Jobunsicherheit und befristete Beschäftigung im Speziellen gehen dabei für Erwerbstätige mit spürbaren Sorgen

Befristeter Arbeitsvertrag

um den Arbeitsplatz einher und mindern die Lebenszufriedenheit (*https://www. iab-forum.de/jobunsicherheit-frauen-fuehlen-sich-durch-befristungen-deutlich- staerker-belastet-als-maenner/*).
Um diese negativen Auswirkungen auf die Personalpolitik und die Gesamtbelegschaft zu verhindern, müssen die JAV wie auch der Betriebsrat:
- zusammen mit der im Betrieb vertretenen Gewerkschaft alle Informationen über die derzeit im Betrieb bestehenden befristeten Arbeitsverträge zusammentragen und auswerten;
- sich über die Ziele klar werden, die zur Einschränkung und Regulierung befristeter Arbeitsverträge im Betrieb angestrebt werden sollen;
- sich darüber klar werden, wie sie die Ziele im Einzelnen verwirklichen können.

Um die notwendigen Informationen zu erhalten, kann der Betriebsrat sich u. a. auf § 20 TzBfG stützen. Danach hat der Arbeitgeber ihn über die Anzahl der befristet beschäftigten Arbeitnehmer:innen und ihren Anteil an der Gesamtbelegschaft des Betriebs als auch des Unternehmens zu unterrichten (im Einzelnen siehe unten unter Informationsrechte).
Es bestehen folgende Handlungsmöglichkeiten für den Betriebsrat:

Zustimmungsverweigerung nach § 99 BetrVG
Wie bei jeder Einstellung muss der Betriebsrat auch bei befristeten Einstellungen umfassend unterrichtet werden (§ 99 Abs. 1 BetrVG). Dies gilt auch für eine spätere Verlängerung des befristeten Arbeitsverhältnisses.
Eine umfassende Information durch den Arbeitgeber umfasst dabei insbesondere:
- Vorlage der Bewerbungsunterlagen,
- Auskunft über die Bewerber,
- Mitteilung über die Auswirkungen der geplanten Einstellungen auf die übrigen Beschäftigten und den Betrieb,
- Information über den in Aussicht genommenen Arbeitsplatz,
- Information über die beabsichtigte Eingruppierung,
- den konkreten Grund der befristeten Einstellung, insbesondere die konkrete Angabe des Arbeitsplatzes bzw. für wen die Vertretung vorgenommen werden soll.

Der Betriebsrat kann sich gegen eine beabsichtigte Einstellung in ein befristetes Arbeitsverhältnis entscheiden. Dann kann er seine Zustimmung zur Einstellung verweigern, was jedoch das Vorliegen von Gründen erfordert, die im Einzelnen in § 99 Abs. 2 Nr. 1–6 BetrVG aufgeführt sind. Mögliche Gründe für die Zustimmungsverweigerung könnten sein:
- Verstoß der befristeten Einstellung z. B. gegen ein Gesetz, gegen einen Tarifvertrag oder eine Betriebsvereinbarung,

Befristeter Arbeitsvertrag

- Verstoß gegen eine Auswahlrichtlinie,
- die Gefahr von Nachteilen für bereits im Betrieb beschäftigte Arbeitnehmer:innen,
- Benachteiligung des/der befristet Einzustellenden,
- Benachteiligung eines/r gleich geeigneten befristeten Beschäftigten durch Nichtberücksichtigung bei der Besetzung eines unbefristeten Arbeitsplatzes,
- unterbliebene betriebliche Stellenausschreibung.

Beispiel:
Ein Verstoß gegen das TzBfG läge z. B. dann vor, wenn im unmittelbaren Anschluss an eine 2-jährige Befristung ohne Sachgrund eine Weiterbefristung vereinbart wird und ein besonderer sachlicher Grund nicht vorliegt.

Von einem Nachteil ist immer dann auszugehen, wenn im Betrieb ein für den zu besetzenden Arbeitsplatz geeignete/r andere/r Arbeitnehmer:in bereits befristet beschäftigt wird.

Nachteile für bereits im Betrieb beschäftigte Arbeitnehmer:innen können zudem dann entstehen, wenn durch befristete Einstellungen eine vermehrte Fluktuation und ein gesteigerter Anlern- und Vertretungsbedarf entstehen. Eine Gefahr von Nachteilen könnte auch dann gegeben sein, wenn gleich geeignete befristet Beschäftigte nicht weiterbeschäftigt werden.

Bei der Formulierung der Zustimmungsverweigerung muss der Betriebsrat die konkreten Umstände benennen, die als Gründe für die Zustimmungsverweigerung gem. § 99 Abs. 2 BetrVG anzusehen sind. Es reicht nicht die Wiederholung des Gesetzestextes aus.

Die Einstellung des befristet Beschäftigten kann der Arbeitgeber bei einer wirksamen Zustimmungsverweigerung nur dann vornehmen, wenn das Arbeitsgericht die Zustimmung des Betriebsrats ersetzt. Führt jedoch der Arbeitgeber die befristete Einstellung unter Missachtung der Mitbestimmungsrechte des Betriebsrats durch, kann der Betriebsrat durch ein von ihm einzuleitendes Beschlussverfahren die befristete Einstellung aufheben lassen und einen Unterlassungsanspruch auf künftige Beachtung seines Mitbestimmungsrechtes durchsetzen.

Informationsrechte

Neben dem umfassenden Unterrichtungsrecht nach § 99 Abs. 1 BetrVG hat der Betriebsrat bzw. die JAV weitere Informationsrechte. So hat der Arbeitgeber nach § 20 TzBfG, der § 80 Abs. 2 BetrVG konkretisiert, den Betriebsrat wie auch den Personalrat über die Anzahl der befristet beschäftigten Arbeitnehmer:innen und ihren Anteil an der Gesamtbelegschaft des Betriebs sowie Unternehmens zu informieren. Wichtig ist hierbei, dass der Informationsanspruch regelmäßig vom

Befristeter Arbeitsvertrag

Arbeitgeber erfüllt wird. Nur so besteht die Möglichkeit, besser Einfluss auf die Einstellungspraxis zu nehmen, und die Einhaltung der Gesetze zu überwachen. Diese Informationsrechte müssen genutzt werden, um einen vollständigen Überblick über die befristeten Arbeitsverhältnisse im Betrieb zu erhalten. Dazu gehört insbesondere die vom Unternehmen beabsichtigte künftige Personalentwicklung.

Des Weiteren ist auch die Erfassung der sich im Zusammenhang mit befristeten Arbeitsverträgen ergebenden betrieblichen Probleme notwendig. Solche Informationsrechte können sich u. a. aus § 80 Abs. 1, Abs. 2 sowie § 106 Abs. 2 BetrVG ergeben.

Ein Informationsanspruch ergibt sich auch aus den Beteiligungsrechten im Zusammenhang mit der Personalplanung (§ 92 BetrVG) bzw. den betrieblichen Auswahlrichtlinien (§ 95 BetrVG). Im Rahmen der Beteiligung des Betriebsrats an der Personalplanung können dem Unternehmen die Vorstellungen des Betriebsrats und der JAV über die Regelung befristeter Arbeitsverträge vorgeschlagen werden. Durch Auswahlrichtlinien können die Chancen befristet beschäftigter Arbeitnehmer auf Erlangung eines unbefristeten Arbeitsverhältnisses verbessert werden.

Betriebsvereinbarungen

Unter Ausnutzung der angesprochenen Beteiligungsrechte des Betriebsrats und der JAV sollte der Betriebsrat eine Regelung von befristeten Arbeitsverträgen durch eine Betriebsvereinbarung vom Unternehmen verlangen (siehe *Maschke*, AiB 2/14, 24). In einer solchen Betriebsvereinbarung können Regelungen getroffen werden, die auf die konkrete betriebliche Situation Rücksicht nehmen und den Missbrauch befristeter Arbeitsverhältnisse zulasten der direkt Betroffenen, aber auch der gesamten Belegschaft verhindern oder zumindest versuchen, deutlich einzuschränken. Wesentliche Bestandteile einer solchen Regelung sind die Einschränkung der Zulässigkeit befristeter Arbeitsverhältnisse, die Einhaltung einer bestimmten Höchstquote befristet Beschäftigter sowie die vorrangige Berücksichtigung von befristeten Arbeitnehmern bei unbefristeten Einstellungen.

Da eine solche Betriebsvereinbarung z. T. den Charakter einer freiwilligen Betriebsvereinbarung nach § 88 BetrVG hat, ist es notwendig, im Betrieb entsprechenden Druck auf das Unternehmen zu entwickeln, um eine solche Betriebsvereinbarung abschließen zu können.

In einer solchen Betriebsvereinbarung ist vonseiten der JAV darauf zu achten, dass alle Auszubildenden in ein unbefristetes Arbeitsverhältnis übernommen werden, zumindest dass nicht befristete Arbeitsverträge mit denjenigen Auszubildenden abgeschlossen werden, die auf einem Dauerarbeitsplatz weiterbeschäftigt werden sollen (→ **Übernahme in ein unbefristetes Arbeitsverhältnis**).

Bedeutung für die Beschäftigten

Bei der Einstellung besteht meist nur die Möglichkeit, die Bedingungen des Arbeitgebers zu akzeptieren oder auf die Einstellung ganz zu verzichten. Wichtig ist jedoch, vor Unterzeichnung eines befristeten Arbeitsvertrags mit der JAV, dem Betriebsrat, dem Personalrat bzw. der Gewerkschaft Kontakt aufzunehmen.
Nach erfolgter Einstellung in ein befristetes Arbeitsverhältnis bestehen gegenüber dem Arbeitgeber Informationsansprüche. Der/die Beschäftigte hat Anspruch auf die Besprechung seiner betrieblichen Entwicklungsmöglichkeiten, wobei er ein Mitglied des Betriebsrats hinzuziehen kann (§ 82 BetrVG). Nach § 18 TzBfG ist der/die Arbeitnehmer:in über entsprechende unbefristete Arbeitsplätze durch den Arbeitgeber zu informieren, die besetzt werden sollen. Der Arbeitgeber hat dafür Sorge zu tragen, dass auch befristet beschäftigte Arbeitnehmer/innen an der Aus- und Weiterbildung teilnehmen können. Die Weiterbildungsverpflichtung bezieht sich dabei auch auf die Verbesserung der beruflichen Qualifikation, um eine qualifiziertere Tätigkeit übernehmen zu können (§ 19 TzBfG).
Des Weiteren kann das Beschwerderecht (§§ 84, 85 BetrVG) im Zusammenhang mit einem befristeten Arbeitsverhältnis in Anspruch genommen werden. Dieses wäre etwa dann der Fall, wenn der/die Unternehmer/in einer Weiterbeschäftigung für die Zeit nach Ablauf der Befristung ablehnt, obwohl ein Arbeitsplatz zur Verfügung steht. Hier könnte der/die Beschäftigte geltend machen, dass er/sie sich gegen die unbegründete praktische Benachteiligung beschweren will.
Wegen der Unwirksamkeit einer Befristung kann bis drei Wochen nach Befristungsablauf Klage beim Arbeitsgericht auf Feststellung der Unwirksamkeit der Befristung eingereicht werden (§ 17 TzBfG). Im Rahmen dieses Arbeitsgerichtsverfahrens wird dann überprüft, ob die Befristung wirksam war oder nicht. Wenn die Befristung rechtsunwirksam war, besteht das Arbeitsverhältnis unbefristet weiter.

Literaturhinweis

Lakies, Befristete Arbeitsverträge, Der Ratgeber für Beschäftigte und ihre Interessenvertretung, 2. Auflage 2020

Berichtshefte

Grundlagen

Der/die Auszubildende hat sich nach § 13 BBiG zu bemühen, die Fertigkeiten und Kenntnisse zu erwerben, die erforderlich sind, um das Berufsausbildungsziel zu erreichen. Dazu korrespondiert § 14 BBiG, der den/die Ausbildende/n verpflichtet, dem/der Auszubildenden die entsprechenden Kenntnisse zu vermitteln.

Dazu muss der/die Auszubildende vor allem:
- die ihm/ihr im Rahmen seiner/ihrer Berufsausbildung aufgetragenen Aufgaben sorgfältig ausführen,
- an Ausbildungsmaßnahmen teilnehmen,
- (vor allem) die Berufsschule besuchen,
- den Weisungen folgen, die ihm/ihr im Rahmen der Berufsausbildung vom/ von der Ausbildenden/Ausbilder:in oder von anderen weisungsberechtigten Personen erteilt werden,
- im Rahmen der Berufsausbildung nach den Empfehlungen des Bundesausschusses für Berufsbildung zum »Führen von Berichtsheften in der Form von Ausbildungsnachweisen« mindestens wöchentlich Ausbildungsnachweise führen.

Der/die Ausbildende wiederum hat nach § 14 Abs. 2 BBiG die Auszubildenden zum Führen der Ausbildungsnachweise anzuhalten und diese regelmäßig durchzusehen (mindestens einmal monatlich). Außerdem hat er/die den Auszubildenden Gelegenheit zu geben, den Ausbildungsnachweis am Arbeitsplatz zu führen. Der Nachweis kann elektronisch geführt werden. Der/die Ausbilder:in hat dafür Sorge zu tragen, dass auch die gesetzlichen Vertreter des/der Auszubildenden, sofern diese/r das 18. Lebensjahr noch nicht vollendet hat, sowie die Berufsschule in angemessenen Zeitabständen von den Ausbildungsnachweisen Kenntnis erhalten und diese unterschriftlich bestätigen können.

Die Vorlage des Ausbildungsnachweises ist Zulassungsvoraussetzung zur Zwischen- bzw. Abschlussprüfung (Teil I und Teil II).

Berichtshefte

Bedeutung für die Auszubildenden

Das Berichtsheft dient als Nachweis gegenüber der »zuständigen Stelle«, wie etwa der Industrie- und Handelskammer (IHK) oder der Handwerkskammer. Kommt z. B. ein/e Ausbilder:in bzw. ein Unternehmen seinen/ihren Ausbildungspflichten nicht nach und kann der/die Auszubildende aus diesem Grund die Abschlussprüfung nicht bestehen, dient der Ausbildungsnachweis als wichtiges Beweismittel.

Muster: Führen von Berichtsheften in der Form von Ausbildungsnachweisen

Empfehlung des Hauptausschusses des Bundesinstituts für Berufsbildung (BIBB) vom 1. September 2020 für das Führen von Ausbildungsnachweisen

1. Auszubildende haben während ihrer Ausbildung einen Ausbildungsnachweis ordnungsgemäß zu führen. Hierzu kann eines der in den Anlagen 2 und 3 beiliegenden Muster genutzt werden.
2. Die Vorlage eines vom Ausbilder und Auszubildenden abgezeichneten Ausbildungsnachweises ist gemäß § 43 Absatz 1 Nummer 2 des Berufsbildungsgesetzes (BBiG)/§ 36 Absatz 1 Nummer 2 der Handwerksordnung (HwO) Zulassungsvoraussetzung zur Abschluss-/Gesellenprüfung.
3. Das Führen des Ausbildungsnachweises dient folgenden Zielen:
   - Auszubildende und Ausbildende sollen zur Reflexion über die Inhalte und den Verlauf der Ausbildung angehalten werden.
   - Der zeitliche und sachliche Ablauf der Ausbildung im Betrieb und in der Berufsschule soll für die an der Berufsausbildung Beteiligten sowie die zur Überwachung der Berufsausbildung zuständigen Stellen in einfacher Form nachvollziehbar und nachweisbar gemacht werden.
4. Für das Anfertigen der Ausbildungsnachweise gelten folgende Mindestanforderungen: – Die Ausbildungsnachweise sind täglich oder wöchentlich in möglichst einfacher Form (stichwortartige Angaben, gegebenenfalls Loseblattsystem) schriftlich oder elektronisch (§ 13 Nummer 7 BBiG) von Auszubildenden selbständig zu führen (Umfang: ca. eine DIN-A4-Seite für eine Woche).
   - Jede Tages-/Wochenübersicht des Ausbildungsnachweises ist mit dem Namen des/der Auszubildenden, dem Ausbildungsjahr und dem Berichtszeitraum zu versehen.
   - Die Ausbildungsnachweise müssen mindestens stichwortartig den Inhalt der betrieblichen Ausbildung wiedergeben. Dabei sind betriebliche Tätigkeiten einerseits sowie Unterweisungen bzw. überbetriebliche Unterweisungen (z. B. im Handwerk), betrieblicher Unterricht und sonstige Schulungen andererseits zu dokumentieren.
   - In die Ausbildungsnachweise müssen darüber hinaus die Themen des Berufsschulunterrichts aufgenommen werden.

Berichtshefte

- Die zeitliche Dauer der Tätigkeiten sollte aus dem Ausbildungsnachweis hervorgehen.
5. Ausbildende sollen Auszubildende zum Führen von schriftlichen oder elektronischen Ausbildungsnachweisen anhalten und diese regelmäßig durchsehen (§ 14 Absatz 2 BBiG).
6. Auszubildenden ist Gelegenheit zu geben, die Ausbildungsnachweise während der Ausbildungszeit am Arbeitsplatz zu führen (§ 13 Nummer 7 in Verbindung mit § 14 Absatz 2 BBiG). Die erforderlichen Nachweishefte, Formblätter, IT-Programme oder Ähnliches werden den Auszubildenden kostenlos von den Ausbildenden zur Verfügung gestellt (§ 14 Absatz 1 Nummer 3 BBiG).
7. Ausbildende oder Ausbilderin/Ausbilder prüfen die Eintragungen in den Ausbildungsnachweisen mindestens monatlich (§ 14 Absatz 2 BBiG). Bei schriftlichen Ausbildungsnachweisen bestätigen sie die Richtigkeit und Vollständigkeit der Eintragungen mit Datum und Unterschrift. Bei elektronisch erstellten Ausbildungsnachweisen kann die Bestätigung auch auf andere Weise elektronisch (z. B. durch Austausch von bestätigenden E-Mails mit einfacher elektronischer Signatur oder durch elektronische Freigaben) dokumentiert werden.
8. Im Rahmen der Lernortkooperation kann die Berufsschule vom Ausbildungsnachweis Kenntnis nehmen.
9. Bei minderjährigen Auszubildenden soll eine gesetzliche Vertreterin/ein gesetzlicher Vertreter in angemessenen Zeitabständen von den Ausbildungsnachweisen Kenntnis erhalten und diese unterschriftlich oder in sonstiger geeigneter Weise bestätigen.
10. Arbeitnehmervertretungen können durch Einsichtnahme in den Ausbildungsnachweis Kenntnis vom Ablauf der Ausbildung zum Zweck ihrer Aufgabenerfüllung (§ 80 Absatz 1 des Betriebsverfassungsgesetzes (BetrVG) nehmen.
11. Sofern die Ausbildungsordnung oder eine Regelung der zuständigen Stelle vorsieht, dass der Ausbildungsnachweis zur mündlichen Prüfung mitgebracht werden muss, ist er dem Prüfungsausschuss vorzulegen. Der Ausbildungsnachweis wird im Rahmen der Zwischen- und Abschlussprüfungen nicht bewertet.
12. Diese Regelungen können mit Ausnahme der Nummer 2 für Umschülerinnen/Umschüler entsprechend angewendet werden, soweit die Führung des Ausbildungsnachweises vertraglich vereinbart wird.

Der Hauptausschuss ist der Auffassung, dass eine hohe Ausbildungsqualität das Ergebnis eines im Ausbildungsbetrieb verankerten Ausbildungsprozesses ist. Dieser Prozess ist auf die Ausbildungsinhalte, die Bedarfe der Auszubildenden sowie auf betriebliche Gegebenheiten zugeschnitten. Zum Erreichen eines erfolgreichen Ausbildungsabschlusses ist Kommunikation ein wichtiger Erfolgsfaktor. Eine Stellschraube zur Intensivierung der Kommunikation zwischen Ausbildenden und Auszubildenden können erweiterte Modelle des gesetzlich vorgeschriebenen Ausbildungsnachweises sein. Es gibt bereits einige Instrumente zur Qualitätsentwicklung in der betrieblichen Berufsausbildung mit dem Schwerpunkt Ausbildungsdokumentation und -reflexion. Im BIBB-Hauptausschuss wurde exemplarisch der »Ganzheitliche Ausbildungsnachweis« vorgestellt, der aus einem BIBB-Modellversuch entstand. Der Abgleich zwischen

Berichtshefte

aktuellem Ausbildungsstand und betrieblichem Ausbildungsplan kann dabei als kommunikative Basis eines Feedbackprozesses dienen, der im jeweiligen betrieblichen Kontext Verankerung benötigt. Die Umsetzung des (ganzheitlichen) Ausbildungsnachweises durch online-basierte Softwareangebote ermöglichen die zeit- und ortsunabhängige Führung und Kontrolle des Ausbildungsnachweises sowie die zeit- und ortsunabhängige Kommunikation zwischen Auszubildenden, Ausbildungsbeauftragten und Ausbilderinnen/Ausbildern. Zudem entspricht die elektronische Bearbeitung zunehmend den Medien- und Arbeitsgewohnheiten von Auszubildenden und Ausbilderinnen/Ausbildern.

Beispiellinks:
BIBB-Modellversuch zum Ganzheitlichen Ausbildungsnachweis:
www.bibb.de/de/8455.php
Ausbildungsnachweis der IHK Bodensee-Oberschwaben:
www.weingarten.ihk.de/aus-und-weiterbildung/waehrend-der-ausbildung/ausbildungsnachweis-1940668
Service-Portal-Bildung der IHKs:
https://ausbildung-weiterdenken.ihk.de/
Online-Ausbildungsnachweis Blok:
https://www.online-ausbildungsnachweis.de
Für Bäckerinnen/Bäcker und Bäckereifachverkäuferinnen/Bäckereifachverkäufer:
https://app.bddz.de/
Für Dachdeckerinnen/Dachdecker:
https://berichtsheft-dachdecker.de/index.php
Für Friseurinnen und Friseure:
https://friseur-berichtsheft-app.de/
Für den Garten- und Landschaftsbau:
https://www.berichtsheft-galabau.de/
Für KFZ-Mechatronikerinnen/KFZ-Mechatroniker:
www.autofachmann.de
Für das Metallhandwerk:
www.berichtsheft.metallausbildung.info

Anlagen:
Anlage 1: Muster Deckblatt
Anlage 2a: Muster Ausbildungsnachweis (täglich)
Anlage 2b: Muster Ausbildungsnachweis (wöchentlich)
Anlage 3a: Muster Ausbildungsnachweis mit Bezug zum Ausbildungsrahmenplan (täglich)
Anlage 3b: Muster Ausbildungsnachweis mit Bezug zum Ausbildungsrahmenplan (wöchentlich)
Anlage 4: Muster Sichtvermerk

Berichtshefte

Anlage 1: Deckblatt
Ausbildungsnachweis

Heft-Nr.:	
Name, Vorname:	
Adresse:	
Ausbildungsberuf:	
Fachrichtung/Schwerpunkt:	
Ausbildungsbetrieb:	
Verantwortliche/r Ausbilder/in:	
Beginn der Ausbildung:	
Ende der Ausbildung:	

Ausbildungsverlauf[1]

Ausbildungsbereich	Zeitraum von – bis	Ausbildungsnachweis von – bis

---

[1] Optionales Feld (nur auszufüllen, wenn die Ausbildung in verschiedenen Bereichen stattfindet.)

Anlage 2a: Ausbildungsnachweis (täglich)

Name des/der Auszubildenden:			
Ausbildungsjahr:		Ggf. Ausbildende Abteilung:	
Ausbildungswoche vom:		bis:	

	Betriebliche Tätigkeiten, Unterweisungen bzw. überbetriebliche Unterweisungen (z. B. im Handwerk), betrieblicher Unterricht, sonstige Schulungen, Themen des Berufsschulunterrichts	Stunden
Montag		
Dienstag		
Mittwoch		
Donnerstag		
Freitag		
Samstag		

Durch die nachfolgende Unterschrift wird die Richtigkeit und Vollständigkeit der obigen Angaben bestätigt.

_____   _____

Datum, Unterschrift Auszubildende/r   Datum, Unterschrift Ausbildende/r oder Ausbilder/in

Berichtshefte

Anlage 2b: Ausbildungsnachweis (wöchentlich)

Name des/der Auszubildenden:			
Ausbildungsjahr:		Ggf. Ausbildende Abteilung:	
Ausbildungswoche vom:		bis:	

Betriebliche Tätigkeiten	Stunden

Unterweisungen bzw. überbetriebliche Unterweisungen (z. B. im Handwerk), betrieblicher Unterricht, sonstige Schulungen	Stunden

Themen des Berufsschulunterrichts	Stunden

Durch die nachfolgende Unterschrift wird die Richtigkeit und Vollständigkeit der obigen Angaben bestätigt.

_____
Datum, Unterschrift Auszubildende/r

_____
Datum, Unterschrift Ausbildende/r oder Ausbilder/in

Berichtshefte

Anlage 3a: Ausbildungsnachweis mit Bezug zum Ausbildungsrahmenplan (täglich)

Name des/der Auszubildenden:				
Ausbildungsjahr:		Ggf. Ausbildende Abteilung:		
Ausbildungswoche vom:		bis:		

	Betriebliche Tätigkeiten, Unterweisungen bzw. überbetriebliche Unterweisungen (z. B. im Handwerk), betrieblicher Unterricht, sonstige Schulungen, Themen des Berufsschulunterrichts	Lfd. Nr.: Bezug zum Ausbildungsrahmenplan	Stunden
Montag			
Dienstag			
Mittwoch			
Donnerstag			
Freitag			
Samstag			

Durch die nachfolgende Unterschrift wird die Richtigkeit und Vollständigkeit der obigen Angaben bestätigt.

_____   _____
Datum, Unterschrift Auszubildende/r   Datum, Unterschrift Ausbildende/r
                                       oder Ausbilder/in

Berichtshefte

Anlage 3b: Ausbildungsnachweis mit Bezug zum Ausbildungsrahmenplan (wöchentlich)

Name des/der Auszubildenden:			
Ausbildungsjahr:		Ggf. Ausbildende Abteilung:	
Ausbildungswoche vom:		bis:	

Betriebliche Tätigkeiten	Lfd. Nr.: Bezug zum Ausbildungsrahmenplan	Stunden
Unterweisungen bzw. überbetriebliche Unterweisungen (z. B. im Handwerk), betrieblicher Unterricht, sonstige Schulungen		Stunden
Themen des Berufsschulunterrichts		Stunden

Durch die nachfolgende Unterschrift wird die Richtigkeit und Vollständigkeit der obigen Angaben bestätigt.

_____   _____
Datum, Unterschrift Auszubildende/r   Datum, Unterschrift Ausbildende/r oder Ausbilder/in

Anlage 4: Sichtvermerke

In angemessenen Zeitabständen sollten die gesetzlichen Vertreter, die Berufsschule sowie Betriebs- bzw. Personalrat von den Ausbildungsnachweisen Kenntnis nehmen und diese unterschriftlich bestätigen.

Name des/der Auszubildenden:			
Ausbildungsjahr:		Ausbildende Abteilung:	

Durch die nachfolgende Unterschrift wird die Kenntnisnahme des Ablaufs der Berufsausbildung bestätigt.

	Zeitraum von – bis	Datum	Unterschrift
I. Berufsschule			
II. Gesetzlicher Vertreter			
III. Betriebsrat/ Personalrat			

Das Muster ist abrufbar unter:
https://www.bibb.de/dokumente/pdf/HA156.pdf

QR Code:

Berufsausbildungsverhältnis

Grundlagen

Die Berufsausbildung hat die für die Ausübung einer qualifizierten beruflichen Tätigkeit in einer sich wandelnden Arbeitswelt notwendigen beruflichen Fertigkeiten, Kenntnisse und Fähigkeiten (berufliche Handlungsfähigkeit) in einem geordneten Ausbildungsgang zu vermitteln, wie § 1 Abs. 3 BBiG bestimmt.
Rechtliche Grundlage bildet das Berufsbildungsgesetz (BBiG), welches unter dem Begriff der Berufsbildung die Berufsausbildung, aber auch die berufliche Fortbildung und die berufliche Umschulung regelt.
Berufliche Fortbildung soll ermöglichen, die beruflichen Kenntnisse und Fertigkeiten zu erhalten, zu erweitern, der technischen Entwicklung anzupassen oder beruflich aufzusteigen.
Die berufliche Umschulung soll zu einer anderen beruflichen Tätigkeit befähigen.
Die Berufsbildung wird nach § 2 BBiG durchgeführt in Betrieben der Wirtschaft, in vergleichbaren Einrichtungen außerhalb der Wirtschaft, insbesondere des öffentlichen Dienstes, der Angehörigen freier Berufe und in Haushalten sowie in berufsbildenden Schulen und sonstigen Berufsbildungseinrichtungen außerhalb der schulischen und betrieblichen Berufsbildung.
Nach § 2 Abs. 3 BBiG können Teile der Berufsausbildung im Ausland durchgeführt werden, wenn dies dem Ausbildungsziel dient. Ihre Gesamtdauer soll ¼ der in der Ausbildungsordnung festgelegten Ausbildungsdauer nicht überschreiten. Die Berufsausbildung im Ausland wird dann dem Ausbildungsziel dienen, wenn die im Ausland vermittelten Ausbildungsinhalte im Wesentlichen dem entsprechen, was Gegenstand der heimischen Ausbildung ist, wenn Sprachkenntnisse vermittelt oder sonstige zusätzliche Kompetenzen erworben werden. Der Auslandsabschnitt unterbricht in diesen Fällen nicht das Ausbildungsverhältnis. Es bleibt also bei der Vergütung und dem Status als Auszubildender hinsichtlich sozialsicherungs- und steuerrechtlicher Fragen beim deutschen Recht. Im Übrigen kann der Auslandsaufenthalt nur in Abstimmung mit dem Auszubildenden erfolgen.

Berufsausbildungsverhältnis

Über die anerkannten → **Ausbildungsberufe** gibt es ein Verzeichnis unter *www. bibb.de*. Im Übrigen gibt es für eine Reihe von Ausbildungsberufen Verordnungen über die Berufsausbildung, etwa die Verordnung über die Berufsausbildung in den industriellen Metallberufen, die Verordnung über die Berufsausbildung zum/zur Chemielaboranten/Chemielaborantin, die Verordnung über die Berufsausbildung zum/zur technischen Zeichner:in.

Das Berufsausbildungsverhältnis vollzieht sich im Rahmen des jeweiligen Berufsausbildungsvertrages, der nicht nur Regelungen über die Ausbildungsdauer und die Vergütung enthält, sondern auch die wechselseitigen Pflichten des Ausbildenden und des Auszubildenden enthält. Hauptpflicht des Ausbildenden ist die Vermittlung der entsprechenden Fertigkeiten und Kenntnisse, entweder selbst oder durch einen verantwortlichen Ausbilder, der hierzu persönlich und fachlich geeignet ist. Ferner müssen die entsprechenden Ausbildungsmittel zur Verfügung gestellt werden, der Auszubildende zum Besuch der Berufsschule angehalten und die Führung der Berichtshefte kontrolliert werden. Gleiches gilt für die ärztlichen Untersuchungen nach dem Jugendarbeitsschutzgesetz.

Der Auszubildende seinerseits hat alles zu tun, dass die Berufsausbildung für ihn erfolgreich ist; er muss die Berufsschule besuchen, an Prüfungen und sonstigen Ausbildungsmaßnahmen teilnehmen und im Übrigen sich im Rahmen der betrieblichen Ordnung nach den entsprechenden Weisungen des Ausbilders verhalten.

Für den Fall, dass es zu Streitigkeiten im Rahmen des Berufsausbildungsverhältnisses kommt, können bei den Handwerkskammern bzw. den sonstigen nach dem BBiG zuständigen Stellen Ausschüsse gebildet werden (§ 111 Abs. 2 ArbGG). Besteht ein solcher Ausschuss, ist er vor einer gerichtlichen Streitigkeit anzurufen.

Berufsbildung

Grundlagen

Unter Berufsbildung versteht man die Berufsausbildungsvorbereitung, die berufliche Erstausbildung, die berufliche Fortbildung und die berufliche Umschulung.
Die rechtliche Grundlage für eine bundeseinheitliche Regelung der Berufsbildung bildet das → **Berufsbildungsgesetz** (BBiG).
Vor allem bei der beruflichen Erstausbildung ist auf die Einhaltung der Schutzvorschriften des → **Jugendarbeitsschutzgesetzes** (JArbSchG) zu achten.

Bedeutung für den Betriebsrat/die JAV

Die Berufsbildung gehört zu den Maßnahmen der Personalplanung. Hierbei hat der Betriebsrat das Recht auf eine umfassende und rechtzeitige Information (§ 92 Abs. 1 BetrVG) und auf ein Vorschlagsrecht bei der Planung sowie bei der Durchführung (§ 92 Abs. 2 BetrVG).
Die Berufsbildung ist in einem eigenen Unterabschnitt des BetrVG normiert, und zwar in den §§ 96 bis 98 BetrVG.
Arbeitgeber und Betriebsrat haben darauf zu achten, dass den Beschäftigten unter Berücksichtigung der betrieblichen Notwendigkeiten die Teilnahme an betrieblichen und außerbetrieblichen Maßnahmen der Berufsbildung ermöglicht wird (§ 96 Abs. 2 BetrVG).
Der Arbeitgeber hat auf Verlangen des Betriebsrats den Berufsbildungsbedarf zu ermitteln und mit ihm Fragen der Berufsbildung der Arbeitnehmer:innen des Betriebs zu beraten (§ 96 Abs. 1 BetrVG).
Das → **Berufsbildungsgesetz** (BBiG) setzt mit seinen Vorschriften einen sehr engen Rahmen. Bei der konkreten betrieblichen Umsetzung – also **wie** wird im Betrieb ausgebildet (nicht, ob überhaupt) – hat der Betriebsrat ein volles Mitbestimmungsrecht. Bei der Auswahl der Ausbilder:innen hat er ein Vetorecht

Berufsbildung

und er kann die Abberufung eines/einer Ausbilders/in verlangen (§ 98 Abs. 2 BetrVG).
Das BetrVG sieht die Berufsbildung auch als eine der Kernaufgaben der JAV (§ 70 Abs. 1 Satz 3 BetrVG).
Die JAV hat das Recht und gleichzeitig die Pflicht, auf die Durchführung einer ordnungsgemäßen Berufsbildung, vor allem der beruflichen Erstausbildung, zu achten. Dazu ist sie vom Betriebsrat rechtzeitig und umfassend zu informieren (§ 70 Abs. 2 BetrVG). Die JAV hat das Recht, Anträge beim Betriebsrat zu stellen, Anregungen zu geben und ggf. Beschwerden weiterzuleiten.
Eine enge Zusammenarbeit von Betriebsrat und JAV ist hier unbedingt erforderlich.

Bedeutung für die Beschäftigten

Bildung ist für die berufliche Entwicklung von Arbeitnehmer:innen von zentraler Bedeutung. Das Arbeitseinkommen, ein beruflicher Aufstieg und nicht zuletzt die Arbeitsgestaltung stehen im engen Zusammenhang mit dem jeweiligen Bildungsstand. Lebenslanges Lernen wird als unerlässliche Anforderung in der Wissens- und Informationsgesellschaft formuliert. Umso dramatischer ist es, dass vielen jungen Menschen schon der Einstieg ins Berufsleben verwehrt wird; die Wirtschaft kommt ihrer Pflicht nicht nach, ein auswahlfähiges Angebot an Ausbildungsplätze im → **dualen System** zur Verfügung zu stellen.

Berufsbildungsbedarf

Grundlagen

Der Berufsbildungsbedarf kann sowohl auf die berufliche Erstausbildung als auch auf die berufliche Weiterbildung bezogen betrachtet werden. Für beides gilt: Um den genauen Berufsbildungsbedarf zu bestimmen, werden konkrete Informationen zur künftigen Geschäftsstrategie, zur Personalplanung sowie über die arbeitsorganisatorischen und technologischen Veränderungen benötigt. Es gilt aber nicht nur, die betrieblichen Notwendigkeiten in den Blick zu nehmen, auch die individuellen Bedürfnisse der Beschäftigten sind zu berücksichtigen.

Ausbildung

Wenn über den Ausbildungsbedarf entschieden wird, muss ein Zeitraum von drei bis fünf Jahren betrachtet werden. Ist eine Entscheidung zur Ausbildung gefallen, erfolgt der Auswahlprozess, dann eine zwei- bis dreieinhalbjährige Ausbildungszeit. Erst dann stehen die ausgebildeten Fachkräfte komplett zur Verfügung. Neben dem langen Planungszeitraum gibt es verschiedene Faktoren, die zu berücksichtigen sind, wie beispielsweise die Personalfluktuation, dass sich Ausgebildete gegen eine Weiterbeschäftigung entscheiden oder die Abschlussprüfung nicht bestanden wird. Das alles macht es nicht einfach, einen genauen Bedarf zu ermitteln, zumal sich auch die angenommene Geschäftsstrategie ggf. nicht realisieren lässt.

Kriterien, die für den Ausbildungsbedarf zu berücksichtigen sind:
- Arbeitskräfte, unterteilt nach gewerblich-technischem und kaufmännischem Bereich, die in x Jahren (drei bis fünf Jahre, abhängig von Ausbildungsdauer und Einstellverfahren) zur Realisierung der Geschäftsstrategie eingeplant werden.
- Der Fachkräftefaktor legt fest, mit jeweils welchem Anteil gewerblich-technisch ausgebildeten Facharbeiter:innen und kaufmännisch ausgebildeten

Berufsbildungsbedarf

Fachkräften das Unternehmen in drei bis fünf Jahren arbeiten will. Nur wenn der Wert bei Null liegt, gibt es keinen Einstellbedarf.
- Fluktuationsquote (Renteneintritt, Kündigung, Aufstieg etc.) nach gewerblich-technischem und kaufmännischem Bereich.
- Deckungsgrad: In welchem Umfang soll der Fachkräftebedarf über die eigene Ausbildung gedeckt werden?
- Verbleibquote während der Ausbildung kann anhand Erfahrungswerte eingeschätzt werden (Ausbildungsabbrecher, Prüfungsdurchfaller).
- Übernahmequote nach der Ausbildung, nicht alle Ausgebildeten wollen nach der Ausbildung im Ausbildungsbetrieb bleiben. Hier gibt es Erfahrungswerte, die zu berücksichtigen sind.

Diese Kriterien und die daraus abgeleitete Berechnungsformel wurden in den 1990er Jahren von der Ausbildungsleitung der AEG entwickelt. Es ist der Versuch, die unterschiedlichen Faktoren, die auf einen künftigen Fachkräftebedarf Einfluss nehmen, zu berücksichtigen. Sie bieten eine gute Grundlage, über die geplante Personalentwicklung im Unternehmen zu beraten.

Formel zum Ausbildungsbedarf

Anzahl der einzustellenden Auszubildenden = (Arbeitskräfte × Fachkräftefaktor × Fluktuationsquote × Deckungsgrad) / (Verbleibquote × Übernahmequote × 100)

> **Beispiel für gewerblich-technischen Einstellbedarf:**
> In vier Jahren wird mit 500 gewerblich-technischen Arbeitskräften geplant, davon sind 80 % ausgebildete Fachkräfte. Die Fluktuation im gewerblich-technischen Bereich beträgt 3 %. 90 % der künftigen Fachkräfte sollen selbst ausgebildet werden. Es wird davon ausgegangen, dass 90 % die Ausbildung erfolgreich schaffen und ebenso, dass 90 % der Auszubildenden übernommen werden.
> (500 × 80 × 3 × 90) / (90 × 90 × 100) = 13 (gerundet)
> Es müssten demnach 13 gewerblich-technische Auszubildende eingestellt werden.

Weiterbildung

Wie beim Ausbildungsbedarf sind auch beim Bedarf an einer Weiterbildung Indikatoren auf Grundlage der Geschäftsstrategie für eine systematische Bildungsbedarfsanalyse zu berücksichtigen. Es muss ein Abgleich der aktuellen

Berufsbildungsbedarf

und künftig notwendigen Qualifikationen (Soll) und dem derzeitigen Bestand an Qualifikationen (Ist) der Beschäftigten erfolgen. Stellenbesetzungspläne, Arbeitsplatzbeschreibungen und Personalkennziffern müssen ausgewertet und anhand der Unternehmensziele müssen die notwendigen Soll-Qualifikationen und Ist-Qualifikationen festgelegt werden. Es muss dargestellt werden, welcher Bildungsbedarf aufgrund von betrieblichen Notwendigkeiten oder persönlichen Bedürfnissen besteht. Um die persönlichen Bedürfnisse zu ermitteln, müssen die Beschäftigten selbst die Möglichkeit haben, ihre Bildungsanforderungen zu formulieren. Dazu eignen sich beispielsweise Befragungen, Mitarbeitergespräche oder Gruppengespräche.

Bedeutung für den Betriebsrat/die JAV

Auf Verlangen des Betriebsrats hat der Arbeitgeber nach § 96 Abs. 1 BetrVG den Berufsbildungsbedarf zu ermitteln. Damit wird die Pflicht von Arbeitgeber und Betriebsrat konkretisiert, im Rahmen der Personalplanung (§ 92 BetrVG) die betriebliche Berufsbildung der Arbeitnehmer:innen zu fördern. Eine Weigerung des Arbeitgebers, den Bedarf zu ermitteln, stellt einen Gesetzesverstoß dar (§ 23 Abs. 3 BetrVG). Die Ermittlung des Berufsbildungsbedarfs ist für den Betriebsrat also auch mit rechtlichen Mitteln durchsetzbar.

Der Betriebsrat sollte die Bedarfsermittlung aktiv unterstützen und dafür sorgen, dass auch die individuellen Bildungsbedarfe der Beschäftigten berücksichtigt werden. Personalfragebogen unterliegen dabei der Mitbestimmung und erfordern die Zustimmung des Betriebsrats (§ 94 BetrVG).

Bedeutung für die Beschäftigten

Beschäftigte haben das Recht, über betriebliche Angelegenheiten, die ihre Person betreffen, gehört zu werden. Die Beschäftigten sind berechtigt, zu Maßnahmen des Arbeitgebers Stellung zu nehmen sowie Vorschläge für die Gestaltung des Arbeitsplatzes und des Arbeitsablaufs zu machen (§ 82 Abs. 1 BetrVG). Ebenso haben sie ein Recht darauf, dass der Arbeitgeber mit ihnen ihre berufliche Entwicklung und somit auch mögliche Qualifizierungen erörtert. Der Betriebsrat kann dabei hinzugezogen werden (§ 82 Abs. 2 BetrVG).

Berufsbildungsgesetz

Grundlagen

Das Berufsbildungsgesetz (BBiG) bildet die Rechtsgrundlage für eine bundeseinheitliche Regelung der → **Berufsbildung**, soweit diese nicht im berufsbildenden Schulbereich unter Länderhoheit oder in öffentlich-rechtlichen Dienstverhältnissen ausgeführt wird.

Das BBiG regelt sehr detailliert, wie ein Ausbildungsverhältnis zustande kommt, welche Pflichten daraus für den/die Ausbildende/n und den/die Auszubildende/n entstehen und wie ein ordnungsgemäßes Ablaufen der Ausbildung gewährleistet werden soll (→ **Ausbildungsordnung**, → **Ausbilder**, → **Anrechnung der Berufsschulzeit**, → **Berufsbildung**, → **Berufsschule**, → **Berufsschulpflicht**, → **Duales Ausbildungssystem**).

Bereits bei der Novellierung des Berufsbildungsgesetzes 2005 blieben wichtige Reformerwartungen der Gewerkschaften unerfüllt, etwa bei der Freistellung für die Berufsschule, dem Anspruch einer mindestens dreijährigen Ausbildung oder der Stärkung des Ehrenamtes. In den folgenden Jahren sind neue Herausforderungen für eine moderne Berufsbildung hinzugekommen. Die Digitalisierung verändert das Lernen, duale Studiengänge haben an Bedeutung gewonnen und die berufliche Bildung muss sich im Wettbewerb mit hochschulischer Bildung behaupten. Deshalb haben sich die Gewerkschaften für eine Reform des Berufsbildungsgesetzes eingesetzt: Es ist ihnen gelungen, 2018 die Novellierung des Berufsbildungsgesetzes im Koalitionsvertrag von Union und SPD zu verankern. Sie wurde zum 1.1.2020 umgesetzt und hat deutliche Verbesserungen für Auszubildende gebracht, beispielsweise eine Mindestausbildungsvergütung und die Kostenübernahme für Fachliteratur sowie die Freistellung zur Berufsschule und vor der Abschlussprüfung. Auch im Prüfungswesen gab es Neuerungen. So haben Prüfende einen gesetzlichen Freistellungsanspruch und die Transparenz im Prüfungswesen wurde gestärkt.

Allerdings wurden wichtige Themen nicht aufgegriffen: Die Aufnahme des dualen Studiums in den Geltungsbereich des Berufsbildungsgesetzes oder qualitative Verbesserungen für das Ausbildungspersonal und für die berufliche Fortbildung.

Berufsbildungsgesetz

Die Aufnahme dieser Themen ist vor allem am mangelnden Reformwillen bzw. -mut der Union und den Widerständen der Arbeitgeber gescheitert.

Die wesentlichen Verbesserungen auf einen Blick:
- Berufsschulzeiten werden vollständig auf die betriebliche Ausbildungszeit angerechnet.
- Die bezahlte Freistellung am Tag vor schriftlichen Abschlussprüfung.
- Die Kosten für betriebliche Fachliteratur müssen vom Betrieb getragen werden.
- Die Höhe der Mindestausbildungsvergütung (MiAV) orientiert sich an den durchschnittlichen Ausbildungsvergütungen.
- Die Freistellung für ehrenamtliche Prüfer:innen wird verbindlich geregelt.

Wesentliche Reformanforderungen, die offengeblieben sind:
- Die betrieblichen Praxisphasen dualer Studiengänge bleiben weiterhin unzureichend geregelt.
- Es gibt keine qualitativen Impulse für die pädagogische Qualifikation des Ausbildungspersonals, sowie für die Ausbildung und für die Fortbildung selbst.
- Auszubildende haben weiterhin kein Recht darauf, dass sie im Hinblick auf ihre Übernahme rechtzeitig informiert werden.
- Ein Rechtsanspruch auf den Durchstieg von 2-jährigen in 3- bis 3½-jährige Ausbildungsberufe gibt es weiterhin nicht.
- Die Übernahme aller Ausbildungskosten an allen Lernorten durch den Arbeitgeber wurde nicht geregelt.
- Das Konsensprinzip, dass Berufe nur bei Einvernehmen von Arbeitgebern und Arbeitnehmer:innen erlassen werden, wurde nicht gesetzlich abgesichert.

Deshalb heißt es für die Gewerkschaften weiter: Nach der Reform ist vor der Reform!

2024 wurde das BBiG mit dem Berufsbildungsvalidierungs- und -digitalisierungsgesetz (BVaDiG) erneut in folgenden Bereichen angepasst:
- Ein Validierungsverfahren wurde eingeführt, mit dem Beschäftigte eine anschlussfähige Feststellung und Bescheinigung ihrer individuellen beruflichen Handlungsfähigkeit vornehmen lassen können, die einer Berufsausbildung nach dem BBiG und der HwO vergleichbar ist.
- Die Ermöglichung digitaler Dokumente und Verfahren, sodass ein digitaler Ausbildungsvertrag oder ein medienbruchfreies Verfahren für digitale Berichtshefte möglich ist.
- Die Ermöglichung der verbindlichen Ausweisung der Berufsschulnote auf dem Abschlusszeugnis der zuständigen Stellen zur Stärkung der Rolle der Berufsschulen in der dualen Berufsbildung.
- Schaffung gesetzlicher Rahmenbedingungen für digitales mobiles Ausbilden verbunden mit der Ermächtigung des Hauptausschusses des BIBB, diese durch Empfehlungen für die Praxis weiter zu konkretisieren.

- Die Eröffnung einer virtuellen Prüfungsteilnahme für Prüfende als Option.
- Regelungen zu gemeinsamen Berufen bei mehreren sachlich betroffenen Berufsbereichen (etwa nichthandwerkliche Gewerbeberufe und öffentlicher Dienst).

Bedeutung für den Betriebsrat/die JAV

Betriebsrat und JAV haben nach dem BetrVG weitreichende Mitbestimmungs- und Mitwirkungsrechte bei der betrieblichen Umsetzung der → **Berufsbildung** (§§ 96 bis 98 BetrVG). Eine wichtige Grundlage ist das BBiG.

Bedeutung für die Auszubildenden

Für alle Fragen der beruflichen Erstausbildung ist das BBiG die rechtliche Grundlage. Darin sind die Standards für eine ordnungsgemäße berufliche Ausbildung festgelegt.

Berufsgenossenschaften

Grundlagen

Die Berufsgenossenschaften sind der Träger der Gesetzlichen Unfallversicherung. Ihre Aufgabe ist es:
- mit allen geeigneten Mitteln Arbeitsunfälle und Berufskrankheiten sowie arbeitsbedingte Gesundheitsgefahren zu verhüten,
- bei Arbeitsunfällen oder Berufskrankheiten die Gesundheit und die Leistungsfähigkeit der in der gesetzlichen Unfallversicherung Versicherten mit allen geeigneten Mitteln wiederherzustellen und sie oder ihre Hinterbliebenen durch Geldleistungen zu entschädigen (§ 1 SGB VII).

Sie arbeiten mit den Gewerbeaufsichtsbehörden im Bereich des Arbeitsschutzes zusammen.

Die Berufsgenossenschaften erlassen Vorschriften über Einrichtungen, Anordnungen und Maßnahmen, welche die Unternehmer zur Verhütung von Arbeitsunfällen zu treffen haben (Unfallverhütungsvorschriften).

Zur Umsetzung des gesetzlichen Schutzes vor Berufsunfällen und Berufskrankheiten hat der Arbeitgeber in Unternehmen mit regelmäßig mehr als 20 Beschäftigten Sicherheitsbeauftragte zu bestellen (§ 22 SGB VII). Der Betriebsrat ist zu beteiligen. Die Zahl der Sicherheitsbeauftragten wird in der jeweiligen Unfallverhütungsvorschrift geregelt. Die Berufsgenossenschaft kann den Schwellenwert von 20 Arbeitnehmern erhöhen, aber auch umgekehrt die Bestellung von Sicherheitsbeauftragten auch in kleineren Unternehmen anordnen. Die Sicherheitsbeauftragten haben den Unternehmer in Bezug von Arbeitsunfällen und Berufskrankheiten zu unterstützen und auf Gefahren aufmerksam zu machen. Wegen der Erfüllung ihrer Aufgaben dürfen sie nicht benachteiligt werden. Dies führt zu einem besonderen Kündigungsschutz, wobei allerdings der betroffene Arbeitnehmer den Zusammenhang darzulegen hat.

Bedeutung für den Betriebsrat/die JAV

Nach § 89 BetrVG hat der Betriebsrat bei der Bekämpfung von Unfall- und Gesundheitsgefahren neben den für den Arbeitsschutz zuständigen Behörden auch die Berufsgenossenschaft als Träger der gesetzlichen Unfallversicherung durch Anregung, Beratung und Auskunft zu unterstützen. Diese Stellen sind ebenso wie der Arbeitgeber verpflichtet, den Betriebsrat bei allen im Zusammenhang mit dem Arbeitsschutz oder der Unfallverhütung stehenden Besichtigungen und Fragen bei der Unfalluntersuchung hinzuzuziehen.

Berufsgrundbildungsjahr

Grundlagen

Das Berufsgrundbildungsjahr (BGJ) hat zum Ziel, in schulischer Form auf die spätere Berufswahl vorzubereiten und ermöglicht auch, den Beruf kennen zu lernen. So soll es eine berufsfeldbezogene Grundbildung in einem bestimmten Bereich wie z. B. der Elektrotechnik vermitteln.
Insoweit sieht § 7 Abs. 1 BBiG vor, dass durch Rechtsverordnung des Landes bestimmt werden kann, »dass der Besuch eines Bildungsganges berufsbildender Schulen oder die Berufsausbildung in einer sonstigen Einrichtung ganz oder teilweise auf die Ausbildungszeit anzurechnen ist«.
Die Entscheidung, ob eine Vorbildung in einer berufsbildenden Schule, etwa einer Berufsfachschule oder einer sonstigen Berufseinrichtung, auf eine sich anschließende Berufsausbildung angerechnet wird, liegt im Verantwortungsbereich der Länder. Diese können durch Rechtsverordnung der Landesregierungen entscheiden, ob und in welchem zeitlichen Umfang Bildungsabschnitte an berufsbildenden Schulen oder an sonstigen Einrichtungen auf die Ausbildungszeit einer betrieblichen Erstausbildung anzurechnen sind.
Aus einer entsprechenden Verordnung ergibt sich nach § 7 Abs. 3 BBiG die Möglichkeit für einen gemeinsamen Antrag von Ausbildenden und Auszubildenden. Der Antrag ist an die zuständige Stelle zu richten.
Das Berufsgrundbildungsjahr wird nicht in allen Bundesländern angeboten.
Das Berufsgrundbildungsjahr ist nicht zu verwechseln mit dem Berufsvorbereitungsjahr (BVJ) bzw. dem Berufsorientierungsjahr. Dabei handelt es sich um ein vorbereitendes Jahr, welches nicht als erstes Ausbildungsjahr angerechnet werden kann. Allerdings wird mit dem Berufsvorbereitungsjahr den Teilnehmenden die Möglichkeit geboten, den Hauptschulabschluss nachzuholen, den diese vielleicht noch nicht erreicht haben. Das Niveau gleicht dem der Hauptschule. Das Berufsvorbereitungsjahr soll neben beruflichem Grundwissen auch Allgemeinbildung vermitteln.

> **Hinweis:**
> Das BBiG bietet keine Grundlage für Individualentscheidungen der zuständigen Stelle, wie dies zum Beispiel in § 8 BBiG für die Verkürzung der Ausbildungszeit geregelt ist.

Bedeutung für die Jugendlichen bzw. die Auszubildenden

Das Jugendarbeitsschutzgesetz, welches in § 32 JArbSchG zwingend eine Erstuntersuchung (vgl. → **Gesundheitliche Betreuung Jugendlicher**) vor Eintritt in das Berufsleben vorsieht, gilt in diesen Fragen nicht für das Berufsgrundbildungsjahr, weil hier der schulische Charakter im Vordergrund steht.

Etwas anderes kann gelten, wenn vor Beginn des Grundbildungsjahres bereits ein Ausbildungsvertrag abgeschlossen worden ist. Da hier die Berufswahl schon feststeht, ist die Feststellung der gesundheitlichen Eignung für den vorgesehenen Beruf für den/die Jugendliche/n selbst sehr wichtig. In diesem Fall ist die Erstuntersuchung vor Beginn der Maßnahme durchzuführen.

Berufsschule

Grundlagen

Die Berufsschule ist eine der beiden Säulen des → **dualen Systems** der Berufsausbildung und neben dem Betrieb der zweite Ausbildungsort in einer beruflichen Erstausbildung. Die Durchführung des Berufsschulunterrichts obliegt den Bundesländern.
Berufsschulen haben die Aufgabe, den Schüler:innen allgemeine und fachliche Lerninhalte unter der besonderen Berücksichtigung des jeweiligen Berufsbildes zu vermitteln. Wöchentlich werden acht bis zwölf Stunden Unterricht erteilt. Die jährliche Sollstundenzahl liegt bei 480 Unterrichtsstunden. Hierbei erfolgt der Unterricht in Teilzeitform an einem oder mehreren Wochentagen oder in zusammenhängenden Teilabschnitten (Blockunterricht).
Arbeitgeber beklagen immer wieder, dass die Auszubildenden zu lange in der Berufsschule und zu selten im Betrieb seien. Insbesondere werden allgemeinbildende Fächer wie z. B. Sport, Religion und der sozialkundlich-politische Unterricht in Frage gestellt. Des Weiteren wird eine flexiblere Aufteilung der Unterrichtsstunden eingefordert. So sollen den Arbeitgeberwünschen zufolge z. B. im ersten Ausbildungsjahr mehr Unterrichtseinheiten und im zweiten Ausbildungsjahr keine Unterrichtseinheiten erteilt und auf einen zweiten Berufsschultag in der Woche generell verzichtet werden. Aus Sicht des Deutschen Gewerkschaftsbundes ist die Rolle der Berufsschule im → **dualen System** aufzuwerten. Dabei sind u. a. folgende Verbesserungen durchzusetzen:
- Abbau des Unterrichtsausfalles;
- verstärkte Weiterbildung für die Lehrkräfte;
- bessere technische Ausstattung der Berufsschulen sowie
- bessere Verzahnung der beiden Lernorte.

Die rechtlichen Grundlagen bilden in der Regel die allgemeinen Schulgesetze der Bundesländer.

Bedeutung für den Betriebsrat/die JAV

Für die Ausführung der Berufsausbildung ist die Verzahnung der betrieblichen Theorie- und Praxisvermittlung mit den Unterrichtseinheiten in der Berufsschule wichtig. Hier tut sich ein Aufgabenfeld für Betriebsrat und JAV auf, wobei sich allerdings keine direkten Einflussmöglichkeiten auf die Schule durch das BetrVG ergeben.

Häufig auftretende Probleme in der Berufsschule sind der Ausfall von Unterrichtsstunden und schlechte technische Ausstattung der Berufsschule. Fehlende Finanzierungsmöglichkeiten der öffentlichen Hand sind kein Grund, nicht auf Missstände aufmerksam zu machen. In Kooperation mit → **Schüler:innenvertretungen**, anderen JAVen und der Unterstützung der örtlichen Gewerkschaften kann z. B. mit öffentlichen Aktionen und/oder Presseerklärungen der Druck zur Problembeseitigung erhöht werden.

JAVen und Betriebsräte haben darüber hinaus die Möglichkeit, gemeinsam mit den Ausbilder:innen und Unternehmen den Druck auf die Berufsschulen zu erhöhen. Dieses Zweckbündnis erhöht die Möglichkeiten und die Durchsetzungsfähigkeit gegenüber den Berufsschulen und den verantwortlichen Trägern. Dabei sollte versucht werden, die Berufsschullehrer:innen als Verbündete zu gewinnen und diese nicht an den Pranger zu stellen.

Bedeutung für die Auszubildenden

Eine Einflussnahme – wenn auch eine geringe – auf das Schulgeschehen besteht über die → **Schüler:innenvertretung**, dem Mitbestimmungsorgan der Schüler:innenschaft.

Berufsschulpflicht

Grundlagen

Berufsschulpflicht ist die Pflicht zum Besuch einer → **Berufsschule**. Diese ist in den Schulpflichtgesetzen der Bundesländer verankert, baut i. d. R. auf der Vollzeitschulpflicht (neun oder zehn Jahre) auf und dauert drei Jahre bzw. bis zum Ende der Berufsausbildung bzw. bis zum Ablauf des Schuljahres, in dem der/die Schüler:in das 18. Lebensjahr vollendet.
Verantwortlich für die Einhaltung der Berufsschulpflicht sind der/die Ausbildende bzw. die Ausbilder:innen, die Eltern und die Berufsschulpflichtigen selbst. Verstöße werden mit Bußgeld oder Strafen geahndet.
Die Berufsschulpflicht ist vor allem für diejenigen von Belang, die nach dem Besuch einer allgemein bildenden Schule keinen Ausbildungsplatz finden. Sie müssen dann, wenn sie keine weiterführende Schule besuchen wollen oder können – um der Schulpflicht zu genügen – eine Berufsschule besuchen. Dies kann in Form eines Berufsvorbereitungsjahres (BVJ) oder eines Berufsgrundschuljahres (BGS) geschehen.

Beschäftigungsverbote und -beschränkungen

Grundlagen

Das Jugendarbeitsschutzgesetz regelt im zweiten Titel des dritten Abschnitts in den §§ 22 ff. verschiedene Beschäftigungsverbote und Beschäftigungsbeschränkungen.
Um die Jugendlichen vor Überforderung und vor gesundheitlichen Gefahren zu schützen, verbietet § 22 die Beschäftigung mit »gefährlichen Arbeiten«, nämlich mit Arbeiten, die die physische oder psychische Leistungsfähigkeit übersteigen oder die mit Unfallgefahren verbunden sind, von denen anzunehmen ist, dass Jugendliche sie wegen mangelnden Sicherheitsbewusstseins oder mangelnder Erfahrung nicht erkennen oder nicht abwenden können, oder mit Arbeiten, bei denen ihre Gesundheit durch schädliche Einwirkungen der verschiedensten Art gefährdet wird.
Teilweise gelten Ausnahmen vom Beschäftigungsverbot, wenn nämlich die Beschäftigung zur Erreichung des Ausbildungszieles erforderlich ist und der Schutz durch Aufsichtspersonen gewährleistet ist und ihre betriebsärztliche oder sicherheitstechnische Betreuung sichergestellt ist.
Beschäftigungsverbote bestehen auch hinsichtlich der Beschäftigung Jugendlicher mit → **Akkordarbeiten** und Arbeiten, bei denen durch ein gesteigertes Arbeitstempo ein höheres Entgelt erzielt werden kann. Gleiches gilt auch für die Beschäftigung in einer Arbeitsgruppe mit erwachsenen Arbeitnehmern, die mit Akkordarbeiten beschäftigt sind.
Hier ist als Ausnahme die Beschäftigung erlaubt, wenn dies zur Erreichung des Ausbildungszieles erforderlich ist oder eine Berufsausbildung für die Beschäftigung abgeschlossen wurde und der Schutz der Jugendlichen durch die Aufsicht eines Fachkundigen gewährleistet ist.
Ebenfalls aus Gründen des Gesundheitsschutzes und der ungestörten körperlichen Entwicklung sind für Jugendliche unter 16 Jahren Arbeiten unter Tage verboten.
Neben diesen Beschäftigungsverboten mit gefährlichen Arbeiten regelt das Jugendarbeitsschutzgesetz in § 25 JArbSchG auch Verbote der Beschäftigung durch

Beschäftigungsverbote und -beschränkungen

bestimmte Personen. Hier werden insbesondere Personen aufgeführt, die straffällig geworden sind und hier insbesondere wegen Straftaten nach dem Jugendarbeitsschutzgesetz rechtskräftig verurteilt wurden.

Im Übrigen kann der Bundesminister für Arbeit und Sozialordnung über die genannten Beschäftigungsverbote hinaus die Beschäftigung Jugendlicher in bestimmten Betriebsarten oder mit bestimmten Arbeiten verbieten, wenn die Jugendlichen durch die Beschäftigung in besonderem Maße Gefahren ausgesetzt werden oder wenn infolge der technischen Entwicklung oder neuerer arbeitsmedizinischer oder sicherheitstechnischer Erkenntnisse ein Beschäftigungsverbot notwendig erscheint.

Beschwerderecht

Begriff

Wenn sich ein/e Arbeitnehmer:in vom Arbeitgeber oder von Arbeitnehmer:innen des Betriebs benachteiligt und ungerecht behandelt oder in sonstiger Weise beeinträchtigt fühlt, hat er/sie das Recht, sich beim Arbeitgeber zu beschweren. Der/die Arbeitnehmer:in kann jedoch auch direkt die Beschwerde beim Betriebsrat anbringen. Das Beschwerderecht umfasst jedoch nicht Vorgänge, die den/die Arbeitnehmer:in nicht persönlich, sondern andere Arbeitnehmer:innen betreffen oder auch nur über allgemeine Missstände geführt werden. Das Beschwerderecht, das im BetrVG in den §§ 84 und 85 BetrVG geregelt ist, setzt voraus, dass der/die sich beschwerende Arbeitnehmer:in eine Beeinträchtigung seiner persönlichen Position empfindet. Dabei kann es sich sowohl um tatsächliche als auch um rechtliche Beeinträchtigungen handeln, wie z. B. sexuelle Belästigung, Mobbing oder ausländerfeindliches Verhalten.

Der/die Arbeitnehmer:in hat dabei das Wahlrecht, ob er/sie sich direkt mit seiner/ihrer Beschwerde an den Arbeitgeber wendet oder aber an den Betriebsrat.

Beschwerdeverfahren nach § 84 BetrVG

Das Beschwerderecht nach § 84 BetrVG, das sich direkt an den Arbeitgeber als Adressaten wendet, steht dem/der Arbeitnehmer:in auch in den Betrieben zu, in denen ein Betriebsrat nicht besteht bzw. die Voraussetzung für die Bildung eines Betriebsrats nicht gegeben sind.

Im Rahmen des individuellen Beschwerdeverfahrens ist die Beschwerde an keine besondere Form oder Frist gebunden. Durch die Einbringung der Beschwerde ist der Arbeitgeber gehalten, zu überprüfen, ob die Beschwerde berechtigt ist. Das Ergebnis seiner Prüfung hat er dem/der Beschäftigten mitzuteilen. Erkennt er die Beschwerde als berechtigt an, hat er ihr abzuhelfen.

Der/die Arbeitnehmer:in kann ein Betriebsratsmitglied zur Unterstützung oder Vermittlung hinzuziehen (§ 84 Abs. 1 Satz 2 BetrVG).

Beschwerderecht

Im Falle der Ablehnung einer Beschwerde kann durch den/die Arbeitnehmer:in der Betriebsrat nach § 85 BetrVG angerufen werden. Daneben hat der/die Arbeitnehmer:in die Möglichkeit, ein Klageverfahren einzuleiten. Dieses setzt jedoch voraus, dass Gegenstand der Beschwerde ein Rechtsanspruch ist (z. B. Entfernung einer Abmahnung aus der Personalakte).
Durch die Erhebung einer Beschwerde dürfen dem/der Arbeitnehmer:in keine Nachteile entstehen. Leider ist die Erfahrung jedoch eine andere, sodass grundsätzlich den Beschäftigten zu empfehlen ist, das kollektive Beschwerdeverfahren nach § 85 BetrVG in Anspruch zu nehmen.

Beschwerdeverfahren nach § 85 BetrVG

Neben dem individuellen Beschwerdeverfahren nach § 84 BetrVG steht unabhängig das kollektive Beschwerdeverfahren nach § 85 BetrVG.
Wenn sich ein/e Arbeitnehmer:in mit einer Beschwerde an den Betriebsrat wendet, hat sich der Betriebsrat als Organ mit der Beschwerde zu befassen. Dabei ist der Beschwerdegegenstand identisch mit dem Beschwerdegegenstand nach § 84 BetrVG. Somit können auch Rechtsansprüche Gegenstand einer Beschwerde sein, wie z. B. die Ablehnung eines Sonderurlaubs durch den Arbeitgeber.
Der Betriebsrat hat, falls er die Beschwerde für berechtigt hält, beim Arbeitgeber auf Abhilfe hinzuwirken.
Die Einigungsstelle kann durch den Betriebsrat angerufen werden, wenn zwischen dem Betriebsrat und dem Arbeitgeber Meinungsverschiedenheiten über die Berechtigung der Beschwerde bestehen. Nach richtiger Auffassung ist die Einigungsstelle neben tatsächlichen Beeinträchtigungen auch dann anzurufen, wenn Rechtsansprüche betroffen sind. Soweit die Auffassung vertreten wird, dass bei Rechtsansprüchen die Einigungsstelle überhaupt nicht tätig werden darf (so aber das BAG), steht dem der Wortlaut des § 80 Abs. 2 BetrVG entgegen. Bei Rechtsansprüchen kann jedoch die Einigungsstelle die Einigung zwischen Arbeitgeber und Betriebsrat nicht durch einen Einigungsstellenspruch ersetzen (§ 85 Abs. 2 Satz 3 BetrVG). In diesen Fällen muss vielmehr der/die Arbeitnehmer:in seine/ihre Rechtsansprüche selbst durch Klage vor dem Arbeitsgericht geltend machen.
In den übrigen Fällen kann die Einigungsstelle durch einen Spruch entscheiden, der sich jedoch nur auf die Berechtigung der Beschwerde beziehen kann, nicht aber auf mögliche Abhilfemaßnahmen. Der Arbeitgeber muss dann vielmehr der Beschwerde abhelfen. Falls er dem nicht nachkommt, kann der/die Arbeitnehmer:in die Abhilfe im Klagewege durchsetzen. Der Betriebsrat selbst kann im arbeitsgerichtlichen Beschlussverfahren bzw. in einem Verfahren nach § 77 Abs. 1 BetrVG die Durchführung des Einigungsstellenspruchs erzwingen.

Beschwerderecht

Beschwerdeverfahren nach § 13 AGG
Neben dem betriebsverfassungsrechtlichen Beschwerderecht hat ein/e Arbeitnehmer:in ein besonderes Beschwerderecht nach § 13 AGG. Danach besteht das Recht, sich bei der zuständigen Stelle zu beschweren, wenn der/die Arbeitnehmer:in sich im Zusammenhang mit seiner Beschäftigung vom Arbeitgeber, von Vorgesetzten, anderen Beschäftigten oder Dritten benachteiligt fühlt (→ **Allgemeines Gleichbehandlungsgesetz**). Voraussetzung ist dafür, dass es um eine Benachteiligung aus Gründen der Rasse oder wegen der ethnischen Herkunft, des Geschlechts, der Religion oder Weltanschauung, einer Behinderung, des Alters oder der sexuellen Identität geht (§ 1 AGG). Dabei ist in § 13 Abs. 2 AGG klargestellt, dass solche Benachteiligungen auch zu den Gegenständen der §§ 84, 85 BetrVG gehören.

Bedeutung für die Beschäftigten

Die praktische Bedeutung sowohl des individuellen (§ 84 BetrVG; § 13 AGG) als des kollektiven (§ 85 BetrVG) Beschwerdeverfahrens ist sehr unterschiedlich. Es besteht immer die Gefahr, dass ein/e seine/ihre Rechte voll in Anspruch nehmende/r Arbeitnehmer:in Repressalien ausgesetzt ist. Der Vorteil des kollektiven Beschwerdeverfahrens liegt darin, dass mithilfe des Betriebsrats betriebliche Lösungen durchgesetzt werden. Beschwerden, die vom Betriebsrat aufgegriffen werden und Reaktionen im ganzen Betrieb u. U. auslösen, bringen einen Arbeitgeber eher in eine Situation, Beschwerden nachzugehen und sie abzustellen. Dann steht im Mittelpunkt der Beschwerde nicht mehr der/die einzelne Arbeitnehmer:in, sondern der Betriebsrat als Organ bzw. die gesamte Belegschaft des Betriebs. Hierin liegt der besondere Wert des kollektiven Beschwerdeverfahrens.

Betriebliche Sozialleistungen

Grundlagen

Betriebliche Sozialleistungen sind Leistungen, die von Arbeitgebern an aktive Arbeitnehmer oder aber Rentner zusätzlich zum regulären Arbeitsentgelt gezahlt werden.

Solche Leistungen können aufgrund einer gesetzlichen Verpflichtung gezahlt werden, so die Arbeitgeberbeiträge zu den Zweigen der gesetzlichen Sozialversicherung (Kranken-, Renten-, Arbeitslosen- und Pflegeversicherung sowie die Beiträge zur Berufsgenossenschaft). In Tarifverträgen finden sich häufig Regelungen über Gratifikationen, wie etwa 13. Monatsgehalt oder Urlaubsgeld.

Gibt es für die Leistung keine Grundlage im Gesetz oder Tarifvertrag, spricht man häufig auch von »freiwilligen« betrieblichen Sozialleistungen. Dies ist jedoch missverständlich, weil zwar die Einführung der Leistung freiwillig ist. Ist sie aber einmal im Arbeitsvertrag oder in einer Betriebsvereinbarung verankert oder ist sie zur betrieblichen Übung geworden, so ist der Arbeitgeber verpflichtet, sie weiter zu gewähren. Insoweit kann dann von Freiwilligkeit keine Rede mehr sein. Will der Arbeitgeber verhindern, dass eine betriebliche Übung entsteht, muss er deutlich darauf hinweisen, dass ein Rechtsanspruch für die Zukunft nicht begründet werden soll.

Die in der Praxis wichtigste und kostenintensivste betriebliche Sozialleistung in diesem Bereich ist die betriebliche Altersversorgung. Sie soll dem Arbeitnehmer ein zusätzliches Einkommen im Alter ermöglichen, insbesondere die Versorgungslücke zur gesetzlichen Rentenversicherung schließen.

Weitere betriebliche Sozialleistungen sind die Einrichtungen von Kantinen, die Gewährung von Essenszuschüssen und Fahrkostenzuschüssen, Personalrabatte und Belegschaftsverkäufe als geldwerte Leistungen, auch die zinsfreie oder zinsgünstige Gewährung von Arbeitgeberdarlehen. Auch bei der Einrichtung von Betriebskindergärten handelt es sich um eine betriebliche Sozialleistung. Sofern die Leistungen des Arbeitgebers nicht allein in der Zahlung von Geld besteht, sondern eine Einrichtung geschaffen wird, eine eigene Organisation erfordert, besteht ein Mitbestimmungsrecht des Betriebsrats bei der Form, Ausgestaltung und Verwaltung nach § 87 Abs. 1 Nr. 8 BetrVG. Das gilt z. B. für Kantinen oder Betriebskindergärten, für die betriebliche Altersversorgung dann, wenn hierzu eine Unterstützungs- oder Pensionskasse eingerichtet wird.

Betriebliches Eingliederungsmanagement (BEM)

Grundlagen

Kehrt ein Arbeitnehmer nach längerer Erkrankung an seinen Arbeitsplatz zurück, stellt sich häufig die Frage, ob er künftig seine Arbeitsleistung erbringen kann, ohne dass erneut mit gesundheitlichen Beeinträchtigungen gerechnet werden muss.

Negativ zu bewerten sind sogenannte Krankenrückkehrgespräche, die der Arbeitgeber allein mit dem betroffenen Arbeitnehmer führt. Er vertritt dabei regelmäßig seine eigenen Interessen und weist auf den finanziellen Schaden hin, der ihm durch die Krankheit entsteht. Er baut Druck auf und führt dem Arbeitnehmer die Gefahr vor Augen, dass das Arbeitsverhältnis krankheitsbedingt enden kann.

Betriebliche Interessenvertretungen sollten dieses Feld nicht dem Arbeitgeber und seinen Interessen allein überlassen. Sie sollten gemeinsam mit dem Arbeitgeber ein Betriebliches Eingliederungsmanagement vornehmen, bei dem es hauptsächlich um den Schutz vor künftigen gesundheitlichen Gefahren geht und bei dem alle Beteiligten an einem runden Tisch sitzen.

Das Betriebliche Eingliederungsmanagement (BEM) ist in § 167 SGB IX geregelt, also im Schwerbehindertenrecht. Es besteht aber Einigkeit, dass diese Regelungen nicht nur für Schwerbehinderte, sondern für alle Arbeitnehmer gelten.

Danach klärt der Arbeitgeber mit dem Betriebsrat, bei schwerbehinderten Menschen außerdem mit der Schwerbehindertenvertretung, die Möglichkeiten, wie die Arbeitsunfähigkeit möglichst überwunden und mit welchen Leistungen oder Hilfen einer erneuten Arbeitsunfähigkeit vorgebeugt und der Arbeitsplatz erhalten werden kann.

Das BEM findet nur mit Zustimmung des betroffenen Arbeitnehmers statt. Wenn dieser sich davon nichts verspricht, braucht er sich dem nicht zu stellen.

Der Arbeitsunfähigkeit soll vorgebeugt werden, indem arbeitsbedingte Gesundheitsgefahren vermieden werden, gesundheitsfördernde Maßnahmen am Arbeitsplatz vorgenommen und Fehlbeanspruchungen, die Gesundheitsrisiken beinhalten, ermittelt werden.

Betriebliches Eingliederungsmanagement (BEM)

Die Gesundheit soll gefördert werden, indem ambulante und stationäre Maßnahmen der medizinischen und beruflichen Rehabilitation ermöglicht werden und der Arbeitnehmer ggf. stufenweise wieder eingegliedert wird.
Im Wege der Rehabilitation soll gesichert werden, dass der Arbeitnehmer seinen Arbeitsplatz nicht verliert. Hierzu können Veränderungen am Arbeitsplatz vorgenommen werden, die Arbeitszeit (Schichtbetrieb) kann anders gelegt werden oder der Arbeitnehmer kann an einen anderen Arbeitsplatz versetzt werden, an dem vergleichbare gesundheitliche Gefahren nicht drohen. Der Arbeitnehmer soll an innerbetrieblichen Qualifizierungsmaßnahmen teilnehmen, wenn dies auch der Rehabilitation dient.
Das BEM dient nicht nur dazu, andere krankheitsgerechte Arbeitsplätze zu finden, auf denen der Arbeitnehmer eingesetzt werden kann, sondern auch, um die auf dem bisherigen Arbeitsplatz krankmachenden Faktoren auszuschalten (LAG Köln 26.10.2009 – 2 Sa 292/09).
Verstößt der Arbeitgeber gegen seine Pflicht, das BEM auszuführen, ist eine nachfolgende krankheitsbedingte Kündigung nicht allein deswegen unwirksam. Aber die Arbeitsgerichte verlangen vom Arbeitgeber deutlich mehr Informationen bei einer krankheitsbedingten Kündigung, als wenn der Arbeitgeber das BEM versucht hat (BAG 10.12.2009 – 2 AZR 400/08).
Hat der Arbeitgeber eine freie Stelle, die für die Weiterbeschäftigung und die Reintegration eines gesundheitlich gefährdeten Arbeitnehmers geeignet ist, muss er ihm diese anbieten. Ist ihm die Eignung dieser Stelle deswegen unbekannt, weil er kein BEM vorgenommen hat und vergibt er diese Stelle deshalb an einen anderen Arbeitnehmer, muss er sich das in einem Kündigungsschutzprozess des krankheitsbedingt gekündigten Arbeitnehmers entgegenhalten lassen. Die anderweitig besetzte Stelle gilt dann als »frei«, sodass der Arbeitnehmer gute Chancen hat, seinen Prozess zu gewinnen (LAG Berlin-Brandenburg 17.8.2009 – 10 Sa 592/09).

Bedeutung für den Betriebsrat/die JAV

Der Arbeitgeber muss das BEM lediglich ausführen, er ist nicht verpflichtet, Lösungsvorschläge zu unterbreiten (BAG 10.12.2009 – 2 AZR 400/08, dbr 2010, Nr. 12, 41 mit Anmerkung von *Lenz*). Hier sind der Betriebsrat und die Schwerbehindertenvertretung gefordert, eigene Vorschläge zu entwickeln, damit das BEM tatsächlich fruchten kann.
Nach § 166 SGB IX ist der Arbeitgeber verpflichtet, mit Schwerbehindertenvertretung und Betriebsrat eine Inklusionsvereinbarung abzuschließen. In diesem Zusammenhang kann auch das BEM geregelt werden.

Betriebliches Eingliederungsmanagement (BEM)

Zur Einführung des BEM kann auch gegen den Willen des Arbeitgebers die Einigungsstelle angerufen werden (LAG Hamm 17.12.2013 – 7 TaBV 91/13).

Betriebsbegriff

Begriff

Der Betriebsbegriff wird im BetrVG selbst nicht erläutert. Er wird vorausgesetzt. Wie bei vielen anderen Begriffen ist deswegen die Rechtsprechung des BAG für den Begriff entscheidend. Nach dem BAG wird der Betrieb wie folgt festgelegt: Unter Betrieb ist die organisatorische Einheit zu verstehen, innerhalb derer ein Arbeitgeber allein oder mit seinen Arbeitnehmern mithilfe von technischen und immateriellen Dingen bestimmte arbeitstechnische Zwecke fortgesetzt verfolgt, die sich nicht in der Befriedigung von Eigenbedarf erschöpfen.
Kurz gesagt: Darunter ist eine **technische und organisatorisch einheitliche Betriebsorganisation** zu verstehen. Es kommt somit auf zwei Kriterien an:
1. In dem Betrieb müssen die Betriebsmittel zusammengefasst, geordnet und gezielt für den beabsichtigten arbeitstechnischen Zweck eingesetzt werden.
2. Der Einsatz der Arbeitnehmer:innen muss von einem einheitlichen Leitungsapparat aus erfolgen.

Dabei kommt es nicht darauf an, ob der Betrieb zu einem Produktions- oder Dienstleistungsbereich gehört oder ob eine reine Verwaltungsaufgabe in dem Betrieb erfüllt wird. Der Betriebsbegriff ist nicht nur räumlich, sondern auch funktional zu verstehen. Genauso wenig ist für den Betrieb entscheidend, ob der Betrieb identisch ist mit dem Unternehmen, zu dem der Betrieb gehört.
Durch die Digitalisierung der Arbeitswelt und das Hervorbringen neuer Arbeitsformen (Industrie 4.0) passt der herkömmliche Begriff des Betriebs, aber auch der des Arbeitnehmers immer häufiger nicht mehr. Durch Outsourcing, Neuorganisation von Wertschöpfungsketten und die »Plattform-Ökonomie« wird der Betrieb förmlich aufgelöst und kollektivrechtliche Regulierungen greifen ins Leere. Hier bietet § 3 BetrVG erste Lösungsmöglichkeiten zur Bildung betriebs- und unternehmensübergreifender Interessenvertretungen zur Erfassung neuer Organisationsstrukturen. Mit den in § 3 eröffneten Gestaltungsmöglichkeiten durch Tarifvertrag (in Ausnahmefällen auch durch Betriebsvereinbarungen) können die Tarifparteien auf den nachhaltigen Strukturwandel reagieren. Dabei kann aber nicht außer Acht gelassen werden, dass der Betriebsbegriff in

Betriebsbegriff

§ 1 BetrVG die Basisstruktur und der zentrale Ansatzpunkt für die betriebliche Mitbestimmung ist. Letztlich ist auch der Gesetzgeber gefordert, hier verbindliche Regelungen zu schaffen, damit die Mitbestimmung nicht immer weiter ausgehöhlt wird.
Neben dem Betriebsbegriff verwendet das Betriebsverfassungsgesetz auch die Begriffe **Unternehmen** und **Konzern**.
Ein **Unternehmen** ist die »rechtlich« selbstständige organisatorische Einheit bzw. juristische Hülle (z. B. Aktiengesellschaft, GmbH, Kommanditgesellschaft u. a.), in der der ideelle oder wirtschaftliche Zweck des Unternehmens verfolgt wird. So kann ein Betrieb, der auch in »rechtlicher« Hinsicht selbstständig ist, gleichzeitig auch das Unternehmen im Sinne des BetrVG sein.
Ein **Konzern** im Sinne des BetrVG ist wiederum der Zusammenschluss mehrerer Unternehmen i. S. d. § 18 Abs. 1 AktG unter einheitlicher Leitung eines »herrschenden« Unternehmens (auch Konzernobergesellschaft bzw. Muttergesellschaft genannt). Das herrschende Konzernunternehmen ist den anderen Unternehmen (Tochtergesellschaften) in der Weise übergeordnet, indem es unmittelbar oder mittelbar auf die Tochtergesellschaften einen beherrschenden Einfluss ausübt (§ 17 Abs. 1 AktG).

Bedeutung für die JAV

Der Betriebsbegriff ist von ganz zentraler Bedeutung, da nur in einem Betrieb eine JAV gewählt werden kann.
Dabei kommt es immer wieder zu der Frage, ob auch Betriebsteile als selbstständige Betriebe gelten, wenn es um die Frage der Wahl geht. Nach § 4 BetrVG ist dieses dann zu bejahen, wenn
- sie räumlich weit vom Hauptbetrieb entfernt sind oder
- durch den Aufgabenbereich und durch die Organisation eigenständig sind.

Dabei sind Betriebsteile auf den Zweck des Hauptbetriebs ausgerichtet und in dessen Organisation eingegliedert, ihm gegenüber aber organisatorisch abgrenzbar und relativ selbstständig.
In beiden Fällen kommt es darauf an, dass überhaupt eine Leitung besteht, die Weisungsrechte des Arbeitgebers ausübt.
Es wird den jugendlichen Arbeitnehmer:innen und Auszubildenden eines Betriebsteils freigestellt, ob sie eine eigene JAV wählen wollen oder sich an der JAV-Wahl im Hauptbetrieb beteiligen wollen. Dazu bedarf es einer vorherigen Abstimmung im Betriebsteil, die auch von dem Betriebsrat des Hauptbetriebs veranlasst werden kann (§ 4 Abs. 1 BetrVG), und der Stimmenmehrheit der ju-

Betriebsbegriff

gendlichen Arbeitnehmer:innen und Auszubildenden. Ein Rückgängigmachen des Beschlusses erfolgt entsprechend.

Das BetrVG nennt neben dem Betriebsteil auch noch den Kleinstbetrieb. Durch die Zuordnung wird sichergestellt, dass auch die in einem Kleinbetrieb Tätigen von der Anwendung des BetrVG nicht ausgeschlossen werden, sondern vom Betriebsrat des Hauptbetriebs vertreten werden. An und für sich ist ein Kleinstbetrieb ein selbstständiger Betrieb. Nach § 4 Abs. 2 BetrVG ist er dann jedoch dem Hauptbetrieb zuzuordnen, wenn in der Regel weniger als fünf wahlberechtigte Arbeitnehmer:innen in ihm beschäftigt sind. In diesem Fall wählen die im Nebenbetrieb Wahlberechtigten die JAV des Hauptbetriebs mit, und zwar unabhängig von der räumlichen Lage des Nebenbetriebs.

Die Aufspaltung des Betriebs in verschiedene juristisch selbstständige Kleinbetriebe ist ein beliebtes Unternehmermittel, um das BetrVG zu unterlaufen. Die Rechtsprechung des BAG hat dieses sehr frühzeitig gesehen und deshalb die Bildung eines Betriebsrats auch in einem so aufgespalteten Betrieb bejaht. In diesem Fall wird von einem gemeinsamen Betrieb mehrerer Unternehmen gesprochen.

Dieser Gemeinschaftsbetrieb ist gesetzlich in § 1 Abs. 2 BetrVG geregelt. Nach dieser Vorschrift wird ein gemeinsamer Betrieb mehrerer Unternehmen in folgenden zwei Fällen vermutet:

- Von den Unternehmen werden zur Verfolgung arbeitstechnischer Zwecke sowohl die Betriebsmittel als auch die Arbeitnehmer gemeinsam eingesetzt oder
- ein Unternehmen wird mit der Folge gespalten, dass von einem Betrieb ein oder mehrere Betriebsteile einem anderen Unternehmen zugeordnet werden, das an der Spaltung beteiligt ist. Dabei darf sich die Organisation des betroffenen Betriebs nicht wesentlich ändern.

Im ersten Fall wird bei Vorlage dieser gemeinsamen Nutzung eine einheitliche Leitung des Betriebs durch die Unternehmen vermutet.

Im zweiten Fall umfasst der Begriff der Spaltung die Fälle der Aufspaltung, Abspaltung und der Ausgliederung. Werden die wesentlichen materiellen und immateriellen Betriebsmittel gemeinsam weiterhin genutzt oder die personellen, technischen oder organisatorischen Verbindungen bei den Arbeitsabläufen im Wesentlichen beibehalten, so hat sich auch die Organisation des Betriebs bzw. Betriebsteils nicht wesentlich geändert.

Aber auch wenn keiner der Vermutungstatbestände vorliegt, kann ein gemeinsamer Betrieb gegeben sein. Voraussetzung ist, dass zwischen den Unternehmen eine Koordination dergestalt stattfindet, dass Unternehmerfunktionen im sozialen und personellen Bereich von einem einheitlichen Leitungsapparat ausgeübt werden. Indizien für das Bestehen einer Betriebseinheit können deshalb sein:

- Identität des Geschäftsführers bzw. des Betriebsleiters,

Ratayczak

Betriebsbegriff

- Zuständigkeit einer Personalabteilung für alle Arbeitnehmer:innen,
- Austausch und Versetzbarkeit der Arbeitnehmer:innen,
- Benutzung gemeinsamer Sozialeinrichtungen,
- gemeinsame Nutzung der Betriebs-, Büro- und Kommunikationseinrichtungen,
- räumlich-technisch verbundene Arbeit.

Der Arbeitgeber hat im Wege eines Beschlussverfahrens (§ 18 Abs. 2 BetrVG) die Möglichkeit, die Vermutungstatbestände zu widerlegen. Dadurch kann der Wahlvorstand erst einmal in Ruhe die JAV-Wahlen (→ **Wahl der JAV**) durchführen, da nur eine rechtskräftige Entscheidung des Arbeitsgerichts (bzw. des LAG oder BAG) vor Abschluss des Wahlverfahrens auch für den Wahlvorstand bindend wäre. Käme das Arbeitsgericht aber zu einer anderen, rechtskräftigen Beurteilung der Betriebsstruktur, müsste in diesem Fall die JAV-Wahl abgebrochen und ein neues Wahlverfahren eingeleitet werden. Da eine rechtskräftige gerichtliche Entscheidung in der Regel aber während der Amtszeit der JAV ergeht, ist eine negative Entscheidung des Arbeitsgerichtes (bzw. des LAG oder BAG) erst für die nächste JAV-Wahl maßgebend.

Betriebsbußen

Grundlagen

Will der Arbeitgeber ein Fehlverhalten eines Arbeitnehmers ahnden, so erfolgt dies in der Regel durch Abmahnung oder Kündigung. Beide betreffen das individuelle Vertragsverhältnis zwischen Arbeitgeber und Arbeitnehmer. Daher besteht bei der Abmahnung nach Auffassung des BAG überhaupt kein Mitbestimmungsrecht und beim Ausspruch der Kündigung nur ein Anhörungsrecht nach § 102 BetrVG.

Wenn der Betriebsrat einen Einfluss darauf ausüben möchte, unter welchen Voraussetzungen generell Sanktionen verhängt werden und wie diese im Einzelfall ausgestaltet werden, so muss er mit dem Arbeitgeber über eine Betriebsbußenordnung verhandeln, gesetzliche Grundlage hierfür ist § 87 Abs. 1 BetrVG. Solche Betriebsbußen können etwa in Verwarnungen, Verweisen oder Missbilligungen bestehen. Auch die Verhängung einer Geldbuße wird als zulässig angesehen, sofern sie einen Tagesverdienst nicht überschreitet. Schikanen, etwa die Veröffentlichung von Namen, ist auch mit Zustimmung des Betriebsrats nicht möglich. Das Verfahren, welches zur Buße führt, muss rechtsstaatlichen Grundsätzen entsprechen. Dem Beschuldigten muss rechtliches Gehör gewährt werden.

Betriebsgeheimnis oder Geschäftsgeheimnis

Rechtliche Grundlagen

Durch ihre Tätigkeit und Beteiligungsrechte erhalten JAVen umfangreiche Informationen – beispielsweise über Personal des Unternehmens, wirtschaftliche Betätigungen oder unternehmerische Planungen. Das Betriebsverfassungsrecht regelt hier klar und deutlich, welche Informationen der Schweigepflicht unterliegen. Dies sichert die vertrauensvolle Zusammenarbeit zwischen der Interessenvertretung und dem Arbeitgeber. Der Arbeitgeber ist verpflichtet seine Informationspflicht rechtzeitig und umfassend zu erfüllen.

Zeitraum der Schweigepflicht und Personenkreis

Die Schweigepflicht beginnt mit der Übernahme der in § 79 BetrVG genannten Funktion und endet weder bei Ausscheiden aus der Funktion oder dem Unternehmen noch bei Schließung des Betriebs. Die Schweigepflicht entfällt, sobald die Information kein Betriebs- bzw. Geschäftsgeheimnis mehr ist oder der Arbeitgeber das Geheimhaltungsgebot aufgehoben hat.

Die Geheimhaltungspflicht betrifft nicht die Interessensvertretungen des Betriebsverfassungsgesetzes untereinander (Mitglieder und Ersatzmitglieder von JAV, GJAV, KJAV, BR, GBR, KBR, Wirtschaftsausschuss, Vertreter:innen von Gewerkschaften usw.). Jedoch unterliegen alle betriebsverfassungsrechtlichen Institutionen und jedes Einzelmitglied der Geheimhaltungspflicht nach außen hin.

Für das Entstehen einer gesetzlichen Geheimhaltungspflicht nach § 79 BetrVG müssen folgende Bedingungen erfüllt sein:
- Betroffen ist ein Mitglied oder Ersatzmitglied der in § 79 BetrVG aufgezählten Interessenvertretungen. Nur diese können nach § 79 BetrVG zur Geheimhaltung verpflichtet werden.
- Es besteht ein objektives Geheimhaltungsinteresse, welches legal und legitim ist. Weiterhin liegt ein »berechtigtes wirtschaftliches Interesse« vor.
- Die Angelegenheit ist den Mitgliedern der JAV in Ausübung ihres Amtes bekannt geworden.

Betriebsgeheimnis oder Geschäftsgeheimnis

- Der Arbeitgeber hat die Geheimhaltungspflicht ausdrücklich erklärt und auch begründet. Ein allgemeiner Hinweis auf Vertraulichkeit begründet noch keine Schweigepflicht.

Definition Betriebs- und Geschäftsgeheimnisse
Im Betriebsverfassungsgesetz sind die Begriffe Betriebs- und Geschäftsgeheimnis nicht näher definiert, sie stammen aus dem Wettbewerbsrecht. »Ein Betriebsgeheimnis liegt vor, wenn Tatsachen im Zusammenhang mit einem Geschäftsbetrieb, die nur einem eng begrenzten Personenkreis bekannt und nicht offenkundig sind, nach dem Willen des Arbeitgebers aufgrund eines berechtigten wirtschaftlichen Interesses geheimgehalten werden« (BAG 16.3.1982 – 3 AZR 83/79 [Düsseldorf/Köln]). Unter die Geheimhaltungspflicht fallen nur Betriebs- und Geschäftsgeheimnisse, deren Offenbarung geschäftliche Nachteile gegenüber Dritten nach sich ziehen oder die Wettbewerbsfähigkeit der Konkurrenz steigern können. Aufgrund der Schweigepflicht ist es auch untersagt, die erlangten Informationen zu verwerten – beispielsweise zu wirtschaftlichen Zwecken. Im Jahr 2019 ist das Geschäftsgeheimnisgesetz in Kraft getreten. Dieses definiert das Geschäftsgeheimnis als »eine Information

- die weder insgesamt noch in der genauen Anordnung und Zusammensetzung ihrer Bestandteile den Personen in den Kreisen, die üblicherweise mit dieser Art von Informationen umgehen, allgemein bekannt oder ohne Weiteres zugänglich ist und daher von wirtschaftlichem Wert ist und
- die Gegenstand von den Umständen nach angemessenen Geheimhaltungsmaßnahmen durch ihren rechtmäßigen Inhaber ist und
- bei der ein berechtigtes Interesse an der Geheimhaltung besteht.« (§ 2 Nr. 1 GeschGehG)

Die Schweigepflicht gilt sowohl für Betriebs- als auch für Geschäftsgeheimnisse. Ein Geschäftsgeheimnis umfasst vornehmlich ein kaufmännisches und ein Betriebsgeheimnis vornehmlich ein technisches Wissen, welches sich auf den Betriebszweck bezieht.
Ob also ein Betriebs- bzw. Geschäftsgeheimnis und somit eine Schweigepflicht vorliegt, ist objektiv feststellbar und unterscheidet sich von sogenannten vertraulichen Angaben. Eine Information kann nicht durch die willkürliche Bezeichnung als »vertraulich« zum Geschäftsgeheimnis erklärt werden. Ebenso gilt die Schweigepflicht nicht für allgemein bekannte Tatsachen oder Vorgänge.
Definitiv nicht zum Schweigen verurteilt sind Interessenvertretungen, sobald es um unternehmerische Planungen und Maßnahmen zum interessensausgleichspflichtigen Personalabbau oder um Gesetzeswidrigkeiten geht. Die Interessenvertretungen können ihre Mitbestimmungs- und Mitwirkungsrechte wahrnehmen und ab Beginn der Unterrichtung von mitbestimmungspflichtigen Maßnahmen nach §§ 111, 112 BetrVG über konkret geplante Betriebsänderungen mit den

Betriebsgeheimnis oder Geschäftsgeheimnis

von ihnen vertretenen Beschäftigten reden, erst recht, wenn diese betroffen sind (LAG Schleswig-Holstein 20.5.2015 – 3 TaBV 35/14, zu II. 2. der Gründe).

Persönlichkeitsschutz
Unabhängig von Geheimhaltungspflichten zu betrieblichen Tatsachen bestehen für JAV-Mitglieder auch Verpflichtungen des Persönlichkeitsschutzes, z. B. in Bezug auf Tatsachen, die im Rahmen von personellen Einzelmaßnahmen bekannt geworden sind. Diese Geheimhaltungspflicht besteht unabhängig von den Interessen des Arbeitgebers, es bedarf also keiner Erklärung des Arbeitgebers hinsichtlich der Verschwiegenheit.

JAV-Mitglieder müssen also grundsätzlich vertrauliche Informationen über Beschäftigte geheim halten, wenn sie diese im Rahmen ihrer JAV-Tätigkeit erlangt haben. Diese Regelung betrifft insbesondere auch die Weitergabe an den Arbeitgeber, Vorgesetzte und an andere Beschäftigte.

Verstöße
Der Verstoß gegen die Schweigepflicht stellt eine erhebliche Amtsverletzung des jeweiligen Mitglieds der Interessenvertretung dar und kann mit Geld- oder Freiheitsstrafe geahndet werden (§ 120 BetrVG). Hiervon betroffen sind die Weitergabe oder Verwertung von Geheimnissen sowohl einer Arbeitnehmerin/eines Arbeitnehmers als auch von Betriebs- oder Geschäftsgeheimnissen.

Liegt eine grobe Verletzung der Schweigepflicht vor, ist der Arbeitgeber berechtigt, die Amtsenthebung eines Mitglieds oder – sofern das Gremium als Ganzes gegen die Schweigepflicht verstoßen hat – des gesamten Gremiums zu beantragen. Je nach Schweregrad des Verstoßes sind eine außerordentliche Kündigung oder Schadensersatzansprüche des Arbeitgebers denkbar.

Ausnahmen
Das 2023 in Kraft getretene Hinweisgeberschutzgesetz (vgl. → **Hinweisgeberschutz**) eröffnet die Möglichkeit Rechtsverstöße offenzulegen ohne Sanktionen befürchten zu müssen. Denn Betriebs- und Geschäftsgeheimnisse sind nicht mehr geschützt, wenn es sich um die im § 2 HinSchG aufgeführten Verstöße handelt. Dazu zählen beispielsweise Verstöße, die straf- oder bußgeldbewährt sind oder gegen Rechtsvorschriften verstoßen.

Hinweisgebende haben ein Wahlrecht, ob sie sich an eine externe Meldestelle oder an eine interne vom Beschäftigungsgeber errichtete Stelle wenden wollen. Es gilt jeweils eine Vertraulichkeitsverpflichtung. Außerdem definiert das Gesetz Schutzmaßnahmen, u. a. ein Verbot von Repressalien.

Betriebsrat

Grundlagen

Der Betriebsrat ist die Interessenvertretung der Arbeitnehmer:innen einschließlich der Auszubildenden des Betriebs. Ziel seiner Arbeit ist es, die betrieblichen Arbeitsbedingungen zu verbessern und langfristig zu sichern. Dazu sind alle tatsächlichen und rechtlichen Möglichkeiten durch den Betriebsrat auszunutzen, um dieses Ziel zu erreichen. Der Betriebsrat hat aktuelle Probleme der Belegschaft – das betrifft sowohl die Kernbelegschaft als auch verstärkt die atypisch Beschäftigten – aufzugreifen und gemeinsame Lösungen anzustreben. Daneben gewinnt jedoch auch die langfristige Sicherung der materiellen Arbeitsbedingungen an Bedeutung, soweit wie diese auf betrieblicher Ebene regelbar sind. Dazu gehören die Sicherung und der Ausbau der Sozialleistungen und der Beschäftigung.
Betriebsräte müssen sich heute mit mehr und auch anderen Themen beschäftigen. Die sinkende Tarifbindung, die abnehmende Normierungskraft von Tarifverträgen sowie die häufiger anzutreffenden Öffnungs- und Differenzierungsklauseln sind ein Grund dafür, das betriebliche Regelungen in den letzten Jahrzehnten gegenüber tariflichen Regelungen an Bedeutung gewonnen haben.
Gerade im Zeichen von »Industrie 4.0« sind der Betriebsrat und mit ihm die JAV, die Gewerkschaften, aber auch die Belegschaft, gefordert, denn die Digitalisierung verändert momentan die Arbeitswelt rasant. Das Ziel ist die intelligente Fabrik mit intelligenten selbststeuernden und selbst-optimierenden Systemen und Fertigungsprozessen. Aber: Industrie 4.0 fällt nicht plötzlich vom Himmel, die zunehmende Digitalisierung hat bereits in den vergangenen Jahren zu tiefgreifenden Veränderungen in der Arbeitswelt geführt. Es gilt die Chancen und Risiken dieser sog. vierten industriellen Revolution für die arbeitenden Menschen sorgfältig auszuloten und die Risiken soweit wie möglich zu begrenzen. Industrie 4.0 braucht Arbeit 4.0. Mit dem Konzept Arbeit 4.0 soll der Mensch und der Stellenwert menschlicher Arbeit wieder mehr in den Mittelpunkt der Diskussion gerückt werden. Dabei ist die berufliche Bildung die beste Beschäftigungssicherung (→ **Mitbestimmungsrechte und Bildung**).

Betriebsrat

Betriebsräte sind demokratisch gewählte Vertretungsorgane der Arbeiter:innen und Angestellten sowie der Auszubildenden des Betriebs. Als deren Interessenvertretung sind sie verpflichtet, ihre Arbeit allein an den Forderungen und Anliegen der Arbeitnehmer:innen zu orientieren. So ist es auch kein Wunder, das Firmen, in denen Betriebsräte existieren, mehr in die Ausbildung investieren und weniger Auszubildende nach der Lehre den Arbeitgeber wechseln (Böckler Impuls 8/2014, S. 3; s. auch Böckler Impuls 6/2022, S. 4).
Aus dem Gebot der vertrauensvollen Zusammenarbeit gem. § 2 Abs. 1 BetrVG wird häufig von Arbeitgeberseite aus versucht, den Betriebsrat in eine Rolle zu drängen, in der er auch die Interessen des Arbeitgebers zu vertreten bzw. eine lediglich vermittelnde Rolle im Verhältnis zwischen Arbeitgeber und Arbeitnehmer:innen einzunehmen habe. Eine Rolle also, die gegen eine konsequente und aktive Interessenvertretung der Belegschaft durch den Betriebsrat zielt und im Widerspruch zu dem realen wirtschaftlichen und sozialen Interessengegensatz zwischen Arbeitgebern und Arbeitnehmer:innen steht.
Dieser Interessengegensatz wird selbst von der Rechtsprechung bejaht, wie sich aus dem Urteil des BAG vom 21. 4. 1983 – 6 ABR 70/82 – AP Nr. 20 zu § 40 BetrVG 1972 ergibt. Dort heißt es u. a.:
»Das geltende Arbeitsrecht wird auch durchgängig von 2 gegenüberstehenden Grundpositionen beherrscht, mit denen unterschiedliche Interessen von Arbeitgeber- und Arbeitnehmerseite verfolgt werden. Ohne diesen Interessengegensatz wären im Übrigen gesetzliche Regelungen über die Mitwirkung der Arbeitnehmerseite an sozialen, personellen und wirtschaftlichen Entscheidungen des Arbeitgebers gegenstandslos. Auch das Betriebsverfassungsgesetz setzt diesen Interessengegensatz voraus. Im Betrieb hat der Betriebsrat die Interessen der von ihm repräsentierten Belegschaft wahrzunehmen.
Das wird durch § 2 Abs. 1 BetrVG sowie auch durch § 74 Abs. 1 Satz 1 und § 76 BetrVG nur insoweit modifiziert, dass anstelle möglicher Konfrontationen die Pflicht zur beiderseitigen Kooperation tritt. Dennoch bleibt der Betriebsrat Vertreter der Belegschaft gegenüber dem Arbeitgeber. Der ist zu vertrauensvoller Zusammenarbeit, nicht aber dazu verpflichtet, die Interessen der Belegschaft zurückzustellen. Damit obliegt dem Betriebsrat eine ›arbeitnehmerorientierte Tendenz‹ der Interessenvertretung ...«
Für diese Interessen einzustehen, ist die tägliche Aufgabe der Betriebsräte, wobei folgende Schwerpunkte für den Betriebsrat im Vordergrund stehen dürften:
1. Aktive Standort- und Beschäftigungssicherung
2. Faire Einkommen und sichere Tarifverträge
3. Mehr Mitbestimmung in Betrieb und Unternehmen
4. Zukunftssicherung durch innovative Konzepte
5. Sozialverträgliche Arbeitszeiten

6. Gute Arbeit, die nicht krank macht
7. Qualifizierung für alle.

Die Aufgabenstellung des Betriebsrats
Das Gesetz weist dem Betriebsrat eine Reihe von Aufgaben und Rechten zu. Die allgemeinen Aufgaben des Betriebsrats nach § 80 BetrVG verdeutlichen dabei am besten seinen betriebsverfassungsrechtlichen Auftrag, wonach dem Betriebsrat die Überwachung und Kontrolle der Einhaltung aller zum Schutze der Arbeitnehmer:innen geltenden Gesetze, Verordnungen, Tarifverträge, Vereinbarungen und sonstigen Vorschriften obliegt (**Schutzfunktion**). Diese beinhaltet auch ein Initiativrecht, um notfalls vom Arbeitgeber Maßnahmen zu verlangen, die die Rechtsstellung der Arbeitnehmer:innen im Betrieb sichern und dem Betrieb und der Belegschaft dienen.

Diese Schutzfunktion, die sich aus dem Interessengegensatz zwischen Arbeitgeber und Belegschaft ergibt, berechtigt und verpflichtet den Betriebsrat auch, für die Eingliederung von schwerbehinderten und sonstigen Personen in den Betrieb zu sorgen, die besonders schutzbedürftig sind (§ 80 Abs. 1 Nr. 4 BetrVG). Ein weiterer Schwerpunkt der Rechte des Betriebsrats liegt in der → **Gestaltungsfunktion**. Ein Betriebsrat kann nur dann seine Aufgaben wirksam wahrnehmen, wenn er nicht nur auf Maßnahmen des Arbeitgebers reagiert, sondern wenn er selbst tätig wird, also agiert. Dieses erfolgt zum einen über die Wahrnehmung seines Initiativrechtes nach § 80 Abs. 1 Nr. 2 BetrVG. Um in diesem Sinne wirksam werden zu können, sind dem Betriebsrat umfassende Informationsrechte gegeben. Zur Durchführung seiner Aufgaben kann er nach § 80 Abs. 3 BetrVG nach Vereinbarung mit dem Arbeitgeber Sachverständige sowie nach § 80 Abs. 2 BetrVG sachkundige Arbeitnehmer:innen als Auskunftspersonen hinzuziehen, wenn das zur ordnungsgemäßen Erfüllung der Aufgaben des Betriebsrates erforderlich ist. Im Falle einer Betriebsänderung kann der Betriebsrat in Unternehmen mit mehr als 300 Arbeitnehmer:innen eine/n externe/n Berater/in (= Sachverständige/n) ohne vorherige Vereinbarung mit dem Arbeitgeber hinzuziehen (§ 111 Satz 2 BetrVG). Durch das BRMoG 2021 ist im Hinblick auf den Einsatz von **Künstlicher Intelligenz (KI)** ein Vermutungstatbestand eingeführt worden. Muss der Betriebsrat bei seinen Aufgaben die Einführung oder Durchführung von KI beurteilen, ist die Hinzuziehung immer erforderlich; die entsprechende Prüfung entfällt. Damit kann ein Arbeitgeber die Erforderlichkeit nicht mehr bestreiten. Eine Vereinbarung über den Umfang und die Bezahlung des Sachverständigen müssen Betriebsrat und Arbeitgeber aber auch in diesem Fall treffen.

Diese »Generalklausel« für eine aktive Interessenvertretung der Belegschaft durch den Betriebsrat in § 80 BetrVG wird ergänzt durch die konkreten Mitwirkungs- und Beteiligungsrechte in sozialen, personellen und wirtschaftlichen

Angelegenheiten. Der Wirkungsbereich des Betriebsrats reicht dabei von Fragen der Ordnung des Betriebs, der Lohngestaltung (§ 87 Abs. 1 BetrVG), Problemen der Arbeitsorganisation (§§ 90, 91 BetrVG) und Qualifikation (§§ 97, 98 BetrVG; → **Mitbestimmung und Ausbildung**) über personelle Maßnahmen (§§ 99, 102 BetrVG) und die Beschäftigungssicherung und -förderung (§ 92a BetrVG) bis hin zu Betriebsänderungen (§§ 111 ff. BetrVG; → **Mitbestimmungsrechte – JAV und Betriebsrat**).

Diese Mitwirkungs- und Mitbestimmungsrechte sind hinsichtlich ihrer Beteiligung abgestuft. Die Einflussnahme des Betriebsrats auf den Arbeitgeber ist dadurch unterschiedlich ausgestaltet. So räumt das Gesetz dem Betriebsrat Rechte ein, die den Arbeitgeber lediglich zur Unterrichtung und Beratung verpflichten (§§ 90, 92a, 97 Abs. 1 BetrVG). Eine weitere Stufe der Beteiligungsrechte ergibt sich im Rahmen eines Vetorechtes. In diesen Fällen kann der Betriebsrat durch ein Zustimmungsverweigerungs- oder Widerspruchsrecht seine Interessenwahrnehmung vornehmen (§§ 99, 102 BetrVG). U. a. in sozialen Angelegenheiten und Fragen der Qualifikation hat der Betriebsrat ein Mitbestimmungsrecht dahingehend, dass er eine Einigungsstelle anrufen kann, wenn es zwischen ihm und dem Arbeitgeber zu keiner Einigung kommt. Die Einigungsstelle hat in diesen Fällen ein Letztentscheidungsrecht.

Bedeutung für den Betriebsrat/die JAV

Da die JAV nach den Vorschriften des BetrVG kein selbstständiges Organ ist, bestehen die der JAV im Gesetz eingeräumten Rechte gegenüber dem Betriebsrat, nicht jedoch gegenüber dem Arbeitgeber. Da somit die Aufgabenwahrnehmung und auch die Arbeit der JAV sich an dem Betriebsrat ausrichten, hängt der Erfolg dieser Arbeit ganz entscheidend davon ab, wie die Zusammenarbeit zwischen Betriebsrat und JAV sich gestaltet. Je besser das Verhältnis zwischen JAV und Betriebsrat ist, umso besser kann die JAV auch ihre Aufgaben wahrnehmen und gestalten. Auch das BetrVG geht von einer engen Zusammenarbeit aus, wenn in § 80 Abs. 1 Nr. 3 u. 5 BetrVG dem Betriebsrat die Zusammenarbeit mit der JAV zur besonderen Aufgabe gemacht wird.

Nach § 67 BetrVG kann die JAV zu allen Betriebsratssitzungen, einschließlich der Betriebsratsausschüsse, einen Vertreter entsenden. Es handelt sich dabei um ein Teilnahmerecht, das der JAV ohne Einschränkung zusteht. Wenn der Betriebsrat damit einverstanden ist, können auch weitere Mitglieder der JAV an der Betriebsratssitzung teilnehmen. In den Fällen, in denen Angelegenheiten im Betriebsrat besprochen werden, die besonders die jugendlichen Arbeitnehmer:innen und die Auszubildenden betreffen, hat die gesamte JAV ein Teilnahmerecht an der Betriebsratssitzung. Betreffen zudem diese Angelegenheiten überwiegend die jugendlichen Arbeitnehmer:innen und Auszubildenden, hat die JAV auch ein volles Stimmrecht (§ 67 Abs. 2 BetrVG).

Die JAV kann beim Betriebsrat grundsätzlich beantragen, dass Angelegenheiten, die besonders die jugendlichen Arbeitnehmer:innen und die Auszubildenden betreffen und über die die JAV beraten hat, auf die nächste Tagesordnung des Betriebsrats gesetzt werden (§ 67 Abs. 3 BetrVG). Zudem soll der Betriebsrat Angelegenheiten, die die jugendlichen Arbeitnehmer:innen und Auszubildenden betreffen, der JAV zur Beratung zuleiten.

Die JAV ist vom Betriebsrat zu allen Besprechungen mit dem Arbeitgeber hinzuzuziehen, die besonders die Angelegenheiten der jugendlichen Arbeitnehmer:innen und Auszubildenden betreffen (§ 68 BetrVG). Dieses kann z. B. beim Monatsgespräch oder aber bei einer Besprechung im Berufsbildungsausschuss der Fall sein.

Wenn die JAV der Auffassung ist, dass ein Beschluss des Betriebsrats wichtigen Interessen der jugendlichen Arbeitnehmer:innen und Auszubildenden zuwiderläuft, ist auf Antrag der JAV der Beschluss für die Dauer von einer Woche (§§ 35, 66 BetrVG) auszusetzen (→ **Aussetzen von Beschlüssen des Betriebsrats**). In dieser Woche soll die Gelegenheit zur Klärung von Missverständnissen und ausgiebigen Diskussionen gegeben sein. Die JAV hat die Möglichkeit, ihre Argumente gegenüber dem Betriebsrat ausführlich darzulegen und zu begründen. Wichtig ist dabei, dass mithilfe der im Betrieb vertretenen Gewerkschaft versucht wird, eine Einigung herbeizuführen.

Wenn es zu keiner Einigung zwischen dem Betriebsrat und der JAV kommt, kann der Betriebsrat nach Ablauf der einen Woche erneut darüber beschließen; wenn der erste Beschluss bestätigt wird, wird er wirksam. Ein Antrag auf Aussetzung kann durch die JAV in diesem Fall nicht wiederholt werden. Dieses gilt auch dann, wenn der erste Beschluss nur unerheblich geändert wird.

Bevor die JAV von der Möglichkeit der Aussetzung eines Beschlusses des Betriebsrats Gebrauch macht, sollte dieses vorher eingehend geprüft werden und insbesondere auch überlegt werden, welche Auswirkungen dieses auf das Verhältnis zum Betriebsrat hat. Es ist im Einzelfall abzuwägen, ob von der Aussetzungsmöglichkeit Gebrauch gemacht werden sollte oder nicht.

Literaturhinweis

Baumann/Brehmer, Betriebliche Mitbestimmung: eine Bestandsaufnahme, WSI Mitteilungen 16, S. 160

Betriebsrat

Aussetzungsantrag – Beispiel

An den Betriebsrat Düsseldorf, den ...
z. H. des/der Vorsitzenden
Betr.: Aussetzung des Beschlusses zur Senkung des Fahrtkostenzuschusses

Liebe Kolleginnen und Kollegen,

die JAV wurde auf der Sitzung ... darüber informiert, dass der Betriebsrat der Senkung des Fahrtkostenzuschusses zugestimmt hat. Entsprechend der §§ 35, 66 des BetrVG beantragt die JAV die Aussetzung des Beschlusses von einer Woche.
Gleichzeitig beantragt die JAV eine erneute Sitzung des Betriebsrats mit dem Tagesordnungspunkt »Fahrtkostenzuschuss für Auszubildende«, zu der alle Mitglieder der JAV eingeladen werden.

Mit freundlichen Grüßen
Jugend- und Auszubildendenvertretung

Betriebsübergang – Arbeitgeberwechsel

Grundlagen

Geht der Betrieb z. B. durch Verkauf auf einen anderen Inhaber (z. B. eine andere AG, GmbH usw.) über, so richten sich die Rechte und Pflichten der betroffenen Arbeitnehmer nach § 613a BGB. Hiervon zu unterscheiden ist die interne Veränderung innerhalb der GmbH oder AG, der Wechsel der Gesellschafter oder der Mehrheitsanteile lässt das Arbeitsverhältnis zu der Gesellschaft völlig unberührt. Ein Inhaberwechsel und damit ein Betriebsübergang finden nicht statt.

§ 613a BGB besagt grundsätzlich, dass die Rechte und Pflichten der betroffenen Arbeitnehmer unberührt bleiben (§ 613a Abs. 1 Satz 1 BGB). Diese Regelung gilt nur für bestehende Arbeits- oder Ausbildungsverhältnisse, nicht z. B. für Rentner.

Eine Kündigung aus Anlass des Betriebsübergangs ist unwirksam (§ 613a Abs. 4 BGB).

Sind Rechte und Pflichten der Arbeitnehmer durch Tarifvertrag oder Betriebsvereinbarung geregelt, so bestimmt § 613a Abs. 1 Satz 2 BGB, dass diese Inhalt des Arbeitsverhältnisses zwischen dem neuen Inhaber und dem Arbeitnehmer werden und nicht vor Ablauf eines Jahres nach dem Zeitpunkt des Übergangs zum Nachteil des Arbeitnehmers abgeändert werden dürfen, auch nicht durch eine einvernehmliche Regelung. Die Bedeutung dieser Jahresfrist wird häufig überschätzt.

Dieser Schutz läuft nämlich leer, wenn der übernommene Betrieb bei dem neuen Inhaber in eine vorhandene betriebliche Einheit eingegliedert wird und dort eigene Betriebsvereinbarungen gelten. Soweit sie sich auf dasselbe Thema beziehen, gelten sie sofort auch für die neu hinzugekommenen Arbeitnehmer, auch wenn sie ungünstiger sind.

Auch für den neuen Inhaber geltende Tarifverträge gehen bei dem Bestandsschutz nach § 613a Abs. 1 Satz 2 BGB grundsätzlich vor. Allerdings nur insoweit, als die Arbeitnehmer ebenfalls tarifgebunden, also Mitglied der den Tarif schließenden Gewerkschaft sind. Auch hier spielt die Jahresfrist keine Rolle.

Betriebsübergang – Arbeitgeberwechsel

Umgekehrt ändern sich die Arbeitsbedingungen nach Ablauf eines Jahres nicht etwa automatisch oder auf einseitige Anordnung des Arbeitgebers. Will er den Arbeitsvertrag inhaltlich verändern, etwa das Arbeitsentgelt senken oder die Arbeitszeit erhöhen, kann er dies gegen den Willen des Arbeitnehmers nur durch Änderungskündigung, für die er gewichtige Gründe braucht.

Wichtig ist in diesem Zusammenhang noch: bleibt die betriebliche Identität erhalten, wird der Betrieb also nicht in eine vorhandene Einheit des neuen Inhabers integriert, bleibt der Betriebsrat im Amt und die bisherigen Betriebsvereinbarungen in Kraft, sie werden nicht (lediglich) Bestandteil des Arbeitsvertrages.

§ 613a Abs. 5 BGB regelt, dass die betroffenen Arbeitnehmer beim Betriebsübergang vom bisherigen Arbeitgeber oder den neuen Inhaber umfassend über den Zeitpunkt und den Grund für den Übergang zu informieren sind, sowie über die rechtlichen, wirtschaftlichen und sozialen Folgen des Übergangs und die hinsichtlich der Arbeitnehmer in Aussicht genommenen Maßnahmen. Der Arbeitnehmer kann innerhalb eines Monats nach dem Zugang dieser Unterrichtung dem Übergang seines Arbeitsverhältnisses schriftlich widersprechen (§ 613a Abs. 6 BGB). Der Arbeitnehmer geht in diesem Fall nicht über, sondern bleibt bei seinem bisherigen Arbeitgeber. Kann dieser ihn jedoch nicht weiter beschäftigen, kommt eine betriebsbedingte Kündigung des Arbeitsverhältnisses in Betracht.

Betriebsräte sollten beim Betriebsübergang einen Interessenausgleich anstreben, um den Schutz der betroffenen Arbeitnehmer über die gesetzliche Basis hinaus zu verbessern.

Betriebsvereinbarung

Grundlagen

Unter einer Betriebsvereinbarung wird eine kollektive Regelung (Vertrag) zwischen dem Arbeitgeber und dem Betriebsrat/Gesamtbetriebsrat/Konzernbetriebsrat verstanden. In ihren Rechtswirkungen ist die Betriebsvereinbarung dem Tarifvertrag vergleichbar. Die Grundsätze einer Betriebsvereinbarung sind in § 77 BetrVG geregelt. Dabei umfasst der Regelungsbereich von Betriebsvereinbarungen zum einen die Rechte und Pflichten von Arbeitgeber und Betriebsrat, zum anderen bestimmt er Rechte und Pflichten der Arbeitnehmer:innen des Betriebs.

Dabei wird zwischen zwei Formen von Betriebsvereinbarungen unterschieden. Zum einen wird von zwingenden Betriebsvereinbarungen gesprochen, die im Rahmen eines Mitbestimmungsrechtes des Betriebsrats (z. B. § 87 BetrVG) abgeschlossen werden. Diese sind in § 77 BetrVG geregelt. Zum anderen können auch kollektive Regelungen zwischen Betriebsrat und Arbeitgeber in Bereichen, die nicht der Mitbestimmung des Betriebsrats unterliegen, durch sogenannte »freiwillige« Betriebsvereinbarungen (§ 88 BetrVG) geregelt werden. Auch für freiwillige Betriebsvereinbarungen gelten die allgemeinen Vorschriften des § 77 BetrVG zu Abschluss, Wirkung und Kündigung. Eine Nachwirkung besteht bei »freiwilligen« Betriebsvereinbarungen jedoch nur dann, wenn sie in der Betriebsvereinbarung vereinbart worden ist.

Der Betriebsrat kann mit dem Arbeitgeber im Rahmen seines Aufgabenbereiches Betriebsvereinbarungen abschließen, durch die unmittelbar der Inhalt, der Abschluss sowie die Beendigung von Arbeitsverhältnissen geregelt werden. Gleiches betrifft auch betriebliche bzw. betriebsverfassungsrechtliche Fragen. Dabei ist zu beachten, dass kein Vorrang gesetzlicher oder tariflicher Regelungen besteht (**Tarifvorrang**, § 77 Abs. 3 BetrVG). Nach § 77 Abs. 3 BetrVG dürfen Arbeitsentgelte und sonstige Arbeitsbedingungen, die durch Tarifvertrag geregelt sind oder üblicherweise geregelt werden, nicht zum Gegenstand einer Betriebsvereinbarung gemacht werden. Dies gilt dann jedoch nicht, wenn der Tarifvertrag den Abschluss ergänzender Betriebsvereinbarungen ausdrücklich zulässt. Diese

Betriebsvereinbarung

Vorschrift regelt den Kernbereich des Verhältnisses zwischen Tarifautonomie und Betriebsvereinbarung. Dadurch soll die Sicherung der Tarifautonomie gewährleistet und ein Unterlaufen von Tarifverträgen verhindert werden. Die Betriebsvereinbarung soll nicht als ein Ersatztarifvertrag für nicht organisierte Arbeitnehmer:innen wirken können. Dadurch würde die Stellung gerade der Gewerkschaften und ihre Funktionsfähigkeit entscheidend getroffen werden. Es gilt deshalb, diese Kernbestimmung zu erhalten und zu schützen.
Zu beachten ist Folgendes:
Die Tarifsperre des § 77 Abs. 3 Satz 1 BetrVG kommt dann nicht zur Anwendung, wenn eine Angelegenheit vom Anwendungsbereich des § 87 Abs. 1 BetrVG (soziale Angelegenheiten) erfasst wird und keine abschließende und zwingende Tarifregelung existiert. Dann gilt der **eingeschränkte Tarifvorbehalt des § 87 Abs. 1 Eingangssatz BetrVG.**
Weiterhin ist § 77 Abs. 3 BetrVG auf einen **Sozialplan** gem. § 112 Abs. 1 Satz 4 BetrVG nicht anzuwenden, die Sperrwirkung eines Tarifvertrags gilt nicht. Somit können tariflich geregelte Arbeitsentgelte und sonstige tariflichen Arbeitsbedingungen im Sozialplan abweichend vom Tarifvertrag geregelt werden – aber nur zugunsten der Arbeitnehmer/innen. Denn im Verhältnis von Tarifvertrag und Sozialplan gilt das Günstigkeitsprinzip (BAG vom 6.12.2006 – 4 AZR 798/05). Somit können mittels eines Sozialplans tarifliche Regelungen nicht verschlechtert werden.
Um wirksam zu sein, bedarf die Betriebsvereinbarung der Schriftform. Sie ist ferner nur dann wirksam, wenn sie sowohl vom Arbeitgeber als auch vom Betriebsrat (vertreten durch den/die Betriebsratsvorsitzende/n) unterschrieben ist.
Die Betriebsvereinbarung muss wie ein Tarifvertrag vom Arbeitgeber im Betrieb an geeigneter Stelle ausgelegt werden. Unabhängig davon sollte eine JAV bzw. ein Betriebsrat dafür Sorge tragen, dass auch über seine Informationswege die Jugendlichen und Auszubildenden sowie Arbeitnehmer/innen im Betrieb über die Betriebsvereinbarungen informiert werden.
Die Betriebsvereinbarung gilt nach § 77 Abs. 4 Satz 1 BetrVG unmittelbar und zwingend für und gegen die Arbeitnehmer:innen im Betrieb; d.h., dass sie direkt und bindend wirksam ist. Durch die unmittelbare Wirkung wird automatisch auf die Arbeitsverhältnisse eingewirkt, ohne dass es einer entsprechenden Umsetzung zwischen dem Arbeitgeber und den Arbeitnehmer:innen bedarf. Aus der zwingenden Wirkung einer Betriebsvereinbarung folgt, dass der Arbeitgeber und die Arbeitnehmer:innen nichts vereinbaren können, was gegen eine Betriebsvereinbarung verstößt bzw. sie verschlechtert. Zwischen einer Betriebsvereinbarung und einem Einzelvertrag gilt grundsätzlich das Günstigkeitsprinzip, wonach die für die Arbeitnehmer:innen günstigeren Regelungen wirksam sind. Ein Verzicht auf Rechte aus einer Betriebsvereinbarung ist nur mit Zustimmung des Betriebsrats zulässig. Durch Betriebsvereinbarung geregelte Rechte können

Betriebsvereinbarung

nicht verwirken. Soweit Ausschlussfristen für Rechte einer Betriebsvereinbarung in Einzelverträgen enthalten sind, sind sie nur dann zulässig, wenn sie in einem Tarifvertrag oder in einer Betriebsvereinbarung vereinbart sind. Gleiches gilt auch für die Abkürzung von Verjährungsfristen.

Beendet werden kann eine Betriebsvereinbarung:
- mit dem Ablauf der Zeit oder dem Erreichen des Zwecks, für die sie abgeschlossen wurde (z. B. Vereinbarung von Betriebsurlaub),
- durch Abschluss einer nachfolgenden Betriebsvereinbarung oder Inkrafttreten eines Tarifvertrags oder Gesetzes über denselben Regelungsgegenstand,
- durch einen Aufhebungsvertrag zwischen dem Betriebsrat und dem Arbeitgeber, der der Schriftform bedarf,
- mit der Stilllegung des Betriebs, mit Ausnahme des Sozialplans und sonstiger Betriebsvereinbarungen, die im Zusammenhang mit der Betriebsstilllegung abgeschlossen worden sind oder unabhängig von der Stilllegung des Betriebs die Arbeitsbedingungen gestalten (z. B. betriebliche Altersversorgung),
- durch deren Kündigung, wobei die Kündigung von jeder Seite mit einer Frist von drei Monaten erklärt werden kann, wenn die Betriebsvereinbarung selbst keine Vorschriften über Kündigungsfristen enthält (aber Möglichkeit der Nachwirkung).

Nachwirkung
Regelungen einer Betriebsvereinbarung, die durch den Spruch einer Einigungsstelle erzwungen werden können (→ **Mitbestimmungsrechte**), gelten nach einer Kündigung weiter, bis sie durch eine andere Abmachung ersetzt werden (§ 77 Abs. 6 BetrVG; sogenannte zwingende Betriebsvereinbarungen). Es wird dabei von einer »Nachwirkung« gesprochen. Die Nachwirkung erstreckt sich dabei auf alle Normen einer Betriebsvereinbarung. Rechtsansprüche für Arbeitnehmer:innen werden aus einer solchen »Nachwirkung« auch dann begründet, wenn sie erst im Nachwirkungszeitraum in den Betrieb eintreten.
Unter »einer anderen Abmachung« in § 77 Abs. 6 BetrVG ist dabei nicht nur ein Tarifvertrag oder eine neue Betriebsvereinbarung zu verstehen, sondern u. U. auch ein Einzelvertrag. Dabei kann der Abschluss von Einzelarbeitsverträgen jedoch eine Umgehung des Mitbestimmungsrechtes des Betriebsrats bedeuten, was zu einer entsprechenden Unwirksamkeit dieser Arbeitsverträge in diesen Punkten führt.
Beachtet werden muss, dass die »Nachwirkung« nicht bei freiwilligen Betriebsvereinbarungen gilt. Es sei denn, dass in der freiwilligen Betriebsvereinbarung die Nachwirkung vereinbart worden ist.
Richtigerweise ist auch dann von einer »Nachwirkung« auszugehen, wenn in einer Betriebsvereinbarung erzwingbare und freiwillige Regelungstatbestände gleichzeitig enthalten sind.

Betriebsvereinbarung

Regelungsabrede
Neben der Betriebsvereinbarung existiert eine weitere Vereinbarungsform zwischen Betriebsrat und Arbeitgeber, die sogenannte Regelungsabrede (auch Betriebsabsprache oder betriebliche Einigung genannt). Mit dieser weiteren Form können Einzelfallangelegenheiten zwischen dem Arbeitgeber und dem Betriebsrat geregelt werden. Zu diesen Einzelfallangelegenheiten zählen u. a.:
- die Freistellung von Betriebsratsmitgliedern gem. § 38 Abs. 2 BetrVG,
- die Teilnahme von JAV-Mitgliedern bzw. Betriebsratsmitgliedern an Schulungsveranstaltungen gem. § 37 Abs. 6 oder 7 BetrVG,
- die Einigung über die Hinzuziehung eines bestimmten Sachverständigen für den Betriebsrat gem. § 80 Abs. 3 BetrVG,
- die Einigung über die Zurverfügungstellung eines/einer sachkundigen Arbeitnehmers/in als Auskunftsperson gem. § 80 Abs. 2 BetrVG.

Durch die Regelungsabrede werden nur Rechte und Pflichten zwischen dem Arbeitgeber und dem Betriebsrat begründet (schuldrechtliche Beziehung). Demgegenüber können mit einer Regelungsabrede keine unmittelbaren und zwingenden Rechte und Pflichten von Arbeitnehmern/innen begründet werden. Denn der Regelungsabrede fehlt die normative Wirkung einer Betriebsvereinbarung.

Eine Regelungsabrede kann – anders als eine Betriebsvereinbarung – auch formlos vereinbart werden, d. h. auch mündlich. Dabei ist jedoch zu beachten, dass der Betriebsratsvorsitzende für sich allein nicht zu ihrem Abschluss ermächtigt ist. Der Betriebsrat hat als Organ durch Beschluss zu entscheiden. Zwecks Vermeidung von Schwierigkeiten empfiehlt es sich zudem, auch solche Regelungsabreden schriftlich abzufassen und von Arbeitgeber und Betriebsrat unterzeichnen zu lassen.

> Generelle und kollektive Tatbestände, die direkt und unmittelbar Rechte und Pflichten für die Arbeitnehmer:innen begründen, können nur durch eine Betriebsvereinbarung geregelt werden, niemals jedoch durch eine Regelungsabrede.

Bedeutung für den Betriebsrat/die JAV

Betriebsvereinbarungen können nach dem BetrVG nur zwischen dem Betriebsrat/Gesamtbetriebsrat/Konzernbetriebsrat und dem Arbeitgeber vereinbart werden. Als wichtigste Form der Ausübung von Mitbestimmungsrechten des Betriebsrats stellt der Abschluss einer Betriebsvereinbarung ein zentrales Instrument dar, um betriebliche Belange der Arbeitnehmer:innen in dem Betrieb zu regeln. Die Betriebsvereinbarungen bieten die Möglichkeit, unter Beachtung des grundsätzlichen Vorranges des Tarifvertrags und im Rahmen der Zuständigkeit des Betriebsrats auf betrieblicher Ebene die Arbeitsbedingungen der Arbeitnehmer:innen kollektiv zu gestalten, um in ihrem Interesse Einfluss auf die betriebliche Organisation und Ordnung zu nehmen. Da die JAV selber keine Möglichkeit hat, mit dem Arbeitgeber direkt Betriebsvereinbarungen abzuschließen, ist es notwendig, mit dem Betriebsrat konstruktiv und zielgerichtet die Interessen der jugendlichen Arbeitnehmer:innen und Auszubildenden wahrzunehmen. Auch wenn die Zusammenarbeit nicht immer konfliktfrei erfolgen sollte, muss die Interessenwahrnehmung der jugendlichen Arbeitnehmer:innen und Auszubildenden sowohl für die JAV als auch für den Betriebsrat im Vordergrund stehen.

Betriebsvereinbarungen spiegeln häufig das Kräfteverhältnis zwischen Belegschaft und Betriebsrat auf der einen Seite und dem Unternehmen auf der anderen Seite wider. So muss immer wieder festgestellt werden, dass Unternehmer:innen dann weit reichende Zugeständnisse durch den Betriebsrat im Rahmen der Betriebsvereinbarung erhalten, wenn der Betriebsrat nur eine schwache Position hat. In aller Regel ist dann von einer starken Verhandlungsposition auf Seiten des Betriebsrats auszugehen, wenn der Betriebsrat zum einen im Rahmen einer Handlungsstrategie an die Verhandlung von Betriebsvereinbarungen herangeht und zum anderen nicht alleine die Verhandlungen durchführt, sondern während der Vorbereitung und der Verhandlung die Arbeitnehmer:innen, insbesondere auch die jugendlichen Arbeitnehmer:innen und Auszubildenden eng einbezieht. Dazu ist es besonders wichtig, regelmäßige Informationen und Diskussionen z. B. im Rahmen von Betriebs-, Abteilungs- und JAV-Versammlungen, Gesprächen am Arbeitsplatz und anderen Möglichkeiten mit der Belegschaft zu suchen. Auf diese Art und Weise können sowohl die JAV als auch der Betriebsrat verhindern, dass der Betriebsrat aufgrund der starken Machtposition des Arbeitgebers in den Verhandlungen sehr weitgehende Zugeständnisse machen muss.

Bedeutung für die Jugendlichen und Auszubildenden

Da die Bedingungen sowohl für die Ausbildung als auch für die Arbeit durch die Betriebsvereinbarungen sehr umfangreich geregelt werden können, ist es für jede/n jugendliche/n Arbeitnehmer:in und Auszubildende/n wichtig, sich über die im Betrieb existierenden Betriebsvereinbarungen zu informieren.
Weil durch die Betriebsvereinbarungen die Rechte und Pflichten unmittelbar im Ausbildungsvertrag bzw. im Arbeitsvertrag gelten, kann jeder diese Rechte geltend machen. Der Einzelne kann dieses sogar notfalls im Wege einer Klage beim Arbeitsgericht durchsetzen.

Betriebsvereinbarung

Auf Rechte aus einer Betriebsvereinbarung kann nach § 77 Abs. 4 Satz 2 BetrVG nur dann verzichtet werden, wenn der Betriebsrat zugestimmt hat. Selbst Ausschlussfristen für die Geltendmachung sind nur insoweit zulässig, als sie in einem Tarifvertrag oder in einer Betriebsvereinbarung ausdrücklich vereinbart werden (§ 77 Abs. 4 Satz 4 BetrVG).

Betriebsverfassungsgesetz

Grundlagen

Das Betriebsverfassungsgesetz ist Ausfluss der sozialstaatlichen Verpflichtung des Gesetzgebers, die Grundrechte der Arbeitnehmer:innen durch einen kollektiven Mindestschutz zu wahren und zu fördern. Das Betriebsverfassungsrecht ist somit Arbeitnehmerschutzrecht, da die Arbeitnehmer:innen, die persönlich und wirtschaftlich vom Arbeitgeber abhängig sind, ohne einen solchen rechtlichen Schutz eine betriebliche Mitbestimmung grundsätzlich nicht hätten.
Auf der Grundlage des Betriebsverfassungsgesetzes wird die Zusammenarbeit zwischen Arbeitgeber und Arbeitnehmer:innen im Betrieb geregelt. Das Gesetz ermöglicht die Errichtung von Betriebsräten zur Interessenvertretung der Arbeitnehmer:innen.
Für die Interessenwahrung der jugendlichen Arbeitnehmer:innen und Auszubildenden ist im Betriebsverfassungsgesetz die Errichtung von JAVs vorgesehen.
Die Arbeitnehmer:innen wirken über den Betriebsrat, die JAV und die übrigen Organe, wozu auch die Betriebsversammlung zählt, an der Willensbildung und an den Entscheidungen des Arbeitgebers mit. Diese Mitwirkung erfolgt u. a. im Rahmen der Mitwirkungs- und Mitbestimmungsrechte (→ **Mitbestimmungsrechte**) des Betriebsrats, die im Einzelnen u. a. im Betriebsverfassungsgesetz geregelt sind. Dabei sind die Möglichkeiten des Betriebsrats, auf die Entscheidung des Arbeitgebers Einfluss zu nehmen, unterschiedlich stark ausgeprägt. So gibt es bloße Informationspflichten des Arbeitgebers, aber auch Fälle der Mitbestimmung, z. B. in § 87 BetrVG, bei denen im Falle der Nichteinigung die Einigungsstelle verbindlich entscheidet.
Darüber hinaus sind im Betriebsverfassungsgesetz auch die Rechte des/der einzelnen Arbeitnehmers/in festgelegt (§§ 81–86a BetrVG).

Betriebsversammlung

Grundlagen

Die Betriebsversammlung dient als Organ der Betriebsverfassung der gegenseitigen Information, Aussprache und Meinungsbildung von Betriebsrat, Arbeitnehmer:innen sowie von Gewerkschaften. Darüber hinaus hat der Betriebsrat auf der Betriebsversammlung einen Tätigkeitsbericht zu erstatten und somit Rechenschaft über seine Tätigkeit zu geben.
Auch wenn die Betriebsversammlung selbst kein handelndes Organ ist, insbesondere nicht dem Betriebsrat übergeordnet ist, ist die Betriebsversammlung doch ein für die Standortbestimmung des Betriebsrats sehr wichtiges Instrument. Eine Betriebsversammlung gibt zudem auch dem Betriebsrat die Möglichkeit, dem Arbeitgeber zu zeigen, dass der Betriebsrat und die Arbeitnehmer:innen des Betriebs geschlossen zusammenstehen.
Das BetrVG regelt neben der regelmäßigen Betriebsversammlung auch Teilversammlungen sowie Abteilungsversammlungen (§ 42 BetrVG).
Die Betriebsversammlung ist dabei einmal in jedem Kalendervierteljahr einzuberufen, wobei auf ihr der Betriebsrat einen Tätigkeitsbericht zu erstatten hat.
An der Betriebsversammlung nehmen alle im Betrieb beschäftigten Arbeitnehmer:innen teil. Hierzu zählen Arbeiter:innen, Angestellte, Auszubildende sowie Heimarbeiter:innen, die in der Hauptsache für den Betrieb arbeiten. Auch Auszubildende, die zu dem Inhaber eines reinen Ausbildungsbetriebs in einem Vertragsverhältnis stehen und von diesem zur praktischen Ausbildung in den Betrieb eines anderen Betriebsinhabers entsandt werden, sind nach der Rechtsprechung des BAG berechtigt, während ihrer Ausbildungszeit an den dort stattfindenden Betriebsversammlungen teilzunehmen (BAG 24.8.2011 – 7 AZR 8/10). Ein Teilnahmerecht haben zudem auch die Leiharbeitnehmer:innen und andere überlassene Arbeitnehmer:innen, die im Betrieb beschäftigt sind (vgl. § 7 Satz 2 BetrVG). Dabei spielt es keine Rolle, ob die Arbeitnehmer:innen im Zeitpunkt der Betriebsversammlung zur Arbeit verpflichtet sind oder nicht. Auch diejenigen, die sich z. B. in der Elternzeit befinden, können an einer Betriebsversammlung teilnehmen.

Die Einberufung einer Betriebsversammlung erfolgt grundsätzlich durch den Betriebsrat. Diese Verpflichtung entsteht mindestens viermal im Jahr, da pro Quartal eine sogenannte »ordentliche« Betriebsversammlung durchzuführen ist (§ 43 Abs. 1 BetrVG).

Zudem kann der Betriebsrat in jedem Kalenderhalbjahr eine weitere Betriebsversammlung durchführen, wenn er dies aus besonderen Gründen als zweckmäßig erachtet (§ 43 Abs. 1 Satz 4 BetrVG).

Des Weiteren kann der Betriebsrat sogenannte »außerordentliche« Betriebsversammlungen anberaumen, falls er dies für notwendig erachtet (§ 43 Abs. 3 Satz 1 BetrVG). Wenn der Arbeitgeber oder ein Viertel der wahlberechtigten Arbeitnehmer:innen eine Betriebsversammlung beantragt, ist der Betriebsrat ebenfalls verpflichtet, eine sogenannte »außerordentliche« Betriebsversammlung durchzuführen (§ 43 Abs. 3 Satz 1 BetrVG). Solche sogenannten »außerordentlichen« Betriebsversammlungen sind immer dann angezeigt, wenn Angelegenheiten behandelt werden müssen, die für die Arbeitnehmer:innen von unmittelbarem aktuellem Interesse sind und daher nicht bis zu der nächsten ordentlichen Betriebsversammlung verschoben werden können. Dies ist z. B. der Fall, wenn Kurzarbeit geplant ist, Massenentlassungen drohen, Umstrukturierungen geplant sind oder wichtige tarifpolitische Ereignisse anstehen.

Aus Anlass der Covid-19-Pandemie bestand vom 1. 3. 2020 bis zum Ablauf des 7. 4. 2023 für den Betriebsrat und die JAV die Möglichkeit, die Betriebsversammlungen bzw. die Jugend- und Auszubildendenversammlungen mittels audiovisueller Einrichtungen (aber nicht durch eine Telefonkonferenz) durchzuführen. Ab dem 8. 4. 2023 gelten die Regelungen des »Betriebsrätemodernisierungsgesetzes« vom 14. 6. 2021, wonach die Durchführung von Betriebsversammlungen bzw. die Jugend- und Auszubildendenversammlungen mittels audiovisueller Einrichtungen ausgeschlossen ist.

Trotz fehlender gesetzlicher Grundlage besteht gleichwohl bei nicht wenigen Betriebsräten und JAVen zumindest der Wunsch nach der Möglichkeit einer Präsenz-Betriebsversammlung mit der Zuschaltung per Videokonferenz. Der Betriebsrat bzw. die JAV sollte dazu eine offene Diskussion im Betriebsrat bzw. in der JAV führen.

Literatur

Bell, Digitale Betriebsversammlungen, CuA 5/20, 24
Jeß-Desaever, Kommunikation in pandemischen Zeiten, AiB 10/22, 14
Kluge/Schrader, Betriebsversammlung virtuell – Für und Wider, AiB 11/21, 32
Schulze/Helmrich, Betriebsversammlungen jetzt virtuell, AiB 6/20, 35

Betriebsversammlung

Während der Arbeitgeber ein Teilnahmerecht an den regelmäßigen und den zusätzlichen Betriebs- und Abteilungsversammlungen hat, besteht ein Teilnahmerecht nicht bei den sogenannten »außerordentlichen« Betriebsversammlungen. Nur in dem Fall, dass die sogenannte »außerordentliche« Betriebsversammlung auf Wunsch des Arbeitgebers einberufen wurde oder der Betriebsrat ihn dazu einlädt, hat der Arbeitgeber einen Anspruch auf Teilnahme.

Die vom Betriebsrat bzw. auf Wunsch von mindestens einem Viertel der wahlberechtigten Arbeitnehmer:innen einberufene sogenannte »außerordentliche« Betriebsversammlung kann nur im Einvernehmen mit dem Arbeitgeber während der Arbeitszeit stattfinden. Ist der Arbeitgeber damit einverstanden, so darf den teilnehmenden Arbeitnehmer:innen das Arbeitsentgelt nicht gemindert werden. Es besteht jedoch kein Anspruch auf Vergütung der zusätzlichen Wegezeiten bzw. Erstattung zusätzlicher Fahrtkosten (§ 44 Abs. 1 BetrVG).

Es ist deshalb im Einzelfall durch den Betriebsrat abzuwägen, ob er eine sogenannte »außerordentliche« Betriebsversammlung nicht als eine ordentliche oder zusätzliche Betriebsversammlung nach § 43 Abs. 1 BetrVG durchführt, sofern eine solche Versammlung in dem betreffenden Vierteljahr noch nicht stattgefunden hat. In einer ordentlichen oder zusätzlichen Betriebsversammlung nach § 43 Abs. 1 BetrVG ist die Zeit der Teilnahme einschließlich der zusätzlichen Wegezeiten den Arbeitnehmer:innen wie Arbeitszeit zu vergüten. Dieses trifft selbst dann zu, wenn die Versammlung wegen der Eigenart des Betriebs außerhalb der Arbeitszeit stattfinden muss.

Der Arbeitgeber hat mindestens einmal in jedem Kalenderjahr in einer ordentlichen Betriebsversammlung zu berichten über

- das Personal- und Sozialwesen einschließlich des Standes der Gleichstellung von Frauen und Männern im Betrieb,
- die Integration der im Betrieb beschäftigten ausländischen Arbeitnehmer:innen,
- die wirtschaftliche Lage und Entwicklung des Betriebs,
- über den betrieblichen Umweltschutz.

Dabei ist insbesondere wichtig, dass der Arbeitgeber verpflichtet ist, in allen Betrieben mit mehr als 20 wahlberechtigten Arbeitnehmer:innen in jedem Kalendervierteljahr mündlich und ab 1000 Beschäftigten schriftlich über die wirtschaftliche Lage und Entwicklung des Unternehmens zu berichten (§ 110 BetrVG). Dieser Bericht ist vorher mit dem Wirtschaftsausschuss bzw. mit dem Betriebsrat abzustimmen.

Die im Betrieb vertretene Gewerkschaft hat bei Betriebs- oder Abteilungsversammlungen ein eigenständiges Teilnahmerecht. Sie kann zusammen einen oder mehrere von ihr bestimmte Vertreter zu den Betriebsversammlungen entsenden, wobei sie selbstständig entscheidet, wer entsandt wird. Das Teilnahmerecht be-

Betriebsversammlung

zieht sich dabei sowohl auf die ordentlichen als auch auf die außerordentlichen Betriebs- und Abteilungsversammlungen (§ 46 BetrVG).
Die Betriebsversammlung selbst ist nicht öffentlich. Leitende Angestellte können deshalb nur dann an der Betriebsversammlung teilnehmen, wenn der Betriebsrat dem nicht widerspricht.
Die Betriebs- und Abteilungsversammlungen finden grundsätzlich während der Arbeitszeit statt. Der Betriebsrat legt den konkreten Zeitpunkt nach pflichtgemäßem Ermessen durch Beschluss fest. Der Betriebsrat hat rechtzeitig einzuladen, wobei eine gesetzlich festgelegte Frist nicht vorgegeben ist. Es kommt insoweit bezüglich der Einladungsfrist stets auf die Gegebenheiten des Einzelfalles an.
Der/die Betriebsratsvorsitzende (bei seiner Verhinderung sein/e Stellvertreter:in) leitet die Betriebsversammlung. Ihm/ihr obliegt auch das Hausrecht während der Versammlung, was auch die Zugangswege zum Versammlungsraum mit einschließt. Soweit eine Abteilungsversammlung durchgeführt wird, wird diese von einem vom Betriebsrat bestimmten Betriebsratsmitglied geleitet.
Wesentliche Inhalte der Betriebsversammlung sind:
- die Unterrichtung der Arbeitnehmer:innen über sie betreffende Fragen durch Betriebsrat, Gewerkschaftsvertreter und Arbeitgeber,
- betriebliche Fragen sowie Angelegenheiten einschließlich tarifpolitischer, sozialpolitischer, umweltpolitischer und wirtschaftlicher Art sowie Fragen der Förderung der Gleichstellung von Frauen und Männern und der Vereinbarkeit von Familie und Erwerbstätigkeit sowie der Integration der im Betrieb beschäftigten ausländischen Arbeitnehmer:innen, die den Betrieb oder seine Arbeitnehmer:innen unmittelbar betreffen,
- Diskussionen über den Tätigkeitsbericht des Betriebsrats sowie über die anderen zur Diskussion gestellten Themen.

Die Dauer der Betriebsversammlung ist von mehreren Faktoren abhängig. Sie richtet sich nach Art, Umfang und Schwierigkeit der auf der Betriebsversammlung zu behandelnden Themen. Von daher kann es ohne Weiteres möglich sein, dass z. B. bei einer drohenden Betriebsschließung eine Betriebsversammlung über mehrere Tage geht.
Auch wenn die Betriebsversammlung nicht öffentlich ist, besteht grundsätzlich die Möglichkeit, dass außerbetriebliche Personen vom Betriebsrat eingeladen werden, für deren Teilnahme ein sachlicher Grund vorliegt. Dieses trifft z. B. für Mitglieder des Gesamtbetriebsrats, des Wirtschaftsausschusses und für Arbeitnehmervertreter im Aufsichtsrat sowie für Referenten oder Sachverständige zu.

Bedeutung für den Betriebsrat/die JAV

Neben der → **Jugend- und Auszubildendenversammlung** (§ 71 BetrVG) besteht im Rahmen einer Betriebs- bzw. Abteilungsversammlung für die JAV die Möglichkeit, die jugendlichen und auszubildenden Arbeitnehmer:innen umfassend, regelmäßig und rechtzeitig zu informieren. Die JAV hat die Möglichkeit, Fragen und Probleme für die Arbeitnehmer:innen des Betriebs transparent zu machen. Ein solches Thema ist z. B. die Frage der Übernahme von Auszubildenden. Da dieses Thema alle Arbeitnehmer:innen des Betriebs bzw. der Verwaltung betrifft, sollte es regelmäßig Gegenstand einer ordentlichen Betriebsversammlung sein. Das Vorgehen ist mit dem Betriebsrat abzustimmen, damit er in der Betriebsversammlung die Auszubildenden unterstützen kann. Dieses kann z. B. durch die Vorlage von aktuellen Mehrarbeitszahlen geschehen. Des Weiteren könnte durch den Gewerkschaftsvertreter auch auf mögliche tarifvertragliche Übernahmeverpflichtungen hingewiesen werden.

Auf diese Weise kann dem Arbeitgeber deutlich gemacht werden, dass die Arbeitnehmer:innen des Betriebes, der Betriebsrat und die Gewerkschaft zusammenstehen und sich gemeinsam für die Interessen der jugendlichen und auszubildenden Arbeitnehmer:innen einsetzen.

Möglichkeiten für die JAV, aktiv zu werden

Die Betriebsversammlung sollte dabei lebendig gestaltet werden, um möglichst viele jugendliche und auszubildende Arbeitnehmer:innen mit einzubeziehen und für die Themen zu begeistern. Das beginnt schon mit der Einladung, die ideenreich und ansprechend gestaltet werden sollte. Plakate und Vordrucke gibt es u. a. bei den örtlichen Stellen der DGB-Mitgliedsgewerkschaften. Wenn es im Betrieb Medien zur internen Kommunikation gibt, wie zum Beispiel Intranet, einen digitalen Newsletter oder E-Mail-Verteiler, sollten diese zur Einladung genutzt werden.

Für eine lebendige Betriebsversammlung könnten folgende Möglichkeiten genutzt werden:

Für die JAV gibt es mehrere Möglichkeiten, die eigene Arbeit auf einer Betriebsversammlung vorzustellen. Klassisch ist ein Wortbeitrag im Rahmen eines eigenen Tagesordnungspunktes, der vom Versammlungsleiter eingeleitet wird. Daneben kann sich die JAV auch mit verschiedenen Aktionsformen an der Versammlung beteiligen. In jedem Fall sollte es sich um ein konkretes Anliegen handeln mit dem Ziel, emotionalen Druck auf die Arbeitgeberseite auszuüben.

Betriebsversammlung

Der Schwerpunkt der Vorbereitung eines Redebeitrags sollte in jedem Fall darin liegen, einen attraktiven Punkt zu gestalten, der alle Beschäftigten anspricht. Neben dem klassischen Wortbeitrag besteht die Möglichkeit, auch aktivierende Elemente einzubauen. Neben der reinen Symbolsprache (freibleibende Plätze, um auf die Reduzierung von Einstellzahlen bei den Auszubildenden hinzuweisen; selbstgebastelte Särge, um auf die Übernahmesituation hinzuweisen, siehe unten), kann auch ein Dialog mit dem Publikum gestartet werden. Durch gezielte Fragen kann hier die Unterstützung der Beschäftigten eingefordert werden. Vorbereitete Statements von im Publikum platzierten Kollegen:innen können als Sicherheit dienen, falls die Beiträge der Beschäftigten ausbleiben. Ferner können Arbeitsgruppen zu unterschiedlichen Themen – auch mit Referenten:innen – organisiert werden. So wird konkreter diskutiert und schneller etwas auf den Punkt gebracht. Zu überlegen ist, ob hierfür extra Räume benötigt werden, damit die Arbeitsgruppen auch in Ruhe arbeiten können.
Es können auch Abstimmungen herbeigeführt werden. Dazu können vor der Versammlung rote Karten auf den Stühlen verteilt werden und der/die Redner:in kann die Beschäftigten auffordern, dem Arbeitgeber die rote Karte zu zeigen. Ebenso können Kartons zum Beschriften verteilt werden und der/die Redner:in kann die Beschäftigten auffordern, ihre Gedanken und Wünsche darauf zu notieren und anschließend für ein Foto hochzuhalten.
Mit dem Betriebsrat kann geklärt werden, dass die gesamte JAV bzw. weitere Auszubildende zur Unterstützung auf die Bühne gehen. Diese sollten sich hinter dem/der Redner:in platzieren, um ihm/ihr Sicherheit zu geben und um eine breite Unterstützung zu signalisieren. Die Kleidung sollte dabei einheitlich sein, mit spezifischen T-Shirts kann zum Beispiel auf das Anliegen hingewiesen werden.
Es gibt immer wieder aktions- oder kampagnenbezogene Clips und Trailer. Manchmal gibt es auch etwas cooles Selbstgedrehtes. Fragt doch einfach euren Jugendsekretär.
Mit wenig Aufwand kann mit den richtigen Aktionen die Betriebsversammlung richtig lebendig werden. Themen, die immer wieder anstehen sind zum Beispiel die Übernahme nach der Ausbildung sowie Fragen zur Qualität der Ausbildung. Hierzu findet ihr auch jede Menge aktueller Materialen bei eurer DGB-Mitgliedsgewerkschaft. Bei der IG Metall wird man bei der Reihe »Aktiv für Ausbildungsqualität« fündig oder bei den Kampagnenmedien der »Operation Übernahme«. Bei den Fragen zur Übernahme oder der Ausbildungsqualität gibt es immer wieder Auseinandersetzungen mit dem Management. Hier sollte keine Rücksicht auf das Management genommen werden. Ein Beispiel zur Übernahme: Ermittelt die Zahl der Azubis, die nicht übernommen werden sollen. Lasst auf der Betriebsversammlung diese Anzahl von Stühlen leer und bestückt sie mit Schildern, auf denen zum Beispiel steht »Denkmal für einen nicht über-

nommenen Azubi« oder »Ein vernichteter Arbeitsplatz«. Ein guter Anblick für die Geschäftsleitung, wenn sie ihren Bericht gibt.
Auch mit Aktionen rund um die Betriebsversammlung kann ein Ereignis gestaltet werden, das in Erinnerung bleibt. Zum Beispiel kann der Eingangsbereich bunt gestaltet werden. Mit Hürden oder Stolpersteinen kann zum Beispiel auf die schwierige Weiterbildungssituation im Unternehmen hingewiesen werden. Mit transparenten Röhren und farbigen Bällen oder mit Planschbecken und Gummienten kann eine Abstimmung vorgenommen werden. Da das Hausrecht für die Versammlung beim Betriebsrat liegt, sollte alles vorher auch entsprechend abgesprochen werden.
Wichtig ist dabei Folgendes: Überzeugt den Betriebsrat von euren Forderungen und weiht ihn in eure Aktionspläne ein. Wenn ihr Aktionen auf der Betriebsversammlung plant, benötigt ihr die Zustimmung des Betriebsrats. Zum einen hat er in diesem Fall das Hausrecht, zum anderen wäre es politisch unklug, den Betriebsrat bei solchen Vorhaben außen vor zu lassen.

Literaturhinweise

Albert, Tut Gutes und redet darüber, AiB 10/22, 21
Behder, Betriebsräte ohne Betriebsstätte, AiB 3/23, 23
Bell, Digitale Betriebsversammlungen, CuA 5/20, 24
Bossmann, Vorhang auf für den Betriebsrat, AiB 11/11, 672
Brandt, Betriebsversammlung zu Umweltpolitik und Klimaschutz, AiB 5/20, 18
Brandt, Meinungsfreiheit im Betrieb, AiB 2/20, 40
Demuth, Mit angezogener Handbremse...., CuA 7–8/21, 13
Gronemeyer, Vertrauen entsteht im Dialog, AiB 11/19, 17
Jeß-Desaever, Kommunikation in pandemischen Zeiten, AiB 10/22, 14
Jeß-Desaever, Gut präsentiert ist halb gewonnen, AiB 11/17, 10
Kluge/Schrader, Betriebsversammlung virtuell – Für und Wider, AiB 11/21, 32
Müller, Die Macht des Wortes, AiB 3/17, 36
Müller, Ein juristisches Muss, AiB 1/15, 15
Schulze/Helmrich, Betriebsversammlungen jetzt virtuell, AiB 6/20, 35
Windirsch, So wird die Pflicht zur Kür, AiB 1/15, 53
Windirsch, Tue Gutes und rede darüber, AiB 6/14, 59

Beurteilungsverfahren

Grundlagen

In § 94 BetrVG ist geregelt, dass für die Aufstellung allgemeiner Beurteilungsgrundsätze die Zustimmung des Betriebsrats erforderlich ist. Wenn ein betriebliches Beurteilungssystem für die Berufsausbildung eingeführt werden soll, bedarf dieses der Zustimmung des Betriebsrats. Kommt eine Einigung zwischen Betriebsrat und Arbeitgeber nicht zustande, entscheidet die Einigungsstelle.
Da ein Beurteilungssystem in der Ausbildung die Wahlberechtigten für die JAV betrifft, muss die JAV entsprechend bei den Verhandlungen einbezogen werden. Auch hat die JAV nach § 67 Abs. 1 und 2 BetrVG ein Teilnahme- und Stimmrecht, wenn eine entsprechende Betriebsvereinbarung für ein Beurteilungssystem in der Betriebsratssitzung beraten und verabschiedet wird.

Bedeutung für den Betriebsrat/die JAV

Bei der Erarbeitung und Verabschiedung eines Beurteilungssystems sollte die JAV sich zunächst einmal darüber klar werden, welche Zielsetzung ein solches System haben soll. Dabei sollte sich die JAV daran orientieren, dass eine Beurteilung den Auszubildenden und auch dem/der Ausbilder:in einen Überblick über den jeweiligen Ausbildungsstand geben soll. Dadurch können Defizite bei Auszubildenden erkannt und durch gezielte Fördermaßnahmen beseitigt werden. Ein Beurteilungssystem sollte auch dazu beitragen, dass es den an der Ausbildung Beteiligten ermöglicht wird, die Qualität der Ausbildung zu kontrollieren. Das bedeutet beispielsweise überprüfen zu können, ob alle Inhalte aus dem Ausbildungsrahmenplan vermittelt werden.
Bewertet werden sollten die Inhalte der Ausbildung (Fachkompetenz), wie z.B. Bohren, Pläne lesen, Leitungen verlegen, Buchungen am PC, die messbar sind. Eigene Kriterien für die Handlungs- bzw. Methodenkompetenz wie »Fähigkeit

Beurteilungsverfahren

zum eigenständigen Planen« sind überflüssig. Bei einer Bewertung unterliegen sie immer der subjektiven Einschätzung des/der Beurteilers/Beurteilenden. Denn auch und gerade ein optimales Team besteht aus lauter eigenständigen, völlig unterschiedlichen Persönlichkeiten, von denen jede ihre Fähigkeiten einbringt, um zum gemeinsamen Erfolg beizutragen. Einen solchen Prozess zu beurteilen und an alle eine einheitliche Messlatte anzulegen, steht im Widerspruch zur Förderung von sozialen Kompetenzen. Stattdessen würde dann Konkurrenz gefördert.

Das herkömmliche Notensystem ist für eine Beurteilung in dem beschriebenen Sinn nicht förderlich und auch nicht notwendig; denn jede Art von Noten oder Punktsystem gibt der Beurteilung einen objektiven Anstrich, obwohl auch Noten subjektiv, d. h. von Erwartungen des/der Beurteilers/Beurteilenden abhängig sind. So soll es beispielsweise vorgekommen sein, dass zwei Auszubildende ein und dasselbe Werkstück nacheinander zum Bewerten abgegeben haben und vollkommen unterschiedliche Noten erhalten haben. Das ist bei der Feststellung des eigenen Ausbildungsstandes mit Sicherheit nicht hilfreich.

Oftmals wird bei der Argumentation für Noten die Motivation, die daraus geschöpft wird, angeführt. Die Motivation, die hier gemeint ist, entsteht durch den Vergleich oder – treffender – die Konkurrenz. Nicht das Erlernen von Fähigkeiten für den späteren Beruf rückt in den Vordergrund, sondern die Ansammlung vieler guter Noten, um möglichst weit oben in der Bestenliste zu liegen. Was damit erreicht wird, ist Bestenauslese, die Auszubildende mit schlechteren schulischen oder persönlichen Voraussetzungen von vornherein benachteiligt. Der Leistungsdruck in der Ausbildung wird verstärkt und ebenso der Anpassungsdruck.

Deshalb ist es wesentlich sinnvoller, nach dem Prinzip »Fördern statt Auslesen« zu verfahren. Jeder Ausbildungsabschnitt sollte besprochen werden und Lernziele daraufhin kontrolliert werden, inwiefern sie »erreicht« oder »nicht erreicht« sind. Bei wichtigen Lernzielen muss bei Nichterreichen gezielt gefördert werden. So wird gewährleistet, dass der/die Auszubildende wesentlich genauere Information über den Ausbildungsfortschritt erhält als dies durch die Ziffern wie »2« oder »3« wiedergegeben werden kann.

Eckpunkte für ein Beurteilungssystem

Ein Beurteilungssystem soll für Auszubildende bedeuten:
- Es findet eine regelmäßige Erfolgskontrolle statt.
- Eventuelle Schwächen werden schnell erkannt und ausgeglichen.
- Das Beurteilungssystem sollte rein fachbezogen sein, d. h. keine Disziplinierungsinstrumente (Verhaltensbeurteilung) beinhalten.

Beurteilungsverfahren

Das Beurteilungssystem bedeutet für Ausbilder:innen:
- Es ist ständig ein aktueller Überblick über den Ausbildungsstand der Auszubildenden vorhanden.
- Ein gleichmäßiger Ausbildungsfortschritt wird sichergestellt.
- Das Verhältnis zwischen Auszubildenden und Ausbilder:in verbessert sich.

Ein Beurteilungssystem bedeutet für die Ausbildungsleitung:
- Der Ablauf der Ausbildung wird nachvollziehbar.
- Ein ständiger Informationsfluss ist gewährleistet.
- Die Verteilung der Zuständigkeiten (z. B. bei Fördermaßnahmen oder Meinungsverschiedenheiten) ist klarer geregelt.

Musterbetriebsvereinbarung: Qualifikations- und Förderbogen

Geltungsbereich
Die Betriebsvereinbarung gilt:
räumlich: für _____
persönlich: für alle gewerblichen, kaufmännischen und technischen Auszubildenden im Sinne des BBiG sowie alle weiteren zur Berufsausbildung beschäftigten Arbeitnehmer:innen.

Grundsätze

Die Ausbildungsleitung verpflichtet sich, jedem/r Auszubildenden zu Beginn der Berufsausbildung einen Ausbildungsrahmenplan der IHK und einen zeitlich und sachlich gegliederten Ausbildungsplan auszuhändigen.
Mit Inkrafttreten dieser Betriebsvereinbarung verpflichtet sich die Ausbildungsleitung, den Abteilungen den entsprechenden Qualifikations- und Förderbogen auszuhändigen. Die Vervielfältigung des Qualifikations- und Förderbogens erfolgt dann in der jeweiligen Ausbildungsabteilung.
Das Qualifikations- und Fördersystem soll die erfolgreiche Berufsausbildung im fachlichen und im überfachlichen Bereich gewährleisten.
Wesentliches Ausbildungsziel ist die Befähigung zur Ausübung einer qualifizierten beruflichen Tätigkeit, die das selbstständige Planen, Durchführen und Kontrollieren einschließt. Neben den fachlichen Kompetenzen sind auch personale Selbstständigkeit) und soziale Kompetenzen von besonderer Bedeutung, um die Auszubildenden in ihrem Lernverhalten auf die Gegebenheiten des Berufslebens und die des Betriebs vorzubereiten. Die Auszubildenden sollen lernen, sich neue Lerninhalte selbstständig zu erarbeiten.
Die Sicherstellung dieser Ziele erfolgt durch Kontrollen des Ausbildungsstands und Förderung der Qualifikation und Lernziele. Die Auszubildenden erhalten eine Kopie über ihren individuellen Ausbildungsstand und werden dadurch angeregt, eigenverantwortlich Schlüsse für ihre weitere Ausbildung zu ziehen. Die Ausbilder:innen erhalten Aufschluss über den Ausbildungserfolg.

Beurteilungsverfahren

Bei der Vermittlung der Ausbildungsinhalte werden fachliche und übergreifende Qualifikationen in konkreten Arbeitssituationen und -aufgaben systematisch zusammengeführt und miteinander verknüpft.
Die Lern- und Qualifikationsziele sind im betrieblichen Ausbildungsplan für die einzelnen Ausbildungsabschnitte festgelegt. Sie sind aus dem für den jeweiligen Beruf gültigen Ausbildungsrahmenplan abgeleitet und ständig den Gegebenheiten der Berufsausbildung mit Zustimmung des Betriebsrats anzupassen. Zur Vermittlung von Schlüsselqualifikationen ist es notwendig, die Ausbildungsmethoden zu erweitern und zu verändern. Es sind Ausbildungsmethoden einzusetzen, die selbstständiges Lernen fördern und das Erlernen der Schlüsselqualifikationen ermöglichen.

Beurteilungsgrundlage

Die für die einzelnen Ausbildungsabschnitte im Ausbildungsplan festgelegten Lern- und Qualifikationsziele werden in einem jeweiligen Qualifikations- und Förderbogen dokumentiert, hierauf bezieht sich der jeweilige Qualifikations- und Förderbogen. Anhand objektiver Beurteilungsmerkmale wird die Fachkompetenz beurteilt. Die Methodenkompetenz wird anhand der vorgegebenen Lernziele überprüft.
Die Sozialkompetenz wird durch Gruppengespräche, Gruppenarbeit in Form der Planung, Durchführung, Auswertung und der kritischen Nachbetrachtung von Projektarbeit, die der Ausbilder:innen moderiert, gefördert. Sozialkompetenz darf nicht beurteilt werden.

Ausbildungsablauf

Sollten Veränderungen im Ausbildungsablauf der folgenden Ausbildungsberufe die Formulierung ergänzender Ausbildungsziele notwendig machen, so bedarf es hierzu der Zustimmung des Betriebsrats.

Ausbilder:innen/Ausbildungsbeauftragte

Dem Betriebsrat sind alle Ausbilder:innen (haupt- und nebenberuflich) und Ausbildungsbeauftragte schriftlich zu benennen. Neu einzustellende hauptberufliche sowie neu betrieblich eingesetzte hauptberufliche Ausbilder:innen haben nach § 30 BBiG ihre Eignung entsprechend der Ausbildereignungsverordnung nachzuweisen. Das Gleiche gilt für die im Betrieb beschäftigten Ausbildungsbeauftragten. Ausbildungsbeauftragte sind alle die, die damit beauftragt wurden, dem/der Auszubildenden die Ausbildungsziele zu vermitteln. Alle hauptberuflichen Ausbilder:innen und die mit der Ausbildung beauftragten Arbeitnehmer:innen sind rechtzeitig und während der Arbeitszeit über die Grundsätze und das Verfahren des Qualifikations- und Förderbogens zu unterweisen.
Die dem Betriebsrat benannten haupt- und nebenberuflichen Ausbilder:innen werden entsprechend ihrer Ausbildungsaufgabe im erforderlichen Maße durch geeignete innerbetriebliche bzw. außerbetriebliche Weiterbildungsmaßnahmen auf die Vermitt-

Beurteilungsverfahren

lung der Fertigkeiten, Kenntnisse und Qualifikationen vorbereitet. Um auch auf Dauer eine den Anforderungen der Neuordnung entsprechende Ausbildung zu gewährleisten, ist es notwendig, allen haupt- und nebenberuflichen Ausbilder:innen eine fachliche und pädagogische Weiterbildung zu garantieren. Um dieses sicherzustellen, ist allen haupt- und nebenberuflichen Ausbilder:innen und deren Stellvertreter:innen jährlich mindestens eine Woche Freistellung zu gewährleisten.
Kosten, die aufgrund der Weiterbildungsmaßnahmen (inklusive Lohn- und Gehaltsforderungen) entstehen, werden vom Arbeitgeber übernommen. Der jährliche Weiterbildungsbedarf wird zwischen Ausbildungsleitung, Betriebsrat (Berufsbildungsausschuss) und der JAV beraten. Den Ausbildungsbeauftragten ist zur ordnungsgemäßen Durchführung ihrer Ausbildungstätigkeit ausreichend Zeit zur Verfügung zu stellen.
Alle sechs Monate soll ein Gespräch zwischen Ausbildungsleitung, Ausbildungsbeauftragten, JAV und Betriebsrat (Berufsbildungsausschuss) stattfinden.

Fachliche und pädagogische Betreuung der Auszubildenden

Um die Qualität der Ausbildung zu sichern, sind die Ausbildungsgruppen zahlenmäßig so zusammenzusetzen, dass entsprechend der Ausbildungsinhalte eine gute fachliche und pädagogische Betreuung erreicht wird.
Das Verhältnis hauptberuflicher Ausbilder:in zu Auszubildenden in den jeweiligen Ausbildungsgruppen soll 1 : 12 nicht überschreiten.
Die Ausbildungsmittel sind für alle Ausbildungsberufe ständig und zu Beginn der Ausbildung kostenlos zur Verfügung zu stellen. Dies betrifft unter anderem: Fachliteratur (Formelsammlungen, Tabellenbuch, Palbücher etc.), Büromaterial (fachspezifische Schablonen, Schreibgeräte, Papier etc.), Werkstoffe, Werkzeuge und Sonstiges.

Ausbildungsstandkontrolle/Zeiträume

Die Überprüfung des Ausbildungsstandes nimmt der/die für den jeweiligen Ausbildungsabschnitt verantwortliche Ausbilder:in bzw. der/die Ausbildungsbeauftragte in Absprache mit den Auszubildenden vor.
Die Kontrolle der Ausbildungsziele erfolgt entsprechend der in der Anlage beigefügten Qualifikations- und Förderbogen. Sie sind Bestandteil der Betriebsvereinbarung. Das Bewerten der im Qualifikations- und Förderbogen aufgeführten Ausbildungsziele hat vom/von der vermittelnden Ausbildungsbeauftragten unmittelbar nach Vermittlung des jeweiligen Ausbildungszieles zu erfolgen. Der Qualifikations- und Förderbogen darf nicht in die Personalakte abgelegt werden. Ein ausgefüllter Qualifikations- und Förderbogen darf nur für den/die Auszubildende/n kopiert oder vervielfältigt werden.

Ausbildungsgespräch

Die Auszubildenden sind zu Beginn der Ausbildung über die Grundsätze und das Verfahren des Qualifikations- und Förderbogens unter Beteiligung des Betriebsrats (Berufsbildungsausschusses) und der JAV zu informieren.

Beurteilungsverfahren

Der/die Ausbilder:in muss mit dem/der Auszubildenden zum Abschluss des Ausbildungsabschnittes das Ergebnis des Qualifikations- und Förderbogens besprechen. Längere Ausbildungsabschnitte sind in übersichtliche Unterabschnitte aufzuteilen, die zwei Wochen nicht unter-, sechs Wochen nicht überschreiten sollen.
Der/die Auszubildende erhält die Möglichkeit, zum Ausbildungsgespräch unabhängig Stellung zu nehmen. Diese Stellungnahme wird in schriftlicher Form an die Ausbildungsleitung weitergeleitet. Diese hat, wenn nötig, Konsequenzen zu ziehen (Gespräche mit den Beteiligten unter Teilnahme JAV/BR).
§ 84 BetrVG (Beschwerderecht) ist hiervon nicht berührt. Auf Wunsch des/der Auszubildenden müssen Streitfälle, die sich aus dem Qualifikations- und Förderbogen ergeben, in einer paritätisch besetzten Kommission (Betriebsrat und Ausbildungsleitung) behandelt und geregelt werden.

Förderungsmaßnahmen

Wurde das Lernziel nur teilweise erreicht, müssen von der Ausbildungsleitung Maßnahmen zur Förderung eingeleitet werden. Handelt es sich um überbetriebliche oder außerbetriebliche Maßnahmen, so müssen diese mit dem Betriebsrat (Berufsbildungsausschuss) und der JAV abgestimmt werden. Die jeweilige Maßnahme ist dem/der Auszubildenden zu erläutern. Bei der Stellungnahme »Ausbildungsziele nicht erreicht«, sind hierzu Erläuterungen über Art und Umfang anzugeben. Gründe wie z. B.: Krankheit, Urlaub, fehlende Arbeitsmittel usw. sind ebenfalls zu dokumentieren.
Wurden Ausbildungsziele nicht erreicht, so sind Vorschläge für entsprechende Maßnahmen zur Beseitigung der Mängel auszuführen (z. B. Verlängerung des Ausbildungsabschnittes, spezielle Fördermaßnahmen in folgendem Ausbildungsabschnitt etc.).

Aufbewahrung

Die Qualifikations- und Förderbogen werden der Ausbildungsleitung zugeleitet, dort bis zur Beendigung der Ausbildung aufbewahrt und nach Beendigung der Ausbildungszeit vernichtet.

Mitbestimmung des Betriebsrats

§§ 95–98 des BetrVG bleiben von vorstehenden Regelungen unberührt.

Inkrafttreten und Geltungsbereich

Diese Betriebsvereinbarung gilt vom .... für alle Auszubildenden bei .... und kann mit einer Frist von drei Monaten zum Jahresende gekündigt werden.
Bis zum Inkrafttreten einer neuen Betriebsvereinbarung gilt die vorstehende Vereinbarung weiter.

Beurteilungsverfahren

Muster: Lernzielkontrollbogen

Ausbildungsberuf
Name
Ausbildungsabteilung

Nachfolgend aufgeführte Ausbildungsziele beziehen sich nur auf die o. g. Abteilung

Zu vermittelnde Ausbildungsziele gemäß dem sachlich und zeitlich gegliederten Ausbildungsplan	Nr.	erreicht	nicht erreicht

	Vermittelt im Abschnitt Nr.				
	Datum				
Geltende Arbeitssicherheitsvorschriften beachten					
Umweltschutz und rationelle Energieverwendung					

Werden Ausbildungsziele nicht erreicht, so sind hierzu Erläuterungen über Art und Umfang zu geben:
_____
_____
_____

Werden Ausbildungsziele nicht erreicht, so sind Vorschläge für entsprechende Maßnahmen zur Beseitigung der nicht erreichten Ausbildungsziele aufzuführen:
_____
_____
_____

Ausbildungsabteilung	Betriebsrat/JAV	Auszubildende/r
Datum, Unterschrift	Datum, Unterschrift	Datum, Unterschrift

Bildungsurlaub

Grundlagen

Bis auf Bayern und Sachsen gibt es zwischenzeitlich in allen Bundesländern Bildungsurlaubsgesetze (siehe Tabelle). In diesen Gesetzen ist eine bezahlte Freistellung des/der Beschäftigten von der Arbeit zum Zweck der Teilnahme an einer beruflichen, allgemeinen oder politischen Bildung geregelt. Ein bundesweites Bildungsurlaubsgesetz gibt es nicht.

Neben den Bildungsurlaubsgesetzen auf Ebene der Bundesländer gibt es einen speziellen bundesweit geregelten Anspruch auf bezahlte Freistellung für die Teilnahme an Bildungsmaßnahmen für betriebliche Interessenvertreter. So haben Mitglieder der JAV nach § 65 i. V. m. § 37 Abs. 6 und 7 BetrVG einen Anspruch auf bezahlte und unbezahlte Freistellung von ihrer beruflichen Tätigkeit, um an Bildungsmaßnahmen teilzunehmen.

Einige Tarifverträge sehen einen Anspruch auf zumeist unbezahlte Freistellung für die Teilnahme an einer Bildungsurlaubsmaßnahme vor. So ist beispielsweise in § 10 Abs. 6 des Manteltarifvertrags für die Bayerische Metallindustrie ein Bildungsurlaubsanspruch von zwei Wochen im Jahr für alle Arbeitnehmer/innen geregelt.

Eine bundesweite Freistellungsregelung für Fortbildungsmöglichkeiten gibt es für Fachkräfte für Arbeitssicherheit nach § 23 SGB VII und für Schwerbehindertenvertrauensleute nach § 179 Abs. 4 SGB IX.

Der Übersicht auf der folgenden Seite können die jeweiligen Regelungen (mit Ausnahme der tariflichen) für die Teilnahme an Bildungsmaßnahmen entnommen werden.

Bildungsurlaub

Wo?	Wer?	Wonach?	Wie lange?
alle Bundesländer	Betriebsräte, JAV	§ 37 Abs. 6 BetrVG	unbegrenzt
alle Bundesländer	Betriebsräte, JAV	§ 37 Abs. 7 BetrVG	3 bzw. 4 Wochen pro Legislaturperiode
alle Bundesländer	Fachkräfte für Arbeitssicherheit; Sicherheitsbeauftragte	§ 23 SGB VII	unbegrenzt
alle Bundesländer	Vertrauenspersonen der Schwerbehinderten	§ 179 Abs. 4 SGB IX	unbegrenzt
Baden-Württemberg	alle Arbeitnehmer:innen	Bildungszeitgesetze	5 Arbeitstage/Jahr; Auszubildende und dual Studierende 5 Arbeitstage während der gesamten Ausbildungs-/Studiendauer
Berlin	alle Arbeitnehmer:innen	Bildungszeitgesetz	5 Arbeitstage/Jahr, Vorgriff auf Folgejahr möglich
Brandenburg	alle Arbeitnehmer:innen	Weiterbildungsgesetz	10 Arbeitstage/2 Jahre
Bremen	alle Arbeitnehmer:innen	Bildungszeitgesetz	10 Arbeitstage/2 Jahre
Hamburg	alle Arbeitnehmer:innen	Bildungsurlaubsgesetz	10 Arbeitstage/2 Jahre
Hessen	alle Arbeitnehmer:innen	Bildungsurlaubsgesetz	5 Arbeitstage/Jahr, Zusammenfassung im zweiten Jahr möglich
Mecklenburg-Vorpommern	alle Arbeitnehmer:innen	Bildungsfreistellungsgesetz	5 Arbeitstage/Jahr
Niedersachsen	alle Arbeitnehmer:innen	Bildungsurlaubsgesetz	5 Arbeitstage/Jahr, Zusammenfassung im zweiten Jahr möglich

Bildungsurlaub

Wo?	Wer?	Wonach?	Wie lange?
Nordrhein-Westfalen	alle Arbeitnehmer:innen	Arbeitnehmerweiterbildungsgesetz	5 Arbeitstage/Jahr, Zusammenfassung im zweiten Jahr möglich; Auszubildende 5 Tage während der Ausbildung
Rheinland-Pfalz	alle anderen Arbeitnehmer:innen	Bildungsfreistellungsgesetz	10 Tage/2 Jahre; Auszubildende pro Ausbildungsjahr 5 Tage
Saarland	alle Arbeitnehmer:innen	Bildungsfreistellungsgesetz	6 Arbeitstage/Jahr, Arbeitnehmer:innen müssen die Hälfte der Bildungsmaßnahme mit arbeitsfreier Zeit einbringen
Sachsen-Anhalt	alle Arbeitnehmer:innen	Bildungsfreistellungsgesetz	5 Arbeitstage/Jahr, Zusammenfassung von 2 Jahren möglich
Schleswig-Holstein	alle Arbeitnehmer:innen	Bildungsfreistellungs- und Qualifizierungsgesetz	5 Arbeitstage/Jahr, Zusammenfassung von 2 Jahren möglich
Thüringen	alle Arbeitnehmer:innen	Bildungsfreistellungsgesetz	5 Arbeitstage/Jahr Auszubildende nur 3 Tage/Jahr

Bedeutung für den Betriebsrat/die JAV

Um als Mitglied der JAV eine kompetente Interessenvertretung der Wahlberechtigten gegenüber dem Arbeitgeber zu gewährleisten, ist eine Qualifizierung unerlässlich. Aus diesem Grund wurde im BetrVG bewusst die Regelung des § 37 Abs. 6 und 7 aufgenommen. Jugend- und Auszubildendenvertreter haben damit einen Rechtsanspruch, sich entsprechend zu qualifizieren. Bei einer Bildungs-

maßnahme nach § 37 Abs. 6 BetrVG hat der Arbeitgeber das Mitglied der JAV bezahlt freizustellen. Auch die Kosten der Bildungsmaßnahme müssen vom Arbeitgeber getragen werden.
Die zeitliche Lage der Bildungsveranstaltung muss rechtzeitig dem Arbeitgeber mitgeteilt werden. Der Betriebsrat fasst über die Teilnahme von Mitgliedern der JAV an Schulungen nach § 37 Abs. 6 BetrVG einen Beschluss. Die Bildungsmaßnahme muss dazu dienen, die erforderlichen Kenntnisse für die JAV-Arbeit zu vermitteln. Vertritt der Arbeitgeber die Auffassung, dass die betrieblichen Notwendigkeiten nicht ausreichend berücksichtigt sind und will er die Teilnahme eines Mitglieds der JAV an einer Bildungsmaßnahme verweigern, muss er die Einigungsstelle anrufen. Der Spruch der Einigungsstelle ersetzt in diesem Fall die Einigung zwischen Arbeitgeber und Betriebsrat.
Neben den erforderlichen Kenntnissen für die JAV-Arbeit ist es aber für Mitglieder der JAV auch wichtig, sich allgemein politisch zu qualifizieren. Für diesen Fall gibt es die Regelung des § 37 Abs. 7 BetrVG, wonach das Mitglied der JAV für insgesamt drei Wochen einen Anspruch auf bezahlte Freistellung während der zweijährigen Amtszeit hat. Für erstmals in das Amt eines Jugend- und Auszubildendenvertreters Gewählte erhöht sich dieser Anspruch auf vier Wochen. Die Kosten dieser Bildungsmaßnahme werden jedoch nicht vom Arbeitgeber getragen. Er ist lediglich zu einer bezahlten Freistellung verpflichtet. Die Bildungsmaßnahmen nach § 37 Abs. 7 BetrVG müssen von der zuständigen obersten Arbeitsbehörde des Landes nach Beratung mit den Spitzenorganisationen der Gewerkschaften und Arbeitgebervereinigungen als geeignet anerkannt sein. Dies trifft in der Regel für die überwiegende Anzahl der von den Gewerkschaften angebotenen Jugendseminare zu. Entsprechende Informationen sind bei den jeweiligen Gewerkschaften zu erfragen.

Bedeutung für die Auszubildenden

Auch für die Auszubildenden bieten die jeweiligen Bildungsurlaubsgesetze in den Bundesländern und die tarifvertraglichen Regelungen eine gute Möglichkeit, sich beruflich, politisch oder allgemein weiterzubilden. Die jeweiligen Bildungsmaßnahmen müssen jedoch in den Bundesländern anerkannt sein. Entsprechende Informationen gibt der jeweilige Träger der Bildungsmaßnahme. Auszubildende sollten bei beabsichtigter Inanspruchnahme von Bildungsurlaub den Arbeitgeber frühzeitig hiervon in Kenntnis setzen. Verweigert der Arbeitgeber die Freistellung, kann gerichtlich dagegen vorgegangen werden. Der Betriebsrat bzw. die JAV sollten darüber umgehend informiert werden. Gegebenenfalls kann Rechtsschutz bei der zuständigen Gewerkschaft beantragt werden.

Bildungsurlaub

Wird ein/e Auszubildende/r vom Arbeitgeber für die Teilnahme an einer Bildungsmaßnahme nach dem Bildungsurlaubsgesetz freigestellt, besteht ein Anspruch auf Entgeltfortzahlung.

Blockunterricht

Grundlagen

Der Begriff des Blockunterrichts findet sich in § 15 Abs. 1 Nr. 3 BBiG und in § 9 Abs. 1 Nr. 3 JArbSchG. Dort wird der »planmäßige Blockunterricht« genannt. Die jeweiligen Bestimmungen der Kultusministerien der einzelnen Bundesländer legen fest, ob der Unterricht an den Berufsschulen in Teilzeitform (tageweise) oder als Blockunterricht erteilt wird. Blockunterricht bedeutet in diesem Fall, dass die pro Berufsschuljahr vorgesehenen Unterrichtsstunden zu einem oder mehreren Unterrichtsblöcken zusammengefasst werden. Die für das jeweilige Bundesland gültigen Vorgaben lassen sich den Verordnungen/Verwaltungsvorschriften der jeweiligen Kultusministerien entnehmen.

Der Blockunterricht wird alternativ zu dem wöchentlichen ein- oder zweitägigen Berufsschulunterricht durchgeführt. Er kann dabei in mehreren kurzen, oft einwöchigen Unterrichtsblöcken oder aber jährlich in einem großen Block stattfinden.

Nach § 15 BBiG hat der Arbeitgeber Auszubildende für die Teilnahme am Berufsschulunterricht freizustellen. Dies gilt auch für den Blockunterricht. Haben Auszubildende planmäßigen Blockunterricht mit mindestens 25 Unterrichtsstunden an mindestens fünf Tagen, kann von ihnen nicht mehr verlangt werden, nach der Berufsschule noch in den Betrieb zu gehen. Ihnen wird dann die durchschnittliche wöchentliche Arbeitszeit angerechnet. Die Berufsschulwoche gilt somit als vollständige Arbeitswoche. Sollten Unterrichtsstunden unvorhergesehen ausfallen, ist das für diese Regelung unschädlich.

Hat der Blockunterricht in der Woche planmäßig weniger als fünf Tage oder weniger als 25 Unterrichtsstunden, werden nur diese Unterrichtsstunden einschließlich der Pausen auf die Arbeitszeit angerechnet. Auch in diesem Fall zählt der planmäßige und nicht der tatsächlich durchgeführte Berufsschulunterricht für die Freistellung, sodass auch unvorhersehbar ausgefallene Unterrichtsstunden auf die wöchentliche Arbeitszeit angerechnet werden.

In § 19 BBiG ist außerdem geregelt, dass es durch den Besuch der Berufsschule nicht zu einem Entgeltausfall kommen darf. Das heißt, dass sie Auszubildenden

Blockunterricht

finanziell so zu stellen sind, als ob sie in dieser Zeit im Betrieb beschäftigt gewesen wären. Für Auszubildende unter 18 Jahren gilt darüber hinaus das Jugendarbeitsschutzgesetz, das für den Bereich der Berufsschule gleichlautende Regelungen zur Freistellung und Anrechnung der Arbeitszeit umfasst, in anderen Bereichen jedoch über die im BBiG geregelten Schutzrechte der Auszubildenden hinausgeht.

Bußgeldvorschriften/Strafvorschriften

Grundlagen

Verstöße gegen die Bestimmungen des Jugendarbeitsschutzgesetzes werden als Ordnungswidrigkeiten mit Geldbußen geahndet.

Die Bestimmung des § 58 JArbSchG enthält in 29 Fällen des Absatzes 1 den Katalog der Ordnungswidrigkeiten, die eine Geldbuße bis zu 30 000,00 EUR auslösen können, § 59 JArbSchG kennt weitere zwölf Tatbestände, mit einer Geldbuße bis zu 5000,00 EUR.

Die Ordnungswidrigkeiten nach § 58 JArbSchG können zu Straftaten werden, wenn sie vorsätzlich begangen wurde und dadurch ein Kind oder ein Jugendlicher in seiner Gesundheit oder Arbeitskraft gefährdet wird, aber auch dann, wenn die Verstöße gegen die Bestimmungen des Jugendarbeitsschutzgesetzes beharrlich wiederholt werden (58 Abs. 5 JArbSchG).

Ausführlich zu den §§ 58, 59 JArbSchG siehe *Lakies*, Jugendarbeitsschutzgesetz, 9. Auflage, Bund-Verlag 2022.

Datenschutz

Datenschutzgrundverordnung und Bundesdatenschutzgesetz (BDSG)

Am 25. Mai 2018 ist das neue BDSG in Kraft getreten. Damit passte die Bundesrepublik Deutschland das Gesetz der Datenschutzgrundverordnung an und entsprach damit der europäischen Richtlinie.

Das Gesetz regelt jede Form der Erhebung, Verarbeitung und Nutzung personenbezogener Daten. Für die Datenverarbeitung im Arbeitsverhältnis ist § 26 BDSG maßgeblich. Danach dürfen personenbezogene Daten von Beschäftigten nur für Zwecke des Beschäftigungsverhältnisses verarbeitet werden, wenn dies für die Entscheidung über die Begründung eines Beschäftigungsverhältnisses oder nach Begründung des Beschäftigungsverhältnisses für dessen Durchführung oder Beendigung erforderlich ist. Als weitere zulässige Zwecke nennt § 26 BDSG die Erfüllung der sich aus einem Gesetz, einem Tarifvertrag oder einer Betriebsvereinbarung ergebenden Rechte und Pflichten der Interessenvertretung der Beschäftigten.

Selbst zur Aufdeckung von Straftaten dürfen personenbezogene Daten von Beschäftigten nicht ohne Weiteres verarbeitet werden. Nach § 26 BDSG ist hier Voraussetzung, dass zu dokumentierende tatsächliche Anhaltspunkte den Verdacht begründen, dass die betroffene Person im Beschäftigungsverhältnis eine Straftat begangen hat, zu deren Aufdeckung die Verarbeitung erforderlich ist. Zusätzlich ist hier gegenüber den schutzwürdigen Interessen des Beschäftigten abzuwägen.

Der Datenschutz bezieht sich keineswegs nur auf elektronische Daten. Auch handschriftliche Notizen fallen unter den Datenschutz. Auch bei Kontrollen, etwa einer Spindkontrolle, ist der Datenschutz zu beachten (BAG 20.6.2013 – 2 AZR 546/12).

Datenschutz

Betriebliche Mitbestimmung
Betriebsräte sind keine externen Stellen im datenschutzrechtlichen Sinne. Sie sind interne Stellen mit im Betriebsverfassungsgesetz definierten Aufgaben. Im Rahmen dieser Aufgaben hat der Arbeitgeber sie rechtzeitig und umfassend zu informieren und ihnen sämtliche vorhandenen Unterlagen (sprich also: Daten) vorzulegen. Diese Rechtslage hat sich durch das neue Datenschutzrecht nicht etwa zu Lasten der Betriebsräte verändert. Im Gegenteil: Die Datenverarbeitung zum Zweck der Ausübung bzw. Erfüllung von Betriebsvereinbarungen wird nunmehr in § 26 Abs. 1 Satz 1 BDSG ausdrücklich gestattet. Die Betriebsräte werden also durch das neue Datenschutzgesetz gestärkt und nicht geschwächt.

Betriebsvereinbarung zum Datenschutz
Als Grundlage zur Erhebung, Verarbeitung und Nutzung personenbezogener Daten kommt im Arbeitsverhältnis die Betriebsvereinbarung als »andere Rechtsvorschrift« i. S. d. § 4 Abs. 1 BDSG in Betracht. Solche Betriebsvereinbarungen zum Umgang mit personenbezogenen Daten gibt es in vielen Betrieben. Sie müssen aber durchweg neu bearbeitet werden, da sie den deutlich konkreteren Anforderungen nach dem neuen Bundesdatenschutzgesetz sonst ggf. nicht mehr genügen.
Die Betriebsvereinbarung muss folgende Punkte enthalten:
- den Datenschutzbeauftragten sowie die Landesdatenschutzbehörde;
- die Zwecke der Datenverarbeitung im Detail;
- die Kategorien personenbezogener Daten, die verarbeitet werden sollen;
- welche Daten zu welchem Zweck in ein Drittland weitergegeben werden (insbesondere bei ausländischen Konzernmüttern), ebenso der Nachweis eines angemessenen Datenschutzniveaus für dieses Land;
- Speicherdauer und Löschungssystematik
- Hinweise auf die Betroffenenrechte im Einzelnen, wozu etwa das Auskunftsrecht, das Recht auf Berichtigung sowie das Recht auf Löschung (»Recht auf Vergessenwerden«) gehören;
- Hinweis auf die Widerspruchsrechte nach § 36 BDSG sowie auf das Recht, eine erteilte Einwilligung zu widerrufen.

Zulässiger Zweck der Datenverarbeitung ist nach § 26 Abs. 3 BDSG die Speicherung von Fehlzeiten wegen Arbeitsunfähigkeit, um die Voraussetzungen der Lohnfortzahlung, insbesondere aber auch eines betrieblichen Eingliederungsmanagements nach § 167 Abs. 2 SGB IX zu prüfen. Solche Daten können jedoch nicht ohne Weiteres zur Rechtfertigung einer krankheitsbedingten Kündigung herangezogen werden, was sich wiederum auf die zulässige Dauer auswirkt, für die diese Daten gespeichert bleiben können.
Nicht erlaubt ist nach wie vor in jedem Fall eine Totalüberwachung des Arbeitnehmers (BAG 27. 3. 2003 – 2 AZR 51/02). Die Erstellung eines umfassenden

Datenschutz

Tätigkeits- oder Bewegungsprofils ist nicht nur unzulässig, sondern in der Regel auch strafbar.

Datenschutzbeauftragter
Werden in einem Betrieb in der Regel mindestens 10 Personen ständig mit der automatisierten Verarbeitung personenbezogener Daten beschäftigt, so ist ein Datenschutzbeauftragter zu benennen (§ 38 Abs. 1 BDGS). Der Datenschutzbeauftragte ist frühzeitig in alle mit dem Schutz personenbezogener Daten zusammenhängenden Fragen einzubinden. Handelt es sich bei dem designierten Datenschutzbeauftragten um einen Arbeitnehmer des Betriebes, so ist der Betriebsrat nach § 99 BetrVG zu beteiligen, da es sich bei der Benennung um eine Versetzung handelt. Im Ergebnis gilt das Gleiche auch bei der Bestellung eines externen Datenschutzbeauftragten.
Der Datenschutzbeauftragte darf nur aus wichtigem Grund abberufen werden. Sein Arbeitsverhältnis kann ebenfalls nur dann gekündigt werden, wenn der Arbeitgeber aus wichtigem Grund zur Kündigung ohne Einhaltung einer Kündigungsfrist berechtigt ist, womit die ordentliche Kündigung in der Regel ausscheidet. Dieser Kündigungsschutz gilt nachwirkend für ein Jahr nach Ende der Tätigkeit.

Deutscher Qualifikationsrahmen

Grundlagen

Der Deutsche Qualifikationsrahmen (DQR) ist die nationale Umsetzung des
→ **Europäischen Qualifikationsrahmens** (EQR) und soll die Besonderheiten des deutschen Bildungssystems berücksichtigen und zur angemessenen Bewertung und Vergleichbarkeit deutscher Qualifikationen in Europa beitragen. Alle formalen Qualifikationen des deutschen Bildungssystems in den Bereichen Schule, Berufliche Bildung, Hochschulbildung und Weiterbildung werden im DQR eingestuft. Zukünftig sollen auch Ergebnisse des non-formalen (z. B. Seminarbesuch mit Zertifikat) und informellen Lernens (z. B. Lernen im Arbeitsprozess) berücksichtigt werden.
Der DQR steht im Bezug zum EQR, damit werden die nationalen Abschlüsse in einen europäischen Vergleichsrahmen eingeordnet. Ziel ist es, eine Verbesserung der grenzüberschreitenden Mobilität von Beschäftigten sowie Lernenden und eine höhere Transparenz zwischen den unterschiedlichen Bildungsabschlüssen zu erreichen. Auch soll der DQR die Durchlässigkeit im Bildungssystem und die Anrechnung erworbener Qualifikationen erhöhen.
Der EQR bildet die Leistungen der jeweiligen nationalen Bildungssysteme auf europäischer Ebene in acht Niveaustufen sowie in den Kategorien Kenntnisse, Fertigkeiten und Kompetenz ab. Auch der DQR hat acht Niveaustufen, allerdings mit anderen Kategorien als der EQR. Die im DQR gewählten Kategorien unterscheiden zwischen Fachkompetenz, die das Wissen und die Fertigkeiten beinhaltet, sowie der personalen Kompetenz, die die Sozialkompetenz und Selbstständigkeit abbildet. Die Kategorien sind mit Blick auf das deutsche Bildungssystem geeigneter, die Qualifikationen einzuordnen.

Die acht Niveaus im DQR:
Niveau 1
beschreibt Kompetenzen zur Erfüllung einfacher Anforderungen in einem überschaubar und stabil strukturierten Lern- oder Arbeitsbereich. Die Erfüllung der Aufgaben erfolgt unter Anleitung.

Deutscher Qualifikationsrahmen

Niveau 2
beschreibt Kompetenzen zur fachgerechten Erfüllung grundlegender Anforderungen in einem überschaubar und stabil strukturierten Lern- oder Arbeitsbereich. Die Erfüllung der Aufgaben erfolgt weitgehend unter Anleitung.

Niveau 3
beschreibt Kompetenzen zur selbstständigen Erfüllung fachlicher Anforderungen in einem noch überschaubaren und zum Teil offen strukturierten Lernbereich oder im beruflichen Tätigkeitsfeld.

Niveau 4
beschreibt Kompetenzen zur selbstständigen Planung und Bearbeitung fachlicher Aufgabenstellungen in einem umfassenden, sich verändernden Lernbereich oder im beruflichen Tätigkeitsfeld.

Niveau 5
beschreibt Kompetenzen zur selbstständigen Planung und Bearbeitung umfassender fachlicher Aufgabenstellungen in einem komplexen, spezialisierten, sich verändernden Lernbereich oder im beruflichen Tätigkeitsfeld.

Niveau 6
beschreibt Kompetenzen zur Planung, Bearbeitung und Auswertung von umfassenden fachlichen Aufgaben- und Problemstellungen sowie zur eigenverantwortlichen Steuerung von Prozessen in Teilbereichen eines wissenschaftlichen Faches oder in einem beruflichen Tätigkeitsfeld. Die Anforderungsstruktur ist durch Komplexität und häufige Veränderungen gekennzeichnet.

Niveau 7
beschreibt Kompetenzen zur Bearbeitung von neuen komplexen Aufgaben- und Problemstellungen sowie zur eigenverantwortlichen Steuerung von Prozessen in einem wissenschaftlichen Fach oder in einem strategieorientierten beruflichen Tätigkeitsfeld. Die Anforderungsstruktur ist durch häufige und unvorhersehbare Veränderungen gekennzeichnet.

Niveau 8
beschreibt Kompetenzen zur Gewinnung von Forschungserkenntnissen in einem wissenschaftlichen Fach oder zur Entwicklung innovativer Lösungen und Verfahren in einem beruflichen Tätigkeitsfeld. Die Anforderungsstruktur ist durch neuartige und unklare Problemlagen gekennzeichnet.

Bedeutung für Auszubildende

Der DQR hat keine Gesetzeskraft. Die Zuordnung von Kompetenzen und Qualifikationen zu den acht Niveaus des DQR heben nicht das bestehende System der Zugangsberechtigungen auf, d.h. das Erreichen eines bestimmten Niveaus des

DQR berechtigt nicht automatisch zum Zugang in Bildungsgänge, die Qualifikationen im nächst höheren Niveau vermitteln. Den Akteur:innen im Bildungs- und Beschäftigungssystem soll mit dem DQR ein Übersetzungsinstrument an die Hand gegeben werden, um Qualifikationen besser einordnen zu können. Auf den Zeugnissen aller staatlich anerkannten Ausbildungsberufe wird das DQR-Niveau ausgewiesen. Ebenso auf bundesweiten Fortbildungsabschlüssen nach § 53 BBiG sowie §§ 42, 45, 51a HwO. Eine Übersicht der zugeordneten Abschlüsse gibt es auf der Webseite des DQR.

Internethinweis

https://www.dqr.de/

Digitale Medien in der Ausbildung

Grundlagen

Digitale Medien gewinnen in der Aus- und Weiterbildung weiter an Bedeutung und eröffnen Potenziale für die Gestaltung von Lernprozessen. Es handelt sich dabei um Medien auf Grundlage digitaler Informations- und Kommunikationstechnologie, die mit Tablet-PC, Smartphone oder VR (virtuelle Realität)-Brille Anwendungen für Lernprozesse ermöglichen, beispielsweise SeriousGames, MOOC, Wikis, Blogs oder Communities. Eine Vielfalt an Instrumenten steht zur Verfügung. Es kommt darauf an, diese mit didaktischen Konzepten zu hinterlegen.

Didaktische Konzepte, in denen digitale Medien eingesetzt werden, müssen sich an Zielen der Berufsausbildung orientieren. In § 1 Abs. 3 BBiG heißt es: »Die Berufsausbildung hat die für die Ausübung einer qualifizierten beruflichen Tätigkeit in einer sich wandelnden Arbeitswelt notwendigen beruflichen Fertigkeiten, Kenntnisse und Fähigkeiten (berufliche Handlungsfähigkeit) in einem geordneten Ausbildungsgang zu vermitteln. Sie hat ferner den Erwerb der erforderlichen Berufserfahrungen zu ermöglichen.« Digitale Medien gehören zur sich wandelnden Arbeitswelt und sollten deshalb auch Gegenstand der Ausbildung sein. Sie müssen dabei der Entwicklung beruflicher Handlungsfähigkeit dienen. Ausbildungskonzepte mit digitalen Medien sollten handlungs- und prozessorientiert sein und aus dem jeweiligen beruflichen Kontext Lern- und Arbeitsaufgaben generieren. Grundlage dafür sind die Anforderungen im jeweiligen Ausbildungsrahmenplan.

Der Einsatz digitaler Medien in der Berufsausbildung, hinterlegt mit didaktischen Ausbildungskonzepten, fördert die Entwicklung der Medienkompetenz, die von zukünftigen Fachkräften erwartet wird. Hierzu gehört vor allem auch ein kritisch-reflexiver Umgang mit digitalen Medien. Die große Bedeutung von Medienkompetenz wird auch dadurch deutlich, dass diese inzwischen als »vierte Kulturtechnik« bezeichnet wird – neben Lesen, Schreiben und Rechnen.

Digitale Medien in der Ausbildung

Bedeutung für den Betriebsrat/die JAV

Bei der Gestaltung von Lernarrangements mit digitalen Medien ergeben sich Risiken und Chancen. Lerninhalte können schnell hinsichtlich aktueller Themen und Anforderungen angepasst werden. Lernorte und Lernzeiten können mit digitalen Medien immer flexibler gestaltet werden. Damit kann auf die Bedürfnisse Lernender individuell gezielt eingegangen werden. Gleichzeitig sind damit aber auch Risiken verbunden, beispielsweise die Entgrenzung von Arbeits- bzw. Ausbildungszeiten oder die Gefährdung durch personenbezogene Informationen zum Lern- und Arbeitsverhalten.

Das Lernen mit digitalen Medien bedeutet nicht, dass alles besser wird, nur weil es digital ist. Eine schlechte Didaktik bleibt auch mit digitalen Medien eine schlechte Didaktik! Die betriebliche Interessenvertretung sollte deshalb den Einsatz digitaler Medien konstruktiv und kritisch begleiten und ihre Informations-, Beratungs- und Mitbestimmungsrechte nutzen. Insbesondere die Mitbestimmung nach § 87 Abs. 1 Nr. 2, 3, 6 und 7 (Arbeits- und Ausbildungszeiten, Einführung und Anwendung technischer Einrichtungen, die das Verhalten und die Leistung von Arbeitnehmern überwachen, Arbeits- und Gesundheitsschutz) sowie nach § 98 Abs. 1 (Durchführung von Berufsbildungsmaßnahmen) BetrVG und die Informations- und Beratungsrechte nach § 97 (Ausstattung und veränderte Tätigkeiten) BetrVG sollten genutzt werden. Die JAV ist nach § 67 BetrVG zu beteiligen, wenn es um die Belange ihrer Wahlberechtigten geht.

Bedeutung für die Auszubildenden

Digitale Medien ermöglichen Auszubildenden und Ausbildungspersonal im Ausbildungsverlauf die Kompetenzentwicklung kontinuierlich im Blick zu haben. Bei einigen Anbietern elektronischer Berichtshefte können beispielsweise Auszubildende und Ausbildungspersonal gemeinsam den Ausbildungsverlauf planen, steuern und reflektieren. Die Inhalte des Ausbildungsrahmenplans sind dabei hinterlegt. So wird der Ausbildungsverlauf transparent und die Kompetenzentwicklung kann gezielt gefördert werden. Gleichzeitig besteht natürlich das Risiko eines »gläsernen Auszubildenden«, deshalb ist sehr genau auf die Auswertungs- und Erfassungssysteme und deren Parameter zu achten. Hier ist die betriebliche Interessenvertretung gefordert.

Digitale Medien in der Ausbildung

Internethinweise

Weiterführende Informationen und Beispiele zum Einsatz digitaler Medien in der Ausbildung bieten die folgenden Webseiten:
Das Ausbilder:innen-Portal des Bundesinstituts für Berufsbildung:
https://leando.de/
Informationsportal des Bundesministeriums für Bildung und Forschung:
https://www.qualifizierungdigital.de/

Doppelmitgliedschaft in JAV- und BR-Gremien

Grundlagen

Bei den Wahlen zum Betriebsrat treten häufiger auch Mitglieder der Jugend- und Auszubildendenvertretung an. Mit der Kandidatur zum Betriebsrat treten rechtliche Fragen auf. *Was passiert, wenn ein Mitglied der JAV nicht direkt in den Betriebsrat gewählt wird, endet dann die Amtszeit des JAV-Mitgliedes? Wie kann das JAV-Mandat rechtssicher behalten werden, bis die Person dauerhaft in den Betriebsrat nachrückt?*
Der Grund für die oben aufgelisteten Fragen ist § 61 Abs. 2 Satz 2 BetrVG. Er besagt, dass Mitglieder des Betriebsrates nicht in die JAV gewählt werden können. Somit ist eine Doppelmitgliedschaft, im Betriebsrat und in der JAV, nicht möglich. Rückt also ein JAV-Mitglied auf Dauer in den Betriebsrat nach, so endet die Mitgliedschaft in der JAV wegen nachträglichen Verlustes der Wählbarkeit automatisch (*Fitting*, 32. Auflage, § 61 Rn. 15). Dabei ist die Wählbarkeit entscheidend. Rückt ein Ersatzmitglied des Betriebsrates temporär für ein vorübergehend verhindertes Betriebsratsmitglied nach und ist zeitgleich Mitglied der JAV, so scheidet auch in diesem Fall das JAV Mitglied aus dem JAV Gremium aus (BAG 21.8.1979 – 6 AZR 789/77 –, juris; *Fitting*, § 61 Rn. 15). Begründet wird diese Entscheidung des Bundesarbeitsgerichtes mit dem Verlust der Wählbarkeit in die JAV (§ 65 Abs. 1 i. V. m. § 24 Abs. 1 Nr. 4 BetrVG). Es gibt allerdings gegenteilige rechtliche Auffassungen. Sie gehen in diesem Fall von einer vorübergehenden Verhinderung der JAV Mitgliedschaft aus (so DKW-*Dornberger*, § 61 Rn. 15).

Bedeutung für den Betriebsrat/die JAV

Die vorherrschende juristische Einschätzung geht davon aus, dass bei einem vorübergehenden Nachrücken in den Betriebsrat das JAV-Mandat erlischt.

Doppelmitgliedschaft in JAV- und BR-Gremien

Soll dies verhindert werden, so muss der Betriebsrat schriftlich darüber in Kenntnis gesetzt werden. Der/die Jugend- und Auszubildendenvertreter:in erklärt dem Betriebsrat schriftlich, dass er/sie dauerhaft verhindert ist, solange er/sie nur vorrübergehend in den Betriebsrat nachrücken würde (so auch *Fitting*, § 61 Rn. 15 und *Oetker*, Großkommentar zum BetrVG, § 61 Rn. 41). Dies sollte vor dem ersten temporären Nachrücken in den Betriebsrat erfolgen. Möglich macht dies eine durch das Nachrücken entstehende Interessenkollision des JAV Mitgliedes. Das JAV Mitglied kann eigenständig entscheiden, welche betriebsverfassungsrechtlichen Pflichten es in diesem Kollisionsfall den Vorrang gibt.

Musterschreiben an den Betriebsrat

Vorname Nachname _____
Straße Hausnummer _____
PLZ Ort _____

Ort, Datum _____

An
Frau/Herr Name des/der Betriebsratsvorsitzenden
Adresse Betriebsratsbüro

Mitteilung über dauerhafte Verhinderung bei vorübergehendem Nachrücken in den Betriebsrat

Liebe Kollegin/lieber Kollege,
aufgrund der Interessenkollision zwischen meiner Funktion als Ersatzmitglied für den Betriebsrat und meinem JAV Mandat, teile ich (Ihnen oder Dir) hiermit mit, dass ich im Falle eines vorübergehenden Nachrückens in den Betriebsrat verhindert bin. Sollte ich dauerhaft in den Betriebsrat nachrücken, werde ich mein JAV Mandat niederlegen und das Betriebsratsmandat ausüben.
Mit freundlichen Grüßen

Drogentests

Grundlagen

Drogentests bei Einstellung von Auszubildenden, bei der Übernahme oder auch während der Ausbildung sind nur zulässig, wenn die Einwilligung der Betroffenen vorliegt. Obwohl keine rechtliche Verpflichtung der Betroffenen besteht, derartigen Tests zuzustimmen, ist der Druck, der auf ihnen lastet, oftmals so groß, dass keine andere Möglichkeit erscheint – schließlich möchten die Auszubildenden einen Ausbildungs- oder Arbeitsplatz.

Drogentests stellen einen Eingriff in das Persönlichkeitsrecht und in die Intimsphäre eines Menschen dar. Ohne Einwilligung eines/einer Betroffenen dürfen sie auch mit Zustimmung des Betriebsrats nicht durchgeführt werden. Bei gesetzlich vorgeschriebenen Einstellungsuntersuchungen, beispielsweise gem. § 32 JArbSchG, darf der Arbeitgeber vom Arzt nur über das Untersuchungsergebnis und nicht über den eigentlichen Untersuchungsbefund informiert werden. Das bedeutet, der/die Arzt/Ärztin darf nur mitteilen, ob der/die Bewerber:in geeignet, nicht geeignet, befristet oder bedingt mit/ohne Auflagen geeignet ist. Aussagen des/der Arztes/Ärztin über den Befund würden nach § 203 StGB einen strafbaren Verstoß gegen die ärztliche Schweigepflicht darstellen.

Bei nicht vorgeschriebenen Untersuchungen und bei über den in den gesetzlichen Einstellungsuntersuchungen vorgeschriebenen Rahmen hinausgehenden Untersuchungen muss der/die Arzt/Ärztin die Bewerber über den Umfang der Untersuchungen zuvor aufklären. Nur wenn dies ordnungsgemäß erfolgt ist, kann der Bewerber wirksam seine Zustimmung zur Blut- oder Urinentnahme erteilen. Ein Verstoß kann eine Strafbarkeit des/der Arztes/Ärztin nach § 203 StGB (Verstoß gegen die Schweigepflicht) oder § 223 StGB (Körperverletzung) z. B. durch Blutentnahme/Stichverletzung ohne Aufklärung über den Umfang der Untersuchung) begründen.

Bedeutung für den Betriebsrat/die JAV

Bei gesetzlich vorgeschriebenen Untersuchungen ergibt sich in der Regel kein Mitbestimmungsrecht des Betriebsrats, ob und in welchen Umfang die Untersuchung erfolgt. Anders bei nicht vorgeschriebenen Einstellungsuntersuchungen bzw. bei Untersuchungen im Laufe der Ausbildung oder wenn der/die Arzt/Ärztin mehr Untersuchungen vornimmt als gesetzlich vorgeschrieben sind. Dann besteht ein Mitbestimmungsrecht des Betriebsrats.
Nach § 99 Abs. 1 BetrVG müssen dem Betriebsrat sämtliche Bewerbungsunterlagen des zur Einstellung vorgesehenen und des zur Ablehnung vorgesehenen Bewerbers vorgelegt werden. Hierzu gehört auch das Ergebnis einer Einstellungsuntersuchung. Der Arbeitgeber muss dem Betriebsrat den ihm bekannten Wissensstand mitteilen. Unterlässt er dies, wurde der Betriebsrat nicht ordnungsgemäß angehört. Eine dennoch erfolgte Einstellung wäre unwirksam und kann auf Antrag des Betriebsrats vom Arbeitsgericht nach § 101 BetrVG aufgehoben werden.
Sollte der Arbeitgeber Blut- oder Urinuntersuchungen bei Einstellung veranlassen, kann hierin eine mitbestimmungspflichtige Auswahlrichtlinie nach § 95 Abs. 1 BetrVG liegen, wenn allen drogenauffälligen Bewerbern eine Absage erteilt wird (→ **Auswahlrichtlinien**).
Handelt es sich bei den Betroffenen um Wahlberechtigte zur JAV, ist die JAV nach § 70 Abs. 2 BetrVG vom Betriebsrat rechtzeitig und umfassend zu unterrichten. Ebenso hat sie nach § 67 BetrVG ein Teilnahme- und Stimmrecht an Betriebsratssitzungen.
JAV und Betriebsrat sollten im Sinne von Suchtprävention frühzeitig tätig werden. Denkbar wären beispielsweise eine Behandlung des Themas in Betriebs- und Jugend- und Auszubildendenversammlungen. Möglich ist die Zusammenarbeit mit der örtlichen Drogenhilfe.
In keinem Fall sollten der Betriebsrat und die JAV in Betriebsvereinbarungen die Vornahme von Drogentests bei Einstellung oder bei Übernahme von Auszubildenden bzw. bei der Umwandlung in ein unbefristetes Arbeitsverhältnis festschreiben.

Bedeutung für die Auszubildenden

Sollte aufgrund der besonderen Situation bei einer Einstellungsuntersuchung eine Einwilligung bezüglich einer Blut- und Urinuntersuchung auf Drogen und die Entbindung des/der Arztes/Ärztin von der Schweigepflicht gegeben worden sein, sollte die JAV bzw. der Betriebsrat von diesem Verfahren informiert werden.

Drogentests

Es besteht natürlich auch die Möglichkeit einer individualrechtlichen Klage in Berufung darauf, dass die Einwilligung nur aufgrund der besonderen Drucksituation gegeben wurde und die Untersuchung einen unzulässigen Eingriff in die Persönlichkeitsrechte darstellt. Gewerkschaftsmitglieder erhalten hierfür in der Regel Rechtsschutz.

Dual Studierende/Duale Studiengänge

Grundlagen

Duale Studiengänge verknüpfen ein Studium an einer Hochschule oder (Berufs-) Akademie mit regelmäßigen Praxisphasen in einem Betrieb oder gar einer anerkannten betrieblichen Berufsausbildung. Dabei wechseln sich Theoriephasen an der Hochschule oder Akademie und praktische Phasen im Ausbildungsbetrieb ab.

Die Zahl der dualen Studiengänge und Studierenden in dualen Studiengängen nimmt seit Jahren deutlich zu. Im Bereich der Erstausbildung wurde nun die 100 000er Marke erreicht (siehe Tabelle). Im Jahr 2022 waren 120 517 dual Studierende an Hochschulen eingeschrieben und in Betrieben zur Berufsausbildung beschäftigt. Damit hat sich die Zahl der Studienanfänger:innen in einem dualen Studium in zehn Jahren mehr als verdoppelt. Die Tendenz ist weiter steigend.

Entwicklung von Kooperationsunternehmen und Studierendenzahlen in dualen Studiengängen von 2004 bis 2022

Jahr	Anzahl dualer Studiengänge	Anzahl der Kooperationsunternehmen	Anzahl dual Studierende**
2004	512	18 168	40 982
2005	545	18 911	42 467
2006	608	22 003	43 536
2007	666	24 246	43 220
2008	687	24 572	43 991
2009	712	26 121	48 796
2010	776	27 900	50 764
2011	929	40 874	61 195
2011*	879	40 555	59 628

Dual Studierende/Duale Studiengänge

Jahr	Anzahl dualer Studiengänge	Anzahl der Kooperationsunternehmen	Anzahl dual Studierende**
2012	910	45630	64093
2013	1014	39622	64358
2014***	1505	41466	94723
2015	1553	42951	95240
2016	1592	47458	100739
2019	1662	51060	108202
2022	1749	56852	120517

* Seit 2011 beziehen sich die Auswertungen ausschließlich auf Studiengänge für die Erstausbildung Keine Datenauswertung in 2017, 2018, 2020 und 2021
** Da nicht alle eintragenden Hochschulen Studierendenzahlen eingeben, ist davon auszugehen, dass die Anzahl der Studierenden höher ausfällt, als in der Erhebung angegeben.
*** Das Fachportal AusbildungPlus hat 2013/2014 gezielte Recherchen nach neuen dualen Studiengängen durchgeführt. In diesem Kontext gab es eine vertiefte Beschäftigung mit dem Bereich Gesundheit und Pflege. Waren bis 2013 überwiegend praxisintegrierende Studiengänge aus BadenWürttemberg erfasst, ergaben die damaligen Recherchen, dass bereits eine Vielzahl von dualen Studiengängen für die Schwerpunkte Gesundheit und insbesondere der Pflege angeboten wurden. Die Datenlage zeigte sich 2013 quantitativ und qualitativ als so relevant, dass die Entscheidung fiel, das Spektrum der Fachrichtungen von AusbildungPlus entsprechend zu erweitern. Die neuen Auswertungen bilden die Datenlage in diesem Bereich ab 2014 entsprechend ab.

Quelle: AusbildungPlus-Datenbank (Stand: 28.2.2022)

Daraus resultiert eine steigende Bedeutung der dualen Studiengänge in der betrieblichen Erstausbildung. Vor allem in der Frage der Mitbestimmung des Betriebsrats und der JAV gibt es weitreichende Möglichkeiten, für qualitative Standards zu sorgen.

Es gibt insgesamt zwei Arten des dualen Studiums im Rahmen der Erstausbildung. Mit Blick auf die Mitbestimmungsrechte des Betriebsrats sind diese wie folgt abzugrenzen:

- Ein **praxisintegrierendes duales Studium** umfasst neben der Hochschulausbildung zahlreiche Praxisphasen in einem Betrieb. Das Studium ist als berufliche Erstausbildung zu sehen und praxisnäher als die klassischen Fachhochschulstudiengänge gestaltet. Es besteht ein Vertrag zwischen Betrieb, Hochschule und dual Studierender/m über die gesamte Studiendauer. Durch die vertragliche Bindung zum Betrieb, sind die Chancen auf eine Weiterbeschäftigung in der Regel gut.
- Ein **ausbildungsintegrierendes duales Studium** umfasst neben dem Studium eine anerkannte betriebliche Berufsausbildung. Neben Veranstaltungen an der Hochschule und Praxisphasen im Betrieb besteht teilweise auch die Pflicht zum Besuch der Berufsschule. In manchen Fällen werden die theoretischen

Inhalte des Ausbildungsberufs an der Hochschule vermittelt. Auch in diesem Fall handelt es sich um eine berufliche Erstausbildung an deren Ende man einen Hochschulabschluss und zugleich einen anerkannten Berufsabschluss erworben hat.
Eine weitere Form, die aber nicht zur Erstausbildung dient, ist das berufsintegrierende duale Studium. Bei einem berufsintegrierenden dualen Studiengang besteht bereits ein Berufsabschluss, weshalb es nicht zur beruflichen Erstausbildung zu zählen ist. Neben dem Studium wird meist eine Teilzeittätigkeit mit inhaltlichem Bezug zum Studienfach ausgeübt.
Nicht zu den Modellen des dualen Studiums zählt ein berufsbegleitendes Studium. Ein berufsbegleitender Studiengang wird – (mit einem klassischen Fernstudium vergleichbar) neben dem regulär ausgeübten Beruf aufgenommen. Allerdings sind Studium und Beruf nicht aufeinander abgestimmt. Im Unterschied zum ganz normalen nebenberuflichen Studium gibt es hier aber Unterstützung vom Arbeitgeber, z. B. durch Freistellungen oder Sachmittel. Hier handelt es sich wie beim berufsintegrierenden Modell um eine Weiterbildung.
Voraussetzung für die Zulassung zu einem dualen Studium ist in der Regel, dass nicht nur die Hochschule einen Studienplatz bereitstellt, sondern auch ein Betrieb sich bereit erklärt, die Praxisbetreuung zu übernehmen bzw. einen Ausbildungsplatz zur Verfügung zu stellen. In der Regel entsteht ein separates Vertragsverhältnis zwischen Studierendem und Betrieb sowie Studierendem und Hochschule.

Arbeitsrechtlicher Status von dual Studierenden

Dual Studierende sind Beschäftigte im Sinne des § 5 Abs. 1 BetrVG. Dieser setzt für die Arbeitnehmereigenschaft lediglich einen privatrechtlichen Vertrag voraus, dessen Gegenstand eine Ausbildung in Form eines dualen Studiums ist. Dual Studierende sind dem Weisungsrecht der Ausbildenden in Bezug auf den Inhalt, die Zeit und den Ort der Tätigkeit unterworfen. Diese Bedingung ist in den Verträgen zwischen dual Studierenden und dem Betrieb in der Regel gegeben. Demzufolge sprechen alle Umstände für eine persönliche Abhängigkeit der dual Studierenden und für das Vorliegen eines Arbeitsverhältnisses im Sinne des Betriebsverfassungsgesetzes.
Entscheidend in dieser Frage ist nicht, welche Bezeichnung das Ausbildungsverhältnis im Vertrag hat, sondern wie sich die konkrete Umsetzung gestaltet. Auch wenn dual Studierende im Vertrag als Praktikant:innen oder Volontäre:innen bezeichnet werden, ist das nicht maßgeblich. Es zählt der konkrete Zweck des Vertragsverhältnisses.

Sind die Bedingungen des § 5 Abs. 1 BetrVG gegeben, haben dual Studierende das aktive und passive Wahlrecht zur JAV, sofern sie eine berufliche Ausbildung durchlaufen und die Bedingungen des § 61 BetrVG zutreffen.

Ob die Regelungen des § 78a BetrVG (Schutz von Auszubildenden in besonderen Fällen) auf das duale Studium anzuwenden sind, ist rechtlich derzeit nicht abschließend geklärt. Laut eines BAG Urteils aus 2020 (BAG 17.6.2020 – 7 ABR 46/18) stellt die Praxisphase des dualen Studiums keine Ausbildung im Sinne des § 78a BetrVG dar. Das Urteil bezieht sich auf eine Betriebsrätin, welche im Rahmen eines ausbildungsintegrierenden dualen Studiums nach Abschluss der Berufsausbildung und vor dem Erwerb des Hochschulabschlusses *Bachelor of Arts* die unbefristete Weiterbeschäftigung beantragt hatte. Es ist in jedem Fall ratsam einen Antrag auf Weiterbeschäftigung nach § 78a BetrVG vor dem Erwerb des Berufsabschlusses der Kammer im ausbildungsintegrierenden Modell und vor dem Erwerb des Hochschulabschlusses im praxisintegrierenden Modell zu stellen. Siehe dazu → **Schutzvorschriften**. Ob die Übernahme nach § 78a BetrVG von dual Studierenden im praxisintegrierten Modell rechtlich sicher ist, ist momentan unklar. Der Gesetzgeber hat hier Handlungsbedarf.

Dual Studierende sind von allen Regelungen in Betriebsvereinbarungen erfasst, außer, sie werden ausdrücklich aus dem Geltungsbereich ausgeschlossen. Tarifverträge gelten unmittelbar und zwingend für dual Studierende, wenn sie in der abschließenden Gewerkschaft organisiert sind und die Arbeitgeber im Verband bzw. Haustarifvertrag sind und dual Studierende vom Geltungsbereich des Tarifvertrags umfasst sind.

Für dual Studierende im ausbildungsintegrierenden dualen Studium gelten bis zum Abschluss ihrer dualen Berufsausbildung nach BBiG/HwO im Betrieb alle gesetzlichen, tariflichen und betrieblichen Regelungen, nach denen auch Auszubildende behandelt werden. Nach dem Abschluss der dualen Berufsausbildung haben sie den Status von dual Studierenden (wie eingangs beschrieben).

Seit 2012 gibt es eine Sozialversicherungspflicht für dual Studierende.

Bedeutung für den Betriebsrat/die JAV

Der Betriebsrat hat für die Gestaltung und Ausführung der betrieblichen Phasen von ausbildungs- und praxisintegrierenden dualen Studiengängen die gleichen Mitbestimmungsrechte wie bei Auszubildenden. Das gilt für alle unter → **Mitbestimmungsrechte – JAV und Betriebsrat** beschriebenen Punkte. Vor allem der Gestaltungsauftrag an den Betriebsrat und die JAV gemäß der §§ 96–98 BetrVG ist hier hervorzuheben.

Dual Studierende/Duale Studiengänge

Im Rahmen der betrieblichen Ausführung eines dualen Studiums sollte darauf hingewirkt werden, dass eine betriebliche Praxis- bzw. ein → **Ausbildungsplan** erstellt wird und das → **Ausbildungspersonal** sowie die → **ausbildenden Fachkräfte** im Betrieb konkret benannt werden.

Über die Mitbestimmung bei der Förderung, Einrichtung und Umsetzung betrieblicher Bildungsmaßnahmen hinaus haben der Betriebsrat und die JAV vielfältige Möglichkeiten, die Ausbildungsinteressen von dual Studierenden wahrzunehmen und dabei die Rahmenbedingungen des dualen Studiums im Betrieb zu gestalten. So lassen sich die Mitsprache- und Mitwirkungsrechte des Betriebsrats hinsichtlich der Beschäftigten auf die dual Studierenden übertragen.

Der Betriebsrat kann die Rahmenbedingungen des dualen Studiums im Betrieb beeinflussen, indem er zum Beispiel folgende Gestaltungsmöglichkeiten nutzt:
- Mitbestimmungsrechte bei Beginn und Ende der täglichen Arbeitszeiten nach § 87 BetrVG,
- Mitbestimmungsrechte bei Zeit, Ort und Art der Auszahlung von Arbeitsentgelten sowie Aufstellung allgemeiner Urlaubsgrundsätze,
- Mitbestimmung bei der Aufstellung von Richtlinien über die personelle Auswahl bei Einstellungen nach § 95 BetrVG. Dies trifft bei → **Auswahlverfahren/Auswahlrichtlinien/Einstellungstests** und auch bei der Umsetzung von → **Assessmentcentern** zu.
- Mitbestimmung bei Einstellung, Eingruppierung, Umgruppierung und Versetzung nach § 99 Abs. 1 BetrVG und
- Mitbestimmung nach § 94 BetrVG bei → **Beurteilungsverfahren**,
- Mitbestimmung bei Kündigungen nach § 102 BetrVG.

Das Spektrum weiterer Gestaltungsmöglichkeiten ist gewaltig. Dazu sollte der Betriebsrat den Kooperationsvertrag mit der Hochschule und das Modulhandbuch des Studiengangs genau kennen und verstehen. Der Betriebsrat hat Mitbestimmungsrechte zum Beispiel bei:
- der Erstellung und Kontrolle des betrieblichen Praxisplans und eines betrieblichen Versetzungsplans analog → **Ausbildungsplan** bei Auszubildenden,
- der inhaltlichen Abstimmung mit den Ausbildungsinhalten an der Hochschule,
- der Auswahl geeigneter Projekte und Ausbildungsformen,
- der Vermittlung und praktischen Vertiefung von Ausbildungsinhalten wie Aufgaben des Betriebsrats und der JAV,
- der ausreichenden Bereitstellung von Lehr- und Lernmitteln,
- dem Medieneinsatz oder Lehr- und Lernmethoden,

Der Betriebsrat beeinflusst die Qualität des betrieblichen Teils des dualen Studiums nach § 98 Abs. 2 BetrVG auch über die Bestellung und Abberufung von → **Ausbildern** und → **ausbildenden Fachkräften**. Auch die JAV kann indirekt

durch eigene Beschlussfassung über den Betriebsrat auf die Bestellung und Abberufung des Ausbildungspersonals Einfluss nehmen.
Die Mitbestimmungsfunktion des Betriebsrats bei der Umsetzung betrieblicher Bildungsmaßnahmen erstreckt sich gem. § 94 Abs. 2 BetrVG auch auf die Aufstellung allgemeiner Beurteilungsgrundsätze. So soll sich ein System zur Evaluation der Ausbildungsqualität an den Prinzipien der Förderung, der Ursachenanalyse (bei »Schwächen«) und der Verantwortlichkeit der Ausbildenden orientieren.

Duales Ausbildungssystem

Grundlagen

Darunter versteht man in Deutschland das System der gleichzeitigen Ausbildung im Betrieb und in der → **Berufsschule**. Geprägt wurde dieser Begriff 1964 vom Deutschen Ausschuss für das Erziehungs- und Bildungswesen.
Die rechtliche Grundlage für die duale Ausbildung bilden das → **Berufsbildungsgesetz (BBiG)** und die Schulgesetze der Bundesländer (→ **Berufsschulpflicht**, → **Berufsbildung**, → **Anrechnung der Berufsschulzeit**).
Für die Ausbildung im dualen System sind die Arbeitgeber und die Bundesländer als die beiden Träger verantwortlich.
Nach dem gesetzlichen Ordnungsrahmen des dualen Ausbildungssystems der Bundesrepublik Deutschland finanzieren die Unternehmen einzelbetrieblich die Personalkosten der Ausbilder:innen sowie die sachliche Ausstattung der betrieblichen Ausbildung und die Ausbildungsvergütungen der Auszubildenden. Die öffentlichen Gebietskörperschaften – in diesem Fall Länder und Kommunen – tragen die Personalkosten für die Berufsschullehrer:innen sowie die Kosten der sachlichen Ausstattung für die Berufsschulzentren.
Die Entscheidung darüber, ob überhaupt ausgebildet wird und – wenn ja – wie viel und wer ausgebildet wird, liegt allein bei den einzelnen Arbeitgebern.
Das Bundesverfassungsgericht hat in seinem Urteil vom 10.12.1980 festgestellt:
»Wenn der Staat in Anerkennung dieser Aufgabenteilung den Arbeitgebern die praxisbezogene Berufsausbildung der Jugendlichen überläßt, so muss er erwarten, dass die gesellschaftliche Gruppe der Arbeitgeber diese Aufgabe nach Maßgabe ihrer objektiven Möglichkeiten und damit so erfüllt, dass grundsätzlich alle ausbildungswilligen Jugendlichen die Chance erhalten, einen Ausbildungsplatz zu bekommen. Das gilt auch dann, wenn das freie Spiel der Kräfte zur Erfüllung der übernommenen Aufgabe nicht mehr ausreichen sollte« (BVerfG 10.12.1980 – 2 BvF 3/77).
Die bundesweite Entwicklung belegt, dass das Ausbildungssystem schon längst nicht mehr allein einzelbetrieblich entsprechend der vom Bundesverfassungsge-

richt 1980 angenommenen Kompetenzverteilung zwischen Staat und Wirtschaft organisiert und finanziert wird. Der Selbstverantwortungsanspruch der Wirtschaft reduziert sich auf die Sicherstellung des kurzfristigen Eigenbedarfs der Unternehmen – so fehlerhaft dieser auch wahrgenommen wird. Es geht nachweislich nicht mehr um die Sicherstellung des Ausbildungsbedarfs der Jugendlichen. Wenn aber die Unternehmen ihre Ausbildungsanstrengungen lediglich am Eigenbedarf messen, führt das notwendig zu volkswirtschaftlich widersinnigen Resultaten. Unternehmen versuchen sich auch bei der Ausbildung von Kosten zu entlasten. Die Investitionen in die Ausbildung von benötigten Fachkräften werden möglichst anderen überlassen.

Die zahlreichen öffentlichen Förderprogramme, die natürlich im Sinne der jugendlichen Ausbildungsplatzsuchenden notwendig sind, unterstützen ein solches Verhalten von Unternehmen. Die Kosten für eine Berufsausbildung werden so allerdings immer mehr auf die Allgemeinheit der Steuer- und Beitragszahler abgewälzt. Nur noch 18,9 % aller Unternehmen beteiligen sich an der Berufsausbildung.

Ungelöst bleibt dabei gleichermaßen das Problem der Wettbewerbsverzerrung zwischen Unternehmen durch die unentgeltliche Nutzung von erbrachten Ausbildungsleistungen durch nicht ausbildende Betriebe.

Die Gewerkschaften haben deshalb einen gesetzlichen bundesweiten Lastenausgleich zwischen ausbildenden und nicht ausbildenden Betrieben und Verwaltungen (→ **Umlagefinanzierung**) und verstärkte Ausbildung im Verbund vorgeschlagen (→ **Verbundausbildung**). Für eine gesetzliche Umlagefinanzierung gibt es aufgrund des Widerstands der Wirtschaft bisher auf Bundesebene keine politischen Mehrheiten. Allerdings hat das Land Bremen 2023 die Einführung einer Umlage beschlossen. Das Gesetz zur Errichtung eines Ausbildungsunterstützungsfonds wird ab 2024 in Bremen umgesetzt (*https://ausbildungsfonds-bremen.de/*).

Bedeutung für den Betriebsrat/die JAV

Das Vorschlagsrecht des Betriebsrats bei der Personalplanung und ihrer Umsetzung (§ 92 Abs. 2 BetrVG) kann zwar den Bedarf nach Nachwuchskräften im Betrieb offen legen und so die Unternehmerentscheidung beeinflussen (→ **Berufsbildungsbedarf**), letztlich bleibt die Entscheidung aber beim einzelnen Arbeitgeber. Außerdem kann sich die Argumentation des Betriebsrats dabei lediglich auf den Betrieb, seine abhängig Beschäftigten und deren Angehörigen beziehen, nicht auf eine gesamtgesellschaftliche Notwendigkeit.

Einfachberufe/Schmalspurausbildung

Grundlagen

Die Ausbildungsform der zweijährigen Einfachberufe zielt auf Jugendliche mit schlechten Schulabschlüssen oder mangelnder Ausbildungseignung ab. Diese Jugendlichen seien einer anspruchsvollen Ausbildung nicht gewachsen, sondern eher praktisch begabt und nur auf diese Weise in den Arbeitsmarkt zu integrieren, so die Vertreter der Einfachberufe.

Einfach ausgebildete junge Menschen haben allerdings erschwerte berufliche Entwicklungsperspektiven; sie werden auch beim Einkommen und damit in ihrer Lebensgestaltung benachteiligt bleiben. Untersuchungen zeigen, dass einfache Tätigkeiten keine Zukunft in der Informations- und Wissensgesellschaft haben und Menschen mit geringeren Qualifikationen stärker von Arbeitslosigkeit betroffen sind als gut Qualifizierte. In den Unternehmen werden qualifizierte Fachkräfte benötigt, die flexibel sind und Prozesskompetenz haben. Mit der Digitalisierung der Arbeitswelt erwarten Experten weiter wachsende Anforderungen, insbesondere bezogen auf Systemverständnis und IT-Kompetenzen. Für in zweijährigen Berufen Ausgebildete wird es damit schwierig, Anschluss in der digitalen Arbeitswelt zu finden bzw. zu halten.

Die Gestaltung qualifizierter Ausbildungsberufe sollte sich an den Anforderungen der Arbeitswelt orientieren und nicht an sozialpädagogischer Benachteiligtenförderung. Eine erfolgreiche Benachteiligtenförderung bringt nicht die besondere Art des Berufes, sondern eine besondere Art der Ausbildungsvorbereitung und -begleitung. Eine Ausbildungsordnung ist kein Instrument zur Förderung von Benachteiligten!

Benachteiligte Jugendliche sind keine homogene Gruppe. Verschiedene Faktoren kommen zum Tragen, wie beispielsweise die schulische Entwicklung, das soziale Umfeld und die gesellschaftlichen Verhältnisse. Eine Trennung der Benachteiligten in theoretisch und praktisch Begabte ist wissenschaftlich nicht haltbar.

Die bestehenden qualifizierten drei- bzw. dreieinhalbjährigen Ausbildungsberufe sind bereits sehr differenziert in ihren Anforderungen. So werden beispielsweise beim/bei der Bäcker:in und IT-Systemelektroniker:in oder beim/bei

Einfachberufe/Schmalspurausbildung

der Einzelhandelskaufmann/frau und Maßschneider:in ganz unterschiedliche Schwerpunkte in der Ausbildung gesetzt. Gemeinsam haben sie allerdings, dass sie auf eine qualifizierte berufliche Tätigkeit vorbereiten und aufbauende Weiterbildungen ermöglichen.
Benachteiligte Jugendliche brauchen mehr statt weniger Bildung. Deshalb sollte der Schwerpunkt einer systematischen Förderung der Berufsreife bei einer zielgruppenorientierten Berufsvorbereitung benachteiligter Jugendlicher liegen. Das bedeutet für den allgemeinbildenden Schulbereich Maßnahmen zur Verringerung der Zahl der Schulabgänger:innen ohne Hauptschulabschluss und Verbesserung des Übergangs in die Ausbildung, beispielsweise durch kleine Klassengrößen, pädagogisch-didaktische Lernkonzepte, Aufstockung und Qualifizierung des Lehrpersonals, Erweiterung von Betriebspraktika, Ausbau der Schulsozialarbeit. Berufsvorbereitungsmaßnahmen müssen gezielt auf eine berufliche Ausbildung oder Beschäftigung vorbereiten und vor allem auch allgemeinbildende und berufsbezogene Grundqualifikationen vermitteln. Bei der betrieblichen Ausbildung von benachteiligten Jugendlichen sollte eine sozialpädagogische Förderung durch speziell geschultes Ausbildungspersonal integriert werden und die Jugendlichen sollten mehr Zeit zum Lernen bekommen.
Qualifizierte Ausbildungsberufe müssen folgenden Kriterien entsprechen:
- sie müssen arbeitsmarktfähig sein und auf die Ausübung einer qualifizierten »branchen- und bereichsübergreifenden Berufstätigkeit« vorbereiten. Dies erfordert breit angelegte Kernqualifikationen und Qualifikationsinhalte, die ein eigenständiges Arbeiten in einer Vielzahl von Einsatzbereichen ermöglichen;
- sie müssen so geschaffen sein, dass sie Grundlagen für eine spätere Weiter- und Anschlussausbildung vermitteln und auf sich verändernde Anforderungen der betrieblichen und überbetrieblichen Facharbeitsmärkte vorbereiten;
- sie müssen einem quantitativ ausreichenden und nicht nur kurzfristigen Bedarf an Tätigkeiten entsprechen und auf die von Arbeitsmarkt- und Berufsexperten prognostizierten Entwicklungen veränderter Tätigkeitsanforderungen vorbereiten;
- sie müssen zu einer vollwertigen gesellschaftlichen Anerkennung führen und dürfen die Absolventen:innen nicht als geringer qualifiziert stigmatisieren sowie
- zu Verdienstmöglichkeiten führen, die der Eingruppierung in die Fachkräftegruppen entsprechen (Facharbeiterecklohn).

Bedeutung für den Betriebsrat/die JAV

Der Betriebsrat und die JAV müssen darauf achten, dass qualifizierte Ausbildungsberufe, die den angeführten Kriterien entsprechen, ausgebildet werden. Ein Mitbestimmungsrecht besteht allerdings nicht.
Mitbestimmen können der Betriebsrat und die JAV allerdings bei der Auswahl von Auszubildenden (→ **Auswahlrichtlinien**). Nach § 95 BetrVG kann über die Gestaltung der Auswahlrichtlinien sichergestellt werden, dass benachteiligte Jugendliche eine Chance erhalten, einen qualifizierten Ausbildungsberuf zu erlernen.
Die Einstellung benachteiligter Jugendlicher bedeutet allerdings auch, dass Förderkonzepte eingesetzt werden. Bei der Durchführung der Ausbildung haben Betriebsrat und JAV ein Mitbestimmungsrecht nach § 98 BetrVG.

Internethinweise

Informationen zu Förderkonzepten und Modellversuchen sind auf den folgenden Internetseiten zu finden:
https://www.ueberaus.de/ – Fachstelle Übergänge in Ausbildung und Beruf, ein Fachportal des Bundesinstituts für Berufsbildung (BIBB)
https://www.bibb.de/de/1301.php – Information des BIBB zur Assistierten Ausbildung
https://www.arbeitsagentur.de/unternehmen/ausbilden/assistierte-ausbildung-betriebe – Information der Bundesagentur für Arbeit zu Hilfen während der Ausbildung

Einigungsstelle

Begriff

Nach dem Betriebsverfassungsgesetz ist die Einigungsstelle ein Organ der Betriebsverfassung, das von Arbeitgeber und Betriebsrat gemeinsam mit einem/einer unparteiischen Vorsitzenden gebildet wird. Aufgabe der Einigungsstelle ist es dabei, Meinungsverschiedenheiten zwischen dem Arbeitgeber einerseits und dem Betriebsrat (Gesamtbetriebsrat, Konzernbetriebsrat) andererseits beizulegen. Dabei muss die Existenz der Einigungsstelle im Zusammenhang damit gesehen werden, dass der Betriebsrat seine Rechte und Forderungen nicht mittels Arbeitskämpfen durchsetzen kann. Die nach dem Betriebsverfassungsgesetz dem Betriebsrat auferlegte Friedenspflicht sowie die Einrichtung der Einigungsstelle zielen darauf ab, dass Konflikte im Betrieb ausschließlich im Verhandlungswege bzw. durch eine Entscheidung in der Einigungsstelle beigelegt werden. Bei der Einigungsstelle handelt es sich somit um ein Modell der Konfliktaustragung, das sehr stark durch eine Schlichtungsfunktion bestimmt wird. Dabei hat die Einigungsstelle ihre Beschlüsse unter angemessener Berücksichtigung der Belange des Betriebs und der betroffenen Arbeitnehmer:innen nach billigem Ermessen zu fassen (§ 76 Abs. 5 BetrVG).

Die Zuständigkeit der Einigungsstelle bezieht sich nur auf die Beilegung von Meinungsverschiedenheiten zwischen dem Arbeitgeber und dem Betriebsrat (GBR oder KBR).

Der Regelfall für die Anrufung einer Einigungsstelle liegt vor, wenn eine Einigung mit dem Arbeitgeber durch den Betriebsrat in Fragen der zwingenden Mitbestimmung nicht erfolgen kann. Von einem zwingenden Mitbestimmungsrecht ist in den Fällen auszugehen, in denen ein Spruch der Einigungsstelle die Einigung zwischen Arbeitgeber und Betriebsrat ersetzt (§ 76 Abs. 5 Satz 1 BetrVG). In diesem Fall wird die Einigungsstelle auf Antrag auch nur einer Seite tätig. Solche zwingenden Mitbestimmungsrechte ergeben sich z. B. hinsichtlich der Schulungs- und Bildungsveranstaltungen für die JAV (§ 65 Abs. 1 BetrVG), Zeit und Ort der Sprechstunden der JAV (§ 69 BetrVG), Herabsetzung der Zahl der Gesamt-Jugend- und Auszubildendenvertretung (§ 72 Abs. 6 BetrVG).

Einigungsstelle

Auch die Mitbestimmungsrechte in sozialen Angelegenheiten nach § 87 BetrVG sowie in Fragen der betrieblichen Berufsbildung (§§ 97 Abs. 2, 98 BetrVG) zählen dazu.
Darüber hinaus gibt es auch die Möglichkeit, in nicht mitbestimmungspflichtigen Angelegenheiten eine Einigungsstelle anzurufen. Dieses setzt voraus, dass sowohl Arbeitgeber als auch Betriebsrat sich über das Tätigwerden einer Einigungsstelle einig sind (§ 76 Abs. 6 BetrVG). Aufgrund des notwendigen Einverständnisses insbesondere von Arbeitgeberseite ist eine solche Einigungsstelle jedoch nur selten anzutreffen. In diesen Fällen neigen Arbeitgeber viel lieber dazu, ihre eigene Position durchzusetzen, als sich in die Unwägbarkeit eines Einigungsstellenspruches zu begeben.
Weiter ist es möglich, die Einigungsstelle als ständige Einrichtung zu berufen. Dieses setzt jedoch den Abschluss einer Betriebsvereinbarung zwischen dem Arbeitgeber und dem Betriebsrat voraus. Bei einer solchen ständigen Einigungsstelle muss bedacht werden, dass sie die Gefahr in sich trägt, dass der Arbeitgeber statt ernsthaft mit dem Betriebsrat zu verhandeln, gerade in sehr konfliktträchtigen Angelegenheiten sofort die Einigungsstelle anruft. Im Hinblick darauf sollte sehr genau abgewogen werden, inwieweit die Errichtung einer ständigen Einigungsstelle wirklich von Vorteil ist.
Hinsichtlich der Mitglieder der Einigungsstelle wird durch das Gesetz lediglich vorgegeben, dass die Mitgliederzahl auf Seiten des Arbeitgebers und auf Seiten des Betriebsrats gleich sein muss. Zusätzlich kommt noch ein/e Vorsitzende/r der Einigungsstelle hinzu, auf den/die sich Arbeitgeber und Betriebsrat einigen müssen. Falls es nicht zu einer Einigung kommt, wird der Einigungsstellenvorsitzende auf Antrag durch das Arbeitsgericht eingesetzt (§ 100 ArbGG). Gleiches betrifft auch die Frage der Anzahl der Beisitzer, wenn hier ebenfalls keine Einigung zwischen Arbeitgeber und Betriebsrat erfolgt. Auch die Anzahl der Beisitzer kann auf Antrag durch das Arbeitsgericht festgesetzt werden. Auf Betriebsratsseite ist es sehr wichtig, dass sachkundige Vertreter:innen als Beisitzer vom Betriebsrat benannt werden. Dieses können z. B. auch sachkundige Gewerkschaftssekretär:innen, Rechtssekretär:innen oder Rechtsanwält:innen sein.
Die Anrufung der Einigungsstelle kann erst dann erfolgen, wenn z. B. von Seiten des Betriebsrats das Scheitern der Verhandlungen festgestellt worden ist. Dieses muss durch den Betriebsrat per Betriebsratsbeschluss (§ 33 BetrVG) erfolgen. Der Betriebsrat muss des Weiteren darüber beschließen,

- dass die Einigungsstelle wegen der Angelegenheit angerufen wird,
- wer als Einigungsstellenvorsitzender nach der Vorstellung des Betriebsrats tätig sein soll,
- wie viele Beisitzer:innen (zahlenmäßig) die Einigungsstelle haben soll.

Für den Fall, dass zu diesem Zeitpunkt schon feststeht, welche/r externe Beisitzer:in auf Betriebsratsseite in der Einigungsstelle mit auftreten soll, ist sowohl die

Beauftragung dieses/r externen Beisitzer:in als auch seine Honorarhöhe durch den Betriebsrat zu beschließen. Dieser Beschluss muss zu einem späteren Zeitpunkt nachgeholt werden, wenn erst später der/die externe Beisitzer:in durch den Betriebsrat bestimmt wird.
Dem Arbeitgeber ist dann der Beschluss mit seinem zuvor genannten Inhalt mitzuteilen.
Die Einigungsstelle hat unverzüglich tätig zu werden.

Bedeutung für den Betriebsrat/die JAV

Die Wahrnehmung der Beteiligungs- und Mitbestimmungsrechte steht nach dem Betriebsverfassungsgesetz grundsätzlich nur dem Betriebsrat zu. Wichtig ist jedoch, dass in allen Angelegenheiten, die die jugendlichen Arbeitnehmer:innen und Auszubildenden betreffen, die JAV frühzeitig in den Verhandlungsprozess mit einbezogen wird und bei entsprechenden Themenfeldern auch JAV-Vertreter:innen in die Einigungsstelle auf Betriebsratsseite entsandt werden. Dadurch wird sichergestellt, dass eine bestmögliche Interessenvertretung im Rahmen der Einigungsstelle erfolgen kann.

Dieses ist notwendig, da die Einigungsstelle das Instrument zur Regelung von Konflikten zwischen Arbeitgeber und Betriebsrat ist, wenn aufgrund der widerstreitenden Interessenlage eine Einigung zwischen Arbeitgeber und Betriebsrat nicht möglich ist. Die Einigungsstelle entspricht somit dem »Ultima-ratio-Prinzip«. Häufig reicht es schon, dem Arbeitgeber nur anzukündigen, im Falle einer Nichteinigung die Einigungsstelle anzurufen, um ihn zu einer weiteren Verhandlungsbereitschaft zu bewegen.

Aber auch für den Betriebsrat kann es von Fall zu Fall notwendig sein, zu entscheiden, ob er mit dem Arbeitgeber vor die Einigungsstelle gehen will. Wichtig ist dabei, dass der Betriebsrat zunächst die Problemsituation konkretisiert, dann seine Zielvorstellungen entwickelt und auf dieser Basis die Handlungsmöglichkeiten und ihre Zweckmäßigkeiten abwägt. Es ist dabei richtig, wenn diese einzelnen Schritte mit der JAV, der Belegschaft, der im Betrieb vertretenen DGB-Gewerkschaft sowie gewerkschaftlichen Vertrauensleuten im Einzelfall abgestimmt werden.

Je besser ein Einigungsstellenverfahren von Seiten des Betriebsrats vorbereitet wird, desto eher besteht die Möglichkeit, durch das Einigungsstellenverfahren die eigenen Positionen zu halten bzw. zu verbessern. Während des Einigungsstellenverfahrens ist darauf zu achten, dass der Betriebsrat regelmäßig die Belegschaft über den Stand des Verfahrens informiert, um auf diese Weise seine Verhandlungsposition zu stärken.

Bedeutung für die Beschäftigten

Da das Verfahren in der Einigungsstelle entweder durch eine Einigung zwischen Arbeitgeber und Betriebsrat oder aber durch einen Spruch der Einigungsstelle endet, die in beiden Fällen als Betriebsvereinbarung wirkt, hat die Einigungsstelle auch für die Beschäftigten eine große Bedeutung. Es ist deswegen auch für den einzelnen Beschäftigten von sehr großer Bedeutung, zu welchem Ergebnis eine Einigungsstelle kommt. Die Zuständigkeit des Betriebsrats ist zudem nicht nur auf kollektive Angelegenheiten beschränkt. Es gibt auch Mitbestimmungsrechte für die Regelung von Einzelfällen, in denen bei Nichteinigung zwischen Arbeitgeber und Betriebsrat die Einigungsstelle angerufen werden kann. Dieses ist der Fall z. B. bei der Behandlung von Beschwerden (§ 85 Abs. 2 BetrVG), Festsetzung der zeitlichen Lage des Urlaubs einzelner Arbeitnehmer:innen (§ 87 Nr. 5 BetrVG), Zuweisung und Kündigung von Wohnräumen (§ 87 Nr. 9 BetrVG) sowie bei der Einführung und Durchführung betrieblicher Bildungsmaßnahmen (§§ 97 Abs. 2, 98 Abs. 3 BetrVG).

Zu beachten ist dabei aber, dass die Einigungsstelle hinsichtlich des Interessenausgleichs nach § 112 BetrVG sowie bei Fragen der Berufsbildung nach § 96 Abs. 1a BetrVG nur eine Einigung der Parteien versuchen kann (im Sinne einer Moderation).

Einstiegsqualifizierungen für Jugendliche – EQ

Grundlagen

Die Einstiegsqualifizierung für Jugendliche (EQ) ist ein betriebliches Praktikum, bei dem diese in einem Betrieb arbeiten und Grundkenntnisse für einen anerkannten Ausbildungsberuf erwerben. Die EQ kann in den meisten Berufen absolviert werden, aber nicht in schulischen Ausbildungsgängen (z. B. Altenpfleger:in) und nicht im öffentlichen Dienst.
Während der Einstiegsqualifizierung sind die Jugendlichen sozialversicherungspflichtig beschäftigt und erhalten eine Vergütung, die zwischen dem Betrieb und dem/der EQ-Teilnehmer:in vereinbart wird. Tarifliche Vereinbarungen müssen beachtet werden. Die Agentur für Arbeit oder das jeweilige Jobcenter erstattet dem Arbeitgeber auf Antrag einen Zuschuss zur EQ-Vergütung bis zur Höhe von 262 Euro monatlich gemäß § 54a SGB III.
Einstiegsqualifizierungen sind eine Art Langzeitpraktikum von mindestens sechs und höchstens zwölf Monaten Dauer. Sie sollen Jugendlichen mit eingeschränkter Vermittlungsperspektive den Einstieg in eine Ausbildung erleichtern und Einblicke ins Unternehmen sowie erste Qualifikationen ermöglichen. Im besten Falle beginnen die Jugendlichen im Anschluss eine Ausbildung. Es handelt sich bei den EQ-Teilnehmenden nicht um Auszubildende nach BBiG. Soweit die betriebliche Einstiegsqualifizierung als Berufsausbildungsvorbereitung nach § 1 Abs. 2 BBiG durchgeführt wird, gelten die §§ 68 bis 70 des Berufsbildungsgesetzes.

Bedeutung für den Betriebsrat/die JAV

Der Betriebsrat und die JAVen im Betrieb vertreten auch die Teilnehmenden der Einstiegsqualifizierungen.

Die Einstellung von EQ-Teilnehmenden fällt unter das Mitbestimmungsrecht nach § 99 BetrVG, da sie mit einer vom Arbeitgeber vorzunehmenden betrieblichen Eingliederung einhergeht.
Bei der Durchführung von Maßnahmen der betrieblichen Berufsbildung – wozu ebenfalls die EQ zählt – steht dem Betriebsrat generell ein Mitbestimmungsrecht zu (§ 98 Abs. 1 BetrVG). Das bedeutet, der Betriebsrat kann auf die inhaltliche und zeitliche Ausgestaltung der EQ Einfluss nehmen.
EQ-Teilnehmer:innen sind wahlberechtigt für die Wahl des Betriebsrats und der JAV, sofern sie die Voraussetzungen nach BetrVG hierzu erfüllen. Stimmberechtigt für die JAV-Wahlen sind alle Arbeitnehmer:innen des Betriebs, die das 18. Lebensjahr noch nicht vollendet haben oder die zu ihrer Berufsausbildung beschäftigt sind (vgl. § 60 Abs. 1 BetrVG).

Bedeutung für die Jugendlichen und Auszubildenden

Erfolgt im Anschluss an die absolvierte Einstiegsqualifizierung die angestrebte Berufsausbildung, so besteht die Möglichkeit, die EQ auf die Dauer der Berufsausbildung anzurechnen – zwingend vorgeschrieben ist dies jedoch nicht. Die mögliche Anrechnung erfolgt auf der Grundlage von § 8 Abs. 1 BBiG bzw. § 27b Abs. 1 Handwerksordnung.
Die EQ-Teilnehmenden haben keinen Anspruch darauf, vom Betrieb in ein Ausbildungs- oder Arbeitsverhältnis übernommen zu werden.
Führt eine JAV eigene → **Sprechstunden** durch (Voraussetzung siehe § 69 Satz 1 BetrVG), so können EQ-Teilnehmende auch zu der JAV-Sprechstunde gehen. Dieses Recht haben alle im Betrieb Beschäftigten, die von der JAV vertreten werden – somit auch die EQ-Teilnehmenden.

Allgemeine Bewertung

Die Einstiegsqualifizierungen bilden eine schlechte Alternative für Bewerber:innen, die sich in erster Linie auf einen betrieblichen Ausbildungsplatz bewerben. Sie führen zu keiner abgeschlossenen Qualifikation für die Jugendlichen, sondern stellen einzig einen prekären Einstieg ins Berufsleben ohne gute Perspektive dar.
Bei der Förderung von EQ ist unbedingt auf den gesetzlich vorgeschriebenen Personenkreis zu achten. Es darf nicht zu einer staatlichen Subventionierung für reguläre Ausbildungsbewerber:innen kommen, die lediglich unter Passungspro-

blemen am Ausbildungsmarkt leiden. Im Rahmen der EQ erworbene Teilqualifikationen sollten auf nachfolgende Ausbildungsverträge angerechnet werden. Außerdem müssen wichtige Qualitätskriterien auch für Einstiegsqualifikationen gelten. Hierzu gehören insbesondere die persönliche und fachliche Eignung des Ausbildungspersonals sowie die Eignung der Ausbildungsstätte einschließlich deren Überwachung.

Die Analysen des Ausbildungsmarktes (vgl. → **Ausbildungsplatzsituation**) der letzten Jahre haben gezeigt, dass eine Lösung der Ausbildungsplatzkrise durch freiwilliges Engagement der Wirtschaft nicht zu erwarten ist.

Europäischer Qualifikationsrahmen

Grundlagen

Der Europäische Qualifikationsrahmen (EQR, engl. European Qualifications Framework, EQF) geht auf einen Beschluss der Bildungsminister aus 32 europäischen Staaten in Maastricht im Dezember 2004 zurück. Ziel ist die Förderung von Transparenz und Mobilität innerhalb und zwischen den nationalen Bildungs- und Beschäftigungssystemen.
Der EQR beschreibt auf acht Niveaustufen Kenntnisse, Fertigkeiten und Kompetenzen. Die Zuordnung erfolgt auf Grundlage von Lernergebnissen (Learning Outcomes), also was Lernende wissen, verstehen und in der Lage sind zu tun, nachdem sie einen Lernprozess abgeschlossen haben. Wie die Lernergebnisse erzielt wurden, ist dabei nicht von Interesse.
Im Beschluss des Europäischen Parlaments werden Kenntnisse, Fertigkeiten und Kompetenzen wie folgt beschrieben:
- »Kenntnisse«: bezeichnet das Ergebnis der Verarbeitung von Information durch Lernen. Kenntnisse bezeichnet die Gesamtheit der Fakten, Grundsätze, Theorien und Praxis in einem Lern- oder Arbeitsbereich. Im Europäischen Qualifikationsrahmen werden Kenntnisse als Theorie- und/oder Faktenwissen beschrieben.
- »Fertigkeiten«: bezeichnet die Fähigkeit, Kenntnisse anzuwenden und Know-how einzusetzen, um Aufgaben auszuführen und Probleme zu lösen. Im Europäischen Qualifikationsrahmen werden Fertigkeiten als kognitive Fertigkeiten (logisches, intuitives und kreatives Denken) und praktische Fertigkeiten beschrieben (Geschicklichkeit und Verwendung von Methoden, Materialien, Werkzeugen und Instrumenten).
- »Kompetenz«: bezeichnet die nachgewiesene Fähigkeit, Kenntnisse, Fertigkeiten sowie persönliche, soziale und methodische Fähigkeiten in Arbeits- oder Lernsituationen und für die berufliche und/oder persönliche Entwicklung zu nutzen. Im Europäischen Qualifikationsrahmen wird Kompetenz im Sinne der Übernahme von Verantwortung und Selbstständigkeit beschrieben.

Europäischer Qualifikationsrahmen

Der EQR ist das europäische Referenzinstrument zu dem nationale sowie sektorale Qualifikationsrahmen in Bezug gebracht werden können. Dabei werden nationale Bildungsabschlüsse in den jeweiligen nationalen Qualifikationsrahmen zugeordnet: In Deutschland dem → **Deutschen Qualifikationsrahmen (DQR)**; dieser steht im Bezug zum EQR. Damit werden die Transparenz und Vergleichbarkeit von Bildungsabschlüssen in Europa unterstützt.

Fahrtkosten

Grundlagen

In Zusammenhang mit der Berufsausbildung entstehen dem/der Auszubildenden verschiedene Fahrtkosten.
Für Fahrtkosten, die entstehen, um in den Ausbildungsbetrieb zu gelangen, gibt es keinen gesetzlichen Anspruch auf Erstattung gegenüber dem Arbeitgeber. Die Fahrtkosten können jedoch im Rahmen des Lohnsteuerjahresausgleichs als Werbungskosten geltend gemacht werden.
Findet die Ausbildung auf Montage statt, besteht allerdings oft ein tariflicher Erstattungsanspruch, beispielsweise nach dem Bundesmontagetarifvertrag für die Metallindustrie.
Für Fahrten im Zusammenhang mit dem Besuch der Berufsschule oder der Teilnahme an Prüfungen besteht grundsätzlich kein gesetzlicher Anspruch auf Erstattung durch den Arbeitgeber.
Findet eine Ausbildungsmaßnahme außerhalb der vertraglich vereinbarten Ausbildungsstätte statt und dient sie der Erfüllung der Ausbildungspflicht, muss der Arbeitgeber die Fahrtkosten übernehmen.
In einer Anzahl von Manteltarifverträgen wurden weitergehende Regelungen zur Fahrtkostenerstattung vereinbart. Oftmals ist geregelt, dass auf Nachweis unvermeidbare Fahrtkosten bei Benutzung von öffentlichen Verkehrsmitteln oder die Mehrkosten gegenüber der Fahrt in den Ausbildungsbetrieb beim Besuch der Berufsschule vom Arbeitgeber erstattet werden.
Neben tariflichen Regelungen gibt es auch eine Anzahl von Betriebsvereinbarungen, die eine Fahrtkostenerstattung berücksichtigen.

Bedeutung für den Betriebsrat/die JAV

Die JAV hat nach § 70 Abs. 1 Nr. 2 BetrVG darauf zu achten, dass die gesetzlichen Bestimmungen, Tarifverträge oder Betriebsvereinbarungen eingehalten werden. Dies muss auch in Bezug auf die Fahrtkosten sichergestellt werden.
Die JAV kann auch nach § 70 Abs. 1 Nr. 1 BetrVG beim Betriebsrat beantragen, eine Betriebsvereinbarung zum Thema Fahrtkostenerstattung und Ausbildungsmittel mit dem Arbeitgeber zu verhandeln.

Familienbetrieb, -haushalt

Grundlagen

Das Jugendarbeitsschutzgesetz gilt nach § 1 für die Beschäftigung von Personen unter 18 Jahren in der Berufsausbildung oder als Arbeitnehmer oder Heimarbeiter, oder für die Beschäftigung mit Dienstleistungen, die der Arbeitsleistung von Arbeitnehmern oder Heimarbeitern ähnlich sind, oder auch für die Beschäftigung in einem der Berufsausbildung ähnlichen Ausbildungsverhältnis.
Ausnahmen von diesem Geltungsbereich regelt § 1 Abs. 2, wonach das Gesetz u. a. nicht gilt für geringfügige Hilfeleistungen, die gelegentlich aufgrund familienrechtlicher Vorschriften erbracht werden und für die Beschäftigung durch die Personensorgeberechtigten im Familienhaushalt.
Wenn also eine Beschäftigung in einem Familienbetrieb oder -haushalt nicht durch die Personensorgeberechtigten, also in der Regel die Eltern, sondern durch Dritte erfolgt, findet das Gesetz Anwendung.
Allerdings gibt es weitere Ausnahmen und Sonderregelungen für die Beschäftigung von Kindern, nämlich Personen, die noch nicht 15 Jahre alt sind, wobei auf Jugendliche, also Personen, die 15, aber noch nicht 18 Jahre alt sind, soweit sie der Vollzeitschulpflicht noch unterliegen, die für Kinder geltenden Vorschriften Anwendung finden. Ob ein Jugendlicher der Vollzeitschulpflicht unterliegt, richtet sich nach den Schulgesetzen der Länder.
Das grundsätzliche Beschäftigungsverbot für Kinder gilt nicht für die Beschäftigung von Kindern über 13 Jahre mit Einwilligung des Personensorgeberechtigten, soweit die Beschäftigung leicht und für Kinder geeignet ist.
In landwirtschaftlichen Familienbetrieben dürfen die Kinder u. a. nicht mehr als drei Stunden täglich beschäftigt werden. Landwirtschaftliche Familienbetriebe sind Betriebe, die über den Rahmen einer reinen Selbstversorgung, z. B. durch einen Gemüsegarten, hinausgehen. Es muss sich um einen Betrieb handeln, bei dem die familiäre Bindung der dort Arbeitenden im Vordergrund steht.

Ferienjobs

Grundlagen

Ferienjobs gibt es in den unterschiedlichen Branchen und in unterschiedlicher Art, aber nicht jede/r Schüler:in darf jede Tätigkeit ausüben. Das Jugendarbeitsschutzgesetz regelt, unter welchen Bedingungen Kinder und Jugendliche arbeiten dürfen.
Das Gesetz verbietet Kindern, bis zur Vollendung des 15. Lebensjahres zu arbeiten (§ 5 Abs. 1 JArbSchG). Es gibt aber geregelte Ausnahmen. Mit Zustimmung der Eltern dürfen Kinder über 13 Jahren bis zu zwei Stunden täglich zwischen 8 und 18 Uhr arbeiten (§ 5 Abs. 3 Nr. 3 JArbSchG). Im landwirtschaftlichen Familienbetrieb sind drei Stunden täglich innerhalb dieses Zeitraums erlaubt. Voraussetzung ist, dass es sich um leichte Tätigkeiten handelt – das kann zum Beispiel Zeitungen austragen, Gartenarbeit oder ein Botengang sein.
Für Jugendliche, also 15- bis 17-Jährige, die einen Ferienjob annehmen, gibt es weniger Einschränkungen. Sind die 15- bis 17-Jährigen noch schulpflichtig, dürfen sie nicht länger als vier Wochen pro Jahr in den Ferien jobben (§ 5 Abs. 4 JArbSchG).
Wichtig: Für Jugendliche ist schwere körperliche oder gefährliche Arbeit nicht erlaubt. Dazu zählt das Tragen von Gewichten, das Hantieren mit Chemikalien oder Akkordarbeit (§§ 22 ff. JArbSchG).
Die → **Arbeitszeit** von 8 Stunden am Tag und 40 Stunden pro Woche darf nicht überschritten werden (§ 8 Abs. 1 JArbSchG), auch nicht der Arbeitszeitraum zwischen 6 und 20 Uhr (§ 14 Abs. 1 JArbSchG).
Allerdings gibt es auch hier Ausnahmen, wenn der/die Jugendliche bereits 16 Jahre alt ist. Dann darf er/sie im Gaststättengewerbe bis 22 Uhr und in mehrschichtigen Betrieben bis 23 Uhr arbeiten (§ 14 Abs. 2 JArbSchG). Wochenendarbeit ist ebenfalls tabu – außer z. B. bei Sportveranstaltungen (§§ 16, 17 JArbSchG).
Arbeitgeber sind nicht nur verpflichtet, auf das Jugendarbeitsschutzgesetz zu achten, sie müssen Schüler:innen für ihren Ferienjob auch über den Betrieb unfallversichern.

Ferienjobs

Außerdem zu beachten ist das Thema Bezahlung, denn auch im Ferienjob muss fair bezahlt werden. Das Mindestlohngesetz findet auch auf Ferienjobs Anwendung. Damit haben Ferienjobber:innen, die über 18 Jahre alt sind, nach § 1 MiLoG Anspruch auf einen Stundenlohn von 12,41 Euro (Stand 2024: ab 1.1.2024 12,41 Euro; ab 1.1.2025 12,82 Euro). Unter 18-Jährige haben keinen Anspruch auf eine Bezahlung nach dem Mindestlohngesetz (§ 22 Abs. 2 MiLoG). Trotzdem sollte auf eine gerechte Bezahlung geachtet werden.

Es empfiehlt sich einen schriftlichen Arbeitsvertrag mit allen wichtigen Details wie Bezahlung, Arbeitszeit und Pausen abzuschließen.

Bedeutung für die Ferienbeschäftigten

Vor allem mit Blick auf den sozialversicherungspflichtigen Status und die Steuerfreibeträge gilt es für Ferienbeschäftigte, einige Punkte zu beachten:

- Beiträge zur Rentenversicherung müssen gezahlt werden, wenn man innerhalb eines Kalenderjahres länger als zwei Monate oder 50 Arbeitstage beschäftigt war. Die Höhe des Verdienstes ist unerheblich.
- Bei der Krankenversicherung gilt: Wenn die Beschäftigung ausschließlich auf die Semesterferien bzw. unterrichtsfreie Zeit beschränkt ist, kann sie auch länger als zwei Monate bzw. 50 Tage dauern, ohne dass Beiträge zur Krankenversicherung gezahlt werden müssen. Das gilt nicht mehr, wenn der/die Ferienbeschäftigte nicht mehr als Schüler:in oder Studierende:r krankenversichert ist. Es gelten dann die allgemeinen Regeln der Steuer- und Sozialversicherungspflicht wie für alle Arbeitsverhältnisse. Studierende sind verpflichtet, die Änderung dem Arbeitgeber mitzuteilen.
- Liegt der Verdienst nicht über 520 Euro pro Monat, liegt eine geringfügige Beschäftigung vor. Eine Stundengrenze muss nicht beachtet werden. Eine geringfügige Beschäftigung kann über das ganze Jahr versicherungsfrei ausgeübt werden. Bei 520-Euro-Jobs zahlt der Arbeitgeber die notwendigen Sozialversicherungsbeiträge (Arbeitslosen-, Kranken-, Renten- und Pflegeversicherung).
- Wer mehr als 520 Euro im Monat verdient, muss auch Sozialversicherungsbeiträge und Steuern zahlen. Die Beiträge zur Sozialversicherung steigen entsprechend der Höhe des Verdienstes an und das Einkommen ist individuell zu versteuern. Da aber meist der geltende Freibetrag für die Besteuerung nicht überschritten wird, bekommen Schüler/innen und Studierende ihre vorausbezahlte Lohnsteuer zurückerstattet.

Ferienjobs

Neben der Steuerpflicht muss auch auf die Hinzuverdienstgrenze beim BAföG geachtet werden. Diese liegt (Stand: Juni 2024) bei 523,42 Euro durchschnittlich im Monat bzw. bei 6281,04 Euro im Jahr.
Auch Ferienbeschäftigte müssen eine Unfallversicherung haben. Die Beiträge muss ausschließlich der Arbeitgeber zahlen und zwar direkt an die zuständige Berufsgenossenschaft.
Insgesamt lassen sich Fragen zu Steuern und Versicherungen nicht pauschal beantworten. Deshalb sollte sich jeder Ferienbeschäftigte individuell informieren und beraten lassen. Mögliche Ansprechpartner sind Betriebsräte/JAV und DGB-Gewerkschaften. Bei letztgenannten kann vor allem der Arbeits- und Sozialrechtsschutz eine große Hilfe bei den vorgenannten Punkten sein.

Bedeutung für den Betriebsrat/die JAV

Ferienbeschäftigte sind für die Zeit ihrer Tätigkeit im Unternehmen Beschäftigte nach § 5 Abs. 1 BetrVG. Sie müssen fair entlohnt werden und wollen akzeptable Arbeitsbedingungen vorfinden. Der Betriebsrat und die JAV haben hier ihre → **Mitbestimmungsrechte** in vollem Umfang wahrzunehmen.
Betriebsvereinbarungen für Ferienbeschäftigte über die Bezahlung können nicht abgeschlossen werden. Das Entgelt steht unter dem Tarifvorbehalt des § 77 Abs. 3 BetrVG. Dennoch versuchen Arbeitgeber, die tarifliche Entgeltlinie mit individuellen bzw. betrieblichen Vereinbarungen zu unterschreiten. Hierbei haben Betriebsrat und JAV eine Informationspflicht gegenüber Ferienbeschäftigten, um diese über ihre Rechte und Pflichten aus dem Arbeitsverhältnis aufzuklären. Die Mitgliedschaft in einer DGB-Gewerkschaft kann darüber hinaus für Sicherheit bei Streitigkeiten mit dem Arbeitgeber sorgen.

Freistellung

Grundlagen

Damit Mitglieder der JAV ihre Aufgaben nach dem BetrVG erfüllen können, haben sie einen Anspruch auf Freistellung von ihrer beruflichen Tätigkeit bzw. von der Ausbildung. Ebenso haben sie einen Anspruch auf Freistellung, wenn sie sich die notwendigen Qualifikationen, die zur Erfüllung ihrer Aufgaben erforderlich sind, aneignen wollen.
In § 65 Abs. 1 BetrVG (Geschäftsführung) i. V. m. § 37 BetrVG (ehrenamtliche Tätigkeit, Arbeitsversäumnis) sind die rechtlichen Möglichkeiten der Freistellung von Mitgliedern der JAV benannt.
Nach § 37 Abs. 2 und 3 BetrVG sind Mitglieder der JAV von ihrer beruflichen Tätigkeit ohne Minderung ihres Arbeitsentgelts zu befreien, soweit es zur ordnungsgemäßen Ausführung ihrer betriebsverfassungsrechtlichen Aufgaben erforderlich ist. Wird es erforderlich infolge betriebsbedingter Gründe, dass die JAV-Tätigkeit außerhalb der Arbeitszeit stattfindet, haben die Mitglieder der JAV einen Ausgleichsanspruch auf Arbeitsbefreiung unter Fortzahlung der Vergütung innerhalb eines Monats bzw., sofern dies nicht möglich ist, einen Anspruch auf Vergütung dieser Zeit als Mehrarbeit.
Unter § 37 Abs. 6 und 7 BetrVG ist die Freistellung von Mitgliedern der JAV für Schulungs- und Bildungsveranstaltungen geregelt (→ **Bildungsurlaub**).
Einen grundsätzlichen Freistellungsanspruch von Mitgliedern der JAV ab einer bestimmten Anzahl Wahlberechtigter, wie dies beispielsweise für den Betriebsrat in § 38 BetrVG geregelt ist, besteht nicht. Nach § 37 Abs. 4 und 5 BetrVG dürfen einem Mitglied der JAV durch seine Tätigkeit und die damit verbundenen Freistellungen keine finanziellen und beruflichen Nachteile entstehen. Diese Schutzbestimmung gilt bis ein Jahr nach Beenden der Amtszeit.
Die Bestimmungen aus § 37 BetrVG gelten auch für Ersatzmitglieder der JAV, sofern sie ersatzweise als JAV-Mitglied tätig werden bzw. geworden sind.

Freistellung

Bedeutung für die JAV

Es gibt eine Anzahl von betriebsverfassungsrechtlichen Gründen, warum sich JAV-Mitglieder von ihrer üblichen beruflichen Tätigkeit freistellen lassen können. Zum einen natürlich für die Teilnahme an Sitzungen, Besprechungen, Versammlungen etc., zum anderen aber auch für die Vorbereitung bzw. Nachbereitung von solchen Veranstaltungen, für Gespräche mit ihren Wahlberechtigten usw. Bei diesen Beispielen handelt es sich nicht um eine erschöpfende Darstellung, sondern es soll lediglich auf die Vielfalt aufmerksam gemacht werden, die sich aus einer Formulierung »betriebsverfassungsrechtlicher Aufgaben« ergibt. Die wesentlichen Aufgaben der JAV sind in § 70 BetrVG benannt (→ **JAV**).

Für die Freistellung eines Mitglieds der JAV von seiner beruflichen Tätigkeit ist keine Zustimmung des Arbeitgebers erforderlich. Der Arbeitgeber ist lediglich so rechtzeitig wie möglich über die Erfordernisse der Freistellung zu informieren. Dabei reicht es aus, wenn in groben Zügen der Grund der Freistellung mitgeteilt wird. Es müssen keine inhaltlichen Beschreibungen vorgenommen werden, auch brauchen keine Namen, z. B. von Auszubildenden, die ein Gespräch mit der JAV wünschen, genannt werden. Der Arbeitgeber muss lediglich erkennen können, dass es sich bei dem Freistellungsgrund um eine betriebsverfassungsrechtliche Tätigkeit handelt.

Das Mitglied der JAV hat sich bei seinen/ihren Vorgesetzten abzumelden. Ist betriebsbedingt eine Freistellung nicht möglich, ist es entscheidend, wie dringlich die JAV-Tätigkeit ist. Das Mitglied der JAV muss die Dringlichkeit darlegen. Hier gibt es oftmals Konflikte, wenn der Arbeitgeber diese Dringlichkeit bezweifelt. Der Betriebsrat sollte vom Mitglied der JAV immer über die Freistellung informiert werden. Es ist hilfreich und wichtig, wenn man die Unterstützung des Betriebsrats hat, da vor allem bei Konflikten mit dem Arbeitgeber vom Betriebsrat Rückhalt gegeben werden kann. Sollte es dennoch zu einem Konflikt kommen, ist die zuständige Gewerkschaft umgehend zu informieren, damit ggf. auch Rechtsschutz gewährt werden kann.

Nach Erledigung der JAV-Tätigkeit muss sich das JAV-Mitglied bei seinen/ihren Vorgesetzten zurückmelden. Eine darüber hinausgehende Rückmeldung, beispielsweise gegenüber der Personalabteilung, ist nicht erforderlich.

Kommt es im Rahmen der Freistellung für JAV-Tätigkeiten häufig zu Konflikten mit dem Arbeitgeber, empfiehlt es sich, ein Tagebuch über die JAV-Arbeit zu führen. Hierin sollte man vermerken, von wann bis wann eine Freistellung in Anspruch genommen wurde, in Stichpunkten, welche JAV-Tätigkeit erledigt wurde und bei wem sich abgemeldet bzw. rückgemeldet wurde. Enden Freistellungskonflikte mit dem Arbeitgeber vor Gericht, können die Aufzeichnungen eine große Hilfe sein.

Freistellung

Besondere Freistellungsschwierigkeiten können in mehrschichtigen Betrieben auftreten. Hier ist ggf. zu prüfen, ob auf Grundlage des § 37 Abs. 2 BetrVG eine generelle Schichtverlegung erfolgen kann, beispielsweise von Wechselschicht auf Normalschicht. Sollte dies vom Arbeitgeber verweigert werden, müssen in jedem Fall die Bestimmungen aus dem Arbeitszeitgesetz (z. B. maximal zulässige gesetzliche Höchstarbeitszeit, Ruhezeiten) eingehalten werden. Im Einzelfall kann dies dazu führen, dass Schichtverlegungen für bestimmte Tage für Mitglieder der JAV erforderlich werden (z. B. bei Jugend- und Auszubildendenversammlungen, JAV-Sitzungen).
Über die gesetzliche Freistellungsregelung hinaus besteht die Möglichkeit einer freiwilligen Freistellungsregelung in einer → **Betriebsvereinbarung**. Hier kann jedem JAV-Mitglied ein bestimmter Zeitrahmen für seine Tätigkeit fest zugeschrieben werden. Sollte sich jedoch ein darüber hinausgehender Bedarf ergeben, ist dieser unabhängig von dieser Betriebsvereinbarung durch den § 37 Abs. 2 BetrVG abgedeckt.

Fristlose Kündigung

Grundlagen

Eine fristlose oder außerordentliche Kündigung soll ein Arbeitsverhältnis vorzeitig ohne Beachtung von → **Kündigungsfristen**, seien es gesetzliche, vertragliche oder tarifvertragliche Kündigungsfristen, beenden. Auch die fristlose Kündigung hat – wie die ordentliche → **Kündigung** – schriftlich zu erfolgen.
Rechtliche Grundlage ist § 626 BGB. Danach kann ein Arbeitsverhältnis fristlos gekündigt werden, wenn ein wichtiger Grund vorliegt. Dies ist der Fall, wenn die Kündigung auf Tatsachen gestützt werden kann, aufgrund derer dem Kündigenden unter Berücksichtigung aller Umstände des Einzelfalles und unter Abwägung der Interessen beider Vertragsteile die Fortsetzung des Dienstverhältnisses bis zum Ablauf der Kündigungsfrist oder bis zur vereinbarten Beendigung des Dienstverhältnisses nicht zugemutet werden kann.
Bei der Abwägung des wichtigen Grundes kommt es auf alle Umstände des Einzelfalles an.

> **Beispiele:**
> Fristlose Kündigung wegen schweren Betrugs oder Diebstahls zum Nachteil des Arbeitgebers, fristlose Kündigung eines Arbeitnehmers wegen sexueller Belästigung einer Arbeitnehmerin oder fristlose Kündigung wegen ausländerfeindlichen, rassistischen Verhaltens.

Die fristlose Kündigung kann nach § 626 Abs. 2 BGB nur innerhalb einer Frist von zwei Wochen erfolgen. Die Frist beginnt mit dem Zeitpunkt, in dem der Kündigungsberechtigte von den für die Kündigung maßgebenden Tatsachen Kenntnis erlangt hat. Der Kündigende muss dem anderen Teil auf Verlangen den Kündigungsgrund unverzüglich schriftlich mitteilen.
Nach ständiger Rechtsprechung des BAG ist ein Diebstahl oder eine Unterschlagung grundsätzlich als wichtiger Grund für eine fristlose Kündigung geeignet, selbst wenn es sich nur um einen geringfügigen Schaden handelt. Traurige Berühmtheit erlangt hat der unberechtigte Verzehr eines Stücks Bienenstichs,

Fristlose Kündigung

wodurch die Arbeitnehmerin ihren Arbeitsplatz verlor. Allerdings – so das BAG – seien stets alle Umstände des Einzelfalls zu würdigen. An dieser Rechtsprechung hat die »Emmely«-Entscheidung (BAG 10.6.2010 – 2 AZR 541/09) nichts geändert. Dort wurde einer Kassiererin im Einzelhandel vorgeworfen, für sich selbst Pfandbons im Wert von 1,30 Euro unberechtigt eingelöst zu haben. Erstmals hat das BAG zwar der Kündigungsschutzklage in einem solchen Fall stattgegeben, allerdings wiederum nur bezogen auf die besonderen Umstände dieses konkreten Einzelfalls (sehr lange Betriebszugehörigkeit). Nach wie vor können Arbeitgeber wirkliche oder vermeintliche Bagatelldelikte zum Vorwand für eine außerordentliche Kündigung nehmen und damit den Versuch unternehmen, sich gewerkschaftlich engagierter Kolleginnen und Kollegen (so im Fall Emmely) zu entledigen oder aber den Kündigungsschutz von Mitgliedern der betriebsverfassungsrechtlichen Organe, der sich ja nur auf die ordentliche Kündigung bezieht, auszuhebeln. Hier ist also für alle Mitglieder des Betriebsrats, aber auch der JAV und aller anderer Organe besondere Vorsicht geboten. Nur wer sich auch bei geringsten Beträgen absolut korrekt verhält, ist vor einer außerordentlichen Kündigung sicher.

Bedeutung für den Betriebsrat/die JAV

Auch bei einer fristlosen Kündigung ist der Betriebsrat wie vor jeder anderen Kündigung zu hören. Lediglich bei den Rechtsfolgen wird zwischen einer fristlosen und fristgemäßen Kündigung unterschieden. So kommt nach einer fristlosen Kündigung trotz Widerspruch des Betriebsrats ein Weiterbeschäftigungsanspruch bis zur rechtskräftigen Entscheidung über eine Kündigungsschutzklage nicht in Betracht.

Bedeutung für die Auszubildenden

Ein Berufsausbildungsverhältnis ist nach unserer Rechtsordnung ein befristetes Arbeitsverhältnis, welches mit dem Ablauf der Ausbildungszeit endet bzw. mit Bestehen der Abschlussprüfung, wie dies § 21 BBiG bestimmt.

Nur während der Probezeit kann das Berufsausbildungsverhältnis jederzeit ohne Einhaltung einer Kündigungsfrist nach § 22 Abs. 1 BBiG gekündigt werden. Nach § 22 Abs. 2 BBiG kann das Berufsausbildungsverhältnis nach der Probezeit nur fristlos, nämlich aus wichtigem Grund ohne Einhaltung einer Kündigungsfrist

gekündigt werden oder vom Auszubildenden mit einer Frist von vier Wochen, wenn er die Berufsausbildung aufgeben will.
Eine fristlose Kündigung ist unwirksam, wenn die ihr zugrunde liegenden Tatsachen dem zur Kündigung Berechtigten länger als zwei Wochen bekannt sind. Gegebenenfalls kommen auch Schadenersatzansprüche nach § 23 BBiG in Betracht.

Gefährliche Arbeiten

Grundlagen

§ 22 des → **Jugendarbeitsschutzgesetzes (JArbSchG)** verbietet für Jugendliche die Beschäftigung mit gefährlichen Arbeiten. Danach dürfen Jugendliche nicht beschäftigt werden mit Arbeiten:
1. die ihre physische und psychische Leistungsfähigkeit übersteigen,
2. bei denen sie sittlichen Gefahren ausgesetzt sind,
3. die mit Unfallgefahren verbunden sind, von denen anzunehmen ist, dass Jugendliche sie wegen mangelnden Sicherheitsbewusstseins oder mangelnder Erfahrung nicht erkennen oder nicht abwenden können,
4. bei denen ihre Gesundheit durch außergewöhnliche Hitze oder Kälte oder starke Nässe gefährdet wird,
5. bei denen sie schädlichen Einwirkungen von Lärm, Erschütterungen oder Strahlen ausgesetzt sind,
6. bei denen sie schädlichen Einwirkungen von Gefahrstoffen im Sinne der Gefahrstoffverordnung ausgesetzt sind,
7. bei denen sie schädlichen Einwirkungen von biologischen Arbeitsstoffen im Sinne der Biostoffverordnung ausgesetzt sind.

Die Punkte 3–7 gelten nicht für die Beschäftigung Jugendlicher, soweit dies zur Erreichung ihres Ausbildungszieles erforderlich ist, ihr Schutz durch die Aufsicht eines Fachkundigen gewährleistet ist und der Luftgrenzwert bei gefährlichen Stoffen (Punkt 6) unterschritten wird.

Bedeutung für die Beschäftigten

Der Arbeitgeber ist verpflichtet, die Jugendlichen vor der erstmaligen Beschäftigung über konkrete Gefahren der Arbeit und der Arbeitsumgebung zu informieren. Dabei muss er auch über die Möglichkeiten informieren, wie drohenden Gefahren ausgewichen werden kann.

Gefährliche Arbeiten

Auf keinen Fall darf er Jugendliche einem erhöhten Unfallrisiko aussetzen oder mit Dingen beschäftigen, die ihre Leistungsfähigkeit übersteigen. Dies gilt z. B. für Berufe, bei denen allergisierende Stoffe verwendet werden, die auf Haut oder Atmung einwirken können oder für Beschäftigungen, die mit Lösungsmitteln in Klebern, Lacken, Baustoffen etc. zu Schädigungen des Nervensystems, der Niere, Leber und des Erbgutes führen können.

Jugendliche dürfen ebenfalls grundsätzlich nicht mit einer Arbeit beschäftigt werden, bei der ihr Arbeitstempo irgendwie vorgegeben ist oder das Arbeitstempo die Höhe des Lohnes bestimmt oder beeinträchtigt. Auch dürfen sie nicht in Gruppen Erwachsener mitarbeiten, die in Geld-, Stück-, Zeit- oder Gruppenakkord arbeiten.

Wie bei vielen Vorschriften des JArbSchG gibt es auch hier Ausnahmeregelungen. So können gefährliche Arbeiten angeordnet werden, wenn sie helfen, das Ausbildungsziel zu erreichen. Dann muss aber in jedem Fall die Aufsicht durch fachkundiges Personal gewährleistet sein. Bei der Gruppenarbeit bedeutet dies, dass der Jugendliche dann in einer solchen Gruppe arbeiten, er selbst aber nicht dem erhöhten Arbeitstempo unterworfen sein darf. Der Arbeitgeber muss in einem solchen Fall nachweisen, dass die Beschäftigung eines Jugendlichen in einer Akkordgruppe zur Erreichung des Ausbildungszieles notwendig ist.

Gesamt-Jugend- und Auszubildendenvertretung

Grundlagen

Für die Arbeit der Gesamt-Jugend- und Auszubildendenvertretung (GJAV) gelten weitestgehend die gleichen rechtlichen Bestimmungen wie für die Arbeit der JAV. In §§ 72 und 73 BetrVG sind die Voraussetzung der Errichtung, die Zusammensetzung, die Geschäftsführung und das Verfahren bei Abstimmungen geregelt.
Bestehen in einem Unternehmen mehrere JAVen, so ist eine GJAV zu errichten. Die Bildung einer GJAV ist dann zwingend vorgeschrieben.
Die GJAV vertritt die besonderen Interessen der Jugendlichen und zur Berufsausbildung Beschäftigten auf der Ebene des gesamten Unternehmens. Bei betriebsübergreifenden Angelegenheiten ist die GJAV auch für Betriebe ohne eigene JAV zuständig (§ 73 Abs. 2 i. V. m. § 50 BetrVG).
Die GJAV ist den einzelnen JAVen nicht übergeordnet; sie stehen mit unterschiedlichen Aufgaben nebeneinander. Die GJAV ist nur dann zuständig, wenn zwei Voraussetzungen erfüllt sind:
1. Die Angelegenheiten betreffen das Gesamtunternehmen oder mehrere Betriebe.
2. Die Angelegenheiten können nicht durch die einzelnen Betriebsräte innerhalb ihrer Betriebe geregelt werden.

Entsendet eine JAV kein Mitglied in die GJAV und weigert sie sich nach Aufforderung weiterhin, liegt eine Pflichtverletzung nach § 23 BetrVG (in Verbindung mit § 65 BetrVG) vor. In die GJAV entsendet jede JAV ein Mitglied. Die JAV hat für das Mitglied der GJAV mindestens ein Ersatzmitglied zu bestellen und die Reihenfolge des Nachrückens festzulegen. Für die Entsendung ist ein einfacher Mehrheitsbeschluss ausreichend. Ersatzmitglieder können nicht entsandt werden. Durch Tarifvertrag oder Betriebsvereinbarung kann die Mitgliederzahl der GJAV abweichend von der grundsätzlichen Regelung des § 72 Abs. 2 BetrVG geregelt werden.
Besteht eine GJAV aus mehr als 20 Mitgliedern und gibt es keine tarifliche Regelung zur Zusammensetzung der GJAV, so ist zwischen Gesamtbetriebsrat und

Gesamt-Jugend- und Auszubildendenvertretung

Arbeitgeber eine Betriebsvereinbarung über die Mitgliederzahl abzuschließen. Darin soll bestimmt werden, dass JAVen mehrerer Betriebe eines Unternehmens, die regional oder durch gleichartige Interessen miteinander verbunden sind, gemeinsam Mitglieder in die GJAV entsenden. Kommt es bezüglich einer solchen Betriebsvereinbarung nicht zu einer Einigung zwischen Arbeitgeber und Gesamtbetriebsrat, so entscheidet eine auf Ebene des Gesamtunternehmens zu bildende Einigungsstelle.

Bei Abstimmungen in der GJAV hat jedes Mitglied so viele Stimmen wie in dem Betrieb, in dem es gewählt wurde, Wahlberechtigte in der Wählerliste eingetragen sind. Ist ein Mitglied der GJAV für mehrere Betriebe zuständig, so hat es so viele Stimmen wie Wahlberechtigte in den Betrieben, für die es entsandt ist. Maßgeblich ist also die Anzahl der in die Wählerlisten eingetragenen Wahlberechtigten und nicht die Anzahl der tatsächlich Beschäftigten zum Zeitpunkt der Entsendung oder zum Zeitpunkt der Stimmabgabe. Bei mehreren Mitgliedern der JAV eines Betriebs in der GJAV haben sie bei Abstimmungen entsprechend anteilig die Stimmen der Wahlberechtigten aus ihrem Betrieb.

Von diesen Abstimmungsverfahren kann durch Tarifvertrag oder Betriebsvereinbarung eine abweichende Regelung getroffen werden, die das Stimmengewicht von Mitgliedern der GJAV, die aus einem gemeinsamen Betrieb mehrerer Unternehmen entsandt werden, neu fasst. Damit soll sichergestellt werden, dass bei Abstimmungen in der GJAV über Angelegenheiten, die nur die Wahlberechtigten eines des am gemeinsamen Betrieb beteiligten Unternehmens betreffen, auch nur die Stimmenzahl dieser Wahlberechtigten berücksichtigt wird.

In § 73 BetrVG »Geschäftsführung der Gesamt-Jugend- und Auszubildendenvertretung« ist geregelt, dass die Sitzungen der GJAV auf Einladung der/des Vorsitzenden nach Verständigung des Gesamtbetriebsrats stattfinden. Die Häufigkeit von GJAV-Sitzungen ist unterschiedlich. Die Häufigkeit und die Dauer der Sitzungen sollten von den anfallenden Aufgaben abhängig gemacht werden. Zu den Sitzungen muss der/die Vorsitzende des Gesamtbetriebsrats oder ein beauftragtes GBR-Mitglied eingeladen werden. Grundsätzlich sollte der GBR möglichst ein Mitglied fest für die Betreuung der GJAV benennen.

Darüber hinaus verweist der § 73 BetrVG auf weitere Paragrafen des Gesetzes. Somit sind folgende Regelungen für die GJAV-Sitzungen ebenfalls zu beachten:

- Nach § 73 i. V. m. § 31 BetrVG ist ein/eine Vertreter:in der zuständigen Gewerkschaften zu den Sitzungen einzuladen.
- § 73 i. V. m. § 34 BetrVG sieht vor, dass von jeder GJAV-Sitzung ein Protokoll anzufertigen ist.
- § 73 i. V. m. § 28 Abs. 1 Satz 1 sieht vor, dass die GJAV Ausschüsse bilden kann.
- § 73 i. V. m. § 67 BetrVG regelt die Teilnahme der GJAV an Sitzungen des Gesamtbetriebsrats.

Gesamt-Jugend- und Auszubildendenvertretung

- § 73 i. V. m. § 40 BetrVG regelt die Übernahme der Kosten und des Sachaufwandes für die GJAV-Arbeit durch den Arbeitgeber.
- § 73 i. V. m. § 37 BetrVG regelt die Freistellung für Mitglieder der JAV für die GJAV-Arbeit.
- § 73 i. V. m. § 36 BetrVG regelt, dass die Mitglieder der GJAV die Prinzipien ihrer Zusammenarbeit in einer Geschäftsordnung festlegen.
- § 73 i. V. m. § 51 Abs. 2 BetrVG regelt, dass zur ersten konstituierenden GJAV-Sitzung die JAV bei der Hauptverwaltung einlädt. Gibt es dort keine, dann lädt die JAV des nach Wahlberechtigten größten Betriebs ein und der GBR.

Die Interessenvertretung auf Unternehmensebene ist eine notwendige Ergänzung zur betrieblichen Arbeit der JAV. Die wesentlichen Aufgaben der GJAV sind der Austausch von Informationen aus den einzelnen Betrieben und die gemeinsame Vertretung der Interessen der Wahlberechtigten des Unternehmens im Gesamtbetriebsrat und mit diesem zusammen gegenüber der Unternehmensleitung.

Bedeutung für den Betriebsrat/die JAV

Die JAVen sollten darauf achten, dass Forderungen, die in der GJAV aufgestellt werden, im Betrieb bei den Wahlberechtigten mitgetragen werden und der örtliche Betriebsrat bereits informiert ist. Forderungen, die von der JAV im eigenen Betrieb nicht durchgesetzt werden können oder denen der Rückhalt bei den jugendlichen Beschäftigten und Auszubildenden fehlt, werden in der Regel auf Ebene der GJAV ohne den jeweiligen betrieblichen Rückhalt erst recht nicht durchsetzbar sein. In diesem Sinne ist die GJAV als Einrichtung zur Stärkung der örtlichen JAV-Arbeit zu sehen. Durch eine in der GJAV koordinierte Interessenvertretung werden die Durchsetzungsbedingungen verbessert.

Die Transparenz der Arbeit einer GJAV ist von großer Bedeutung. Nur durch eine kontinuierliche Kommunikationsarbeit in Richtung der JAVen und Auszubildenden kann eine Unterstützung und Akzeptanz der GJAV-Arbeit gesichert werden. Als ein geeignetes Mittel für mehr Transparenz bietet sich eine regelmäßig erscheinende GJAV-Zeitung oder ein Newsletter an. Auch die Nutzung von Social-Media-Kanälen, wie z. B. Facebook ist denkbar. Hierdurch kann die GJAV ständig über ihre Arbeit und Erfolge berichten und bleibt präsent. Außerdem sollten auf örtlichen Jugend- und Auszubildendenversammlungen die Themen aus der GJAV-Arbeit vorgestellt und rückgekoppelt werden.

Eine umfassende Berichterstattung über die Probleme und Arbeit der örtlichen JAVen in der GJAV trägt dazu bei, dass Standorte nicht gegeneinander ausgespielt werden. Für eine solche Berichterstattung aus den örtlichen JAVen kann der abgedruckte Musterberichtsbogen hilfreich sein.

Gesamt-Jugend- und Auszubildendenvertretung

GJAV-Berichtsbogen   Datum: _____

1. Gesellschaft, Betrieb, Bereich oder Außenbüro: _____
2. Name des Mitgliedes der GJAV: _____
3. Anzahl der Mitglieder der eigenen JAV: _____
4. Stand der Anzahl der Auszubildenden: _____
   insgesamt: _____
   gewerbliche Azubis: _____
   kaufmännische Azubis: _____
   technische Azubis: _____
   dual Studierende: _____
5. Geplante oder durchgeführte Einstellungen im laufenden Jahr:
   insgesamt: _____
   gewerbliche Azubis: _____
   kaufmännische Azubis: _____
   technische Azubis: _____
   dual Studierende: _____
6. Geplante Übernahmen von Azubis:
   zum Juni/Juli oder Januar/Februar
   unbefristet/ _____   befristet für _____ Monate
   insgesamt: _____   insgesamt: _____
   gewerbliche Azubis: _____ gewerbliche Azubis: _____
   kaufmännische Azubis: _____ kaufmännische Azubis: _____
   technische Azubis: _____   technische Azubis: _____
   dual Studierende: _____   dual Studierende: _____
   Aktuelle Handlungsfelder der eigenen JAV:
   _____
   _____
   _____

7. Was unterstützt uns/was erschwert unsere Arbeit vor Ort?
   _____
   _____
   _____
   _____

8. Bearbeiten/Anträge von Handlungsfeldern/Tagesordnungspunkten in der nächsten GJAV-Sitzung:
   _____
   _____
   _____
   _____

Geschäftsordnung

Grundlagen

Nach § 65 i. V. m. § 36 BetrVG soll sich die JAV eine schriftliche Geschäftsordnung geben, die die Grundlage für die Zusammenarbeit innerhalb der JAV bildet.
In der Geschäftsordnung sind Fragen der Aufgabenverteilung, die Durchführung von Sitzungen, das Anfertigen von Niederschriften, die Vertretung gegenüber dem Betriebsrat, die Durchführung einer Jugend- und Auszubildendenversammlung usw. zu regeln. Dabei müssen natürlich die geltenden Bestimmungen aus dem BetrVG beachtet werden, wie beispielsweise die in § 65 i. V. m. § 26 BetrVG in Bezug auf die Wahlen einer/eines Vorsitzenden und stellvertretenden Vorsitzenden der JAV oder § 65 i. V. m. § 28 Abs. 1 Satz 1 und 2 BetrVG über die Bildung von Ausschüssen.
Wie bei der JAV kann sich auch die Gesamt-Jugend- und Auszubildendenvertretung eine Geschäftsordnung nach § 73 Abs. 2 i. V. m. § 36 BetrVG geben. Das gilt ebenfalls für die Konzernjugend- und Auszubildendenvertretung, sofern eine vorhanden ist.
Die Geschäftsordnung kann jederzeit durch Beschluss geändert oder ergänzt werden. Sie gilt für die Amtszeit der JAV und ist für alle Mitglieder der JAV verbindlich. Eine neu gewählte JAV kann die bisherige Geschäftsordnung durch Beschluss übernehmen, sie ist jedoch nicht dazu verpflichtet.
Erarbeitung, Diskussion und Verabschiedung einer Geschäftsordnung können für die JAV bedeuten, Klarheit über die Aufgabenverteilung für die einzelnen Mitglieder der JAV herzustellen. Organisation und Arbeit der JAV werden für alle JAV-Mitglieder, aber auch für die Ersatzkandidat:innen transparent. Sie trägt zu einer höheren Verbindlichkeit und Verlässlichkeit in der JAV-Arbeit bei.
Durch das Betriebsrätemodernisierungsgesetz hat der Gesetzgeber die Möglichkeit geschaffen, dass die Sitzungen auch mittels Video- und Telefonkonferenzsoftware stattfinden können (§ 30 Abs. 2 BetrVG). Es ist ratsam, eine eindeutige Regelung in der Geschäftsordnung vorzunehmen, in welchen Fällen die Sitzung

Geschäftsordnung

nicht als Präsenzsitzung stattfinden soll. Siehe dazu die entsprechenden Paragrafen in dem folgenden Muster.

Geschäftsordnung für die Jugend- und Auszubildendenvertretung

Die Jugend- und Auszubildendenvertretung (JAV) der Firma
_____, den _____
(Ort)   (Datum)

GESCHÄFTSORDNUNG

für die Jugend- und Auszubildendenvertretung der Firma
_____

Die Jugend- und Auszubildendenvertretung (JAV) der Firma
_____

gibt sich gemäß § 65 Abs. 1 in Verbindung mit § 36 BetrVG nachstehende Geschäftsordnung:
  Allgemeines
  Konstituierung
  Wahlen
  Vertretung
  Geschäftsführung
  Ausschüsse
  Sitzung der JAV
  Beschlüsse
  Niederschrift
  Betriebsrat (BR)
  Bekanntmachung
  Jugend- und Auszubildendenversammlung
  Inkrafttreten

I. Allgemeines

Eine wirksame Interessenvertretung aller Beschäftigten kann nur erreicht werden durch eine gute Zusammenarbeit von Jugend- und Auszubildendenvertretung und Betriebsrat. Um eine sachgemäße Information über alle Jugend- und Berufsbildungsfragen zu gewährleisten, informiert die Jugend- und Auszubildendenvertretung und der Betriebsrat in den einzelnen Abteilungen, in denen Auszubildende beschäftigt sind.
Die Jugend- und Auszubildendenvertretung führt ihre Aufgaben in enger Zusammenarbeit mit der zuständigen Gewerkschaft durch.

Geschäftsordnung

II. Konstituierung

Die JAV konstituiert sich unmittelbar nach erfolgter Wahl.

III. Wahlen

1. Die JAV wählt jeweils in einem besonderen Wahlgang ihre/n Vorsitzende/n, die/den stellvertretende/n Vorsitzende/n und eine/n Schriftführer:in.
2. Die Wahl der/des Vorsitzende/n wird gemäß § 29 Abs. 1 BetrVG durchgeführt.
3. Die weiteren Wahlen leitet der/die Vorsitzende bzw. seine/ihre Stellvertreter:in. Gewählt ist, wer die meisten Stimmen auf sich vereinigt, mindestens jedoch die Mehrheit der Stimmen der anwesenden Mitglieder.

VI. Vertretung

1. Der/die Vorsitzende und sein/ihre Stellvertreter:in vertreten die JAV im Rahmen der gefassten Beschlüsse gemeinsam. Bei Verhinderung einer/eines Vorgenannten ist ein anderes JAV-Mitglied hinzuzuziehen. Ein weiteres JAV-Mitglied ist auch hinzuzuziehen, wenn ein Sachverhalt zur Verhandlung ansteht, für den das JAV-Mitglied in besonderer Weise zuständig ist.
2. Gegenüber Behörden und anderen außerbetrieblichen Einrichtungen vertritt die/der Vorsitzende die JAV gemeinsam mit der/dem BR-Vorsitzende/n.
3. In allen Fällen der Verhinderung der/des Vorsitzenden übernimmt die/der stellvertretende Vorsitzende deren/dessen Aufgabenpunkt.
4. Über alle Verhandlungen, die in Vertretung der JAV erfolgen, ist eine Notiz anzufertigen und in der nächsten JAV-Sitzung hierüber zu berichten.
5. Einzelne JAV-Mitglieder können keinerlei verbindliche Erklärungen der JAV Dritten gegenüber abgeben, soweit sie nicht nach V. ermächtigt wurden.
6. § 66 BetrVG bleibt von den vorstehenden Bestimmungen unberührt.

V. Geschäftsführung

1. Die JAV überträgt der/dem Vorsitzenden, der/dem stellvertretenden Vorsitzenden und der/dem Schriftführer/in die Geschäftsführung.
2. Zu der Geschäftsführung zählen: die Verwaltungstätigkeit im Bereich der Geschäftsordnung der Geschäftsführung nach § 26 Abs. 2 BetrVG sowie die Vorbereitung der JAV-Sitzungen.
3. Die JAV nimmt eine Aufgabenteilung entsprechend besonderer Sachgebiete vor. Als Sachgebiete zählen insbesondere folgende:
    a) Berufsbildung
    b) Unfall-, Gesundheits- und Umweltschutz
    c) Jugendarbeitsschutz
    d) Sozialangelegenheiten
    e) Lohn- und Gehaltsfragen/Vergütung für Auszubildende
    f) Verbindung zur Gewerkschaft

Geschäftsordnung

1. In jeder JAV-Sitzung und in jeder Jugend- und Auszubildendenversammlung geben die einzelnen Jugend- und Auszubildendenvertreter:innen über ihr Sachgebiet einen Bericht.

VI. Ausschüsse

Zur effizienten Erledigung von Aufgaben können diese an Ausschüsse delegiert werden (§ 65 i.V.m. § 28 Abs. 1 Satz 1 u. 2 BetrVG). Die Ausschüsse bereiten eine sachgerechte Beschlussfassung der JAV vor. Die JAV beschließt mit einfacher Mehrheit die Einrichtung, Besetzung und den Vorsitz von Ausschüssen. Sofern nichts anderes festgelegt wird, werden Ausschüsse für die Dauer der Amtszeit der JAV gebildet.

VII. Sitzungen der JAV

1. Die Sitzungen der JAV finden regelmäßig wöchentlich am ... um ... Uhr statt, mindestens jedoch vor jeder Betriebsratssitzung, auf der Fragen behandelt werden, die Jugendliche, Auszubildende oder dual Studierende betreffen.
2. Die sonstigen Sitzungen finden nach Bedarf statt.
3. Zusätzlich muss auf Antrag von einem Viertel der Mitglieder der JAV eine JAV-Sitzung einberufen und der beantragte Gegenstand auf die Tagesordnung gesetzt werden.
4. Die/der Vorsitzende der JAV, im Falle ihrer/seiner Verhinderung ihre/seine Stellvertreter:in oder bei beider Verhinderung die/der Schriftführer:in, lädt in der Regel zwei Tage vor der Sitzung die Mitglieder der JAV unter Bekanntgabe der Tagesordnung ein.
5. Die Teilnahmeverhinderung ist der/dem Einladenden unverzüglich mitzuteilen.
6. Für Verhinderte ist umgehend das entsprechende Ersatzmitglied einzuladen.
7. Die/der Vorsitzende des BR oder die/der mit der Wahrnehmung von Fragen der Auszubildenden, dual Studierenden oder Jugendlichen Beauftragte ist ebenfalls einzuladen.
8. Sind bei der Behandlung der Tagesordnung sachliche oder fachliche Informationen erforderlich, kann die/der Vorsitzende sachkundige oder betroffene Arbeitnehmer/innen zur Anhörung in die JAV-Sitzung einladen. Sofern sachkundige oder betroffene Arbeitnehmer:innen gehört werden, hat die/der Vorsitzende in Absprache mit der/dem BR-Vorsitzenden die/den zuständige/n Vorgesetzte/n zu unterrichten und für die Freistellung dieser Arbeitnehmer/innen unter Fortzahlung des Arbeitsentgelts bzw. der Ausbildungsvergütung (§ 39 Abs. 3 i.V.m. § 69 BetrVG) zu sorgen.
9. Ein/e Vertreter/in der Gewerkschaft ist rechtzeitig unter Mitteilung der Tagesordnung einzuladen. Sie/Er kann an allen JAV-Sitzungen mit beratender Stimme teilnehmen.
10. Die Sitzungen der JAV sind nicht öffentlich.
11. Alle Sitzungsteilnehmer tragen sich eigenhändig in eine Anwesenheitsliste ein.

Geschäftsordnung

12. Sitzung der JAV als Präsenzsitzung: Die Sitzung der JAV findet grundsätzlich als Präsenzsitzung statt. Die Präsenzsitzung hat Vorrang und kann nur nach den in §§ VII Nr. 12 bis VII Nr. 14 der Geschäftsordnung festgelegten Regelungen als Video- und/oder Telefon-Konferenz durchgeführt werden.
13. Sitzung der JAV mittels Video- und/oder Telefonkonferenz: Die JAV-Sitzung findet als Video- und/oder Telefonkonferenz statt, wenn es aufgrund einer Rechtsvorschrift oder aus sachlichen Gründen nicht möglich ist, im Betrieb zu einer Präsenzsitzung zusammenzukommen. Videokonferenzen haben Vorrang vor Telefonkonferenzen.
Zu den Sachgründen zählen z. B.:
- die Dringlichkeit der Angelegenheit, die kein Zuwarten bis zur nächsten regulären JAV-Sitzung als Präsenzsitzung zulässt.
- der Gesundheitsschutz der JAV-Mitglieder, der die Durchführung der JAV-Sitzung als Video- und/oder Telefonkonferenz erfordert.
Die Dauer der Anreisen zur Teilnahme an der JAV-Sitzung stellt keinen Sachgrund für die Durchführung einer Video- und/oder Telefonkonferenz dar.
Gegebenenfalls kann folgende zusätzliche Formulierung aufgenommen werden:
Die Anzahl der JAV-Sitzungen, die aus sachlichen Gründen ganz oder teilweise als Video- und/oder Telefonkonferenz durchgeführt werden, darf _____ Sitzungen im Quartal nicht übersteigen.
Über die Durchführung der Sitzung als Video- und/oder Telefonkonferenz entscheidet der/die Vorsitzende der JAV. Die Sitzung kann nur dann in Form einer Video- und/oder Telefonkonferenz stattfinden, wenn alle einzuladenden JAV- und Ersatzmitglieder über die technischen Mittel einschließlich personalisierter E-Mail-Accounts des Arbeitgebers verfügen. Für die Teilnahme von Menschen mit Behinderungen ist die Nutzung von Video- und/oder Telefonkonferenzen barrierefrei, zum Beispiel im Sinne von § 4 des Behindertengleichstellungsgesetzes (BGG) in Verbindung mit der Barrierefreien Informationstechnik Verordnung (BITV 2.0), zugänglich und nutzbar zu gestalten.
Die technische Ausstattung sind Sachmittel nach § 40 BetrVG.
Für die JAV-Sitzung mittels Video- und/oder Telefonkonferenz gelten die Regelungen des § VII Nr. 1–12 der Geschäftsordnung entsprechend. Der/die Vorsitzende der JAV weist in der Einladung auf die Art der JAV-Sitzung, sowie auf das Widerspruchsrecht und die entsprechende Frist zum Widerspruch hin. Zeitgleich hat er die Zugangsdaten mitzuteilen.
Widersprechen mindestens ein Viertel der Mitglieder der JAV fristgerecht der Durchführung der Sitzung als Video- und/oder Telefonkonferenz, muss diese als Präsenzsitzung durchgeführt werden. Der Widerspruch muss gegenüber dem/ der Vorsitzenden fristgerecht in Textform (z. B. per E-Mail) eingelegt werden.
Eine Aufzeichnung der Sitzung ist unzulässig.
Jedes einzuladende JAV- und Ersatzmitglied, das an einer Video- und/oder Telefonkonferenz teilnimmt, hat dafür Sorge zu tragen, dass kein unbefugter Dritter vom Inhalt der Sitzung Kenntnis erlangt.

Geschäftsordnung

14. JAV-Sitzung als Präsenzsitzung unter Teilnahme einzelner Mitglieder mittels Video- und/oder Telefonkonferenz (Hybridsitzung): Ausnahmsweise kann eine Präsenzsitzung mit der zusätzlichen Möglichkeit der Teilnahme einzelner JAV- oder Ersatzmitglieder mittels Video- und/oder Telefonkonferenz durchgeführt werden. Über die ausnahmsweise Möglichkeit der Teilnahme im Wege der Zuschaltung per Video- und/oder Telefonkonferenz entscheidet der/die Vorsitzende der JAV. Es gelten die Regelungen in § VII Nr. 13 der Geschäftsordnung entsprechend.

VIII. Beschlüsse

1. Die Beschlüsse der JAV werden im Rahmen des § 33 Abs. 1 und 2 BetrVG gefasst.
2. Die Abstimmungen erfolgen in der Regel durch Handzeichen. Liegt ein Antrag auf geheime Abstimmung vor, so ist diese durchzuführen.
3. Umlaufbeschlüsse sind unzulässig.
4. Abstimmungen und Beratungen in Gegenwart des Arbeitgebers oder seines Vertreters dürfen nicht durchgeführt werden.
5. Die Abstimmungsergebnisse hat die/der Vorsitzende sofort festzustellen und in der Niederschrift eintragen zu lassen. Festzustellen sind alle Ja- und alle Nein-Stimmen sowie die Enthaltungen.

IX. Niederschrift

1. Von jeder Sitzung der JAV ist eine Niederschrift anzufertigen.
2. Bei der Niederschrift sind die Formvorschriften des § 34 Abs. 1 und 2 BetrVG zu beachten.
3. Einwendungen von JAV-Mitgliedern gegen die Niederschrift müssen spätestens in der Sitzung erfolgen, die der der Niederschrift zugrunde liegenden Sitzung folgt.
4. Schriftliche Erklärungen von JAV-Mitgliedern zur Niederschrift müssen dieser beigefügt werden.

X. Betriebsrat

1. Die Sitzungen der JAV werden nach Verständigung des BR einberufen.
2. Ein/e von der JAV benannte/r Vertreter:in nimmt an allen BR-Sitzungen mit beratender Stimme teil.
3. Werden in der BR-Sitzung Angelegenheiten behandelt, die besonders Auszubildenden, dual Studierenden und jugendlichen Arbeitnehmer:innen betreffen, so nimmt zu diesem Tagesordnungspunkt die gesamte JAV an der BR-Sitzung stimmberechtigt teil.
4. In die Ausschüsse des BR, von deren Beschlüssen auch die Auszubildenden, dual Studierenden und/oder Jugendlichen betroffen sind, entsendet die JAV entspre-

Geschäftsordnung

chend ihrer Aufgabenverteilung im Einvernehmen mit dem BR stimmberechtigte Vertreter:innen.

5. An allen Verhandlungen des BR mit dem Arbeitgeber über Jugend- und Berufsbildungsfragen nimmt die JAV teil.

XI. Bekanntmachungen

Bekanntmachungen erfolgen an den mit dem Arbeitgeber vereinbarten Stellen. Sie sind von der/dem JAV-Vorsitzenden oder deren/dessen Stellvertreter:in sowie einem weiteren Mitglied der Jugend und Auszubildendenvertretung zu unterzeichnen.

XII. Jugend- und Auszubildendenversammlungen

1. In jedem Kalendervierteljahr führt die JAV im Einvernehmen mit dem BR eine Jugend- und Auszubildendenversammlung durch.
2. Der Termin und die Tagesordnung der Jugend- und Auszubildendenversammlung sind durch die JAV zu beschließen und mit dem BR abzustimmen. Die Vorbereitungen der Jugend- und Auszubildendenversammlung sind gemeinsam zu treffen.
3. In jeder Jugend- und Auszubildendenversammlung legt die JAV den Auszubildenden, dual Studierenden und Jugendlichen in Berichten Rechenschaft über ihre geleistete Arbeit ab.
4. Jugend- und Auszubildendenversammlungen finden während der Arbeitszeit statt und sind zeitlich so festzulegen, dass möglichst alle Auszubildenden, dual Studierenden und Jugendlichen des Betriebes an ihnen teilnehmen können. Es muss ausreichend Zeit gegeben sein, damit die Auszubildenden, dual Studierenden und Jugendlichen zu den Berichten Stellung nehmen und der JAV Anträge unterbreiten können.
5. Die Leitung der Jugend- und Auszubildendenversammlung obliegt der/dem Vorsitzenden der JAV oder einer/einem von der Jugend- und Auszubildendenvertretung beauftragten Jugend- und Auszubildendenvertreter:in.
6. Die/der Vorsitzende der JAV lädt zu der Jugend- und Auszubildendenversammlung ein. Die Einladung ist unter Angabe des Ortes und der Zeit der Jugend- und Auszubildendenversammlung sowie der Tagesordnung an gut sichtbarer Stelle im Betrieb auszuhängen. Die/der Vorsitzende des BR oder ein beauftragtes Mitglied des BR sind ebenfalls einzuladen.
7. Die zuständige Gewerkschaft ist gemäß § 71 i.V.m. § 46 BetrVG rechtzeitig vom Stattfinden jeder Jugend- und Auszubildendenversammlung zu unterrichten.

Geschäftsordnung

XIII. In-Kraft-Treten

Diese Geschäftsordnung wurde am …… von der JAV beschlossen. Sie tritt am …… in Kraft.

Die Jugend- und Auszubildendenvertreter:innen.

_____   _____   _____
Vorsitzende/r   Stellvertretende/r Vorsitzende/r   Schriftführer:in

Gesundheitliche Betreuung Jugendlicher

Grundlagen

Das Jugendarbeitsschutzgesetz (JArbSchG) regelt im vierten Titel die gesundheitliche Betreuung der Jugendlichen. Der Gesetzgeber hat zu Recht im Jugendarbeitsschutzgesetz diesem Bereich eine besondere Bedeutung beigemessen und die Fragen, die im Zusammenhang mit der gesundheitlichen Betreuung der Jugendlichen stehen, in den §§ 32 bis 46 JArbSchG geregelt.
Die gesundheitliche Betreuung wird zunächst verwirklicht durch eine Erstuntersuchung (§ 32 JArbSchG). Ein/e Jugendliche/r, der in das Berufsleben eintritt, darf nur beschäftigt werden, wenn er innerhalb der letzten 14 Monate von einem Arzt untersucht worden ist und dem Arbeitgeber eine von diesem Arzt ausgestellte Bescheinigung vorlegt.
Ausnahme: Wenn der/die Jugendliche geringfügig oder nicht länger als zwei Monate mit leichten Arbeiten beschäftigt werden soll, von denen keine gesundheitlichen Nachteile zu befürchten sind, etwa bei Ferienjobs.
Das Jugendarbeitsschutzgesetz findet nur Anwendung für die Beschäftigung von Personen, die noch nicht 18 Jahre alt sind. Damit sind Beschäftigte, die über 18 Jahre alt sind, von den §§ 32 bis 46 JArbSchG nicht betroffen. Dann entfällt z. B. auch die Erstuntersuchung. Sollte der/die Jugendliche innerhalb des Jahres nach Aufnahme der ersten Beschäftigung die Volljährigkeit erreichen, so ist die erste Nachuntersuchung nach § 33 JArbSchG nicht erforderlich. Besonderheiten gelten im → Berufsgrundbildungsjahr und bei Einstiegsqualifizierungsmaßnahmen (→ **Einstiegsqualifizierungen** für Jugendliche).

Bedeutung für die Jugendlichen

Ein Berufsausbildungsverhältnis wird erst in das Verzeichnis der Berufsausbildungsverhältnisse oder in die Handwerksrolle eingetragen, wenn die Bescheinigung des Arztes über die Erstuntersuchung vorliegt.

Gesundheitliche Betreuung Jugendlicher

Ziel der Untersuchung ist es festzustellen, ob die Gesundheit oder die Entwicklung des/der Jugendlichen durch die Ausführung bestimmter Arbeiten gefährdet wird, ob es also der Gesundheits- und Entwicklungsstand des/der Jugendlichen zulässt, dass er/sie die vorgesehene Tätigkeit aufnimmt.

Neben dieser Erstuntersuchung ist nach § 33 JArbSchG ein Jahr nach Aufnahme der ersten Beschäftigung eine erste Nachuntersuchung vorzunehmen und nach Ablauf jedes weiteren Jahres besteht die Möglichkeit des/der Jugendlichen, sich erneut nachuntersuchen zu lassen.

Außerdem kommt noch eine außerordentliche Nachuntersuchung in Betracht, die vom/von der Arzt/Ärztin angeordnet werden kann, wenn eine Untersuchung ergibt, dass der/die Jugendliche im Entwicklungsstand zurückgeblieben ist oder gesundheitliche Schwächen oder Schäden vorhanden sind.

Der Arbeitgeber hat den/die Jugendliche/n für alle ärztlichen Untersuchungen nach § 43 JArbSchG freizustellen. Ein Entgeltausfall darf hierdurch nicht eintreten. Daraus ergibt sich, dass der/die Jugendliche den Arztbesuch während der Arbeitszeit vornehmen kann. Andernfalls wäre die Bestimmung, dass ein Entgeltausfall durch die Freistellung zum Arztbesuch nicht eintreten darf, unverständlich und überflüssig.

Gewerbeaufsicht

Grundlagen

Unter dem Oberbegriff Gewerbeaufsicht versteht man die zuständigen Behörden für die Einhaltung der Vorschrift des Arbeitsschutzes. Diese Behörden sind als wichtigste Institutionen des staatlichen Arbeitsschutzes zuständig für die Kontrolle etwa der Arbeitsstätten, des Arbeits-, des Mutter- und des Jugendarbeitsschutzrechts.
Die konkrete Bezeichnung der Behörde ist in den einzelnen Bundesländern unterschiedlich, häufig heißt sie »Amt für Arbeitsschutz«. Sie sind nicht zu verwechseln mit den Ordnungsämtern bzw. den Gewerbeämtern, die dafür zuständig sind, die Ausübung eines bestimmten Gewerbes zuzulassen.
Grundlage für die Tätigkeit der Gewerbeaufsicht im Arbeitsschutz sind eine Reihe von Gesetzen, allen voran das Arbeitsschutzgesetz, das Arbeitszeitgesetz sowie das Gesetz über Betriebsärzte, Sicherheitsingenieure und andere Fachkräfte für Arbeitssicherheit (ASiG). Eine Reihe von Rechtsverordnungen konkretisieren die gesetzlichen Vorgaben (z. B. ArbeitsstättenVO, GefahrstoffVO, BildschirmarbeitsVO). Die Gewerbeaufsichtsämter überwachen u. a. die Einhaltung der arbeitszeitrechtlichen Höchstgrenzen, des Jugendarbeitsschutzes und des Mutterschutzes. Gleichzeitig sind sie Erlaubnisbehörde für arbeitszeitrechtliche Ausnahmegenehmigungen, wie z. B. im Bereich von Sonn- und Feiertagsarbeit.
Die ebenfalls auf dem Feld der Arbeitssicherheit und des beruflichen Gesundheitsschutzes tätigen Berufsgenossenschaften (vgl. → **Berufsgenossenschaft**) befassen sich vorrangig mit den Belangen der bei ihnen versicherten Arbeitnehmer:innen und ihren Arbeitsbedingungen, die Aufgabenteilung ist nicht ganz trennscharf.
Wegen dieser aufgeteilten Zuständigkeiten spricht man in Deutschland von einem dualen System des Arbeitsschutzes. Es hat immer wieder Bestrebungen gegeben, diesen Dualismus zu beseitigen, was aber an der unterschiedlichen Struktur und der Finanzierung der beiden Systeme gescheitert ist.

Gewerkschaften

Grundlagen

Die Gewerkschaften sind historisch und traditionell als Organisationen entstanden, um als Gegengewicht zur wirtschaftlichen Übermacht des Arbeitgebers die Interessen der Arbeitnehmer:innen zu vertreten. Das vorrangige Ziel der Gewerkschaften ist dabei die tarifautonome Gestaltung und sinnvolle Ordnung des Arbeits- und Wirtschaftslebens.
Der allgemeine Koalitionsbegriff ist in Art. 9 Abs. 3 GG definiert, wonach jedermann das Recht zusteht, zur Wahrung und Förderung der Arbeits- und Wirtschaftsbedingungen Vereinigungen zu bilden.
Demgegenüber ist der Gewerkschaftsbegriff im BetrVG enger zu verstehen. Die Gewerkschaftseigenschaft kommt im Rahmen des § 2 BetrVG sowie bei den gewerkschaftlichen Unterstützungs- und Beratungsfunktionen im Rahmen des BetrVG nur denjenigen Arbeitnehmervereinigungen zu, die auch tariffähig sind. Neben der Erfüllung der Voraussetzungen des Art. 9 Abs. 3 GG (Koalitionen) ist somit Voraussetzung für den Gewerkschaftsbegriff im Sinne des BetrVG, dass diese Gewerkschaft auch tariffähig ist.
Nach der Rechtsprechung des BAG müssen Gewerkschaften im Sinne des BetrVG somit folgende Voraussetzungen erfüllen:
- freiwilliger Zusammenschluss,
- unabhängig in ihrem Bestand vom Wechsel der Mitglieder,
- gegnerfrei (unabhängig in der Willensbildung von Arbeitgeberseite),
- unabhängig von Parteien, Staat und Kirchen,
- Eintreten für eine Verbesserung der Arbeits- und Wirtschaftsbedingungen der Mitglieder auf kollektiv-vertraglicher Basis,
- tariffähig,
- überbetriebliche Organisation,
- Bereitschaft zum Arbeitskampf mit einer entsprechenden sozialen Mächtigkeit und Durchsetzungsfähigkeit (Mitgliederanzahl, Finanzkraft), damit auf die Arbeitgeberseite wirkungsvoller Druck ausgeübt werden kann,

Gewerkschaften

- ein organisatorischer Aufbau, der die Gewerkschaft in die Lage versetzt, die ihr gestellten Aufgaben zu erfüllen und
- ihren Willen selbst bilden kann und sich diese Willensbildung innerhalb der Gewerkschaft auf einer demokratischen Grundlage vollzieht.

Bedeutung für den Betriebsrat/die JAV

Nach § 2 BetrVG hat der Betriebsrat mit der im Betrieb vertretenen Gewerkschaft zusammenzuwirken. Gleiches gilt auch für die JAV. Eine solche enge Zusammenarbeit zwischen Betriebsrat und Gewerkschaft ist auch entscheidend für die volle Ausschöpfung des BetrVG. Für die Gewerkschaften ist es auf der anderen Seite von existenzieller Notwendigkeit, die Rechte aus dem BetrVG auszuschöpfen, um in den Betrieben als Gewerkschaften optimal tätig sein zu können. Der Aufbau gewerkschaftlicher Vertrauenskörper und die Einbindung der Betriebsrätetätigkeit in die gewerkschaftliche Betriebspolitik sind gewerkschaftspolitisch dringend notwendig, um den Tendenzen des BetrVG entgegenzuwirken, die Gewerkschaften aus dem Handlungsfeld Betrieb bzw. Verwaltung zu verdrängen.

Der durch Art. 9 Abs. 3 GG verfassungsrechtlich garantierte Schutz der Gewerkschaft und der Tarifautonomie wird dabei insbesondere auch durch die §§ 77 Abs. 3 und 87 Abs. 1 BetrVG (»Tarifvorrang«) gewährleistet (→ **Betriebsvereinbarung**). Durch diese Vorschriften wird sichergestellt, dass die Tarifautonomie durch kollektive betriebliche Regelungen nicht beeinträchtigt oder gar ausgehöhlt wird. Der Betriebsrat hat nur dort Handlungsmöglichkeiten, wo Tarifverträge nicht existieren oder üblich sind bzw. dieses zulassen (»Öffnungsklauseln«). Darüber hinaus bieten aber gerade die Tarifverträge eine verlässliche Arbeitsgrundlage für die Betriebsräte, ohne die sie ihre betriebliche Interessenvertretung nur schwerlich wahrnehmen und realisieren könnten.

Die Stellung der Gewerkschaften im BetrVG wird durch zwei grundlegende Aussagen bestimmt. So werden die Aufgaben der Gewerkschaften, besonders auch die Wahrnehmung der Interessen ihrer Mitglieder, durch das BetrVG nicht berührt (§ 2 Abs. 3 BetrVG). Zum anderen werden Arbeitnehmer:innen, die betriebsverfassungsrechtliche Aufgaben wahrnehmen, hierdurch in ihrer Betätigung für ihre Gewerkschaft auch im Betrieb nicht beschränkt (§ 74 Abs. 3 BetrVG). So können u.a. Mitglieder des Betriebsrats bzw. der JAV auch wie andere Arbeitnehmer:innen an der grundrechtsgeschützten Betriebsarbeit ihrer Gewerkschaft teilnehmen, indem sie z.B. für ihre Gewerkschaft im Betrieb werben. Ebenso können sie an Arbeitskämpfen teilnehmen, wobei ihnen nur

Gewerkschaften

untersagt ist, dass sie dabei ihr betriebsverfassungsrechtliches Amt ausnutzen oder herausstellen.
Neben dieser koalitionsrechtlichen Betätigungsmöglichkeit stehen der Gewerkschaft nach dem BetrVG unterschiedliche Rechte zu. Beispielhaft seien hier aufgeführt:
- Einberufung einer Betriebsversammlung zur Bestellung eines Wahlvorstandes in einem betriebsratslosen Betrieb (§ 17 Abs. 3 BetrVG),
- Feststellung, ob eine betriebsratsfähige Organisationseinheit vorliegt oder nicht (§ 18 Abs. 2 BetrVG),
- Anfechtung der Betriebsrats- und JAV-Wahl (§ 19 Abs. 2 BetrVG),
- Antrag beim Arbeitsgericht gegen den Arbeitgeber bei groben Verstößen gegen dessen betriebsverfassungsrechtliche Verpflichtungen (§ 23 Abs. 3 BetrVG),
- Teilnahme an Betriebsratssitzungen auf Antrag von einem Viertel der Mitglieder oder der Mehrheit einer Gruppe des Betriebsrats (§ 31 BetrVG),
- Antrag beim Betriebsrat auf Einberufung einer Betriebsversammlung, wenn im vorhergegangenen Kalenderhalbjahr keine Betriebsversammlung oder keine Abteilungsversammlung durchgeführt worden ist (§ 43 Abs. 4 BetrVG),
- Teilnahme an Betriebs- oder Abteilungsversammlungen sowie an Jugend- und Auszubildendenversammlungen (§§ 46 Abs. 1, 71 BetrVG),
- Strafantragsrecht wegen Straftaten gegen Betriebsverfassungsorgane (§ 119 Abs. 2 BetrVG).

Zur Wahrnehmung ihrer betriebsverfassungsrechtlichen Aufgaben hat die Gewerkschaft ein ausdrücklich normiertes Zugangsrecht zum Betrieb (§ 2 Abs. 2 BetrVG – allgemeines betriebsverfassungsrechtliches Zutrittsrecht). Daneben ergibt sich noch ein spezielles Zugangsrecht aus § 17 Abs. 3 BetrVG (Betriebsversammlung zur Wahl eines Wahlvorstands), § 31 BetrVG (Betriebsratssitzung) sowie § 46 BetrVG (Betriebsversammlung). Zu beachten ist, dass bei einer Teilnahme an einer Betriebsratssitzung bzw. Betriebsversammlung mittels Video- und Telefonkonferenz der Betriebsrat dem/der Gewerkschaftsbeauftragten einen Zugang zur firmeninternen Konferenztechnik verschaffen muss. Das Zugangsrecht der Gewerkschaft zum Betrieb nach § 2 Abs. 2 BetrVG ist dabei nicht nur dann gegeben, wenn es sich um die Wahrnehmung einer ausdrücklich im BetrVG aufgeführten Aufgabe der Gewerkschaft handelt. Die Gewerkschaft hat vielmehr dann schon ein Recht auf Zugang zum Betrieb, wenn sie Aufgaben wahrnimmt, die in irgendeinem Zusammenhang, gleich welcher Art, mit dem BetrVG stehen. Voraussetzung ist dabei jedoch, dass es sich um eine Gewerkschaft handelt, die im Betrieb vertreten ist. Dieses ist dann gegeben, wenn die Gewerkschaft mindestens ein Mitglied im Betrieb hat.
Dabei entscheidet die Gewerkschaft selbst, wen sie als Beauftragte/n in den Betrieb entsenden will. Der Arbeitgeber ist dabei über den betrieblichen Zugang

Gewerkschaften

der Gewerkschaft zum Betrieb zu unterrichten. Sein Einverständnis ist jedoch keine Voraussetzung für das Zutrittsrecht selbst. Nur in besonderen Ausnahmefällen kann der Arbeitgeber einem/einer bestimmten Gewerkschaftsbeauftragten den Zutritt zum Betrieb verweigern, z. B. dann, wenn der/die Gewerkschaftsbeauftragte den Arbeitgeber oder dessen Vertreter grob beleidigt hat. Die Verweigerung des Zutrittsrechts kann aber immer nur einzelne Personen betreffen, niemals die Gewerkschaft selbst. Sie verliert auf diese Weise nicht ihr Zutrittsrecht. Beschränkungen bestehen ebenfalls nicht vor oder während eines Arbeitskampfes. Auch in diesen Fällen steht der Gewerkschaft das betriebsverfassungsrechtliche Zugangsrecht zu.

Die Frage, ob und in welchem Maße sich Gewerkschaften im Betrieb betätigen können, ist hinsichtlich der Frage Gewerkschaft und Betriebsrat in § 2 Abs. 3 BetrVG geregelt. Danach ist eine Gewerkschaft im Betrieb dazu berechtigt, die Interessen ihrer Mitglieder in vollem Umfang zu vertreten. Dieses erfolgt z. B. durch gewerkschaftliche Vertrauensleute.

Darüber hinaus haben die Gewerkschaften grundsätzlich ein **sog. koalitionsrechtliches Zutrittsrecht** zu den Betrieben, um dort – auch durch betriebsfremde Beauftragte – Mitglieder zu werben. Diese Frage ist durch die Rechtsprechung des Bundesverfassungsgerichtes ausdrücklich bejaht worden. Ausgehend von Art. 9 Abs. 3 GG (»Koalitionsfreiheit«) steht den Gewerkschaften als auch ihren Mitgliedern (vgl. § 74 Abs. 3 BetrVG) bzw. Vertrauensleuten ein umfassendes Betätigungsrecht neben § 2 Abs. 3 BetrVG zu. Dieses wird begrenzt von grundrechtlich geschützten Rechten des Arbeitgebers, es ist somit nicht grenzenlos. So spielt bei der Begrenzung des Betätigungsrechts z. B. eine Rolle, ob die wirtschaftliche Betätigungsfreiheit eines Arbeitgebers vor allem durch eine Störung des Arbeitsablaufs und/oder des Betriebsfriedens berührt wird. Das sog. koalitionsrechtliche Zutrittsrecht gilt unabhängig davon, ob die Gewerkschaft in dem Betrieb bereits Mitglieder hat oder nicht.

Somit ist der Arbeitgeber nach Art. 9 Abs. 3 GG grundsätzlich verpflichtet, die zulässige gewerkschaftliche Information, wie das Verteilen von Infomaterial, die Plakatwerbung als auch die Mitgliederwerbung, in seinem Betrieb zu dulden. Das Überreichen einer Gewerkschaftsbroschüre und in dem Zusammenhang ein kurzes Gespräch darüber ist vom Arbeitgeber nicht zu beanstanden, ebenso wenig wie die Versendung von gewerkschaftsbezogenen E-Mails vom heimischen PC aus oder aber auch über die dienstliche E-Mail-Adresse eines/einer Arbeitnehmer:in (aber nicht über die E-Mail-Adresse des Betriebsrats!) an die betrieblichen PCs seiner Kollegen:innen (HessLAG 20. 8. 2010 – 19 Sa 1835/09; ArbG Hamburg 16. 1. 2018 – 24 Ca 135/17, AiB 18, Heft 7–8, 50). Eine Abmahnung des Arbeitgebers ist rechtswidrig. Nach abzulehnender Rechtsprechung soll keine Verpflichtung des Arbeitgebers bestehen, E-Mails mit einem von einer Gewerkschaft gestalteten Inhalt an alle bei ihm Beschäftigten zu versenden. Das soll jedenfalls dann gelten, wenn der Arbeitgeber der Gewerkschaft über das hauseigene Intranet die Möglichkeit gewährt, Information an alle bei ihm Beschäftigten zur Verfügung zu stellen (ArbG Bonn 11. 5. 2022 – 2 Ca 93/22, hierzu kritisch *Däubler*, CuA 7–8/2022, 42). Letztlich ist es von der Rechtsprechung noch nicht geklärt, welche digitalen Rechte die Gewerkschaften in betrieblichen und virtuellen Strukturen haben. Ein im aktuellen Koalitionsvertrag vorgesehenes Pilotprojekt zum digitalen Zugangsrecht der Gewerkschaften wurde von der SPD/Bündnis 90/FDP-Regierung bislang nicht umgesetzt.

Literaturhinweise

Däubler, Digitaler Zugang für die Gewerkschaft, CuA 2/22, 8
Däubler, Interessenvertretung durch Betriebsrat und Gewerkschaften im digitalen Betrieb, HSI-Schriftenreihe, Band 41, unter *https://www.hugo-sinzheimer-institut.de/faust-detail.htm?sync_id=HBS-008141*
Däubler, Digitalisierung und Arbeitsrecht, 8. Auflage 2022, § 13 Gewerkschaften im Netz

Gleichberechtigung

Begriff

Die Gleichberechtigung von Mann und Frau wird durch Art. 3 Abs. 2 Satz 1 GG garantiert. Ergänzt wird sie durch das Benachteiligungs- bzw. Bevorzugungsverbot des Art. 3 Abs. 3 GG, wonach niemand wegen seines Geschlechts benachteiligt oder bevorzugt werden darf. Der Gleichberechtigungssatz des Art. 3 Abs. 2 Satz 1 GG stellt darüber hinaus ein Gleichberechtigungsgebot auf, wonach für die Zukunft eine Gleichberechtigung der Geschlechter durchgesetzt werden muss. Dieses Gleichberechtigungsgebot zielt auf die Angleichung der Lebensverhältnisse ab. Dieses ist nunmehr auch in Art. 3 Abs. 2 Satz 2 GG normiert, der anlässlich der Verfassungsreform von 1994 in das Grundgesetz eingefügt wurde. Danach hat der Staat die tatsächliche Durchsetzung der Gleichberechtigung von Frauen und Männern zu fördern und auf die Beseitigung bestehender Nachteile hinzuwirken.

Die Gleichberechtigung ist zudem in den EG/EU-Verträgen, in den daraus abgeleiteten Richtlinien und in den Entscheidungen des EuGH begründet. In Artikel 157 des Vertrags zur Arbeitsweise der Europäischen Union (AEUV) ist z. B. die Entgeltgleichheit, also der Anspruch auf gleiches Entgelt für »gleiche und gleichwertige« Arbeit verankert.

Durch das Allgemeine Gleichbehandlungsgesetz (AGG; → **Allgemeines Gleichbehandlungsgesetz**) ist dieses Benachteiligungsverbot umfassend geregelt worden. Ziel des AGG ist es, die Benachteiligung u. a. aus Gründen des Geschlechts zu verhindern oder zu beseitigen. Benachteiligungsverbote bestehen dabei insbesondere für folgende Bereiche (vgl. § 2 AGG):
- Zugang zur Berufsbildung einschließlich der Berufsausbildung, der beruflichen Weiterbildung, der Umschulung sowie der praktischen Berufserfahrung;
- Zugang zu einem Arbeitsverhältnis einschließlich der Auswahlkriterien und Einstellungsbedingungen sowie für den beruflichen Aufstieg;
- bei den Arbeitsbedingungen einschließlich Entgelt sowie den Entlassungsbedingungen.

Gleichberechtigung

Weder der Arbeitgeber, Vorgesetzte, Kolleg:innen noch Dritte dürfen Arbeitnehmer:innen wegen ihres Geschlechts (§ 3 AGG)
- unmittelbar oder mittelbar (z. B. Ausschluss von Teilzeitbeschäftigten bei der betrieblichen Altersversorgung) benachteiligen,
- belästigen oder
- eine Benachteiligung anweisen.

Das bedeutet, dass der Arbeitgeber das Geschlecht nicht als Kriterium für Unterscheidungen heranziehen darf, es sei denn, es besteht ausnahmsweise eine zwingende sachliche Notwendigkeit für differenzierte Regelungen.

Im Zweifel ist eher davon auszugehen, dass eine Benachteiligung nicht sachlich gerechtfertigt ist.

Eine Benachteiligung wegen des Geschlechts bei Einstellung oder beim beruflichen Aufstieg ist bereits dann gegeben, wenn eine rechtliche Ungleichbehandlung an das Geschlecht anknüpft. Es ist dabei unerheblich, ob andere Gründe daneben maßgeblich waren. So wäre es z. B. mittelbar diskriminierend, alle Beschäftigten, die länger als ein halbes Jahr ihre Erwerbstätigkeit wegen Erziehungs- oder Pflegearbeit unterbrechen, von beruflichen Karrierewegen auszuschließen oder alle Teilzeitbeschäftigte für nicht so leistungsfähig zu halten und sie deshalb schlechter zu beurteilen.

Es ist somit dem Arbeitgeber verwehrt, das Geschlecht des/der Bewerbers/in bei seiner Entscheidung überhaupt zu seinen/ihren Lasten zu berücksichtigen. Unzulässig ist es daher, in einer Ausschreibung festzulegen, dass Frauen generell bevorzugt werden. Anders verhält es sich, wenn Frauen bei bestehender Unterrepräsentation und bei gleicher Leistung und Qualifikation bevorzugt eingestellt werden.

Eine unmittelbare geschlechtsbezogene Benachteiligung liegt dann vor, wenn eine Auswahlentscheidung direkt an das Geschlecht angeknüpft wird, und auch dann, wenn negativ auf Auswahlkriterien abgestellt wird, welche ausschließlich von Angehörigen eines Geschlechts erfüllt werden können. Das ist z. B. im Falle der Schwangerschaft und des Mutterschutzes gegeben.

Nach § 2 und § 7 AGG ist es dem Arbeitgeber ausdrücklich verboten, eine/n Beschäftigte/n bei einer Vereinbarung oder Maßnahme, insbesondere bei der Begründung des Ausbildungsverhältnisses oder Arbeitsverhältnisses, bei der Arbeitsplatzausschreibung (§ 11 AGG), beim beruflichen Aufstieg, bei einer Weisung oder Kündigung wegen des Geschlechts zu benachteiligen. Dieses Verbot umfasst dabei sowohl die unmittelbare als auch die mittelbare Benachteiligung wegen des Geschlechts. Unterscheidungen, die auf anderen Gründen als in der Person oder auf Unterschiedlichkeiten des Arbeitsplatzes beruhen, sind von dem Benachteiligungsverbot nicht betroffen, wenn sie eine unverzichtbare Anforderung für die Tätigkeit darstellen (vgl. § 8 AGG).

Gleichberechtigung

Um eine Benachteiligung von Anfang an zu unterbinden, ist der Arbeitgeber verpflichtet (§ 12 Abs. 1 AGG), die erforderlichen Maßnahmen zum Schutz vor Benachteiligungen zu treffen, wobei dieser Schutz auch und gerade vorbeugende Maßnahmen umfasst. Dazu gehören eine Sensibilisierung der Vorgesetzten, eine Aufklärung über das AGG und seinen Inhalt, als auch die Durchführung von Aus- und Fortbildungsmaßnahmen.

Entgeltgleichheit

Zur Förderung der Transparenz von Entgeltstrukturen wurde das Entgelttransparenzgesetz (EntgTranspG) verabschiedet. Es eröffnet Beschäftigten und Betriebsräten Möglichkeiten, sich für eine gleiche Bezahlung von Frauen und Männern einzusetzen. Denn derzeit verdienen Frauen rund 18 % weniger als Männer. Selbst bei gleicher Qualifikation und Tätigkeit liegt die Entgeltlücke bei etwa 6 %.

Arbeitnehmer:innen können in Betrieben mit mehr als 200 Beschäftigten ein individuelles Auskunftsverlangen einreichen. Sie erfahren von einer Vergleichsgruppe des anderen Geschlechts den durchschnittlichen monatlichen Bruttoverdienst.

Das Bundesarbeitsgericht (BAG 21.1.2021 – 8 AZR 488/19) hat entschieden, dass die Lohnauskunft als Indiz ausreicht, um eine Diskriminierung wegen des Geschlechts zu begründen, wenn die männlichen Kollegen für die gleiche Arbeit in dem Unternehmen mehr verdienen. Der Arbeitgeber muss dann versuchen zu widerlegen, dass er bei der Höhe der Vergütung nicht diskriminiert hat. Das Argument, dass die Männer besser verhandelt haben, rechtfertigt keine höhere Bezahlung (siehe dazu BAG 16.2.2023 – 8 AZR 450/21).

Tipp: Nach Bekanntgabe des Ergebnisses sollte man sich an den Betriebsrat wenden und sich beraten lassen, um das weitere Vorgehen zu klären. Ggf. können die Betriebsrät:innen durch eigene Einsicht in die Lohn- und Gehaltslisten die Antwort nachprüfen.

Wichtig ist, dass man mögliche Ausschlussfristen und Verjährungsregelungen im Auge behält.

Darüber hinaus sind Betriebe mit mehr als 500 Beschäftigten aufgefordert, ihre betrieblichen Entgeltstrukturen auf den Grundsatz des gleichen Entgelts für gleiche und gleichwertige Arbeit zu überprüfen. Kapitalgesellschaften ab 500 Beschäftigten müssen einen Bericht zur Gleichstellung und Entgeltgleichheit verfassen. Tarifgebundene Betriebe alle fünf Jahre, nicht tarifgebundene Betriebe alle drei Jahre. Für Betriebsräte und die JAV bieten sich einige Ansatzpunkte und Möglichkeiten der Unterstützung von Beschäftigten.

Exkurs: Am 6.6.2023 ist die EU-Entgelttransparenzrichtlinie in Kraft getreten, die Deutschland noch umsetzen muss. Ziel dieser Richtlinie ist es, die Entgeltdiskriminierung zu bekämpfen und das geschlechtsspezifische Entgeltgefälle zu verringern. Gegenüber dem Entgelttransparenzgesetz bringt sie etliche Verbesserungen, beispielsweise, dass alle Beschäftigten einen Auskunftsanspruch gegenüber ihrem Arbeitgeber haben. Auch Bewerber:innen sollen vom künftigen Arbeitgeber Informationen darüber erhalten können, welches Einstiegsentgelt angeboten wird oder wie groß die Spanne der Gehälter ist. Darüber hinaus bringt die Richtlinie erweiterte Berichtspflichten sowie Entschädigungsansprüche mit sich. Bislang sieht das Entgelttransparenzgesetz keine Sanktionen bei Pflichtverletzungen vor, doch auch dies soll sich durch die Richtlinie ändern.

Frauen in Führungspositionen
Ebenfalls eine Frage der Gleichberechtigung ist die Verbesserung des Zugangs von Frauen zu Führungspositionen. Frauen in Führungspositionen sind immer noch die Ausnahme. Der Anteil von Frauen in den Vorständen der 100 größten Unternehmen in Deutschland betrug im Jahr 2023 19,4 %. In Aufsichtsräten börsennotierter Gesellschaften lag der Frauenanteil bei 31,3 % (DIW Wochenbericht 4/2020). Nach den Zahlen des aktuellen Women-on-Board-Index (Stand Februar 2024) liegt der Frauenanteil in den Aufsichtsräten der 179 untersuchten Unternehmen bei 36,5 %.

Wesentliche Regelungen der Führungspositionengesetze

Börsennotiertes UND voll mitbestimmtes Unternehmen (>2000 AN)	
Aufsichtsrat	Geschäftsführungsorgane
Geschlechterquote von mind. 30 %	Vorstand: Mindestbeteiligungsgebot von mind. einer Frau und einem Mann in Vorständen, mit mehr als drei Personen.
Selbstbestimmte Zielvorgaben für die beiden obersten Führungsebenen unterhalb von Vorstand/Geschäftsführung.	
Berichtspflicht, ob die jeweilige Geschlechterquote bzw. das Mindestbeteiligungsgebot eingehalten wurde. Begründung, falls Vorgaben nicht eingehalten wurden.	

Börsennotiertes ODER mitbestimmtes Unternehmen (>500 AN)	
Vorstand/Geschäftsführung	Aufsichtsrat/Gesellschafterversammlung
Selbstbestimmte Zielgröße	
Selbstbestimmte Zielvorgaben für die beiden obersten Führungsebenen unterhalb von Vorstand/Geschäftsführung.	
Keine Pflicht zur Umsetzung. Berichtspflicht zur Zielgröße; Begründung, falls Zielgrößen nicht erreicht wurden. Zielgröße »Null« muss begründet werden.	

Gleichberechtigung

Unternehmen mit Mehrheitsbeteiligung des Bundes	
Aufsichtsrat	Geschäftsführungsorgane
• Geschlechterquote von mind. 30%, in denen dem Bund mindestens drei Sitze zustehen.	• Mindestbeteiligungsgebot von mind. einer Frau und mind. einem Mann für Geschäftsführungsorgane (also z. B. Vorstände), die mehr als zwei Mitglieder haben.

Elterngeld und Elternzeit
Eine bessere Vereinbarkeit von Beruf und Familie ist eine weitere wichtige Voraussetzung, um Gleichberechtigung herzustellen. Eine partnerschaftliche Kinderbetreuung wirkt sich positiv auf Frauenerwerbstätigkeit aus. Das Bundeselterngeld- und Elternzeitgesetz (BEEG) orientiert sich deshalb an einem partnerschaftlichen Modell, an der Erwerbstätigkeit beider Eltern. Dadurch soll mehr Wahlfreiheit bei der Aufgabenverteilung in der Familie, eine größere ökonomische Unabhängigkeit, eine bessere Vereinbarkeit von Familie und Beruf sowie eine Attraktivitätssteigerung der Inanspruchnahme von Elternzeit für Väter erzielt werden.

Elternzeit und Elterngeld sind grundsätzlich voneinander zu unterscheiden.

Das Elterngeld ist eine sozialrechtliche Entgeltersatzleistung, die bei der zuständigen Elterngeldstelle beantragt wird. Bei der Elternzeit handelt es sich um einen arbeitsrechtlichen Anspruch auf unbezahlte Freistellung gegenüber dem Arbeitgeber.

Der Anspruch auf Elternzeit besteht für jeden Elternteil drei Jahre bis zur Vollendung des 3. Lebensjahres eines Kindes. Bis zu 24 Monate der Elternzeit können bis zur Vollendung des 8. Lebensjahres des Kindes übertragen werden, ohne dass eine Zustimmung des Arbeitgebers notwendig ist.

Elternzeit wird auf Berufsbildungszeiten nicht angerechnet (§ 20 BEEG). Ausbildungszeiten verlängern sich in der Regel dementsprechend. Das bedeutet: Die Zeit der Elternzeitpause wird einfach hinten angehängt. Ausnahmen gibt es für Ausbildungen, die nach dem BBiG oder nach der Handwerksordnung in Teilzeit durchgeführt werden. Wenn man die Arbeitszeit auf maximal 32 Stunden pro Woche reduziert, kann man die Ausbildung fortsetzen. Die Ausbildungszeiten verlängern sich dann nicht um die Dauer der Elternzeit. Ob diese Ausnahme gilt, ist bei den zuständigen Kammern zu erfragen.

Beim Elterngeld können Eltern zwischen Basiselterngeld und dem Bezug von ElterngeldPlus wählen oder beide Möglichkeiten miteinander kombinieren.

Das Basiselterngeld wird grundsätzlich in Höhe von 65 bis 67 % des bereinigten Einkommens für zwölf Lebensmonate bezahlt, mindestens 300 Euro und maxi-

mal 1800 Euro pro Monat (im Elterngeld Plus-Bezug mindestens 150 Euro und höchstens 900 Euro monatlich). Weitere zwei Monate werden dann geleistet, wenn auch der andere Elternteil für mindestens zwei Monate die Arbeitszeit reduziert. Allerdings dürfen Eltern ab dem 1.4.2024 in den ersten 12 Monaten nur einen Monat parallel Basiselterngeld beziehen. Sobald einer der Elternteile ElterngeldPlus bezieht, kann der andere Elternteil auch länger als einen Monat gleichzeitig Basiselterngeld oder ElterngeldPlus bekommen.
ElterngeldPlus bedeutet: Die Eltern bekommen pro Monat nur das halbe Elterngeld, dafür aber doppelt so lange. Beispiel: Vater und Mutter teilen sich die Elternzeit im ersten Jahr nach der Geburt des Kindes. Sie haben Anspruch auf 14 Monate Basiselterngeld oder 28 Monate ElterngeldPlus.
Wenn beide Partner gleichzeitig zwei bis vier Monate in Elternzeit gehen und zwischen 24 und 32 Stunden pro Woche arbeiten, erhalten sie zusätzlich noch den Partnerschaftsbonus. Die Bezugsdauer des ElterngeldPlus verlängert sich um bis zu vier Monate (Regelung gilt auch für Alleinerziehende). So können sie für die Dauer von bis zu vier Monaten zwischen 150 und 900 Euro im Monat zusätzlich zu ihrem Gehalt bekommen.

Bedeutung für den Betriebsrat/die JAV

Nach § 80 Abs. 1 Nr. 2a und 2b BetrVG ist der Betriebsrat verpflichtet, die Durchsetzung der tatsächlichen Gleichstellung von Frauen und Männern, insbesondere bei der Einstellung, Beschäftigung, Aus-, Fort- und Weiterbildung und dem beruflichen Aufstieg zu fördern; diese Verpflichtung erstreckt sich auch auf die Förderung der Vereinbarkeit von Familie und Erwerbstätigkeit. Dabei stehen ihm entsprechende Initiativrechte zur Verfügung. Die Durchsetzung der tatsächlichen Gleichstellung ist in § 70 Abs. 1 Nr. 1a BetrVG auch als Aufgabe der JAV geregelt. Diese Aufgabenstellung wird durch das AGG unterstrichen. Nach § 17 Abs. 1 AGG sind die Interessenvertretungen aufgefordert, in einer gemeinsamen Strategie mit dem Arbeitgeber und den Beschäftigten auf eine neue Unternehmenskultur (»Diversity«) hinzuwirken, um umfassend vor Diskriminierungen/Benachteiligungen im Erwerbsleben bzw. im Unternehmen zu schützen.
Diese Regelungen geben sowohl dem Betriebsrat als auch der JAV eine umfassende Förderungspflicht, wonach der Betriebsrat bzw. die JAV alle möglichen Aktivitäten zu unternehmen hat, die ihm bzw. ihr zur Erreichung dieses Ziels sinnvoll erscheinen. Dabei geht es insbesondere auch darum, die tatsächliche Gleichstellung, also die tatsächlichen Bedingungen in der Gleichberechtigung, herzustellen.

Gleichberechtigung

Zur Umsetzung dieser Aufgabenstellung sollten der Betriebsrat zusammen mit der JAV einen »Gleichstellungsausschuss« nach § 28 BetrVG bilden. Die Aufgaben dieses Ausschusses sind dabei wie folgt zu beschreiben:
- Bestandsaufnahme einschließlich Datenanalyse zur Situation der Frauen im Betrieb,
- gemeinsame Aktionen mit dem gewerkschaftlichen Vertrauenskörper zum Thema, um Problembewusstsein zu schaffen und Vorurteile zu beseitigen,
- Entwicklung eines Forderungskatalogs,
- davon abgeleitet die Erarbeitung eines Entwurfs einer Betriebsvereinbarung und eventuell Verhandlungen mit dem Arbeitgeber.

Der Abschluss der Betriebsvereinbarung liegt in den Händen des Betriebsrats (Beachte: § 28 Abs. 1 i. V. m. § 27 Abs. 2 BetrVG). Ein Muster für eine Betriebsvereinbarung ist auf den folgenden Seiten abgedruckt.

Betriebsräte können einen Gleichstellungsbericht nach § 43 Abs. 2 BetrVG beim Arbeitgeber anfordern und dabei Kriterien benennen, zu denen der Arbeitgeber Informationen bereitstellen soll. Diesen Bericht über den Stand der Gleichstellung von Frauen und Männern soll jeder Arbeitgeber einmal im Kalenderjahr auf einer Betriebsversammlung halten. Diese Berichtspflicht betrifft ebenfalls die Betriebsräteversammlung (§ 53 Abs. 2 Nr. 2 BetrVG).

In seinem Gleichstellungsbericht soll der Arbeitgeber unter anderem die Unterschiede beim Einkommen und der Art der Beschäftigung (Vollzeit/Teilzeit, unbefristet/befristet) darlegen und den Anteil von Frauen in Führungspositionen nennen. Die Aufstellung und Durchführung von Maßnahmen zur Förderung der Gleichstellung von Frauen und Männern ist vom Arbeitgeber bei der Personalplanung gem. § 92 Abs. 3 BetrVG zu berücksichtigen. Der Betriebsrat hat ein Initiativrecht; er ist berechtigt und verpflichtet, das Thema aufzugreifen.

Nach § 3 Abs. 4 AGG ist der Arbeitgeber besonders verpflichtet, die Beschäftigten vor sexueller Belästigung am Arbeitsplatz zu schützen. Dabei umfasst dieser Schutz auch vorbeugende Maßnahmen. Der Betriebsrat hat die Verpflichtung, Maßnahmen zum Schutz vor sexueller Belästigung am Arbeitsplatz zu beantragen. Dabei steht ihm ein Mitbestimmungsrecht gem. § 87 Abs. 1 Nr. 1 BetrVG zu.

Bedeutung für die Beschäftigten

Nach dem AGG stehen den Beschäftigten verschiedene Rechte zu, wenn es durch den Arbeitgeber, Vorgesetzte, Beschäftigte oder Dritte zu Benachteiligungen wegen des Geschlechts kommt.

So haben die Beschäftigten das Recht, sich bei der zuständigen Stelle im Betrieb (§ 13 AGG) oder beim Betriebsrat zu beschweren (→ **Beschwerderecht**). Weitere Rechte können sein:
- Leistungsverweigerungsrecht (§ 14 AGG);
- Unterlassungsklage;
- Entschädigung und Schadensersatz (§ 15 AGG).

Für die Verfolgung einer Benachteiligung muss die betroffene Person lediglich Indizien beweisen, die dafür sprechen. Der Arbeitgeber hat dann den Entlastungsbeweis zu führen.

Internethinweise

www.eg-check.de
www.lohnspiegel.de
http://www.boeckler.de/themen_33715.htm
http://www.was-verdient-die-frau.de/
https://www.igmetall.de/service/elternmappe
https://www.antidiskriminierungsstelle.de
VW-Betriebsvereinbarung »Partnerschaftliches Verhalten am Arbeitsplatz« als gute Praxis, abrufbar unter: Partnerschaftliches Verhalten am Arbeitsplatz: IG Metall Wolfsburg *(igmetall-wob.de)*

Literaturhinweise

Nollert-Borasio/Dickerhof-Borello/Wenckebach, Allgemeines Gleichbehandlungsgesetz, 6. Aufl., 2024
Werkzeugkoffer der IG Metall u. a. zu den Themen: Gleichstellung im Betrieb, Elternzeit & Elterngeld; Entgelttransparenzgesetz; Frauenförderung, Partnerschaftliches Verhalten am Arbeitsplatz, Mutterschutz, abrufbar über das Aktivenportal der IG Metall oder unter IG Metall – Werkzeugkoffer für die Zielgruppenarbeit
Die IG Metall bietet u. a. einen Handlungsleitfaden für betriebliche Interessenvertretungen und FAQs zum Thema sexuelle Belästigung am Arbeitsplatz (2023)
Oerder/Wenckebach, Entgelttransparenzgesetz, Bund Verlag, Frankfurt, 2018

Gün

Gleichberechtigung

Beispiel für eine Betriebsvereinbarung: Betriebsvereinbarung zur Förderung von Frauen in ... (Unternehmen)

I. Präambel

Vorstand und Gesamtbetriebsrat von ... (Unternehmen) sehen die Förderung von Frauen in unserem Unternehmen als einen wichtigen Schwerpunkt, um langfristig erfolgreich zu sein und um der gesellschaftlichen Verantwortung gerecht zu werden. Die Förderung von Frauen ist ein wichtiger Schritt zur Gleichstellung der Geschlechter und zur Umsetzung unserer Personalstrategie.
Etwa die Hälfte aller Schulabgänger und über die Hälfte aller jungen Menschen mit Fachhochschul- und Hochschulreife sowie Fachhochschul- und Hochschulabschlüssen sind Frauen. Dieses Know-how und die vielfältigen Kompetenzen sollen im Unternehmen auch entsprechend eingesetzt werden.

II. Handlungsfelder

Die konkreten Handlungsbedarfe zur Erreichung der Zielkorridore und die Ableitung von Einzelmaßnahmen ergeben sich jeweils aus den Zielen und Rahmenbedingungen der handelnden Einheiten.
Vorstand und Gesamtbetriebsrat haben drei Handlungsfelder identifiziert, auf die besonderes Augenmerk gelegt werden muss und streben gemeinsam an, bis 20XX bestimmte Zielkorridore zu erreichen. Es besteht Einigkeit, dass das Erreichen der angestrebten Ziele auch von der wirtschaftlichen Entwicklung des Unternehmens und der Geschäftsbereiche und den damit verbundenen Handlungsspielräumen, wie zum Beispiel Neueinstellungen, abhängt.

III. Zielkorridore

1. Aktive Gesamtbelegschaft

Der Frauenanteil in der Belegschaft der ... (Unternehmen) liegt derzeit bei Z %. Wir haben vorgesehen, den Anteil von Frauen in den nächsten Jahren zu halten bzw. kontinuierlich zu erhöhen. Bis Ende 20XX streben wir – trotz restriktiver Personalplanung – einen Frauenanteil von X % bis Y % an. Der Schwerpunkt liegt hierbei in den technischen Ausbildungsbereichen und bei Fachhochschul- und Hochschulabsolventinnen.

2. Berufsausbildung

Der Frauenanteil in der Berufsausbildung der ... (Unternehmen) liegt derzeit bei Z %. Wir haben vorgesehen, den Anteil von Frauen in unserer Berufsausbildung in den nächsten Jahren kontinuierlich zu erhöhen. Bis Ende 20XX streben wir einen Frauenanteil in der Berufsausbildung von X % bis Y % an. Der besondere Schwerpunkt liegt

Gleichberechtigung

dabei in der technischen Berufsausbildung, für die wir bis Ende 20XX einen Frauenanteil von X bis Y % erreichen wollen.

3. Personalentwicklung

Alle unsere Beschäftigten werden entsprechend ihren Fähigkeiten und Kompetenzen eingesetzt, unterstützt, gefördert und weiterentwickelt.
Entsprechend der von der Unternehmensleitung vorgesehenen Erhöhung des Frauenanteils in Führungsfunktionen streben Unternehmensleitung und Gesamtbetriebsrat gemeinsam an, den Anteil von Frauen in Führungsfunktionen der Ebene A, der derzeit bei Z % liegt, auf X % bis Y % zu erhöhen. Auch in der Ebene B wird ein höherer Frauenanteil angestrebt. Es besteht Einigung darüber, dass die Attraktivität des Meisterberufes für Frauen gesteigert werden muss. Ebenso ist die Basis für den Einstieg für Frauen in den Meisterberuf zu verbreitern, wie z. B. durch Maßnahmen wie Workshops mit Meisterinnen, Gesprächskreise mit interessierten Frauen etc. Konkrete Maßnahmen werden zwischen Unternehmensleitung und Gesamtbetriebsrat gesondert vereinbart.
Um die Personalentwicklungsziele zu erreichen, soll die berufliche und persönliche Entwicklung von Mitarbeiterinnen aktiv unterstützt werden (z. B. Projekteinsätze, Entwicklungspläne).

IV. Umsetzung

Durch die Einrichtung des Global Diversity Office sind u. a. die o. g. Handlungsfelder zur Förderung von Frauen zukünftig in die Diversity-Organisation integriert. Unter der Federführung des Global Diversity Office wird dabei auch die Aufgabe übernommen, den GBR regelmäßig zu informieren und mit ihm die Ziele, die übergreifenden Maßnahmen und die Erfahrungen (Reporting) auf dem Gebiet der Frauenförderung sowie die flankierende Öffentlichkeitsarbeit im Unternehmen zu beraten.
Auch an den Standorten werden sobald wie möglich, spätestens jedoch bis Ende 20XY die Aktivitäten in die bereits bestehenden Gremien beim örtlichen Personalbereich und Betriebsrat integriert. Übergangsweise kümmern sich standortspezifische Steuerungsgremien weiterhin um das Thema Frauenförderung am Standort. In der Verantwortung eines Standorts liegen dabei z. B.:

- die Erhebung von Daten zur Festlegung und Ausgestaltung der Handlungsschwerpunkte;
- die Ableitung von Maßnahmen und deren Umsetzung;
- die Schaffung eventuell erforderlicher ergonomischer und organisatorischer Rahmenbedingungen und Voraussetzungen;
- die Durchführung eines standortbezogenen Reportings;
- regelmäßige Information und Beratung mit dem Betriebsrat.

Gleichberechtigung

V. Inkrafttreten

Diese Gesamtbetriebsvereinbarung tritt zum (Datum) in Kraft. Die Vereinbarung ist befristet und endet mit Wirkung zum (Datum), ohne dass es einer Kündigung bedarf; sie hat keine Nachwirkung. Mitte des Jahres (Jahreszahl) werden Gesamtbetriebsrat und Unternehmensleitung die Ergebnisse und die Erfahrungen der durchgeführten Maßnahmen gemeinsam bewerten.

_____
Ort, Datum

_____ _____
Unternehmensleitung   Gesamtbetriebsrat

Gleitende Arbeitszeit

Begriff

Von gleitender Arbeitszeit spricht man, wenn dem Arbeitnehmer oder Auszubildenden gestattet ist, den Arbeitsbeginn und das Arbeitsende in bestimmten Zeitkorridoren selbst festzulegen und nach Ablauf der vereinbarten täglichen Arbeitszeit die Arbeit danach früher oder später zu beenden und nur während einer bestimmten Kernarbeitszeit im Betrieb zu sein. Dies bringt Arbeitnehmern Vorteile, können sie doch Arbeitszeit, Freizeit, Zeit für Familie und Freunde besser planen. Nicht zu verwechseln ist die gleitende Arbeitszeit mit der Einführung eines Arbeitszeitkontos, das der Arbeitgeber dann häufig in diesem Zusammenhang auf die Tagesordnung setzt. Beim Arbeitszeitkonto sollen Überstunden in Zeiten hoher Arbeitsbelastung nicht ausbezahlt werden, sondern für Zeiten von Arbeitsrückgang aufgespart und dort verrechnet werden. Das Arbeitszeitkonto dient also in erster Linie dem Interesse des Arbeitgebers, Arbeitskraft flexibel einzusetzen und Lohnkosten einzusparen. Einführung und Durchführung der gleitenden Arbeitszeit sind im Hinblick auf die verkürzten tariflichen Arbeitszeiten auch für Jugendliche heute üblich. So bestimmt § 8 JArbSchG, dass Jugendliche nicht mehr als acht Stunden täglich und nicht mehr als 40 Stunden wöchentlich beschäftigt werden dürfen. Das Gesetz erlaubt aber bei Verkürzung der Arbeitszeit an einzelnen Werktagen eine Verlängerung der Arbeitszeit an anderen Tagen (§ 8 Abs. 2, 2a JArbSchG). Im Hinblick auf die durchweg geltende 35-Stunden-Woche lässt das Gesetz in der Praxis also auch für Jugendliche eine angemessene Beteiligung an Gleitzeitvereinbarungen zu. Für erwachsene Arbeitnehmer gilt das → **Arbeitszeitgesetz**.
Im Übrigen kann durch Tarifvertrag der Rahmen für die gleitende Arbeitszeit auch für Jugendliche auf täglich bis zu neun Stunden ausgedehnt werden.

Bedeutung für den Betriebsrat/die JAV

Nach § 87 Abs. 1 Nr. 2 BetrVG unterliegen die Festlegung von Beginn und Ende der täglichen Arbeitszeit einschließlich der Pausen sowie die Verteilung der Arbeitszeit auf die einzelnen Wochentage dem zwingenden Mitbestimmungsrecht des Betriebsrats. Damit sind also Einführung, Änderung und Modalitäten der Gleitzeitarbeit in vollem Umfang mitbestimmungspflichtig.

Zu berücksichtigen ist allerdings, dass der Betriebsrat bei der Festlegung der Modalitäten der Gleitzeit für Jugendliche die Bestimmungen des Jugendarbeitsschutzgesetzes und die dort genannten Beschränkungen zu berücksichtigen hat. Abweichungen hiervon sind grundsätzlich nur durch Tarifvertrag möglich, nur in bestimmten Ausnahmefällen durch Betriebsvereinbarung oder Arbeitsvertrag (§ 21a JArbSchG).

Handwerkskammern/Handwerksinnungen

Begriff

Das Handwerk hat sich zu seiner Interessenvertretung in Handwerksinnungen und Handwerkskammern zusammengeschlossen. Sie sind als Körperschaften des öffentlichen Rechts organisiert. Im Gegensatz etwa zu den Industrie- und Handelskammern sind bei den Handwerkskammern auch die Arbeitnehmer:innen Mitglieder der Kammer, das bedeutet sie sind auch in allen Gremien vertreten und können dort ihre Interessen vertreten.
Die Handwerkskammern sind für alle Handwerksberufe die »zuständige Stelle« nach § 71 BBiG und damit mit der Überwachung der Berufsausbildung und der Prüfungsorganisation zuständig. Sie führen die Handwerksrolle, in die jeder Handwerksmeister, der einen selbstständigen Betrieb führt, eingetragen sein muss.
Die rechtlichen Grundlagen bilden die §§ 90 ff. des Gesetzes zur Ordnung des Handwerks, der sogenannten »Handwerksordnung«.
In § 91 sind die Aufgaben der Handwerkskammer bestimmt. Hiernach hat sie insbesondere die Berufsausbildung zu regeln und hierfür Vorschriften zu erlassen und ihre Durchführung zu überwachen sowie eine »Lehrlingsrolle« zu führen.
Arbeitnehmer:innen sind in der Vollversammlung, dem Vorstand und in allen Ausschüssen der Handwerkskammer vertreten. Sie sind dort in der Minderheit, können aber so dennoch bei allen Entscheidungen mitdiskutieren und mitentscheiden. Dies betrifft auch und insbesondere die Berufsausbildung und das Prüfungswesen. Bei jeder Handwerkskammer werden Berufsbildungsausschüsse gebildet. Stimmberechtigt sind je zur Hälfte gewählte Vertreter:innen der Arbeitnehmer:innen und der Arbeitgeber, hier geht also ohne die Arbeitnehmer:innen nichts.
In Handwerksinnungen haben sich nach § 52 Handwerksordnung selbstständige Handwerker des gleichen Handwerks oder solche Handwerke, die sich fachlich oder wirtschaftlich nahestehen, zur Förderung ihrer gemeinsamen gewerblichen Interessen innerhalb eines bestimmten Bezirks zusammengeschlossen. Für jedes

Handwerkskammern/Handwerksinnungen

Handwerk kann in dem gleichen Bezirk nur eine Handwerksinnung gebildet werden.
Die Aufgaben sind in § 54 Handwerksordnung beschrieben. Nach § 54 Abs. 1 Nr. 3 f. hat die Innung auch Aufgaben in der Ausbildung. Danach hat sie die Aufgabe nach den Vorschriften der Handwerksammer die Ausbildung zu regeln und zu überwachen. Die Innung kann statt der Handwerkskammer die Gesell:innenprüfung abnehmen, wenn sie durch die Handwerkskammer dazu ermächtigt ist.

Hinweisgeberschutz

Grundlagen

Bisher handelten Hinweisgeber:innen im Spannungsverhältnis zwischen dem öffentlichen Interesse an der Aufdeckung von Rechtsverstößen und Missständen und ihren arbeits- und dienstrechtlichen Pflichten. Insbesondere der Gang an die Öffentlichkeit galt wegen der Pflicht zur Loyalität, Zurückhaltung und Vertraulichkeit gegenüber Arbeitgebern und Dienstherrn als »letztes Mittel«, war mitunter aber zugleich der einzige Weg. Vor dann möglichen Repressalien, etwa einer Kündigung, waren Hinweisgeber:innen kaum geschützt.

Das ändert das Gesetz für einen besseren Schutz hinweisgebender Personen (Hinweisgeberschutzgesetz – HinSchG) seit dem 2.7.2023. Es zielt darauf, Hinweise auf Gesetzesverstöße in Unternehmen und Behörden von Beschäftigten auf den darin vorgegebenen Wegen zu melden. Zugleich sollen die hinweisgebenden Personen vor Repressalien und Sanktionen geschützt werden. Die wesentlichen Regelungen sind

1. **Begriffsbestimmungen und Schutzbereich**
   Das Gesetz regelt, wie die verschiedenen Begriffe zu verstehen sind und welche Personen und welche Meldungen in den Schutzbereich des Gesetzes fallen.
2. **Interne und externe Meldeverfahren**
   Das Gesetz gibt vor, dass interne und externe Meldestellen für Hinweise eingerichtet werden müssen und wie mit einer Meldung umzugehen ist.
3. **Schutz vor Repressalien, aber auch: Schadensersatz bei »Falschmeldung«**
   Das Gesetz bestimmt, wie hinweisgebende Personen vor Repressalien geschützt werden und welche Sanktionen bei Verstößen drohen; zugleich regelt es auch die Haftung der Hinweisgeber:innen bei »unrichtigen« Hinweisen.

Geschützt sind (natürliche) Person, die im Zusammenhang mit ihrer beruflichen Tätigkeit Informationen über Verstöße erlangt haben und diese an die vorgesehenen Meldestellen melden oder offenlegen (§ 1 HinSchG). Als Meldungen gelten Mitteilungen von Informationen über Verstöße an die interne oder externe Meldestelle (§ 3 Abs. 4 HinSchG). Die Offenlegung bezeichnet hingegen das In-

Hinweisgeberschutz

formieren der Öffentlichkeit über Verstöße (§ 3 Abs. 5 HinSchG). Der prompte Gang an die Öffentlichkeit über das Offenlegen von Informationen ist allerdings eingeschränkt. Nach § 32 HinSchG ist die »sofortige« Veröffentlichung von Hinweisen auf Verstöße nur in »Notfällen« ausnahmsweise vom Schutz des Gesetzes erfasst. Grundsätzlich sind vorher die gesetzlichen Meldekanäle einzuhalten.

Das HinSchG schützt hinweisgebende Personen nicht bei jeglicher Meldung oder Offenlegung von Missständen, sondern nur bei in § 2 HinSchG erfassten Informationen über bestimmte Verstöße. Erfasst sind grundsätzlich drei Arten von Verstößen:
1. Straftaten,
2. mit Bußgeld bewährte Verstöße, soweit die verletzte Vorschrift dem Schutz von Leib, Leben oder Gesundheit dient oder dem Schutz der Rechte von Beschäftigten oder ihrer Vertretungsorgane,
3. Verstöße gegen spezielle Vorschriften (Bund/Land/EU).

Nicht erfasst sind Verstöße gegen Unternehmens- oder Compliance-Richtlinien, gegen Betriebs- oder Dienstvereinbarungen oder gegen Tarifverträge.

Beschäftigungsgeber mit in der Regel mindestens 50 Beschäftigten müssen interne Meldestellen einrichten. Eine solche interne Meldestelle können nach § 14 Abs. 1 HinSchG eigene Beschäftigte, eine Arbeitseinheit aus mehreren Beschäftigten oder auch externe Dritte sein. Die Beschäftigungsgeber richten für die internen Meldestellen, sogenannte Meldekanäle ein. Gemeint sind die Kommunikationswege, über die Verstöße gemeldet werden können. Interne Meldekanäle müssen nach § 16 Abs. 3 HinSchG Meldungen in mündlicher (Telefon/andere Sprachübermittlung) oder in Textform (E-Mail) ermöglichen. Denkbar sind auch digitale Hinweisgebersysteme. Soweit die Hinweisgeber:innen es wünschen, sind sogar persönliche Treffen mit den Personen der internen Meldestelle zu ermöglichen. Die interne Meldestelle sollte nach § 16 Abs. 1 Satz 4 HinSchG auch anonym eingehende Meldungen bearbeiten. Es besteht allerdings keine Verpflichtung, die Meldekanäle so zu gestalten, dass sie die Abgabe anonymer Meldungen ermöglichen. Hinweise sind von der internen Meldestelle sehr vertraulich zu behandeln. Die interne Meldestelle hat nach § 13 Abs. 1 HinSchG die Meldekanäle zu betreiben (§ 16 HinSchG), das Verfahrens zu führen (§ 17 HinSchG) und Folgemaßnahmen zu ergreifen (§ 18 HinSchG).

Daneben ist eine externe Meldestelle eingerichtet beim Bundesamt für Justiz (*www.bundesjustizamt.de/DE/MeldestelledesBundes/MeldestelledesBundes_node.html*).

Hinweisgebende Personen haben ein Wahlrecht, ob sie sich an die interne oder externe Meldestelle wenden. Nach § 7 Abs. 1 Satz 2 HinSchG sollten Hinweisgeber:innen sich bevorzugt an interne Meldestellen wenden, wenn damit dem Missstand abgeholfen werden kann und keine Repressalien zu befürchten sind.

Hinweisgeberschutz

Hinweisgeber:innen sind nach § 33 Abs. 1 HinSchG vor Repressalien dann geschützt, wenn
- sie nach dem HinSchG intern oder extern einen Verstoß melden oder (ausnahmsweise) die Öffentlichkeit über einen Verstoß informiert haben,
- sie zum Zeitpunkt der Meldung oder Offenlegung hinreichend Grund zur Annahme hatten, dass die gemeldeten oder offengelegten Informationen der Wahrheit entsprechen und
- die Informationen Verstöße betreffen, die in den Anwendungsbereich des HinSchG fallen, oder zum Zeitpunkt der Meldung oder Offenlegung hinreichender Grund zur Annahme bestand, dass dies der Fall sei.

Jegliche Repressalien oder Vergeltungsmaßnahmen gegen Hinweisgeber:innen sind nach § 36 Abs. 1 HinSchG verboten. Das umfasst Benachteiligungen aller Art, wie Abmahnung, Kündigung, Mobbing, Auslassen einer Gehaltserhöhung oder Verweigern einer Beförderung.

Kommt es trotz Verbot zu einer Repressalie, gibt das HinSchG den Betroffenen zwei Möglichkeiten vor: Beweislastumkehr und Schadensersatz.

Erleidet eine hinweisgebende Person eine Benachteiligung im Zusammenhang mit ihrer beruflichen Tätigkeit und macht sie geltend, diese Benachteiligung infolge einer Meldung oder Offenlegung nach dem HinSchG erlitten zu haben, so wird nach § 36 Abs. 2 HinSchG vermutet, dass diese Benachteiligung eine Repressalie für diese Meldung oder Offenlegung ist. In diesem Fall hat die Person (regelmäßig der Arbeitgeber), die die hinweisgebende Person benachteiligt hat, zu beweisen, dass die Benachteiligung auf hinreichend gerechtfertigten Gründen basierte oder dass sie nicht auf der Meldung oder Offenlegung beruhte.

Bei einem Verstoß gegen das Verbot von Repressalien ist der Verursacher nach § 37 Abs. 1 HinSchG verpflichtet, der hinweisgebenden Person den daraus entstehenden Schaden zu ersetzen.

Aber Obacht: Nach § 38 HinSchG ist die hinweisgebende Person zum Ersatz des Schadens verpflichtet, der aus einer vorsätzlichen oder grob fahrlässigen Meldung oder Offenlegung unrichtiger Informationen entstanden ist.

Es ist nach § 7 Abs. 2 HinSchG verboten, Meldungen oder die auf eine Meldung folgende Kommunikation zwischen hinweisgebender Person und Meldestelle zu behindern oder dies zu versuchen. Verboten ist die Einflussnahme, um von einer Meldung abzuhalten oder diese einzuschränken, etwa durch Drohung mit arbeitsrechtlichen Konsequenzen. Wer eine Meldung behindert, riskiert ein Bußgeld (§ 40 Abs. 2 Nr. 1 HinSchG).

Bedeutung für die Auszubildenden

Auch Auszubildende gelten als Beschäftigte (§ 3 Abs. 8 Nr. 2 HinSchG). Sie gehören damit zum persönlichen Anwendungsbereich und dürfen Verstöße an die interne Meldestelle melden.

Bedeutung für die JAV

Die JAV hat darüber zu wachen, dass die zugunsten der Jugendlichen und Auszubildenden geltenden Gesetze durchgeführt werden (vgl. § 70 Abs. 1 Nr. 2 BetrVG oder § 103 Nr. 2 BPersVG). Das HinSchG ist ein solches zugunsten der Jugendlichen und Auszubildenden geltendes Gesetz. Die JAV hat das Recht, dessen ordnungsgemäße Durchführung durch den Arbeitgeber und Dienstherrn zu überwachen.

Literaturhinweis

Wedde, Hinweisgeberschutzgesetz, Basiskommentar zum HinSchG, 2024

Industrie- und Handelskammer (IHK)

Begriff

Die Industrie- und Handelskammer ist die Interessenvertretung der gewerblichen Wirtschaft. Sie ist als Selbstverwaltungskörperschaft des öffentlichen Rechts organisiert. Im Wege der Zwangsmitgliedschaft müssen alle Unternehmen, nämlich alle Personengesellschaften und juristische Personen des privaten oder öffentlichen Rechts, mit ihrer Gründung Mitglied der IHK werden. Das gilt nicht für das Handwerk, die Landwirtschaft und freie Berufe – für sie gibt es eigene Kammern (Verweis Handwerkskammer/Handwerksinnungen).
Die Aufgaben der IHK bestehen insbesondere in der Beratung und Interessensvertretung der angeschlossenen Unternehmen in wirtschaftlichen Angelegenheiten.
Das BBiG weist der IHK zudem die Rolle der »zuständigen Stelle« zu, wenn es um die Überwachung der Durchführung der Berufsausbildungsvorbereitung und der Berufsausbildung geht (§ 71 Abs. 2 BBiG i.V.m. § 76 Abs. 1 Nr. 2 und Abs. 5 BBiG). Damit hat die IHK die wichtige Aufgabe, die Ausbildungsqualität und die Einhaltung von Schutzgesetzen in den Betrieben zu überwachen. Als zuständige Stelle ist die IHK nach dem Berufsbildungsgesetz (BBiG) auch mit der Organisation der Prüfungen betraut (§ 39 BBiG i.V.m. § 71 Abs. 2 BBiG). Die »Bewertungshoheit« liegt dagegen bei den Prüfungsausschüssen. Sie sind Organe der IHK, bestehen aber aus ehrenamtlichen Mitgliedern. Die Ausschüsse nehmen die Leistungen ab, bewerten sie und stellen das Prüfungsergebnis fest.
Das BBiG schreibt der IHK die Errichtung eines Berufsbildungsausschuss (BBA) vor, in denen Beauftragte der Arbeitnehmer:innen, Arbeitgeber und der Lehrkräfte an berufsbildenden Schulen in gleicher Zahl vertreten sind. Damit räumt der Gesetzgeber den Sozialpartnern in den Ausschüssen der beruflichen Bildung ein erhebliches Mitsprache-, Gestaltungs- und Entscheidungsrecht ein. »Der BBA der IHK ist in allen wichtigen Angelegenheiten der beruflichen Bildung zu unterrichten und zu hören. Er hat im Rahmen seiner Aufgaben auf eine stetige Entwicklung der Qualität der beruflichen Bildung hinzuwirken« (§ 79 Abs. 1 BBiG).

Industrie- und Handelskammer (IHK)

Die IHK ist verpflichtet zum Zweck der Berufsausbildung Berater oder Beraterinnen zu bestellen (§ 76 BBiG). Die sogenannten Ausbildungsberater:innen haben u. a. die Aufgabe, die Ausbildung zu überwachen. Das beinhaltet den Besuch von Ausbildungsstätten, die Einhaltung von Arbeitsschutzgesetzen, Sanktionen gegen Personen oder Betriebe und den Entzug der Ausbildungsberechtigung bei schweren Verstößen gegen Gesetze.

Interessenausgleich und Sozialplan

Grundlagen

Bei einer Betriebsänderung muss der Arbeitgeber mit dem Betriebsrat über einen Interessenausgleich verhandeln. In der Regel ist er weiterhin verpflichtet, sich mit dem Betriebsrat über einen Sozialplan zu einigen.
Eine Betriebsänderung ist eine durchgreifende arbeitgeberseitige Maßnahme, die Nachteile für einen nicht unerheblichen Teil der Belegschaft zumindest zur Folge haben kann. Das Gesetz nennt in § 111 BetrVG Beispiele, in denen vom Vorliegen einer Betriebsänderung auszugehen ist.
Das ist zum Beispiel die vollständige Stilllegung des gesamten Betriebes, aber auch die Teilstilllegung abgrenzbarer Bereiche des Betriebes. Der Umzug an einen anderen Standort ist ebenfalls eine Betriebsänderung, vorausgesetzt, die Entfernung ist so weit, dass die Veränderung für die betroffenen Arbeitnehmer spürbar ist. Dies wird in der Regel anzunehmen sein, wenn der Betrieb in eine andere Stadt verlegt wird. Bei teilzeitbeschäftigten Arbeitnehmern mit geringem Arbeitsentgelt ist hierbei ein anderer Maßstab anzulegen, als bei Arbeitnehmern, die ohnehin überwiegend ihren Arbeitsplatz mit dem Kraftfahrzeug anfahren oder die gar im Außendienst oder auf Montage ohnehin ständig unterwegs sind.
Beim Interessenausgleich geht es um die Frage, ob, wann und wie der Arbeitnehmer die geplante Betriebsänderung vornimmt. Der Arbeitgeber bringt in diese Verhandlung seine Interessen ein, der Betriebsrat die der betroffenen Beschäftigten.
Dagegen geht es beim Sozialplan um den Ausgleich oder zumindest um die Milderung von Nachteilen, die sich ergeben, wenn die Betriebsänderung umgesetzt wird.
Bei dem weiten Feld der sonstigen betrieblichen Umorganisationen kann der Betriebsrat einen Interessenausgleich und einen Sozialplan verlangen, wenn er die potentiellen Nachteile, die der Belegschaft oder wesentlichen Teilen davon drohen, benennen kann.

Der Interessenausgleich kann nicht erzwungen werden. Der Arbeitgeber muss nur jede Möglichkeit nutzen, mit dem Betriebsrat hierüber zu verhandeln. Hierzu kann ein Vertreter der Bundesagentur für Arbeit hinzugezogen werden. Es kann auch die Einigungsstelle angerufen werden, die jedoch nicht durch einen verbindlichen Spruch entscheiden kann. Der Interessenausgleich kann auch scheitern. In diesem Fall kann der Arbeitgeber die Betriebsänderung wie von ihm beabsichtigt vornehmen.

Im Gegensatz dazu ist der Sozialplan in der Einigungsstelle auch gegen den Willen des Arbeitgebers erzwingbar. Das bezieht sich auch auf das Sozialplanvolumen, wobei allerdings die wirtschaftliche Vertretbarkeit für das Unternehmen zu berücksichtigen ist und der Bestand der nach der Betriebsänderung verbleibenden Arbeitsplätze nicht gefährdet werden darf.

Häufig sind es Ausgleichszahlungen, vor allem Abfindungen, die beim Verlust des Arbeitsplatzes geleistet werden. Hierbei verpflichtet das Gesetz Arbeitgeber und Betriebsrat, den Gegebenheiten des Einzelfalls Rechnung zu tragen. Die Aussichten der betroffenen Arbeitnehmer auf dem Arbeitsmarkt sind zu berücksichtigen. Arbeitnehmer können vollständig von Leistungen ausgeschlossen werden, wenn sie in einem zumutbaren Arbeitsverhältnis im selben Betrieb oder in einem anderen Betrieb des Unternehmens oder eines Konzernunternehmens weiterbeschäftigt werden können und dies ablehnen. Nach dem Wortlaut des Gesetzes sollen sie in diesen Fällen sogar von der Abfindung ausgeschlossen werden.

Bedeutung für den Betriebsrat/die JAV

Bei dem Interessenausgleich ist die Position der Arbeitnehmervertretung also schwach, beim Sozialplan dagegen deutlich stärker. Obwohl beide nach der Konstruktion des Gesetzes eigentlich voneinander unabhängig sind, werden erfahrene Betriebsräte stets beide miteinander verhandeln, jedenfalls den Interessenausgleich wenn irgend möglich nicht scheitern lassen, bevor der Sozialplan steht.

Auf jeden Fall sollten Betriebsräte externe Unterstützung zu den jeweils angesprochenen Fragen hinzuziehen. Also die im Betrieb vertretene Gewerkschaft, einen Rechtsanwalt für arbeitsrechtliche Fragen usw. Sind im Unternehmen mehr als 300 Arbeitnehmer beschäftigt, braucht der Betriebsrat hierzu nicht das Einverständnis des Arbeitgebers.

Jugendarbeitsschutzausschüsse

Grundlagen

Nach den §§ 55 und 56 JArbSchG werden auf der Landesebene und auf der Ebene der Aufsichtsbehörden Ausschüsse für Jugendarbeitsschutz eingerichtet (→ **Jugendarbeitsschutzgesetz**). Ihnen gehören u. a. jeweils sechs Vertreter:innen der Arbeitgeber und der Arbeitnehmer:innen an.
Die Aufgaben der Ausschüsse ergeben sich aus § 57 JArbSchG. Danach beschränken sich die Möglichkeiten der Ausschüsse auf Beratungs-, Vorschlags- und Beteiligungsrechte bei der jeweiligen Behörde. Zusätzlich haben sie die Aufgabe, über die Inhalte und Ziele des Jugendarbeitsschutzes aufzuklären. Da die Etats der Ausschüsse i. d. R. relativ gering sind bzw. gar keine eigenen Etats existieren, ist deren Aufklärungsarbeit ebenfalls relativ beschränkt.
Die Landesausschüsse haben über ihre Tätigkeit im Zusammenhang mit dem Bericht der Aufsichtsbehörde zu berichten.

Jugendarbeitsschutzgesetz

Grundlagen

Jugendliche Beschäftigte, egal ob Angestellte, Arbeiter:innen oder Auszubildende, gelten aufgrund ihres Lebensalters und ihrer Unerfahrenheit im Arbeitsprozess als besonders schützenswert. Die rechtliche Grundlage für die Beschäftigung von Jugendlichen bildet das Jugendarbeitsschutzgesetz (JArbSchG).

Das JArbSchG beinhaltet das grundsätzliche Verbot der → **Kinderarbeit/KinderarbeitsschutzVO**, wobei einige Ausnahmen zugelassen werden (§§ 5 bis 7 JArbSchG). Es setzt bei der täglichen Arbeitszeit Höchstgrenzen (§§ 4 und 8 JArbSchG), regelt die Freistellung für die Teilnahme am Berufsschulunterricht (§ 9 JArbSchG, → **Anrechnung Berufsschulzeit**) und an Prüfungen und außerbetrieblichen Ausbildungsmaßnahmen (§ 10 JArbSchG). Weiter setzt es Mindestnormen bei den Ruhepausen (§ 11 JArbSchG), bei der Schichtzeit (§ 12 JArbSchG), bei der täglichen Freizeit (§ 13 JArbSchG), bei der Nachtruhe (§ 14 JArbSchG), bei der wöchentlichen Arbeitszeit (§§ 15 bis 18 JArbSchG) und beim Jahresurlaub (§ 19 JArbSchG).

Es spricht Beschäftigungsverbote für Jugendliche aus bei → **gefährlichen Arbeiten** (§ 22 JArbSchG), bei Akkordarbeit (§ 23 JArbSchG) und bei Arbeiten unter Tage (§ 24 JArbSchG). § 25 JArbSchG verbietet, dass bestimmte Personen Jugendliche überhaupt beschäftigen dürfen (vgl. → **Ausbilder/Ausbildereignungsverordnung**). Es regelt, welche Pflichten ein Arbeitgeber im Umgang mit jugendlichen Beschäftigten hat, welche gesundheitliche Betreuung mindestens notwendig ist und wie dies alles überwacht werden soll (→ **Jugendarbeitsschutzausschüsse**).

Das JArbSchG ist ein sinnvolles und notwendiges Schutzgesetz für Kinder und Jugendliche. Dennoch beinhaltet es etliche Ausnahmeregelungen (z. B. bei der → **Kinderarbeit**), die die angestrebte Schutzwirkung auf ein Minimum reduzieren.

Außerdem sind die Gewerbeaufsichtsämter, die nach § 51 JArbSchG verpflichtet sind, angezeigten Verstößen nachzugehen und die Einhaltung der Bestimmungen ggf. durch Bußgelder oder durch Anzeige bei der Staatsanwaltschaft durchzusetzen, mit ihrer Arbeit überfordert; sie können nicht jeden Betrieb überwachen. So kommen häufig nur dort Überschreitungen des JArbSchG ans Tageslicht, wo sie auch von Betriebsrat oder JAV den Gewerbeaufsichtsämtern gemeldet werden. Wo es diese betrieblichen Interessenvertretungen nicht gibt, wird häufig aus Furcht vor einem Arbeits- oder Ausbildungsplatzverlust geschwiegen.

Bedeutung für den Betriebsrat/die JAV

Nach dem BetrVG sind Betriebsrat (nach § 80 Abs. 1 Nr. 1 BetrVG) und JAV (nach § 70 Abs. 1 Nr. 2 BetrVG) verpflichtet, die Einhaltungen der Vorschriften des JArbSchG zu überwachen. Darüber hinaus handelt es sich bei dem JArbSchG um ein Schutzgesetz, d. h., wenn für die Jugendlichen bessere, günstigere Regelungen über Betriebsvereinbarungen erzielt werden können, gelten selbstverständlich diese. Damit haben die Jugend- und Auszubildendenvertretung und der Betriebsrat die Möglichkeit, diese Schutzbestimmungen auszuweiten und die betrieblichen Gegebenheiten für jugendliche Arbeitnehmer:innen zu verbessern (vgl. → **Betriebsvereinbarung**).

Bedeutung für die Beschäftigten

Für die Jugendlichen ist es oft schwer, sich allein gegen Verstöße des JArbSchG zu wehren. Häufig sind ihnen die Bestimmungen des Schutzgesetzes gar nicht oder nur unzureichend bekannt. Oftmals befürchten sie bei Gegenwehr einen Arbeits- oder Ausbildungsplatzverlust. Die Gewerkschaften können unterstützen und Auszubildenden den Rücken stärken. JArbSchG-Verstöße sind kein Kavaliersdelikt, sie gefährden bei Jugendlichen die Gesundheit und können bei Auszubildenden auch noch das Ausbildungsziel gefährden.
Verstöße gegen das JArbSchG können mit einer Geldbuße bis zu 30 000,00 Euro (§ 58 Abs. 4 JArbSchG) oder mit einer Freiheitsstrafe von bis zu einem Jahr (§ 58 Abs. 5 JArbSchG) geahndet werden.

Literaturhinweis

Lakies, Jugendarbeitsschutzgesetz, Basiskommentar, 9. Aufl. 2022

Jugend- und Auszubildendenversammlung

Grundlagen

Die JAV kann bis zu viermal im Jahr alle Wahlberechtigten (§ 60 Abs. 1 BetrVG) zu einer Jugend- und Auszubildendenversammlung einladen (§ 71 BetrVG). Die Anzahl der Jugend- und Auszubildendenversammlungen ergibt sich aus § 71 i. V. m. § 43 BetrVG. Einzuladen sind somit alle jugendlichen Arbeitnehmer:innen sowie alle dual Studierenden und Auszubildenden. Die Jugend- und Auszubildendenversammlungen sollen kurz vor oder nach einer Betriebsversammlung stattfinden. Im Einvernehmen mit dem Arbeitgeber und dem Betriebsrat kann die Jugend- und Auszubildendenversammlung auch zu einem anderen Zeitpunkt durchgeführt werden.

Zweck einer Jugend- und Auszubildendenversammlung ist es, dass
- die JAV gegenüber ihren Wahlberechtigten berichtet, was sie seit der letzten Versammlung gemacht hat (Rechenschaftsbericht),
- die Wahlberechtigten gegenüber der JAV Probleme (z. B. fehlende Ausbildungsmittel, ausbildungsfremde Tätigkeiten etc.) benennen und diskutieren können,
- gemeinsam Forderungen zur Beseitigung von Problemen diskutiert und aufgestellt werden. In diesem Zusammenhang kann die Jugend- und Auszubildendenversammlung auch dazu genutzt werden, gegenüber dem Arbeitgeber deutlich zu machen, dass es sich bei einem Problem um ein gemeinsames (von allen oder vielen Jugendlichen, dual Studierenden und/oder Auszubildenden) handelt.

Im Rahmen einer Jugend- und Auszubildendenversammlung kann über alle wirtschafts-, sozial- und gewerkschaftspolitischen Fragen geredet werden, die für die Wahlberechtigten zur JAV von Bedeutung sind. Themen für die Jugend- und Auszubildendenversammlung sind neben den betrieblichen Problemfeldern beispielsweise Umweltschutz, Rassismus oder die Tarifpolitik. Es gelten die gleichen Grundsätze wie bei → **Betriebsversammlungen** und Abteilungsversammlungen (§ 71 BetrVG i. V. m. § 45 BetrVG).

Jugend- und Auszubildendenversammlung

Die Jugend- und Auszubildendenversammlung findet während der Arbeitszeit statt (§ 71 i. V. m. § 44 BetrVG). Es empfiehlt sich dabei, die Versammlung nach folgenden Gesichtspunkten durchzuführen:
- vormittags, damit genügend Zeit zur Verfügung steht;
- an Tagen, an denen die wenigsten Auszubildenden Berufsschule haben; mit dem Verweis auf einen Beschluss der Kultusminister können die Auszubildenden auch von der Berufsschule freigestellt werden (Empfehlung zur Beurlaubung von Berufsschülern, Beschluss der Kultusministerkonferenz vom 30. 5. 1980);
- zur Information der dual Studierenden ist auch darauf zu achten, dass die Jugend- und Auszubildendenversammlung an Tagen stattfindet, an denen die dual Studierenden im Betrieb sind.
- in größeren Betrieben möglicherweise an zwei Tagen jeweils für unterschiedliche Berufsgruppen.

Schulferien bzw. vorlesungsfreie Zeiten können auch genutzt werden. Dabei muss jedoch beachtet werden, ob viele Auszubildende und/oder dual Studierende Urlaub haben.

Die Jugend- und Auszubildendenversammlung findet in einem vom Arbeitgeber gestellten Raum (§ 65 i. V. m. § 40 Abs. 2 BetrVG) statt. Der Raum muss eine ungestörte Versammlung ermöglichen und groß genug für die Teilnahme aller Wahlberechtigten zur JAV sein.

Zur Versammlung einzuladen sind:
- alle Wahlberechtigten zur JAV (die in § 60 Abs. 1 BetrVG genannten Arbeitnehmer:innen),
- der Betriebsrat, mit dem auch der Termin abzusprechen ist,
- die zuständige Gewerkschaft,
- Gäste oder Referent:innen (Sachverständige) mit Einverständnis des Betriebsrats,
- der Arbeitgeber unter Mitteilung der Tagesordnung (§ 71 i. V. m. § 43 Abs. 2 Satz 1 und 2 BetrVG).

Die JAV hat das Hausrecht bei der Jugend- und Auszubildendenversammlung; das heißt, sie entscheidet über den Ablauf der Versammlung, legt die Inhalte fest und leitet sie. Dies wird zwar nicht ausdrücklich im BetrVG benannt, allerdings wird in der Kommentarliteratur zum BetrVG diese Auffassung vertreten (vgl. DKW-*Dornberger*, 19. Auflage, § 71 Rn. 19).

Bedeutung für den Betriebsrat/die JAV

Es sollten möglichst regelmäßig (vier auf das Jahr verteilte) Jugend- und Auszubildendenversammlungen durchgeführt werden. Wichtig ist eine gute Vorbereitung der Versammlung. Folgendes sollte dabei beachtet werden (Thema in der vorbereitenden JAV-Sitzung):
- Was steht auf der Tagesordnung?
- Wer aus der JAV übernimmt was?
- Was berichtet der Betriebsrat bzw. wo kann der Betriebsrat unterstützen?
- Wozu soll der/die Vertreter:in der Gewerkschaft reden?
- Sollen Gäste/Referenten:innen eingeladen werden? Zu welchem Thema?
- Wie viel Zeit soll für die einzelnen Tagesordnungspunkte zur Verfügung stehen und wie lange ist die Redezeit der einzelnen Referenten?
- Gestaltung des Versammlungsraums und
- mögliche Aktionen während der Versammlung.

Gestaltungsmöglichkeiten einer Jugend- und Auszubildendenversammlung:
Um eine Jugend- und Auszubildendenversammlung lebhaft und interessant zu gestalten, stehen der JAV verschiedene Möglichkeiten zur Verfügung. Dabei sollte vor allem darauf geachtete werden, dass die Themen aller Gruppen – Auszubildende wie auch dual Studierende – gleichermaßen präsent sind.

- **Arbeitsgruppen**
  Die JAV hat die Möglichkeit, während der Jugend- und Auszubildendenversammlung Arbeitsgruppen zu unterschiedlichen Themen (auch mit Referenten:innen) durchzuführen. Gerade bei größeren Jugend- und Auszubildendenversammlungen können hier Diskussionen besser geführt werden.
- **Filme**
  Ein Film zu einem bestimmten Thema bietet den Teilnehmenden eine Abwechslung, lockert die Atmosphäre und kann die JAV unterstützen, ein komplexes Thema einfach darzustellen. Eine Auswahl passender Videos erhält man oftmals über die Social Media Kanäle der Gewerkschaften und des DGB.
- **Fachreferenten:innen und Gäste**
  Will die JAV ein bestimmtes Thema behandeln, kann es sinnvoll sein, Experten:innen hierzu einzuladen. So zum Beispiel eine/n Vertreter:in des örtlichen Arbeitsamtes, wenn es um die Übernahmeproblematik nach der Ausbildung geht oder Fachleute zu den Themen Integration und Teilhabe, wenn es um Probleme mit rassistischen Äußerungen geht.
- **Aktionen**
  Bei betrieblichen Problemen oder Auseinandersetzungen ist auch die Beteiligung der Auszubildenden bzw. dual Studierenden sinnvoll. Es kann beispielsweise ein Sketch vorgeführt werden oder man lässt Stühle leer, wenn der

Arbeitgeber zum Beispiel angekündigt hat, dass er Ausbildungsplätze abbauen oder Auszubildende nach der Ausbildung nicht übernehmen will.

Bedeutung für die Jugendlichen und Auszubildenden

Im Rahmen einer Jugend- und Auszubildendenversammlung besteht die Möglichkeit, Informationen über den Bearbeitungsstand von Problemen zu erhalten. Des Weiteren können Probleme angesprochen und diskutiert werden. Wichtig ist auch, dass dort, wo es möglich ist, interessierte Jugendliche und Auszubildende von der JAV bereits in die Vorbereitung der Jugend- und Auszubildendenversammlung einbezogen werden.
Außerdem kann eine Jugend- und Auszubildendenversammlung dazu genutzt werden, über eine anstehende JAV-Wahl zu informieren und geeignete Personen für eine Kandidatur zu gewinnen.

Einladung für den Betriebsrat zur Jugend- und Auszubildendenversammlung

---

Jugend- und Auszubildendenvertretung   Datum

An
Betriebsrat

Jugend- und Auszubildendenversammlung nach § 71 BetrVG

Liebe Kolleginnen und Kollegen,
die Jugend- und Auszubildendenvertretung beabsichtigt,
am _____
um _____ Uhr
in _____
eine Jugend- und Auszubildendenversammlung gemäß § 71 BetrVG durchzuführen.

Folgende Tagesordnung ist vorgesehen:
1.
2.
3.
Auf diesem Wege bitten wir um Zustimmung. Zugleich laden wir den/die Betriebsratsvorsitzende/n oder ein beauftragtes Betriebsratsmitglied herzlich ein, gem. § 65 Abs. 2 Satz 2 BetrVG an der Jugend- und Auszubildendenversammlung teilzunehmen.

Jugend- und Auszubildendenversammlung

Sobald die Zustimmung des Betriebsrats vorliegt, wird ein/e Vertreter/in der Gewerkschaft gem. § 46 BetrVG und der Arbeitgeber gem. § 43 Abs. 2 Satz 1 und 2 BetrVG eingeladen.
Mit freundlichen Grüßen

Vorsitzende/r der Jugend- und Auszubildendenvertretung	Stellvertretende/r Vorsitzende/r der Jugend- und Auszubildendenvertretung

Einladung für die Gewerkschaft zur Jugend- und Auszubildendenversammlung

Jugend- und Auszubildendenvertretung	Datum

An die
Gewerkschaft

Jugend- und Auszubildendenversammlung am …
Liebe Kolleginnen und Kollegen,
hiermit teilen wir euch gem. § 71 BetrVG i.V.m. § 46 Abs. 2 BetrVG mit, dass
am _____
um _____ Uhr
in _____
eine Jugend- und Auszubildendenversammlung stattfindet.
Wir laden eine/n Vertreter/in der Gewerkschaft ein, an dieser Versammlung teilzunehmen und über das Thema
_____ zu sprechen.
Dieses Thema ergibt sich _____ (ausführen).

Mit freundlichen Grüßen

Vorsitzende/r der Jugend- und Auszubildendenvertretung	Stellvertretende/r Vorsitzende/r der Jugend- und Auszubildendenvertretung

Jugend- und Auszubildendenversammlung

Einladung für Arbeitgeber zur Jugend- und Auszubildendenversammlung

Jugend- und Auszubildendenvertretung des Betriebes   Datum

An
Name des Arbeitgebers

Jugend- und Auszubildendenversammlung am ...

Sehr geehrte/r Herr/Frau,
im Einvernehmen mit dem Betriebsrat laden wir Sie gem. § 71 in Verbindung mit § 43 Abs. 2 Satz 1 und 2 BetrVG zu der
am _____
um _____ Uhr
in _____
stattfindenden Jugend- und Auszubildendenversammlung ein.
Es werden folgende Tagesordnungspunkte behandelt:
1. _____
2. _____
3. _____

Mit freundlichen Grüßen

Vorsitzende/r der Jugend-   Stellvertretende/r Vorsitzende/r
und Auszubildendenvertretung   der Jugend- und Auszubildendenvertretung

Jugend- und Auszubildendenvertretung

Grundlagen

Die Interessenvertretung der Belegschaft ist der Betriebsrat. Speziell für jugendliche Arbeitnehmer:innen unter 18 Jahren und für alle zur Berufsausbildung Beschäftigten, ist darüber hinaus die JAV zuständig. In den §§ 60 bis 71 BetrVG sind die Errichtung und die Aufgabenstellung der JAV beschrieben.
2021 gab es mit dem Betriebsrätemodernisierungsgesetz eine Änderung für das aktive und passive Wahlrecht. Demnach fällt die bisherige Altersgrenze von 25 Jahren bei der Gruppe der »zur Berufsausbildung Beschäftigten« weg. Das bedeutet, dass mit dem Inkrafttreten des Gesetzes alle Auszubildenden und à **dual Studierende**, unabhängig ihres Alters die JAV wählen können und sich auch zur Wahl stellen lassen können. Siehe dazu: → **Wahl der JAV**.

Aufgaben der Jugend- und Auszubildendenvertretung

Der JAV werden in § 70 BetrVG zwei wesentliche Aufgabenbereiche zugeordnet:

Kontrolle und Überwachung
In § 70 Abs. 1 Nr. 2 BetrVG heißt es: »Die Jugend- und Auszubildendenvertretung hat darüber zu wachen, dass die zugunsten der Wahlberechtigten geltenden Gesetze, Verordnungen, Unfallverhütungsvorschriften, Tarifverträge und Betriebsvereinbarungen durchgeführt werden.«
Dabei handelt es sich im Wesentlichen um das Berufsbildungsgesetz, das Jugendarbeitsschutzgesetz, Verordnungen (wie beispielsweise die Arbeitsstättenverordnung oder Ausbildungsverordnung), Tarifverträge (wie beispielsweise Manteltarif- oder Ausbildungsvergütungstarifverträge), Betriebsvereinbarungen (beispielsweise zu Beurteilungssystemen oder der Lage der Arbeitszeit).

Jugend- und Auszubildendenvertretung

Maßnahmen beantragen und Anregungen entgegennehmen

Die JAV hat auch die Aufgabe, auf die Verbesserung der Ausbildungsbedingungen Einfluss zu nehmen. In § 70 Abs. 1 Nr. 1 BetrVG heißt es: »Die Jugend- und Auszubildendenvertretung hat Maßnahmen, die den Wahlberechtigten dienen, insbesondere in Fragen der Berufsausbildung und der Übernahme der zu ihrer Berufsausbildung Beschäftigten in ein Arbeitsverhältnis beim Betriebsrat zu beantragen.«

Maßnahmen können beispielsweise sein:
- die Schaffung zusätzlicher qualifizierter Ausbildungsplätze,
- bessere Ausstattung von Ausbildungswerkstätten und -plätzen bzw. Büroräumen,
- die Durchführung von zusätzlichem Fachunterricht im Betrieb,
- die Durchsetzung lernzielorientierter Beurteilungssysteme bzw. Ausbildungsstandkontrollen,
- die Beschaffung zusätzlicher Ausbildungsmittel wie Hard- und Software, Werkzeuge, Lehrbücher, Arbeitsblätter, Zeichenmaterialien, Taschenrechner usw.,
- die Einführung von Job-Tickets bzw. die Übernahme der Fahrtkosten,
- die Einrichtung von Sozialräumen (vgl. → **Ruhepausen**),
- die kostenlose Bereitstellung von Arbeits- und Sicherheitskleidung.

Ausdrücklich hervorgehoben wird die Übernahme von Ausgebildeten in ein Arbeitsverhältnis (§ 70 Abs. 1 Nr. 1 BetrVG), da sie für Auslernende aufgrund des Erwerbs von Berufserfahrung und der Anspruchsfrist für Arbeitslosengeld von besonderer Bedeutung ist.

Mit § 70 Abs. 1 Nr. 1a und 4 BetrVG wird die große Bedeutung der Themen Gleichstellung der Geschlechter und Integration von Menschen mit Migrationshintergrund im Betrieb für die Arbeit der JAV hervorgehoben.

In § 70 Abs. 1 Nr. 3 BetrVG heißt es darüber hinaus: Die JAV hat Anregungen der Wahlberechtigten, »insbesondere in Fragen der Berufsausbildung entgegenzunehmen und, falls sie berechtigt erscheinen, beim Betriebsrat auf eine Erledigung hinzuwirken. Die Jugend- und Auszubildendenvertretung hat die Betroffenen über den Stand und über das Ergebnis der Verhandlungen zu informieren.«

Hierzu ist es erforderlich, in engem Kontakt mit den Wahlberechtigten zu stehen. Dies kann beispielsweise durch → **Betriebsbegehungen** oder → **Sprechstunden** geschehen.

Arbeitsmöglichkeiten der Jugend- und Auszubildendenvertretung

Damit die JAV ihre Aufgaben erfüllen kann, regelt das BetrVG eine Anzahl von Arbeitsfeldern und -möglichkeiten. So ist in § 65 BetrVG die Geschäftsführung der JAV geregelt. Im Einzelnen bedeutet das:

- § 65 i. V. m. § 23 Abs. 1 BetrVG: Ausschluss eines Mitgliedes der JAV oder Auflösung der JAV.
- § 65 i. V. m. § 24 BetrVG: Erlöschen der Mitgliedschaft in der JAV.
- § 65 i. V. m. § 25 BetrVG: Tätigwerden von Ersatzmitgliedern der JAV.
- § 65 i. V. m. § 26 BetrVG: Regelung über den Vorsitz und stellvertretenden Vorsitz der JAV.
- § 65 i. V. m. § 28 Abs. 1 Satz 1 und 2 BetrVG: Übertragung von Aufgaben auf Ausschüsse.
- § 65 i. V. m. §§ 30 und 31 BetrVG: Die JAV kann regelmäßig → **Sitzungen** abhalten.
- § 65 i. V. m. § 33 Abs. 1 und 2 BetrVG: Beschlussfassung in der JAV.
- § 65 i. V. m. § 34 BetrVG: Sitzungsniederschrift anfertigen.
- § 65 i. V. m. § 36 BetrVG: Die JAV kann sich eine → **Geschäftsordnung** geben.
- § 65 i. V. m. § 37 BetrVG: Ehrenamtliche Tätigkeit, Arbeitsversäumnis bzw. Freistellung.

Nach § 65 i. V. m. § 37 Abs. 2 BetrVG müssen Mitglieder der JAV von ihrer beruflichen Tätigkeit befreit werden, soweit es zur ordnungsgemäßen Durchführung ihrer Aufgaben erforderlich ist. Das bedeutet beispielsweise die Vor- und Nachbereitung von Sitzungen und Besprechungen oder → **Betriebsbegehungen** bzw. Rundgänge in Ausbildungswerkstätten.

Wichtig zur Erfüllung der Aufgaben der JAV ist es, dass sich alle Mitglieder der JAV qualifizieren. Eine entsprechende Freistellungsregelung ist in § 37 Abs. 6 und 7 BetrVG vorgesehen.

- § 65 i. V. m. § 40 BetrVG: Der Arbeitgeber muss der JAV alle erforderlichen Sachmittel zur Verfügung stellen. Das betrifft unter anderem Papier, Schreibgeräte, Hefter, Ordner, Gesetze, Informations- und Kommunikationstechnik (Internet und E-Mail-Kommunikation). Für die tägliche Arbeit der JAV sind entsprechende Räumlichkeiten bereitzustellen. Dies gilt vor allem auch für das Abhalten von → **Sitzungen**.
- § 65 i. V. m. § 41 BetrVG: Die Erhebung und Leistung von Beiträgen der Arbeitnehmer:innen für Zwecke der JAV ist unzulässig.

In § 69 BetrVG ist geregelt, dass in Betrieben mit in der Regel mehr als 50 Wahlberechtigten die JAV während der Arbeitszeit → **Sprechstunden** einrichten kann.

Nach § 71 BetrVG kann die JAV vor oder nach jeder Betriebsversammlung im Einvernehmen mit dem Betriebsrat eine → **Jugend- und Auszubildendenversammlung** einberufen. Im Einvernehmen mit Betriebsrat und Arbeitgeber kann sie auch zu einem anderen Zeitpunkt stattfinden.

Zusammenarbeit von JAV und Betriebsrat

Die Zusammenarbeit zwischen JAV und Betriebsrat ist eine wesentliche Voraussetzung, um die Interessen aller Wahlberechtigten im Betrieb vertreten und durchsetzen zu können. Die JAV kann ohne den Betriebsrat keine Verhandlungen mit dem Arbeitgeber führen, geschweige denn Betriebsvereinbarungen abschließen. Der Betriebsrat ist jedoch verpflichtet, die JAV bei Belangen, die deren Wahlberechtigte betreffen, zu beteiligen, sie umfassend zu unterrichten und ihr die zur Durchführung ihrer Aufgaben erforderlichen Unterlagen zur Verfügung zu stellen (§ 70 Abs. 2 BetrVG).

Diese vom Gesetzgeber festgeschriebene enge organisatorische Verbindung des Betriebsrats mit der JAV ist eine wichtige Grundlage für eine gemeinsame Interessenvertretung der Arbeitnehmer:innen.

Daraus folgt, dass die JAV darauf zu achten hat, dass die Interessen der Jugendlichen, Auszubildenden und dual Studierenden ausreichend Berücksichtigung in der Arbeit des Betriebsrats finden. Bei allen Anliegen und Forderungen, welche die JAV mit den Wahlberechtigten diskutiert, gilt es zuerst einmal, den Betriebsrat als Unterstützer zu gewinnen.

Aus diesem Grund hat der Gesetzgeber der JAV ein Teilnahmerecht, ein Antragsrecht und unter bestimmten Voraussetzungen auch ein Stimmrecht an Sitzungen des Betriebsrats zugestanden.

Daneben ist die JAV vom Betriebsrat zu allen Besprechungen mit dem Arbeitgeber hinzuzuziehen, die besonders die Angelegenheiten der jugendlichen Arbeitnehmer:innen, dual Studierenden und Auszubildenden betreffen (§ 68 BetrVG).

Nachteilig kann sich die Pflicht zur Zusammenarbeit dann auswirken, wenn die JAV und der Betriebsrat in der Beurteilung der zu bearbeitenden Aufgaben stark voneinander abweichende Auffassungen vertreten. Dennoch ist es auch in diesem Fall für eine starke Interessenvertretung erforderlich, sich zu verständigen. Das → **Aussetzen von Beschlüssen des Betriebsrats** (§ 66 BetrVG) sollte die letzte Option in einer Reihe von Maßnahmen der Zusammenarbeit und/oder Konfliktlösung sein.

Kinderarbeit und Kinderarbeitsschutzverordnung

Grundlagen

Nach § 5 Abs. 1 JArbSchG ist Kinderarbeit verboten. Kind im Sinne des → **Jugendarbeitsschutzgesetzes** ist, wer noch nicht 15 Jahre alt ist (§ 2 Abs. 1 JArbSchG). Auf Jugendliche (wer 15, aber noch keine 18 Jahre alt ist), die der Vollzeitschulpflicht unterliegen, finden ebenfalls die für Kinder geltenden Vorschriften Anwendung (§ 2 Abs. 3 JArbSchG).
Es gelten Ausnahmen für alle Kinder (§ 5 Abs. 2 JArbSchG):
1. Zum Zwecke der Beschäftigungs- und Arbeitstherapie.
2. im Rahmen des Betriebspraktikums während der Vollzeitschulpflicht,
3. in Erfüllung einer richterlichen Weisung.

§ 5 Abs. 3 JArbSchG:
Das Verbot des Absatzes 1 gilt ferner nicht für die Beschäftigung von Kindern über 13 Jahre mit Einwilligung des Personensorgeberechtigten, soweit die Beschäftigung leicht und für Kinder geeignet ist. Die Beschäftigung ist leicht, wenn sie auf Grund ihrer Beschaffenheit und der besonderen Bedingungen, unter denen sie ausgeführt wird,
1. die Sicherheit, Gesundheit und Entwicklung der Kinder,
2. ihren Schulbesuch, ihre Beteiligung an Maßnahmen zur Berufswahlvorbereitung oder Berufsausbildung, die von der zuständigen Stelle anerkannt sind, und
3. ihre Fähigkeit, dem Unterricht mit Nutzen zu folgen,
nicht nachteilig beeinflußt. Die Kinder dürfen nicht mehr als zwei Stunden täglich, in landwirtschaftlichen Familienbetrieben nicht mehr als drei Stunden täglich, nicht zwischen 18 und 8 Uhr, nicht vor dem Schulunterricht und nicht während des Schulunterrichts beschäftigt werden.

Für Kinder über 13 Jahren gelten weitere Ausnahmen. Diese sind in der Kinderarbeitsschutzverordnung geregelt. Erlaubt sind danach die üblichen und

gesellschaftlich anerkannten Tätigkeiten, etwa das Austragen von Zeitungen, Anzeigenblättern und Werbeprospekten, im Einzelnen genannte Tätigkeiten in privaten und landwirtschaftlichen Haushalten, in landwirtschaftlichen Betrieben, Tätigkeiten bei der Ernte und Feldbestellung, bei der Selbstvermarktung landwirtschaftlicher Erzeugnisse sowie der Versorgung von Tieren. Hilfstätigkeiten beim Sport sowie Tätigkeiten bei nichtgewerblichen Aktionen und Veranstaltungen der Kirchen, Religionsgemeinschaften, Verbänden, Vereinen und Parteien (§ 2 KinderArbSchVO).
Die Tätigkeit muss leicht und für Kinder geeignet sein. Die Kinder dürfen nicht mehr als zwei Stunden täglich, in landwirtschaftlichen Familienbetrieben nicht mehr als drei Stunden täglich, nicht zwischen 18 und 8 Uhr, nicht vor dem Schulunterricht und nicht während des Schulunterrichts beschäftigt werden (§ 5 Abs. 3 JArbSchG).
Jugendliche dürfen während der Schulferien für höchstens vier Wochen im Kalenderjahr beschäftigt werden (§ 5 Abs. 4 JArbSchG).

Kinderarbeitsschutzverordnung

§ 1 Beschäftigungsverbot
Kinder über 13 Jahre und vollzeitschulpflichtige Jugendliche dürfen nicht beschäftigt werden, soweit nicht das Jugendarbeitsschutzgesetz und § 2 dieser Verordnung Ausnahmen vorsehen.

§ 2 Zulässige Beschäftigungen
(1) Kinder über 13 Jahre und vollzeitschulpflichtige Jugendliche dürfen nur beschäftigt werden
1. mit dem Austragen von Zeitungen, Zeitschriften, Anzeigenblättern und Werbeprospekten,
2. in privaten und landwirtschaftlichen Haushalten mit
   a) Tätigkeiten in Haushalt und Garten,
   b) Botengängen,
   c) der Betreuung von Kindern und anderen zum Haushalt gehörenden Personen,
   d) Nachhilfeunterricht,
   e) der Betreuung von Haustieren,
   f) Einkaufstätigkeiten mit Ausnahme des Einkaufs von alkoholischen Getränken und Tabakwaren,
3. in landwirtschaftlichen Betrieben mit Tätigkeiten bei
   a) der Ernte und der Feldbestellung,
   b) der Selbstvermarktung landwirtschaftlicher Erzeugnisse,
   c) der Versorgung von Tieren,

4. mit Handreichungen beim Sport,
5. mit Tätigkeiten bei nichtgewerblichen Aktionen und Veranstaltungen der Kirchen, Religionsgemeinschaften, Verbände, Vereine und Parteien, wenn die Beschäftigung nach § 5 Abs. 3 des Jugendarbeitsschutzgesetzes leicht und für sie geeignet ist.

(2) Eine Beschäftigung mit Arbeiten nach Absatz 1 ist nicht leicht und für Kinder über 13 Jahre und vollzeitschulpflichtige Jugendliche nicht geeignet, wenn sie insbesondere
1. mit einer manuellen Handhabung von Lasten verbunden ist, die regelmäßig das maximale Lastgewicht von 7,5 kg oder gelegentlich das maximale Lastgewicht von 10 kg überschreiten; manuelle Handhabung in diesem Sinne ist jedes Befördern oder Abstützen einer Last durch menschliche Kraft, unter anderem das Heben, Absetzen, Schieben, Ziehen, Tragen und Bewegen einer Last,
2. infolge einer ungünstigen Körperhaltung physisch belastend ist oder
3. mit Unfallgefahren, insbesondere bei Arbeiten an Maschinen und bei der Betreuung von Tieren, verbunden ist, von denen anzunehmen ist, daß Kinder über 13 Jahre und vollzeitschulpflichtige Jugendliche sie wegen mangelnden Sicherheitsbewußtseins oder mangelnder Erfahrung nicht erkennen oder nicht abwenden können.

Satz 1 Nr. 1 gilt nicht für vollzeitschulpflichtige Jugendliche.
(3) Die zulässigen Beschäftigungen müssen im Übrigen den Schutzvorschriften des Jugendarbeitsschutzgesetzes entsprechen.

§ 3 Behördliche Befugnisse
Die Aufsichtsbehörde kann im Einzelfall feststellen, ob die Beschäftigung nach § 2 zulässig ist.

§ 4 Inkrafttreten
Diese Verordnung tritt am ersten Tage des auf die Verkündung folgenden Kalendermonats in Kraft.

Nach Ansicht des Deutschen Gewerkschaftsbundes (DGB) scheint es sehr fraglich, wie und ob diese Ausnahmen überwacht werden können. Eine Anpassung ist aufgrund der Europäischen Richtlinie zum Jugendarbeitsschutz (Richtlinie 94/33/EWG) notwendig geworden, wobei diese ausdrücklich vorsieht, dass dabei das Jugendarbeitsschutzniveau nicht gesenkt werden darf (vgl. auch → **Anrechnung von Berufsschulzeiten auf die Arbeitszeit**). Durch die Neufassung des § 9 JArbSchG ist es allerdings eindeutig zu einer Verschlechterung gekommen.

Konzern-Jugend- und Auszubildendenvertretung

Grundlagen

Anders als bei der Gesamt-Jugend- und Auszubildendenvertretung (GJAV) ist die Errichtung der KJAV als »Kann-Bestimmung« formuliert, d. h. es besteht keine Verpflichtung (§ 73a Abs. 1 BetrVG). Aus Sicht der Jugendlichen bzw. zur Berufsausbildung Beschäftigten und ihren betrieblichen Interessenvertretungen ist sie innerhalb eines Konzerns jedoch praktisch notwendig.
Die Voraussetzungen zu deren Errichtung sowie die Regelungen über die Mitgliederzahl, das Stimmengewicht und die Geschäftsführung der KJAV sind in den §§ 73a und 73b BetrVG enthalten.
Für die Errichtung einer KJAV müssen verschiedene Voraussetzungen erfüllt sein:
1. Unternehmen gehören einem Konzern an:
   Nur wenn zwei oder mehrere Unternehmen in einem Hierarchieverhältnis zueinander stehen, d. h. ein oder mehrere abhängige Unternehmen stehen unter der einheitlichen Leitung eines ihnen übergeordneten Unternehmens, kann in diesem Konzern eine KJAV errichtet werden.
2. Mehrere (Gesamt-)Jugend- und Auszubildendenvertretungen sind vorhanden:
   Nur in Konzernen, in denen mindestens zwei GJAVen bereits vorhanden sind, kann die KJAV gegründet werden. Ausnahme: In einem der Konzernunternehmen existiert keine GJAV, weil es entweder nur aus einem Betrieb besteht oder nur in einem der Betriebe die Voraussetzungen zur Wahl einer JAV gegeben sind. Die JAV wird dann wie eine GJAV behandelt.
3. Zustimmung in Höhe von 75 %:
   Für die Gründung einer KJAV bedarf es der zustimmenden Beschlüsse der GJAVen, die mindestens 75 % aller im Konzern beschäftigten Jugendlichen und zu ihrer Berufsausbildung beschäftigten Arbeitnehmer:innen (§ 60 Abs. 1 BetrVG) vertreten. Ausschlaggebend für die Ermittlung der erforderlichen Stimmen ist hier die tatsächliche Zahl der betreffenden Arbeitnehmer

zum Zeitpunkt der Beschlussfassung (nicht die Zahl der in die Wählerlisten eingetragenen Arbeitnehmer:innen).

In einem Konzern sind zum Zeitpunkt der Beschlussfassung über die Gründung einer KJAV insgesamt 500 Arbeitnehmer:innen nach § 60 Abs. 1 BetrVG beschäftigt, davon jeweils 100 in jedem der fünf Konzernunternehmen. In vier Konzernunternehmen wurde eine GJAV errichtet, in einem Konzernunternehmen existiert weder eine GJAV noch eine JAV.
Für die Errichtung einer KJAV bedarf es 75 % der insgesamt 500 Stimmen, also 325 Stimmen.
Die KJAV kann nur dann gebildet werden, wenn der entsprechende Beschluss von allen vier GJAVen getroffen wird.

Jede GJAV entsendet eines ihrer Mitglieder in die KJAV (§ 73a Abs. 2 BetrVG). Die Anzahl der Mitglieder der KJAV kann davon abweichend durch → **Tarifvertrag** oder → **Betriebsvereinbarung** bestimmt werden. Für jedes Mitglied der KJAV muss die GJAV mindestens ein Ersatzmitglied benennen und bei mehreren Ersatzmitgliedern die Reihenfolge des Nachrückens bestimmen. Wenn eine KJAV aus mehr als zwanzig Mitgliedern besteht und keine tarifliche Regelung existiert, müssen Konzernbetriebsrat und Konzernleitung eine Betriebsvereinbarung zur Verringerung der Mitgliederzahl abschließen. Dabei sollen GJAVen, die regional oder durch gemeinsame Interessen verbunden sind, gemeinsam Mitglieder in die KJAV entsenden. Andersrum ist auch eine Erhöhung der Mitgliederanzahl möglich. Eine gesetzliche Höchstgrenze für die Mitgliederzahl der KJAV gibt es jedoch nicht.
Nachdem die zur Gründung einer KJAV erforderlichen Beschlüsse gefasst wurden, hat die GJAV des herrschenden Konzernunternehmens zur konstituierenden Sitzung einzuladen (§ 73b i. V. m. § 59 BetrVG). Der/die Vorsitzende der einladenden GJAV leitet solange die Sitzung, bis die KJAV eine/n Wahlleiter/in für die Wahl des/der Vorsitzenden der KJAV und seines Stellvertreters /seiner Stellvertreterin bestellt hat.
Die Anzahl der Stimmen, die ein Mitglied der KJAV bei Abstimmungen erhält, bemisst sich nach der Zahl der Stimmen, die die entsendende GJAV insgesamt hat (§ 73a Abs. 3 BetrVG). Abzustellen ist dabei auf die in den Betrieben eines Konzernunternehmens in die Wählerlisten eingetragenen jugendlichen Arbeitnehmer:innen nach § 60 Abs. 1 BetrVG.
Ausnahme: Besteht eines der Konzernunternehmen aus mehreren Betrieben, von denen aber nur einer eine JAV gewählt hat, nimmt diese die Aufgabe einer GJAV wahr (§ 73a Abs. 1 Satz 3 BetrVG). Für Beschlussfassungen der KJAV heißt das, dass diese JAV so viele Stimmen erhält, wie jugendliche Arbeitnehmer:innen

nach § 60 Abs. 1 BetrVG zum Zeitpunkt des Entsendebeschlusses in dem Konzernunternehmen beschäftigt sind, dem die JAV angehört.
Wurden mehrere Mitglieder einer GJAV entsandt, werden die Stimmen anteilig unter ihnen verteilt. Wenn ein Mitglied der KJAV für mehrere Unternehmen zuständig ist, erhält es die Stimmen aller Wahlberechtigten der Unternehmen, für die es entsandt wurde.
Die KJAV kann nach Verständigung des Konzernbetriebsrats Sitzungen abhalten (§ 73b Abs. 1 BetrVG). »Nach Verständigung« meint hier lediglich Unterrichtung; es ist keine Genehmigung des Konzernbetriebsrats dafür einzuholen. Die/ der Vorsitzende oder ein beauftragtes Mitglied des Konzernbetriebsrats hat das Recht, an den Sitzungen der KJAV teilzunehmen. Sinnvoll ist, wenn ein Mitglied des Konzernbetriebsrats speziell für Fragen der jugendlichen Belegschaft und die Betreuung der KJAV benannt wird.
Die KJAV ist zuständig für solche Angelegenheiten, die den Konzern oder mehrere seiner Unternehmen betreffen und dabei nicht durch die einzelnen GJAVen geregelt werden können (§ 73b i. V. m. § 58 Abs. 1 BetrVG). Die KJAV ist den einzelnen GJAVen jedoch nicht übergeordnet. Beispiele für unternehmensübergreifende Themen können z. B. konzernweite → **Ausbildungspläne** oder → **Auswahlverfahren** bei der Einstellung von Auszubildenden sein.
Die KJAV muss ebenfalls in einer Angelegenheit tätig werden, wenn sie von der GJAV dazu beauftragt wird (§ 73b i. V. m. § 58 Abs. 2 BetrVG). Die GJAV ist aber nicht zwingend an die Entscheidung gebunden.
Die KJAV hat die Möglichkeit, Ausschüsse zu bilden und diesen bestimmte Aufgaben zu übertragen (§ 73b i. V. m. § 28 Abs. 1 Satz 1 BetrVG). Im Übrigen finden für die KJAV im Wesentlichen die Paragrafen für die Geschäftsführung der JAVen und GJAVen entsprechende Anwendung (§ 73b Abs. 2 BetrVG). Dies gilt auch für die Teilnahme von Beauftragten von Gewerkschaften an den Sitzungen der KJAV.
Bei Streitigkeiten (z. B. um die Errichtung einer KJAV) ist das örtliche Arbeitsgericht des herrschenden Unternehmens zuständig.

Bedeutung für den Betriebsrat/die JAV

Viele Entscheidungen der Arbeitgeber werden heutzutage betriebsübergreifend auf Konzernebene getroffen. Um Informationen rechtzeitig bereits in der Planungsphase zu erhalten und um bei den Planungen noch mitwirken zu können, ist eine Vertretung der Jugendlichen und zur Berufsausbildung Beschäftigten auf Konzernebene erforderlich und hilfreich.

Konzern-Jugend- und Auszubildendenvertretung

Mit der Möglichkeit, sich in der KJAV über aktuelle Entwicklungen im Konzern bzw. in den einzelnen Unternehmen und Betrieben austauschen zu können, kann die Arbeit der Interessenvertretungen und ihre Durchsetzungsstärke insgesamt verbessert werden. Dies gilt umso mehr, als die KJAV in konzernübergreifenden Angelegenheiten auch für solche Unternehmen bzw. Betriebe zuständig ist, die keine GJAV bzw. JAV gebildet haben (§ 73b i. V. m. § 58 BetrVG). Das gegeneinander Ausspielen verschiedener Standorte eines Konzerns ist damit nicht mehr so einfach. In der Praxis spielt vor allem die Transparenz bei der Arbeit gegenüber den GJAVen und letztendlich auch den JAVen eine große Rolle. Hier kommt von GJAVen entsandten Vertretern eine große Verantwortung zu. Tagesordnungspunkte der KJAV-Sitzungen sollten am besten gemeinsam in den GJAVen bzw. JAVen durchgesprochen und vorbereitet werden. Entsprechend sollten die Sitzungstermine wenn möglich aufeinander abgestimmt werden. Für die örtlichen Jugend- und Auszubildendenversammlungen sollte überlegt werden, wie die Themen der KJAV für die örtlichen jugendlichen Beschäftigten und Auszubildenden aufgearbeitet werden, damit die Bedeutung und Betroffenheit für sie deutlich wird.

Kündigung

Grundlagen

Die Kündigung ist eine einseitige Erklärung, die eine Vertragspartei gegenüber der anderen abgibt, um ein Arbeitsverhältnis zu einem bestimmten Zeitpunkt zu beenden.
Nach § 623 BGB bedarf die Kündigung, wie jede andere Beendigung eines Arbeitsverhältnisses, der Schriftform.
Damit hat der Gesetzgeber einen erheblichen Beitrag zur Rechtssicherheit und -klarheit im Interesse der Arbeitnehmer geschaffen, denn früher gab es keine besonderen gesetzlichen Formvorschriften, sodass die Kündigung auch mündlich erklärt und wirksam werden konnte.
Die Kündigungserklärung muss die eigenhändige Namensunterschrift des zur Kündigung Berechtigten enthalten. Hat dieser sich durch einen Rechtsanwalt oder einen Personalsachbearbeiter («i. A.«) vertreten lassen, so muss der Kündigung eine schriftliche Vollmacht beiliegen, sonst kann sie zurückgewiesen werden (§ 174 BGB).
Ein solches im Original eigenhändig unterschriebenes Schriftstück kann dann grundsätzlich auch durch Telefax oder als Anlage zu einer E-Mail übermittelt werden (§ 127 Abs. 2 BGB). Dagegen reicht nach richtiger Auffassung die Kündigung im Text der E-Mail selbst nicht aus. Wegen der insoweit nicht ganz einheitlichen Rechtsprechung sollte jedoch auch gegen eine solche Kündigung vorsorglich innerhalb von drei Wochen Kündigungsschutzklage erhoben werden.
Das Gebot der Schriftlichkeit gilt im Übrigen für jede Form der Kündigung, also auch für eine fristlose Kündigung oder für eine Änderungskündigung, aber gleichermaßen auch für die Kündigung durch den Arbeitnehmer, da § 623 BGB nur von der Kündigung als solcher spricht und nicht zwischen der Arbeitgeber- oder Arbeitnehmerkündigung unterscheidet. Die Kündigungsgründe selbst brauchen nicht schriftlich mitgeteilt zu werden. Allerdings kann nach § 626 Abs. 2 Satz 3 BGB der Gekündigte bei einer fristlosen Kündigung verlangen, dass ihm die Kündigungsgründe mitgeteilt werden.

Kündigung

Bei einer ordentlichen Kündigung wird das Arbeitsverhältnis nach Ablauf einer Kündigungsfrist beendet.

Beispiel:
Hiermit kündigen wir das zwischen uns bestehende Arbeitsverhältnis mit Ablauf der ordentlichen Kündigungsfrist zum …

Bei der → **fristlosen Kündigung** soll eine sofortige Beendigung des Arbeitsverhältnisses ohne Einhaltung einer → **Kündigungsfrist** durchgesetzt werden. Mit der → **Änderungskündigung** soll eine Änderung der Arbeitsbedingungen erreicht werden.
Die ordentliche Kündigung eines Arbeitsverhältnisses kann ausgeschlossen sein, z. B. bei Mitgliedern des Betriebsrats, der JAV und anderer betriebsverfassungsrechtlicher Gremien (§ 15 KSchG) und bei befristeten Arbeitsverhältnissen, wenn dies nicht ausdrücklich vereinbart ist (§ 15 Abs. 4 TzBfG). Bei langjährig beschäftigten, älteren Arbeitnehmern ist in einigen Tarifverträgen die ordentliche Kündigung ausgeschlossen.
Die außerordentliche Kündigung aus wichtigem Grund (z. B. Diebstahl) kann dagegen nicht völlig ausgeschlossen werden, sie kann jedoch von behördlichen Erlaubnissen abhängig gemacht werden, z. B. für die Zeit des Mutterschutzes und der Elternzeit, bei Schwerbehinderung sowie während des Wehr- oder Bundesfreiwilligendienstes. Bei außerordentlicher Kündigung von Mitgliedern des Betriebsrats, JAV und anderer betriebsverfassungsrechtlicher Gremien ist die Zustimmung des Betriebsrats erforderlich; erhält der Arbeitgeber diese nicht, muss er das Arbeitsgericht anrufen (§ 103 BetrVG).
Die Kündigung muss darauf gerichtet sein, das Arbeitsverhältnis zu beenden und insoweit eindeutig sein. Jedoch ist es nicht nötig, dass in dem Schriftstück das Wort Kündigung erscheint.
Bei einer Kündigung durch einen Brief geht die Kündigung zu, wenn sie in den Machtbereich des Empfängers gelangt und dieser unter gewöhnlichen Umständen davon Kenntnis nehmen kann. Ein um 21:00 Uhr durch Boten eingeworfener Brief, gelangt zwar zu dieser Zeit in den Machtbereich, da jedoch normalerweise um diese Uhrzeit niemand in seinen Briefkasten schaut, geht er erst am nächsten Tag zu. Die gleichen Regeln gelten beim Einwurfeinschreiben Das Übergabeeinschreiben geht dagegen erst mit Aushändigung zu, also z. B. erst bei der Abholung bei der Post, und nicht bereits mit Hinterlegung der Benachrichtigung im Briefkasten.
Gegen eine Kündigung kann man sich mit einer → **Kündigungsschutzklage** zur Wehr setzen.

Bedeutung für den Betriebsrat/die JAV

Die Mitbestimmungsrechte des Betriebsrats sind in Betriebsratsbetrieben zu beachten. Der Betriebsrat ist gemäß § 102 BetrVG vor jeder Kündigung zu hören, andernfalls ist die Kündigung nichtig. Hat der Betriebsrat gegen eine ordentliche Kündigung oder Änderungskündigung Bedenken, muss er dies nach § 102 Abs. 2 BetrVG dem Arbeitgeber innerhalb einer Woche schriftlich mitteilen, sonst gilt seine Zustimmung zur beabsichtigten Kündigung als erteilt. Bei einer fristlosen Kündigung beträgt diese Frist drei Tage.

Der Betriebsrat kann innerhalb einer Woche einer ordentlichen Kündigung auch widersprechen. Stützt er den Widerspruch auf die in § 102 Abs. 3 BetrVG genannten Gründe und erhebt der Arbeitnehmer nach gleichwohl erfolgter Kündigung Kündigungsschutzklage, muss er vom Arbeitgeber nach § 102 Abs. 5 BetrVG bis zum rechtskräftigen Abschluss des Rechtsstreits bei unveränderten Arbeitsbedingungen weiterbeschäftigt werden. Dies gilt aber nur bei einer ordentlichen Kündigung, nicht aber bei einer fristlosen Kündigung. Hat der Betriebsrat gegen eine außerordentliche (fristlose) Kündigung Bedenken, so hat er diese nach § 102 Abs. 2 Satz 3 BetrVG unter Angabe der Gründe dem Arbeitgeber unverzüglich schriftlich mitzuteilen.

Kündigung des Ausbildungsverhältnisses

Grundlagen

Während der Probezeit kann das Berufsausbildungsverhältnis jederzeit ohne Einhaltung der Kündigungsfrist gemäß § 22 Abs. 1 BBiG gekündigt werden.
Nach Ablauf der Probezeit kann das Berufsausbildungsverhältnis nach § 22 Abs. 2 BBiG nur gekündigt werden:
1. aus einem wichtigen Grund ohne Einhalten einer Kündigungsfrist,
2. vom Auszubildenden mit einer Kündigungsfrist von vier Wochen, wenn er die Berufsausbildung aufgeben oder sich für eine andere Berufstätigkeit ausbilden lassen will.

Die Kündigung muss schriftlich und unter Angabe der Kündigungsgründe erfolgen.
Eine Kündigung aus einem wichtigen Grund ist unwirksam, wenn die ihr zugrunde liegenden Tatsachen dem Kündigenden länger als zwei Wochen bekannt sind.

> **Beispiel:**
> Fristlose Kündigung durch den Ausbildungsbetrieb gegenüber dem Auszubildenden:
> »Hiermit kündigen wir das mit Ihnen bestehende Ausbildungsverhältnis gemäß § 22 Abs. 2 Nr. 1 BBiG aus wichtigem Grund fristlos.«
> Es folgt dann üblicherweise die Begründung. Als Beispiel vgl. ausländerfeindliches, rassistisches Verhalten, sowie möglicherweise ein Hinweis auf die Möglichkeit, den Schlichtungsausschuss nach § 111 ArbGG anzurufen.

Kündigungsfristen

Grundlagen

Mit Kündigungsfristen bezeichnet man den Zeitraum zwischen Zugang der Kündigung und Beendigung des Arbeitsverhältnisses. Sie können vertraglich, tarifvertraglich oder gesetzlich geregelt sein.
Gesetzliche Grundlage ist § 622 BGB.
Danach betragen die von Arbeitgeber und Arbeitnehmer einzuhaltenden Fristen für die ordentliche Kündigung innerhalb einer Betriebszugehörigkeitszeit von zwei Jahren einheitlich vier Wochen zum 15. oder zum Monatsende.
Bei längerer Betriebszugehörigkeitszeit gelten für eine Kündigung durch den Arbeitgeber für Arbeitnehmer verlängerte Fristen, nämlich:
nach 2 Jahren: 1 Monat zum Monatsende,
nach 5 Jahren: 2 Monate zum Monatsende,
nach 8 Jahren: 3 Monate zum Monatsende,
nach 10 Jahren: 4 Monate zum Monatsende,
nach 12 Jahren: 5 Monate zum Monatsende,
nach 15 Jahren: 6 Monate zum Monatsende,
nach 20 Jahren: 7 Monate zum Monatsende.
Sieht der Arbeitsvertrag eine Probezeit vor, so kann die Kündigungsfrist auf zwei Wochen abgekürzt werden, längstens für einen Zeitraum von sechs Monaten (§ 622 Abs. 3 BGB). Ohne ausdrückliche Vereinbarung gilt dagegen auch in den ersten sechs Monaten des Arbeitsverhältnisses die Grundkündigungsfrist von vier Wochen zum 15. oder zum Monatsende.
In Tarifverträgen finden sich Regelungen über verkürzte oder verlängerte Kündigungsfristen.
Im Arbeitsvertrag können Kündigungsfristen verlängert, jedoch nicht verkürzt werden, es sei denn, es handelt sich um Aushilfen für einen Zeitraum von höchstens drei Monaten.
In Kleinbetrieben mit bis zu 20 Arbeitnehmern kann eine vierwöchige Grundkündigungsfrist ohne festen Endtermin einzelvertraglich vereinbart werden.

Kündigungsfristen

Besonderheiten gelten bei Kündigungen zum Ende der Elternzeit. Hier hat der Arbeitnehmer eine Kündigungsfrist von drei Monaten einzuhalten.

Kündigungsschutz

Grundlagen

Durch den Kündigungsschutz wird die Zulässigkeit von Kündigungen bestehender Arbeitsverhältnisse durch den Arbeitgeber beschränkt. Kündigungsbeschränkungen gibt es in Arbeits- oder Tarifverträgen, vor allem aber durch das Kündigungsschutzgesetz oder besondere Kündigungsschutzbestimmungen in anderen Gesetzen für besondere Arbeitnehmergruppen, etwa in § 9 MuSchG, oder das Kündigungsverbot gegenüber Betriebsräten oder Wehr- oder Bundesfreiwilligendienstleistenden im Arbeitsplatzschutzgesetz oder der besondere Kündigungsschutz für Auszubildende nach dem Berufsbildungsgesetz oder für schwerbehinderte Menschen nach dem SGB IX.

Der Zweck des Kündigungsschutzes ist es, den Arbeitnehmern grundsätzlich den Arbeitsplatz und damit ihre Existenzgrundlage zu erhalten, indem Kündigungen nur für zulässig erachtet werden, wenn der Arbeitgeber einen hinreichenden Grund für die Kündigung hat.

Arbeitnehmer werden vor allem durch das Kündigungsschutzgesetz vor Kündigungen geschützt. Das Kündigungsschutzgesetz gilt jedoch nur in Betrieben und Verwaltungen mit mehr als zehn regelmäßig Beschäftigten, wobei Teilzeitbeschäftigte anteilig berücksichtigt werden und Auszubildende nicht mitzählen.

Ferner kann sich ein Arbeitnehmer auf die Bestimmungen des Kündigungsschutzgesetzes nur berufen, wenn sein Arbeitsverhältnis mehr als sechs Monate bestanden hat.

Findet das Kündigungsschutzgesetz Anwendung, ist eine Kündigung nur rechtswirksam, wenn sie sozial gerechtfertigt ist, d.h., wenn sie entweder auf personen- oder verhaltensbedingte Gründe gestützt werden kann, oder dringende betriebliche Interessen einer Weiterbeschäftigung des Arbeitnehmers im Betrieb entgegenstehen (vgl. § 1 KSchG).

Voraussetzung ist, dass die Frage der sozialen Rechtfertigung der Kündigung in einem → **Kündigungsschutzprozess** überprüft wird. Der Arbeitnehmer muss also binnen drei Wochen seit Zugang der Kündigung gegen die Kündigung

Kündigungsschutz

klagen, andernfalls ist das Arbeitsverhältnis nach Ablauf der Kündigungsfrist beendet, auch wenn die Kündigung nicht sozial gerechtfertigt war.
Der Zugang der schriftlichen Kündigung ist also für die 3-Wochen-Klagefrist maßgeblich, auch wenn das Arbeitsverhältnis selbst wegen der Kündigungsfristen zu einem wesentlich späteren Zeitpunkt z. B. erst zum Jahresende beendet werden soll.

Kündigungsschutzprozess

Grundlagen

Wenn ein gekündigter Arbeitnehmer geltend machen will, dass die Kündigung seines Arbeitsverhältnisses nicht gerechtfertigt ist, muss er eine Kündigungsschutzklage gegenüber dem Arbeitgeber beim Arbeitsgericht erheben mit dem Antrag, festzustellen, dass das Arbeitsverhältnis durch die Kündigung nicht aufgelöst worden ist.
Rechtliche Grundlage ist vor allem das Kündigungsschutzgesetz, wenn der Arbeitnehmer eine mangelnde soziale Rechtfertigung der Kündigung behauptet oder vortragen will, dass Fehler bei der sozialen Auswahl vorgekommen sind.
Unabhängig vom Kündigungsschutzgesetz kann man die Unwirksamkeit einer Kündigung auch auf andere Gründe stützen, etwa darauf, dass der Betriebsrat nicht oder nicht ordnungsgemäß gehört wurde, oder ein Verstoß gegen besondere Schutzgesetze vorlag, z. B. bei einem Schwerbehinderten die vorherige Zustimmung des Integrationsamtes zur Kündigung nicht vorlag, oder auch, dass die Kündigung aus anderen Gründen rechtsunwirksam ist, etwa gegen den Grundsatz von Treu und Glauben (§ 242 BGB) verstößt oder entgegen § 623 BGB nicht schriftlich erfolgte.
Das Kündigungsschutzgesetz enthält eine einschneidende Ausnahme für Kleinbetriebe:
Nach § 23 KSchG gilt das Kündigungsschutz nur für Betriebe, die regelmäßig mehr als zehn Arbeitnehmer beschäftigen, wobei die Auszubildenden nicht mitgezählt werden und Teilzeitbeschäftigte mit einer regelmäßigen wöchentlichen Arbeitszeit von nicht mehr als 20 Stunden mit 0,5 (Arbeitnehmer) und nicht mehr als 30 Stunden mit 0,75 (Arbeitnehmer) berücksichtigt werden.
Die Kündigungsschutzklage muss innerhalb von drei Wochen nach Zugang der schriftlichen Kündigung erhoben werden, sonst wird die Kündigung wirksam.
Nach § 4 muss ein Arbeitnehmer, der geltend macht, dass eine Kündigung sozial ungerechtfertigt oder aus anderen Gründen rechtsunwirksam ist, innerhalb von drei Wochen nach Zugang der schriftlichen Kündigung Klage beim Arbeitsgericht auf Feststellung erheben, dass das Arbeitsverhältnis durch die Kündi-

Kündigungsschutzprozess

gung nicht aufgelöst ist. Entsprechendes gilt auch für eine Klage gegen eine Änderungskündigung. Eine nachträgliche Klagezulassung ist nur bei Härtefällen möglich, wenn gemäß § 5 KSchG ein Arbeitnehmer trotz Anwendung aller ihm nach Lage der Umstände zuzumutenden Sorgfalt verhindert war, die Klage innerhalb von drei Wochen nach Zugang der Kündigung zu erheben.

> **Beispiel:**
> Kündigungszugang während einer Urlaubsabwesenheit, wenn man mit einer Kündigung nicht rechnen musste.

Folgen des Kündigungsschutzprozesses

Verliert der Arbeitnehmer den Kündigungsschutzprozess, gilt das Arbeitsverhältnis als beendet.
Stellt das Gericht fest, dass die Kündigung unwirksam war, ist der Arbeitnehmer zu unveränderten Arbeitsbedingungen weiterzubeschäftigen.
Es kommt nach §§ 9 und 10 KSchG auch die Auflösung des Arbeitsverhältnisses auf Antrag des Arbeitnehmers und in besonderen Fällen auch auf Antrag des Arbeitgebers gegen Zahlung einer Abfindung in Betracht. Die Höhe der Abfindung richtet sich nach dem Gehalt und der Dauer der Betriebszugehörigkeit.
Als Abfindung ist nach § 10 KSchG ein Betrag bis zu zwölf Monatsverdiensten festzusetzen. Ist das 50. Lebensjahr vollendet und hat das Arbeitsverhältnis mindestens 15 Jahre bestanden, ist ein Betrag bis zu 15 Monatsverdiensten bzw. ab dem 55. Lebensjahr und nach mehr als 20-jähriger Betriebszugehörigkeit ist ein Betrag bis zu 18 Monatsverdiensten des Bruttoeinkommens festzusetzen.
Dieser gesetzliche Anspruch auf Abfindung, die das Gericht durch Urteil festlegt, spielt in der Praxis keine große Rolle. Viel häufiger, nämlich in über 90% aller Kündigungsschutzprozesse einigen sich Arbeitgeber und Arbeitnehmer durch gegenseitiges Nachgeben darauf, dass sie §§ 9, 10 KSchG entsprechend anwenden wollen, wohl wissend, dass die Voraussetzungen nicht vorliegen.
Steuerfreibeträge für die Abfindung gibt es nicht mehr, lediglich die Progression ist etwas abgemildert, da die Abfindung steuerlich so behandelt wird, als wäre sie nicht in einem Kalenderjahr zugeflossen, sondern verteilt auf fünf (sog. Fünftelungsregelung).
Wenn die Kündigungsfrist eingehalten ist, wird die Abfindung nicht auf das Arbeitslosengeld angerechnet. Kündigt der Arbeitgeber nicht, sondern schließt er mit dem Arbeitnehmer einen Aufhebungsvertrag, so führt dies grundsätzlich dazu, dass das Arbeitslosengeld für zwölf Wochen gesperrt wird. Um dies zu vermeiden, werden häufig Kündigungen ausgesprochen und Prozesse eingeleitet,

Kündigungsschutzprozess

obwohl sich die Arbeitsvertragsparteien längst darüber einig sind, das Arbeitsverhältnis gegen Zahlung einer Abfindung in üblicher Höhe zu beenden. Dies wiederum hat den Gesetzgeber dazu veranlasst, eine gesetzliche Regelung zu schaffen, um Arbeitgeber und Arbeitnehmer die Möglichkeit zu geben, bei der Auflösung eines Arbeitsverhältnisses ohne Anrufung der Arbeitsgerichte und ohne negative Auswirkung auf den Arbeitslosengeldanspruch einen Abfindungsanspruch zu regeln.

Nach § 1a KSchG gilt Folgendes:
Kündigt ein Arbeitgeber wegen dringender betrieblicher Erfordernisse nach § 1 Abs. 2 Satz 1 KSchG und erhebt der Arbeitnehmer bis zum Ablauf der Frist des § 4 Satz 1 keine Klage auf Feststellung, dass das Arbeitsverhältnis durch die Kündigung nicht aufgelöst ist, hat der Arbeitnehmer mit dem Ablauf der Kündigungsfrist Anspruch auf eine Abfindung. Der Anspruch setzt den Hinweis des Arbeitgebers in der Kündigungserklärung voraus, dass die Kündigung auf dringende betriebliche Erfordernisse gestützt ist und der Arbeitnehmer bei Verstreichenlassen der Klagefrist eine Abfindung beanspruchen kann.

Die Höhe der Abfindung beträgt 0,5 Monatsverdienste für jedes Jahr des Bestehens des Arbeitsverhältnisses. Bei der Ermittlung der Dauer des Arbeitsverhältnisses ist ein Zeitraum von mehr als sechs Monaten auf ein volles Jahr aufzurunden.

Die praktische Bedeutung auch dieser Regelung darf nicht überschätzt werden. Häufig hofft der Arbeitgeber, ganz ohne Abfindung aus dem Arbeitsverhältnis herauszukommen, oder jedenfalls mit einer geringeren.

Sieht der Arbeitnehmer dagegen Mängel der Kündigungsgründe, etwa der sozialen Auswahl, hofft er jedenfalls auf eine höhere Abfindung, wenn er an dem Arbeitsverhältnis nicht festhalten will. Die Arbeitsvertragsparteien machen dann von der gesetzlichen Regelung keinen Gebrauch, sondern verhandeln im arbeitsgerichtlichen Verfahren über die Höhe der Abfindung.

Künstliche Intelligenz

Grundlagen

Künstliche Intelligenz (KI) wird zunehmend auch in der Ausbildung und dem dualen Studium an Wichtigkeit gewinnen. Dort wo KI im betrieblichen Alltag bereits genutzt wird, sind auch Betriebsräte und JAVen gefragt. Künstliche Intelligenz ist bereits heute fester Bestandteil von Lerneinheiten im Rahmen von betrieblichen Arbeits- und Produktionsabläufen.

Hier sind einige der Hauptanwendungen und Vorteile:
1. **Personalisierte Lernpfade:** KI kann individuelle Lernpläne erstellen, die auf den Stärken und Schwächen der Auszubildenden basieren. Dies ermöglicht eine maßgeschneiderte Ausbildung, die den Lernfortschritt optimiert.[1]
2. **Virtuelle Assistenten und Chatbots:** Diese Tools unterstützen Auszubildende bei Fragen und Problemen in Echtzeit. Sie bieten sofortige Hilfe und können häufig gestellte Fragen beantworten.[2]
3. **Simulationen und virtuelle Realität (VR):** KI-gesteuerte Simulationen und VR-Umgebungen ermöglichen es Auszubildenden, praktische Erfahrungen in einer sicheren, kontrollierten Umgebung zu sammeln. Dies ist besonders nützlich in Berufen, die gefährliche oder komplexe Aufgaben beinhalten.[3]
4. **Automatisierte Bewertung:** KI kann Prüfungen und Aufgaben automatisch bewerten, was den Lehrkräften Zeit spart und eine objektive Bewertung sicherstellt.[4]
5. **E-Learning-Plattformen:** Viele E-Learning-Plattformen nutzen KI, um den Lernprozess zu verbessern. Sie analysieren das Verhalten der Lernenden und passen die Inhalte entsprechend an, um das Lernen effektiver zu gestalten.[5]
6. **Ethik und Datenschutz:** Ein wichtiger Aspekt der KI in der Berufsausbildung ist das Verständnis für ethische und datenschutzrechtliche Fragen. Auszubildende lernen, wie sie KI verantwortungsvoll und sicher einsetzen können.[2]

Diese Anwendungen zeigen, wie KI die Berufsausbildung revolutionieren kann, indem sie sie effizienter, personalisierter und zugänglicher macht.

Quellen: [1]Fraunhofer IAIS und Google Zukunftswerkstatt [2]planet-beruf.de; [3]BWP Zeitschrift; [4]com! Professional; [5]eLearning | KI in der Berufsausbildung.
Erstellt mit Microsoft Copilot.

Künstliche Intelligenz

Neben den von Microsoft Copilot zusammengefassten Anwendungsgebieten und Vorteilen von KI müssen auch Themen wie Datenschutz, Sicherheit und Transparenz von Algorithmen kritisch berücksichtigt werden.

Bedeutung für den Betriebsrat/die JAV

Soll in einem Unternehmen eine KI eingeführt werden, so hat der Betriebsrat Informations- und Mitbestimmungsrechte, da sich einige arbeitsrechtliche Fragestellungen ergeben. Es stellen sich zum Beispiel Fragen rund um die Transparenz der algorithmischen Entscheidungsfindung, Möglichkeiten zur Überwachung der Arbeitnehmer:innen oder Datenschutz. Das Unterrichtungs- und Beratungsrecht ergibt sich aus § 90 Abs. 1 Nr. 3 BetrVG. Der Arbeitgeber muss den Betriebsrat bereits bei der Planung von KI-Einsätzen informieren. Das bezieht sich nicht nur auf neue Systeme, sondern auch wenn bestehende Arbeitsprozesse verändert werden sollen.
Der Betriebsrat hat darüber hinaus Mitbestimmungsrechte um Arbeitnehmer:innen vor negativen Einflüssen durch den Einsatz von KI zu schützen. Ein praktisches Beispiel könnte der Einsatz von Künstlicher Intelligenz bei der Auswahl von Kandidat:innen für Ausbildungsplätze sein (vgl. § 95 Abs. 2a BetrVG).

Bedeutung für Auszubildende und dual Studierende

Populäre Sprach-KI wie ChatGPT, Microsoft Copilot u. w. können auch zur Unterstützung in der Ausbildung herangezogen werden. Die Verwendung sollte jedoch in jedem Fall mit der Berufsschule, Hochschule und dem Betrieb geklärt werden. Die Nutzung von KI im Rahmen von Prüfungen/schriftlichen Ausarbeitungen wird in der Regel als Betrugsversuch gewertet, sofern diese nicht ausdrücklich für die Aufgabenstellung erlaubt ist und sollte daher unterlassen werden.

Kurzarbeit und Kurzarbeitergeld

Grundlagen

Was ist Kurzarbeit?
Kurzarbeit dient der Sicherung von Arbeitsplätzen in Betrieben, die vorübergehend in wirtschaftliche Schwierigkeiten geraten sind. Kurzarbeit bedeutet: Beschäftigte arbeiten über einen gewissen Zeitraum hinweg weniger oder gar nicht (bei Kurzarbeit »Null«). Der hierdurch entstehende Verdienstausfall wird durch die Zahlung von Kurzarbeitergeld teilweise ausgeglichen.

Was sind die Voraussetzungen für Kurzarbeitergeld?
Kurzarbeitergeld zahlt die Agentur für Arbeit unter bestimmten Voraussetzungen. Insbesondere muss ein erheblicher Arbeitsausfall mit Entgeltausfall aus wirtschaftlichen Gründen oder durch ein unabwendbares Ereignis vorliegen.

Wie hoch ist das Kurzarbeitergeld?
Das Kurzarbeitergeld berechnet sich nach dem Nettoentgeltausfall. Es ersetzt grundsätzlich rund 60 Prozent des ausgefallenen Nettoentgelts. Lebt mindestens ein Kind mit im Haushalt, beträgt das Kurzarbeitergeld rund 67 Prozent des ausgefallenen Nettoentgelts. In vielen Branchen und Betrieben gibt es tarifliche und betriebliche Regelungen zur Aufstockung des Kurzarbeitergeldes.

Im Betrieb wurde Kurzarbeit beantragt. Gilt das auch für Auszubildende?
Grundsätzlich hat der Betrieb nach § 14 BBiG eine Ausbildungspflicht, auch wenn er in wirtschaftliche Schieflage gerät. Aus dieser Pflicht heraus hat der Arbeitgeber alles Mögliche und Zumutbare zu unternehmen, um die ungekürzte Weiterarbeit von Ausbilder:innen und die regelmäßige Ausbildung der Auszubildenden auch dann weiterzuführen, wenn im Betrieb ansonsten kurz gearbeitet wird. Hierbei hat er beispielsweise folgende Möglichkeiten:
- Umstellung des Ausbildungsplans durch Vorziehen anderer Ausbildungsinhalte

Kurzarbeit und Kurzarbeitergeld

- Versetzung in eine andere, arbeitende Abteilung
- Rückversetzung in die Ausbildungswerkstatt oder
- Durchführung besonderer Ausbildungsveranstaltungen (z. B. interkulturelle Schulungen).

Aufgrund der besonderen Rechtsnatur des Ausbildungsverhältnisses ist zu empfehlen, Auszubildende grundsätzlich aus dem Geltungsbereich der Kurzarbeit herauszunehmen.

Nur wenn alle Möglichkeiten ausgeschöpft sind, kann in extremen Ausnahmesituationen ein Ausfall der Ausbildung auch für Auszubildende in Frage kommen. Diese Option ist allerdings als letztes Mittel zu betrachten.

Sollte die Einführung von Kurzarbeit auch für Auszubildende ausnahmsweise nicht vermeidbar sein, haben sie Anspruch auf Zahlung der vollen Ausbildungsvergütung für mindestens sechs Wochen (§ 19 Abs. 1 Nr. 2 BBiG). Abweichend von der gesetzlichen Mindestdauer können Ausbildungs- und Tarifverträge längere Fristen vorsehen. In dieser Zeit besteht damit kein Anspruch auf Kurzarbeitergeld. Der Arbeitgeber bleibt für diese Zeit verpflichtet, die volle Ausbildungsvergütung zu zahlen.

Die Zeitdauer von sechs Wochen entspricht grundsätzlich einer Zeitspanne von 42 Kalendertagen oder – im Falle der 5-Tage-Woche – von 30 Arbeitstagen. Die Frist beginnt mit dem ersten Tag, an dem der Auszubildende wegen Arbeitsmangels mit der Arbeit aussetzen muss und läuft nur an Ausfalltagen. Wird deshalb z. B. die von 40 auf 20 Stunden verminderte Arbeitszeit in einem Betrieb so verteilt, dass in der einen Woche voll, in der anderen Woche nicht gearbeitet wird, endet der Vergütungsanspruch von 6 Wochen nach Ablauf der 12. Woche. Das Kurzarbeitergeld könnte somit erst von dem darauffolgenden Arbeitsausfall ab gewährt werden.

Bei der Prüfung der Frage, ob Kurzarbeit für Auszubildende notwendig ist, empfiehlt die Arbeitsagentur zusätzlich, die nach dem Berufsbildungsgesetz zuständige Stelle (z. B. Industrie- und Handelskammer, Handwerkskammer) zu beteiligen.

In letzter Konsequenz

- Auch wenn im Betrieb kurz gearbeitet wird, haben Auszubildende nach geltender Rechtslage Anspruch auf Vergütung für mindestens sechs Wochen nach § 19 BBiG.
- Nach Auslaufen des Anspruchs auf Ausbildungsvergütung gemäß § 19 BBiG ist auch für Auszubildende der Bezug von Kurzarbeitergeld grundsätzlich möglich.
- Die Pflicht zur Ausbildung darf jedoch nicht leichtfertig vernachlässigt werden. Erst wenn die Ausbildung auch bei Ausschöpfung aller zumutbaren Möglichkeiten nicht mehr aufrechterhalten werden kann, kommt Kurzarbeit

auch für Auszubildende in Betracht. Ausbildungsbetriebe können schadensersatzpflichtig sein, wenn sie schuldhaft schlecht oder gar nicht ausbilden.

Dual Studierende und Kurzarbeit?
Ist der Betrieb von Kurzarbeit betroffen, hat dies auch Auswirkungen auf dual Studierende.
Für den Teil des ausbildungsintegrierenden dualen Studiums, der die klassische Berufsausbildung beinhaltet, gilt dasselbe, wie für »normale« Azubis. Aus § 14 Abs. 1 BBiG folgt, dass das Ausbildungsunternehmen in der Pflicht ist, ordnungsgemäß auszubilden.
Soweit im ausbildungsintegrierenden dualen Studium oder generell im praxisintegrierenden dualen Studium aber betriebliche Praxisphasen betroffen sind, die sich als Teil der durch Hochschulrecht vorgeschriebenen Studienbestandteile darstellen, kommt das BBiG nicht zur Anwendung und damit eben auch nicht § 14 BBiG. Oft finden sich aber in den Verträgen, abgeschlossen zwischen dem dual Studierenden und dem Unternehmen, Regelungen, die denen des § 14 BBiG entsprechen oder zumindest ähnlich sind. Der dual Studierende hat dann einen vertraglichen Anspruch auf ordnungsgemäße Durchführung der Praxisphasen.
Vorstellbar sind am Ende aber auch Szenarien, in denen eine ordnungsgemäße Fortführung der praktischen (Berufs-) Ausbildung im Rahmen dualer Studiengänge für eine bestimmte Zeit schlicht unmöglich oder jedenfalls unzumutbar für das Unternehmen wird, z. B. im Fall einer behördlich angeordneten vorläufigen Stilllegung des Betriebs. In der Regel werden die dual Studierenden ihren Entgeltanspruch dann dennoch für mindestens sechs Wochen behalten, auch wenn sie nicht im Betrieb tätig sind. Für den Teil des ausbildungsintegrierenden dualen Studiums, der die klassische Berufsausbildung beinhaltet, folgt dies aus § 19 BBiG. Im Übrigen ist es auch hier so, dass die Verträge der dual Studierenden in der Regel eine entsprechende Regelung enthalten, sie also auch insoweit einen vertraglichen Anspruch auf Fortzahlung des Entgelts haben, wenn die Praxisphasen aus Gründen, die in der Risikosphäre des Unternehmens liegen, nicht stattfinden.
Regelungen, die hiervon zu Ungunsten der dual Studierenden abweichen, sind im Anwendungsbereich des § 19 BBiG nicht zulässig. Soweit der Fortzahlungsanspruch »nur« vertraglich besteht, sollten dual Studierende sehr sorgfältig prüfen, ob sie vorgeschlagenen Änderungen ihrer Verträge zustimmen wollen. Solange die Verträge nicht wirksam geändert sind, behalten auch sie ihren Fortzahlungsanspruch.
»Normale« Azubis können nach Ablauf des Sechswochenzeitraums Kurzarbeitergeld von der Bundesagentur für Arbeit beziehen. Das wird auch für Azubis gelten, die ein ausbildungsintegrierendes duales Studium absolvieren.

Da auch die sonstige Vergütung von dual Studierenden sozialversicherungspflichtiges Entgelt ist, spricht dies dafür, dass auch sie uneingeschränkt Kurzarbeitergeld beziehen können (§ 25 Abs. 1 Satz 2 SGB III). Sie sind insofern anders als Werkstudenten zu beurteilen (diese sind i. d. R. nach § 27 Abs. 4 SGB III versicherungsfrei).
Hinsichtlich des Eintretens eines Arbeitsausfalles sind hier aber ähnlich wie bei Auszubildenden die Besonderheiten dieser Art von Beschäftigung zu würdigen, denn die Vermittlung von Wissen/Berufsqualifikation steht im Verhältnis zur Arbeitsleistung im Vordergrund.

Literaturhinweise

Bundesagentur für Arbeit, Merkblatt 8a – Kurzarbeitergeld, Informationen für Arbeitgeber und Betriebsvertretungen: *https://www.arbeitsagentur.de/datei/Merkblatt-8a-Kurzarbeitergeld_ba015385.pdf*
Bundesagentur für Arbeit, Fachliche Weisungen Kurzarbeitergeld (KuG), gültig ab 20.12.2018 https://www.arbeitsagentur.de/datei/dok_ba013530.pdf
IG Metall, Aktivenportal, weiterführendes Material unter:
- Ausbildung in der (Corona-) Krise, Berufsbildung aktuell, März 2020
- Ausbildung und duales Studium sichern
- FAQ Kurzarbeit und Kurzarbeitergeld. Ratgeber für Beschäftigte

Leiharbeit

Grundlagen

Die Leiharbeit ist ein prekäres Arbeitsverhältnis, also ein Arbeitsverhältnis zweiter Klasse. Trotz der gesetzlichen Regelungen zur Gleichbehandlung – insbesondere zur Gleichbezahlung – wird der Leiharbeitnehmer bereits dadurch schlechter gestellt, dass der Bestand seines Arbeitsverhältnisses bei dem Arbeitgeber, bei dem er eingesetzt ist, nicht geschützt wird.
Wird ein Arbeitsvertrag abgeschlossen, so integriert der Arbeitgeber den Arbeitnehmer in seine betrieblichen Abläufe und weist ihn laut Direktionsrecht an, wann und wo er welche Arbeiten zu erledigen hat. Der Arbeitnehmer hat Anspruch auf Arbeitsentgelt. Nach einem halben Jahr genießt der Stammarbeitnehmer Kündigungsschutz, d. h. der Arbeitgeber darf nur kündigen, wenn hierzu Gründe im Verhalten oder der Person des Arbeitnehmers vorliegen oder aber dringende betriebliche Gründe. Mit zunehmender Zugehörigkeit zum Unternehmen des Arbeitgebers erwirbt der Arbeitnehmer des Weiteren einen sozialen Schutz, so ist seine Betriebszugehörigkeit bei der sozialen Auswahl zu berücksichtigen, wenn betriebsbedingte Kündigungen anstehen.
Dagegen ist bei der Leiharbeit die Arbeitgeberstellung aufgespalten. Der Arbeitnehmer hat einen Arbeitsvertrag mit einer professionellen Verleihfirma (»Zeitarbeitsfirma«). Integriert ist er aber nicht in deren betriebliche Abläufe, sondern in die eines Entleihers. Von diesem erhält er kraft Direktionsrechts seine Arbeitsanweisungen.
Die Vorteile für den Arbeitgeber liegen auf der Hand: Obwohl der Arbeitnehmer tagtäglich seine Arbeitsleistung erbringt, erwirbt er keinen Bestandsschutz gegenüber dem Unternehmen, bei dem er beschäftigt ist. Er arbeitet also beispielsweise in einem großen leistungsfähigen Unternehmen, etwa VW oder Bayer, erwirbt aber Betriebszugehörigkeitszeit nur bei seinem Verleiher.
Nachdem es zu erschreckend hohen Zahlen von Covid-19-Infektionen bei überlassenen Arbeitnehmern in Fleischbetrieben kam, ist zum 1.1.2021 das ArbSchutzKontrollG in Kraft getreten. Danach ist in der Schlachtung, der Zerlegung und der Fleischverarbeitung, der Einsatz von Fremdpersonal verboten.

Leiharbeit

Gleichbezahlungsgebot

Ein wichtiger Grundsatz der Leiharbeit ist zwar das Gleichbezahlungsgebot gem. § 9 Abs. 1 Nr. 2 Arbeitnehmerüberlassungsgesetz (AÜG), wonach es verboten ist, dem Leiharbeitnehmer für die Zeit der Überlassung schlechtere Arbeitsbedingungen, insbesondere weniger Arbeitsentgelt zu gewähren, als einem vergleichbaren Arbeitnehmer des Entleihers. Auch nach der am 1.1.2017 in Kraft getretenen gesetzlichen Neuregelung kann jedoch durch Tarifvertrag (TV) hiervon abgewichen werden (§ 8 Abs. 2 AÜG) – im Geltungsbereich kann auch für nicht tarifgebundene Arbeitnehmer die Geltung des TV vereinbart werden. Eine Ausnahme gilt lediglich für Arbeitnehmer, die in den letzten 6 Monaten bei dem Entleiher selbst oder einem Arbeitgeber, der mit dem Entleiher einen Konzern bildet, outgesourct worden sind (§ 8 Abs. 3 AÜG) – für solche Leiharbeitnehmer gelten vom Gleichheitsgrundsatz abweichende tarifliche Regelungen nicht. Die tarifvertragliche Abweichung ist auf 9 Monate begrenzt (§ 8 Abs. 4 AÜG). Hiervon ist wiederum eine Ausnahme möglich, wenn der Arbeitnehmer nach 15 Monaten den Tariflohn beim Entleiher erreicht und er nach einer Einarbeitungszeit von längstens 6 Wochen stufenweise herangeführt wird. Diese Regelung dürfte im Grundsatz, aber auch wegen ihrer zahlreichen Ausnahmen (zu denen die Möglichkeit, das Leiharbeitsverhältnis nach 3 Monaten neu zu begründen, noch hinzukommt) der EU-Richtlinie widersprechen, die den Anspruch auf gleiches Entgelt ab dem ersten Tag vorsieht!

Weitere Schutzregelungen

Mit der gesetzlichen Neuregelung zum 1.1.2017 wurde das Ziel verfolgt, den Schutz der Leiharbeitnehmer zu verbessern. Dies ist nur in Randbereichen geschehen, insgesamt handelt es sich nach wie vor um ein Arbeitsverhältnis zweiter Klasse.

Früher war folgende Konstruktion möglich: Ein abhängig beschäftigter Arbeitnehmer wurde im Rahmen eines Werkvertrages beschäftigt. Vorsorglich besaß der Werkunternehmer eine Verleiherlaubnis. Konnte nachgewiesen werden, dass es sich um einen Scheinwerkvertrag handelte, so war das Vertragsverhältnis aufgrund der Verleiherlaubnis trotzdem wirksam.

Nach der Neuregelung sind Arbeitnehmerüberlassungsverträge immer ausdrücklich als Arbeitnehmerüberlassungsverträge zu bezeichnen (§ 1 Abs. 1 Satz 5 AÜG), außerdem ist der Arbeitnehmer in dem Vertrag zu bezeichnen. Andernfalls ist der Überlassungsvertrag unwirksam und es gilt ein Arbeitsvertrag mit dem Entleihbetrieb als geschlossen (§ 9 Abs. 1a AÜG i. V. m. § 10 Abs. 1 AÜG).

Zuwiderhandlungen gegen diese Klarstellungspflicht in § 1 Abs. 1 Satz 5 AÜG sind, ebenso wie andere Formen der unerlaubten oder verdeckten Arbeitnehmerüberlassung, Ordnungswidrigkeiten (§ 16 AÜG).

Leiharbeit

Leiharbeitnehmer in der Betriebsverfassung
Im Rahmen des Betriebsverfassungsgesetzes bestimmt § 7 BetrVG, dass Leiharbeitnehmer, sofern ihre voraussichtliche (!) Beschäftigungsdauer drei Monate übersteigt, wahlberechtigt zur Betriebsratswahl sind. Überall, wo Entscheidungen im Entleihbetrieb fallen – insbesondere bei der Einteilung in Dienstpläne und der Anordnung von Mehrarbeit – liegt das Mitbestimmungsrecht beim Betriebsrat des Entleihbetriebs. Leiharbeitnehmer werden zur Belegschaft des Entleihbetriebs gezählt, insbesondere bei der Berechnung der Größe des Betriebsrats.
Der Betriebsrat ist über den Einsatz von Leiharbeitnehmern zu informieren. Ihm ist sowohl die Anzahl der Arbeitnehmer als auch deren Qualifikation, Einsatzbereich und Aufgaben sowie Beginn und Dauer des Einsatzes mitzuteilen. Der Arbeitgeber hat den Betriebsrat zu informieren, weshalb der Einsatz im Rahmen der Personalplanung erforderlich ist und wie sich dies auf die Stammarbeitsplätze auswirkt.
Der Betriebsrat ist bei der Einstellung eines Leiharbeitnehmers ebenso nach § 99 BetrVG zu beteiligen, wie bei einem Stammarbeitnehmer (BAG 9.3.2011 – 7 ABR 137/09). Insbesondere muss der Arbeitgeber die üblichen persönlichen Daten mitteilen – liegen diese nicht vor, muss er sie beim Verleiher in Erfahrung bringen. Die frühere gegenteilige Rechtsprechung hat das BAG aufgehoben.

Bedeutung für den Betriebsrat/die JAV

Der Arbeitgeber hat dem Betriebsrat im Entleihbetrieb die schriftliche Erklärung des Verleihers vorzulegen, dass dieser die Erlaubnis zum Verleih von Arbeitnehmern besitzt. Ob der Betriebsrat des Entleihbetriebs das Recht hat, in die Arbeitsverträge zwischen Leiharbeitnehmer und Verleiher Einblick zu nehmen, um insbesondere das Gleichbezahlungsgebot zu kontrollieren, ist nach wie vor in der Rechtsprechung umstritten.
Das Verfahren nach § 99 BetrVG ist nicht ordnungsgemäß eingeleitet, wenn der Betriebsrat nicht ausreichend informiert ist. Er kann seine Zustimmung verweigern, wenn er die Gefährdung von Stammarbeitsplätzen befürchtet (§ 99 Abs. 2 Nr. 3 BetrVG).

Literatur und Internet

Rechtsgrundlage

Eine Grundvoraussetzung für die Wahrnehmung der breit gefächerten Aufgaben der JAV ist es, dass sich JAV-Mitglieder ständig mit den Fragen zu den unterschiedlichsten Problembereichen ihrer Tätigkeit, wie z. B. Fragen der Berufsausbildung, Regelungen zum besonderen Schutz Jugendlicher, Fragen der Arbeitszeit, Gestaltung des Ausbildungsplans, Verbesserung der Ausbildungsmethoden, Frauenförderung und damit verbundenen rechtlichen Themen, befassen und auseinandersetzen. Dieses ist jedoch nur dann möglich, wenn vor allem eine entsprechende Ausstattung mit Literatur vorhanden ist. Dazu gehören auch sogenannte **Periodika** (regelmäßig erscheinende Zeitschriften bzw. Publikationen), die den JAV-Mitgliedern ermöglichen, sich über neuere Entwicklungen, Erkenntnisse und Entscheidungen zu informieren. Zudem bietet eine Fachzeitschrift in geordneter Fassung den Zugang zu arbeitsrechtlichen Problemen. Demgegenüber sind im Internet zwar umfassende Informationen zugänglich, aber leider in unstrukturierter Form, sodass das Internet eine Fachzeitschrift wie zum Beispiel »Arbeitsrecht im Betrieb« (AiB) nicht ersetzen kann (so BAG 19. 3. 2014 – 7 ABN 91/13 zum Anspruch eines Betriebsrats auf die AiB).

Neben der Literatur ist das Internet zu einer zusätzlichen bedeutenden Informations- und Kommunikationsplattform geworden. Mittlerweile erkennt auch die Rechtsprechung des BAG diese Bedeutung und sieht den Zugang zum Internet und die Einrichtung einer E-Mail-Adresse – ausgehend vom betrieblichen Standard – regelmäßig als erforderlich an.

Nach § 65 Abs. 1 i. V. m. § 40 Abs. 2 BetrVG hat der Arbeitgeber die durch die Tätigkeit der JAV entstehenden Kosten zu tragen und die erforderlichen Mittel zur Verfügung zu stellen. Das gilt gerade auch für die Teilnahme an einer JAV-Sitzung mittels Video- oder Telefonkonferenz, wobei aber zu berücksichtigen ist, dass diese Form der JAV-Sitzung nur unter den Voraussetzungen des mit dem BRMoG 2021 neu eingeführten § 30 Abs. 2 BetrVG durchgeführt werden kann. Zur Bereitstellung von sachlichen Mitteln gehören deshalb Informations- und Kommunikationstechniken, wie z. B. PCs mit Internetzugang, aber auch Ge-

Literatur und Internet

setzestexte, Kommentare und Fachzeitschriften. Voraussetzung ist dabei, dass es sich um erforderliche Sachmittel handelt.

Da die JAV nicht direkt beim Arbeitgeber die erforderliche Informations- und Kommunikationstechnik sowie Literatur anfordern kann, muss sie den Weg über den Betriebsrat gehen. Die JAV hat dabei einen Überlassungsanspruch, den der Betriebsrat gegenüber dem Arbeitgeber geltend machen muss. Der Betriebsrat muss somit den Arbeitgeber auffordern, der JAV die geforderte Informations- und Kommunikationstechnik sowie Literatur zu beschaffen. Aus dem Überlassungsanspruch folgt, dass weder Betriebsrat noch die JAV berechtigt sind, die Informations- und Kommunikationstechnik bzw. Literatur für sich auf Kosten des Arbeitgebers zu bestellen.

Die der JAV zur Benutzung überlassene Literatur kann die JAV auch selbst auswählen. Dabei ist darauf zu achten, dass gerade im Bereich des Arbeitsrechts keine »wertneutrale« Literatur existiert.

Literaturhinweise

→ Betriebsverfassungsrecht

Zur Standardausstattung jeder JAV gehören:

Klebe/Ratayczak/Heilmann/Spoo, Betriebsverfassungsgesetz, Basiskommentar, 23. Aufl. 2024

Kittner, Arbeits- und Sozialordnung (Gesetzessammlung), 49. Aufl. 2024

Däubler/Klebe/Wedde, Betriebsverfassungsgesetz, Kommentar für die Praxis, 19. Aufl. 2024 (auch in digitaler Version erhältlich)

Lakies, Jugendarbeitsschutzgesetz, Basiskommentar, 9. Aufl. 2022

Lakies, Berufsbildungsgesetz, Basiskommentar, 6. Aufl. 2023

Lakies/Malottke/Berkenkamp, BBiG-Berufsbildungsgesetz, Kommentar für die Praxis, 8. Auflage 2025

Zur JAV-Literatur sind des Weiteren folgende Titel zu zählen:

Deinert/Heuschmid/Zwanziger, Arbeitsrecht, Handbuch für die Praxis inkl. Online-Ausgabe, 11. Aufl. 2023

Däubler, Arbeitsrecht, Ratgeber für Beruf, Praxis und Studium, 15. Aufl. 2024

Schoof, Betriebsratspraxis von A bis Z (Handwörterbuch), 16. Aufl. 2024 inkl. Online-Zugriff

→ Personalvertretungsrecht

Zur Standardausstattung jeder JAV gehören:

Altvater/Baden/Baunack/Berg/Dierßen/Herget/Kröll/Lenders/Noll, BPersVG, Kommentar für die Praxis, 11. Aufl. 2023, oder der Basiskommentar für das entsprechende LPersVG

Kittner, Arbeits- und Sozialordnung (Gesetzessammlung), 49. Aufl. 2024

Literatur und Internet

Lakies, Jugendarbeitsschutzgesetz, Basiskommentar, 9. Aufl. 2022
Lakies, Berufsbildungsgesetz, Basiskommentar, 6. Aufl. 2023
Lakies/Malottke/Berkenkamp, BBiG-Berufsbildungsgesetz, Kommentar für die Praxis, 8. Auflage 2025

Weitere Titel sind:
Görg/Guth, Tarifvertrag für den öffentlichen Dienst der Länder, Basiskommentar, 7. Aufl. 2022
Deinert/Heuschmid/Zwanziger, Arbeitsrecht, Handbuch für die Praxis inkl. Online-Ausgabe, 11. Aufl. 2023
Däubler, Arbeitsrecht, Ratgeber für Beruf, Praxis und Studium, 15. Aufl. 2024

→ Wahl der JAV
Als Literatur für die Wahl der JAV ist erforderlich:
Berg/Heilmann, Formulare zur JAV-Wahl, in: JAV-Praxis online, Fachmodul vom Bund-Verlag

Internethinweise

Bei den einzelnen Stichworten sind wichtige Internetadressen für die JAV bereits angegeben. Zusätzlich sei noch auf folgende Internetadressen hinzuweisen:
Von zentraler Bedeutung für die JAV-Wahl und die Arbeit der JAV (einschl. Info- und Aktionsmaterial für die Öffentlichkeitsarbeit) ist folgende Internetadresse:
http://www.jav-portal.de
Diese Adresse ist die zentrale Kommunikationsdrehscheibe für die JAV-Wahlen und auch die JAV-Arbeit. Das Portal wird gemeinsam von den fünf DGB-Mitgliedsgewerkschaften (außer ver.di, GdP und GEW) betrieben und bietet damit einen breiten Fundus an Best-Practice-Beispielen und konkreten Ideen für die Wahl und Arbeit einer JAV.
Weitere wichtige Internetadressen:
Bundesarbeitsgericht: Informationen zu Entscheidungen des BAG
http://www.bundesarbeitsgericht.de/index.htm
Bundesinstitut für Berufsbildung: Informationen zur Berufsbildung
http://www.bibb.de
Bundesministerium für Bildung und Forschung
http://www.bmbf.de
Bundesministerium für Wirtschaft und Energie
http://www.bmwi.de
Bundesministerium der Justiz: Gesetze und Verordnungen im Internet
http://www.gesetze-im-internet.de/aktuell.html
Bund-Verlag, Fachverlag für Betriebsräte
http://www.bund-verlag.de
Datenschutz: Alles Wissenswerte rund um den Datenschutz befindet sich im »Virtuellen Datenschutzbüro«
https://www.datenschutz.de

Literatur und Internet

Datensicherheit: Empfehlungen der Bundesregierung zur Datensicherheit veröffentlicht das Bundesamt für Sicherheit in der Informationstechnik (BSI)
http://www.bsi-fuer-buerger.de
Bildungsinformationen
http://www.bildungsserver.de
Frage-Antwort-Forum: Ein empfehlenswertes Forum, in dem sich Interessenvertretungen oft mit schnellen Antworten auf aktuelle Fragen gegenseitig unterstützen.
http://www.soliserv.de
Hans-Böckler-Stiftung:
http://www.boeckler.de
Heise-Verlag: Fachlich fundierte Informationen über aktuelle Trends in der Internet-Technik und -Anwendung
http://www.heise.de
Infos, Quellen, Material, Bücher:
http://www.berufe.net
IG Metall Bildungsportal
http://www.wap.igmetall.de
ILO: Internationale Arbeitsorganisation (ILO)
http://www.ilo.org
Schulgesetze, einzelne aller Bundesländer:
https://www.kmk.org/dokumentation-statistik/rechtsvorschriften-lehrplaene/uebersicht-schulgesetze.html
Wikipedia: Freie Online-Enzyklopädie
http://www.wikipedia.de
WSI: Wirtschafts- und sozialwissenschaftliches Institut des DGB
http://www.wsi.de
Gewerkschaften:
Deutscher Gewerkschaftsbund
http://www.dgb.de
DGB-Jugend
http://www.jugend.dgb.de
IG Bauen-Agrar-Umwelt
http://www.igbau.de
IG BAU Jugend
https://igbau.de/Junge-BAU.html
IG Bergbau, Chemie, Energie
http://www.igbce.de
IG BCE Jugend
https://igbce.de/igbce/jugend
IG Metall
http://www.igmetall.de
IG Metall – Jugend: IG Metall und JAV
https://www.igmetall.de/jugend
Gewerkschaft Erziehung und Wissenschaft
http://www.gew.de
EVG – Eisenbahn- und Verkehrsgewerkschaft
http://www.evg-online.org
EVG Jugend
https://www.evg-online.org/jugend/?L=0

Vereinigte Dienstleistungsgewerkschaft
http://www.verdi.de
Verdi-Jugend: Das Portal der JAV
http://www.jav.info
Gewerkschaft Nahrung Genuss Gaststätten
https://www.ngg.net/
NGG Jugend
Junge.ngg.net
Gewerkschaft der Polizei
http://www.gdp.de
GdP Junge Gruppe
https://www.gdp.de/gdp/gdp.nsf/id/Jugend

Haftungshinweis

Für alle Links gilt, dass wir keinerlei Einfluss auf die Gestaltung und die Inhalte der genannten Seiten haben. So übernehmen wir auch keinerlei Verantwortung für Inhalt und Gestaltung dieser Seiten. Diese Erklärung gilt für alle genannten Links in diesem Werk und für alle Inhalte der Seiten, zu denen diese Links führen.

Mentale Gesundheit

Grundlagen

Das Thema mentale Gesundheit gewinnt beim betrieblichen Arbeits- und Gesundheitsschutz zunehmend an Bedeutung. Denn nicht nur die Bedienung von Maschinen, das Heben von schweren Gegenständen oder Lärmbelastung können die Gesundheit gefährden. Auch die mentale Gesundheit kann in der Arbeitswelt leiden, beispielsweise durch Stress, Leistungsdruck, Überstunden, Zeitdruck, mangelnde Anerkennung oder häufige Arbeitsunterbrechungen.

Gesetzliche Grundlagen des betrieblichen Gesundheitsschutzes

Unter anderem sind folgende gesetzliche Regelungen zu beachten:
- **Arbeitsschutzgesetz (ArbSchG)**
  - Dieses verpflichtet den Arbeitgeber, Maßnahmen zum Schutz der Gesundheit der Beschäftigten umzusetzen. Hierbei wird neben physischer Gesundheit auch explizit die psychische Gesundheit genannt (§ 4 Nr. 1 ArbSchG).
  - Im Arbeitsschutzgesetz ist die Gefährdungsbeurteilung geregelt, welche ebenfalls psychische Belastungen umfasst (§ 5 ArbSchG).
  - Außerdem regelt dieses Gesetz die Notwendigkeit von regelmäßigen Unterweisungen über Sicherheit und Gesundheitsschutz am Arbeitsplatz (§ 12 ArbSchG).
  - Auch in der arbeitsmedizinischen Vorsorge (§ 11 ArbSchG) gibt es entsprechend der zugehörigen Verordnung Vorschriften zur Berücksichtigung psychischer Gefährdungen (§ 2 Abs. 1 Nr. 2 ArbMedVV).
- **Arbeitszeitgesetz (ArbZG)**

- Das Arbeitszeitgesetz regelt unter anderem die zulässigen Arbeitszeiten und Pausen zur Vermeidung von Überlastung und Stress (§ 1 Nr. 1 ArbZG), siehe auch → **Arbeitszeitgesetz**.
- **Jugendarbeitsschutzgesetz (JArbSchG)**
  - Regelungen rund um die Beschäftigung von Minderjährigen sind nicht zuletzt aufgrund des Gesundheitsschutzes von Kindern und Jugendlichen gesetzlich verankert, siehe auch → **Jugendarbeitsschutzgesetz**.
- **Allgemeines Gleichbehandlungsgesetz (AGG)**
  - Das Allgemeine Gleichbehandlungsgesetz soll Benachteiligungen verhindern und beseitigen. Benachteiligungen können durch Belästigung, Einschüchterung oder Beleidigung entstehen (§ 3 AGG), welche die psychische Gesundheit gefährden können, siehe auch → **Allgemeines Gleichbehandlungsgesetz (AGG)**.
  - Arbeitgeber sind verpflichtet, Maßnahmen zum Schutz vor Diskriminierung und Belästigung zu ergreifen (§ 12 AGG).
- **Arbeitssicherheitsgesetz (ASiG)**
  - Die Aufgaben der Betriebsärzt:innen und Fachkräfte für Arbeitssicherheit beziehen sich ebenfalls auf die psychische Gesundheit der Beschäftigten.
- **Betriebliches Eingliederungsmanagement (BEM)**
  - Sind Beschäftigte länger als sechs Wochen ununterbrochen oder wiederholt arbeitsunfähig, ist der Arbeitgeber verpflichtet nach § 167 Abs. 2 SGB IX das betriebliche Eingliederungsmanagement durchzuführen, um die Arbeitsunfähigkeit zu überwinden und erneuten Erkrankungen vorzubeugen. Dabei sollen der Betriebsrat, ggf. die SBV und Werksärzt:innen eingebunden werden, siehe auch → **Betriebliches Eingliederungsmanagement (BEM)**.

Regelungen in der Mitbestimmung

Die Überwachung gesetzlicher Regelungen gehören zu den originären Aufgaben von Betriebsräten (§ 80 Abs. 1 Nr. 1 BetrVG) und Jugend- und Auszubildendenvertretungen (§ 70 Abs. 1 Nr. 2 BetrVG). Dabei spielt der Arbeits- und Gesundheitsschutz eine erhebliche Rolle, insbesondere für jugendliche Arbeitnehmer:innen und Auszubildende, die oft besonderen Belastungen ausgesetzt sind. In die oben genannten gesetzlichen Grundlagen sollten sich Betriebsräte und Jugend- und Auszubildendenvertretungen tiefer einarbeiten und diese genau überwachen.

Nach § 87 Abs. 1 Nr. 7 BetrVG besteht ein Mitbestimmungsrecht des Betriebsrats bei Regelungen über Berufskrankheiten und Gesundheitsschutz im Rahmen der

Mentale Gesundheit

gesetzlichen Vorschriften, solange bei der Gestaltung Handlungsspielräume offenbleiben. Mitwirkungsrechte im Arbeitsschutz ergeben sich ebenfalls aus dem § 89 BetrVG.

Gefährdungsbeurteilung

Die im Arbeitsschutzgesetz verankerte Gefährdungsanalyse lässt in der Umsetzung einige Spielräume. Welche Arbeitsplätze, wann und aus welche Gefahrenursachen hin untersucht werden, entschiedet der Arbeitgeber nicht allein. Der Betriebsrat muss vorab beteiligt werden, beispielsweise auch, wenn der Arbeitgeber Dritte mit der Gefährdungsbeurteilung beauftragt. Kommt es zu keiner Einigung zwischen Arbeitgeber und Betriebsrat, entschiedet die Einigungsstelle, welche alle wesentlichen Aspekte der Gefährdungsbeurteilung berücksichtigen muss (BAG 8.6.2004 – 1 ABR 13/03).

Die Gefährdungsbeurteilung ist Grundlage für mögliche weitere Schritte. Bei den zu treffenden Schutzmaßnahmen besteht dann ein Mitbestimmungsrecht nach § 87 Abs. 1 Nr. 7 BetrVG i.V.m. § 3 Abs. 1 Satz 1 ArbSchG des Betriebsrats, wenn eine konkrete Gefährdung der Arbeitnehmer:innen feststeht oder durch eine Gefährdungsbeurteilung festgestellt wurde (BAG 7.12.2021 – 1 ABR 25/20).

Bedeutung für den Betriebsrat/ die JAV

Jugend- und Auszubildendenvertretungen sollten in Hinblick auf zur Berufsausbildung und jugendliche Beschäftigte die Einhaltung der rechtlichen Regelungen überwachen und ein besonderes Augenmerk auf die psychische Gesundheit legen.

Zusätzlichen können folgende Schritte gegangen werden:
- **Anlaufstellen für Betroffene**
  - Gibt es im Betrieb eine Beschwerdestelle nach AGG, eine/n Betriebsärzt:in oder eine zuständige Anlaufstelle für Betroffene von psychischer Gefährdung oder für Beschäftigte mit akutem Gesprächs- oder Interventionsbedarf? Auch externe Kooperationen schaffen in vielen Betrieben eine Möglichkeit zur anonymen Beratung bei Belastungssymptomen, Stressproblematiken, Konflikten, Sucht und vielem mehr. Gibt es eine solche Stelle, sollte die JAV entsprechende Informationsmaterialien bereithalten. Gibt es

eine entsprechende Stelle nicht, sollte beim Betriebsrat angeregt werden, auf die Einrichtung von Anlaufstellen hinzuwirken.
- Von psychischer Gefährdung betroffene Auszubildende oder jugendliche Beschäftigte können natürlich jederzeit Kontakt zur JAV aufnehmen. Als JAV auf diese Fälle vorbereitet zu sein und die entsprechenden weiteren betrieblichen und außerbetrieblichen Angebote zu kennen sorgt für schnelle Unterstützung.

- **Aufklärung und Thematisierung im Betrieb**
  - Jugend- und Auszubildendenvertretungen können über verschiedene Wege ihre Zielgruppe erreichen. Aufklärung rund um das Thema mentale Gesundheit schafft Bewusstsein und hilft, für Betroffene die richtige Anlaufstelle zu finden.
  - Bei der Jugend- und Auszubildendenversammlungen kann das Thema mentale Gesundheit angesprochen werden, um über Gefahren- und Risiken aufzuklären, aber auch geeignete Anlaufstellen bekannt zu machen, bzw. zu erfragen, welche Unterstützung sich die Beschäftigten wünschen.
  - Umfragen bei den zur Berufsausbildung Beschäftigten und jugendlichen Arbeitnehmer:innen können blinde Flecken, sowie Wünsche aufzeigen, die die JAV geordnet in geeigneten Vorschlägen mit dem Betriebsrat und dem Arbeitgeber diskutieren kann.

- **Einbindung in die Berufsausbildung**
  - In den betrieblichen Ausbildungsplänen kann Aufklärung und Prävention implementiert werden. Entsprechende Schulungen oder Unterweisungen können fester Teil der betrieblichen Ausbildung sein.
  - Die Sensibilisierung und Schulung von Ausbilder:innen sollte beim Thema mentale Gesundheit nicht unterschätzt werden. Diese sind oftmals die erste Anlaufstelle für Auszubildende. Die JAV kann beim Betriebsrat die Sinnhaftigkeit von Schulungen für Ausbilder:innen anbringen, um auf entsprechende betriebliche Angebote und Regelungen beim Arbeitgeber hinzuwirken.
  - Feedback- und Fördergespräche zwischen Ausbilder:innen und Auszubildenden können, bei guter Umsetzung, ein geeignetes Mittel sein, um Stress und Leistungsdruck zu reduzieren. Einheitliche Gesprächsleitfäden und Angebote zur Förderung und Unterstützung sind Grundlage für eine gute Nachsteuerung für die individuelle Ausbildungssituation der Auszubildenden. Die Ausbilder:innen sollten für diese Gespräche entsprechend geschult werden.

- **Ausbildungsgestaltung und -organisation**
  - Neben den direkten Maßnahmen zum Gesundheitsschutz der Beschäftigten sind Maßnahmen zur Förderung der Work-Life-Balance und zur Reduzierung von Stress ebenfalls der psychischen Gesundheit zuträglich.

Mentale Gesundheit

Dazu können Angebote der mobilen Ausbildung zur Reduktion von Fahrzeiten oder für Lerneinheiten in einer ruhigen Umgebung gehören. Ebenfalls können Arbeitszeitregelungen, Lärmschutz oder Erreichbarkeitsregelungen nach der regulären Arbeitszeit zur mentalen Gesundheit beitragen.

Mindestalter für Beschäftigung

Grundlagen

Das Jugendarbeitsschutzgesetz regelt in verschiedenen Bestimmungen das Mindestalter für verschiedene Arten der Beschäftigung.
Eine erste Zäsur knüpft das Gesetz daran, ob es sich um ein Kind oder um einen Jugendlichen handelt. Jugendlicher ist, wer 15, aber noch nicht 18 Jahre alt ist. Kind ist, wer noch nicht 15 Jahre alt ist. Außerdem finden die für Kinder geltenden Vorschriften auch auf die Jugendlichen Anwendung, die noch der Vollzeitschulpflicht unterliegen (§ 2 JArbSchG).
Das in § 5 JArbSchG geregelte grundsätzliche Verbot der Beschäftigung von Kindern – bzw. Jugendlichen, die noch der Vollzeitschulpflicht unterliegen – gilt nicht bei einer Beschäftigung zum Zwecke der Beschäftigungs- und Arbeitstherapie oder im Rahmen des Betriebspraktikums während der Vollzeitschulpflicht.
Ferner gilt das Beschäftigungsverbot für Kinder nicht für Kinder über 13 Jahre mit Einwilligung des Personensorgeberechtigten, soweit die Beschäftigung leicht und für Kinder geeignet ist.
Schließlich gilt das Beschäftigungsverbot nicht für die Beschäftigung von Jugendlichen über 15 Jahre – die also noch als Kinder »gelten« – während der Schulferien für höchstens vier Wochen im Kalenderjahr.
Schließlich kann die Aufsichtsbehörde auf Antrag weitere Ausnahmen vom Beschäftigungsverbot für Kinder zulassen und etwa die Beschäftigung bei Theatervorstellungen oder Musikaufführungen und anderen Aufführungen bewilligen, aber auch bei Werbeveranstaltungen und sonstigen Veranstaltungen, an denen Kinder gestaltend mitwirken. Verboten bleibt die Mitwirkung in Kabaretts, Tanzlokalen sowie Vergnügungsparks und auf Jahrmärkten oder ähnlichen Schaustellungen.
Im Übrigen dürfen Kinder, die der Vollzeitschulpflicht nicht mehr unterliegen, auch im Berufsausbildungsverhältnis beschäftigt werden. Sie dürfen auch außerhalb eines Berufsausbildungsverhältnisses beschäftigt werden, jedoch nur mit

Mindestalter für Beschäftigung

leichten und für sie geeigneten Tätigkeiten, und zwar bis zu sieben Stunden täglich und 35 Stunden wöchentlich.
Auch für Jugendliche gibt es besondere Altersbeschränkungen bei der Beschäftigung. Sie dürfen grundsätzlich nach § 8 JArbSchG nicht mehr als acht Stunden täglich und nicht mehr als 40 Stunden wöchentlich beschäftigt werden. In der Landwirtschaft dürfen Jugendliche über 16 Jahre während der Erntezeit nicht mehr als neun Stunden täglich und nicht mehr als 85 Stunden in der Doppelwoche beschäftigt werden.

Mindestvergütung/Mindestausbildungsvergütung

Grundlagen

Seit 1.1.2020 gilt die neue Mindestausbildungsvergütung, kurz Mindestvergütung. Damit wurde gesetzlich festgelegt, wann eine **Ausbildungsvergütung** nicht mehr angemessen ist.
Der Gesetzgeber legt fest, dass eine Ausbildungsvergütung nicht mehr angemessen ist, wenn sie gemäß § 17 Abs. 2 BBiG folgende Werte unterschreitet:

	1. Ausbildungsjahr	2. Ausbildungsjahr	3. Ausbildungsjahr	4. Ausbildungsjahr
2020	515 Euro	608 Euro	695 Euro	721 Euro
2021	550 Euro	649 Euro	743 Euro	770 Euro
2022	585 Euro	690 Euro	790 Euro	819 Euro
2023	620 Euro	732 Euro	837 Euro	868 Euro
2024	649 Euro	766 Euro	876 Euro	909 Euro
2025	X	X + 18 %	X + 35 %	X + 40 %

Seit dem 1.1.2024 wird die Mindestvergütung durch das Bundesministerium für Bildung und Forschung (BMBF) jährlich fortgeschrieben. Sie orientiert sich an dem rechnerischen Mittel der vom Bundesinstitut für berufliche Bildung (BIBB) erhobenen Ausbildungsvergütungen der zwei vorangegangenen Kalenderjahre. Die genaue Höhe gibt das Ministerium jeweils bis zum 1. November eines jeweiligen Jahres bekannt. Die Veröffentlichung erfolgt über das Bundesgesetzblatt.
Die Mindestausbildungsvergütung kann gem. § 17 Abs. 3 BBiG durch Tarifverträge unterschritten werden. Diese Ausnahmeregelung betrifft nur Betriebe, die einen Haustarifvertrag oder vollwertiges Mitglied in einem Arbeitgeberverband sind. Eine sogenannte Mitgliedschaft ohne Tarifbindung (»OT-Mitgliedschaft«) reicht nicht aus.

Mindestvergütung/Mindestausbildungsvergütung

Das Berufsbildungsgesetz sieht noch eine weitere Haltelinie für die Mindestausbildungsvergütung vor und orientiert sich damit weiter am tariflichen Branchenstandard. Das bedeutet konkret: Unternehmen oder Betriebe, die nicht tarifgebunden sind, dürfen die tariflich vereinbarte Ausbildungsvergütung um maximal 20 % unterschreiten. Andernfalls gilt die Ausbildungsvergütung als nicht angemessen (§ 17 Abs. 4 BBiG). Grundlage dafür ist ein Urteil des BAG (vgl. BAG 11.10.1995 – 5 AZR 258/94), welches sich nun im BBiG wiederfindet.
Bei einer → **Teilzeitberufsausbildung** gilt die Mindestvergütung anteilig (§ 17 Abs. 5 BBiG).

Bedeutung für die Auszubildenden

Für die individuelle Höhe der Vergütung ist der vertraglich geregelte Ausbildungsbeginn entscheidend. Beginnt ein/e Auszubildende/r seine/ihre Ausbildung im August 2022, so gilt die Zeile 3 der Tabelle: mindestens 585 Euro für das erste Ausbildungsjahr, 690 Euro im zweiten, 790 Euro im dritten und 813 Euro im vierten Ausbildungsjahr. Startet ein/e Auszubildende/r seine/ihre Ausbildung im Jahr 2024, so würde die Mindestvergütung 649 Euro betragen und bis auf 909 Euro im vierten Ausbildungsjahr steigen.

Bedeutung für den Betriebsrat/die JAV

Die JAV und der Betriebsrat haben mit der umfassenden Änderung des Berufsbildungsgesetzes darauf zu achten, dass alle Auszubildenden gemäß § 17 Abs. 1 BBiG eine angemessene Ausbildungsvergütung erhalten. Die Mindestvergütung gilt seit dem Ausbildungsjahrgang 2020. In den meisten Fällen wird die Ausbildungsvergütung dank guter Tarifverträge deutlich über der Mindestvergütung liegen. Dennoch lohnt sich ein genauer Blick, ob auch die Steigerungsraten mit ansteigendem Ausbildungsjahr eingehalten werden.

Mitbestimmung und Ausbildung

Grundlagen

Mitbestimmungsrechte (→ **Mitbestimmungsrechte**) gegenüber dem Arbeitgeber können nicht direkt durch die JAV wahrgenommen werden; es bedarf vielmehr der Einbeziehung des Betriebsrats. Daraus folgt auch, dass die JAV ihre Aufgaben in enger Zusammenarbeit mit dem Betriebsrat zu erfüllen hat. Die JAV vertritt die Interessen somit nicht unabhängig vom Betriebsrat und nicht direkt gegenüber dem Arbeitgeber.
Bei der Gestaltung der Ausbildung hat der Betriebsrat weitreichende Unterrichtungs-, Beratungs- und Mitbestimmungsrechte, die in den §§ 96–98 BetrVG geregelt sind (siehe Musterbetriebsvereinbarung weiter unten).
Da aktuell die Transformation und die Digitalisierung die Arbeit rasant verändern (Industrie 4.0, »big data«) und bislang noch nicht im Einzelnen klar ist, welche Auswirkungen (zunehmende Vernetzung der Arbeit zwischen Arbeitnehmern:innen, Maschinen und Werkstücken, digitale Assistenz- und Wissenssysteme u. a.) im Einzelnen damit verbunden sind, kommt der Bildung als Teil der Arbeit 4.0 eine entscheidende Schlüsselfunktion zu. Die Anforderungen an die Bildungskonzepte und damit an die Erstausbildung erhöhen sich durch die Transformation und die Digitalisierung erheblich. Im Mittelpunkt stehen dabei nicht neue Berufsbilder, vielmehr müssen die Auszubildenden auf die Anforderungen und die digitalen Arbeitstechniken von Morgen vorbereitet werden. Das geschieht durch qualifizierte Ausbilder:innen und die Weiterentwicklung von Ausbildungsordnungen. Dem Betriebsrat und der JAV kommt somit eine Schlüsselfunktion bei der Bewältigung der anstehenden Anforderungen zu. Dieses geht nicht ohne eine Bestandsaufnahme, denn nur so kann der Veränderungsbedarf ermittelt werden (s. auch: Transformationsatlas: Berufsausbildung, 13.3.2024, IG Metall Vorstand, *https://wap.igmetall.de/suche.htm?txtSearch=Transformationsatlas&go=Ja&chunk=1*).
Im 1. Schritt sollte – soweit noch nicht geschehen – der Betriebsrat den Arbeitgeber auffordern, den Berufsausbildungsbedarf gem. § 96 Abs. 1 BetrVG zu ermitteln. Dazu gehört auch der Bedarf an betrieblicher Erstausbildung. Ziel

Mitbestimmung und Ausbildung

sollte dabei sein, dass grundsätzlich immer nur in mindestens dreijährigen Ausbildungsberufen ausgebildet wird. Im Einzelnen ist beim Arbeitgeber eine Übersicht über die Fachkräftebedarfsplanung für mindestens fünf Jahre einzufordern, die sich auch auf die geplanten Ausbildungsberufe und Auszubildendenzahlen zu beziehen hat. Die Zahlen sollten unter dem Blickwinkel geprüft werden, wo Erhöhungen der Ausbildungsplätze sowie eine mögliche Realisierung von Fördermaßnahmen für Auszubildende mit Förderbedarf möglich sind. Es sollten alle Möglichkeiten der Tarifverträge zur Ausbildungsförderung genutzt werden.

Fragenkatalog zum Ausbildungsbedarf
Im Rahmen der Beratungen kann der Betriebsrat nachfolgende Punkte mit dem Arbeitgeber klären und so Auskunft über Ausbildungs- und Übernahmebedarfe erhalten.

Künftige wirtschaftliche Entwicklung und Auftragslage
- Wie ist die aktuelle wirtschaftliche Lage des Unternehmens?
- Wie gestaltet sich die Auftragssituation insgesamt und in einzelnen Bereichen?
- Wie sind Absatz, Produktion und Investitionen kurz-, mittel- und langfristig geplant?
- Besteht die Aussicht auf Fremdaufträge?
- Wo und in welchem Umfang wurden in den letzten Monaten Überstunden und Mehrarbeit geleistet?
- Welcher Personalmehrbedarf würde durch den systematischen Abbau von Überstunden, Mehrarbeit und Zeitkonten entstehen?
- Welche organisatorischen Veränderungen wären notwendig, um damit zusätzliche Arbeitsplätze zu schaffen und zu sichern?

Produktportfolio
- Gibt es Ideen, was im Betrieb zusätzlich oder alternativ zur derzeitigen Produktion hergestellt werden kann? Wie konkret und realistisch sind diese Ideen? Was braucht es zu ihrer Umsetzung?
- Können durch Investitionen neue Produkte oder Dienstleistungen angeboten werden?
- Würde durch die Einführung neuer Produkte Qualifizierungsbedarf entstehen und wenn ja, welcher und in welchem Umfang?
- Könnte dieser Bedarf Auswirkungen darauf haben, ob und wie viele Ausgelernte im Unternehmen gehalten werden sollten?
- Passen die Ausbildungsberufe noch zur möglicherweise veränderten Produktpalette?

Mittelfristige personelle Bedarfssituation
- Sind die von der Unternehmensleitung vorgelegten Personalplanzahlen vollständig und plausibel?
- Wurden zukünftig zu erwartende Personalabgänge (Ruhestand, Schwangerschaft) einbezogen?
- Gibt es Beschäftigte, die gern in Altersteilzeit gehen würden?
- Gibt es Beschäftigte mit Interesse an einer Qualifizierungsmaßnahme in Teil- bzw. Vollzeit?
- Gibt es Beschäftigte, die ihre Arbeitszeit reduzieren möchten?
- Gibt es freie Stellen, die nicht neu besetzt werden? Wenn ja, wo und warum nicht?
- Sind oder werden Arbeitsplätze aufgrund von Kündigungen frei?
- Gibt es für Krankheit, Urlaub, Einarbeitungszeiten, Qualifizierungsmaßnahmen und andere Arbeitsausfallgründe ausreichend Ersatzpersonal?
- Kommt es im Unternehmen bzw. in einzelnen Bereichen regelmäßig zu Kapazitätsengpässen und wie werden diese bewältigt? Können zusätzliche Arbeitsplätze hier eine sinnvolle Lösung sein?
- Ist infolge der vorgelegten Personalbedarfsplanung Leistungsverdichtung zu erwarten? Wenn ja, wo und in welchem Ausmaß? Können zusätzliche Arbeitsplätze hier eine sinnvolle Lösung sein?
- Werden in einzelnen Bereichen regelmäßig Leihbeschäftigte eingesetzt?

(Quelle: IG Metall, Fragenkatalog für die Diskussion mit dem Arbeitgeber über den Ausbildungsbedarf, 10.10.2022).

Im weiteren Verlauf hat der Arbeitgeber mit dem Betriebsrat Fragen der Berufsbildung zu beraten. Hierzu kann der Betriebsrat Vorschläge machen (§ 96 Abs. 1 Satz 2 BetrVG). Kommt im Rahmen der Beratung nach § 96 Abs. 1 BetrVG eine Einigung über Maßnahmen der Berufsbildung nicht zustande, können der Arbeitgeber oder der Betriebsrat die Einigungsstelle (→ **Einigungsstelle**) um Vermittlung anrufen. Die Einigungsstelle hat eine Einigung der Parteien zu versuchen. Diese Regelung in § 96 Abs. 1a BetrVG ist durch das BRMoG 2021 neu in das Gesetz aufgenommen worden. Dadurch kann sich der Betriebsrat bei der Ausgestaltung der Berufsbildung aktiv einmischen. Auch wenn die Einigungsstelle nur eine moderierende Funktion hat – wie beim Interessenausgleich (→ **Interessenausgleich und Sozialplan**) – und kein Letztentscheidungsrecht zusteht, kann der Betriebsrat seine Vorschläge zu Maßnahmen der Berufsbildung aber mit einem gewissen Nachdruck versehen.

Dem Betriebsrat stehen Unterrichtungs- und Beratungsrechte aus § 92 Abs. 1 BetrVG zu bei/über:
1. Errichtung und Ausstattung betrieblicher Einrichtungen zur Berufsbildung,
2. Einführung betrieblicher Berufsbildungsmaßnahmen,
3. Entscheidung, in welchen Ausbildungsberufen ausgebildet wird,

Mitbestimmung und Ausbildung

4. Einstellungszahlen von Auszubildenden,
5. Teilnahme an außerbetrieblichen Berufsbildungsmaßnahmen.

Mitbestimmungsrechte, die grundsätzlich eine Einigung im Rahmen einer Betriebsvereinbarung vorsehen, stehen dem Betriebsrat in folgenden Themen zu:
1. Durchführung von Maßnahmen (»Wie«) der betrieblichen Berufsbildung,
2. Einstellung von neuen Ausbilder:innen,
3. Abberufung von nicht geeigneten Ausbilder:innen,
4. Entsendung von Teilnehmer:innen zu betrieblichen Lehrgängen.

(Siehe Musterbetriebsvereinbarung zur Berufsausbildung weiter unten.)

Weiterhin besteht eine Mitbestimmung des Betriebsrats in Beurteilungsfragen nach § 94 Abs. 2 BetrVG sowie bei Auswahlrichtlinien (als Initiativrecht in Betrieben mit mehr als 500 Arbeitnehmer:innen) nach § 95 BetrVG. Die Auswahl von neuen Auszubildenden ist dabei nach § 95 BetrVG mitbestimmungspflichtig. Der Betriebsrat bestimmt mit bei der Ausgestaltung von Einstellungsverfahren für Auszubildende. Kommt keine Einigung zustande, entscheidet die Einigungsstelle (→ **Einigungsstelle**). Von Seiten des BR und der JAV sollten folgende Aspekte geprüft werden:

- Bei Auswahlverfahren für neue Auszubildende alle Schulabgänger:innen in den Blick nehmen, Quoten definieren, die deren regionale Zusammensetzung widerspiegeln und insbesondere Jugendlichen mit Förderbedarf einen Einstieg ermöglichen.
- Förderinstrumente wie die Assistierte Ausbildung (AsA), ausbildungsbegleitende Hilfen (abH) und Einstiegsqualifizierung (EQ) sowie entsprechende Fördertarifverträge nutzen.
- Frauen gezielt fördern: Vor allem in Berufen mit traditionell geringem Frauenanteil sollte eine Quote festgeschrieben werden, bis das Verhältnis zwischen den Geschlechtern bei 50 : 50 liegt bzw. die Quote überflüssig geworden ist.
- Mindest- statt Maximalanforderungen vereinbaren. Das kann zum Beispiel heißen, nicht das Abitur als Einstellungsvoraussetzung festzulegen, sondern das Vorhandensein eines Hauptschulabschlusses – wenn dieser dafür ausreicht, den Beruf zu erlernen und auszuüben.
- Eine Betriebsvereinbarung zu Auswahlrichtlinien für die Einstellung von Auszubildenden initiieren (siehe Musterbetriebsvereinbarung für die Einstellung von Auszubildenden weiter unten).

In Fragen der Einführung (»Ob«) betrieblicher Bildungsmaßnahmen steht dem Betriebsrat ein Mitbestimmungsrecht bei notwendigen Anpassungsqualifikationen zu, wenn der Arbeitgeber Maßnahmen plant oder durchgeführt hat, und die berufliche Qualifikation des/der Arbeitnehmers/in zur Erfüllung der Arbeitsaufgaben nicht ausreicht (§ 97 Abs. 2 BetrVG).

Solche Betriebsvereinbarungen tragen wesentlich dazu bei, die Rechte und Pflichten des Arbeitgebers im Rahmen der beruflichen Ausbildung genau zu beschreiben und zu bestimmen. Betriebsvereinbarungen haben somit grundsätzlich auch die Aufgabe, die Situation der jugendlichen Arbeitnehmer:innen und Auszubildenden im Betrieb wesentlich zu verbessern.

Bedeutung für die jugendlichen Arbeitnehmer und Auszubildenden

Da die Bedingungen sowohl für die Ausbildung als auch für die Arbeit durch Betriebsvereinbarungen sehr umfangreich geregelt werden können, ist es für jede/n jugendliche/n Arbeitnehmer:in und Auszubildenden wichtig, sich über die im Betrieb existierenden Betriebsvereinbarungen zu informieren.
Weil durch die Betriebsvereinbarungen die Rechte und Pflichten unmittelbar im Ausbildungsvertrag bzw. im Arbeitsvertrag gelten, kann jeder diese Rechte geltend machen. Der Einzelne kann dieses sogar notfalls im Wege einer Klage beim Arbeitsgericht durchsetzen.
Eine Musterbetriebsvereinbarung zu Auswahlrichtlinien für die Einstellung von Auszubildenden findet sich im Stichwort → Auswahlverfahren/Auswahlrichtlinien/Einstellungstest. An dieser Stelle sei auf folgende Eckpunkte einer Betriebsvereinbarung zu Auswahlrichtlinien hingewiesen:
- Welche Berufe werden ausgebildet?
- Wie und bis wann wird der Berufsbildungsbedarf festgelegt?
- Die Ausbildungsplätze sollen der Agentur für Arbeit gemeldet werden.
- Welche Informationsveranstaltungen können stattfinden?
- Auf wann wird der Bewerbungsschluss terminiert?
- Nach welchen Kriterien erfolgt die Auswahl?
- Verfahrensgrundsätze: Wie wird mit den Zeugnissen und Bescheinigungen über Lehrgänge der Bewerber:innen umgegangen?
- Wer nimmt an Bewerbungsgesprächen teil (Teilnahme von Betriebsrat, JAV, SBV bei den Vorstellungsgesprächen)?
- Welche Qualitätssicherungsmaßnahmen werden durchgeführt?
- Wie sollen die Bewerber:innen benachrichtigt werden?
- etc.

(Quelle: IG Metall, Auswahlrichtlinien bei Einstellung von Auszubildenden mitbestimmen, 2022).
Nachfolgend ist eine Musterbetriebsvereinbarung zur Berufsausbildung dargestellt. Sie ist der IG Metall Handlungshilfe für Betriebsräte und Vertrauensleute, Bd. 28, Der Bildungsausschuss des Betriebsrates, 2012, entnommen. Die

Handlungshilfe selbst ist nicht mehr ganz aktuell, gibt aber dennoch einen guten Überblick über die »basics«.

Literaturhinweise

IG Metall Vorstand, Stark in Qualität, Arbeitshilfe für Jugend- und Auszubildendenvertreter/innen der IG Metall Jugend mit weiteren Materialien

IG Metall Vorstand, Ausbilden = Zukunft sichern, Handlungsmöglichkeiten für Betriebsräte und Ausbildungspersonal, 2023, https://wap.igmetall.de/Broschuere_Ausbilden_Zukunft_sichern.pdf

IG Metall Vorstand, Handreichungen und Tipps für die betriebliche Interessenvertretung, Betriebliche Weiterbildung stärken und einfordern, 21. 3. 2024, https://wap.igmetall.de/ta-handlung-18813.htm

Internethinweis

IG Metall Bildungsportal: http://www.wap.igmetall.de

Musterbetriebsvereinbarung zur Berufsausbildung

§ 1 Geltungsbereich

Die Betriebsvereinbarung gilt:
räumlich: für ...
persönlich: für alle gewerblichen, kaufmännischen und technischen Auszubildenden im Sinne des Berufsbildungsgesetzes sowie alle weiteren zur Berufsausbildung beschäftigten Arbeitnehmer.

§ 2 Grundsätze

Die Ausbildungsleitung verpflichtet sich, jedem Auszubildenden zu Beginn der Berufsausbildung einen Ausbildungsrahmenplan der IHK und einen zeitlich und sachlich gegliederten Ausbildungsplan auszuhändigen. Mit Inkrafttreten dieser Betriebsvereinbarung verpflichtet sich die Ausbildungsleitung, den Abteilungen den entsprechenden Qualifikations- und Förderbogen auszuhändigen. Die Vervielfältigung des Qualifikations- und Förderbogens erfolgt dann in der jeweiligen Ausbildungsabteilung.
Das Qualifikations- und Fördersystem soll die erfolgreiche Berufsausbildung im fachlichen und im überfachlichen Bereich gewährleisten. Wesentliches Ausbildungsziel ist die Befähigung zur Ausübung einer qualifizierten beruflichen Tätigkeit, die das selbstständige Planen, Durchführen und Kontrollieren einschließt. Neben den fachlichen Kompetenzen sind auch personale Selbstständigkeit und soziale Kompetenzen von

besonderer Bedeutung, um die Auszubildenden in ihrem Lernverhalten auf die Gegebenheiten des Berufslebens und die des Betriebes vorzubereiten. Die Auszubildenden sollen lernen, sich neue Lerninhalte selbstständig zu erarbeiten.

Die Sicherstellung dieser Ziele erfolgt durch Kontrollen des Ausbildungsstandes und Förderung der Qualifikation und Lernziele. Die Auszubildenden erhalten eine Kopie über ihren individuellen Ausbildungsstand und werden dadurch angeregt, eigenverantwortlich Schlüsse für ihre weitere Ausbildung zu ziehen. Die Ausbilder erhalten Aufschluss über den Ausbildungserfolg.

Bei der Vermittlung der Ausbildungsinhalte werden fachliche und übergreifende Qualifikationen in konkreten Arbeitssituationen und -aufgaben systematisch zusammengeführt und miteinander verknüpft.

Die Lern- und Qualifikationsziele sind im betrieblichen Ausbildungsplan für die einzelnen Ausbildungsabschnitte festgelegt. Sie sind aus dem für den jeweiligen Beruf gültigen Ausbildungsrahmenplan abgeleitet und ständig den Gegebenheiten der Berufsausbildung mit Zustimmung des Betriebsrats anzupassen. Zur Vermittlung von Schlüsselqualifikationen ist es notwendig, die Ausbildungsmethoden zu erweitern und zu verändern. Es sind Ausbildungsmethoden einzusetzen, die selbstständiges Lernen fördern und das Erlernen der Schlüsselqualifikationen ermöglichen.

§ 3 Beurteilungsgrundlage

Die für die einzelnen Ausbildungsabschnitte im Ausbildungsplan festgelegten Lern- und Qualifikationsziele werden in einem jeweiligen Qualifikations- und Förderbogen dokumentiert, hierauf bezieht sich der jeweilige Qualifikations- und Förderbogen. Anhand objektiver Beurteilungsmerkmale wird die Fachkompetenz beurteilt. Die Methodenkompetenz wird anhand der vorgegebenen Lernziele überprüft. Die Sozialkompetenz wird durch Gruppengespräche, Gruppenarbeit in Form der Planung, Durchführung, Auswertung und der kritischen Nachbetrachtung von Projektarbeit, die der Ausbilder moderiert, gefördert. Sozialkompetenz darf nicht beurteilt werden.

§ 4 Ausbildungsablauf

Sollten Veränderungen im Ausbildungsablauf der folgenden Ausbildungsberufe die Formulierung ergänzender Ausbildungsziele notwendig machen, so bedarf es hierzu der Zustimmung des Betriebsrats.

§ 5 Ausbilder/Ausbildungsbeauftragte

Dem Betriebsrat sind alle Ausbilder (haupt- und nebenberuflich) und Ausbildungsbeauftragten schriftlich zu benennen. Neu einzustellende hauptberufliche sowie neu betrieblich eingesetzte hauptberufliche Ausbilder haben nach § 30 BBiG ihre Eignung entsprechend der Ausbildereignungsverordnung nachzuweisen. Das Gleiche gilt für die im Betrieb beschäftigten Ausbildungsbeauftragten. Ausbildungsbeauftragte sind alle die, die damit beauftragt wurden, dem Auszubildenden die Ausbildungsziele zu

Mitbestimmung und Ausbildung

vermitteln. Alle hauptberuflichen Ausbilder und die mit der Ausbildung beauftragten Arbeitnehmer sind rechtzeitig und während der Arbeitszeit über die Grundsätze und das Verfahren des Qualifikations- und Förderbogens zu unterweisen.

Die den Betriebsrat benannten haupt- und nebenberuflichen Ausbilder werden entsprechend ihrer Ausbildungsaufgabe im erforderlichen Maße durch geeignete innerbetriebliche bzw. außerbetriebliche Weiterbildungsmaßnahmen auf die Vermittlung der Fertigkeiten, Kenntnisse und Qualifikationen vorbereitet. Um auch auf Dauer eine den Anforderungen der Neuordnung entsprechende Ausbildung zu gewährleisten, ist es notwendig, allen haupt- und nebenberuflichen Ausbildern eine fachliche und pädagogische Weiterbildung zu garantieren. Um dieses sicherzustellen, ist allen haupt- und nebenberuflichen Ausbildern und deren Stellvertretern jährlich mindestens eine Woche Freistellung zu gewährleisten. Kosten, die aufgrund der Weiterbildungsmaßnahmen (inklusive Lohn- und Gehaltsforderungen) entstehen, werden vom Arbeitgeber übernommen. Der jährliche Weiterbildungsbedarf wird zwischen Ausbildungsleitung, Betriebsrat (Berufsbildungsausschuss) und der Jugend- und Auszubildendenvertretung beraten. Den Ausbildungsbeauftragten ist zur ordnungsgemäßen Durchführung ihrer Ausbildungstätigkeit ausreichend Zeit zur Verfügung zu stellen.

Alle sechs Monate soll ein Gespräch zwischen Ausbildungsleitung, Ausbildungsbeauftragten, Jugend- und Auszubildendenvertretung und Betriebsrat (Berufsbildungsausschuss) stattfinden.

§ 6 Fachliche und pädagogische Betreuung der Auszubildenden

Um die Qualität der Ausbildung zu sichern, sind die Ausbildungsgruppen zahlenmäßig so zusammenzusetzen, dass entsprechend der Ausbildungsinhalte eine gute fachliche und pädagogische Betreuung erreicht wird. Das Verhältnis hauptberuflicher Ausbilder zu Auszubildenden in den jeweiligen Ausbildungsgruppen soll 1 : 12 nicht überschreiten.

Die Ausbildungsmittel sind für alle Ausbildungsberufe ständig und zu Beginn der Ausbildung kostenlos zur Verfügung zu stellen. Dies betrifft unter anderem: Fachliteratur (Formelsammlungen, Tabellenbuch, PAL-Bücher etc.), Büromaterial (fachspezifische Schablonen, Schreibgeräte, Papier etc.), Werkstoffe, Werkzeuge und Sonstiges.

§ 7 Ausbildungsstandkontrolle/Zeiträume

Die Überprüfung des Ausbildungsstandes nimmt der für den jeweiligen Ausbildungsabschnitt verantwortliche Ausbilder bzw. der Ausbildungsbeauftragte in Absprache mit den Auszubildenden vor. Die Kontrolle der Ausbildungsziele erfolgt entsprechend der in der Anlage beigefügten Qualifikations- und Förderbogen. Sie sind Bestandteil der Betriebsvereinbarung. Das Bewerten der im Qualifikations- und Förderbogen aufgeführten Ausbildungsziele hat vom vermittelnden Ausbildungsbeauftragten unmittelbar nach Vermittlung des jeweiligen Ausbildungszieles zu erfolgen. Der Qualifikations- und Förderbogen darf nicht in der Personalakte abgelegt werden. Ein aus-

Mitbestimmung und Ausbildung

gefüllter Qualifikations- und Förderbogen darf nur für den Auszubildenden kopiert oder vervielfältigt werden.

§ 8 Ausbildungsgespräch

Die Auszubildenden sind zu Beginn der Ausbildung über die Grundsätze und das Verfahren des Qualifikations- und Förderbogens unter Beteiligung des Betriebsrats (Berufsbildungsausschusses) und der Jugend- und Auszubildendenvertretung zu informieren. Der Ausbilder muss mit dem Auszubildenden zum Abschluss des Ausbildungsabschnittes das Ergebnis des Qualifikations- und Förderbogens besprechen. Längere Ausbildungsabschnitte sind in übersichtliche Unterabschnitte aufzuteilen, die zwei Wochen nicht unter-, sechs Wochen nicht überschreiten sollen. Der Auszubildende erhält die Möglichkeit, zum Ausbildungsgespräch unabhängig Stellung zu nehmen. Diese Stellungnahme wird in schriftlicher Form an die Ausbildungsleitung weitergeleitet. Diese hat, wenn nötig, Konsequenzen zu ziehen (Gespräche mit den Beteiligten unter Teilnahme JAV/Betriebsrat).
§ 84 BetrVG (Beschwerderecht) ist hiervon nicht berührt. Auf Wunsch des Auszubildenden müssen Streitfälle, die sich aus dem Qualifikations- und Förderbogen ergeben, in einer paritätisch besetzten Kommission (Betriebsrat und Ausbildungsleitung) behandelt und geregelt werden.

§ 9 Förderungsmaßnahmen

Wurde das Lernziel nur teilweise erreicht, müssen von der Ausbildungsleitung Maßnahmen zur Förderung eingeleitet werden. Handelt es sich um überbetriebliche oder außerbetriebliche Maßnahmen, so müssen diese mit dem Betriebsrat (Berufsbildungsausschuss) und der Jugend- und Auszubildendenvertretung abgestimmt werden. Die jeweilige Maßnahme ist dem Auszubildenden zu erläutern. Bei der Stellungnahme »Ausbildungsziele nicht erreicht«, sind hierzu Erläuterungen über Art und Umfang anzugeben. Gründe wie zum Beispiel: Krankheit, Urlaub, fehlende Arbeitsmittel usw. sind ebenfalls zu dokumentieren. Wurden Ausbildungsziele nicht erreicht, so sind Vorschläge für entsprechende Maßnahmen zur Beseitigung der Mängel auszuführen (z. B. Verlängerung des Ausbildungsabschnittes, spezielle Fördermaßnahmen in folgendem Ausbildungsabschnitt etc.).

§ 10 Aufbewahrung

Die Qualifikations- und Förderbogen werden der Ausbildungsleitung zugeleitet, dort bis zur Beendigung der Ausbildung aufbewahrt und nach Beendigung der Ausbildungszeit vernichtet.

§ 11 Mitbestimmung des Betriebsrats

§§ 95–98 des BetrVG bleiben von vorstehenden Regelungen unberührt.

Mitbestimmung und Ausbildung

§ 12 Inkrafttreten und Geltungsbereich

Diese Betriebsvereinbarung gilt vom ... für alle Auszubildenden bei ... und kann mit einer Frist von drei Monaten zum Jahresende gekündigt werden.
Bis zum Inkrafttreten einer neuen Betriebsvereinbarung gilt die vorstehende Vereinbarung weiter.

Mitbestimmungsrechte – JAV und Betriebsrat

Grundlagen

Zwar stehen der JAV nach § 70 BetrVG Überwachungspflichten und -rechte (→ **Allgemeine Aufgaben**) zu, die sich insbesondere auf das Berufsbildungsgesetz und das Jugendarbeitsschutzgesetz beziehen. Soweit jedoch Maßnahmen beim Arbeitgeber zu beantragen sind oder auf eine Erledigung von Anregungen der von der JAV vertretenen jugendlichen Arbeitnehmer:innen bzw. Auszubildenden hinzuwirken ist, kann dieses nur über den Betriebsrat geschehen. Mitbestimmungsrechte gegenüber dem Arbeitgeber können somit nicht direkt durch die JAV wahrgenommen werden; es bedarf vielmehr der Einbeziehung des Betriebsrats. Daraus folgt auch, dass die JAV ihre Aufgaben in enger Zusammenarbeit mit dem Betriebsrat zu erfüllen hat. Die JAV vertritt die Interessen somit nicht unabhängig vom Betriebsrat und nicht direkt gegenüber dem Arbeitgeber. Allein deswegen kann auch die JAV keine gegenüber dem Arbeitgeber wirksamen Beschlüsse fassen.

Der Betriebsrat ist nach § 80 Abs. 1 Nr. 3 BetrVG verpflichtet, mit der JAV eng zusammenzuarbeiten und Anregungen der JAV gegenüber dem Arbeitgeber zu verfolgen. Daraus folgt ebenfalls, dass der Betriebsrat Maßnahmen, die die Belange der jugendlichen Arbeitnehmer:innen und Auszubildenden betreffen, nicht im Alleingang, sondern in Zusammenarbeit mit der JAV vornehmen muss. So hat er die JAV in allen Angelegenheiten zu beraten und ihr die zur sachgerechten Wahrnehmung ihrer Aufgaben notwendigen Informationen, Unterlagen und Hinweise zu geben. Ebenso kann er von der JAV Vorschläge und auch Stellungnahmen anfordern. Die verantwortliche Vertretung der Interessen der jugendlichen Arbeitnehmer:innen und Auszubildenden gegenüber dem Arbeitgeber nimmt somit der Betriebsrat als der Stellvertreter aller Arbeitnehmer:innen im Betrieb wahr – unter Beteiligung der JAV.

Die Mitbestimmungsrechte des Betriebsrats ergeben sich dabei vornehmlich aus den Vorschriften des Betriebsverfassungsgesetzes.

Mitbestimmungsrechte – JAV und Betriebsrat

Im Folgenden sollen die für die JAV wichtigsten Mitwirkungs- und Mitbestimmungsrechte des Betriebsrats nach dem Betriebsverfassungsgesetz dargestellt werden:

§ 80 Abs. 1 Nr. 2 BetrVG – Initiativrecht

Diese Vorschrift beinhaltet für den Betriebsrat ebenso wie § 70 Abs. 1 Nr. 1 BetrVG für die JAV ein Initiativrecht, um Maßnahmen jeglicher Art, die dem Betrieb und der Belegschaft, also auch den jugendlichen Arbeitnehmer:innen und den Auszubildenden dienen, beim Arbeitgeber zu beantragen. Die Weiterverfolgung dieses Initiativrechts durch den Betriebsrat hängt dann jedoch im Einzelfall davon ab, inwieweit die Maßnahme einem Mitwirkungs- oder sogar einem Mitbestimmungstatbestand unterliegt. Aber selbst für den Fall, dass kein Mitbestimmungsrecht die Maßnahme umfasst, können strategische und interessenpolitische Maßnahmen dafür sorgen, dass der Arbeitgeber die Angelegenheit behandeln muss und diese nicht im Papierkorb landet.

§ 87 Abs. 1 BetrVG – soziale Angelegenheiten

In dieser Vorschrift werden in bestimmten sozialen Angelegenheiten dem Betriebsrat Mitbestimmungsrechte gegeben, sodass bei Nichteinigung mit dem Arbeitgeber die Einigungsstelle entscheidet. Der Spruch der Einigungsstelle ersetzt dann die Einigung zwischen Arbeitgeber und Betriebsrat.

Die Mitbestimmungsrechte umfassen beispielsweise:

- Beginn und Ende der Arbeitszeit,
- vorübergehende Verlängerung oder Verkürzung der betriebsüblichen Arbeitszeit,
- Aufstellung allgemeiner Urlaubsgrundsätze und des Urlaubsplans sowie die Festsetzung der zeitlichen Lage des Urlaubs für einzelne Arbeitnehmer:innen,
- Einführung und Anwendung von technischen Einrichtungen, die dazu bestimmt sind, das Verhalten oder die Leistung der Arbeitnehmer:innen zu überwachen, wobei es ausreicht, wenn sie zur Überwachung objektiv geeignet sind,
- Regelungen über die Verhütung von Arbeitsunfällen und Berufskrankheiten sowie über den Gesundheitsschutz im Rahmen der gesetzlichen Vorschriften oder der Unfallverhütungsvorschriften,
- Ausgestaltung von mobiler Arbeit, die mittels Informations- und Kommunikationstechnik erbracht wird.

Bei diesen Mitbestimmungsrechten geht es um die Frage, wie günstig die Rahmenbedingungen der Arbeit im Betrieb für die Beschäftigten gestaltet werden.

Mitbestimmungsrechte – JAV und Betriebsrat

§ 92 BetrVG – Personalplanung

Der Betriebsrat hat nach § 92 BetrVG ein erzwingbares Beratungsrecht bei der Personalplanung. Dabei steht die Personalbedarfsplanung im Mittelpunkt, also die Frage, wie der künftige Bedarf an Personal aussieht. Somit geht es auch um die Frage, wie viel Ausbildungsverhältnisse bestehen müssen, um den zukünftigen Bedarf abzudecken. Durch die Diskussion um die Personalplanung kann auf diese Weise die gesellschaftliche Verantwortung sichtbar gemacht werden. Auch kann dafür gesorgt werden, dass der Arbeitgeber sich mit den Vorschlägen des Betriebsrats und der JAV beschäftigen muss. Der Arbeitgeber kann somit gezwungen werden, sich dazu zu äußern, falls er seine Aufgaben nicht erfüllt. Auch wenn der Betriebsrat und die JAV nicht über die Höhe der Ausbildungszahlen entscheiden, entscheiden sie doch darüber, wie stark der einzelne Arbeitgeber in der öffentlichen und betrieblichen Meinung in die Pflicht genommen wird.

§ 92a BetrVG – Beschäftigungssicherung

Mit dieser Vorschrift erhält der Betriebsrat ein umfassendes Vorschlags- und Beratungsrecht zur Sicherung und Förderung der Beschäftigung im Betrieb. Die beispielhaft aufgeführten Handlungsfelder reichen von der flexiblen Gestaltung der Arbeitszeit bis hin zu Produktions- und Investitionsprogrammen. Dadurch wird der Betriebsrat in die Lage versetzt, eigene Maßnahmen und Konzepte auch mit externem Sachverstand zu entwickeln und zu präsentieren. Auch wenn damit kein Mitbestimmungsrecht direkt verbunden ist, kann der Arbeitgeber diese Vorschläge nicht einfach ignorieren. Er muss vielmehr mit dem Betriebsrat darüber beraten und sich mit den Vorschlägen auseinandersetzen. Der Betriebsrat erhält ein Gestaltungsmittel, das den Arbeitgeber zur Reaktion zwingt. Dieses insbesondere dann, wenn der Betriebsrat seine Vorschläge betriebsöffentlich und unter Einbeziehung der Belegschaft umsetzt, und gegebenenfalls eine/n Vertreter/in der Bundesagentur für Arbeit zu den Beratungen mit dem Arbeitgeber hinzuzieht.

§ 93 BetrVG – Ausschreibung von Ausbildungs- und Arbeitsplätzen von Ausbildern

Nach dieser Vorschrift kann der Betriebsrat verlangen, dass Arbeitsplätze, die besetzt werden sollen, vor ihrer Besetzung innerhalb des Betriebs ausgeschrieben werden. Wenn trotz des Verlangens des Betriebsrats eine Ausschreibung nicht erfolgt ist, kann der Betriebsrat nach § 99 BetrVG die Zustimmung zur Einstellung eines/einer außerbetrieblichen Bewerbers/in verweigern.

Die jugendlichen Arbeitnehmer:innen und die Auszubildenden erhalten durch die innerbetriebliche Stellenausschreibung einen Überblick über zu besetzende Arbeitsplätze und die Möglichkeit, sich für diese Arbeitsplätze zu bewerben und Berufschancen wahrzunehmen. Voraussetzung für eine innerbetriebliche

Mitbestimmungsrechte – JAV und Betriebsrat

Stellenausschreibung ist aber immer das Verlangen des Betriebsrats. Die innerbetriebliche Stellenausschreibung erfolgt nicht automatisch.

§ 94 BetrVG – Personalfragebogen, Beurteilungsgrundsätze

Nach dieser Vorschrift bedürfen Personalfragebogen, aber auch die Aufstellung allgemeiner Beurteilungsgrundsätze der Zustimmung des Betriebsrats. Kommt eine Einigung mit dem Arbeitgeber nicht zustande, so entscheidet die Einigungsstelle. Der Spruch der Einigungsstelle ersetzt die Einigung zwischen Arbeitgeber und Betriebsrat.

Der Betriebsrat, und somit auch die JAV, hat bei der Aufstellung von Beurteilungssystemen für Auszubildende mitzureden. Dabei umfasst das Mitbestimmungsrecht neben den materiellen Beurteilungsmerkmalen auch das Verfahren, das für deren Feststellung maßgebend sein soll. Allgemeine Verfahrensregelungen liegen insbesondere vor bei:
- dem Kreis der Beurteiler,
- dem Kreis der zu Beurteilenden,
- dem Beurteilungszeitraum,
- der Kontrolle und Auswertung der Beurteilungen,
- den Einspruchsmöglichkeiten.

Das Mitbestimmungsrecht soll der Objektivierung im Interesse der Belegschaft bei der Bewertung von Leistung und Verhalten der Arbeitnehmer:innen dienen.

§ 95 BetrVG – Auswahlrichtlinien

Nach dieser Vorschrift ist zur Einführung von Auswahlsystemen für die Einstellung von Auszubildenden (z. B. Test, Auswahlkriterien) die Zustimmung des Betriebsrats erforderlich. In Betrieben mit über 500 Arbeitnehmer:innen kann der Betriebsrat ein Auswahlsystem auch im Rahmen seiner Mitbestimmung verlangen. Kommt eine Einigung über das Auswahlsystem nicht zustande, entscheidet die Einigungsstelle. Die Einigung zwischen Arbeitgeber und Betriebsrat wird notfalls durch den Spruch der Einigungsstelle ersetzt.

§ 96 BetrVG – Förderung der Berufsbildung

Im Rahmen der Berufsbildung stehen dem Betriebsrat sowohl Mitwirkungs- als auch Mitbestimmungsrechte zu bei der:
- Förderung der Berufsbildung,
- Einrichtung und Maßnahmen der Berufsbildung,
- Einführung und Durchführung betrieblicher Bildungsmaßnahmen.

Nach § 96 BetrVG haben der Arbeitgeber und der Betriebsrat die Berufsbildung zu fördern. Auf Verlangen des Betriebsrats hat der Arbeitgeber den Berufsbildungsbedarf im Betrieb zu ermitteln. Fragen der beruflichen Aus- und Weiterbildung haben in den letzten Jahren zunehmend an Bedeutung gewonnen, nicht zuletzt wegen des Mangels an Ausbildungsplätzen. Der Betriebsrat als auch die JAV sollten deswegen das Initiativrecht in allen Fragen der Berufsbildung nutzen, um eine breite Qualifizierung der jugendlichen Arbeitnehmer:innen und Auszubildenden einschließlich genügender Ausbildungsplätze zu erreichen. Kommt im Rahmen der Beratung eine Einigung über Maßnahmen der Berufsbildung nicht zustande, können der Arbeitgeber oder der Betriebsrat die Einigungsstelle um Vermittlung anrufen. Die Einigungsstelle hat eine Einigung der Parteien zu versuchen. Ein Letztentscheidungsrecht der Einigungsstelle, wie bei der normalen erzwingbaren Mitbestimmung, sieht die neue Regelung in § 96 Abs. 1a BetrVG leider nicht vor.

§ 97 BetrVG – Einrichtungen und Maßnahmen der Berufsbildung
Diese Vorschrift gibt dem Betriebsrat ein Beratungs- und Mitbestimmungsrecht. Danach ist der Arbeitgeber verpflichtet, geplante Einrichtungen und Maßnahmen zur Berufsbildung vor ihrer Verwirklichung rechtzeitig mit dem Betriebsrat zu beraten. Bei der Frage, »ob« eine betriebliche Berufsbildung stattfindet, hat der Betriebsrat dann ein Mitbestimmungsrecht, wenn der Arbeitgeber Maßnahmen plant oder bereits durchgeführt hat, die zu einer Änderung der Tätigkeit der betroffenen Arbeitnehmer:innen führen und deren Qualifikation für die neuen Aufgaben nicht mehr ausreicht. Durch das Mitbestimmungsrecht in Abs. 2 ist der Betriebsrat in der Lage, frühzeitig und damit präventiv zugunsten der Arbeitnehmer:innen Maßnahmen durchsetzen zu können, um deren Weiterbeschäftigung im Betrieb zu sichern. In diesem Zusammenhang dürften betriebsbedingte Kündigungen durch einen Arbeitgeber nicht in Frage kommen, da Qualifizierung grundsätzlich der Kündigung vorgeht.

§ 98 BetrVG – Durchführung betrieblicher Bildungsmaßnahmen
Zusätzlich hat der Betriebsrat ein Mitbestimmungsrecht bei der Frage, wie die betrieblichen Bildungsmaßnahmen durchgeführt werden sollen. Bei Nichteinigung mit dem Arbeitgeber entscheidet die Einigungsstelle. Der Spruch der Einigungsstelle ersetzt notfalls die Einigung zwischen Arbeitgeber und Betriebsrat.
Das Mitbestimmungsrecht des Betriebsrats erstreckt sich auf den gesamten Inhalt der Maßnahme (»wie« die Berufsbildung durchzuführen ist); ein Mitbestimmungsrecht bei der Frage, »ob« eine Maßnahme stattfindet, besteht aber – mit Ausnahme der Fälle des § 97 BetrVG (siehe oben) – nicht. Dabei kann der Betriebsrat auch selbst initiativ werden und ggf. seine Vorstellungen vor die Einigungsstelle bringen.
Das Mitbestimmungsrecht des Betriebsrats umfasst die gesamte Durchführung von Bildungsmaßnahmen. Dazu zählen insbesondere:
- Lerninhalte,

Mitbestimmungsrechte – JAV und Betriebsrat

- Lernmittel,
- Stoffauswahl,
- Didaktik und Methodik,
- Ausbildungsstandskontrolle und
- Auswahl der Teilnehmer.

Wegen der Vielschichtigkeit der zu regelnden Angelegenheiten empfiehlt es sich, zu den Fragen der Bildungsmaßnahmen eine Betriebsvereinbarung abzuschließen.

Weiterhin kann der Betriebsrat der Bestellung von Ausbildungspersonal widersprechen oder ihre Abberufung verlangen, wenn diese die persönliche oder fachliche Eignung nicht besitzen. Dazu gehören auch vorauszusetzende pädagogische Fähigkeiten, aber auch der Umstand, dass ein/e Ausbilder:in seine/ihre Aufgaben vernachlässigt. Abzustellen ist immer auf die Anforderungen, die das Berufsbildungsgesetz stellt.

Zum Thema Mitbestimmung und Ausbildung siehe auch → **Mitbestimmungsrechte und Ausbildung.**

§ 99 BetrVG – Mitbestimmung bei personellen Einzelmaßnahmen

Nach dieser Vorschrift bestimmt der Betriebsrat bei der Einstellung von Auszubildenden und Ausbilder:innen mit. So kann der Betriebsrat z. B. der Einstellung eines/einer Ausbilders/in die Zustimmung verweigern, wenn er/sie nicht die Voraussetzungen nach dem Berufsausbildungsgesetz als Ausbilder/in erfüllt. In diesem Fall würde die Einstellung gegen das Berufsbildungsgesetz verstoßen (§ 99 Abs. 2 Nr. 1 BetrVG).

§ 102 BetrVG – Mitbestimmung bei Kündigungen

Der Betriebsrat ist nach dieser Vorschrift bei Kündigungen von jugendlichen Arbeitnehmer:innen und Auszubildenden in der Probezeit oder aus wichtigem Grund nach der Probezeit anzuhören. Er kann der beabsichtigten Kündigung durch den Arbeitgeber widersprechen. Im Falle eines wirksamen Widerspruchs steht dem/der Gekündigten ein Weiterbeschäftigungsanspruch während des Kündigungsprozesses zu.

§§ 111, 112 BetrVG – Betriebsänderungen

Bei Betriebsänderungen (z. B. bei der Verlegung eines Betriebs oder der grundlegenden Änderung der Betriebsorganisation) hat der Betriebsrat in Unternehmen mit mehr als in der Regel 20 wahlberechtigten Arbeitnehmer:innen einen Anspruch auf Beratung über einen Interessenausgleich mit dem Arbeitgeber. Dieser Beratungsanspruch umfasst auch das Einigungsstellenverfahren, aber ohne möglichen Einigungsstellenspruch. Weiterhin hat der Betriebsrat ein Mitbestimmungsrecht bei der Frage des Ausgleiches oder der Milderung der wirt-

schaftlichen Nachteile, die den Arbeitnehmer:innen infolge der geplanten Betriebsänderung entsteht. Diese Vereinbarung wird als Sozialplan bezeichnet, und kann notfalls in der Einigungsstelle erzwungen werden.
Durch dieses Beratungs- und Mitbestimmungsrecht können die Arbeitsplätze jugendlicher Arbeitnehmer:innen und die Ausbildungsplätze gesichert werden. So können Ausbildungsverträge in anderen Betrieben des Unternehmens weitergeführt und das Ausbildungsziel gewährleistet werden.

Mobbing

Grundlagen

Unter Mobbing versteht man das systematische Anfeinden, Schikanieren und Diskriminieren von Arbeitnehmern durch Arbeitgeber, Vorgesetzte, aber auch durch andere Arbeitnehmer. Die Bandbreite reicht von vermeintlich offener und ehrlicher, in Wirklichkeit aber überzogener Kritik über versteckte Anspielungen, unpassende Scherze, Verweigerungen von kollegialer Hilfestellung über die Missachtung allgemeiner Höflichkeitsformeln bis hin zur offensichtlichen Schikane. Der betroffene Arbeitnehmer wird ausgegrenzt.

Betriebsrat und JAV können Mobbing effektiv bekämpfen. Unerlässlich hierbei ist aber, dass Tatsachen vorliegen und bei Bedarf auch Ross und Reiter genannt werden können.

Die betrieblichen Organe sollten sich insgesamt ein Bild von der Situation machen und prüfen, wer sich konkret unangemessen verhält. Nicht jeder erhobene Mobbingvorwurf hält der Nachprüfung stand.

Mobbing selbst ist kein Straftatbestand, wohl aber kann die einzelne Mobbinghandlung strafbar sein, insbesondere als Beleidigung oder üble Nachrede. Allerdings darf man von den Strafverfolgungsbehörden keine effektive Hilfe erwarten. Zu ausgeprägt ist die Tendenz, solche Strafanzeigen als Bagatellen zu betrachten und das Verfahren wegen Geringfügigkeit oder fehlendem öffentlichen Interesse einzustellen.

Der einzelne Arbeitnehmer kann gegenüber dem Mobber eventuell Schadensersatzansprüche aus unerlaubter Handlung herleiten, wozu auch ein Schmerzensgeldanspruch gehören kann. Im Extremfall ist Schadenersatz wegen des Verlustes des Arbeitsplatzes zu leisten.

Der Arbeitgeber trägt die Verantwortung für eigene Handlungen und solche, die seine Erfüllungsgehilfen, also die Vorgesetzten, insbesondere die leitenden Angestellten, begehen. Unabhängig von der Person des Mobbers, also auch für solche Störungen, die von Arbeitskollegen ausgehen, hat der Arbeitgeber den Betroffenen vor einer Verletzung seines Persönlichkeitsrechts und seines Rechts

Mobbing

auf körperliche Unversehrtheit zu schützen und die erforderlichen organisatorischen Maßnahmen zu treffen.
Verletzt der Arbeitgeber diese Pflicht, so kann auch er auf Schadenersatz einschließlich Schmerzensgeld in Anspruch genommen werden. Daneben kommt ein Zurückbehaltungsrecht in Betracht, d. h. der Arbeitnehmer ist berechtigt, die Arbeitsleistung ohne Lohneinbuße zu verweigern. Hier ist allerdings sorgfältig der Grundsatz der Verhältnismäßigkeit zu prüfen.
Kommt es zu einer gerichtlichen Auseinandersetzung, so reicht es in keinem Fall aus, dass sich der betroffene Arbeitnehmer pauschal auf Mobbing beruft; stets muss er konkret die Tatsachen darlegen, hierzu sind zahlreiche Entscheidungen der Arbeitsgerichte ergangen (vgl. insbesondere BAG 23. 1. 2007, NZA 2007, 1166). Sind entsprechende Tatsachen detailliert vorgetragen, so hat der Arbeitgeber darzulegen und ggf. auch zu beweisen, dass Mobbing trotzdem nicht gegeben ist (LAG Thüringen 28. 6. 2005, ArbuR 2006, 31).
Mobbing ist grundsätzlich auch als wichtiger Grund anerkannt, der den Arbeitnehmer berechtigt, das Arbeitsverhältnis selbst zu kündigen, ohne Gefahr zu laufen, dass das Arbeitslosengeld gesperrt wird. Aber auch hier ist entscheidend, dass der Arbeitnehmer in der Lage ist, seine Behauptung durch konkrete Tatsachen zu untermauern (BSG 21. 10. 2003, NZS 2004, 382).

Bedeutung für den Betriebsrat/die JAV

Nach § 75 BetrVG haben Arbeitgeber und Betriebsrat gemeinsam darüber zu wachen, dass alle im Betrieb tätigen Personen nach den Grundsätzen von Recht und Billigkeit behandelt werden. Sie haben die freie Entfaltung der Persönlichkeit zu schützen und zu fördern.
Der Betriebsrat kann sich die Beschwerden von betroffenen Arbeitnehmern zu Eigen machen (§§ 84, 85 BetrVG). Er kann darauf hinwirken, dass der Arbeitgeber berechtigten Beschwerden abhilft. Kommt es zu keiner Einigung, so kann der Betriebsrat die Einigungsstelle anrufen. Dieses Verfahren ist auch gegen den Willen des Arbeitgebers erzwingbar.
Im Extremfall kann der Betriebsrat vom Arbeitgeber verlangen, dass betriebsstörende Arbeitnehmer entlassen werden (§ 104 BetrVG).
Die Teilnahme eines Betriebsratsmitgliedes an einer Schulungsveranstaltung zum Thema Mobbing kann nach § 37 Abs. 6 BetrVG erforderlich sein. Es handelt sich hier nicht um Grundwissen, über das jedes Betriebsratsmitglied verfügen muss. Andererseits braucht der Betriebsrat mit einer solchen Schulungsveranstaltung nicht abzuwarten, bis bereits konkrete Mobbingfälle vorliegen. Erforderlich, aber auch ausreichend, ist eine betriebliche Konfliktlage, aus der sich ein entsprechender Handlungsbedarf ergibt (BAG 15. 1. 1997, AiB 1997, 410).

Mobile Arbeit

Grundlagen

Das Internet ermöglicht es mit einem Laptop, einem Tablet oder einem Smartphone nahezu überall zu arbeiten. Viele Arbeitnehmer wollen davon Gebrauch machen und versprechen sich davon mehr Flexibilität, ersparte Wege von und zum Arbeitsplatz, höhere Zeitsouveränität, letztlich mehr und besser gestaltbare Freizeit. Mit der Corona-Pandemie hat das Thema erheblich Fahrt aufgenommen. Das Zusammentreffen zahlreicher Menschen am Arbeitsplatz sollte wo immer möglich vermieden werden. Der Arbeitgeber war aufgefordert, mobile Arbeit zu ermöglichen, wenn dies nicht aufgrund der Natur der zu erbringenden Arbeitsleitung ausgeschlossen war. Man schätzt, dass etwa die Hälfte aller Arbeitnehmer in dieser Zeit von zu Hause oder aber von unterwegs gearbeitet haben. Die Arbeit von zu Hause, das Homeoffice, bildet einen Unterfall der mobilen Arbeit, wenn nämlich der Arbeitnehmer in der eigenen Wohnung arbeitet und sich dort einen Arbeitsplatz einrichtet.

Weder in der Corona-Zeit noch generell konnte sich der Gesetzgeber entschließen, einen Rechtsanspruch des einzelnen Arbeitnehmers oder aber der durch den Betriebsrat repräsentierten Belegschaft auf Einführung mobiler Arbeit gegen arbeitgeberseitige Widerstände zu gewähren. Danach bleibt die Entscheidung, ob er überhaupt mobile Arbeit einführen will beim Arbeitgeber, gibt es sie jedoch in einem Betrieb, so ist der Betriebsrat bei der Ausgestaltung zu beteiligen, er hat ein gleichberechtigtes Mitbestimmungsrecht und kann in der Einigungsstelle den Abschluss einer Betriebsvereinbarung, die die Details regelt, erzwingen, wenn eine Einigung nicht zustande kommt. Hierzu hat der Gesetzgeber einen neuen Mitbestimmungstatbestand eingefügt, nämlich § 87 Abs. 1 Nr. 14 BetrVG.

Für das mobile Arbeiten gilt das Arbeitszeitgesetz uneingeschränkt. Die tägliche Arbeitszeit von acht, maximal zehn Stunden, darf nicht überschritten werden, die Pausenzeiten sind einzuhalten und es muss zwischen zwei Arbeitseinsätzen eine ununterbrochene Ruhezeit von elf Stunden gegeben sein. Der Arbeitgeber bleibt in der Verantwortung, die Einhaltung des Arbeitsschutzes zu kontrollieren und sicherzustellen. Die Arbeitszeit ist daher zu erfassen. Das kann durch die

Registrierung der Zeiten erfolgen, in denen der Arbeitnehmer online ist, wobei auch Rüstzeiten zu berücksichtigen sind. Dies kann erfolgen, indem der Arbeitnehmer seine Zeiten selbst aufschreibt und der Arbeitgeber sie auf Plausibilität kontrolliert.

Auch ändert die mobile Arbeit nichts daran, dass der Arbeitgeber die erforderlichen Arbeitsmittel zur Verfügung zu stellen hat, also die Kosten für Laptop, Smartphone usw. trägt. Da fast jeder Arbeitnehmer selbst über solche Hardware verfügt, liegt es nahe, dass sie diese kostenschonend einsetzen. Dennoch sollte in einer Betriebsvereinbarung darauf geachtet werden, die Kosten nicht auf den Arbeitnehmer abzuwälzen (bring-your-own-device »BYOD«). Besteht ein hohes Eigeninteresse der Arbeitnehmer und der Belegschaft insgesamt, beim Thema mobile Arbeit keine hohen Hindernisse aufzubauen, sollte der Betriebsrat zumindest eine angemessene Kostenbeteiligung des Arbeitgebers in einer Betriebsvereinbarung festschreiben.

Bedeutung für den Betriebsrat/die JAV

Auf mobiles Arbeiten findet die Arbeitsstättenverordnung keine Anwendung, das heißt es gibt keine Kontrolle darüber, ob der vom Arbeitnehmer selbstgewählte Arbeitsplatz den Voraussetzungen entspricht. Beim Arbeitsplatz in der eigenen Wohnung (Homeoffice) kann dies unter Umständen anders sein, weshalb viele Betriebsräte, die mobile Arbeit großzügig einführen wollen, in einer Betriebsvereinbarung stets nur diese Bezeichnung wählen und das Wort Homeoffice vermeiden.

Auch bei der mobilen Arbeit gelten die Grundsätze der Arbeitnehmerhaftung. Der Arbeitnehmer, der mit Hardware des Arbeitgebers umgeht, haftet dabei nicht für jede fahrlässige Beschädigung. In einer Betriebsvereinbarung sollte klargestellt werden, dass eine Haftung nur bei Vorsatz und grober Fahrlässigkeit in Betracht kommt, in allen anderen Fällen jedoch vollständig entfällt. In der eigenen Wohnung sollten die Grundsätze der Arbeitnehmerhaftung auf die Familienangehörigen erweitert werden, insbesondere die im Haushalt lebenden Kinder, sowie Besucher, die sich berechtigt in der Wohnung aufhalten.

Selbstverständlich ist der Datenschutz zu gewährleisten. Dies kann insbesondere beim Arbeiten außerhalb der Wohnung durchaus Herausforderungen darstellen, die der Arbeitgeber durch geeignete Verschlüsselungssoftware und Schutz des Bildschirms gegen unbefugten Einblick gewährleisten muss. Erleidet der Arbeitnehmer in der eigenen Wohnung einen Unfall, so unterliegt er dem Schutz der gesetzlichen Unfallversicherung, wenn es sich um eine versicherte Tätigkeit

Mobile Arbeit

handelt, nicht dagegen, wenn es sich um eine sogenannte eigenwirtschaftliche Tätigkeit handelt.

So hatte das Bundessozialgericht über folgenden Fall zu entscheiden:
Ein Versicherungsaußendienstmitarbeiter bewohnte eine Dreizimmerwohnung, eines der Zimmer diente als Arbeitszimmer. Er packte seine Sachen zusammen, um einen Kunden aufzusuchen und an einer Sitzung in der Bezirksvertretung seiner Versicherung teilzunehmen. Im Treppenhaus des von ihm bewohnten Mehrfamilienhauses stürzte er und verletzte sich an der Wirbelsäule. Das Bundessozialgericht hat hier einen Arbeitsunfall angenommen (BSG 12.12.2006 – B 2 U 1/06 R), dagegen soll es sich um eine eigenwirtschaftliche Tätigkeit handeln und der Schutz der gesetzlichen Unfallversicherung entfallen, wenn der Arbeitnehmer seinen Homeoffice-Raum verlässt, um in der Küche ein Glas Wasser zu trinken (BSG 5.7.2016 – B 2 U 5/15 R).

Bedeutung für die Auszubildenden

Bei jungen Arbeitnehmern sollten Betriebsrat und gerade auch die JAV besonders genau hinsehen und auch das Spannungsverhältnis im Auge haben: Einerseits begrüßen gerade junge Kolleginnen und Kollegen besonders den Wegfall von Wegezeiten und unmittelbarer Kontrolle durch den Vorgesetzten. Andererseits sind Jugendliche und junge Arbeitnehmer besonders der Gefahr ausgesetzt, die durch die Vermischung von Arbeit und Freizeit droht. Auch die Lockerung des sozialen Zusammenhangs sollte nicht unkritisch betrachtet werden.

Mobile Ausbildung

Grundlagen

Bei mobiler Ausbildung finden Teile der Ausbildung außerhalb der bisherigen Lernorte »im Betrieb« und »in der Berufsschule« statt, als weiterer Lernort kommt »mobil« hinzu. Das kann »zu Hause«, umgangssprachlich im »Homeoffice«, erfolgen oder in einem alternativen »mobilen« Ausbildungsort außerhalb des Betriebs stattfinden. Der BiBB Hauptausschuss definiert mobile Ausbildung wie folgt:
»*Mobiles Ausbilden und Lernen ist lernortunabhängiges und lernortübergreifendes Bearbeiten von betrieblichen Aufgaben zum Erwerb der beruflichen Handlungsfähigkeit. Dazu gehören selbstgesteuertes und selbstverantwortetes Lernen im Kontext einer strukturierten Ausbildung durch Nutzung digitaler Lern- und Kommunikationsmittel und Informationstechnik sowie Lernen in virtuellen Lernräumen, in denen die gemeinsame Vermittlung von Ausbildungsinhalten stattfindet. In der Regel findet Mobiles Ausbilden und Lernen ohne die gleichzeitige physische Anwesenheit der Auszubildenden und des Ausbildungspersonals an einem gemeinsamen Ort statt. In der Ausgestaltung gibt es branchen-, betriebs- und berufsspezifische Unterschiede.*« (siehe *https://www.bibb.de/dokumente/pdf/HA179.pdf*).
Ausbildung soll vorrangig in Präsenz stattfinden. Durch das Berufsbildungsvalidierungs- und -digitalisierungsgesetz (BVaDiG) wurde 2024 jedoch im § 28 Abs. 2 BBiG die Möglichkeit der mobilen Ausbildung ergänzt. Dabei wurden Bedingungen festgelegt, welche gegeben sein müssen, damit in einem angemessenen Umfang digitales, mobiles Ausbilden die Präsenzausbildung ergänzen kann:
- Für die Vermittlung muss Informationstechnik eingesetzt werden.
- Die Ausbildungsinhalte und Orte an denen sich Auszubildende und Ausbilder:innen aufhalten müssen für die Vermittlung von Ausbildungsinhalten auf Distanz geeignet sein.
- Die Ausbildungsqualität muss mindestens gleichwertig zur Ausbildung in Präsenz sein. Dazu gehört auch eine Erreichbarkeit der Ausbilder:innen in

Mobile Ausbildung

den betriebsüblichen Zeiten für die Auszubildenden, die Steuerung und Begleitung der Lernprozesse und die Kontrolle der Lernfortschritte.
Ebenfalls wurde gesetzlich festgeschrieben, dass erforderliche Hard- und Software, die für die mobile Ausbildung benötigt wird, kostenlos zur Verfügung gestellt werden muss (siehe § 14 Abs. 1 Nr. 3 BBiG).
Der BiBB Hauptausschuss hat zur mobilen Ausbildung bereits 2023 eine Empfehlung beschlossen. Diese formuliert zu klärende Fragestellungen für die Umsetzung mobiler Ausbildung in der betrieblichen Praxis (siehe *https://www.bibb.de/dokumente/pdf/HA179.pdf*).
Klar ist, dass sich nicht alle Ausbildungsberufe und auch nicht alle Ausbildungsinhalte für die mobile Ausbildung eignen. Ob vorgesehene Ausbildungsinhalte überhaupt mobil vermittelt werden können, kann nur für jeden der rund 350 Ausbildungsberufe bezogen auf die jeweilige praktische Ausbildung vor Ort individuell geprüft werden. Geeignet für eine mobile Ausbildung können Ausbildungsinhalte sein, die primär auf das Aneignen von theoretischem Wissen abzielen, schriftliche Ausarbeitungen betreffen oder regulär an einem Computerarbeitsplatz mit hoher Eigenständigkeit bearbeitet werden. Dabei werden gewerblich-technische Berufe eher weniger Möglichkeit zur mobilen Ausbildung bieten als beispielsweise Ausbildungsberufe im Bereich der Verwaltung.
Als Faustregel zur ersten Einschätzung kann genutzt werden, dass dort, wo auch mobile Arbeit gängig ist, mobile Ausbildung ein ergänzendes Instrument sein kann. Die Ausbildungsqualität muss durch den Einsatz mobiler Ausbildung gehalten oder im besten Fall sogar gesteigert werden.
Mobile Ausbildung kann neue Kompetenzen von den Auszubildenden abverlangen. Diese dürfen nicht vorausgesetzt werden. Auszubildende sollten von den Ausbildenden auf die mobile Ausbildung vorbereitet werden und notwendige Kompetenzen erlernen können. Dazu können Selbstlernkompetenzen, Selbstmotivation, Selbststrukturierung und -organisation, Problemlösekompetenz oder Sozialkompetenz im digitalen Raum gehören.
Die mobile Ausbildung muss entsprechend in der sachlichen und zeitlichen Gliederung der Ausbildung berücksichtigt werden und dem/der Auszubildenden nach § 11 BBiG mit dem Ausbildungsvertrag ausgehändigt werden.

Bedeutung für den Betriebsrat/die JAV

Mobile Ausbildung unterliegt der Mitbestimmung des Betriebsrats bei der Durchführung von Maßnahmen der Berufsbildung nach § 98 BetrVG. Ebenso sind die Mitbestimmungsrechte nach § 87 BetrVG zu beachten. Dazu gehören z. B. die Verteilung der Arbeitszeit, Beginn und Ende der täglichen Arbeitszeit,

Mobile Ausbildung

Regelungen zu konkreten Anwesenheitspflichten im Betrieb, zum Umgang mit Arbeitsmitteln und zum Arbeits- und Gesundheitsschutz. Da Auszubildende betroffen sind, ist die JAV entsprechend zu beteiligen.

Da mobile Ausbildung eine Maßnahme der Berufsbildung ist, ist es ratsam die mobile Ausbildung unabhängig von der mobilen Arbeit im Betrieb zu regeln. Besonderes Augenmerk muss allerdings auf die Schnittstelle zwischen Auszubildenden und Ausbilder:innen gelegt werden. Die Regelungen für beide Zielgruppen müssen aufeinander abgestimmt sein.

Folgende Aspekte können Teil betrieblicher Regelungen und Betriebsvereinbarungen sein:
- Verfahren definieren, wie Ausbildungsinhalte festgelegt und in der sachlichen und zeitlichen Gliederung (Ausbildungsplan) berücksichtigt werden.
- Regelung zum frühesten Einsatz mobiler Ausbildung und der (maximalen) Dauer der Phasen. Wie und in welcher Zeitfolge der Austausch zwischen Auszubildenden und Ausbildungspersonal stattfindet.
- Festlegen, wie Ausbildungsnachweise nach § 13 BBiG zur Qualitätssicherung bei mobiler Ausbildung genutzt werden.
- Regelungen, die definieren, welche Ausstattung für die mobile Ausbildung erforderlich ist und dadurch vom Arbeitgeber bereitgestellt werden muss. Diese Regelung muss ebenfalls für Ausbilder:innen gelten.
- Ggf. Regelungsmodell für die Zeiterfassung festlegen.
- Arbeitsschutz muss gewährleistet sein: Notwendige Arbeitsschutzmaßnahmen klären und eine Gefährdungsbeurteilung vornehmen. Wobei es keine Kontrollpflicht des mobilen Arbeitsplatzes gibt, aber eine angemessene Unterweisung hinsichtlich der zu beachtenden Vorgaben erfolgen sollte. Hier kann jedoch eine Schulung der Auszubildenden vereinbart werden, die ihnen die Fähigkeiten vermittelt ihren mobilen Arbeitsplatz optimal zu gestalten.
- Datenschutz sicherstellen: Anforderungen an Datensicherheit und IT-Infrastruktur müssen geklärt sein. Der Arbeitgeber muss für Datenschutzvorkehrungen sorgen.
- Regelung zum Schulungsanspruch für die Aneignung erforderlicher (methodischer, didaktischer und fachlicher) Kompetenzen für Ausbilder:innen.
- Regelungen zur Erreichbarkeit von Ausbilder:innen.
- Regelungen für die Aneignung von Kompetenzen für Auszubildende zum Lernen in der mobilen Ausbildung.
- Regelungen zur Lernstandkontrolle ohne die Ermöglichung von Überwachung der Auszubildenden. Ggf. Prozessdefinition zur Erstellung und Evaluation eines didaktischen Konzepts zur Wissensvermittlung, Betreuung und Begleitung in der mobilen Ausbildung mit Berücksichtigung geeigneter Lernformen.

Mobile Ausbildung

Bedeutung für die Auszubildenden

Mobile Ausbildung sollte nicht der Regelfall sein, denn für eine gute Ausbildung sind das betriebliche Arbeitsumfeld, das Ausbildungspersonal sowie der Austausch mit den Kolleg:innen von hoher Bedeutung. Mobile Ausbildung bietet aber auch Chancen, beispielsweise für Auszubildende, die Betreuungspflichten haben oder durch den Wohnungsmarkt regelmäßig lange Fahrtzeiten auf sich nehmen müssen. Allerdings sollte mobile Ausbildung nur in beiderseitigem Einverständnis von Ausbildenden und Auszubildenden erfolgen. Mobile Arbeit und mobile Ausbildung hat seit der Corona-Pandemie mehr und mehr an Bedeutung gewonnen. Eine geplante, strukturierte Nutzung mobiler Ausbildung, deren Ausgestaltung möglichst in einer Betriebsvereinbarung geregelt ist, bietet neue Chancen und Möglichkeiten Auszubildenden Freiheiten zu ermöglichen und gleichzeitig neue Arbeitsrealitäten bereits in der Ausbildung in geschätztem Rahmen zu erlernen. So können die rechtlichen Vorgaben gesichert und individuelle Aspekte berücksichtigt werden.

Modulausbildung

Grundlagen

Wenn im Zusammenhang mit der Berufsausbildung über Modularisierung gesprochen wird, sollte genau geklärt sein, was damit gemeint ist. Modularisierung kann als didaktisches Gestaltungselement von Bildungsprozessen gemeint sein. Eine solche Modularisierung findet üblicherweise in der Ausbildung statt. Problematisch ist, wenn mit Modularisierung die Zerstückelung von Ausbildungsberufen gemeint ist. Vertreter:innen einer solchen Modularisierung wollen die ganzheitliche Berufsausbildung in eigenständig zu zertifizierende Module zerlegen. Die Summe solcher Module kann dann zu einem Berufsabschluss führen. Hintergrund für diesen Vorschlag ist, dass einige Arbeitgebervertreter tayloristische Arbeitskonzepte durchsetzen wollen, um mit einem geringeren Lohnniveau Kosten zu minimieren. Es sollen nur noch die Qualifikationen vermittelt werden, die für die Ausführung einer bestimmten Tätigkeit erforderlich sind.

Der DIHK hat ein Konzept mit Wahlmodulen bei Beibehalt einer ganzheitlichen Berufsausbildung vorgeschlagen. Auch dieses Konzept »Dual mit Wahl« ist kein Fortschritt, sondern ein Rückschritt zu Berufsstrukturen der 1980er-Jahre. Es unterscheidet in Kernkompetenzen, die in ein bis zwei Jahren vermittelt werden und für alle verwandten Berufe gleich sind, sowie in profilgebende Kompetenzen, die den Beruf ausmachen. Bei letzteren soll es sich um Wahlmodule handeln, die die Gesamtausbildung auf zwei oder drei Jahre ergänzen. Zusatzqualifikationen werden in Spezialmodulen angeboten.

Welche Beruflichkeit am Ende hinter dem jeweiligen Abschluss steht, ist abhängig von den ausgewählten Wahlmodulen, was letztlich zulasten der Transparenz und Mobilität geht. Auch berücksichtigt dieser Ansatz nicht, dass eine Kompetenzentwicklung in tatsächlichen Geschäfts- und Arbeitsprozessen immer im ganzheitlichen Handeln stattfindet. Kaufleute nehmen beispielsweise Personaleinsatzplanungen IT-gestützt mit Unternehmenssteuerungssystemen (ERP) vor und kommunizieren diese im Unternehmen. Damit werden Qualifikationen aus den Bereichen Personalwirtschaft, IT und Kommunikation integriert vermittelt.

Modulausbildung

Arbeiten und Lernen in ganzheitlichen Prozessen lässt sich halt nicht einfach in Fächer oder in Stufen einteilen.
Die Gewerkschaften treten für eine ganzheitliche, mindestens dreijährige qualifizierte Berufsausbildung ein. Leitbild einer qualifizierten Berufsausbildung ist dabei die fachlich und sozial kompetente Fachkraft.

Bedeutung für den Betriebsrat/die JAV

Berufsbildung gehört zu den Maßnahmen der Personalplanung. Hierbei hat der Betriebsrat das Recht auf eine umfassende und rechtzeitige Information (§ 92 Abs. 1 BetrVG) sowie ein Vorschlagsrecht bei der Planung und Durchführung (§ 92 Abs. 2 BetrVG). Es gilt, Schmalspurausbildung im Betrieb zu verhindern.

Mutterschutz/Elterngeld

Grundlagen

Der gesetzliche Mutterschutz verfolgt das Ziel, den Schutz der Gesundheit von Mutter und Kind während der Schwangerschaft und Stillzeit bzw. in der ersten Zeit nach der Entbindung zu garantieren. Diese Schutzvorschriften für Mütter und werdende Mütter, die in einem Arbeitsverhältnis stehen, finden sich im Mutterschutzgesetz (MuSchG).

Das Mutterschutzgesetz enthält in § 2 MuSchG Bestimmungen zur Gestaltung des Arbeitsplatzes und in den §§ 3 und 4 MuSchG Beschäftigungsverbote für werdende Mütter. Diese dürfen in den letzten sechs Wochen vor der Entbindung nicht beschäftigt werden, es sei denn, dass sie sich zur Arbeitsleistung ausdrücklich bereit erklären. Im Übrigen gelten weitere Beschäftigungsverbote hinsichtlich solcher Arbeiten, von denen erfahrungsgemäß nachteilige Wirkungen auf eine Schwangerschaft ausgehen, vgl. § 4 MuSchG.

Nach der Entbindung besteht ein Beschäftigungsverbot bis zum Ablauf von acht Wochen (§ 3 Abs. 2 MuSchG).

Von besonderer Bedeutung ist das in § 9 MuSchG geregelte Kündigungsverbot gegenüber einer Frau während der Schwangerschaft und bis zum Ablauf von vier Monaten nach der Entbindung. Die Frage nach dem Bestehen einer Schwangerschaft ist bei einer Stellenbewerberin grundsätzlich unzulässig; eine falsche Antwort rechtfertigt daher keine Anfechtung des Arbeitsverhältnisses.

Im Übrigen stellt das Mutterschutzgesetz sicher, dass Arbeitnehmerinnen durch die Mutterschaft keine finanziellen Nachteile erleiden.

Das Gesetz zum Elterngeld und zur Elternzeit (Bundeselterngeld- und Elternzeitgesetz – BEEG) ermöglicht es Eltern nach § 15 Abs. 2 BEEG für maximal drei Jahre, ihre Arbeitszeit zu reduzieren oder ganz zu pausieren. Dies gilt auch für Auszubildende. Durch die Einführung des sog. Elterngeld Plus (Gesetz zur Einführung des Elterngeld Plus mit Partnerschaftsbonus und einer flexibleren Elternzeit) sind nun flexiblere Modelle für beide Elternteile möglich. Nun kann ein Zeitraum von 24 Monaten zwischen dem dritten Geburtstag und dem vollendeten achten Lebensjahr des Kindes in Anspruch genommen werden. Eine

Mutterschutz/Elterngeld

Zustimmung durch den Arbeitgeber ist nicht nötig. Allerdings sind die Ankündigungsfristen zu beachten.
Des Weiteren besteht Anspruch auf Elterngeld. Anspruch darauf haben auch Auszubildende. Die Höhe des Elterngeldes richtet sich nach dem bisherigen Einkommen. Gezahlt werden 65–67 % des monatlich wegfallenden Einkommens (§ 2 BEEG), dies maximal 14 Monate (§ 4 BEEG). Ein Mindestbetrag von 300,00 Euro steht allen Eltern zu (§ 2 Abs. 4 BEEG).

Nachtarbeit/Nachtruhe

Grundlagen

Jugendliche dürfen nach § 14 JArbSchG nur in der Zeit von 6.00 bis 20.00 Uhr beschäftigt werden.
Von diesem grundsätzlichen Verbot der Beschäftigung in der Nachtzeit ab 20.00 Uhr gibt es nach § 14 Abs. 2 JArbSchG Ausnahmen für Jugendliche über 16 Jahre. Diese dürfen im Gaststätten- und Schaustellergewerbe bis 22.00 Uhr beschäftigt werden; sie dürfen ferner unabhängig von der Art der Beschäftigung in mehrschichtigen Betrieben bis 23.00 Uhr beschäftigt werden.
Außerdem gibt es Ausnahmen für die Beschäftigung in der Landwirtschaft sowie in Bäckereien und Konditoreien. In der Landwirtschaft dürfen sie ab 5.00 Uhr morgens bzw. bis 21.00 Uhr abends und in Bäckereien und Konditoreien ab 5.00 Uhr morgens beschäftigt werden.
Für Jugendliche über 17 Jahre erlaubt § 14 Abs. 3 JArbSchG für Bäckereien sogar eine Beschäftigung ab 4.00 Uhr nachts.
Unabhängig von diesen Regelungen über die Nachtruhe muss den Jugendlichen nach Beendigung der täglichen Arbeitszeit eine ununterbrochene Freizeit von mindestens zwölf Stunden gewährt werden (§ 13 JArbSchG).
Eine Besonderheit gilt noch hinsichtlich des Berufsschulunterrichtes. Nach § 14 Abs. 4 JArbSchG dürfen Jugendliche an dem einem Berufsschultag unmittelbar vorangehenden Tag auch in Gaststätten oder mehrschichtigen Betrieben oder in der Landwirtschaft nicht nach 20.00 Uhr beschäftigt werden, wenn der Berufsschulunterricht am Berufsschultag vor 9.00 Uhr beginnt.
Eine generelle Ausnahmeregelung gilt für die Beschäftigung in Betrieben, in denen die übliche Arbeitszeit aus verkehrstechnischen Gründen nach 20.00 Uhr endet. Hier dürfen auch Jugendliche nach vorheriger Anzeige an die Aufsichtsbehörde bis 21.00 Uhr beschäftigt werden, soweit sie hierdurch unnötige Wartezeiten vermeiden können. In mehrschichtigen Betrieben dürfen nach vorheriger Anzeige an die Aufsichtsbehörde Jugendliche über 16 Jahre ab 5.30 Uhr oder bis 23.30 Uhr beschäftigt werden, soweit sie hierdurch unnötige Wartezeiten vermeiden können.

Nachtarbeit/Nachtruhe

Ferner gibt es Ausnahmeregelungen, die die Aufsichtsbehörde auf Antrag bewilligen kann. Dies betrifft die Beschäftigung Jugendlicher bei Musikaufführungen, Theatervorstellungen, bei Film- und Fotoaufnahmen. Hier ist eine Beschäftigung bis 23.00 Uhr möglich, soweit die Jugendlichen bei diesen Veranstaltungen »gestaltend mitwirken«. Den Jugendlichen muss danach eine ununterbrochene Freizeit von mindestens 14 Stunden gewährt werden.

> **Hinweis:**
> Nacht- und Schichtarbeit von erwachsenen Auszubildenden, die das 18. Lebensjahr bereits vollendet haben, sind im Arbeitszeitgesetz (ArbZG) geregelt. Sie gelten als Mindestbestimmungen. Darüber hinaus können bessere und weitergehende Regelungen in Tarifverträgen, Betriebsvereinbarungen bzw. in einem Ausbildungsvertrag geregelt sein.

Nachweisgesetz

Grundlagen

Arbeitsverträge brauchen nicht schriftlich geschlossen zu werden. Sie sind auch wirksam, wenn sie mündlich vereinbart werden, ja sogar durch Handschlag kann ein Arbeitsvertrag zustande kommen oder durch schlichtes Handeln, also etwa indem die Arbeit mit Einverständnis des Arbeitgebers aufgenommen wird. Diese unbürokratische Formfreiheit beinhaltet auch eine Gefahr: Kommt es später zu Meinungsverschiedenheiten, kann der Arbeitnehmer nicht beweisen, was ihm bei Vertragsschluss an Arbeitsbedingungen versprochen worden ist.

Den Arbeitnehmer hiervor zu schützen ist der Zweck des Nachweisgesetzes. Der Schutz wurde durch eine gesetzliche Neuregelung für alle Arbeitsverhältnisse, die ab dem 1. August 2022 geschlossen werden, noch ausgeweitet. Die Bundesrepublik Deutschland hat damit eine EU-Richtlinie umgesetzt. Alle Arbeitnehmer, deren Arbeitsverhältnis vor dem Stichtag zustande gekommen ist, können jetzt vom Arbeitgeber nachträglich die entsprechenden Angaben verlangen. Der Arbeitgeber muss dem innerhalb von sieben Tagen entsprechen.

Die Information muss schriftlich erfolgen. Gibt es einen schriftlichen Arbeitsvertrag, der die Angaben enthält, entfällt die Pflicht des Arbeitgebers. Sind die Arbeitnehmerrechte durch Gesetz, Tarifvertrag oder Betriebsvereinbarung geregelt, so reicht in der Regel ein Verweis hierauf.

Diese Angaben müssen jetzt enthalten sein:
1. der Name und die Anschrift der Vertragsparteien,
2. der Zeitpunkt des Beginns des Arbeitsverhältnisses,
3. bei befristeten Arbeitsverhältnissen: das Enddatum oder die vorhersehbare Dauer des Arbeitsverhältnisses,
4. der Arbeitsort oder, falls der Arbeitnehmer nicht nur an einem bestimmten Arbeitsort tätig sein soll, ein Hinweis darauf, dass der Arbeitnehmer an verschiedenen Orten beschäftigt werden oder seinen Arbeitsort frei wählen kann,
5. eine kurze Charakterisierung oder Beschreibung der vom Arbeitnehmer zu leistenden Tätigkeit,

6. sofern vereinbart, die Dauer der Probezeit,
7. die Zusammensetzung und die Höhe des Arbeitsentgelts einschließlich der Vergütung von Überstunden, der Zuschläge, der Zulagen, Prämien und Sonderzahlungen sowie anderer Bestandteile des Arbeitsentgelts, die jeweils getrennt anzugeben sind, und deren Fälligkeit sowie die Art der Auszahlung,
8. die vereinbarte Arbeitszeit, vereinbarte Ruhepausen und Ruhezeiten sowie bei vereinbarter Schichtarbeit das Schichtsystem, der Schichtrhythmus und Voraussetzungen für Schichtänderungen,
9. bei Arbeit auf Abruf § 12 des Teilzeit- und Befristungsgesetzes:
    - die Vereinbarung, dass der Arbeitnehmer seine Arbeitsleistung entsprechend dem Arbeitsanfall zu erbringen hat,
    - die Zahl der mindestens zu vergütenden Stunden,
    - der Zeitrahmen, bestimmt durch Referenztage und Referenzstunden, der für die Erbringung der Arbeitsleistung festgelegt ist, und
    - die Frist, innerhalb derer der Arbeitgeber die Lage der Arbeitszeit im Voraus mitzuteilen hat,
10. sofern vereinbart, die Möglichkeit der Anordnung von Überstunden und deren Voraussetzungen,
11. die Dauer des jährlichen Erholungsurlaubs,
12. ein etwaiger Anspruch auf vom Arbeitgeber bereitgestellte Fortbildung,
13. wenn der Arbeitgeber dem Arbeitnehmer eine betriebliche Altersversorgung über einen Versorgungsträger zusagt, der Name und die Anschrift dieses Versorgungsträgers; die Nachweispflicht entfällt, wenn der Versorgungsträger zu dieser Information verpflichtet ist,
14. dass bei der Kündigung des Arbeitsverhältnisses von Arbeitgeber und Arbeitnehmer einzuhaltende Verfahren, mindestens das Schriftformerfordernis und die Fristen für die Kündigung des Arbeitsverhältnisses, sowie die Frist zur Erhebung einer Kündigungsschutzklage; § 7 des Kündigungsschutzgesetzes ist auch bei einem nicht ordnungsgemäßen Nachweis der Frist zur Erhebung einer Kündigungsschutzklage anzuwenden,
15. ein in allgemeiner Form gehaltener Hinweis auf die auf das Arbeitsverhältnis anwendbaren Tarifverträge, Betriebs- oder Dienstvereinbarungen sowie Regelungen paritätisch besetzter Kommissionen, die auf der Grundlage kirchlichen Rechts Arbeitsbedingungen für den Bereich kirchlicher Arbeitgeber festlegen.

Auch für Praktikanten sind die wesentlichen Vertragsbedingungen schriftlich niederzulegen, ebenso für Arbeitnehmer, die ins Ausland entsandt werden.

Die gesetzliche Pflicht des Arbeitgebers ist jetzt aufgewertet worden, ihre Verletzung stellt eine Ordnungswidrigkeit dar, die mit einer Geldbuße von bis zu 2000 Euro geahndet werden kann.

Bedeutung für den Betriebsrat/die JAV

Der Betriebsrat hat allgemein die Aufgabe, die Einhaltung der zugunsten der Arbeitnehmer geltenden Gesetze zu überwachen (§ 80 Abs. 1 BetrVG). Das bezieht sich auch auf das Nachweisgesetz. Er darf die Unterlagen einsehen (§ 80 Abs. 2 BetrVG).

Personalakte

Grundlagen

Bei einer Personalakte handelt es sich um schriftlich oder elektronisch festgehaltene Daten oder Vorgänge, die sich auf Begründung und Verlauf des Arbeitsverhältnisses sowie auf Fähigkeiten und Leistungen der Arbeitnehmer:innen beziehen. Sie ist eine Sammlung von Urkunden und Vorgängen, die die persönlichen und dienstlichen Verhältnisse der Mitarbeiter:innen betreffen und in einem inneren Zusammenhang mit dem Arbeits-/Dienstverhältnis stehen. Sie soll ein möglichst vollständiges, wahrheitsgemäßes und sorgfältiges Bild über diese Verhältnisse geben. (BAG 19.7.2012 – 2 AZR 782/11; 18.11.2008 – 9 AZR 865/07). Dabei ist es unerheblich, ob diese Unterlagen in Form herkömmlicher Akten angelegt oder in elektronischen Datenbanken gespeichert sind. Es sind deshalb auch Nebenakten bzw. »Sonderakten«, persönliche Aufzeichnungen des Vorgesetzten, unter der Personalnummer des Arbeitnehmers gespeicherte und abfragbare Leistungsprofile sowie Unterlagen des Werkschutzes mit einzubeziehen. Dabei muss die Hauptakte einen entsprechenden Hinweis auf solche Akten enthalten. Unzulässig ist es, Geheimakten zu führen.
In den Personalakten dürfen nur solche Informationen enthalten sein, die der Arbeitgeber rechtmäßig erworben hat, z.B. im Rahmen eines Personalfragebogens, und für die auch ein sachliches Interesse des Arbeitgebers besteht. Inhalt einer Personalakte können somit Angaben zur Person des/der Arbeitnehmers/in (Personenstand, berufliche Entwicklung und Qualifizierung, Leistungen, Lohn- und Gehaltsänderungen, Abmahnungen, gesundheitliche Daten [z.B. Arbeitsunfälle], Religionszugehörigkeit, Kontodaten, die Steuer-Identifizierungsnummer, Pfändungen u.a.), Bewerbungsunterlagen, Zeugnisse, Arbeitsvertrag, Personalfragebögen und der Schriftverkehr zwischen dem Arbeitgeber und dem/der Arbeitnehmer:in im Zusammenhang mit der Aufnahme des Ausbildungsverhältnisses bzw. Arbeitsverhältnisses sein. Für die **schriftliche Personalakte** gilt auch die EU-Datenschutz-Grundverordnung (DSGVO) und das Bundesdatenschutzgesetz (BDSG), da nach § 26 Abs. 7 BDSG ausdrücklich die nicht automatisierte personenbezogene Datenerhebung und Datenverarbeitung

einbezogen wird, und der Arbeitgeber die personenbezogenen Daten des/der Arbeitnehmers/in i. S. d. Art. 4 Nr. 2 DSGVO »verarbeitet« (→ **Datenschutz**). Zu beachten ist, dass die DSGVO seit dem 25. 5. 2018 in Deutschland unmittelbar gilt. Zahlreiche Öffnungsklauseln in der DSGVO bieten die Möglichkeit, diese in begrenztem Umfang durch ein nationales Gesetz oder durch eine Kollektivvereinbarung (BV) zu ergänzen. Mit einem Umsetzungsgesetz wurde das deutsche Datenschutzrecht entsprechend angepasst. Es ergänzt die DSGVO. Wichtigster Bestandteil des Umsetzungsgesetzes ist das BDSG neue Fassung, das ebenfalls seit dem 25. 5. 2018 gilt und das alte BDSG ersetzt hat. Zu den sich daraus ergebenden Fragen und Konsequenzen siehe im Einzelnen:

Literaturhinweise

Däubler, Gläserne Belegschaften, 9. Aufl., 2021, Rn. 42eff.
Däubler, Heimlicher Abbau beim Datenschutz, CuA 2/20, 23
Däubler, Was bringt der neue EU-Datenschutz, CuA 3/2016, 13
Däubler/Wedde/Weichert/Sommer, EU-DSGVO und BDSG, Kompaktkommentar, 2024
Stiel, Personalakte und Datenschutz, CuA 6/23, 28
Wedde, Datenschutzrecht für »Europa 4.0«, CuA 3/2016, 8

Zu den **Personalakten** gehören auch die Personaldaten, die in **elektronischen Datenbanken** gespeichert werden. Für diese im Rahmen eines Arbeitsverhältnisses gesammelten und verarbeiteten Daten sind ebenfalls die DSGVO und das BDSG maßgeblich, vor allem Art. 88 DSGVO und § 26 BDSG. Der/die Arbeitnehmer:in wird durch die DSGVO und das BDSG vor Gefahren bei der Verarbeitung personenbezogener Daten geschützt. Dabei bezieht sich dieser Schutz auf die Verarbeitung von Daten (Art. 4 Nr. 2 DSGVO). Hinsichtlich der Verarbeitung von Daten nach § 26 Abs. 1 BDSG (das Erheben, das Erfassen, die Organisation, das Ordnen, die Speicherung, die Anpassung oder Veränderung, das Auslesen, das Abfragen, die Verwendung, die Offenlegung durch Übermittlung, Verbreitung oder eine andere Form der Bereitstellung, den Abgleich oder die Verknüpfung, die Einschränkung, das Löschen oder die Vernichtung) stehen dem/der einzelnen Arbeitnehmer:in bestimmte Rechte zu, die neben dem Einsichtsrecht nach § 83 BetrVG stehen.
Die Verarbeitung von Gesundheitsdaten nach Art. 4 Nr. 15 DSGVO in einer Personalakte ist nur dann zulässig, wenn ein besonderer Ausnahmetatbestand im Sinne des Art. 9 Abs. 2 DSGVO eingreift. So z. B., wenn sie zur Einhaltung sozialrechtlicher Vorschriften erforderlich ist. Besondere Anforderungen für die angemessenen und spezifischen Maßnahmen zur Wahrung der Interessen der betroffenen Beschäftigten stellt im Einzelnen § 22 Abs. 2 BDSG auf. Das hat zur

Folge, dass u. a. eine von der Personalakte zu trennende Akte zum betrieblichen Eingliederungsmanagement zu führen ist.
Auch wenn nach DSGVO und BDSG die Verarbeitung von Daten zulässig wäre, sind zunächst arbeitsrechtliche Schranken zu beachten (Art. 88 DSGVO, § 26 BDSG). So darf der Arbeitgeber nur dann personenbezogene Daten verarbeiten, wenn sie für die Begründung, Durchführung oder Beendigung des Beschäftigungsverhältnisses erforderlich sind. Der Arbeitgeber muss sie zudem rechtmäßig erworben haben.
Der Begriff »Personalakte« wird im Gesetz selbst nicht ausdrücklich geregelt. Das BetrVG setzt ihn jedoch in § 83 voraus. Diese Vorschrift schreibt nicht vor, dass eine Personalakte zu führen ist bzw. welchen Inhalt sie haben muss. Auch die DSGVO und das BDSG enthalten keine Definition der Personalakte. Ihr Zweck ist es vielmehr, den/die Einzelne/n davor zu schützen, dass er/sie durch den Umgang mit seinen/ihren personenbezogenen Daten in seinem/ihrem Persönlichkeitsrecht beeinträchtigt wird.

Bedeutung für die Beschäftigten

Dem/der einzelnen Arbeitnehmer:in geben DSGVO und BDSG neben § 83 BetrVG u. a. folgende Rechte:
- Es besteht ein Gebot der Benachrichtigung durch den Arbeitgeber von der erstmaligen Speicherung, dem Verwendungszweck und der Art der Daten (§ 32 Abs. 1 BDSG).
- Der/die Arbeitnehmer:in hat ein Auskunftsrecht über die zu seiner/ihrer Person gespeicherten Daten und den Zweck der Speicherung (Art. 15 DSGVO, § 34 BDSG). Für Klagen des/der Arbeitnehmers/in auf Auskunft des Arbeitgebers über die zu seiner/ihrer Person gespeicherten Daten sind die Arbeitsgerichte und nicht die Zivilgerichte zuständig (BAG 3. 2. 2014 – 10 AZB 77/13).
- Bei Unrichtigkeit besteht ein Recht auf Berichtigung der personenbezogenen Daten (Art. 16 DSGVO).
- Wenn die Speicherung unzulässig ist, besteht ein Recht des/der Arbeitnehmers/in auf Löschung seiner/ihrer Daten (Art. 17 DSGVO).
- Ein Recht auf Einschränkung der Verarbeitung der Daten besteht u. a., wenn eine Löschung aus bestimmten Gründen ausscheidet (Art. 18 DSGVO, § 35 BDSG) oder wenn die Richtigkeit der personenbezogenen Daten von der betroffenen Person bestritten wird, und zwar für eine Dauer, die es dem Verantwortlichen ermöglicht, die Richtigkeit der personenbezogenen Daten zu überprüfen (Art. 18 DSGVO).
- Die Ansprüche sind nicht abdingbar.

Literaturhinweise

Burgsmüller/Herget, Neues zur digitalen Personalakte, AiB 7–8/19, 24
Däubler, Gläserne Belegschaften, 9. Aufl., 2021, Rn. 534 ff.
Däubler, Auskunftsrecht im Datenschutz, CuA 10/22, 26
Däubler, Neue Lösungen für den Auskunftsanspruch?, CuA 8–9/23, 8

Nach § 83 BetrVG hat ein/e Arbeitnehmer:in das Recht, in die über ihn/sie geführte Personalakte **Einsicht zu nehmen**. Als spezifischere Vorschrift geht § 83 BetrVG, soweit wie diese Vorschrift reicht, Art. 15 DSGVO vor. Dieses Recht steht ihm/ihr jederzeit zu, insbesondere innerhalb der Arbeitszeit. Dabei dürfen ihm/ihr keine Nachteile, auch finanzieller Art, aus der Einsichtnahme entstehen. Hinsichtlich gespeicherter Daten hat der/die Arbeitnehmer:in Anspruch auf Ausdruck in einer entschlüsselten und verständlichen Form.
Das Recht auf Einsichtnahme in die Personalakte beinhaltet ebenfalls das Recht zur Anfertigung von Notizen und Kopien auf eigene Kosten.
Zur Unterstützung oder Vermittlung kann der/die Arbeitnehmer:in ein Mitglied des Betriebsrats hinzuziehen. Dabei hat das Betriebsratsmitglied das Recht, Einsicht in demselben Umfang zu nehmen, wie es auch dem/der betreffenden Arbeitnehmer:in möglich ist. Das Betriebsratsmitglied hat dabei über den Inhalt der Personalakte Stillschweigen zu bewahren. Etwas anderes kann nur für den Fall gelten, dass das Betriebsratsmitglied von seiner Schweigepflicht durch den/die Arbeitnehmer:in entbunden worden ist. Von der Möglichkeit, ein Betriebsratsmitglied hinzuzuziehen, sollte regelmäßig Gebrauch gemacht werden, da dadurch z. B. eher die Möglichkeit besteht, das Führen von Sonderakten feststellen zu können. Soweit eine Betriebsvereinbarung über die Gestaltung des Einsichtnahmerechts abgeschlossen worden ist, kann das Betriebsratsmitglied auch feststellen, ob sich der Arbeitgeber an diese Betriebsvereinbarung gehalten hat oder nicht. Demgegenüber sollen Arbeitnehmer:innen nach Auffassung des BAG (12.7.2016 – 9 AZR 791/14) keinen Anspruch darauf haben, bei der Einsichtnahme in ihre Personalakten einen Rechtsanwalt hinzuzuziehen, wenn der Arbeitgeber dem/der Arbeitnehmer:in gestattet, Kopien von den Schriftstücken in seiner/ihrer Personalakte anzufertigen.
In § 83 Abs. 2 BetrVG wird dem/der Arbeitnehmer:in ausdrücklich das Recht zugestanden, Erklärungen zum Inhalt der Personalakte beizufügen. Dieses ist unabhängig davon, ob der Arbeitgeber die Erklärung für zutreffend hält oder der Meinung ist, dass sie nicht zu der Personalakte gehört. Dieses Recht ist von besonderer Bedeutung, da die Möglichkeit besteht, gegen Beurteilungen oder Verwarnungen und Abmahnungen durch den Arbeitgeber eine eigene Darstellung durch den/die Arbeitnehmer:in der Personalakte beizufügen.

Personalakte

Generell hat ein/e Arbeitnehmer:in Anspruch auf Rücknahme und Entfernung von unrichtigen Angaben und missbilligenden Äußerungen aus der Personalakte, wenn diese unzutreffende Tatsachenbehauptungen enthalten, die ihn/sie in seiner/ihrer Rechtsstellung und seinem/ihrem beruflichen Fortkommen beeinträchtigen können. Dieser Beseitigungsanspruch bezieht sich insbesondere auch auf eine unberechtigt ausgesprochene Abmahnung. Entsprechendes gilt, wenn der/die Arbeitnehmer:in vor Aufnahme der Abmahnung in die Personalakte nicht angehört worden ist. Bei Nichtbeachtung dieses Anhörungsrechts kann der/die betroffene Arbeitnehmer:in die Entfernung der Schriftstücke aus der Personalakte verlangen, notfalls sogar gerichtlich durchsetzen.

Wichtig ist dabei zu wissen, dass der/die Arbeitnehmer:in nicht verpflichtet ist, gegen Abmahnungen oder Angaben in der Personalakte klageweise vorgehen zu müssen. Er/sie kann sich zunächst auf eine Gegendarstellung beschränken oder gar nichts tun. In einem späteren Klageverfahren können dann die in dem Schreiben enthaltenen Tatsachen bestritten werden. So wird z. B. in einem Kündigungsrechtsstreit um eine verhaltensbedingte Kündigung die Berechtigung der im Abmahnungsschreiben enthaltenen Vorwürfe überprüft. Der Anspruch auf Entfernung einer Abmahnung unterliegt dabei keiner tariflichen Ausschlussfrist.

Die in § 83 BetrVG geregelten Einsichtsrechte in die Personalakte gelten auch in den Betrieben und Verwaltungen, die keinen Betriebsrat haben oder nicht einmal betriebsratsfähig sind. Es handelt sich insoweit um ein Recht, das unabhängig von der Existenz eines Betriebsrats jedem/jeder Arbeitnehmer:in zusteht.

Nach Beendigung des Arbeitsverhältnisses, wenn die Akten noch vorhanden sind, besteht zwar kein Einsichtsrecht mehr aus § 83 BetrVG, aber aus einer nachwirkenden Schutz- und Rücksichtnahmepflicht des Arbeitgebers (BAG 16. 11. 2010 – 9 AZR 573/09). Für dieses Einsichtsrecht muss der/die Arbeitnehmer:in ein konkretes berechtigtes Interesse nicht darlegen. Darüber hinaus haben ausgeschiedene Arbeitnehmer:innen nach Beendigung des Arbeitsverhältnisses gegen den Arbeitgeber einen Anspruch auf Löschung persönlicher Daten nach Art. 17 DSGVO von der Unternehmenswebseite. Ansonsten könnte bei Dritten der falsche Eindruck entstehen, dass der/die ausgeschiedene Arbeitnehmer:in noch bei dem Arbeitgeber arbeitet (Hessisches LAG 24. 1. 2012 – 19 SaGa 1480/11). Der Löschungsanspruch beinhaltet auch Bildveröffentlichungen auf der Homepage des Arbeitgebers im Internet, wenn der/die ausgeschiedene Beschäftigte die Einwilligung zur Veröffentlichung wirksam widerrufen hat (ArbG Frankfurt 20. 6. 2012 – 7 Ca 1649/12).

Bedeutung für den Betriebsrat/die JAV

Die Hinzuziehung zu einer Einsichtnahme bezieht sich auf ein Mitglied des Betriebsrats. Dabei hat das Betriebsratsmitglied das Recht, in demselben Umfang Einsicht zu nehmen, wie der/die Arbeitnehmer:in.

Der Betriebsrat/die JAV sollte die Arbeitnehmer:innen im Betrieb ausdrücklich auf das Einsichtsnahmerecht aufmerksam machen, damit so viel wie möglich von diesem Recht Gebrauch gemacht und dem Vorgang durch Hinzuziehung eines Betriebsratsmitglieds besonderes Gewicht verliehen wird. Dieses gilt besonders in den Fällen, in denen es zu Problemen mit der Führung von Personalakten durch den Arbeitgeber gekommen ist bzw. berechtigter Anlass dazu besteht, dass dieses der Fall ist.

Da das Gesetz keine Einzelheiten des Einsichtsnahmerechts, der Häufigkeit und des Ortes der Einsichtnahme regelt, es sich dabei jedoch um eine Frage der Ordnung des Betriebs handelt, unterliegen diese Fragen der Mitbestimmung des Betriebsrats nach § 87 Abs. 1 Nr. 1 BetrVG. Von Betriebsratsseite sollte darauf geachtet werden, dass durch Regelungen das Einsichtsnahmerecht nicht unnötig erschwert wird. Durch Betriebsvereinbarung kann u. a. bestimmt werden, wie bei einer zentralen Verwaltung Einsicht genommen wird, wann bestimmte Vorgänge wieder gelöscht werden müssen, ob die einzelnen Seiten nummeriert werden und wo Personalakten aufzubewahren sind.

Soweit die Personalakte als Mittel der Personalplanung eingesetzt wird, kommt ein Beteiligungsrecht nach § 92 Abs. 1 BetrVG in Betracht.

Bei der elektronischen Personalakte ergibt sich ein weiteres Mitbestimmungsrecht aus § 87 Abs. 1 Nr. 6 BetrVG, da es sich bei ihr um eine technische Einrichtung handelt. Die Ermittlung von Verhaltens- und Leistungsdaten ist nach dieser Vorschrift auch bei EDV-Anlagen mitbestimmungspflichtig.

Literaturhinweise

Burgsmüller, Personalakte digital, CuA 2017/12, 32 ff.
Burgsmüller/Herget, Neues zur digitalen Personalakte, AiB 7–8/19, 24
Däubler, Digitalisierung und Arbeitsrecht, Künstliche Intelligenz – Homeoffice – Arbeit 4.0, 8. Aufl., 2023
Däubler, Gläserne Belegschaften? Das Handbuch zum Arbeitnehmerdatenschutz, 9. Aufl. 2021
Karg, Verfahren E-Personalakte – Roter Faden für den Datenschutz, CuA, 2013/12, 21 ff.

Personalrat

Grundlagen

Nach dem BPersVG ist der Personalrat die Interessenvertretung der Beschäftigten des öffentlichen Dienstes in den Verwaltungen des Bundes und der bundesunmittelbaren Körperschaften, Anstalten und Stiftungen des öffentlichen Rechts (vgl. → **Personalvertretungsrecht**). Entsprechendes gilt für die Personalräte, die aufgrund der LPersVG gebildet werden. Aus dieser Aufgabenstellung heraus definiert sich das Ziel seiner Arbeit. Im Mittelpunkt der Personalratsarbeit stehen die langfristige Sicherung und Verbesserung der Arbeitsbedingungen in den Dienststellen, soweit diese auf Dienststellenebene regelbar sind. Neben den einzelnen Personalräten werden in mehrstufigen Verwaltungen bei den Behörden der Mittelstufe Bezirkspersonalräte, bei den obersten Dienstbehörden Hauptpersonalräte durch Wahlen gebildet (§ 88 BPersVG). Diese sind in Angelegenheiten zuständig, in denen die Dienststelle nicht zur Entscheidung befugt ist (§ 92 BPersVG). Bei der Verselbstständigung von Dienststellenteilen wird zusätzlich ein Gesamtpersonalrat gewählt (§ 93 BPersVG).

Die Personalräte sind demokratisch gewählte Interessenvertretungsorgane der Arbeitnehmer:innen und Beamt:innen, einschließlich der zu ihrer Berufsausbildung Beschäftigten sowie derjenigen Richter:innen, die eine nicht richterliche Tätigkeit ausüben. Als Interessenvertretung ist der Personalrat verpflichtet, seine Tätigkeit an den Interessen, Forderungen und Anliegen der Beschäftigten zu orientieren.

Etwas anderes ergibt sich auch nicht aus dem Grundsatz der vertrauensvollen Zusammenarbeit nach § 2 Abs. 1 BPersVG. Dieser Grundsatz nivelliert nicht die unterschiedlichen Interessen, sondern zielt darauf ab, dass die Personalvertretung und die Dienststelle, die zwischen den Beschäftigten und dem öffentlichen Arbeitgeber bzw. Dienstherrn bestehenden konträren Interessen offen und mit dem ernsten Willen zur Einigung behandeln. Dieses ergibt sich ausdrücklich aus § 65 Satz 3 BPersVG. Das Gebot der »vertrauensvollen Zusammenarbeit« geht somit gerade von dem Interessengegensatz aus, der sich zum einen aus dem Wohl der Beschäftigten und zum anderen aus der Erfüllung der dienstlichen Aufgaben ergibt. Dieses setzt sowohl auf Seiten des Personalrats, aber insbesondere auch auf Seiten der Dienststelle, Gesprächs- und Verhandlungsbereitschaft voraus. Dienststellenleitung und Personalvertretung stehen sich dabei als gleichberechtigte Partner gegenüber (so ausdrücklich BVerwG 12. 3. 1986 – 6 P 5.85 – PersR 1986, 116 ff.).

Aufgabe der Personalräte ist es, zum Wohle der Beschäftigten zu handeln, deren Interessen aufzugreifen und gegenüber der Dienststellenleitung (auch nachdrücklich) wahrzunehmen.

Die Aufgabenstellung des Personalrats
Das BPersVG weist dem Personalrat zahlreiche Aufgaben und Befugnisse zu. Die allgemeinen Aufgaben des Personalrats nach § 62 Abs. 1 BPersVG verdeutlichen dabei am besten seinen Auftrag, wonach der Personalrat Maßnahmen, die der Dienststelle und ihren Angehörigen dienen, beantragen kann.

Weiterhin hat der Personalrat darüber zu wachen, dass die zugunsten der Beschäftigten geltenden Gesetze, Verordnungen, Tarifverträge, Dienstvereinbarungen und Verwaltungsanordnungen durchgeführt werden. Zudem hat er darüber zu wachen, dass alle Angehörigen der Dienststelle nach Recht und Billigkeit behandelt werden, insbesondere jede unterschiedliche Behandlung unterbleibt (§ 2 Abs. 4 BPersVG). Dieser Schutzauftrag des Personalrats gebietet ihm, sich für die rechtlichen und sozialen Belange der Beschäftigten einzusetzen.

Neben dieser Schutzfunktion liegt ein weiterer Schwerpunkt der Rechte des Personalrats in seiner Gestaltungsfunktion. Ein Personalrat kann nur dann seine Aufgaben wirksam wahrnehmen, wenn er nicht nur auf Maßnahmen der Dienststellenleitung reagiert, sondern wenn er von sich aus aktiv tätig werden kann. Dieses Agieren erfolgt zunächst einmal über die Möglichkeit, Initiativen im Zusammenhang mit dem Beantragen von Maßnahmen, die der Dienststelle und ihren Angehörigen dienen, auf den Weg zu bringen. Da das Agieren eine entsprechende Informationsbasis voraussetzt, stehen dem Personalrat umfassende Informationsrechte zu. So ist nach § 66 BPersVG der Personalrat zur Durchführung seiner Aufgaben rechtzeitig und umfassend durch die Dienststelle zu informieren. Ihm sind die hierfür erforderlichen Unterlagen vorzulegen. Auch können Personalakten eingesehen werden, wenn die Zustimmung der Beschäftigten vorliegt. Dienstliche Beurteilungen sind dem Personalrat zur Kenntnis zu bringen, wenn dieses von Seiten der Beschäftigten verlangt wird.

Beteiligungsrechte
Diese »Generalklausel« für eine aktive Interessenvertretung der Beschäftigten durch den Personalrat in § 62 BPersVG wird ergänzt durch Beteiligungsrechte des Personalrats in personellen, sozialen und organisatorischen Angelegenheiten. Dabei reichen diese Angelegenheiten von Fragen der Personalplanung

Personalrat

(Anhörungsrecht nach § 87 Abs. 1 BPersVG), über Fragen der Auflösung, Einschränkung, Verlegung oder Zusammenlegung von Dienststellen oder wesentlichen Teilen von ihnen (Mitwirkungsrecht nach § 84 Abs. 1 Nr. 2 BPersVG) bis hin zu der Festlegung des Beginns und Endes der täglichen Arbeitszeit und der Pausen sowie der Verteilung der Arbeitszeit auf die einzelnen Wochentage (Mitbestimmungsrecht nach § 80 Abs. 1 Nr. 1 BPersVG).

Diese Beteiligungsrechte sind hinsichtlich der Inhalte als auch der Einflussnahme des Personalrats unterschiedlich ausgestaltet und abgestuft. So werden im Bereich des Personalvertretungsrechts – ohne die Informationsrechte mit einzubeziehen – vier Formen der Beteiligung unterschieden:
- Anhörungsrecht,
- Mitwirkungsrecht,
- eingeschränktes Mitbestimmungsrecht,
- uneingeschränktes Mitbestimmungsrecht.

Anhörungsrecht
Anhörungsrechte des Personalrats werden in §§ 86 und 87 BPersVG vorgegeben. Vor dem Durchführen von anhörungspflichtigen Maßnahmen hat die Dienststellenleitung den Personalrat von einer beabsichtigten Maßnahme zu informieren, diese zu begründen und dessen Stellungnahme einzuholen. Die Entscheidung über eine – streitige – anhörungspflichtige Maßnahme trifft die Dienststellenleitung. Deren Entscheidungsrecht bleibt in Anhörungsangelegenheiten letztlich in vollem Umfang erhalten. Bei der außerordentlichen Kündigung (§ 86 BPersVG) führt die Verletzung des Anhörungsrechts dazu, dass die außerordentliche Kündigung unwirksam ist (§ 85 Abs. 3 BPersVG) bzw. bei der fristlosen Entlassung von Beamt:innen zur Anfechtbarkeit des Entlassungsaktes.

Nach § 87 Abs. 1 bis 3 BPersVG ist ein Anhörungsrecht des Personalrats in folgenden Fragen gegeben:
- Stellenanforderungen zum Haushaltsvoranschlag,
- Personalplanung,
- Neu-, Um- und Erweiterungsbauten von Diensträumen,
- grundlegende Änderungen von Arbeitsverfahren und Arbeitsabläufen.

Mitwirkungsrechte
In § 84 BPersVG sind die Angelegenheiten geregelt, die der Mitwirkung des Personalrats unterliegen. Das Verfahren bei der Mitwirkung selbst ist in § 81 BPersVG geregelt. Die beabsichtigte mitwirkungspflichtige Maßnahme ist vor der Durchführung mit dem Ziel einer Verständigung rechtzeitig und eingehend mit dem Personalrat zu erörtern. Geht die Dienststellenleitung nicht auf Einwendungen des Personalrats ein, schließt sich das Stufenverfahren an. Die endgültige Entscheidung trifft die oberste Dienstbehörde nach Verhandlungen mit dem bei

Personalrat

ihr bestehendem Hauptpersonalrat. Die Einschaltung einer Einigungsstelle ist nicht vorgesehen.

Nach § 84 Abs. 1 BPersVG bestehen Mitwirkungsrechte bei der
- Vorbereitung von Verwaltungsanordnungen einer Dienststelle für die innerdienstlichen, sozialen und persönlichen Angelegenheiten der Beschäftigten des Geschäftsbereiches;
- Auflösung, Einschränkung, Verlegung oder Zusammenlegung von Dienststellen oder wesentlichen Teilen von ihnen;
- Übertragung von Aufgaben der Dienststelle, die üblicherweise von ihren Beschäftigten wahrgenommen werden, auf Dauer an Privatperson;
- Einleitung eines förmlichen Disziplinarverfahrens gegen eine/n Beamten/in;
- Entlassung von Beamt:innen auf Probe oder auf Widerruf, wenn sie die Entlassung nicht selbst beantragt haben;
- vorzeitigen Versetzung in den Ruhestand.

Nach § 85 BPersVG wirkt der Personalrat bei ordentlicher Kündigung durch den Arbeitgeber mit. Dieses Mitwirkungsrecht hat eine Art aufschiebende Wirkung. Erhebt der Personalrat Einwendungen gegen die beabsichtigte ordentliche Kündigung gibt das der oder dem gegen die Kündigung klagenden Beschäftigten einen Weiterbeschäftigungsanspruch nach Ablauf der Kündigungsfrist bis zum rechtskräftigen Abschluss des Rechtsstreits (§ 85 Abs. 2 BPersVG).

Mitbestimmungsrechte

Mitbestimmungspflichtige Maßnahmen können nur mit Zustimmung des Personalrats getroffen werden (§ 70 Abs. 1 BPersVG). Verweigert der Personalrat die Zustimmung, so darf die Maßnahme – zunächst – nicht umgesetzt werden. Die Dienststellenleitung hat, wenn sie die beabsichtige Mitbestimmungsmaßnahme weiterhin durchführen will, das Stufenverfahren einzuleiten. Gibt es hier keine Einigung ist das Einigungsstellenverfahren durchzuführen. Die Verbindlichkeit des Einigungsstellenspruchs hängt von der jeweils umstrittenen mitbestimmungspflichtigen Maßnahme ab. Der Beschluss der Einigungsstelle bindet nach § 75 Abs. 1 BPersVG grundsätzlich die Beteiligten (uneingeschränkte Mitbestimmung). In den Fällen der eingeschränkten Mitbestimmung (§§ 78 Abs. 1, 80 Abs. 1 Nr. 10 bis 13 und 19 bis 21 BPersVG) beschließt die Einigungsstelle, wenn sie sich nicht der Auffassung der obersten Dienststelle anschließt, nur eine Empfehlung an diese (§ 75 Abs. 3 BPersVG).

Das BPersVG unterscheidet bei der Mitbestimmung drei Sachbereiche:
- Mitbestimmung in sozialen Angelegenheiten (§ 79 BPersVG)
- Mitbestimmung in organisatorischen Angelegenheiten (§ 80 BPersVG)
- Mitbestimmung in personellen Angelegenheiten (§ 78 BPersVG)

Der Gesetzgeber unterteilt die Mitbestimmungsrechte in eingeschränkte und uneingeschränkte Mitbestimmungsrechte. Dabei stützt er sich auf die Entscheidung

Personalrat

des Bundesverfassungsgerichts (BVerfG) vom 24.5.1995 – 2 BvF 1/92 (abgedruckt in PersR 1995, 483 ff.). Nach dieser Entscheidung, die zum Mitbestimmungsgesetz Schleswig-Holstein ergangen ist, soll im Personalvertretungsrecht grundsätzlich nur ein abgesenktes, sehr ausdifferenziertes Mitbestimmungsniveau verfassungsrechtlich zulässig sein.

Die Einschränkung der Mitbestimmung erfolgt durch unterschiedliche Entscheidungskompetenzen der Einigungsstelle:
- Der Beschluss der Einigungsstelle bindet nach § 75 Abs. 1 BPersVG die Beteiligten (uneingeschränkte Mitbestimmung).
- In den Fällen der eingeschränkten Mitbestimmung beschließt die Einigungsstelle, wenn sie sich nicht der Auffassung der obersten Dienststelle anschließt, lediglich eine Empfehlung an diese, die endgültig entscheidet (§ 75 Abs. 3 BPersVG).

Bedeutung für die JAV

Da die JAV nach den Vorschriften des BPersVG sowie der LPersVG kein selbstständiges Organ ist, bestehen die der JAV im Gesetz eingeräumten Rechte nur gegenüber dem Personalrat, nicht jedoch gegenüber der Dienststellenleitung. Die Aufgabenwahrnehmung, aber auch die Arbeit der JAV richtet sich nach der Interessenvertretung des Personalrats. Ganz entscheidend hängt letztlich der Erfolg der JAV davon ab, wie sich die Zusammenarbeit zwischen JAV und Personalrat gestaltet. Je besser das Verhältnis und Verständnis ist, umso besser kann auch die JAV ihre Aufgaben und Befugnisse wahrnehmen und gestalten. Dabei hat der Personalrat nach § 62 Nr. 8 BPersVG eng mit der JAV zur Förderung der Belange der Beschäftigten, die das 18. Lebensjahr noch nicht vollendet haben oder sich in einer beruflichen Ausbildung befinden, zusammenzuarbeiten.

Die Zusammenarbeit zwischen Personalrat und JAV gestaltet sich dabei wie folgt:

Nach § 37 Abs. 1 BPersVG kann eine Vertreterin oder ein Vertreter der JAV an allen Sitzungen des Personalrats beratend teilnehmen. Soweit Angelegenheiten behandelt werden, die besonders die von der JAV vertretenen Beschäftigten betreffen, kann die gesamte JAV beratend teilnehmen. In den Fällen, die überwiegend die von der JAV vertretenen Beschäftigten betreffen, haben die JAV-Vertreter:innen bei Beschlüssen des Personalrates Stimmrecht (§ 37 Abs. 1 BPersVG).

Die Mehrheit der JAV-Mitglieder hat in Angelegenheiten, die besonders Belange der Beschäftigten betreffen, die das 18. Lebensjahr noch nicht vollendet haben oder sich in einer beruflichen Ausbildung befinden, das Recht, vom/von der Per-

sonalratsvorsitzenden die Anberaumung einer Personalratssitzung zu verlangen. Dabei ist der Gegenstand, dessen Beratung beantragt wird, gemäß § 36 Abs. 3 BPersVG auf die Tagesordnung zu setzen.
Nach § 42 BPersVG kann die Mehrheit der JAV-Mitglieder beantragen, einen Beschluss des Personalrats für die Dauer von sechs Arbeitstagen vom Zeitpunkt der Beschlussfassung an auszusetzen, wenn sie der Meinung ist, dass der Beschluss des Personalrats eine erhebliche Beeinträchtigung wichtiger Interessen der durch sie vertretenen Beschäftigten darstellt. Innerhalb dieser sechs Arbeitstage soll die Gelegenheit zur Klärung von Missverständnissen und zu ausgiebigen Diskussionen gegeben sein. Dabei hat die JAV die Möglichkeit, ihre Argumente gegenüber dem Personalrat ausführlich darzulegen und zu begründen. Wichtig ist dabei, dass mithilfe der Gewerkschaft versucht werden sollte, eine Einigung herbeizuführen (§ 42 Abs. 1 BPersVG).
Kommt es zu keiner Einigung zwischen dem Personalrat und der JAV, kann der Personalrat nach Ablauf der Frist über die Angelegenheit neu beschließen. Wird der erste Beschluss bestätigt, wird er wirksam. Ein Antrag auf Aussetzung kann in diesem Fall durch die JAV nicht wiederholt werden. Dieses gilt auch dann, wenn der Beschluss nur unerheblich von dem ersten Beschluss abweicht. Fasst jedoch der Personalrat einen anderen Beschluss, so ist ein erneuter Aussetzungsantrag möglich.
Bevor die JAV von der Möglichkeit der Aussetzung eines Beschlusses des Personalrats Gebrauch macht, sollte dieses vorher eingehend geprüft werden und insbesondere auch überlegt werden, welche Auswirkungen dieses auf das Verhältnis zum Personalrat hat. Es ist im Einzelfall abzuwägen, ob von der Aussetzungsmöglichkeit Gebrauch gemacht werden sollte oder nicht.
Eine weitere Regelung über die Zusammenarbeit zwischen Personalrat und JAV findet sich in § 104 Abs. 3 BPersVG, wonach die JAV das Recht hat, an den Besprechungen zwischen Dienststellenleiter:in und Personalrat nach § 65 BPersVG (sogenannte Monatsgespräche) teilzunehmen, wenn Angelegenheiten behandelt werden, die besonders die Beschäftigten betreffen, die das 18. Lebensjahr noch nicht vollendet haben oder sich in einer beruflichen Ausbildung befinden. Hier trifft den Personalrat die Pflicht, die JAV zur Besprechung einzuladen. Da solche Angelegenheiten in aller Regel Gegenstand jedes Monatsgespräches sind, sollte der Personalrat die JAV grundsätzlich zu jedem Monatsgespräch von Anfang an hinzuziehen.
Die Dienststellenleitung und die JAV sollen zudem mindestens einmal im Halbjahr zu einer Besprechung zusammentreten (§ 104 Abs. 3 Satz 2 BPersVG).
Die Zusammenarbeit zwischen Personalrat und JAV wird darüber hinaus auch durch das allgemeine Antragsrecht nach § 103 Nr. 1 BPersVG bestimmt. Nach erfolgter Beschlussfassung kann die JAV Maßnahmen, die den Beschäftigten dienen, die das 18. Lebensjahr noch nicht vollendet haben oder sich in einer be-

Personalrat

ruflichen Ausbildung befinden, beim Personalrat beantragen. Zu solchen Maßnahmen gehören insbesondere:
- Berufsausbildungsmaßnahmen,
- Gestaltung der Ausbildungsanweisungen,
- Nutzung der Ausbildungskapazitäten,
- Festlegung der Zahl der Ausbilder:innen,
- Festlegung der täglichen Arbeitszeit,
- Aufstellung von Urlaubsgrundsätzen,
- Weiterbeschäftigung nach beendeter Ausbildung.

Literaturhinweise

Altvater/Baden/Baunack/Berg/Dierßen/Fattler/Herget/Kröll/Lenders/Noll, BPersVG, Basiskommentar, 10. Aufl. 2024, oder der Basiskommentar für das entsprechende LPersVG
Altvater/Baden/Baunack/Berg/Dierßen/Herget/Kröll/Lenders/Noll, BPersVG, Kommentar für die Praxis, 11. Aufl. 2023

Personalvertretungsrecht

Begriff

Die Grundrechte der Beschäftigten des öffentlichen Dienstes durch einen kollektiven Mindestschutz zu wahren und zu fördern, wird im Bereich des öffentlichen Dienstes durch das Bundespersonalvertretungsgesetz (BPersVG) sowie die 16 Landespersonalvertretungsgesetze (LPersVG) gewährleistet. Das BPersVG, aktuell zum 15. 6. 2021 novelliert, ist dabei die Grundlage eines wegen unterschiedlicher Gesetzgebungszuständigkeiten insgesamt sehr heterogenen Personalvertretungsrechts, während die betriebliche Mitbestimmung in den Betrieben des privaten Rechts einheitlich durch das → **Betriebsverfassungsgesetz** (BetrVG) geregelt wird.

Hinsichtlich ihres sachlichen Anwendungsbereichs gelten das BPersVG bzw. die Länderpersonalvertretungsgesetze in den Verwaltungen und Betrieben des Bundes, der Länder und der Körperschaften, der Anstalten und Stiftungen des öffentlichen Rechtes sowie bei den Gerichten des Bundes und der Länder. Von diesen Gesetzen werden hinsichtlich des personellen Geltungsbereiches grundsätzlich nur die Arbeitnehmer:innen und Beamt:innen einschließlich der zu ihrer Berufsausbildung Beschäftigten einbezogen, die je eine Gruppe bilden (§ 5 BPersVG).

Die Interessenvertretungen in weiteren Bereichen des öffentlichen Dienstes werden wie folgt geregelt:
- Richtervertretungen sind für die Richter:innen im Deutschen Richtergesetz bzw. den Länderrichtergesetzen geregelt.
- Die Interessenvertretung der Berufssoldat:innen und Soldat:innen auf Zeit wird auf Grundlage des Soldatinnen- und Soldatenbeteiligungsgesetzes (SBG) geregelt (Vertrauenspersonen, Gremien von Vertrauenspersonen oder Personalvertretungen). Zum Teil wählen die Soldat:innen aber auch mit den Zivilbeschäftigten gemeinsame Personalräte (s. § 60 SBG).

Die Beschäftigten in den Religionsgemeinschaften mit ihren privat- oder öffentlich-rechtlich organisierten karitativen und erzieherischen Einrichtungen (z. B. Caritas, Diakonie) fallen unter kein staatlich geregeltes Interessenvertretungsstatut. Vielmehr bleibt es den Religionsgemeinschaften selbst überlassen, in welcher Form und mit welchem Inhalt sie eine Interessenvertretung für die Beschäftigten in ihrem Bereich zulassen bzw. schaffen. So ist die Bildung von Mitarbeitervertretungen im Bereich der evangelischen und katholischen Kirche durch autonome kirchengesetzliche Regelungen möglich. Diese Regelungen lassen in der Regel jedoch keine effektive Interessenvertretung zu, da sie den Mitarbeitervertretungen nur schwache Informations- und Konsultationsrechte geben.

Als das Personalvertretungsgesetz mit dem größten räumlichen Geltungsbereich regelt das BPersVG zum einen in den §§ 1–125 die Personalvertretung der Beschäftigten im Bundesdienst. In einem weiteren Teil sind in den §§ 126–128 für die Personalvertretungen der Beschäftigten in den Ländern geltende Vorschriften, etwa Schutzvorschriften, enthalten. Die früheren »Rahmenvorschriften« im BPersVG sind noch bis zum Ablauf des 31. 12. 2024 weiter anzuwenden (§ 131 BPersVG).

In den Bundesländern existieren jeweils eigenständige Landespersonalvertretungsgesetze, die einen kollektiven Mindestschutz für die dortigen Landes- und Kommunalbeschäftigten gewährleisten sollen. Auch wenn für alle LPersVG festzuhalten ist, dass sie grundsätzlich die Einrichtung von Personalräten vorsehen, so weichen sie doch in den inhaltlichen Fragen – auch gegenüber dem BPersVG – erheblich voneinander ab. Diese Abweichungen betreffen vorrangig die den Personalräten eingeräumten Aufgaben und Befugnisse. So räumen einige LPersVG eine »Allzuständigkeit« ein, wonach die Personalräte in allen Angelegenheiten, die die Beschäftigten betreffen, mitzubestimmen haben. Andere LPersVG geben – wie auch das BPersVG – den Personalräten nur konkret normierte Mitbestimmungsrechte. Auch die organisatorischen Regelungen, etwa zur Geschäftsführung, sind sehr verschieden.

Beteiligungsrechte nach dem BPersVG

Da die Länderpersonalvertretungsgesetze hinsichtlich der Beteiligung der Personalvertretungen zum Teil sehr stark voneinander abweichen, ist es zweckmäßig, hier lediglich die Beteiligungsrechte des Personalrats nach dem BPersVG darzustellen.

Die Verwirklichung der Grundrechte der Beschäftigten im öffentlichen Dienst erfolgt durch das Einbeziehen der Personalvertretungen (Personalräte, Bezirkspersonalräte, Hauptpersonalräte und Gesamtpersonalräte) in personellen, sozialen und organisatorischen Angelegenheiten. Dabei sind die Beteiligungsrechte der Personalräte (→ **Personalrat**) in den §§ 62–87 BPersVG geregelt. Aber auch in anderen Gesetzen und Verordnungen werden Aufgaben des Personalrats formuliert wie z. B. im:

- Arbeitsschutzgesetz (ArbSchG),

- Sozialgesetzbuch IX (SGB IX) – Rehabilitation und Teilhabe von Menschen mit Behinderungen,
- Kündigungsschutzgesetz (KSchG).

Wie stark jeweils die Beteiligungsrechte ausgestaltet sind, richtet sich nach den Durchsetzungsmöglichkeiten des Personalrats gegenüber der Dienststelle. Danach werden die Beteiligungsrechte untergliedert in:
- Anhörungsrechte,
- Mitwirkungsrechte,
- eingeschränkte Mitbestimmungsrechte,
- uneingeschränkte Mitbestimmungsrechte.

Mit diesen unterschiedlich ausgeformten Beteiligungsrechten verfolgt der Gesetzgeber das Ziel, einerseits eine den demokratischen Erfordernissen genügende Beteiligung der Beschäftigten des öffentlichen Dienstes an den sie berührenden Entscheidungen zu ermöglichen und auch zu gewährleisten. Zum anderen soll ein möglichst ungestörtes Funktionieren des staatlichen Handelns sichergestellt werden. Letzteres Ziel steht dabei für den Gesetzgeber oft im Vordergrund. Dieses führt zu ganz beträchtlichen Mängeln und Lücken bei einer effektiven Interessenvertretung durch den Personalrat. Dazu kommt noch eine oftmals einschränkende Rechtsprechung der Verwaltungsgerichte, die die gesetzlichen Regelungen häufig eng auslegen. Diesem Ganzen hat das Bundesverfassungsgericht mit seinem Beschluss vom 24. 5. 1995 – 2 BvF I/92 – (PersR 1995, 483 ff.) die Krone aufgesetzt. Diese Entscheidung zum Mitbestimmungsgesetz Schleswig-Holsteins hat ganz erhebliche Auswirkungen auch auf eine effektive Interessenvertretung. Danach soll im Personalvertretungsrecht grundsätzlich nur ein abgesenktes Mitbestimmungsniveau verfassungsrechtlich zulässig sein (vgl. im Einzelnen hierzu: *Altvater/Baden/Baunack/Berg/Dierßen/Herget/Kröll/Lenders/Noll*, BPersVG, Kommentar für die Praxis, 11. Auflage, § 104, Rn. 3, 28 ff. zum BPersVG a. F.).

Bedeutung für die JAV

Ebenso wie für den Bereich des BetrVG ist auch im Bereich des BPersVG sowie der LPersVGen die Errichtung sowie die Aufgabenstellung der Jugend- und Auszubildendenvertretungen (JAV) geregelt (§§ 99 bis 107 BPersVG). Die Regelungen im BPersVG zur JAV sind dabei mit denen des BetrVG vergleichbar. So werden nach § 99 BPersVG in Dienststellen, bei denen Personalvertretungen gebildet sind und denen in der Regel mindestens fünf Beschäftigte angehören, die das 18. Lebensjahr noch nicht vollendet haben oder die sich in einer beruflichen Ausbildung befinden, durch Wahl JAV gebildet. Daneben werden für den

Personalvertretungsrecht

Geschäftsbereich mehrstufiger Verwaltungen, soweit Stufenvertretungen bestehen, bei den Behörden der Mittelstufen je eine Bezirks-JAV und bei den obersten Dienstbehörden je eine Haupt-JAV gebildet (§ 107 BPersVG). Besteht ein Gesamtpersonalrat wird zusätzlich eine Gesamt-JAV gewählt. Die Wahl der JAV ist nur zulässig, wenn ein Personalrat besteht: Ohne Personalrat keine JAV. Wie im Bereich des BetrVG der Betriebsrat ist im Personalvertretungsrecht der Personalrat die Interessenvertretung aller Beschäftigten des öffentlichen Dienstes. Die JAV ist kein selbstständiges personalvertretungsrechtliches Organ, sondern sie wird im Zusammenwirken mit dem Personalrat tätig. Daraus folgt die Verpflichtung für den Personalrat eng mit der JAV zusammenzuarbeiten und mit ihr gemeinsam und auch für sie zu handeln. Dieses gilt insbesondere der Dienststellenleitung gegenüber.

In § 103 BPersVG sind die Aufgaben und Befugnisse der JAV geregelt. Als allgemeine Aufgaben hat die JAV für die Beschäftigten, die das 18. Lebensjahr noch nicht vollendet haben oder die sich in einer beruflichen Ausbildung befinden, wahrzunehmen:

1. beim Personalrat Maßnahmen zu beantragen, die diesen Beschäftigten dienen, insbesondere Maßnahmen auf dem Gebiet der Berufsbildung;
2. darüber zu wachen, dass die zugunsten dieser Beschäftigten geltenden Gesetze, Verordnungen und Unfallverhütungsvorschriften, Tarifverträge, Dienstvereinbarungen und Verwaltungsanordnungen durchgeführt werden;
3. Anregungen und Beschwerden dieser Beschäftigten, insbesondere in Fragen der Berufsbildung, entgegenzunehmen und, falls sie berechtigt erscheinen, beim Personalrat auf eine Erledigung hinzuwirken. Dabei hat die JAV diese Beschäftigten über den Stand und das Ergebnis der Verhandlungen zu informieren.

Der Personalrat hat die JAV für die Durchführung ihrer Aufgaben rechtzeitig und umfassend zu unterrichten. Dieser Unterrichtungsanspruch der JAV nach § 104 Abs. 2 BPersVG richtet sich nicht unmittelbar gegen den/die Dienststellenleiter:in, sondern nur gegen den Personalrat. Dabei ist die umfassende Unterrichtungspflicht des Personalrats nicht von einem entsprechenden Antrag der JAV abhängig. Der Personalrat hat von sich aus die JAV zu informieren. Die Unterrichtung hat so auszufallen, dass die JAV ihre Aufgaben erfüllen kann. Die Unterrichtung darf mündlich, textlich oder schriftlich erfolgen. Sie ist rechtzeitig und umfassend durch den Personalrat vorzunehmen. Der Personalrat ist ebenfalls verpflichtet, der JAV die zur Durchführung ihrer Aufgaben erforderlichen Unterlagen, einschließlich der für das Durchführen der Aufgaben erforderlichen personenbezogenen Daten, zur Verfügung zu stellen. Notfalls muss sich der Personalrat diese Unterlagen aber auch evtl. notwendige Auskünfte von der Dienststelle beschaffen.

Die Zusammenarbeit der JAV mit dem Personalrat ist im BPersVG vorgegeben. Hervorzuheben sind:
Eine Vertreterin oder ein Vertreter der JAV nimmt nach § 37 Abs. 1 BPersVG an allen Sitzungen des Personalrats beratend teil. Soweit Angelegenheiten behandelt werden, die besonders die von der JAV vertretenen Beschäftigten betreffen, kann die gesamte JAV beratend teilnehmen. In den Fällen, die überwiegend die von der JAV vertretenen Beschäftigten betreffen, hat sogar die gesamte JAV Stimmrecht.

Die JAV hat nach § 104 Abs. 3 BPersVG das Recht, an den Besprechungen zwischen Dienststellenleiter:in und Personalrat nach § 65 BPersVG (sogenannte Monatsgespräche) teilzunehmen, wenn Angelegenheiten behandelt werden, die besonders die Beschäftigten betreffen, die das 18. Lebensjahr noch nicht vollendet haben oder sich in einer beruflichen Ausbildung befinden. Die Dienststellenleitung und die JAV sollen außerdem mindestens einmal im Halbjahr zu einer Besprechung zusammentreten (§ 104 Abs. 3 Satz 2 BPersVG).

Die JAV kann nach Verständigung des Personalrats Sitzungen abhalten (§ 104 Abs. 4 BPersVG) und hat einmal in jedem Kalenderjahr eine Jugend- und Auszubildendenversammlung durchzuführen (§ 106 BPersVG).

Die Mitglieder der JAV genießen einen personalvertretungsrechtlichen Schutz, etwa vor Behinderung, Benachteiligung oder Kündigung. Zudem haben die Mitglieder der JAV, die sich in einer Ausbildung befinden, das Recht auf Übernahme in ein unbefristetes Arbeitsverhältnis nach bestandener Abschlussprüfung (§ 56 BPersVG).

Literaturhinweise

Altvater/Baden/Baunack/Berg/Dierßen/Fattler/Herget/Kröll/Lenders/Noll, BPersVG, Basiskommentar, 10. Aufl. 2024, oder der Basiskommentar für das entsprechende LPersVG
Altvater/Baden/Baunack/Berg/Dierßen/Herget/Kröll/Lenders/Noll, BPersVG, Kommentar für die Praxis, 11. Aufl. 2023

Pflegeberufegesetz (PflBG)

Grundlagen

Das Pflegeberufegesetz (PflBG) regelt seit dem 1.1.2020 gemeinsam mit der Ausbildungs- und Prüfungsverordnung für die Pflegeberufe (PflAPrV) die berufliche und hochschulische Pflegeausbildung. Es hat damit die bisherigen Ausbildungen in der Gesundheits- und Krankenpflege, Gesundheits- und Kinderkrankenpflege und Altenpflege in einem Gesetz zusammengefasst. Die berufliche Pflegeausbildung dauert in Vollzeit drei Jahre, in Teilzeit höchstens fünf Jahre. In den ersten zwei Jahren ist die Ausbildung generalistisch ausgerichtet; im dritten Jahr der Ausbildung gibt es die Möglichkeit, die generalistische Ausbildung fortzuführen oder sich zur/zum Gesundheits- und Kinderkrankenpfleger:in oder Altenpfleger:in zu spezialisieren. Die Wahl, in eine Spezialisierung zu gehen, ist abhängig von dem im Ausbildungsvertrag festgelegten Vertiefungseinsatz. Bis Ende des Jahres 2025 werden die spezialisierten Berufsabschlüsse überprüft und entschieden, ob diese beibehalten werden. Die hochschulische Pflegeausbildung dauert mindestens drei Jahre und ist generalistisch ausgerichtet. Die Berufsbezeichnung »Pflegefachfrau«/»Pflegefachmann«, auf Antrag auch »Pflegefachperson«, wird in Verbindung mit dem akademischen Grad geführt. Der Praxisanteil der beruflichen und hochschulischen Ausbildung ist nahezu vergleichbar. Seit dem 1.1.2024 ist die hochschulische Pflegeausbildung als duales Studium gestaltet. Die Studierenden haben Anspruch auf eine angemessene monatliche Vergütung für die gesamte Dauer des Studiums und sind für die Dauer des Vertragsverhältnisses Arbeitnehmer im Sinne von § 5 BetrVG oder § 4 BPersVG des Trägers des praktischen Teils der hochschulischen Pflegeausbildung. Mit der Neuregelung verfügen die Studierenden über vergleichbare ausbildungsrechtliche Standards wie die Auszubildenden. Für diejenigen Studierenden, die bereits eine hochschulische Pflegeausbildung auf der bisherigen Grundlage begonnen hatten, wird mit Übergangsvorschriften sichergestellt, dass sie für die verbleibende Studiendauer eine Ausbildungsvergütung erhalten.

Das Pflegeberufegesetz bestimmt als sogenanntes Berufszulassungsgesetz u.a. die **Zugangsvoraussetzungen** zu den genannten Pflegeausbildungen, die **Dauer**

Pflegeberufegesetz (PflBG)

und **Struktur** der Ausbildungen, die **Grundlagen zum Ausbildungsverhältnis** sowie die **Rechte und Pflichten von Auszubildenden und des Trägers der praktischen Ausbildung**.
Die wichtigsten Unterschiede der beruflichen Pflegeausbildung im Vergleich zum BBiG sind:
- Die längere → **Probezeit** von sechs Monaten, sofern sich aus tarifvertraglichen Regelungen keine andere Dauer ergibt (§ 20 PflBG).
- Die Fehlzeitenregelung (§ 13 PflBG), nach denen ein/e Auszubildende/r maximal 10 % des Unterrichts und 10 Prozent der praktischen Ausbildungszeit wegen Krankheit oder aus anderen schwerwiegenden Gründen fehlen darf. Des Weiteren dürfen Fehlzeiten einen Umfang von 25 Prozent der Stunden eines Pflichteinsatzes nicht überschreiten (§ 1 Abs. 4 PflAPrV). Urlaub, Bildungsurlaub und Freistellungen für Aktivitäten in der Jugend- und Auszubildendenvertretung (JAV) dürfen nicht als Fehltage gewertet werden. Bei Schwangerschaft ist eine Fehlzeit von bis zu 14 Wochen erlaubt.
- Dass der Träger der praktischen Ausbildung den/die Auszubildende/n kostenlos Ausbildungsmittel einschließlich der Fachbücher, Instrumente und Apparate zur Verfügung stellen muss, die zur praktischen Ausbildung und zum Ablegen der staatlichen Abschlussprüfung erforderlich sind (§ 18 Abs. 1 Nr. 4 PflBG). Auch die Lernmittel für den theoretischen und praktischen Unterricht müssen kostenlos von der Pflegeschule zur Verfügung gestellt werden. Zudem müssen sie in ausreichender Zahl vorhanden sein (§ 9 Abs. 1 Nr. 3 PflBG).

Das **Krankenpflegegesetz** (KrPflG) und **Altenpflegegesetz** (AltPflG) sind zum Ende des Jahres 2019 außer Kraft getreten. Bis zu diesem Zeitpunkt begonnene Ausbildungen in der Gesundheits- und Kinderkrankenpflege, Gesundheits- und Krankenpflege und Altenpflege konnten bis zum 31.12.2024 zu Ende geführt werden. Die erworbenen Berufsabschlüsse bleiben uneingeschränkt gültig und werden den neuen Ausbildungen nach dem Pflegeberufegesetz gleichgestellt (§ 64 PflBG).
Das PflBG enthält neben einigen Regelungen, die an das KrPflG oder das AltPflG angelehnt sind, auch Neuerungen. So müssen die Einrichtungen die **Praxisanleitung** im Umfang von mindestens 10 Prozent der während eines Einsatzes zu leistenden praktischen Ausbildungszeit gewährleisten. Die Mindestvorgabe bezieht sich dabei für die Auszubildenden auf die geplante und strukturierte Praxisanleitung, bei der hochschulischen Pflegeausbildung allgemein auf die Praxisanleitung. Wesentlich ist, dass die **betriebliche Mitbestimmung** erhalten bleibt und damit die Ausbildungen weiterhin ein zentrales Handlungsfeld für die betrieblichen Interessenvertretungen darstellen.
Die Pflegerhelfer:innen- und Assistenzausbildungen liegen in Länderzuständigkeit, es gibt zahlreiche unterschiedliche Regelungen. Im Koalitionsvertrag zwi-

schen SPD, Bündnis 90/Die Grünen und der FDP für die Wahlperiode 2021–2025 haben sich die Koalitionspartner darauf geeinigt, eine bundeseinheitliche Regelung zur Pflegeassistenz zu schaffen.

Weitere wichtige Ausbildungsgesetze im Gesundheitswesen sind z. B. das Notfallsanitätergesetz (NotSanG), das **Anästhesietechnische- und Operationstechnische-Assistenten-Gesetz** (ATA-OTA-Gesetz) oder das Gesetz über die Berufe in der medizinischen Technologie (MT-Berufe-Gesetz – **MTBG**), das Anfang 2023 in Kraft getreten ist. In diesen Ausbildungsgesetzen wurden ebenfalls weitere Schutzrechte und Qualitätsstandards verankert. Insgesamt unterliegen die Ausbildungen in den meisten Gesundheitsfachberufen nicht dem → **Berufsbildungsgesetz** (BBiG), sondern den sogenannten **Berufszulassungsgesetzen**. Neben der Erlaubnis zur Führung der Berufsbezeichnung regeln diese auch die Ausbildung, allerdings nur in allgemeiner Form. Die nähere Ausgestaltung der Ausbildung wird in weiten Teilen den Ländern überlassen. Weitere Ausbildungen wie z. B. die in der Physio- und Ergotherapie, Logopädie und Diätassistenz werden ebenfalls in Berufszulassungsgesetzen geregelt. Die Regelungen in diesen Gesetzen bleiben dabei weit hinter den Ausbildungsstandards des BBiG zurück. Überfällig ist eine Reform der therapeutischen Berufe, die zumindest für die Berufe in der Physiotherapie noch in der aktuellen Wahlperiode angekündigt ist. Seit dem 1. 1. 2019 ist es der Gewerkschaft ver.di in den Tarifverträgen des öffentlichen Dienstes gelungen, diese Auszubildenden weiter in die Standards dualer Ausbildungen zu überführen und Regelungen zu schaffen, die weiter gehen als die jeweiligen Berufszulassungsgesetze. So bekommen die Auszubildenden eine Ausbildungsvergütung, haben Urlaubsansprüche und einen Anspruch darauf, dass die Ausbildungsmittel durch den Ausbildungsträger zu finanzieren sind (siehe TVAöD Besonderer Teil Pflege und TVA-L Gesundheitsberufe).

Bedeutung für den Betriebsrat/die JAV

Die JAV und der Betriebsrat haben nach dem → **Betriebsverfassungsgesetz (BetrVG)** Mitbestimmungs- und Mitwirkungsrechte bei der betrieblichen Umsetzung der → **Berufsbildung** (§§ 96 bis 98 BetrVG).

Bei der Gestaltung der Ausbildung durch betriebliche Mitbestimmung sollte das PflBG immer im Zusammenhang mit der PflAPrV gesehen werden. In dieser sind weitere Anforderungen an die Struktur und Qualität der praktischen Ausbildung geregelt. Viele Regelungen sind in ihrer betrieblichen Ausgestaltung allerdings so offen, dass es eine gute Grundlage für eine aktive Gestaltung der praktischen Ausbildungsbedingungen, wie die Gestaltung von Ausbildungsplänen und Praxisanleitung gibt.

Darüber hinaus ist für die Arbeit der JAV besonders wichtig, dass die → **Freistellung** für die Arbeit der JAV (u. a. Sitzungen der JAV, Sprechstunden während der Ausbildungszeit, Zeiten der Teilnahme an Betriebsratssitzungen, Schulungs- und Bildungsveranstaltungen) und für den Besuch von Seminaren nicht als Fehlzeiten gewertet werden darf, sondern auf die Ausbildungszeit anzurechnen ist. Es liegt also auch hier allein im Ermessen der JAV-Mitglieder, in welchem zeitlichen Umfang sie ihren Aufgaben nachgehen.

Bedeutung für Auszubildende

Es handelt sich bei der beruflichen Pflegeausbildung nach dem PflGB um ein arbeitsrechtlich ausgestaltetes Ausbildungsverhältnis. Das PflBG spricht daher ausdrücklich von »Auszubildenden« und beinhaltet Rechte für die Auszubildenden, die eingehalten werden müssen. Zwischen dem Träger der praktischen Ausbildung und der/dem Auszubildenden ist ein schriftlicher Ausbildungsvertrag zu schließen (§ 16 PflBG). Diese rechtlichen Regelungen sehenu. a. vor, dass der Ausbildungsvertrag eine Darstellung der inhaltlichen und zeitlichen Gliederung der praktischen Ausbildung enthalten muss (Ausbildungsplan). Ebenfalls muss der mit dem Träger der praktischen Ausbildung vereinbarte Vertiefungseinsatz, bspw. in der psychiatrischen oder pädiatrischen Versorgung, angegeben werden. Für die Auszubildenden kann der für das letzte Ausbildungsdrittel vorgesehene Vertiefungseinsatz im beiderseitigen Einvernehmen vom Träger der praktischen Ausbildung und dem/der Auszubildenden im Verlauf der Ausbildung bis zu seinem Beginn noch verändert werden. Im Ausbildungsvertrag ist auch ein Hinweis auf die geltenden Tarifverträge sowie Betriebs- oder Dienstvereinbarungen anzugeben, die im Ausbildungsbetrieb angewendet werden. Das ist wichtig, z. B. für die Höhe der Ausbildungsvergütung, die sich im Laufe der Ausbildung erhöhen kann, für Zuschlagsregelungen oder die Erstattung von Fahrtkosten. Einzelheiten zur Ausbildungsqualität oder zur Planung des Urlaubs können in einer Betriebs- oder Dienstvereinbarung geregelt sein.

Zum Ende des zweiten Ausbildungsdrittels findet eine Zwischenprüfung statt. Es handelt sich um eine nicht-staatliche Prüfung, die der Ermittlung des Ausbildungsstandes dient. Zugleich wird den Ländern die Möglichkeit eröffnet, die bis dahin festgestellten Kompetenzen im Rahmen einer Pflegeassistenz- oder Helfer:innenausbildung anzuerkennen. Ein Bestehen der Zwischenprüfung ist keine Voraussetzung zur Fortführung der Pflegeausbildung. Soweit sich nach dem Ergebnis der Zwischenprüfung abzeichnet, dass die Erreichung des Ausbildungsziels gefährdet ist, prüfen der Träger der praktischen Ausbildung und die Pflegeschule gemeinsam mit der/dem Auszubildenden, welche geeigneten

Fördermaßnahmen zu ergreifen sind. Das Nähere zur Zwischenprüfung regeln die Länder.
Hinsichtlich der o. g. Fehlzeitenregelung haben die zuständigen Behörden in den Ländern einen Ermessensspielraum. Sie können auf Antrag der/des Auszubildenden diese/n auch bei über die genannten Grenzen hinausgehenden Fehlzeiten zur Prüfung zulassen, vorausgesetzt das Ausbildungsziel wird nicht gefährdet. Dies wird im Rahmen der Prüfung vor allem anhand der erbrachten Leistungen bewertet. Ist die Fehlzeitengrenze nur um wenige Tage überschritten, rechtfertigt dies nach Auffassung des Verwaltungsgerichts Gießen (22. 9. 1998 – 8 G 1545/98, WKRS 1998, 30487; PflR 4/2002, S. 110 ff.) nicht, eine Zulassung zur Prüfung zu versagen (siehe auch *Dielmann*, 2021, S. 134).
Auszubildende haben nach § 21 Abs. 2 PflBG einen Rechtsanspruch auf Verlängerung des Ausbildungsverhältnisses, wenn sie die staatliche Prüfung nicht bestehen oder die Prüfung ohne eigenes Verschulden nicht vor Ablauf des Ausbildungsverhältnisses ablegen können (*Dielmann*, 2021, S. 197). Die Verlängerung darf die Dauer eines Jahres nicht überschreiten.
Auszubildende, die nach dem Pflegeberufegesetz ausgebildet werden, haben das Recht zur Teilnahme an Arbeitskampfmaßnahmen, jedenfalls dann, wenn über die Ausbildungsvergütung verhandelt wird und die Gewerkschaft sie zur Teilnahme an Streiks aufruft. Bislang ist jedoch nicht gerichtlich geklärt, ob diese Zeiten als Fehlzeiten zu werten sind oder das durch Art. 9 Abs. 3 GG gegebene Recht zur Koalitionsfreiheit überwiegt. Einige Bundesländer haben inzwischen klargestellt, dass die zeitlichen Unterbrechungen durch Arbeitskampfmaßnahmen auf die Ausbildungszeit anzurechnen und nicht als Fehlzeiten zu werten sind. Vor Arbeitskampfmaßnahmen sollte demnach die Beratung durch Gewerkschaftssekretär:innen eingeholt werden.

Internethinweis

Weitere Informationen zur Ausbildung in den Pflegeberufen finden sich auf *https:// pflegeausbildung.verdi.de* und *www.ausbildung.info*

Literaturhinweis

Dielmann, Pflegeberufegesetz und Ausbildungs- und Prüfungsverordnung. Kommentar für die Praxis, 2021, Frankfurt am Main.

Pflichten des Ausbildenden

Grundlagen

Wer eine/n andere/n zur Berufsausbildung einstellt – der/die Ausbildende –, hat mit dem/der Auszubildenden einen Berufsausbildungsvertrag (→ **Ausbildungsvertragsmuster**) zu schließen.
Die Berufsausbildung hat nach § 1 Abs. 3 BBiG die für die Ausübung einer qualifizierten beruflichen Tätigkeit in einer sich wandelnden Arbeitswelt notwendigen beruflichen Fertigkeiten, Kenntnisse und Fähigkeiten (berufliche Handlungsfähigkeit) in einem geordneten Ausbildungsgang zu vermitteln. Sie hat ferner den Erwerb der erforderlichen Berufserfahrung zu ermöglichen. Das Ausbildungsziel ergibt sich aus den → **Ausbildungsordnungen** und den darin genannten Prüfungsanforderungen.
Der/die Ausbildende muss also die dort aufgeführten Fertigkeiten, Kenntnisse und Fähigkeiten vermitteln. Dabei ist die Berufsausbildung in einer durch ihren Zweck gebotenen Form planmäßig, zeitlich und sachlich gegliedert so auszuführen, dass das Ausbildungsziel in der vorgesehenen Ausbildungszeit erreicht werden kann, wie § 14 Abs. 1 BBiG bestimmt. Der/die Ausbildende kann selbst ausbilden oder eine/n Ausbilder:in ausdrücklich damit beauftragen. Er/sie hat dem/der Auszubildenden kostenlos die → **Ausbildungsmittel**, vor allem Werkzeuge, Werkstoffe und Fachliteratur, zur Verfügung zu stellen, die zur Berufsausbildung und zum Ablegen von Zwischen- und Abschlussprüfungen erforderlich sind. Dazu gehören auch die für das digitale mobile Ausbilden erforderliche Hard- und Software. Er/sie hat ferner den Auszubildenden zum Besuch der → **Berufsschule** sowie zum Führen von → **Berichtsheften** anzuhalten, soweit solche im Rahmen der Berufsausbildung verlangt werden, und er/sie muss diese durchsehen. Er/sie darf im Übrigen dem/der Auszubildenden nur solche Aufgaben übertragen, die dem Ausbildungszweck dienen und die den körperlichen Kräften des/der Auszubildenden angemessen sind.
Eine weitere Pflicht des/der Ausbildenden ist es, dem/der Auszubildenden bei Beendigung des Berufsausbildungsverhältnisses ein → **Zeugnis** auszustellen. Dieses muss Angaben enthalten über Art, Dauer und Ziele der Berufsausbildung

sowie über die erworbenen Fertigkeiten, Kenntnisse und Fähigkeiten des/der Auszubildenden. Auf Verlangen des/der Auszubildenden sind auch Angaben über Führung, Leistung und besondere fachliche Fähigkeiten aufzunehmen.
Schließlich hat der/die Ausbildende dem/der Auszubildenden eine angemessene Vergütung zu gewähren, die nach dem Lebensalter des/der Auszubildenden so zu bemessen ist, dass sie mit fortschreitender Berufsausbildung mindestens jährlich ansteigt. Die Angemessenheit der Vergütung ist ausgeschlossen, wenn sie die Mindestausbildungsvergütung (→ **Mindestvergütung/Mindestausbildungsvergütung**) unterschreitet, außer in einem Tarifvertrag ist etwas anders geregelt.
Soweit vom/von der Auszubildenden Überstunden erbracht werden, bestimmt § 17 Abs. 7 BBiG, dass eine über die vereinbarte regelmäßige tägliche Ausbildungszeit hinausgehende Beschäftigung besonders zu vergüten oder durch die Gewährung entsprechender Freizeit auszugleichen ist.

Bedeutung für den Betriebsrat/die JAV

Zu den wesentlichen Aufgaben der JAV gehört es, auf die Einhaltung der Pflichten des/der Ausbildenden zu achten (§ 70 BetrVG). Der Betriebsrat hat im Bereich der beruflichen Bildung umfangreiche Informations-, Beratungs- und Mitbestimmungsrechte (§§ 96 bis 98 BetrVG).

Pflichten der/des Auszubildenden

Grundlagen

Der/die Auszubildende hat sich zu bemühen, die berufliche Handlungsfähigkeit zu erwerben, die erforderlich ist, um das Ausbildungsziel zu erreichen, wie § 13 BBiG bestimmt. Er/sie ist vor allem verpflichtet,
1. die ihm/ihr im Rahmen seiner/ihrer Berufsausbildung aufgetragenen Verrichtungen sorgfältig auszuführen,
2. an Ausbildungsmaßnahmen teilzunehmen, für die er/sie nach § 15 BBiG freigestellt wird, z. B. am Berufsschulunterricht und an Prüfungen,
3. den Weisungen zu folgen, die ihm/ihr im Rahmen der Berufsausbildung vom Ausbildenden, vom/von der Ausbilder/in oder von anderen weisungsberechtigten Personen erteilt werden,
4. die für die Ausbildungsstätte geltende Ordnung zu beachten,
5. Werkzeuge, Maschinen und sonstige Einrichtungen pfleglich zu behandeln,
6. über Betriebs- und Geschäftsgeheimnisse Stillschweigen zu wahren,
7. einen schriftlichen oder elektronischen Ausbildungsnachweis zu führen,
8. den Empfang des Ausbildungsvertragstextes zu bestätigen.

Praktikum

Grundlagen

Ein Praktikum ist stets Teil einer Ausbildung – egal, ob es Schüler:innen, Studierende oder arbeitslose Jugendliche absolvieren. Die/der Praktikant:in soll dabei Einblick erhalten in bestimmte Berufsbilder und Branchen sowie in betriebliche Abläufe und Strukturen. Diese Kenntnisse können sowohl der Orientierung bei der Berufswahl als auch der Vorbereitung auf eine bestimmte Tätigkeit und/oder der Verbesserung der Chancen auf einen späteren Job dienen. Wichtig und einschlägige Meinung ist: Ein Praktikum ist nicht dazu da, um regelmäßig anfallende Arbeiten im Betrieb erledigen zu lassen, sondern um praxisbezogene Kenntnisse zur Vorbereitung auf den Beruf zu vermitteln.

Wie so oft im Arbeitsrecht fehlt es dann aber leider an der einen allgemeingültigen Rechtsgrundlage für Praktikant:innen. Dies hat zweierlei Gründe: Zum einen kommt es ganz genau darauf an, wer aus welchem Grund ein Praktikum absolviert. Ausschlaggebend ist, ob sich die/der Praktikant:in in einem Lern- oder Arbeitsverhältnis befindet. Zum anderen können widersprüchliche Rechtsauffassungen für Verwirrung sorgen.

Praktika können für alle Beteiligten ein Vorteil sein: Dem jungen Menschen dienen sie zur Orientierung und helfen dabei, Interessen und Fähigkeiten zu entdecken oder möglicherweise Fehlentscheidungen im Hinblick auf die Berufswahl mit unangenehmen Konsequenzen zu vermeiden. Dem Unternehmen geben sie die Möglichkeit, sich als attraktiver Arbeitgeber darzustellen und auszuloten, ob die/der Praktikant:in für eine spätere Einstellung in Frage kommt.

Noch immer nutzen einige Unternehmen die strukturellen Nachteile der Bewerber:innen und drängen diese in schlecht oder gar nicht bezahlte Praktikumsverhältnisse, das trifft vor allem auf viele Studierende zu. Diese werden als Voraussetzung für eine Einstellung dargestellt und die Praktikant:innen müssen vom ersten Tag an voll mitarbeiten.

Der Gesetzgeber hat mit dem Mindestlohngesetz (MiLoG) auf diese Problematik eine Antwort gegeben. In diesem Gesetz wird seit 1.1.2015 ein Mindestlohn für Arbeitnehmer:innen geregelt. Seit dem 1.1.2024 beträgt der Mindestlohn

12,41 Euro pro Arbeitsstunde, ab dem 1.1.2025 12,82 Euro. Anspruch nach § 22 MiLoG haben auch Praktikant:innen unter bestimmten Voraussetzungen. Zur Bewertung der Rechtsfolgen aus dem Praktikumsvertrag müssen verschiedene Gruppen von Praktikant:innen unterschieden werden.

Neu: Berufsorientierungspraktikum im Rahmen der Ausbildungsgarantie
Durch die Einführung einer Ausbildungsgarantie hat der Gesetzgeber seit dem 1.4.2024 die Möglichkeit geschaffen, dass über die Bundesagentur für Arbeit ein sogenanntes Berufsorientierungspraktikum durchgeführt werden kann. Ziel ist es, ausbildungsinteressierten jungen Menschen, die sich noch nicht für einen Ausbildungsberuf entschieden haben, die Möglichkeit zu geben, auch überregional in Berufe hineinzuschnuppern. Für dieses Praktikum können nach Genehmigung Fahrt- und Reisekosten durch die BfA erstattet werden (§ 48a SGB III). Das Berufsorientierungspraktikum muss mindestens eine Woche dauern und wird bis zu einer Zeit von sechs Wochen gefördert. Dabei gibt es bestimmte Voraussetzungen, die die Teilnehmer:innen erfüllen müssen:
1. die Vollzeitschulpflicht nach den Gesetzen der Länder erfüllt haben,
2. keine Schule besuchen und
3. bei der Agentur für Arbeit ausbildungssuchend gemeldet sein.

Praktikant:innen, die ein vorgeschriebenes Pflichtpraktikum als Teil ihrer Ausbildung absolvieren
Zu dieser Gruppe von Praktikant:innen zählen beispielsweise Schüler:innen an allgemeinbildenden Schulen (meist im 9. Schuljahr) oder auch Studierende, die nach Studienordnung ein Pflichtpraktikum während ihres Studiums absolvieren müssen. Nach herrschender Rechtsauffassung finden weder das BetrVG bzw. die Personalvertretungsgesetze von Bund und Ländern noch das BBiG Anwendung auf diese Gruppe, weil sich diese Praktikant:innen weniger in einem Arbeitsverhältnis als vielmehr in einem Lernverhältnis zum Arbeitgeber befinden. Dadurch entfallen einerseits einige Beteiligungsrechte von JAV und Betriebsrat (beispielsweise bei personellen Einzelmaßnahmen nach § 99 BetrVG), andererseits haben diese Praktikant:innen keinen individualrechtlichen Anspruch beispielsweise auf eine Vergütung, auf Urlaub oder auf Lohnfortzahlung im Krankheitsfall.
Was den Geltungsbereich und damit die Anwendbarkeit des BetrVG angeht, gibt es allerdings streitende Rechtsauffassungen. Denn § 5 BetrVG zählt explizit auch die zur Berufsausbildung Beschäftigten zu den Arbeitnehmer:innen im Sinne des Gesetzes, wozu eine kleinere Gruppe von Rechtsexperten eben auch die hier bezeichnete Gruppe von Praktikant:innen zählt. Entscheidend ist nach herrschender Rechtsmeinung, ob ein privatrechtlicher Vertrag zwischen Unternehmen und Praktikant:in besteht. In solchen Fällen ist die Beteiligung der JAV und des Betriebsrats bei personellen Einzelmaßnahmen wie der Einstellung ein-

Praktikum

zufordern und Praktikant:innen sind zum Beispiel auch bei der Bestimmung der Belegschaftsgröße bei den Wahlen zur JAV oder dem Betriebsrat zu berücksichtigen.
Die Praktikant:innen sind, wie andere Beschäftigte auch, durch den Betriebsrat und die JAV zu betreuen. Andere Vorschriften beispielsweise zum Gesundheitsschutz oder das JArbSchG sind in jedem Falle zu beachten. Aber auch bei Fragen zur Qualität des Praktikums können sich JAV und Betriebsrat aufgrund ihrer besonderen Kompetenz einmischen.
§ 22 Abs. 1 MiLoG nimmt diese Gruppe unter folgenden Voraussetzungen aus, wodurch ein Anspruch auf den Mindestlohn ausgeschlossen ist:
- Wenn sie »ein Praktikum verpflichtend auf Grund einer schulrechtlichen Bestimmung, einer Ausbildungsordnung, einer hochschulrechtlichen Bestimmung oder im Rahmen einer Ausbildung an einer gesetzlich geregelten Berufsakademie leisten« oder
- »ein Praktikum von bis zu drei Monaten zur Orientierung für eine Berufsausbildung oder für die Aufnahme eines Studiums leisten« oder
- »ein Praktikum von bis zu drei Monaten begleitend zu einer Berufs- oder Hochschulausbildung leisten, wenn nicht zuvor ein solches Praktikumsverhältnis mit demselben Ausbildenden bestanden hat« oder
- »an einer Einstiegsqualifizierung nach § 54a SGB III oder an einer Berufsausbildungsvorbereitung nach den §§ 68 bis 70 BBiG teilnehmen«.

Praktikant:innen, die ein freiwilliges Praktikum oder ein Pflichtpraktikum vor oder nach dem Studium absolvieren
Diese Gruppe von Praktikant:innen wird arbeitsrechtlich als in einem Arbeitsverhältnis stehend behandelt. Sowohl individualrechtlich als auch kollektivrechtlich ist sie damit in vielerlei Hinsicht bessergestellt. Nach § 26 BBiG finden zahlreiche Vorschriften des BBiG auch auf Personen Anwendung, die eingestellt werden um berufliche Fertigkeiten, Kenntnisse, Fähigkeiten oder berufliche Erfahrungen zu erwerben. Konkret bedeutet dies, dass die Regelungen des BBiG wie der Anspruch auf → **Vergütung** oder das Recht auf Ausstellung eines schriftlichen → **Zeugnisses** genauso wie bei Auszubildenden auch anzuwenden sind. Diese Gruppe zählt ebenfalls zu den Arbeitnehmer:innen im Sinne des BetrVG, sodass sowohl der Betriebsrat als auch die JAV mit all ihren Rechten zuständig sind. Sie können beispielsweise darauf hinwirken, vergleichbar zu → **Ausbildungsplänen** hier Praktikumspläne zu erstellen, die Ablauf und Inhalte des Praktikums festlegen. Sogar Betriebsvereinbarungen, die Vergütung, Arbeitszeit und sonstige Arbeitsbedingungen festlegen, können verhandelt und geschlossen werden. Dies gilt allerdings nur dann, wenn dies nicht durch Tarifvertrag geregelt ist.

Darüber hinaus findet für diese Gruppe von Praktikanten:innen das Mindestlohngesetz Anwendung, soweit für sie nicht einer der in § 22 Abs. 1 Nr. 1–3 MiLoG beschriebenen Sonderfälle zutrifft.

Bedeutung für den Betriebsrat/die JAV

Für den Betriebsrat und die JAV ist entscheidend, welche Tätigkeiten die Praktikant:innen ausführen, da durch Praktika ein Verdrängungseffekt gegenüber der Stammbelegschaft im Betrieb entstehen kann. Auch im Wettbewerb stehenden Unternehmen gegenüber wird ein Prozess des Lohndumpings in Gang gesetzt. Deshalb sollten JAV und Betriebsrat stets ein Auge darauf haben, wie viele Praktikant:innen für welche Dauer im Betrieb eingesetzt werden und unter welchen Bedingungen sie beschäftigt werden. Nach § 80 BetrVG ist der Arbeitgeber verpflichtet, die entsprechenden Informationen zur Verfügung zu stellen.

Haben JAV und Betriebsrat Bedenken, weil sich durch den Einsatz von Praktikant:innen Nachteile für die Belegschaft ergeben könnten, können sie die Einstellung von Praktikant:innen nach § 99 BetrVG (vgl. → **Mitbestimmungsrechte**) verweigern. Dabei geht es nicht darum, Praktika zu verhindern, sondern lediglich ein ausgewogenes Verhältnis zwischen Belegschaft und Praktikant:innen zu gewährleisten – auch um die Qualität und Betreuung des Praktikums sicherstellen zu können. Darauf kann der Betriebsrat unter Beteiligung der JAV bereits bei der Personalplanung im Rahmen der §§ 90 und 92 BetrVG (vgl. → **Berufsbildungsbedarf**) hinwirken. Der Betriebsrat und die JAV können vor allem die Qualität des Praktikums beeinflussen – angefangen beim Abschluss eines Praktikumsvertrags über die Ausstellung eines Arbeitszeugnisses bis zum Aushandeln einer Betriebsvereinbarung über Arbeitsbedingungen, Einsatzmöglichkeiten und tätigkeitsbezogene Entlohnung bzw. tarifliche Vergütung.

Darüber hinaus sollte jede/r Praktikant:in zu Beginn und möglichst am Ende des Praktikums ein Gesprächsangebot vom Betriebsrat oder der JAV erhalten. Bei einem Eingangsgespräch, in dem zum Beispiel die Erwartungen an die Zeit im Betrieb thematisiert werden, kann eine erste Kontaktaufnahme stattfinden und es können Informationen über ihre Rechte im Betrieb gegeben werden.

Jede/r Praktikant:in kann selbstverständlich – ebenso wie alle anderen Beschäftigten des Betriebs – an den Betriebsversammlungen und Sprechstunden des Betriebsrats teilnehmen bzw. den Betriebsrat oder die JAV aufsuchen. Des Weiteren können sie ihr Beschwerderecht auf Gleichbehandlung geltend machen, wenn sie – auch versteckt – aufgrund ihres Alters diskriminiert werden (§ 13 AGG in Verbindung mit § 75 BetrVG (vgl. → **Allgemeines Gleichbehandlungsgesetz**) und sich mit der Beschwerde auch an den Betriebsrat wenden (§ 85 BetrVG).

Probezeit in der Berufsausbildung

Grundlagen

Die Berufsausbildung beginnt mit dem Abschluss eines Berufsausbildungsvertrags (→ **Ausbildungsvertragsmuster**), der spätestens vor Beginn der Berufsausbildung schriftlich niederzulegen ist und alle wesentlichen Angaben enthalten muss, u. a. auch die Dauer der Probezeit.

Eine solche Probezeit ist nach § 20 BBiG zwingend vorgesehen. Sie muss mindestens einen Monat betragen, höchstens aber vier Monate. Wie der Name sagt, dient sie zur gegenseitigen Erprobung, also aus Sicht des/der Auszubildenden vor allem dazu, die Umstände, unter denen der gewählte Beruf später zu verrichten ist, kennen zu lernen. Während der Probezeit kann das Berufsausbildungsverhältnis jederzeit ohne Einhaltung einer Kündigungsfrist gekündigt werden, also sowohl vom/von der Ausbildenden wie auch vom/von der Auszubildenden. Die Kündigung muss schriftlich erfolgen, wie § 22 Abs. 3 BBiG bestimmt. Vereinbarungen, die zuungunsten des/der Auszubildenden von diesen Regelungen abweichen, sind nach § 25 BBiG nichtig.

Bedeutung für den Betriebsrat/die JAV

Die Probezeit wird im Ausbildungsvertrag festgelegt. Der Betriebsrat sollte darauf hinwirken, dass sie nicht länger als drei Monate beträgt, außer der/die Auszubildende wünscht explizit eine längere Probezeit.

Prozessorientierte Ausbildung

Grundlagen

Die prozessorientierte Ausbildung bietet eine gute Basis, um die Digitalisierung partizipativ zu gestalten. Arbeitszuschnitte und Arbeitsorganisation verändern sich infolge der Digitalisierung. Wie sich diese Veränderungen vollziehen, hängt auch davon ab, wie es den Arbeitnehmer:innen gelingt, dabei mitzugestalten. Wenn die Digitalisierung primär zur Rationalisierung genutzt wird, steigen die Risiken für Beschäftigung und Arbeitsbedingungen. Wird sie jedoch für eine Humanisierungsoffensive genutzt, kann anspruchs- und gehaltvolle Arbeit eine gute Perspektive für Beschäftigte schaffen. Voraussetzung für eine humane Digitalisierung sind allerdings gut ausgebildete Fachkräfte, die auch zukünftig in der Lage sind, mit komplexen Anforderungen umzugehen und in den Prozessen kompetent zu handeln.
Die an den Arbeits- und Geschäftsprozessen orientierte Gestaltung von Ausbildungsberufen sollte deshalb auch zukünftig beibehalten werden. Die betrieblichen Lernprozesse finden überwiegend in echten Arbeits- und Geschäftsprozessen statt. Dies stellt hohe Anforderungen an die Ausbildungsverantwortlichen.
Die Prozessorientierung der Berufsausbildung hat eine lange Historie; Veränderungen von Arbeit, vor allem teilautonome Gruppenarbeit, waren Auslöser der Entwicklung. Facharbeiter sollten in der Lage sein, Gruppengespräche zu führen, Verantwortung für Entwicklungsprozesse zu übernehmen und die Qualität selbst abzusichern. Viele Ausbildungsbetriebe haben in den 1990er-Jahren eine Entwicklung begonnen, in der der dezentrale Lernort »Betrieb« gegenüber dem zentralen Lernort »Ausbildungswerkstatt« an Bedeutung gewonnen hat. Beispielhaft dafür war der Modellversuch »DELTA« (Dezentrales Lernen in Teamarbeit), der mit Unterstützung des Bundesinstituts für Berufsbildung (BIBB) bei Mercedes Benz unternommen wurde. Er ist unter dem Begriff »Lerninselausbildung« bundesweit bekannt geworden und hat viele Nachahmer gefunden.
Die Lerninseln werden produktionsnah eingerichtet – die Auszubildenden sollen an die betrieblichen Ablaufstrukturen herangeführt werden. Hierbei werden Elemente, wie z. B. Betriebsorganisation, Qualitätssicherung, Planung und Steue-

rung im direkten Produktionsprozess unter Berücksichtigung von methodischen und didaktischen Gesichtspunkten integriert vermittelt. Die Lerninseln sind im tatsächlichen Produktionsprozess integriert. Auszubildende sind dabei wertschöpferisch (produktiv) tätig.

Die Zunahme der Ausbildung an dezentralen Lernorten machte jedoch den zentralen Lernort Ausbildungswerkstatt in der betrieblichen Berufsausbildung keineswegs überflüssig. Die Vermittlung berufsfeldbreiter Grundbildung, die Ermöglichung ungestörter Lern- und Übungsphasen sowie ein gezielter Methoden- und Medieneinsatz unter pädagogischen Gesichtspunkten in der Ausbildungswerkstatt ist auch weiterhin notwendig.

Verschiedene Ergebnisse von Modellversuchen »Lernen am Arbeitsplatz« bzw. »Lerninselausbildung« können beim BIBB angefordert werden.

Internet: *www.bibb.de.*

In der digitalen Arbeitswelt werden sich die Anforderungen an qualifizierte Facharbeit weiter verändern. An Bedeutung gewinnen dabei folgende Qualifikationsanforderungen:
- Zusammenarbeit und Kommunikation in inter- und transdisziplinären Zusammenhängen;
- Systemisches Denken;
- Verständnis für IT und Datenstrukturen sowie Umgang mit Daten/Algorithmen;
- Datenschutz und Datensicherheit.

Die Arbeits- und Geschäftsprozessorientierung bietet auch zukünftig eine ideale Ausgangsbasis einerseits für curriculare Vorgaben in Ausbildungsordnungen und andererseits für das konkrete Lernen im Arbeitsprozess.

Die prozessorientierte Ausbildung (Lernen im Arbeitsprozess) stellt besondere Anforderungen an die Qualifikation von Ausbildungspersonal. Es muss:
- die Kommunikation und Kooperation zwischen Produktions- und Bildungsabteilung sicherstellen,
- vorbeugend auf Spannungen und Konflikte wirken,
- Expert:innen für die Bereichs- und Personalstruktur sein,
- bei Störung als Moderator:innen zur Verfügung stehen sowie
- in geeigneter Weise auf die Einhaltung des Datenschutzes, des Arbeitsschutzes und der Unfallverhütungsvorschriften hinwirken.

Um das Ausbildungspersonal auf diese Herausforderungen vorzubereiten, sind Fortbildungs- bzw. Personalentwicklungsmaßnahmen hilfreich.

Bedeutung für den Betriebsrat/die JAV

Nach § 97 Abs. 1 BetrVG hat der Betriebsrat ein Beratungsrecht, wenn betriebliche Einrichtungen der Berufsausbildung errichtet und ausgestattet werden bzw. bei bestehenden Ausbildungseinrichtungen Änderungen vorgenommen werden sollen. Da von den Maßnahmen überwiegend die Wahlberechtigten zur JAV betroffen sind, hat der Betriebsrat die JAV an dem Beratungsprozess zu beteiligen.
Nach § 98 Abs. 1 BetrVG hat der Betriebsrat ein Mitbestimmungsrecht bei der Umsetzung von Maßnahmen der betrieblichen Berufsausbildung. Dies bezieht sich auf deren inhaltliche und zeitliche Ausgestaltung, wobei hierfür weitgehend gesetzliche Regelungen bestehen (BBiG und Ausbildungsordnungen). Im Rahmen dieser Vorgaben für die Berufsausbildung erstreckt sich die Mitbestimmung.
Da in der Berufsausbildung überwiegend die Wahlberechtigten zur JAV betroffen sind, hat die gesamte JAV ein Teilnahme-, Stimm- und Antragsrecht an Betriebsratssitzungen, entsprechend den §§ 67 und 70 Abs. 1 Nrn. 1, 3 BetrVG. Finden Besprechungen mit dem Arbeitgeber über solche Angelegenheiten statt, ist die JAV nach § 68 BetrVG hinzuzuziehen.
Eine wichtige Aufgabe des Betriebsrats und der JAV ist es, darauf zu achten, dass die Vermittlung von Qualifikationen gewährleistet ist. Die Wertschöpfung durch produktive Tätigkeit darf nicht einer qualifizierten Ausbildung übergeordnet werden (→ **Ausbildungsfremde Tätigkeiten**).

Bedeutung für die Auszubildenden

Für die Auszubildenden ist die Ausbildung unter realen Produktionsbedingungen oftmals wesentlich interessanter als in abgeschotteten Ausbildungswerkstätten. Die Bedingungen des realen Produktionsbezugs, im Team eine Aufgabe selbstständig zu planen, auszuführen und zu kontrollieren, wirken meist motivierend für die Auszubildenden. Sie müssen jedoch selbst mit darauf achten, dass die im Ausbildungsplan vorgegebenen Fertigkeiten, Kenntnisse und Fähigkeiten vermittelt werden.

Prüfung

Grundlagen

In den anerkannten Ausbildungsberufen werden Abschlussprüfungen vorgenommen. Der/die Auszubildende kann die Abschlussprüfung zweimal wiederholen. Wenn die Abschlussprüfung in zwei zeitlich auseinander fallenden Teilen stattfindet (»gestreckte Abschlussprüfung«), kann der erste Teil nicht eigenständig wiederholt werden. Die Abschlussprüfung ist für den/die Auszubildende/n gebührenfrei und dem Prüfling ist ein Zeugnis auszustellen. Auf Antrag des/der Auszubildenden ist eine englisch- und französischsprachige Übersetzung auszuhändigen. Auch Berufsschulleistungen werden auf Antrag des/der Auszubildenden ausgewiesen. Sofern die Berufsschule nach Landesrecht verpflichtet ist die Ergebnisse der berufsschulischen Leistungsfeststellung an die zuständige Stelle zu übermitteln, sind diese auf dem Zeugnis verbindlich auszuweisen.
Durch die Abschlussprüfung ist festzustellen, ob der Prüfling die berufliche Handlungsfähigkeit erworben hat. Dabei ist die Ausbildungsordnung zugrunde zu legen.
Für die Abnahme der Abschlussprüfungen errichtet die zuständige Stelle (IHK bzw. HWK) nach §§ 39 ff. BBiG bzw. §§ 31 ff. HwO Prüfungsausschüsse. In Industrie und Handel werden die Abschlussprüfungen vor den Prüfungsausschüssen der Industrie- und Handelskammer abgelegt. Im Handwerk werden die Gesellenprüfungen vor den Prüfungsausschüssen der Handwerkskammern oder der Handwerksinnungen abgelegt.
Der Prüfungsausschuss besteht nach § 40 BBiG aus mindestens drei Mitgliedern, die für die Prüfungsgebiete sachkundig und für die Mitwirkung im Prüfungswesen geeignet sind. Außerdem müssen dem Prüfungsausschuss als Mitglieder Beauftragte der Arbeitgeber und der Arbeitnehmer/innen in gleicher Zahl sowie mindestens ein/e Lehrer/in einer berufsbildenden Schule angehören.
Die zuständigen Stellen können nach § 42 Abs. 2 BBiG im Einvernehmen mit den Mitgliedern des Prüfungsausschusses die Abnahme und abschließende Bewertung von Prüfungsleistungen auf Prüferdelegationen übertragen. Die Prüfer-

delegationen müssen entsprechend der Vorgaben für Prüfungsausschüsse besetzt werden.

§ 42a BBiG ermöglicht, wenn die gesetzlichen Voraussetzungen erfüllt sind, die virtuelle Teilnahme von Prüfenden bei der Abnahme und Bewertung von Prüfungsleistungen.

Zur Abschlussprüfung wird nach § 43 BBiG zugelassen, wer die Ausbildungsdauer zurückgelegt hat oder wessen Ausbildungszeit nicht später als zwei Monate nach dem Prüfungstermin endet. Außerdem müssen die vorgeschriebenen Zwischenprüfungen stattgefunden und die vorgeschriebenen → **Berichtshefte** geführt worden sein, die sogenannten schriftlichen Ausbildungsnachweise.

In besonderen Fällen kann nach § 45 BBiG der/die Auszubildende nach Anhörung des/der Ausbildenden und der Berufsschule vor Ablauf seiner Ausbildungszeit zur Abschlussprüfung zugelassen werden, wenn seine/ihre Leistungen dies rechtfertigen.

Ferner ist zur Abschlussprüfung auch derjenige/diejenige zuzulassen, der/die in einer berufsbildenden Schule oder in einer sonstigen Einrichtung ausgebildet worden ist, wenn diese Ausbildung der Berufsausbildung in einem anerkannten Ausbildungsberuf entspricht.

Nach § 44 BBiG gilt, dass, wenn die Abschlussprüfung in zwei zeitlich auseinander fallenden Teilen abgehalten wird (»gestreckte Abschlussprüfung«), über die Zulassung jeweils gesondert zu entscheiden ist. Für beide Teile müssen die oben genannten Voraussetzungen erfüllt sein: Erfüllung der Ausbildungsdauer und Vorlage der schriftlichen Ausbildungsnachweise. Darüber hinaus ist Zulassungsvoraussetzung für den zweiten Teil der Abschlussprüfung, dass man am ersten Teil der Abschlussprüfung teilgenommen hat, es sei denn, dass der/die Auszubildende aus Gründen, die er/sie nicht zu vertreten hat, am ersten Teil der Abschlussprüfung nicht teilnehmen konnte. In diesem Fall ist der erste Teil der Abschlussprüfung zusammen mit dem zweiten Teil abzulegen.

Bei der »gestreckten Abschlussprüfung« wird die bisherige Zwischenprüfung somit zum Teil 1 der Abschlussprüfung; die Ergebnisse der Prüfungsleistung in diesem Prüfungsteil werden in das Gesamtergebnis der Prüfung einbezogen. Damit erhält die Prüfung etwa in der Mitte der Ausbildungszeit eine neue Funktion. Die bisherige Zwischenprüfung hatte das Ziel, den Ausbildungsstand zu ermitteln, um den Ausbilder:innen und Berufsschullehrer:innen die Möglichkeit zu geben, korrigierend, ergänzend und fördernd auf die weitere Berufsausbildung einwirken zu können. Teil 1 der gestreckten Abschlussprüfung stellt darüber hinaus bereits fest, inwieweit die Prüflinge in der Lage sind, Facharbeiter- oder Gesellentätigkeiten auszuführen. Dabei wird nicht deren gesamte Qualifikation Prüfungsgegenstand, sondern nur diejenigen Qualifikationen, die bis zum Zeitpunkt dieses Teils der Prüfung nach Ausbildungsrahmenplan und schulischem Lehrplan vermitteln wurden.

Schließlich ist nach § 45 Abs. 2 BBiG zur Abschlussprüfung auch zugelassen, wer nachweist, dass er mindestens das 1½-fache der Zeit, die als Ausbildungsdauer vorgeschrieben ist, in dem Beruf tätig gewesen ist, in dem die Prüfung abgelegt werden soll.

Für Soldat:innen auf Zeit sowie für ehemalige Soldat:innen kann die Zulassung zur Abschlussprüfung erfolgen, wenn das Bundesministerium der Verteidigung oder die von ihm bestimmte Stelle bescheinigt, dass der/die Bewerber:in berufliche Fertigkeiten, Kenntnisse und Fähigkeiten erworben hat, welche die Zulassung zur Prüfung rechtfertigen.

Im Übrigen wird die Prüfung nach Prüfungsordnungen abgehalten, in der die Zulassung die Gliederung, die Bewertungsmaßstäbe, die Erteilung der Prüfungszeugnisse, die Folgen von Verstößen gegen die Prüfungsordnung und die Wiederholungsprüfung geregelt sind. Der Hauptausschuss des Bundesinstituts für Berufsbildung erlässt nach § 47 BBiG für die Prüfungsordnung Richtlinien (*https://leando.de/artikel/musterpruefungsordnungen*).

Bedeutung für den Betriebsrat/die JAV

Die Prüfungsergebnisse sind auch ein Indikator für die Qualität der Berufsausbildung, weshalb der Betriebsrat und die JAV die Prüfungsergebnisse genauer betrachten und ggf. die betriebliche Ausbildung überprüfen sollten.

Bei Ausbildungsberufen, bei denen betriebliche Aufträge, Projekte oder Ähnliches als Prüfungsleistung vorgesehen sind, muss der Betriebsrat darauf achten, dass die Auszubildenden die entsprechenden Möglichkeiten während der Ausbildung erhalten.

Rauchen am Arbeitsplatz/Alkoholverbot

Rauchen am Arbeitsplatz

Gesetzliche Rauchverbote gibt es zum Beispiel in bestimmten Betriebsräumen zur Verhütung von Brandgefahr.
Allgemein ist der Nichtraucherschutz nach § 5 ArbStättV zu beachten. Danach hat der Arbeitgeber die erforderlichen Maßnahmen zu treffen, damit die nichtrauchenden Beschäftigten in Arbeitsstätten wirksam vor den Gesundheitsgefahren durch Tabakrauch geschützt sind. Umgekehrt ist der Raucher durch das Recht auf die freie Entfaltung seiner Persönlichkeit geschützt. Wenn gesetzliche Rauchverbote oder aber der Nichtraucherschutz dies nicht ausschließen, ist auch ihm die Gelegenheit zu geben, in angemessenen Arbeits- und Pausenräumen zu rauchen, wenn die räumlichen Verhältnisse des Betriebes es zu lassen. Als vorrangig wird aber heute schon der Nichtraucherschutz betrachtet, der weiter im Vordringen ist. Ob künftig noch anerkannt wird, dass das Rauchen unter dem Schutz des Rechtes auf freie Entfaltung der Persönlichkeit steht, bleibt abzuwarten.
Die sich derzeit noch in einem Spannungsverhältnis gegenüberstehenden Rechte der Nichtraucher und der Raucher bedürfen konkreter betrieblicher Regelungen: Gilt unabhängig von gesetzlichen Verboten ein allgemeines Rauchverbot? Ist es für Raucher zumutbar, das Rauchen lediglich auf den Außenflächen, Innenhöfen usw. (auch diese gehören zum Betrieb und zur Arbeitsstätte) zu gestatten? Darf in den Räumen mit Publikumsverkehr allgemein geraucht werden? Welche Regelung gilt für Gänge und Pausenräume? Wenn Raucher ihren Arbeitsplatz verlassen müssen, werden diese »Raucherpausen« dann bezahlt? Haben auch die Nichtraucher dann entsprechenden Anspruch auf solche bezahlten Nichtarbeitszeiten?
Hier sind Regelungen zu treffen. Dies kann der Arbeitgeber nicht allein. Der Betriebsrat hat ein gleichberechtigtes Mitbestimmungsrecht in Bezug auf die Ordnung des Betriebes (§ 87 Abs. 1 Nr. 1 BetrVG).

Bei Verstoß gegen ein wirksam angeordnetes Rauchverbot kommt je nach den Umständen des Einzelfalls jedenfalls nach vorheriger Abmahnung eine Kündigung des Arbeitsverhältnisses in Betracht.

Alkoholverbot

Auch hier bleibt für Arbeitgeber und Betriebsrat nichts zu regeln, wenn ein allgemeines Alkoholverbot für bestimmte Berufsgruppen gilt, etwa für Kraftfahrer. Ist dies nicht der Fall, so bedarf es einer Regelung, ob ein angemessener und sozial üblicher Alkoholgenuss erlaubt oder verboten ist (eine Flasche Bier zum Essen, das Anstoßen mit Sekt bei der Gratulation zum Geburtstag). Auch diese Regelungen kann der Arbeitgeber nicht alleine treffen, sie sind vielmehr mitbestimmungspflichtig nach § 87 Abs. 1 Nr. 1 BetrVG.

Ruhepausen

Begriff

Das Jugendarbeitsschutzgesetz bestimmt zunächst in § 4 Abs. 1 JArbSchG, dass die tägliche → **Arbeitszeit** die Zeit vom Beginn bis zum Ende der täglichen Beschäftigung ohne die Ruhepausen ist. Die Schichtzeit ist nach § 4 Abs. 2 JArbSchG die tägliche Arbeitszeit unter Hinzurechnung der Ruhepausen.
Im Übrigen heißt es in § 11 JArbSchG, dass Jugendlichen im Voraus feststehende Ruhepausen von angemessener Dauer gewährt werden müssen. Was angemessene Dauer ist, legt das Gesetz selbst fest, nämlich
1. 30 Minuten bei einer Arbeitszeit von mehr als 4 1/2 bis zu sechs Stunden,
2. 60 Minuten bei einer Arbeitszeit von mehr als sechs Stunden.
Ferner heißt es, dass als Ruhepause nur eine Arbeitsunterbrechung von mindestens 15 Minuten gilt. Dies bedeutet in Verbindung mit § 4 JArbSchG, dass Arbeitsunterbrechungen, die unter 15 Minuten liegen, keine Ruhepausen sind, sondern zur Arbeitszeit zählen.
Die Unterbrechung der Arbeit durch Pausen während der Arbeitszeit ist nicht nur für die Einnahme der Mahlzeiten, sondern auch für die Erholung von der Arbeit bedeutsam. Während der Ruhepausen muss der/die Jugendliche nach freier, eigener Entscheidung Gelegenheit haben, zu essen und sich zu entspannen sowie sich nach Möglichkeit an einem selbst gewählten Ort aufhalten können.
Damit die Ruhepausen ihren Erholungszweck erfüllen, bestimmt das Gesetz, dass sie nach Lage und Dauer im Voraus feststehen und in angemessener zeitlicher Lage innerhalb der Arbeitszeit gewährt werden, nämlich frühestens eine Stunde nach Beginn und spätestens eine Stunde vor Ende der Arbeitszeit (§ 11 Abs. 2 JArbSchG).
Der Aufenthalt in Arbeitsräumen während der Ruhepausen darf den Jugendlichen nur gestattet werden, wenn die Arbeit in diesen Räumen während dieser Zeit eingestellt ist und auch sonst die notwendige Erholung nicht beeinträchtigt wird.

Ruhepausen

> **Hinweis:**
> Für die Ruhepausen und Ruhezeiten von erwachsenen Auszubildenden, die das 18. Lebensjahr bereits vollendet haben, gelten grundsätzlich die Bestimmungen des Arbeitszeitgesetzes (ArbZG). Sie gelten als Mindestbestimmungen. Darüber hinaus können bessere und weitergehende Regelungen in Tarifverträgen, Betriebsvereinbarungen bzw. in einem Ausbildungsvertrag geregelt sein.

Bedeutung für den Betriebsrat/die JAV

Das Betriebsverfassungsgesetz räumt in § 87 Abs. 1 Nr. 2 BetrVG dem Betriebsrat ein zwingendes Mitbestimmungsrecht über Dauer und Lage der Ruhepausen ein. Letztere müssen also mit Zustimmung des Betriebsrats unter Einbeziehung der JAV festgelegt werden.

Verstöße des Arbeitgebers gegen die Bestimmungen des § 11 JArbSchG können als Straftat oder Ordnungswidrigkeit nach §§ 58, 59 JArbSchG geahndet werden.

Was die räumliche Beschaffenheit und Ausstattung der Pausenräume anbetrifft, regeln dies § 6 der Arbeitsstättenverordnung sowie die Europäische Arbeitsstättenrichtlinie (Richtlinie 89/654/EWG).

Samstagsarbeit/Sonntagsarbeit/ Feiertagsarbeit

Grundlagen

Für die Beschäftigung Jugendlicher gilt nach § 15 JArbSchG die 5-Tage-Woche. Die beiden wöchentlichen Ruhetage sollen nach Möglichkeit aufeinander folgen. Diese Bestimmung wird durch die Bestimmungen des § 16 JArbSchG über die Samstagsruhe, des § 17 JArbSchG über die Sonntagsruhe und durch die Bestimmung des § 18 JArbSchG über die Feiertagsruhe ergänzt. Vorstellung des Gesetzgebers ist es, dass dem Jugendlichen grundsätzlich ein freies Wochenende ermöglicht wird.
Dies soll dadurch erreicht werden, dass Jugendliche grundsätzlich an Samstagen bzw. an Sonntagen oder an Feiertagen nicht beschäftigt werden dürfen.
Diese Grundsätze sind jedoch in vielfältiger Hinsicht durchbrochen. Ein absolutes Beschäftigungsverbot besteht nach § 18 JArbSchG nur am ersten Weihnachtsfeiertag (25. Dezember), an Neujahr (1. Januar), am ersten Osterfeiertag und am Tag der Arbeit (1. Mai). An Heiligabend (24. Dezember) und an Silvester (31. Dezember) darf eine Beschäftigung nach 14.00 Uhr nicht mehr erfolgen.
Das grundsätzliche Gebot der Samstagsruhe wird durch zahlreiche Ausnahmen durchlöchert. Nach § 16 Abs. 2 JArbSchG ist die Beschäftigung Jugendlicher an Samstagen zulässig:
1. *in Krankenanstalten sowie in Alten-, Pflege- und Kinderheimen,*
2. *in offenen Verkaufsstellen, in Betrieben mit offenen Verkaufsstellen, in Bäckereien und Konditoreien, im Friseurhandwerk und im Marktverkehr,*
3. *im Verkehrswesen,*
4. *in der Landwirtschaft und Tierhaltung,*
5. *im Familienhaushalt,*
6. *im Gaststätten- und Schaustellergewerbe,*
7. *bei Musik-, Theater- und anderen Aufführungen,*
8. *bei außerbetrieblichen Ausbildungsmaßnahmen,*
9. *beim Sport,*
10. *im ärztlichen Notdienst,*
11. *in Reparaturwerkstätten für Kraftfahrzeuge.*

Samstagsarbeit/Sonntagsarbeit/Feiertagsarbeit

Allerdings sollen nach § 16 Abs. 2 JArbSchG mindestens zwei Samstage im Monat beschäftigungsfrei bleiben, wobei dies lediglich eine Sollvorschrift ist, von der in begründeten Fällen abgewichen werden kann.

Werden Jugendliche am Samstag beschäftigt, ist ihnen nach § 16 Abs. 3 JArbSchG die 5-Tage-Woche durch Freistellung an einem anderen berufsschulfreien Arbeitstag derselben Woche sicherzustellen.

Ähnlich breit gefächert sind die Ausnahmen vom Gebot der Sonntagsruhe (§ 17 Abs. 2 JArbSchG). Auch hier soll jeder zweite Sonntag beschäftigungsfrei bleiben, mindestens zwei Sonntage im Monat müssen beschäftigungsfrei bleiben. Die 5-Tage-Woche ist durch Freistellung an einem anderen berufsschulfreien Arbeitstag derselben Woche sicherzustellen (§ 17 Abs. 3 JArbSchG).

Eine ähnliche Regelung wie bei der Sonntagsruhe gilt nach § 18 JArbSchG auch für die Feiertagsruhe.

> **Hinweis:**
> Für die Arbeitszeit von erwachsenen Auszubildenden, die das 18. Lebensjahr bereits vollendet haben, gelten grundsätzlich die Bestimmungen des Arbeitszeitgesetzes (ArbZG). Darüber hinaus können bessere und weitergehende Regelungen in Tarifverträgen, Betriebsvereinbarungen bzw. in einem Ausbildungsvertrag geregelt sein.

Schichtarbeit

Begriff

Schichtarbeit liegt vor, wenn Arbeitnehmer:innen sich wechselseitig zeitlich mit der Arbeit abwechseln und entweder in zwei Schichten oder vollkontinuierlich, rund um die Uhr, gearbeitet wird, wobei bei bestimmten Tätigkeiten praktisch ohne Unterbrechung gearbeitet wird (z. B. Hochofen).
Für Jugendliche ist die Beteiligung an Schichtarbeit wegen der Bestimmung des § 14 JArbSchG über die Nachtruhe praktisch nicht möglich. Allerdings erlaubt Abs. 5 dieser Bestimmung, dass nach vorheriger Anzeige an die Aufsichtsbehörde in Betrieben, in denen die übliche Arbeitszeit aus verkehrstechnischen Gründen nach 20.00 Uhr endet, Jugendliche bis 21.00 Uhr beschäftigt werden dürfen, soweit sie hierdurch unnötige Wartezeiten vermeiden können.
Gleiches gilt in mehrschichtigen Betrieben. Hier dürfen Jugendliche jedenfalls über 16 Jahre ab 5.30 Uhr oder bis 23.30 Uhr beschäftigt werden, soweit sie hierdurch unnötige Wartezeiten vermeiden können. Sofern Schichtarbeit für Auszubildende vereinbart wird, muss darauf geachtet werden, dass gesetzliche Ruhezeiten bei Schichtwechsel oder dem Wechsel zu Berufsschultagen eingehalten werden.

Bedeutung für den Betriebsrat/die JAV

Nach § 87 Abs. 1 Nr. 2 BetrVG unterliegt die Festlegung von Beginn und Ende der täglichen → **Arbeitszeit** einschließlich der Pausen sowie die Verteilung der Arbeitszeit auf die einzelnen Wochentage dem zwingenden Mitbestimmungsrecht des Betriebsrats. Das Mitbestimmungsrecht schließt damit auch die Einführung, Änderung und den Abbau von variabler Arbeitszeit, von Nachtarbeit und von Schichtarbeit in jeder Form mit ein.

Schüler:innenvertretung

Grundlagen

Die Schüler:innenvertretung (SV) ist das Mitbestimmungsorgan der Schülerschaft, das vor allem Ordnungs- und Organisationsfunktionen wahrnimmt, die Interessen der Schüler:innen vertritt, aber auch selbst gewählte Aufgaben bearbeitet. Mit der SV soll den Schüler:innen Gelegenheit gegeben werden, an der innerschulischen Willensbildung teilzunehmen. Dazu werden Klassen-, Jahrgangs- und Schulsprecher:innen gewählt.
Schule und Bildung sind in Deutschland Ländersache. Daher werden die Schulgesetze und -verordnungen von den Länderparlamenten und Länderministerien erlassen. Somit gibt es in Deutschland 16 verschiedene Bildungssysteme und natürlich auch 16 verschiedene Gesetze und Verordnungen für die Schüler:innenvertretung (SV). Trotzdem lassen sich einige Gemeinsamkeiten in allen Bundesländern feststellen.

Bedeutung für die Schülerinnen und Schüler

Bei der SV von Mitbestimmung zu reden, ist vielleicht ein wenig übertrieben. Die Schüler:innen haben nach den Schülermitwirkungsgesetzen die Möglichkeit, sich z. B. in den Schulkonferenzen Gehör zu verschaffen und die Interessen der Schülerschaft deutlich zu machen. Die Schulkonferenzen setzen sich zusammen aus Lehrkräften, Eltern und Schüler:innen (bei Berufsschulen kommen noch Vertreter:innen der Arbeitgeber und Arbeitnehmer:innen hinzu). Die Schülerstimmen allein reichen nicht für eine Stimmenmehrheit.

Bedeutung für die JAV

In Berufsschulen werden ebenfalls Schülervertretungen gewählt. Mit ihnen sollten die JAVen Kontakt aufnehmen, und sich über das Zusammenspiel zwischen Betrieb und Berufsschule austauschen. Aktive JAV-Mitglieder, die sich in der Ausbildung befinden und somit die Berufsschule besuchen, können sich in die SV wählen lassen.

Internethinweise

DGB-Jugend, Informationen und Hinweise für die Schüler/innenvertretung (*https://jugend.dgb.de/schule/schuelervertretung*)

QR-Code:

Schutzvorschriften/Schutz Auszubildender in Betriebsrat sowie Jugend- und Auszubildendenvertretung

Grundlagen

Jugendliche und Auszubildende können ohne Weiteres in den Betriebsrat sowie in die Jugend- und Auszubildendenvertretung gewählt werden, auch in alle weiteren betriebsverfassungsrechtlichen Gremien, sie müssen lediglich den jeweiligen Vorgaben für ihr Alter entsprechen. Außerdem können sie nicht in BR und JAV gleichzeitig Mitglied sein (§ 61 Abs. 2 BetrVG). Jugendliche und Auszubildende, die eine engagierte Interessenvertretung betreiben, haben oftmals schnell Konflikte mit dem Arbeitgeber. Damit sie jedoch konsequent und engagiert die Interessen der Wahlberechtigten vertreten können, bedürfen sie des Schutzes vor dem Verlust ihres Arbeitsplatzes. Bei jugendlichen Arbeitnehmern gelten hier keine Besonderheiten, sie sind genauso geschützt wie Arbeitnehmer mit höherem Lebensalter, Sie haben einen besonderen Kündigungsschutz durch den § 15 Kündigungsschutzgesetz, der eine ordentliche Kündigung untersagt. Der Arbeitgeber hat nur die Möglichkeit einer fristlosen Kündigung. Aber auch in diesem Fall kann dem Mitglied einer JAV nur dann gekündigt werden, wenn der Betriebsrat nach § 103 BetrVG der fristlosen Kündigung zustimmt. Stimmt der Betriebsrat nicht zu, so muss der Arbeitgeber versuchen, die fehlende Zustimmung vom Arbeitsgericht ersetzen zu lassen.

Das Ausbildungsverhältnis dagegen ist befristet. Nach der Probezeit können Auszubildende ohnehin nur außerordentlich gekündigt werden. Mit Ende der Ausbildung wird das Ausbildungsverhältnis dagegen nicht gekündigt sondern läuft einfach aus. In § 78 BetrVG »Schutzbestimmungen« ist geregelt, dass Auszubildende als Mitglieder von BR oder JAV bei der Erfüllung ihrer Aufgaben nicht behindert werden dürfen. Sie dürfen aufgrund ihrer Tätigkeit nicht benachteiligt und müssen vergleichbar wie andere Arbeitnehmer bezahlt werden. Ebenso muss eine vergleichbare berufliche Entwicklung ermöglicht werden.

Um eine Benachteiligung zu verhindern, ist im § 78a BetrVG geregelt, dass Mitglieder der JAV nach Beendigung ihrer Ausbildung in ein Arbeitsverhältnis übernommen werden müssen.

Der Anspruch auf den Schutz der §§ 78 und 78a BetrVG erstreckt sich auch auf Ersatzmitglieder zur JAV, wenn sie ersatzweise, ggf. auch nur vorübergehend, als Mitglied der JAV tätig geworden sind. So kommt es beispielsweise vor, dass Mitglieder der JAV bei JAV-Sitzungen oder Betriebsratssitzungen terminlich verhindert sind. In diesem Fall wird das Ersatzmitglied vorübergehend tätig. Wichtig ist, dass dies in den entsprechenden Protokollen der Sitzungen vermerkt ist. Damit kann beim Übernahmeanspruch nach § 78a BetrVG das Tätigwerden von Ersatzmitgliedern dokumentiert werden.

Die Schutzvorschriften gelten auch für ehemalige Mitglieder der JAV und Ersatzmitglieder, die in der JAV tätig geworden sind, für die Dauer eines Jahres nach Beendigung der Amtszeit.

Kein Übernahmeanspruch im dualen Studium

Das BAG hat entschieden, dass diese Schutzvorschrift nicht für das duale Studium gilt. Ein Betriebsratsmitglied, das die praktische Phase eines aus mehreren Ausbildungsabschnitten bestehenden dualen Studiengangs in einem Partnerunternehmen absolviert, ist jedenfalls im letzten, auf den Erwerb des Hochschulgrads »Bachelor of Arts« an einer nach Landesrecht staatlich anerkannten Hochschule gerichteten, Ausbildungsabschnitt kein Auszubildender im Sinne von § 78a BetrVG. Auf die im Rahmen eines dualen Studiums durchzuführende betriebliche Tätigkeit findet das BBiG nach § 3 Abs. 2 Nr. 1 BBiG keine Anwendung. Verlangt ein in dieser Situation befindliches Betriebsratsmitglied seine Weiterbeschäftigung nach Abschluss des dualen Studiengangs, kommt mit dem Partnerunternehmen nach § 78a Abs. 2 BetrVG kein Arbeitsverhältnis zustande (BAG 17.6.2020 – 7 ABR 46/18).

Bedeutung für den Betriebsrat/die JAV

Wenn der Arbeitgeber einen Auszubildenden, der Mitglied der JAV oder des BR ist, bei Beendigung der Ausbildung nicht in ein Arbeitsverhältnis übernehmen möchte, so muss er dieses mindestens drei Monate vor Beendigung des Ausbildungsverhältnisses mitteilen.

Ein Mitglied der JAV muss, unabhängig von einer Information durch den Arbeitgeber, bezüglich der Übernahme in ein Arbeitsverhältnis, selbst einen schriftlichen Antrag auf unbefristete Übernahme nach der Ausbildung stellen. Dieser schriftliche Übernahmeantrag eines Mitgliedes der JAV muss innerhalb der letzten drei Monate vor Beendigung des Berufsausbildungsverhältnisses erfolgen. Will der Arbeitgeber den Auszubildenen nicht übernehmen, muss er beim Arbeitsgericht beantragen, dass eine Übernahme unzumutbar für ihn ist.

Der Übernahmeantrag des JAV-Mitgliedes ist immer auf ein unbefristetes Vollzeitarbeitsverhältnis im erlernten Beruf unter Berufung auf seine Mitgliedschaft in der JAV, in Bezug auf § 78a BetrVG zu stellen. Dies gilt selbst, wenn alle anderen Auszubildenden nicht oder nur in ein Teilzeitarbeitsverhältnis oder ein befristetes Arbeitsverhältnis übernommen werden. Nur so ist sichergestellt, dass sich der Übernahmeantrag im Rahmen des § 78a BetrVG bewegt (Musterschreiben 1).

Wenn der Arbeitgeber lediglich einen Teilzeitarbeitsplatz oder eine befristete Übernahme anbietet, besteht die Möglichkeit diesen »unter Vorbehalt« anzunehmen und deutlich zu machen, die Erfüllung des Anspruchs nach § 78a BetrVG vom Arbeitsgericht überprüfen zu lassen. Damit kann ggf. Zeit gewonnen werden, um das Vorhandensein eines Vollzeitarbeitsplatzes nachzuweisen (Musterschreiben 2 und 3).

Mitglieder der JAV, die ihre Ausbildung beenden, können frühestens drei Monate vor dem ersten Prüfungstag ihre Übernahme in das Arbeitsverhältnis nach § 78a BetrVG beantragen.

Wichtig ist, sich den Eingang des Übernahmeantrages quittieren zu lassen. Auf dem Postweg besteht hier die Möglichkeit, den Antrag per Einschreiben mit Rückschein zustellen zu lassen. Wird er selbst bei der Personalabteilung abgegeben, kann eine entsprechende Quittierung auf einer Kopie erfolgen.

Wichtig ist auch, dass der schriftliche Antrag vor dem letzten Prüfungstag gestellt werden muss. Ansonsten verliert das Mitglied der JAV den Anspruch auf eine unbefristete Übernahme nach § 78a BetrVG (BAG 31.10.1985 – 6 AZR 557/84).

Will der Arbeitgeber ein Mitglied der JAV, welches fristgerecht seine Übernahme nach § 78a BetrVG beantragt hat, nach Beendigung der Ausbildung nicht in ein Arbeitsverhältnis übernehmen, so muss er, unabhängig davon, ob er dies bereits fristgerecht mitgeteilt hat, nach § 78a BetrVG beim Arbeitsgericht feststellen lassen, dass ein Arbeitsverhältnis nicht begründet ist bzw. die Auflösung eines Arbeitsverhältnisses beantragen. In einem solchen Fall ist es wichtig, nachzuweisen, ob andere Auszubildende nach Beendigung ihrer Ausbildung übernommen wurden bzw. werden und ob freie Arbeitsplätze vorhanden sind. In jedem Fall ist es sinnvoll, die zuständige Gewerkschaft zu informieren und gegebenenfalls Rechtsschutz zu beantragen.

Nach der jüngeren Rechtsprechung des BAG soll der Weiterbeschäftigungsanspruch an den Ausbildungsbetrieb gebunden sein und damit nicht gegeben sein, wenn ein Arbeitsplatz lediglich in einem anderen Betrieb desselben Unternehmens vorhanden ist (BAG 5.12.2007 – 7 ABR 65/06).

Der Arbeitsplatz muss frei sein; das JAV-Mitglied hat keinen Anspruch darauf, dass ein Arbeitsplatz eingerichtet oder frei gekündigt wird.

Das JAV-Mitglied ist im Ausbildungsberuf weiter zu beschäftigen. Es kann nicht auf eine ausbildungsfremde, geringerwertige Tätigkeit verwiesen werden. Dies kommt nur in Betracht, wenn eine gleichwertige Beschäftigung nicht möglich ist. Umgekehrt kann der Übernahmeantrag nicht mit der Begründung abgelehnt werden, es sei keine der Ausbildung entsprechende Beschäftigung möglich, wenn der Auszubildende sich bereits in dem Weiterbeschäftigungsverlangen mit geänderten Arbeitsbedingungen einverstanden erklärt hat.

Musterschreiben 1: Übernahme in unbefristetes Arbeitsverhältnis

Absender _____ Ort/Datum _____

An die Geschäftsleitung
- Personalabteilung -

Antrag auf Übernahme in ein unbefristetes Arbeitsverhältnis gemäß § 78a BetrVG

Sehr geehrte Damen und Herren,

hiermit beantrage ich gemäß § 78a Abs. 2 BetrVG in meiner Eigenschaft als Jugend- und Auszubildendenvertreter:in die Übernahme in ein unbefristetes Arbeitsverhältnis im erlernten Beruf im Anschluss an meine Ausbildung.
Sollte eine entsprechende Beschäftigung nicht möglich sein, so wäre ich hilfsweise auch bereit, zu anderen als den sich aus § 78a BetrVG ergebenden Arbeitsbedingungen in ein Arbeitsverhältnis übernommen zu werden.

Mit freundlichen Grüßen

Musterschreiben 2: Übernahme unter Vorbehalt in ein unbefristetes Teilzeitarbeitsverhältnis

Absender _____ Ort/Datum _____

An die Geschäftsleitung
- Personalabteilung -

Sehr geehrte Damen und Herren,

sie haben mir lediglich eine Übernahme nach Ausbildungsende in ein Teilzeitarbeitsverhältnis angeboten. Als Mitglied der JAV habe ich jedoch gem. § 78a BetrVG einen Anspruch auf unbefristete Übernahme in ein Vollzeitarbeitsverhältnis.

Schutzvorschriften/Schutz Auszubildender in BR/JAV

Ich nehme daher ihr Angebot an und behalte mir vor, die Ausgestaltung des Vertrages als Teilzeitarbeitsverhältnis beim Arbeitsgericht auf seine Rechtmäßigkeit hin überprüfen zu lassen.

Mit freundlichen Grüßen

Musterschreiben 3: Übernahme unter Vorbehalt in ein befristetes Arbeitsverhältnis

Absender _____ Ort/Datum _____

An die Geschäftsleitung
- Personalabteilung -

Sehr geehrte Damen und Herren,

sie haben mir lediglich eine auf zwölf Monate befristete Übernahme nach Ausbildungsende angeboten. Als Mitglied der JAV habe ich jedoch gem. § 78a BetrVG einen Anspruch auf unbefristete Übernahme in ein Vollzeitarbeitsverhältnis.
Ich nehme daher ihr Angebot an und behalte mir vor, die Ausgestaltung des Vertrages als befristetes Arbeitsverhältnis beim Arbeitsgericht auf seine Rechtmäßigkeit hin überprüfen zu lassen.

Mit freundlichen Grüßen

Schwerbehinderte Menschen

Grundlagen

Das Neunte Sozialgesetzbuch (SGB IX) regelt die Rehabilitation und Teilhabe von Menschen mit Behinderungen und hat zum Ziel, die Selbstbestimmung der Menschen mit Behinderungen, ihre Teilhabe am gesellschaftlichen Leben und insbesondere ihre Integration im Arbeitsleben zu fördern. Das Schwerbehindertenrecht ist in den 3. Teil des SGB IX eingegliedert.
Das Bundesteilhabegesetz (BTGH) von 2016, die umfassendste Reform des Behindertenrechts seit Einführung des SGB IX, hat die bisherige Gesetzgebung zusammengefasst und die Eingliederungshilfe für Menschen mit Behinderungen zu einem modernen Teilhaberecht weiterentwickelt. Das Gesetz orientiert sich an der Behindertenrechtskonvention der Vereinten Nationen mit dem Ziel, dass die Betroffenen nach dem Motto »Nichts über uns – nichts ohne uns« beteiligt werden.
Als schwerbehinderte Menschen werden all diejenigen Personen bezeichnet, die einen Grad der Behinderung von wenigstens 50 aufweisen und ihren Wohnsitz, ihren gewöhnlichen Aufenthalt oder ihre Beschäftigung auf einem Arbeitsplatz im Geltungsbereich des SGB IX haben (§ 2 Abs. 2 SGB IX). Dabei wird als Behinderung angesehen, wenn der Körper- und Gesundheitszustand mit hoher Wahrscheinlichkeit länger als sechs Monate von dem für das Lebensalter typischen Zustand abweicht und daher die gleichberechtigte Teilhabe am Leben in der Gesellschaft beeinträchtigt wird (§ 2 Abs. 1 SGB IX).
Mit einem schwerbehinderten Menschen ist derjenige gleichgestellt, dessen Grad der Behinderung zwischen 30 und 50 liegt, und der aufgrund eines Antrags durch die Bundesagentur für Arbeit mit einem schwerbehinderten Menschen gleichgestellt worden ist (§ 2 Abs. 3 SGB IX). Die Gleichstellung wird im Falle der Anerkennung mit dem Tag des Eingangs des Antrags wirksam (§ 151 Abs. 2 SGB IX).
Das SGB IX regelt im Einzelnen die Sicherung der Eingliederung schwerbehinderter Menschen in Arbeit, Beruf und Gesellschaft (arbeitsrechtlicher Schwerbehindertenschutz sowie Rehabilitation). In diesem Gesetz ist der geschützte

Schwerbehinderte Menschen

Personenkreis (schwerbehinderte Menschen, von Behinderung bedrohte bzw. gleichgestellte Menschen) bestimmt. Im SGB IX sind darüber hinaus auch Bereiche wie Kündigungsschutz, Pflichten der Arbeitgeber und die Schwerbehindertenvertretung geregelt.

Das SGB IX hat die Aufgabe, die Eingliederung dieses schutzbedürftigen Personenkreises zu fördern und die Lage und die zukünftigen Chancen von Menschen mit Behinderungen in der Arbeitswelt nachhaltig zu verbessern. Schwerbehinderte Menschen unterliegen erheblichen Eingliederungsbarrieren, die ihre Integration erschweren. Ihre Chancen auf dem Arbeitsmarkt sind erheblich reduziert.

Schwerbehinderte Beschäftigte dürfen gem. § 164 Abs. 2 SGB IX durch Arbeitgeber wegen ihrer Behinderung nicht benachteiligt werden. Dabei wird auf die Regelungen im Allgemeinen Gleichbehandlungsgesetz (AGG; → **Allgemeines Gleichbehandlungsgesetz**) verwiesen. Das AGG regelt umfassend den Schutz vor Benachteiligungen wegen einer Behinderung, nicht nur im Falle einer Schwerbehinderung. Benachteiligungsverbote bestehen dabei insbesondere für folgende Bereiche:

- Zugang zur Berufsbildung, einschließlich der Berufsausbildung, der beruflichen Weiterbildung, der Umschulung sowie der praktischen Berufserfahrung,
- Zugang zu einem Arbeitsverhältnis, einschließlich der Auswahlkriterien und Einstellungsbedingungen sowie für den beruflichen Aufstieg,
- bei den Arbeitsbedingungen, einschließlich Entgelt sowie den Entlassungsbedingungen.

Weder der Arbeitgeber, Vorgesetzte noch Arbeitnehmer:innen oder Dritte dürfen behinderte Arbeitnehmer:innen wegen ihrer Behinderung (§ 3 AGG):

- unmittelbar oder mittelbar benachteiligen,
- belästigen oder
- eine Benachteiligung anweisen.

Um eine Benachteiligung von Anfang an zu unterbinden, ist der Arbeitgeber verpflichtet, die erforderlichen Maßnahmen zum Schutz vor Benachteiligungen zu treffen, wobei dieser Schutz auch und gerade vorbeugende Maßnahmen umfasst (§ 12 Abs. 1 AGG).

- Bei einem Verstoß gegen das AGG kann sich der/die betreffende Arbeitnehmer:in bei der zuständigen Stelle im Betrieb (§ 13 AGG) oder beim Betriebsrat beschweren.

Weitere Rechte der betroffenen Arbeitnehmer:innen können sein:

- Leistungsverweigerungsrecht (§ 14 AGG),
- Entschädigung und Schadensersatz (§ 15 AGG).

Bedeutung für den Betriebsrat/die JAV/ die Schwerbehindertenvertretung

Neben der Schwerbehindertenvertretung (→ **Schwerbehindertenvertretung**) hat auch der Betriebsrat (→ **Betriebsrat**) sowie der Personalrat (→**Personalrat**) die Interessen der schwerbehinderten Arbeitnehmer:innen zu vertreten. Ebenso fällt der Schutz vor Benachteiligungen nach dem AGG (s. o.) in den Verantwortungsbereich der Interessenvertretungen (§ 17 Abs. 1 AGG). Sowohl in § 80 Abs. 1 Nr. 4 BetrVG als auch in § 176 SGB IX wird die besondere Verpflichtung des Betriebsrats/Personalrats hervorgehoben, die Eingliederung schwerbehinderter Menschen zu fördern und auf eine integrative Personal- und Arbeitpolitik im Betrieb/Verwaltung hinzuwirken. Dabei hat der Betriebsrat/Personalrat insbesondere auf den Abschluss einer Inklusionsvereinbarung (früher: Integrationsvereinbarung) und auf die Erfüllung der Beschäftigungspflicht des Arbeitgebers nach dem SGB IX zu achten und darauf zu drängen, dass das Unternehmen sich durch die Zahlung einer Ausgleichsabgabe dieser Pflicht nicht entzieht. Dies kann u. a. dadurch erfolgen, dass freiwerdende Arbeitsplätze durch begleitende Hilfen im Arbeits- und Berufsleben so gestaltet werden, dass auf ihnen schwerbehinderte Menschen beschäftigt werden können.

Weiterhin muss der Betriebsrat/Personalrat darauf hinwirken, dass auch schwerbehinderte Menschen grundsätzlich beschäftigt werden. So könnte der Betriebsrat der Einstellung eines/einer nicht schwerbehinderten Arbeitnehmers/in gem. § 99 BetrVG widersprechen, wenn der Arbeitgeber vor der Einstellung nicht gem. § 164 Abs. 1 SGB IX geprüft hat, ob eine Besetzung des freien Arbeitsplatzes mit einem/einer schwerbehinderten Arbeitnehmer:in vorgenommen werden könnte. Insoweit liegt ein Verstoß gegen eine gesetzliche Vorschrift, nämlich das SGB IX, vor (§ 99 Abs. 2 Nr. 1 BetrVG).

Die alten Verfahrensregelungen zur betrieblichen Prävention sind vor einiger Zeit zu einem umfassenden **betrieblichen Eingliederungsmanagement** (BEM) erweitert worden (§ 167 Abs. 2 SGB IX). Damit haben der Betriebsrat/Personalrat und die Schwerbehindertenvertretung ein Handlungsinstrument in der Hand, um im Sinne von »Rehabilitation statt Entlassung« präventiv tätig zu werden, zumal § 167 Abs. 2 Satz 1 SGB IX keinen Individualanspruch der betroffenen Arbeitnehmer:innen auf Einleitung und Durchführung eines betrieblichen Eingliederungsmanagements (BEM) begründet (so ausdrücklich BAG 7.9.2021 – 9 AZR 571/20). Dieses Eingliederungsmanagement gilt für alle Beschäftigten, die länger als sechs Wochen oder wiederholt innerhalb eines Jahres arbeitsunfähig erkrankt sind. Dabei ist zu beachten, dass der Zeitraum »Jahr« mit dem Abschluss eines BEM wieder neu beginnt. Der Arbeitgeber muss somit erneut ein BEM durchführen, wenn der/die Arbeitnehmer:in innerhalb eines Jahres nach

Abschluss eines BEM erneut länger als sechs Wochen durchgängig oder wiederholt arbeitsunfähig erkrankt (BAG 18.11.2021 – 2 AZR 138/21). Der Arbeitgeber ist verpflichtet, mit dem Betriebsrat/Personalrat und der Schwerbehindertenvertretung abzuklären, wie die Arbeitsunfähigkeit überwunden werden kann, mit welchen Leistungen oder Hilfen einer erneuten Arbeitsunfähigkeit vorgebeugt sowie der Arbeitsplatz erhalten werden kann. Bei der Hinzuziehung der betroffenen Person kann sie zusätzlich eine Vertrauensperson eigener Wahl (z. B. ein Mitglied des Betriebsrats, des Personalrats oder der JAV) miteinbeziehen (BAG 19.11.2019 – 1 ABR 36/18). So jetzt ausdrücklich § 167 Abs. 2 Satz 2 SGB IX, der durch das Teilhabestärkungsgesetz vom 2.6.2021 (BGBl. I Nr. 29, S. 1387) eingeführt worden ist.

Sowohl die Schwerbehindertenvertretung als auch der Betriebsrat/Personalrat und die JAV haben darauf zu achten, dass jugendliche Arbeitnehmer:innen und Auszubildende bei Vorliegen einer möglichen Schwerbehinderung über ihre Rechte nach dem SGB IX aufgeklärt werden. Wichtig ist in diesen Fällen, dass von den Betroffenen ein Antrag auf Feststellung der Schwerbehinderung beim Versorgungsamt gestellt wird.

Bei der beruflichen Ausbildung ist zu beachten, dass das Budget für Ausbildung als Sozialleistung nach § 61a SGB IX geregelt ist und der Kreis der Anspruchsberechtigten durch das Teilhabestärkungsgesetz ab 2022 ausgeweitet wurde. Die Berechtigten haben nun Anspruch auf die vollständige (angemessene) Ausbildungsvergütung, die dem Arbeitgeber erstattet wird.

Durch das Gesetz zur Förderung eines inklusiven Arbeitsmarktes vom 13.6.2023 wurde die Ausgleichsabgabe für Arbeitgeber, die die Pflichtquote nicht erfüllen, erhöht, sowie eine vierte Stufe für solche Arbeitgeber eingeführt, die überhaupt keine Menschen mit Behinderungen beschäftigen. Weiterhin sollen die Mittel aus der Ausgleichsabgabe in Zukunft auf Programme und Maßnahmen auf dem allgemeinen Arbeitsmarkt konzentriert werden. Jobcoaching wird jetzt in § 49 Abs. 8 Satz 1 Nr. 2a SGB IX als berufliche Rehamaßnahme gesetzlich anerkannt.

Literaturhinweise

Heimann, Ein inklusiver Arbeitsmarkt ist ein starker Arbeitsmarkt, Gute Arbeit 6/2024, 35
Schomaker, Kündigungsschutz schwerbehinderter Beschäftigter, AiB 2/2023, 23
Sendelbeck, Gute Arbeit 1/2022, 40
Weiland, Mehr Teilhabe durch das Teilhabestärkungsgesetz? Gute Arbeit 5/2022, 36

Bedeutung für die Beschäftigten

Schwerbehinderte Beschäftigte haben mit erheblichen Problemen in der Gesellschaft und der Arbeitswelt zu tun. Das SGB IX gibt gegenüber dem Schwerbehindertengesetz erweiterte Rechte zur Sicherung der Eingliederung und Integration in Arbeit, Beruf und Gesellschaft; diese Rechte sollten auf alle Fälle in Anspruch genommen werden. Neben der Möglichkeit, begleitende Hilfen im Arbeits- und Berufsleben in Anspruch zu nehmen, gibt das SGB IX einen Anspruch auf einen bezahlten zusätzlichen Urlaub von fünf Arbeitstagen im Urlaubsjahr (§ 208 SGB IX) sowie die Möglichkeit, dass schwerbehinderte Menschen auf ihr Verlangen von Mehrarbeit freizustellen sind (§ 207 SGB IX).

Nach dem Bundesteilhabegesetz gilt seit dem 30.12.2016 eine ganz wesentliche Neuerung für die Arbeit der Schwerbehindertenvertretung. Gemäß § 178 Abs. 2 SGB IX ist die Kündigung eines schwerbehinderten Menschen, die der Arbeitgeber ohne eine Beteiligung der Schwerbehindertenvertretung ausspricht, unwirksam. Durch die Rechtsfolge der Unwirksamkeit ist zu erwarten, dass die Beteiligungsrechte der Schwerbehindertenvertretung nach § 178 Abs. 2 Satz 1 SGB IX im Hinblick auf eine Kündigung nun besser als bisher beachtet werden.

Des Weiteren bedarf die Kündigung eines schwerbehinderten Menschen, dessen Arbeitsverhältnis länger als sechs Monate besteht, durch den Arbeitgeber der vorherigen Zustimmung des Integrationsamtes (§ 168 SGB IX). Das Integrationsamt soll dabei die Entscheidung binnen Monatsfrist seit Eingang des Antrags treffen. Unter bestimmten Bedingungen hat das Integrationsamt die Zustimmung zu erteilen (z. B. bei betriebsbedingten Kündigungen in Fällen der Einstellung oder Auflösung von Betrieben oder Dienststellen sowie im Insolvenzverfahren – siehe im Einzelnen § 172 SGB IX). In diesen Fällen gilt die Zustimmung des Integrationsamtes als erteilt, wenn es keine Entscheidung binnen Monatsfrist seit Antragseingang getroffen hat (§ 171 Abs. 5 SGB IX). Vom Arbeitgeber ist eine Kündigungsfrist von mindestens vier Wochen einzuhalten (§ 169 SGB IX). Erleichtert ist demgegenüber unter bestimmten Voraussetzungen die Kündigung von älteren schwerbehinderten Menschen ab 58 Jahren (§ 173 Abs. 1 SGB IX). Ohne die Zustimmung des Integrationsamts ist eine Kündigung grundsätzlich unwirksam. Wenn der Arbeitgeber von der Schwerbehinderteneigenschaft jedoch nichts wusste, reicht es aus, wenn der/die Arbeitnehmer:in den Arbeitgeber binnen drei Wochen nach Zugang der Kündigung von dem Antrag auf Anerkennung als schwerbehinderter Mensch in Kenntnis setzt (so ständige BAG-Rechtsprechung).

Auf Grund der generellen Gleichstellungsregelungen in den §§ 2 Abs. 3, 151 Abs. 3 SGB IX trifft diese Regelung in § 173 Abs. 2a SGB IX ebenfalls die mit einem Schwerbehinderten gleichgestellte Person. Auf Gleichgestellte findet das SGB IX Anwendung. Ausgeschlossen (s. § 151 Abs. 3 SGB IX) sind jedoch der

Ratayczak

Anspruch auf Zusatzurlaub (§ 208 SGB IX) sowie die unentgeltliche Beförderung Schwerbehinderter im öffentlichen Personenverkehr (§§ 228 ff. SGB IX).

Ein/e Betroffene/r sollte deshalb schnellstens vor Zugang der Kündigung einen vollständigen Antrag auf Anerkennung der Schwerbehinderteneigenschaft und gleichzeitig auf Gleichstellung stellen. Nach Auffassung des BAG (6.9.2007 – 2 AZR 324/06) muss der Antrag aber mindestens 3 Wochen vor der Kündigung gestellt worden sein. Hier kommt dem Betriebsrat/Personalrat bzw. der Schwerbehindertenvertretung eine wichtige Rolle zu, die in ihrer Stellungnahme auch auf diese Anträge hinweisen müssen.

Der besondere Kündigungsschutz für Schwerbehinderte setzt, wie der allgemeine Kündigungsschutz auch, erst nach einer Beschäftigung von sechs Monaten ein (§ 173 Abs. 1 Nr. 1 SGB IX).

Auch wenn die Durchführung eines betrieblichen Eingliederungsmanagements nach Auffassung des BAG keine formelle Wirksamkeitsvoraussetzung für eine krankheitsbedingte Kündigung darstellt, ist für den Arbeitgeber das Unterlassen eines betrieblichen Eingliederungsmanagements nach § 167 Abs. 2 SGB IX nur dann ohne Bedeutung, wenn auch die Durchführung des betrieblichen Eingliederungsmanagements keine positiven Ergebnisse hätte zeitigen können. Um darzutun, dass ihm keine milderen Mittel zur Überwindung der krankheitsbedingten Störung des Arbeitsverhältnisses als die Kündigung offenstanden, muss allerdings der Arbeitgeber die objektive Nutzlosigkeit des betrieblichen Eingliederungsmanagements im Kündigungsschutzprozess darlegen (BAG 18.10.2017 – 10 AZR 47/17).

Allerdings schützt das SGB IX behinderte Arbeitnehmer:innen nicht mehr vor Benachteiligungen durch den Arbeitgeber, Vorgesetzte und Arbeitnehmer:innen sowie Dritte (s.o.). Laut BAG können sich Menschen mit Behinderungen, die nicht schwerbehindert sind, seit der Einführung des AGG nur noch auf das AGG, aber nicht mehr auf die Schutzvorschriften für schwerbehinderte Menschen nach dem SGB IX berufen. Das hat zur Folge, dass sich ein/e behinderte/r Arbeitnehmer:in nicht mehr auf die unterlassene Prüfung gem. § 164 Abs. 1 SGB IX berufen kann.

Literaturhinweise

Britschgi, Eingliedern – jetzt? AiB 7–8/2021, 10
Busch, Eingliedern leicht gemacht, AiB 5/2021, 34
Conrad-Giese, Hlava, Ramm, Behindertenrecht in der Arbeitswelt, 6. Auflage 2023
Düwell, Förderung und Schutz von Schwerbehinderten, AiB 3/2024, 22
Feldes, Achtsame Personalpolitik, AiB 1/2016, 42 ff.
Giese/Ramm, SBV: Neues Recht trifft die Praxis, Gute Arbeit 2017/5, 39 ff.

Liebsch, Keine Kündigung Schwerbehinderter ohne SBV, Gute Arbeit, 2017/11, 13 ff.
Rudolph, Beteiligung der Schwerbehindertenvertretung bei Kündigungen, AiB 10/2019 53
Schomaker, Kündigungsschutz schwerbehinderter Beschäftigter, AiB 2/2023, 23
Schulz, Inklusion ist wichtig, AiB 3/2023, 29

Schwerbehindertenvertretung

Grundlagen

Das Bundesteilhabegesetz (BTGH) von 2016, die umfassendste Reform des Behindertenrechts seit Einführung des SGB IX, hat insbesondere auch die Rechte der Schwerbehindertenvertretung (SBV) gestärkt.
In Betrieben und Dienststellen, in denen wenigstens fünf schwerbehinderte Menschen nicht nur vorübergehend beschäftigt sind, kann eine Schwerbehindertenvertretung gewählt werden. Sie ist nicht nur für die nach § 5 Abs. 1 BetrVG zur Belegschaft gehörenden schwerbehinderten Arbeitnehmer:innen, Auszubildenden und Beamt:innen zuständig, sondern auch für andere nicht vom Betriebs- und Personalrat vertretene Beschäftigte, sofern diese schwerbehindert sind. Die Schwerbehindertenvertretung besteht aus einer Vertrauensperson und wenigstens einem stellvertretenden Mitglied (§ 177 Abs. 1 SGB IX). Die Schwerbehindertenvertretung kann in Betrieben ab 100 schwerbehinderten Menschen die erste Stellvertretung dauerhaft zur Erledigung von Interessenvertretungsaufgaben heranziehen, ab jeweils 100 weiteren schwerbehinderten Beschäftigten kann jeweils eine weitere Stellvertretung herangezogen werden (§ 178 Abs. 1 SGB IX). Die Schwerbehindertenvertretung wird in geheimer und unmittelbarer Wahl gewählt und muss nicht notwendigerweise schwerbehindert sein.
Wahlberechtigt sind dabei alle in dem Betrieb oder der Dienststelle beschäftigten schwerbehinderten Menschen. Wählbar sind alle in dem Betrieb oder der Dienststelle beschäftigten Arbeitnehmer:innen, die am Wahltag das 18. Lebensjahr vollendet haben und dem Betrieb oder der Dienststelle mindestens seit sechs Monaten angehören (§ 177 Abs. 3 SGB IX). Die sechsmonatige Zugehörigkeit entfällt dann, wenn der Betrieb oder die Dienststelle erst weniger als ein Jahr besteht.
Die regelmäßigen Wahlen finden alle vier Jahre in der Zeit vom 1. Oktober bis 30. November statt. Der 4-jährige Turnus wird ausgehend von dem Jahr 1986 berechnet, sodass die nächsten Wahlen im Jahr 2026, 2030 usw. stattfinden.
Ist für mehrere Betriebe ein Gesamtbetriebsrat oder für den Geschäftsbereich mehrerer Dienststellen ein Gesamtpersonalrat errichtet, wählen die Schwerbe-

hindertenvertretungen der einzelnen Betriebe oder Dienststellen eine Gesamtschwerbehindertenvertretung (§ 180 Abs. 1 SGB IX). Diese besteht aus einer Gesamtvertrauensperson sowie mindestens einem stellvertretenden Mitglied. Die Gesamtschwerbehindertenvertretung vertritt dabei die Interessen der schwerbehinderten Menschen in Angelegenheiten, die das Gesamtunternehmen oder mehrere Betriebe oder Dienststellen des Arbeitgebers betreffen und von den Schwerbehindertenvertretungen der einzelnen Betriebe oder Dienststellen nicht geregelt werden können. Die Gesamtschwerbehindertenvertretung vertritt darüber hinaus die Interessen der schwerbehinderten Menschen, die in einem Betrieb oder einer Dienststelle tätig sind, für die eine Schwerbehindertenvertretung nicht gewählt werden kann oder worden ist (§ 180 Abs. 6 SGB IX).
Wenn für mehrere Unternehmen ein Konzernbetriebsrat gebildet worden ist, wird eine Konzernschwerbehindertenvertretung durch die Gesamtschwerbehindertenvertretungen gewählt (§ 180 Abs. 2 SGB IX). Diese besteht aus einer Konzernvertrauensperson sowie mindestens einem stellvertretenden Mitglied. Der Aufgabenbereich ist mit dem der Gesamtschwerbehindertenvertretung identisch (s. oben) – nur konzernbezogen.
Die Bestimmungen über die Schwerbehindertenvertretung, die Gesamtschwerbehindertenvertretung und Konzernschwerbehindertenvertretung sowie die Bezirks- und Hauptschwerbehindertenvertretung sind in Teil 3 Kapitel 5 des SGB IX geregelt (§§ 177 ff. SGB IX).

Bedeutung für die schwerbehinderten Menschen

Im Mittelpunkt der Arbeit der Schwerbehindertenvertretung stehen die Förderung der Eingliederung schwerbehinderter Menschen in den Betrieb oder die Dienststelle, die Vertretung der Interessen der schwerbehinderten Menschen im Betrieb oder der Dienststelle sowie die beratende und unterstützende Tätigkeit für den einzelnen schwerbehinderten Menschen (→ **schwerbehinderte Menschen**). Weiterer Schwerpunkt ist die Prävention. Denn 85 % der Behinderungen entstehen durch Krankheiten, die im Laufe des Erwerbslebens auftreten. Dazu zählen Herz-Kreislauferkrankungen, Muskel- und Skeletterkrankungen, ebenso wie psychische Erkrankungen. Prävention kann diesen Krankheiten entgegenwirken, zumindest den Krankheitsverlauf effektiv beeinflussen. Der gesetzliche Vorrang präventiver Maßnahmen (§§ 167, 178 Abs. 1 SGB IX) erfordert insbesondere ein betriebliches Eingliederungs- und Gesundheitsmanagement (→ **betriebliches Eingliederungsmanagement**).

Literaturhinweise

Danigel/Heegner, BEM auch in Krisenzeiten, AiB 7–8/2021, 14
Dossier zum BEM mit sieben Fachbeiträgen zu Recht und Praxis eines guten, qualitätsgesicherten BEM, Gute Arbeit 6–7/2023, 8–36
Kiesche, Gute Arbeit mit dem BEM, Gute Arbeit 1/2023, 36
Wall/Johannsen, Gesundheitsdaten beim BEM, CuA 12/2023, 8

Die Schwerbehindertenvertretung hat vor allem:
- darüber zu wachen, dass die zugunsten der schwerbehinderten Menschen geltenden Gesetze, Verordnungen, Tarifverträge, Betriebs- oder Dienstvereinbarungen und Verwaltungsanordnungen durchgeführt werden,
- Maßnahmen, die den schwerbehinderten Menschen dienen, bei den zuständigen Stellen zu beantragen,
- Anregungen und Beschwerden von schwerbehinderten Menschen entgegenzunehmen und, falls sie berechtigt erscheinen, durch Verhandlung mit dem Arbeitgeber auf eine Erledigung hinzuwirken. Dabei hat sie die schwerbehinderten Menschen über den Stand und das Ergebnis der Verhandlungen zu unterrichten.

Die Schwerbehindertenvertretung hat keine Mitbestimmungsrechte nach dem BetrVG, da sie kein Organ des BetrVG ist. Sie hat vielmehr ihr eigenes Amt und eine eigene Verantwortung, deren Rechtsgrundlagen sich aus dem SGB IX ergeben. Der Arbeitgeber ist hiernach verpflichtet, nicht nur den Betriebsrat nach dem BetrVG, sondern auch die Schwerbehindertenvertretung nach dem SGB IX in allen Angelegenheiten, die Einzelne oder Gruppen von schwerbehinderten Menschen betreffen, rechtzeitig und umfassend zu informieren bzw. vor einer Entscheidung zu hören (§ 178 Abs. 2 SGB IX). Nach § 178 Abs. 2 Nr. 1 SGB IX hat der Arbeitgeber die Schwerbehindertenvertretung in allen Angelegenheiten, die einen einzelnen schwerbehinderten Menschen berühren, unverzüglich und umfassend zu unterrichten und vor einer Entscheidung anzuhören. Der mit dieser Vorschrift verfolgte Zweck kann nur dann erreicht werden, wenn die Ausführung der Maßnahme unterbleibt, solange die Schwerbehindertenvertretung nicht angehört worden ist. Das hat zur Folge, dass die Maßnahme ohne eine vorherige Beteiligung der Schwerbehindertenvertretung nicht ausgeführt bzw. vollzogen werden darf. Bei einem Verstoß durch den Arbeitgeber kann der Betriebsrat einer personellen Maßnahme gem. § 99 Abs. 2 Nr. 1 BetrVG die Zustimmung verweigern.

Der Arbeitgeber ist zum Abschluss einer Inklusionsvereinbarung (früher: Integrationsvereinbarung) mit der Schwerbehindertenvertretung und dem Betriebsrat bzw. dem Personalrat verpflichtet. Die Schwerbehindertenvertretung kann dabei nur ein Antragsrecht auf Verhandlung geltend machen. In dieser

Vereinbarung sollen Regelungen insbesondere zur Personalplanung, Arbeitsplatzgestaltung, Gestaltung des Arbeitsumfelds, Arbeitsorganisation, Arbeitszeit sowie Regelungen über die Durchführung in den Betrieben und Dienststellen enthalten sein. (§ 166 SGB IX). Inklusionsvereinbarungen sollen dabei nicht nur Regelungen umfassen, die aufgrund bestehender Barrieren im Zusammenhang mit der Eingliederung schwerbehinderter Menschen notwendig sind – so der Gesetzgeber. Vielmehr soll auf eine von vornherein barrierefreie Gestaltung der Arbeitswelt hingewirkt werden, indem die besonderen Belange von Menschen mit Behinderung bereits bei der Konzeption und Umsetzung innerbetrieblicher Strukturen und Prozesse bewusst und umfassend berücksichtigt werden. Potenziell exkludierend wirkende Faktoren sollen frühzeitig erkannt und vermieden werden, um Teilhabebeeinträchtigungen bereits vor deren Entstehen entgegenzuwirken.

Mit der Änderung des BetrVG in § 80 Abs. 1 Nr. 4 hat nunmehr neben der Schwerbehindertenvertretung auch der Betriebsrat die Möglichkeit, eine Inklusionsvereinbarung zu initiieren.

Die Bundesarbeitsgemeinschaft der Integrationsämter und Hauptfürsorgestellen (BIH) hält für Inklusionsvereinbarungen Arbeitshilfen vor: *https://www.rehadat. de/suche/?q=Inklusionsvereinbarung.*

Eine Inklusionsvereinbarung sollte – wie es § 166 Abs. 2a SGB IX vorsieht – auch eine Regelung zur Ausbildung behinderter Jugendlicher enthalten. Damit setzen Arbeitgeber nicht nur ihre berufliche Ausbildungspflicht nach § 155 Abs. 2 SGB IX um, sondern sie tragen auch zur Umsetzung der Behindertenrechtskonvention bei – in Deutschland seit 26. 3. 2009 Gesetz. Die Behindertenrechtskonvention fordert einen offenen, integrativen und für Menschen mit Behinderung zugänglichen Arbeitsmarkt. Zurzeit sind nur 0,9 Prozent aller Auszubildenden behindert und in einer (dualen) betrieblichen oder berufsfachschulischen Ausbildung, der Mädchenanteil ist noch geringer. Damit behinderte Jugendliche mit qualifizierten Schulabschlüssen bessere Berufseinstiegschancen auf dem Ausbildungs- und Arbeitsmarkt erhalten, muss Inklusion im allgemeinen Schulsystem zur Regel werden (Art. 24 Behindertenrechtskonvention) und bei der Ausbildung fortgesetzt werden. Bei der beruflichen Ausbildung ist zu beachten, dass das Budget für Ausbildung als Sozialleistung nach § 61a SGB IX geregelt ist und der Kreis der Anspruchsberechtigten durch das Teilhabestärkungsgesetz ab 2022 ausgeweitet wurde. Die Berechtigten haben nun Anspruch auf die vollständige (angemessene) Ausbildungsvergütung, die dem Arbeitgeber erstattet wird.

Literaturhinweise

Düwell, Förderung und Schutz von Schwerbehinderten, AiB 3/2024, 22
Düwell, Einstellung schwerbehinderter Menschen, Gute Arbeit 11/2023, 36
Schulz, Inklusion ist wichtig, AiB 3/2023, 29
Weiland, Mehr Teilhabe durch das Teilhabestärkungsgesetz? Gute Arbeit 5/2022, 36
Neu in der SBV – Teilhabe am Arbeitsplatz erfolgreich gestalten, Gute Arbeit, 2/2023, 8

JAV und Schwerbehindertenvertretung können gemeinsam einiges dafür tun, vor allem bei der Unterstützung und Ermutigung von behinderten Jugendlichen, die einen Ausbildungsplatz suchen. Die JAV könnte Aktivitäten initiieren und begleiten mit dem Ziel, Jugendliche mit Behinderung …

- in Stellenausschreibungen zu einer Bewerbung zu motivieren, z. B. durch den Hinweis: »Wir freuen uns auch über Bewerbungen von Menschen mit Behinderungen.«
- auf Ausbildungsmessen über die Ausbildungsmöglichkeiten informieren, z. B. durch einen eigenen Stand, möglichst in Begleitung von behinderten Auszubildenden des Betriebs
- durch das Angebot von Kurzpraktika an die Arbeitswelt heranführen, z. B. über eine Partnerschaft mit einer Förderschule.

Darüber hinaus kann auch die Beteiligung der JAV an innerbetrieblichen Maßnahmen zu einer Verbesserung der Ausbildungschancen von Jugendlichen mit Behinderung beitragen. Neben der erwähnten Möglichkeit von Inklusionsvereinbarungen können in Betriebsvereinbarungen Zielvorgaben z. B. über die Anzahl von Auszubildenden mit Behinderung festgelegt werden. Ein effektives Instrument kann auch eine innerbetriebliche Arbeitsgruppe darstellen, die Strategien zur Rekrutierung und Ausbildung von Jugendlichen mit Behinderung entwickelt und umsetzt. An einem solchen Steuerkreis sollten neben der JAV auch Mitglieder der Personalabteilung, der Schwerbehindertenvertretung und des Betriebsrats/Personalrat beteiligt sein.

Weiterhin steht der Schwerbehindertenvertretung sowie dem Betriebsrat/Personalrat ein umfassendes betriebliches Eingliederungsmanagement zur Verfügung (§ 167 SGB IX). Damit existiert ein Handlungsinstrument, um im Sinne von »Prävention vor Rehabilitation« sowie »Rehabilitation statt Entlassung« tätig zu werden. Dabei gilt diese Präventionsmöglichkeit für alle Beschäftigte, die länger als sechs Wochen oder wiederholt innerhalb eines Jahres arbeitsunfähig erkrankt sind. Der Arbeitgeber ist dabei verpflichtet, mit dem Betriebsrat und der Schwerbehindertenvertretung abzuklären, wie die Arbeitsunfähigkeit überwunden werden kann, mit welchen Leistungen oder Hilfen einer erneuten Arbeitsunfähigkeit vorgebeugt sowie der Arbeitsplatz erhalten werden kann. Die Schwerbehindertenvertretung bzw. der Betriebsrat hat ein Initiativrecht auf

Klärung betrieblicher Präventionsmaßnahmen und auf Regelung eines betrieblichen Eingliederungsmanagements sowie einen Überwachungsauftrag in Hinblick auf das gesamte Verfahren.
Das Aufgaben- und Handlungsfeld der Prävention setzt insbesondere eine enge Kooperation von Betriebsrat bzw. Personalrat, Schwerbehindertenvertretung und JAV voraus, um ein für alle Beschäftigten nutzbringendes, strukturiertes Verfahren zur Wiedereingliederung zu entwickeln und umzusetzen. Die Regelungen können in die Inklusionsvereinbarung I aufgenommen (§ 166 Abs. 2a Nr. 5 SGB IX) oder als gesonderte Vereinbarung festgehalten werden.
Für die Inklusionsvereinbarung ist keine spezielle Rechtsform vorgeschrieben. Angesichts der vorhandenen gesetzlichen Regelungsschwächen könnte es zweckmäßig sein, die Inklusionsvereinbarung und eine ggf. gesonderte Vereinbarung zum betrieblichen Eingliederungsmanagement in Form einer Betriebs- bzw. Dienstvereinbarung abzuschließen. In § 87 Abs. 1 Nr. 1–7 BetrVG sind die mitbestimmungspflichtigen Themen genannt, die auch Inhalt der Inklusionsvereinbarung sein sollen. Dementsprechend sind diese Regelungen und Maßnahmen in einer Inklusionsvereinbarung nur mit Zustimmung des Betriebs- bzw. Personalrats wirksam. Für die betriebliche Interessenvertretung gilt es über den Einzelfall hinaus mit den Instrumenten der Inklusionsvereinbarung und dem betrieblichen Eingliederungsmanagement, eine integrative Personal- und Beschäftigungspolitik zu gestalten und zu steuern.
Eine Voraussetzung zur Bewältigung des neuen Handlungsbereiches ist eine entsprechende (Weiter-)Qualifizierung der Interessenvertretung, die vor allem auf die Schwerbehindertenvertretung und auf die Schnittstellen zum Betriebs- bzw. Personalrat und der JAV hin ausgerichtet sein sollte. Mit dem Projekt »Teilhabe behinderter Menschen und betriebliche Praxis« wird dieser Notwendigkeit entsprochen.
Nach dem Bundesteilhabegesetz gilt seit dem 30. 12. 2016 eine ganz wesentliche Neuerung für die Arbeit der Schwerbehindertenvertretung. Gemäß § 178 Abs. 2 SGB IX ist die Kündigung eines schwerbehinderten Menschen, die der Arbeitgeber ohne eine Beteiligung der Schwerbehindertenvertretung ausspricht, unwirksam. Durch die Rechtsfolge der Unwirksamkeit ist zu erwarten, dass die Beteiligungsrechte der Schwerbehindertenvertretung nach § 178 Abs. 2 Satz 1 SGB IX im Hinblick auf eine Kündigung nun besser als bisher beachtet werden.
Die Schwerbehindertenvertretung ist berechtigt, an allen Sitzungen des Betriebsrats bzw. Personalrats und seiner Ausschüsse beratend teilzunehmen (§ 178 Abs. 4 SGB IX). Das Teilnahmerecht erstreckt sich auch auf die Sitzung des Wirtschaftsausschusses, den Arbeitsschutzausschuss, Besprechungen mit dem Arbeitgeber bzw. Dienststellenleitung (sogenannte Monatsgespräche; § 178 Abs. 5 SGB IX) und Sitzungen gemeinsamer Ausschüsse.

Dabei nimmt die Schwerbehindertenvertretung beratend an den Betriebsrats- bzw. Personalratssitzungen teil. Dieses Beratungsrecht ist dabei umfassend und nicht nur auf Fragen der schwerbehinderten Menschen beschränkt. Ihr steht jedoch kein Stimmrecht zu, sondern die Schwerbehindertenvertretung kann lediglich mit beratender Stimme an den Sitzungen des Betriebs- bzw. Personalrats teilnehmen. Allerdings hat sie das Recht, die Aussetzung eines Betriebs- bzw. Personalratsbeschlusses zu verlangen, wenn wichtige Interessen der schwerbehinderten Arbeitnehmer durch die Beschlussfassung erheblich beeinträchtigt werden (→ **Aussetzen von Beschlüssen des Betriebsrats**). Ein Aussetzungsantrag kann durch die Schwerbehindertenvertretung auch dann gestellt werden, wenn sie bei Maßnahmen gegenüber schwerbehinderten Menschen nicht rechtzeitig und umfassend vorher vom Arbeitgeber unterrichtet bzw. angehört wurde (§ 178 Abs. 4 SGB IX).

In diesen beiden zuvor genannten Fällen ist der Beschluss des Betriebs- bzw. des Personalrats auf die Dauer von einer Woche vom Zeitpunkt der Beschlussfassung an auszusetzen. Diese Zeit soll dazu dienen, eine Verständigung herbeizuführen, ggf. mit Hilfe der im Betrieb bzw. der Dienststelle vertretenen Gewerkschaften. Nach Ablauf dieser Frist ist über die Angelegenheit im Betriebs- bzw. Personalrat neu zu beschließen. Dabei kann ein Antrag auf Aussetzung nicht wiederholt werden, wenn der erste Beschluss nur bestätigt wird.

Literaturhinweise

Düwell, Förderung und Schutz von Schwerbehinderten, AiB 3/2024, 22
Düwell, Schwerbehindertenvertretung deutlich gestärkt, Gute Arbeit 11/2017, 8 ff.
Feldes/Gilsbach/Jansen/Klabunde/Köhler/Künsemüller/Ramm/Ritz/Schmidt/Weidner, Die Praxis der Schwerbehindertenvertretung von A bis Z, 8. Aufl. 2023
Feldes/Helbig/Hüther/Krämer/Kuntz/Mittel/Rehwald/Tatzky/Westermann, Schwerbehindertenrecht, Basiskommentar zum SGB IX mit Wahlordnung, 17. Aufl. 2024
Feldes/Kohte/Stevens-Bartol, SGB IX Rehabilitation und Teilhabe von Menschen mit Behinderungen – Kommentar für die Praxis, 5. Auflage 2023
Feldes u. a., Schwerbehindertenrecht online, Reihe: bund digital mit wertvollen Mustertexten, Checklisten und Übersichten, https://www.bund-verlag.de/bestellseite/sbvotesten?wkz=8176_BL_E_2200_T
Giese/Ramm, SBV: Neues Recht trifft die Praxis, Gute Arbeit 5/2017, 36 ff.
Herrmann, Signal für Inklusion, AiB 2/2020, 44
Husmann, Wahl der Schwerbehindertenvertretung 2022 (Handlungsanleitung, Wahlkalender und Code für Download/online Wahlunterlagen), 8. Aufl. 2022
Lambert, Inklusionsvereinbarung: Das hat sich geändert, Gute Arbeit 11/2017, 17 ff.
Schomaker, Kündigungsschutz schwerbehinderter Beschäftigter, AiB 2/2023, 23
Schulz, Inklusion ist wichtig, AiB 3/2023, 29

Sexuelle Belästigung

Grundlagen

Arbeitnehmer und Arbeitnehmerinnen genießen am Arbeitsplatz einen gesetzlichen Schutz vor sexueller Belästigung. Dieser Schutz ist Teil des am 14. 8. 2006 in Kraft getretenen Allgemeinen Gleichbehandlungsgesetzes, war aber auch bereits zuvor gesetzlich geregelt.

Nach § 3 Nr. 4 AGG liegt eine sexuelle Belästigung vor, wenn ein unerwünschtes, sexuell bestimmtes Verhalten, wozu auch unerwünschte sexuelle Handlungen und Aufforderungen zu diesen, sexuell bestimmte körperliche Berührungen, Bemerkungen sexuellen Inhalts sowie unerwünschtes Zeigen und sichtbares Anbringen von pornografischen Darstellungen gehören, bezweckt oder bewirkt, dass die Würde der betreffenden Person verletzt wird.

Nach der Rechtsprechung zum vorher geltenden Beschäftigtenschutzgesetz liegt eine sexuelle Belästigung nicht erst dann vor, wenn etwa eine weibliche Mitarbeiterin an der Brust berührt wird. Es reicht bereits aus, dass eine Arbeitnehmerin gezielt unnötig und wiederholt angefasst bzw. berührt oder mit dem Körper an sie herangedrängelt wird (LAG Schleswig-Holstein 27. 9. 2006 – 3 Sa 163/06).

Ob die Handlung »harmlos« ist oder bereits eine Belästigung, bestimmt sich nicht aus der Sicht des Täters, sondern aus der des Opfers. Die Handlung muss »unerwünscht« sein, wobei dies allerdings für den Handelnden erkennbar sein muss (BAG 25. 3. 2004 NZA 2004, 1214).

Wer Opfer einer solchen Belästigung wird, kann sich nach § 13 AGG »bei den zuständigen Stellen des Betriebes« beschweren. Dies kann also eine ausdrücklich nach dem AGG eingerichtete Beschwerdestelle sein, vor allem aber kann sich der Arbeitnehmer beim Betriebsrat nach §§ 84, 85 BetrVG beschweren, dies bleibt ihm auch bei Einrichtung einer besonderen Beschwerdestelle unbenommen (§ 13 Abs. 2 AGG). Im Extremfall hat der betroffene Arbeitnehmer ein sogenanntes Leistungsverweigerungsrecht nach § 14 AGG. Das heißt, er kann seine Arbeit einstellen, ohne den Anspruch auf Entgelt einzubüßen. Dies setzt zunächst voraus, dass der Arbeitgeber keine oder offensichtlich ungeeignete Maßnahmen zur Unterbindung der sexuellen Belästigung getroffen hat. »Offen-

Sexuelle Belästigung

sichtlich ungeeignet« sind nicht nur solche Maßnahmen, die von vornherein als abwegig erscheinen. Auch anfänglich Erfolg versprechende Maßnahmen können sich als ungeeignet herausstellen, wenn offenkundig wird, dass die Belästigung andauert.

Die Belästigung muss zu dem Zeitpunkt, zu dem der Arbeitnehmer das Leistungsverweigerungsrecht ausüben will, noch andauern. Das Selbsthilferecht besteht bei Belästigungen, die in der Vergangenheit abgeschlossen sind nicht mehr. Des Weiteren muss die Tätigkeitseinstellung erforderlich sein, um den betroffenen Arbeitnehmer vor der sexuellen Belästigung zu schützen.

Weiterhin hat der betroffene Arbeitnehmer einen Schadenersatzanspruch gegen den Arbeitgeber nach § 15 AGG, dieser beinhaltet auch einen Schmerzensgeldanspruch (§ 15 Abs. 2 AGG). Der Arbeitgeber haftet allerdings nur dann, wenn ihm ein Verschulden anzulasten ist, wobei der Arbeitgeber beweisen muss, dass ihn kein Verschulden trifft (§ 15 Abs. 1 Satz 2 AGG).

Arbeitgeber und Betriebsrat können eine Betriebsvereinbarung zum Thema Sexuelle Belästigung abschließen, es besteht ein Mitbestimmungsrecht nach § 87 Abs. 1 Nr. 1 BetrVG.

Beispielsfall (BAG 9.6.2011 – 2 AZR 323/10): Das Arbeitsverhältnis wurde nach über dreißigjährigem Bestehen fristlos gekündigt. Der Arbeitnehmer hatte sich viermal gegenüber einer Arbeitskollegin anzüglich geäußert. Er erwarte, dass sie ihre körperlichen Reize zur Schau stelle, er stellte einen Vergleich mit der Länge eines Zollstocks her, sprach sie auf ihr Sexualleben an und machte ihr schließlich ein eindeutiges Angebot. Eine andere Kollegin schlug er auf den Po. Er war zuvor bereits abgemahnt worden. Im Gerichtsverfahren trug er vor, es handele sich nicht um sexuelle Belästigungen, sondern nur um »Neckereien«. Das BAG hat die firstlose Kündigung für wirksam erklärt, die Vorinstanz hatte noch gegenteilig entschieden.

Sitzungen der Jugend- und Auszubildendenvertretung

Grundlagen

In § 65 Abs. 2 BetrVG ist geregelt, dass die JAV nach Verständigung des Betriebsrats Sitzungen abhalten kann. Die Mitglieder der JAV sind nach § 37 Abs. 2 BetrVG unter Fortzahlung der Vergütung von der Arbeit zu befreien, damit sie an einer Sitzung der JAV teilnehmen können.
Die JAV kann in einer → **Geschäftsordnung** regelmäßige Sitzungen vereinbaren. Die/Der Vorsitzende der JAV lädt nach Verständigung des Betriebsrats zu den JAV-Sitzungen ein. Bei der Festlegung des Termins hat die JAV auf betriebliche Notwendigkeiten Rücksicht zu nehmen. Die Sitzungen finden in der Regel während der Arbeitszeit statt. Neben dem Betriebsrat ist auch der Arbeitgeber über den Zeitpunkt der JAV-Sitzung zu informieren. Der Betriebsrat und die zuständige Gewerkschaft sind zu den JAV-Sitzungen einzuladen.
Die Dauer einer Sitzung hängt vom Beratungsbedarf ab. Es müssen jedoch – wie beim Zeitpunkt und der Häufigkeit – die betrieblichen Notwendigkeiten berücksichtigt werden. In eiligen Fällen (z. B. Kündigung einer/eines Auszubildenden) kann ein Viertel der JAV-Mitglieder oder der Arbeitgeber eine außerordentliche Sitzung beantragen (§ 29 Abs. 3 BetrVG). Das betreffende Thema muss durch die/den Vorsitzende/n auf die Tagesordnung gesetzt werden.
Die JAV ist beschlussfähig, wenn mehr als die Hälfte ihrer Mitglieder anwesend ist (§ 33 Abs. 2 BetrVG). Beschlüsse der JAV werden in der Regel mit der Mehrheit der Stimmen der anwesenden Mitglieder gefasst (Ausnahmen: ein Antrag auf Aussetzung eines Beschlusses des Betriebsrats, vgl. § 66 BetrVG; die Verabschiedung einer Geschäftsordnung gem. § 36 BetrVG; der Rücktritt der JAV, vgl. § 64 Abs. 1 i. V. m. § 13 Abs. 2 Nr. 3 BetrVG; die Beauftragung der → **Gesamt-Jugend- und Auszubildendenvertretung (GJAV)**, eine Angelegenheit für sie mit dem GBR zu behandeln, vgl. § 73 Abs. 2 i. V. m. § 50 Abs. 2 BetrVG). Ein Stimmrecht in JAV-Sitzungen haben ausschließlich JAV-Mitglieder.
Von jeder Sitzung der JAV ist ein Protokoll anzufertigen, das mindestens den Wortlaut der Beschlüsse und die Abstimmungsergebnisse enthält. Die Niederschrift ist von der/dem Protokollantin/Protokollanten und der/dem Vorsitzen-

Sitzungen der Jugend- und Auszubildendenvertretung

den zu unterzeichnen. Dem Protokoll ist eine Anwesenheitsliste beizufügen, in die sich jedes teilnehmende JAV-Mitglied einzutragen hat.

Die Sitzung der JAV kann unter bestimmten Umständen virtuell durchgeführt werden, allerdings ist dazu ein ausdrücklicher Vermerk in der Geschäftsordnung der JAV vorzunehmen. Siehe → **Geschäftsordnung**

Protokoll der JAV-Sitzung am 25.10.2024

Teilnehmer:innen:	Marcel Mustermann, JAV
	Martina Musterfrau, JAV
	Silvio da Muster, JAV
	Franz Bergmann, Betriebsrat
	Beate Vogel, IG Metall (zeitweise)
Tagesordnung:	1. Protokoll der letzten Sitzung
	2. Ausbildungsfremde Tätigkeiten
	3. Entwurf Betriebsvereinbarung zum Beurteilungssystem
	4. Vorbereitung der Jugend- und Auszubildendenversammlung
	5. Verschiedenes

Es muss nicht alles mitgeschrieben werden. Damit die Protokolle auch genutzt werden können, sollte Folgendes festgehalten werden:
- Wo fand die Sitzung statt?
- Worüber wurde geredet?
- Welche unterschiedlichen Positionen gab es?
- Welches Ergebnis hat die Diskussion ergeben; welcher Beschluss wurde gefasst (Abstimmungsergebnis)?
- Was wurde zum weiteren Vorgehen verabredet?

Unterschrift Schriftführer:in und JAV-Vorsitzende:r

Social Media

Grundlagen

Unter Social Media verstehen wir soziale Netzwerke wie Facebook, Instagram, TikTok, LinkedIn und Co. Sie sind aus dem Alltag nicht mehr wegzudenken und Teil unserer täglichen Kommunikation mit anderen Menschen. Für die Verwendung im Arbeitskontext gibt es jedoch einiges zu beachten.

> **Hinweis**
> Besondere Vorsicht ist bei Messenger-Diensten wie Telegram, WhatsApp und ähnlichen Diensten geboten. Häufig verstößt die Nutzung dieser Dienste für dienstliche Zwecke (wie beispielsweise der JAV-Arbeit) gegen Datenschutzbestimmungen der Betriebe. In jedem Fall sind Betriebsgeheimnisse zu wahren. Das gilt auch für Auszubildende, die beispielsweise während der Ausbildungszeit TikTok's drehen.

Davon abzugrenzen sind betriebsinterne soziale Netzwerke, Sharepoints oder MS Teams-Anwendungen, für die es häufig Betriebsvereinbarungen gibt.

Bedeutung für den Betriebsrat/die JAV

Für Betriebsräte und JAVen ist die Nutzung von Social Media für ihre Arbeit nicht ganz unproblematisch. Sie unterliegen gemäß BetrVG einer speziellen Geheimhaltungspflicht: Nach § 79 BetrVG sind JAVen verpflichtet, tatsächliche Betriebs- oder Geschäftsgeheimnisse, die ihnen wegen ihrer Zugehörigkeit zur Interessenvertretung bekannt geworden und vom Arbeitgeber ausdrücklich als geheimhaltungsbedürftig bezeichnet worden sind, nicht zu offenbaren und zu verwerten.
Eine Verschwiegenheitspflicht besteht auch in Bezug auf sämtliche JAV- bzw. betriebsratsinterne Angelegenheiten. JAV-Mitglieder sind dazu angehalten, dass

nichts davon nach außen dringt, wie JAV oder Betriebsrat bestimmte Angelegenheiten bewerten und diskutieren.

Für Auszubildende gilt ebenfalls, dass über Betriebs- und Geschäftsgeheimnisse Stillschweigen zu wahren ist. Bei einem Verstoß drohen Kündigung des Ausbildungsverhältnisses und Schadensersatzansprüche des Unternehmens.

Bedeutung für die Beschäftigten

Generell wird von der Nutzung von Social Media während der Arbeitszeit abgeraten. Hier kommt es im Speziellen darauf an, was Arbeitsvertrag, Anstellungsbedingungen oder Betriebsvereinbarungen regeln. Vor allem auf Dienstgeräten ist Vorsicht geboten, sofern es nicht ausdrücklich für dienstliche Zwecke, beispielsweise die Nutzung von LinkedIn für das Personalrecruiting genutzt wird. Arbeitnehmende sollten das Posten und Liken besser in ihre Freizeit verschieben. Außerhalb der Arbeitszeit darf der Vorgesetzte die private Nutzung der Angebote nicht verbieten. Grundsätzlich kann ein Arbeitnehmender nicht davon ausgehen, dass er den betrieblichen Internetzugang und damit auch Social Media-Anwendungen für private Zwecke nutzen darf. Man sollte daher immer von einem Verbot ausgehen, wenn die private Nutzung nicht erlaubt ist oder zumindest ausdrücklich geduldet. Der Gesetzgeber hat bislang nur sehr rudimentäre Regelungen getroffen.

Sprechstunden

Grundlagen

JAVen, die in der Regel mehr als 50 Beschäftigte vertreten, können eigene Sprechstunden einrichten (§ 69 BetrVG). In kleineren Betrieben kann ein JAV-Mitglied an der Sprechstunde des Betriebsrats teilnehmen, um die Jugendlichen, dual Studierenden und Auszubildenden zu beraten.
Die Entscheidung für eine eigene Sprechstunde trifft die JAV durch einfachen Mehrheitsbeschluss. Sowohl der BR als auch die Arbeitgeber sind an diesen Beschluss gebunden. In einer Beratung zwischen Betriebsrat und Arbeitgeber wird der Ort und Zeitpunkt der Sprechstunde festgelegt. An dieser Beratung nimmt die JAV teil (§ 68 BetrVG).
Die dort getroffenen Vereinbarungen sind wiederum für die JAV verbindlich.
Die Durchführung der Sprechstunde gehört zu den Amtspflichten der JAV, sobald sie eingeführt ist.
Für eine möglichst sachkundige Beratung kann der Betriebsratsvorsitzende oder ein beauftragtes Betriebsratsmitglied an der JAV-Sprechstunde teilnehmen. Die anfallenden Kosten für die Sprechstunde (Räume, sachliche Mittel) hat der Arbeitgeber zu tragen (§ 65 Abs. 1 i. V. m. § 40 BetrVG).

Bedeutung für die Jugendlichen, dual Studierenden und Auszubildenden

Jugendliche, dual Studierende und Auszubildende, die die Sprechstunde aufsuchen möchten, müssen sich bei ihren Vorgesetzten ab- und wieder anmelden. Darüber hinaus sind alle von der JAV vertretenen Beschäftigten berechtigt, sich während ihrer Arbeits- oder Ausbildungszeit an die JAV zu wenden und die Sprechstunden aufzusuchen.

Standardberufsbildpositionen

Grundlagen

Ziel der Berufsausbildung ist es, auf die Ausübung einer qualifizierten beruflichen Tätigkeit in einer sich wandelnden Arbeitswelt vorzubereiten (vgl. § 1 Abs. 3 BBiG). Neben berufsfachlichen Inhalten kommt es dabei vor allem auch auf die persönlichkeitsbildende Kompetenzentwicklung an. Dies gilt gleichermaßen für alle Ausbildungsberufe und deshalb sind diese Inhalte in sogenannten Standardberufsbildpositionen beschrieben. Sie sind ein Standard für alle Berufe und deren Vermittlung erfolgt integrativ während der gesamten Ausbildung. Die vier zum 1.8.2021 modernisierten Standardberufsbildpositionen sind:
- Organisation des Ausbildungsbetriebes, Berufsbildung sowie Arbeits- und Tarifrecht,
- Sicherheit und Gesundheit bei der Arbeit,
- Umweltschutz und Nachhaltigkeit,
- Digitalisierte Arbeitswelt.

Die bewährten Inhalte »Berufsbildung sowie Arbeits- und Tarifrecht« und »Aufbau und Organisation des Ausbildungsbetriebes« wurden in eine Berufsbildposition zusammengeführt. Bei »Sicherheit und Gesundheit bei der Arbeit« ist das präventive, also vorbeugendes Handeln aufgenommen. Der »Umweltschutz« wurde um »Nachhaltigkeit« erweitert. Die Nachhaltigkeit umfasst die drei Dimensionen ökonomisch, ökologisch und sozial. Wertschöpfungsketten sollen insbesondere im Hinblick auf Zielkonflikte zwischen den einzelnen Nachhaltigkeitsdimensionen reflektiert und proaktives Handeln gefördert werden. Beispielsweise sollen Vorschläge für nachhaltiges Verhalten im eigenen Arbeitsbereich angeregt werden. Neu wurde die Berufsbildposition »Digitalisierte Arbeitswelt« aufgenommen. Der Umgang mit digitalen Medien, Daten, Datensicherheit und Datenschutz wurde neu aufgenommen. Aber auch kommunikative und soziale Kompetenzen sowie gesellschaftliche Vielfalt und der wertschätzende Umgang miteinander ist berücksichtigt sowie Personale Kompetenzen, wie die Anwendung von Lern- und Arbeitstechniken sowie Methoden des selbstgesteuerten Lernens. Die modernisierten Standardberufsbildpositionen erweitern damit bewährte Inhalte vor allem um die Aspekte präventiver Gesundheitsschutz, nachhaltiges Handeln und digitale Kompetenzen, mit dem Ziel zur Persönlichkeitsentwicklung der Auszubildenden beizutragen.

Im Detail lauten die integrativ während der gesamten Ausbildungsdauer zu vermittelnden Standardberufsbildpositionen wie folgt:

1. **Organisation des Ausbildungsbetriebes, Berufsbildung sowie Arbeits- und Tarifrecht (§ x Absatz y Nummer 1)**
   a) den Aufbau und die grundlegenden Arbeits- und Geschäftsprozesse des Ausbildungsbetriebes erläutern
   b) Rechte und Pflichten aus dem Ausbildungsvertrag sowie Dauer und Beendigung des Ausbildungsverhältnisses erläutern und Aufgaben der im System der dualen Berufsausbildung Beteiligten beschreiben
   c) die Bedeutung, die Funktion und die Inhalte der Ausbildungsordnung und des betrieblichen Ausbildungsplans erläutern sowie zu deren Umsetzung beitragen
   d) die für den Ausbildungsbetrieb geltenden arbeits-, sozial-, tarif- und mitbestimmungsrechtlichen Vorschriften erläutern
   e) Grundlagen, Aufgaben und Arbeitsweise der betriebsverfassungs- oder personalvertretungsrechtlichen Organe des Ausbildungsbetriebes erläutern
   f) Beziehungen des Ausbildungsbetriebs und seiner Beschäftigten zu Wirtschaftsorganisationen und Gewerkschaften erläutern
   g) Positionen der eigenen Entgeltabrechnung erläutern
   h) wesentliche Inhalte von Arbeitsverträgen erläutern
   i) Möglichkeiten des beruflichen Aufstiegs und der beruflichen Weiterentwicklung erläutern.

2. **Sicherheit und Gesundheit bei der Arbeit (§ x Absatz y Nummer 2)**
   a) Rechte und Pflichten aus den berufsbezogenen Arbeitsschutz- und Unfallverhütungsvorschriften kennen und diese Vorschriften anwenden
   b) Gefährdungen von Sicherheit und Gesundheit am Arbeitsplatz und auf dem Arbeitsweg prüfen und beurteilen
   c) sicheres und gesundheitsgerechtes Arbeiten erläutern
   d) technische und organisatorische Maßnahmen zur Vermeidung von Gefährdungen sowie von psychischen und physischen Belastungen für sich und andere, auch präventiv, ergreifen
   e) ergonomische Arbeitsweisen beachten und anwenden
   f) Verhaltensweisen bei Unfällen beschreiben und erste Maßnahmen bei Unfällen einleiten
   g) betriebsbezogene Vorschriften des vorbeugenden Brandschutzes anwenden, Verhaltensweisen bei Bränden beschreiben und erste Maßnahmen zur Brandbekämpfung ergreifen.

Standardberufsbildpositionen

3. **Umweltschutz und Nachhaltigkeit (§ x Absatz y Nummer 3)**
   a) Möglichkeiten zur Vermeidung betriebsbedingter Belastungen für Umwelt und Gesellschaft im eigenen Aufgabenbereich erkennen und zu deren Weiterentwicklung beitragen
   b) bei Arbeitsprozessen und im Hinblick auf Produkte, Waren oder Dienstleistungen Materialien und Energie unter wirtschaftlichen, umweltverträglichen und sozialen Gesichtspunkten der Nachhaltigkeit nutzen
   c) für den Ausbildungsbetrieb geltende Regelungen des Umweltschutzes einhalten
   d) Abfälle vermeiden sowie Stoffe und Materialien einer umweltschonenden Wiederverwertung oder Entsorgung zuführen
   e) Vorschläge für nachhaltiges Handeln für den eigenen Arbeitsbereich entwickeln
   f) unter Einhaltung betrieblicher Regelungen im Sinne einer ökonomischen, ökologischen und sozial nachhaltigen Entwicklung zusammenarbeiten und adressatengerecht kommunizieren.

4. **Digitalisierte Arbeitswelt (§ x Absatz y Nummer 4)**
   a) mit eigenen und betriebsbezogenen Daten sowie mit Daten Dritter umgehen und dabei die Vorschriften zum Datenschutz und zur Datensicherheit einhalten
   b) Risiken bei der Nutzung von digitalen Medien und informationstechnischen Systemen einschätzen und bei deren Nutzung betriebliche Regelungen einhalten
   c) ressourcenschonend, adressatengerecht und effizient kommunizieren sowie Kommunikationsergebnisse dokumentieren
   d) Störungen in Kommunikationsprozessen erkennen und zu ihrer Lösung beitragen
   e) Informationen in digitalen Netzen recherchieren und aus digitalen Netzen beschaffen sowie Informationen, auch fremde, prüfen, bewerten und auswählen
   f) Lern- und Arbeitstechniken sowie Methoden des selbstgesteuerten Lernens anwenden, digitale Lernmedien nutzen und Erfordernisse des lebensbegleitenden Lernens erkennen und ableiten
   g) Aufgaben zusammen mit Beteiligten, einschließlich der Beteiligten anderer Arbeits- und Geschäftsbereiche, auch unter Nutzung digitaler Medien, planen, bearbeiten und gestalten
   h) Wertschätzung anderer unter Berücksichtigung gesellschaftlicher Vielfalt praktizieren.

Was bedeutet das für die Berufsausbildung?

Da es eine lange Übergangsphase geben wird, bis in den rd. 350 Ausbildungsordnungen die neuen Inhalte aufgenommen sind, hat der Hauptausschuss beim Bundesinstitut für Berufsbildung die Empfehlung verabschiedet, diese bereits in allen Berufen anzuwenden, auch wenn sie noch nicht in den jeweiligen Verordnungen übernommen sind (*https://www.bibb.de/dokumente/pdf/HA172.pdf*).
Damit haben die Vertreter des Bundes, der Länder, der Arbeitgeber und der Arbeitnehmer:innen im Hauptausschuss ein wichtiges bildungspolitisches Signal gegenüber der Ausbildungspraxis in allen Ausbildungsbetrieben und Berufsschulen gegeben.
Zur Unterstützung der betrieblichen Ausbildungspraxis hat das Bundesinstitut für Berufsbildung eine Umsetzungshilfe und Videos bereitgestellt: *https://www.bibb.de/de/134898.php* oder *https://leando.de/artikel/videoreihe-zu-den-standardberufsbildpositionen.*

Bedeutung für den Betriebsrat/die JAV

Auf Grundlage des § 70 Abs. 1 Nr. 2 BetrVG hat die JAV darüber zu wachen, dass die geltenden Gesetze, Verordnungen, Unfallverhütungsvorschriften, Tarifverträge und Betriebsvereinbarungen eingehalten werden. Hierzu gehört es auch, darauf zu achten, dass die Inhalte der Standardberufsbildpositionen entsprechend dem Ausbildungsrahmenplan in der Ausbildung stattfinden.
Die JAV kann auf Grundlage des § 70 BetrVG Vorschläge zur Umsetzung der Standardberufsbildpositionen entwickeln. Anregungen gibt es auf der o. g. Internetseite des BIBB.

Strafvorschriften

Grundlagen

In § 58 JArbSchG sind **Bußgeld und Strafvorschriften** geregelt, mit denen der Gesetzgeber die Einhaltung der Bestimmungen des Jugendarbeitsschutzgesetzes durch den Arbeitgeber erzwingen, jedenfalls Verstöße gegen dessen Normen nachdrücklich ahnden will. So hat der Gesetzgeber den Bußgeldrahmen von früher 15 000,00 Euro auf 30 000,00 Euro angehoben.

Im nachstehend wiedergegebenen Katalog werden Verstöße gegen Bestimmungen des Jugendarbeitsschutzgesetzes als **Ordnungswidrigkeit** behandelt, wenn der Arbeitgeber den Verstoß vorsätzlich oder fahrlässig begangen hat. Nach § 58 Abs. 5 wird darüber hinaus eine **vorsätzliche Begehung einzelner Tatbestände** als **Straftat** geahndet, wenn durch den Verstoß ein Kind oder Jugendlicher in seiner **Gesundheit oder Arbeitskraft** gefährdet wird. Ebenfalls zur Straftat kann der Verstoß gegen einzelne Bestimmungen des Jugendarbeitsschutzgesetzes werden, wenn die Tat **beharrlich wiederholt** wird.

§ 58 JArbSchG lautet:

(1) Ordnungswidrig handelt, wer als Arbeitgeber vorsätzlich oder fahrlässig
1. *entgegen § 5 Abs. 1, auch in Verbindung mit § 2 Abs. 3, ein Kind oder einen Jugendlichen, der der Vollzeitschulpflicht unterliegt, beschäftigt,*
2. *entgegen § 5 Abs. 3 Satz 1 oder Satz 3, jeweils auch in Verbindung mit § 2 Abs. 3, ein Kind über 13 Jahre oder einen Jugendlichen, der der Vollzeitschulpflicht unterliegt, in anderer als der zugelassenen Weise beschäftigt,*
3. *(weggefallen)*
4. *entgegen § 7 Satz 1 Nr. 2, auch in Verbindung mit einer Rechtsverordnung nach § 26 Nr. 1, ein Kind, das der Vollzeitschulpflicht nicht mehr unterliegt, in anderer als der zugelassenen Weise beschäftigt,*
5. *entgegen § 8 einen Jugendlichen über die zulässige Dauer der Arbeitszeit hinaus beschäftigt,*
6. *entgegen § 9 Absatz 1 einen Jugendlichen beschäftigt oder nicht freistellt,*

Strafvorschriften

7. entgegen § 10 Abs. 1 einen Jugendlichen für die Teilnahme an Prüfungen oder Ausbildungsmaßnahmen oder an dem Arbeitstag, der der schriftlichen Abschlußprüfung unmittelbar vorangeht, nicht freistellt,
8. entgegen § 11 Abs. 1 oder 2 Ruhepausen nicht, nicht mit der vorgeschriebenen Mindestdauer oder nicht in der vorgeschriebenen zeitlichen Lage gewährt,
9. entgegen § 12 einen Jugendlichen über die zulässige Schichtzeit hinaus beschäftigt,
10. entgegen § 13 die Mindestfreizeit nicht gewährt,
11. entgegen § 14 Abs. 1 einen Jugendlichen außerhalb der Zeit von 6 bis 20 Uhr oder entgegen § 14 Abs. 7 Satz 3 vor Ablauf der Mindestfreizeit beschäftigt,
12. entgegen § 15 einen Jugendlichen an mehr als fünf Tagen in der Woche beschäftigt,
13. entgegen § 16 Abs. 1 einen Jugendlichen an Samstagen beschäftigt oder entgegen § 16 Abs. 3 Satz 1 den Jugendlichen nicht freistellt,
14. entgegen § 17 Abs. 1 einen Jugendlichen an Sonntagen beschäftigt oder entgegen § 17 Abs. 2 Satz 2 Halbsatz 2 oder Abs. 3 Satz 1 den Jugendlichen nicht freistellt,
15. entgegen § 18 Abs. 1 einen Jugendlichen am 24. oder 31. Dezember nach 14 Uhr oder an gesetzlichen Feiertagen beschäftigt oder entgegen § 18 Abs. 3 nicht freistellt,
16. entgegen § 19 Abs. 1, auch in Verbindung mit Abs. 2 Satz 1 oder 2, oder entgegen § 19 Abs. 3 Satz 2 oder Abs. 4 Satz 2 Urlaub nicht oder nicht mit der vorgeschriebenen Dauer gewährt,
17. entgegen § 21 Abs. 2 die geleistete Mehrarbeit durch Verkürzung der Arbeitszeit nicht ausgleicht,
18. entgegen § 22 Abs. 1, auch in Verbindung mit einer Rechtsverordnung nach § 26 Nr. 1, einen Jugendlichen mit den dort genannten Arbeiten beschäftigt,
19. entgegen § 23 Abs. 1, auch in Verbindung mit einer Rechtsverordnung nach § 26 Nr. 1, einen Jugendlichen mit Arbeiten mit Lohnanreiz, in einer Arbeitsgruppe mit Erwachsenen, deren Entgelt vom Ergebnis ihrer Arbeit abhängt, oder mit tempoabhängigen Arbeiten beschäftigt,
20. entgegen § 24 Abs. 1, auch in Verbindung mit einer Rechtsverordnung nach § 26 Nr. 1, einen Jugendlichen mit Arbeiten unter Tage beschäftigt,
21. entgegen § 31 Abs. 2 Satz 2 einem Jugendlichen ein dort genanntes Getränk, Tabakwaren oder ein dort genanntes Erzeugnis gibt,
22. entgegen § 32 Abs. 1 einen Jugendlichen ohne ärztliche Bescheinigung über die Erstuntersuchung beschäftigt,
23. entgegen § 33 Abs. 3 einen Jugendlichen ohne ärztliche Bescheinigung über die erste Nachuntersuchung weiterbeschäftigt,
24. entgegen § 36 einen Jugendlichen ohne Vorlage der erforderlichen ärztlichen Bescheinigungen beschäftigt,

Strafvorschriften

25. entgegen § 40 Abs. 1 einen Jugendlichen mit Arbeiten beschäftigt, durch deren Ausführung der Arzt nach der von ihm erteilten Bescheinigung die Gesundheit oder die Entwicklung des Jugendlichen für gefährdet hält,
26. einer Rechtsverordnung nach
    a) § 26 Nr. 2 oder
    b) § 28 Abs. 2
    zuwiderhandelt, soweit sie für einen bestimmten Tatbestand auf diese Bußgeldvorschrift verweist,
27. einer vollziehbaren Anordnung der Aufsichtsbehörde nach § 6 Abs. 3, § 27 Abs. 1 Satz 2 oder Abs. 2, § 28 Abs. 3 oder § 30 Abs. 2 zuwiderhandelt,
28. einer vollziehbaren Auflage der Aufsichtsbehörde nach § 6 Abs. 1, § 14 Abs. 7, § 27 Abs. 3 oder § 40 Abs. 2, jeweils in Verbindung mit § 54 Abs. 1, zuwiderhandelt,
29. einer vollziehbaren Anordnung oder Auflage der Aufsichtsbehörde auf Grund einer Rechtsverordnung nach § 26 Nr. 2 oder § 28 Abs. 2 zuwiderhandelt, soweit die Rechtsverordnung für einen bestimmten Tatbestand auf die Bußgeldvorschrift verweist.

(2) Ordnungswidrig handelt, wer vorsätzlich oder fahrlässig entgegen § 25 Abs. 1 Satz 1 oder Abs. 2 Satz 1 einen Jugendlichen beschäftigt, beaufsichtigt, anweist oder ausbildet, obwohl ihm dies verboten ist, oder einen anderen, dem dies verboten ist, mit der Beaufsichtigung, Anweisung oder Ausbildung eines Jugendlichen beauftragt.

(3) Absatz 1 Nr. 4, 6 bis 29 und Absatz 2 gelten auch für die Beschäftigung von Kindern (§ 2 Abs. 1) oder Jugendlichen, die der Vollzeitschulpflicht unterliegen (§ 2 Abs. 3), nach § 5 Abs. 2 Absatz 1 Nr. 6 bis 29 und Absatz 2 gelten auch für die Beschäftigung von Kindern, die der Vollzeitschulpflicht nicht mehr unterliegen, nach § 7.

(4) Die Ordnungswidrigkeit kann mit einer Geldbuße bis zu dreißigtausend Euro geahndet werden.

(5) Wer vorsätzlich eine in Absatz 1, 2 oder 3 bezeichnete Handlung begeht und dadurch ein Kind, einen Jugendlichen oder im Fall des Absatzes 1 Nr. 6 eine Person, die noch nicht 21 Jahre alt ist, in ihrer Gesundheit oder Arbeitskraft gefährdet, wird mit Freiheitsstrafe bis zu einem Jahr oder mit Geldstrafe bestraft. Ebenso wird bestraft, wer eine in Absatz 1, 2 oder 3 bezeichnete Handlung beharrlich wiederholt.

(6) Wer in den Fällen des Absatzes 5 Satz 1 die Gefahr fahrlässig verursacht, wird mit Freiheitsstrafe bis zu sechs Monaten oder mit Geldstrafe bis zu einhundertachtzig Tagessätzen bestraft.

Strafvorschriften

Bußgeldvorschriften finden sich außerdem in § 101 BBiG (vgl. nachstehend)
(1) Ordnungswidrig handelt, wer
1. entgegen § 11 Absatz 1 Satz 1, auch in Verbindung mit Absatz 3, den wesentlichen Inhalt des Vertrages oder eine wesentliche Änderung nicht, nicht richtig, nicht vollständig, nicht in der vorgeschriebenen Weise oder nicht rechtzeitig abfasst,
2. entgegen § 11 Absatz 2 Satz 1, auch in Verbindung mit Absatz 3, die Vertragsabfassung, nicht, nicht richtig, nicht vollständig oder nicht rechtzeitig aushändigt und nicht, nicht richtig, nicht vollständig, nicht in der vorgeschriebenen Weise oder nicht rechtzeitig übermittelt,
3. entgegen § 11 Absatz 2 Satz 4, auch in Verbindung mit Absatz 3, die Vertragsabfassung oder den Empfangsnachweis nicht oder nicht mindestens drei Jahre aufbewahrt,
4. entgegen § 14 Absatz 3 Auszubildenden eine Verrichtung überträgt, die dem Ausbildungszweck nicht dient,
5. entgegen § 15 Absatz 1 Satz 1 oder 2 Auszubildende beschäftigt oder nicht freistellt,
6. entgegen § 18 Absatz 3 Satz 1, auch in Verbindung mit Satz 2, eine dort genannte Vergütung nicht, nicht richtig, nicht vollständig oder nicht rechtzeitig zahlt,
7. entgegen § 28 Absatz 1 oder 2 Auszubildende einstellt oder ausbildet,
8. einer vollziehbaren Anordnung nach § 33 Absatz 1 oder 2 zuwiderhandelt,
9. entgegen § 36 Absatz 1 Satz 1 oder 2, jeweils auch in Verbindung mit Satz 4, eine, dort genannte Eintragung nicht, nicht richtig, nicht in der vorgeschriebenen Weise oder nicht rechtzeitig beantragt,
10. entgegen § 53b Absatz 4 Satz 3, § 53c Absatz 4 Satz 3, § 53d Absatz 4 Satz 3 und § 54 Absatz 4 eine Abschlussbezeichnung führt oder
11. entgegen § 76 Absatz 2 eine Auskunft nicht, nicht richtig, nicht vollständig oder nicht rechtzeitig erteilt, eine Unterlage nicht, nicht richtig, nicht vollständig oder nicht rechtzeitig vorlegt oder eine Besichtigung nicht oder nicht rechtzeitig gestattet.

(2) Die Ordnungswidrigkeit kann in den Fällen des Absatzes 1 Nummer 4 bis 8 mit einer Geldbuße bis zu fünftausend Euro, in den Fällen des Absatzes 1 Nummer 1 bis 3 mit einer Geldbuße bis zu zweitausend Euro und in den übrigen Fällen mit einer Geldbuße bis zu tausend Euro geahndet werden.

Streikrecht für Auszubildende

Grundlagen

Die Teilnahme von Auszubildenden an Streiks bedeutet die Ausübung eines Grundrechtes nach Artikel 9 Abs. 3 GG »Koalitionsfreiheit«, das nicht eingeschränkt werden darf. Auszubildende unterliegen durch ihr Berufsausbildungsverhältnis zwar einem besonderen Status, gelten aber als Arbeitnehmer im Sinne des § 5 Abs. 1 BetrVG. Das Streikrecht Auszubildender wird durch das BBiG nicht ausgeschlossen. Das Streikrecht muss zu den Rechtsgrundsätzen nach § 10 Abs. 2 BBiG gerechnet werden.
In Tarifverträgen werden auch die Ausbildungsbedingungen geregelt. Zur Verbesserung der tariflichen Regelungen können also auch Auszubildende streiken. Die Streikbeteiligung von Auszubildenden gefährdet nicht den Ausbildungszweck. Sie kann im Gegenteil dazu dienen, Auszubildende an die Realität des Arbeitslebens heranzuführen.
Die Teilnahme von Auszubildenden an Warnstreiks bzw. Arbeitskämpfen berechtigt den Arbeitgeber nicht zu einer Disziplinierungsmaßnahme, wie z. B. einer Rüge oder Abmahnung oder einer Eintragung in die Personalakte, einer Abmahnung mit Kündigungsandrohung oder gar einer fristlosen Kündigung. In abgeschlossenen Tarifverträgen, denen Arbeitskampfmaßnahmen vorausgegangen sind, wird in der Regel eine Maßregelungsklausel vereinbart, die sicherstellt, dass alle, die sich an Streikmaßnahmen beteiligt haben, vor jeglicher Disziplinierung geschützt sind. Dies gilt auch für die Auszubildenden.

Bedeutung für den Betriebsrat/die JAV

Ziel eines Streiks ist es, auf die Arbeitgeber und ihre Verbände wirtschaftlichen Druck auszuüben, um eine Forderung der Arbeitnehmer durchzusetzen. Im industriellen Bereich wird durch einen alleinigen Streik von Auszubildenden kein solcher wirtschaftlicher Druck hergestellt. Ob durch die Einbeziehung von

Auszubildenden in Streikmaßnahmen der Druck verstärkt werden kann, muss fallweise eingeschätzt werden. Auszubildende könnten beispielsweise in Streikkonzepten eine besondere Rolle in Form punktueller öffentlichkeitswirksamer Aktionen einnehmen.

Über die Einbeziehung Auszubildender in Streikmaßnahmen entscheidet die jeweilige Gewerkschaft nach organisationspolitischen Gegebenheiten; d. h., nur die jeweilige Gewerkschaft kann die Auszubildenden zum Streik aufrufen. Beim Streikaufruf sollte berücksichtigt werden, ob beispielsweise die Beteiligung von Auszubildenden im dritten und vierten Ausbildungsjahr während der Prüfungsvorbereitung das Erreichen des Ausbildungszieles gefährdet.

Bei einem länger anhaltenden Streik stellt sich die prinzipielle Frage, ob schwerwiegende Folgen für das Absolvieren des Ausbildungsprogrammes bestehen, die dazu führen könnten, dass der Ausbildungsabschluss gefährdet wird. In diesem Fall muss bei genauerer Abwägung der Interessen entschieden werden. Daraus kann jedoch nicht abgeleitet werden, dass den Auszubildenden grundsätzlich das Streikrecht versagt wird.

Unabhängig von einer möglichen Einbeziehung Auszubildender in den Streik sollten sie in jedem Fall bei der Urabstimmung, aber auch bei Warnstreiks einbezogen werden.

Werden Auszubildende bewusst nicht in den Arbeitskampf einbezogen, ist eine ordnungsgemäße Durchführung der Ausbildung sicherzustellen. Entsprechende Regelungen für das Ausbildungspersonal müssen organisiert werden.

Keine Streikbrecherarbeiten durch Auszubildende!

Grundsätzlich ist zu verhindern, dass Auszubildende zu Streikbrecherarbeiten herangezogen werden, wie beispielsweise das Verpacken von fertig gestellten Produktionsteilen, die auf Lager sind.

Checkliste: Einbeziehung Auszubildender in den Arbeitskampf

- Welche Betriebe mit Ausbildung sind Bestandteil des Streikkonzeptes und wie stellt sich die Ausbildung in Umfang und Struktur dar?
- Wie sind der Organisationsgrad und das Engagement bei den Auszubildenden zu beurteilen? Gegebenenfalls ist hier eine differenzierte Betrachtung nach gewerblichen und kaufmännischen Auszubildenden notwendig.
- Wie können die Auszubildenden in den aktiven Arbeitskampf (beispielsweise als Streikposten) einbezogen werden?
- Fallen Prüfungen und damit vor allem die Prüfungsvorbereitungen in den Arbeitskampfzeitraum, ist zu berücksichtigen, dass eine sinnvolle Prüfungsvorbereitung organisiert werden kann.
- Bei einem länger andauernden Streik sollten Möglichkeiten geprüft werden, alternative Ausbildungsmaßnahmen durchzuführen. Beispielsweise kann ein alterna-

Streikrecht für Auszubildende

tiver Werksunterricht mit gewerkschaftlich organisierten Ausbildern oder Lehrern organisiert werden.
- Auch der Berufsschulunterricht muss berücksichtigt werden. Die Berufsschule sollte nach Möglichkeit nicht bestreikt werden. Die am Streik beteiligten Auszubildenden sollten aufgefordert werden, die Berufsschule im eigenen Interesse zu besuchen. Denkbar ist aber auch eine Kooperation mit Berufsschullehrern, die ihren Unterricht bewusst vor Ort durchführen.
- Bei rechtlichen Problemen, z. B. Disziplinierungsversuchen durch den Arbeitgeber, ist umgehend die jeweilige Streikleitung zu informieren.

Streitigkeiten zwischen Auszubildenden und Ausbilder

Grundlagen

Nach § 111 Abs. 2 ArbGG können zur Beilegung von Streitigkeiten zwischen Ausbilder und Auszubildenden aus einem bestehenden Berufsausbildungsverhältnis im Bereich des Handwerks die Handwerksinnungen, im Übrigen die zuständigen Stellen im Sinne des Berufsbildungsgesetzes Ausschüsse bilden, denen Arbeitgeber und Arbeitnehmer in gleicher Zahl angehören müssen.
Dort werden die Parteien mündlich gehört und die Streitigkeiten erörtert. Der Ausschuss fällt dann einen Schlichtungsspruch.
Wird der Schlichtungsspruch nicht innerhalb einer Woche von beiden Parteien anerkannt, so kann innerhalb von zwei Wochen, nachdem der Spruch ergangen ist, Klage beim zuständigen → **Arbeitsgericht** erhoben werden. Eine Verhandlung vor dem Ausschuss ist Voraussetzung für eine Klage vor dem Arbeitsgericht.
Wird vor dem Ausschuss ein Vergleich abgeschlossen oder fällt der Ausschuss einen Spruch, der von beiden Seiten anerkannt worden ist, kann unmittelbar aus dem Spruch oder aus dem Vergleich die Zwangsvollstreckung betrieben werden.
Das Verfahren vor der Schlichtungsstelle ersetzt das Güteverfahren vor den Arbeitsgerichten.

Stufenausbildung/Anrechnungsmodell

Grundlagen

Mit der Anpassung des BBiG 2024 (Berufsbildungsvalidierungs- und -digitalisierungsgesetzes – BVaDiG) wurde die klassische Stufenausbildung gestrichen, da sie in der Praxis keine Anwendung fand. Geblieben ist die Regelung, dass im Fall einer nicht bestandenen Abschlussprüfung in einem drei- oder dreieinhalbjährigen Ausbildungsberuf, der auf einem zweijährigen Ausbildungsberuf aufbaut, der Abschluss des zweijährigen Ausbildungsberufs erworben wird, sofern im ersten Teil der Abschlussprüfung mindestens ausreichende Leistungen erbracht worden sind. Andersherum können Auszubildende, die eine Abschlussprüfung in einem zweijährigen Ausbildungsberuf erfolgreich bestanden haben vom ersten Teil der Abschlussprüfung oder einer Zwischenprüfung eines darauf aufbauenden drei- oder dreieinhalbjährigen Ausbildungsberufs befreit werden.

Auszubildende in einem zweijährigen Ausbildungsberuf haben allerdings keinen Anspruch gegenüber dem Arbeitgeber, dass dieser ihnen die Ausbildung in dem darauf aufbauenden drei- oder dreieinhalbjährigen Beruf im Betrieb ermöglicht.

§ 5 Abs. 2 Nr. 5 regelt, dass auf die Dauer der (durch die Ausbildungsordnung geregelten) Berufsausbildung die Dauer einer anderen abgeschlossenen Berufsausbildung ganz oder teilweise anzurechnen ist. Da es sich hierbei um separate Berufsabschlüsse handelt, können die Ausbildungsverträge einzeln und gesondert, alternativ aber auch von vornherein für den länger auszubildenden Beruf abgeschlossen werden.

Bedeutung für die Interessenvertretung

Die betriebliche Interessenvertretung (Betriebsrat/Personalrat/JAV) sollte darauf achten, dass mit den Auszubildenden ein Ausbildungsvertrag über die Dauer des längeren Ausbildungsberufes abgeschlossen wird.

Bedeutung für die Beschäftigten

Das Anrechnungsmodell birgt für die Auszubildenden die Gefahr, nach der ersten Stufe (abgeschlossene Berufsausbildung in einem zweijährigen Ausbildungsberuf) niedriger eingruppiert zu werden als drei- bzw. dreieinhalbjährig Ausgebildete. Geringer Qualifizierte haben auch erschwerte berufliche Entwicklungsmöglichkeiten. Der Durchstieg zum dritten Ausbildungsjahr ist abhängig vom Arbeitgeber. Kann die Ausbildung im Betrieb nicht fortgesetzt werden, wird es schwer einen Betrieb zu finden, in dem man weiterlernen kann. Eine zweijährige Ausbildung kann so zur beruflichen Sackgasse werden.

Tarifautonomie/Koalitionsfreiheit

Was ist das?

Unter den Begriff der Tarifautonomie versteht man den in Art. 9 Abs. 3 GG gewährleisteten Freiraum der Gewerkschaften und Arbeitgeberverbände. Er ermöglicht es ihnen, die Regelungen des Arbeits- und Wirtschaftslebens selbstständig zu ordnen. Über die Arbeits- und Wirtschaftsbedingungen sollen die Beteiligten selbst und eigenverantwortlich grundsätzlich frei von staatlicher Einflussnahme bestimmen. Diese eigenverantwortliche Regelung der Arbeitsbedingungen erfolgt im Rahmen der Tarifautonomie durch die Vereinbarung von Tarifverträgen zwischen Gewerkschaften und Arbeitgeberverbänden. Dabei handeln die Tarifvertragsparteien eigenverantwortlich und ohne staatliche Einflussnahme.

Art. 9 Abs. 3 GG bestimmt insoweit

... das Recht, zur Wahrung und Förderung der Arbeits- und Wirtschaftsbedingungen Vereinigungen zu bilden, ist für jedermann und für alle Berufe gewährleistet. Abreden, die dieses Recht einschränken oder zu behindern suchen, sind nichtig, hierauf gerichtete Maßnahmen sind rechtswidrig.

In diesem »Doppelgrundrecht« werden sowohl die individuelle Koalitionsfreiheit als auch der Bestand und die Betätigung der Koalition, also der Gewerkschaften bzw. der Arbeitgeberverbände garantiert. Art. 9 Abs. 3 GG beinhaltet ein Grundrecht auf Solidarisierung einschließlich des Rechts zur Arbeitsniederlegung, des
→ **Streikrechts**.

Tarifvertrag

Grundlagen

Der Gebrauch und die Ausführung der Koalitionsfreiheit erfolgen im Rahmen der Tarifautonomie durch den Abschluss von Tarifverträgen. Hierzu hat der Gesetzgeber mit dem Tarifvertragsgesetz einen Rahmen gegeben. Der Tarifvertrag ist ein Vertrag zwischen Gewerkschaften und Arbeitgeberverbänden, dem sogenannten »Verbandstarifvertrag« (auch: Flächentarifvertrag) oder zwischen Gewerkschaften und einzelnen Arbeitgebern, den sogenannten »Firmentarifvertrag« (auch: Haustarifvertrag), in welchem in einem sogenannten schuldrechtlichen Teil die Rechte und Pflichten der Tarifvertragsparteien geregelt sind und im normativen Teil Rechtsnormen insbesondere über den Abschluss, den Inhalt und die Beendigung der Arbeitsverhältnisse aufgestellt werden.

Die Rechtsnormen der Tarifverträge gelten nach § 4 Abs. 1 TVG unmittelbar und zwingend, d. h. ohne ausdrückliche Aufnahme in den Arbeitsvertrag und zwingend in der Weise, dass von ihm nur zugunsten des Arbeitnehmers abgewichen werden darf, wenn die Tarifparteien nicht ausdrücklich durch Öffnungsklauseln abweichende Vereinbarungen zugelassen haben.

Die Bedeutung der Tarifverträge wird deutlich, wenn man sich vor Augen hält, dass nach Untersuchungen der Hans-Böckler-Stiftung für 62 % aller Beschäftigten ein Tarifvertrag direkt oder durch Bezugnahme gilt (53 % Branchentarifverträge, 9 % Firmentarifverträge) und weitere 19 % sich an einem Tarifvertrag orientieren.

Zum unverzichtbaren Bestandteil der Tarifautonomie gehört das → **Streikrecht**.

Teilzeitarbeit nach Beendigung der Ausbildung

Grundlagen

Gemäß § 2 Abs. 1 TzBfG liegt Teilzeitarbeit vor, wenn die regelmäßige Wochenarbeitszeit kürzer ist als die regelmäßige Wochenarbeitszeit vergleichbarer vollzeitbeschäftigter Arbeitnehmer:innen des Betriebs.
Im TzBfG ist der Schutz für Teilzeitbeschäftigte geregelt. Zu nennen ist vor allem das Diskriminierungsverbot nach § 4 Abs. 1 TzBfG. Danach darf der Arbeitgeber eine/n teilzeitbeschäftigte/n Arbeitnehmer:in nicht aufgrund der Teilzeitarbeit gegenüber vollzeitbeschäftigten Arbeitnehmerinnen unterschiedlich behandeln, es sei denn, sachliche Gründe rechtfertigen dies.
Neben den gesetzlichen Bestimmungen gibt es eine Anzahl von tariflichen Regelungen, beispielsweise in Manteltarifverträgen oder auch in Tarifverträgen zur Förderung der Teilzeitarbeit.
Teilzeitbeschäftigte haben anteilig Anspruch auf Urlaub, Urlaubsgeld, Weihnachtsgeld oder andere tariflich vereinbarte Vergütungen.

Bedeutung für den Betriebsrat/die JAV

Sollte der Arbeitgeber beabsichtigen, die auslernenden Auszubildenden nur in Teilzeit zu übernehmen, handelt es sich faktisch für die Betroffenen um eine erzwungene individuelle Arbeitszeitverkürzung ohne Lohnausgleich. Der Betriebsrat und die JAV sollten deshalb frühzeitig vor dem Auslerntermin prüfen, wie sich die wirtschaftliche Situation und Beschäftigungslage im Betrieb darstellen (Personalplanungsdaten, Überstundenentwicklung, Rationalisierungsmaßnahmen). Auf dieser Grundlage sollten Überlegungen angestellt werden, wie die Übernahme in ein unbefristetes Vollzeitarbeitsverhältnis ermöglicht wird. Sollte es dennoch nur zu einer Übernahme in Teilzeit kommen, sind folgende Eckpunkte zu berücksichtigen:

Teilzeitarbeit nach Beendigung der Ausbildung

- Sicherstellung einer Mindestbeschäftigung und Einkommenszusage (Untergrenze der Arbeitszeit bei beispielsweise ⅔ der Vollzeitarbeitsverhältnisse);
- Begrenzung von nicht freiwilliger Teilzeit auf einen festgelegten, möglichst kurzen Zeitraum und verbindliche Zusage der Umwandlung in ein Vollzeitarbeitsverhältnis;
- Sicherstellung einer möglichst 12-monatigen Vollzeitbeschäftigung vor eventueller Kündigung (Berechnung Arbeitslosengeld bezieht sich auf letzten zwölf Monate);
- Verhinderung weiterer Einkommensminderungen während der Teilzeit (bei eventueller Kurzarbeit etc.);
- Bezugnahme der Dauer der nicht freiwilligen Teilzeit auf Kalendermonate (Unterbrechung des Beschäftigungsverhältnisses durch Wehr- bzw. Zivildienst, Mutterschutz u. Ä. führen nicht zu einer Verlängerung der Teilzeit);
- Berücksichtigung sozialer Härtefallregelungen.

Bedeutung für die Auszubildenden

Bei der Entscheidung für eine Teilzeitbeschäftigung sollte beachtet werden, dass die reduzierte Arbeitszeit weit reichende Konsequenzen mit sich bringt. So bedeutet Teilzeitarbeit beispielsweise:

- bei Arbeitslosigkeit auch nur Teilarbeitslosengeld,
- entsprechend weniger Rentenansprüche,
- ein geringeres Einkommen,
- schlechtere Berufsperspektiven,
- ein erhöhtes Arbeitsplatzrisiko.

Teilzeitberufsausbildung

Grundlagen

Die Möglichkeit einer Teilzeitausbildung ist seit 2005 im Berufsbildungsgesetz (BBiG) verankert. Im Zuge der letzten Novelle des BBiG wurden 2020 die Möglichkeiten für eine Berufsausbildung in Teilzeit erweitert. Eine Teilzeitberufsausbildung in einem anerkannten Ausbildungsberuf steht seitdem allen Interessent:innen offen. Voraussetzung ist ein gegenseitiges Einvernehmen von Auszubildenden und Ausbildungsbetrieb. Die rechtlichen Bestimmungen zur Teilzeitberufsausbildung finden sich im § 7a BBiG. Von der Möglichkeit einer Teilzeitausbildung können verschiedene Gruppen profitieren, z. B. Auszubildende, die gleichzeitig ihre Kinder erziehen oder Angehörige pflegen, Geflüchtete, aber auch Auszubildende mit einer Behinderung oder einer Lernbeeinträchtigung.

Trotz der Anpassungen bei der Teilzeitausbildung, die sie flexibler machen und für alle Auszubildenden öffnen sollte, wird diese jedoch nur selten in Anspruch genommen. Im Jahr 2022 wurden lediglich 2235 neue Berufsausbildungsverträge in Teilzeit abgeschlossen, wie die Daten der Berufsbildungsstatistik der Statistischen Ämter des Bundes und der Länder zeigen. Das entspricht einem Anteil von 0,5 Prozent an allen Neuabschlüssen im genannten Ausbildungsjahr.

Ein zentraler Grund hierfür dürfte die Tatsache sein, dass die Ausbildungsvergütung im Rahmen einer Teilzeitausbildung anteilig gekürzt werden kann. Die anteilige Kürzung folgt dabei einer Logik der stundenmäßigen Erbringung einer Arbeitsleistung. Diese spielt aber bei der Berufsausbildung nur am Rande eine Rolle, da hier der Erwerb der beruflichen Handlungsfähigkeit im Vordergrund steht, weshalb die anteilige Kürzung kritisch gesehen werden muss. Die vollumfängliche Anwesenheitspflicht in der Berufsschule dürfte ein weiteres wesentliches Hemmnis für die Ausübung einer Teilzeitausbildung darstellen.

Rechtliche Regelung

Vertraglich kann für die ganze Ausbildungsdauer oder für einen bestimmten Zeitraum die tägliche/wöchentliche Ausbildungszeit verkürzt werden, aber nicht um mehr als 50 Prozent (§ 7a Abs. 1 BBiG). Damit verlängert sich die Dauer der Ausbildung automatisch entsprechend der Kürzung der täglichen/wöchentlichen Ausbildungszeit. Insgesamt wird die für den jeweiligen Beruf vorgesehene Ausbildungsdauer jedoch höchstens um das 1,5-fache verlängert (§ 7a Abs. 2 Satz 1 BBiG). Die Verlängerung ist auf ganze Monate abzurunden. Auf Verlangen des Auszubildenden kann sich zudem die Ausbildungsdauer auch über die Höchstdauer hinaus bis zur nächsten möglichen Abschlussprüfung verlängern (§ 7a Abs. 3 BBiG). Verlängerungs- und Verkürzungsmöglichkeiten nach § 8 BBiG bei der Dauer einer Teilzeitausbildung sind jederzeit möglich. Die bisherigen Vorschriften zur Verkürzung und Verlängerung der Ausbildungsdauer bleiben unberührt. Damit besteht z. B. für Auszubildende, die das Ausbildungsziel schneller erreichen können, auch bei der Teilzeitberufsausbildung die Möglichkeit einer Verkürzung der Ausbildungsdauer nach § 8 Abs. 1 BBiG.

Teilzeitmodelle
Bei einer Teilzeitberufsausbildung wird die tägliche oder wöchentliche Ausbildungszeit im Ausbildungsbetrieb reduziert. Gemeinsam einigen sich Auszubildende und Ausbildungsbetrieb auf eine wöchentliche Arbeitszeit (i. d. R. zwischen 20 und 40 Stunden). Die Berufsausbildung kann dabei komplett in Teilzeit, oder aber nur bestimmte Zeitabschnitte in Teilzeit absolviert werden. Die verlängerte Ausbildungszeit bei verschiedenen Teilzeitvarianten zu berechnen, kann manchmal komplex sein. Deshalb hat der Hauptausschuss des Bundesinstituts für berufliche Bildung eine Empfehlung hierfür erlassen (BIBB Hauptausschussempfehlung 174 vom 10.6.2021). Der Berufsschulunterricht und die überbetrieblichen Lehrgänge finden meist im Rahmen der üblichen Unterrichtszeiten wie bei einer Vollzeitberufsausbildung statt. Die Berufsschule sollte über die Teilzeitberufsausbildung informiert werden.

Vergütung
Die Ausbildungsvergütung kann anteilig entsprechend der täglichen oder wöchentlichen Verkürzung der Ausbildungszeit gekürzt werden, jedoch nicht darüber hinaus. Dies gilt auch für die Mindestausbildungsvergütung. Da die Kürzung der täglichen oder wöchentlichen Ausbildungszeit nach § 7a Abs. 1 Satz 3 BBiG auf 50 Prozent begrenzt ist, ist maximal eine Kürzung der Vergütung um 50 Prozent erlaubt. Die Vergütung muss aber nicht zwingend gekürzt werden. Im Ausbildungsvertrag, oder aber im Tarifvertrag kann auch geregelt werden, dass die Ausbildungsvergütung trotz Teilzeit gar nicht oder nur in einem geringeren Umfang gekürzt wird.
Reicht die Teilzeitausbildungsvergütung nicht für den Lebensunterhalt aus, können Auszubildende unter bestimmten Voraussetzungen staatliche finanzielle Unterstützungsleistungen erhalten. Weitere Informationen hierzu gibt es in der

Broschüre »Berufsausbildung in Teilzeit« des Bundesministeriums für Bildung und Forschung (BMBF): *https://www.bmbf.de/SharedDocs/Publikationen/de/bmbf/3/31373_Berufsausbildung_in_Teilzeit.html.*

Berufsschule
Die Regelungen des BBiG zur Teilzeitausbildung haben keine unmittelbaren Auswirkungen auf den Besuch des Berufsschulunterrichtes. Auch die Empfehlung des BIBB-Hauptausschusses gibt hier keine weiteren Hinweise. Grundsätzlich sind die Berufsschulen nicht daran gebunden, ob im Ausbildungsvertrag Teilzeit vereinbart wurde. Dennoch ist eine besonders enge Zusammenarbeit der verschiedenen Lernorte der beruflichen Bildung nach § 2 Abs. 2 BBiG geboten, um bei Teilzeitberufsausbildungen eine sinnvoll abgestimmte Vermittlung der Ausbildungsinhalte zu erreichen. Sofern von den Berufsschulen keine gesonderten Teilzeitklassen eingerichtet werden, ist davon auszugehen, dass Teilzeitauszubildende im vollen Umfang den Berufsschulunterricht besuchen. Die Anrechnung der Berufsschulzeiten erfolgt entsprechend den Maßgaben des § 15 Abs. 2 BBiG.

Bedeutung für den Betriebsrat/die JAV

Der Betriebsrat hat bei der Festlegung der Dauer der Ausbildung ein Mitbestimmungsrecht aus § 98 Abs. 1 BetrVG. Das Mitbestimmungsrecht gilt auch, wenn der Arbeitgeber generell, oder aber nur für bestimmte Berufe eine Teilzeitausbildung einführen möchte. Bevor eine Teilzeitausbildungsstelle ausgeschrieben wird, sollte geprüft werden, ob alle Voraussetzungen vorhanden sind, damit die Ausbildung in Teilzeit tatsächlich umgesetzt werden kann. Bei der Einstellung und Eingruppierung der Auszubildenden sind die Mitbestimmungsorgane zu beteiligen. Dabei sollten Betriebsrat oder die JAV die Inhalte des Ausbildungsvertrags genau prüfen. Denn mit dem Ausbildungsvertrag muss auch ein – auf die individuelle Teilzeit ausgerichteter – Ausbildungsplan ausgehändigt werden, der die Teilzeitausbildung inhaltlich und sachlich gliedert.

Bedeutung für die Auszubildenden

Für Jugendliche und junge Erwachsene stellt eine Teilzeitberufsausbildung die Möglichkeit dar, Familie oder individuelle Lebensumstände und Berufsausbildung leichter miteinander zu vereinbaren. Sie können so die Berufsausbildung flexibel an ihre persönliche Situation anpassen. In verschiedenen Lebenslagen kann eine Teilzeitberufsausbildung daher sinnvoll sein oder die Aufnahme einer Ausbildung sogar erst ermöglichen.

Telefongespräche, E-Mail, Internet – private Nutzung

Grundlagen

Arbeitnehmer arbeiten zunehmend mit moderner Informations- und Kommunikationstechnik. Praktisch an jedem Büroarbeitsplatz gibt es heute einen Internetzugang. Häufig findet eine Vermischung beruflicher und privater Tätigkeit statt. Das Telefon des Arbeitgebers wird genutzt, um private Termine zu vereinbaren. Ist man einmal online, kann man sich nur schwer der Versuchung entziehen, neben dienstlichen Aktivitäten auch privaten Interessen nachzugehen und zu surfen. Der Umfang, in dem Arbeitnehmer privat im Internet surfen, ist sehr unterschiedlich. Ist das erlaubt? Darf ich das Telefon des Arbeitgebers privat nutzen? Darf ich privat im Internet surfen? Darf ich es dann, wenn es nicht ausdrücklich verboten ist? Bedarf es einer ausdrücklichen Erlaubnis des Arbeitgebers? Kann der Arbeitgeber das Arbeitsverhältnis kündigen, wenn ich privat im Internet surfe? Welche Rolle spielt es dabei, ob es sich um erlaubte oder verbotene Seiten handelt, um eine Fahrplanauskunft oder aber um pornografische Seiten?

Vor allem wenn es um die Frage geht, ob der Arbeitgeber das Arbeitsverhältnis wegen einer solchen unerlaubten Privatnutzung kündigen kann, würdigt die Rechtsprechung alle Umstände des konkreten Einzelfalls. Da jeder Richter unabhängig ist und einen sehr weiten Beurteilungsspielraum hat, fallen die Entscheidungen sehr unterschiedlich aus und es ist häufig schwer vorauszusagen, wie jeweils »unser« zuständiges Arbeitsgericht entscheiden wird. So hält etwa die 15. Kammer des LAG Hamm die Internetnutzung für nicht erlaubt, sofern sie der Arbeitgeber nicht ausdrücklich gestattet hat (LAG Hamm 12. 11. 2009 – 15 Sa 848/09). Sie meint, wenn der Arbeitnehmer dem zuwider handelt, sei dies grundsätzlich geeignet, selbst eine außerordentliche Kündigung zu rechtfertigen. Eine andere Kammer desselben Gerichts urteilte jedoch völlig anders (LAG Hamm 30. 9. 2011 – 10 Sa 785/11). Danach kann nur die exzessive Nutzung des Internets während der Arbeitszeit zu privaten Zwecken und auch dies nur nach den jeweiligen Umständen des Einzelfalls eine schwere Pflichtverletzung des Arbeitsvertrags darstellen, der Arbeitgeber habe die Beweislast dafür, in welchem Um-

Telefongespräche, E-Mail, Internet – private Nutzung

fang das Internet privat genutzt sei und vor allem auch darüber, dass es zu einer erheblichen Beeinträchtigung der arbeitsvertraglich geschuldeten Leistung gekommen ist.
Mehrheitlich tendieren die Arbeitsgerichte – zu Recht – zu der letztgenannten Auffassung der 10. Kammer des LAG Hamm. Danach kann zwar der Arbeitgeber grundsätzlich jede private Nutzung des Internets verbieten (aber auch des Telefons, des Faxgeräts). Tut er das jedoch nicht, ist eine verhaltensbedingte Kündigung ohne vorausgehende Abmahnung nur dann rechtens, wenn der Arbeitnehmer wegen des Ausmaßes seiner Nutzung nicht mehr damit rechnen kann, dass der Arbeitgeber das Verhalten noch tolerieren wird (vgl. z. B. LAG Nürnberg 17.11.2010 – 4 Sa 795/07).
Besondere Vorsicht ist dann geboten, wenn dem Arbeitgeber zusätzliche Kosten entstehen (Hessisches LAG 25.7.2011 – 17 Sa 1818/10).
Die außerordentliche Kündigung eines langjährig beschäftigten Arbeitnehmers ist ohne vorausgegangene einschlägige Abmahnung in einer Entscheidung für wirksam erklärt worden, weil der Arbeitnehmer für einen Zeitraum von mehr als sieben Wochen arbeitstäglich mehrere Stunden mit dem Schreiben und Beantworten privater E-Mails verbracht hat, an mehreren Tagen sogar in einem zeitlichen Umfang, der gar keinen Raum mehr für die Erledigung von Dienstaufgaben ließ (LAG Niedersachsen 31.5.2010 – 12 Sa 875/09).
In weiteren Fällen ist eine extensive Nutzung, bei der mit einem Einverständnis des Arbeitgebers nicht mehr gerechnet werden kann, in folgenden Fällen angenommen worden:
- Ständiges Surfen im Internet, vor allem auf pornografischen Seiten, gleichzeitig die Geltendmachung bezahlter Überstunden, um die Arbeit nachzuholen (BAG 31.5.2007 – 2 AZR 200/06);
- Sechs Stunden Privatnutzung bei jeweils hälftigem Surfen auf pornografischen Seiten innerhalb zweier Beobachtungszeiträume von drei bzw. einer Woche (LAG Hamm 3.5.2007 – 15 Sa 1880/06);
- Installation von Verschleierungssoftware (BAG 27.4.2006 – 2 AZR 386/05).

Nutzt der Arbeitnehmer das Internet verbotswidrig während eines Zeitraums von drei Monaten privat täglich zwischen 15 Minuten und drei Stunden (im Schnitt 10% der Arbeitszeit), braucht der Arbeitgeber nicht im Einzelnen darzulegen, inwieweit Arbeitspflichten vernachlässigt worden sind. Dem Imageschaden des Arbeitgebers (hier: Behörde) kommt besondere Bedeutung zu (BAG 27.4.2006 – 2 AZR 386/05). Handelt es sich bei den aufgerufenen Seiten um solche mit pornografischen, Gewalt verherrlichenden oder rassistischen Inhalts, wirkt dies erschwerend zulasten des Arbeitnehmers. Einen wichtigen Grund zur außerordentlichen Kündigung hat das BAG in einem Fall angenommen, in dem der Arbeitnehmer verbotswidrig an einem Tag 27 Minuten, an einem anderen

Tag 74 Minuten privat im Internet gesurft und hierbei die einschlägigen Seiten bevorzugt hat (BAG 7.5.2005 – 32 AZR 581/04).

Bedeutung für den Betriebsrat/die JAV

Häufig fehlt eine eindeutige Erklärung des Arbeitgebers, ob und in welchem Umfang die private Nutzung der Informations- und Kommunikationstechnik zugelassen wird. Aber auch, wenn der Arbeitgeber hierzu etwas verlautbart hat, befinden sich die Arbeitnehmer häufig in einer Grauzone. Grundsätzlich ist es daher sinnvoll, diese Frage in einer Betriebsvereinbarung zu regeln bzw. sie in bestehende Betriebsvereinbarungen zur Informations- und Kommunikationstechnik einzufügen. Dies ist auch möglich, weil der Betriebsrat – abgesehen von den Fällen eines vollständigen Verbots – ein erzwingbares Mitbestimmungsrecht nach § 87 Abs. 1 Nr. 1 BetrVG hat. Erfolgreich verhandeln wird der Betriebsrat allerdings nur dann, wenn in der Belegschaft vermittelt werden kann, dass die gefundene Lösung eine Verbesserung gegenüber dem bisherigen ungeregelten Zustand darstellt und nicht plötzlich ausdrücklich verboten ist, was in der Vergangenheit stets geduldet wurde.

Literaturhinweis

Däubler, Digitalisierung und Arbeitsrecht, 8. Aufl. 2023

Übernahme in ein unbefristetes Arbeitsverhältnis

Grundlagen

Ausbildungsverträge sind nach §§ 10 und 21 BBiG immer zeitlich befristete Verträge. Vor allem bei rückläufiger Konjunktur führt dies dazu, dass auslernende Auszubildende vom Arbeitgeber nicht in ein unbefristetes Arbeitsverhältnis übernommen werden. Die Arbeitgeber stellen sich sehr oft auf den Standpunkt, mit dem Bestehen der Abschlussprüfung seien alle Pflichten aus dem Ausbildungsvertrag erfüllt. Mit dem Hinweis, dass die Nicht-Übernahme keine Kündigung ist, werden sämtliche Schutzrechte, vor allem das Kündigungsschutzgesetz, die Anhörungspflicht der Betriebsräte gem. § 102 BetrVG, die Verpflichtung zum Interessenausgleich und Sozialplan usw. umgangen.

In einigen Wirtschaftsbereichen (beispielsweise der Metall- und Elektroindustrie, Stahlindustrie) bestehen tarifliche Regelungen zur Übernahme von Auszubildenden.

> **Beispiel: Metall- und Elektroindustrie**
> Im Tarifvertrag ist der Grundsatz der unbefristeten Übernahme der Ausgebildeten festgeschrieben. In einer freiwilligen Betriebsvereinbarung kann der voraussichtliche Übernahmebedarf festgelegt werden. Der Nachteil ist, dass über Bedarf Ausgebildete keinen Anspruch auf Übernahme haben. Den Bedarf zu bestimmen ist dabei nicht einfach, bedeutet das doch eine Prognose von vier bis fünf Jahre in die Zukunft. Gibt es keine freiwillige Betriebsvereinbarung, muss der Arbeitgeber spätestens sechs Monate vor Ausbildungsende mit dem Betriebsrat über den Bedarf beraten und die Zahl der unbefristet zu Übernehmenden festlegen. Die dann festgelegte Anzahl der Auszubildenden muss unbefristet übernommen werden. Alle weiteren müssen für mindestens zwölf Monate befristet übernommen werden. Bei den befristet Übernommenen muss der Arbeitgeber drei Monate vor Auslaufen der Befristung prüfen, ob eine Weiterbeschäftigung möglich ist. Das Ergebnis der Prüfung ist mit dem Betriebsrat zu beraten.
> (Vgl. → **Berufsbildungsbedarf**)

Übernahme in ein unbefristetes Arbeitsverhältnis

Ausnahmen von der unbefristeten und befristeten Übernahme gibt es, wenn personenbedingte Gründe angeführt werden. Das BAG hat im Urteil vom 14.10.1997, Az. 7 AZR 811/96 eine Auslegung vorgenommen: Der Begriff »personenbedingte Gründe« ist nicht wie im Kündigungsschutzrecht auszulegen. Als personenbedingte Gründe sind alle Umstände anzusehen, die einem »zweckentsprechenden Vollzug« des Arbeitsverhältnisses entgegenstehen, darunter können auch Gründe zu verstehen sein, die das Verhalten betreffen. Eine weitere Ausnahme ist bei akuten Beschäftigungsproblemen gegeben. Bei beiden Ausnahmen hat der Betriebsrat mitzubestimmen, bei Nichtzustimmung entscheidet die tarifliche Schlichtungsstelle.

Bedeutung für den Betriebsrat/die JAV

Betriebsrat und JAV sollten rechtzeitig vor dem Auslerntermin prüfen, wie sich die wirtschaftliche Situation und die Beschäftigungslage im Betrieb darstellen (Personalplanungsdaten, Überstundenentwicklung, Rationalisierungsmaßnahmen etc.). Die Forderung nach einem unbefristeten Arbeitsvertrag für alle Auslernenden und damit die Sicherung des Normalarbeitsverhältnisses darf nicht von vornherein aufgegeben werden.

Der Betriebsrat hat in Angelegenheiten der Personalplanung erzwingbare Beratungs- und Vorschlagsrechte, die im Wesentlichen aus den §§ 92 und 92a BetrVG resultieren. Die Übernahme muss dabei zum integralen Bestandteil einer Gesamtstrategie zur Sicherung von Beschäftigung, Qualifikation und Einkommen für alle Arbeitnehmer im Betrieb und in der Region werden.

Grundlage einer wirksamen Mitbestimmung der betrieblichen Interessenvertretung ist die Kenntnis des betrieblichen Personalplanungssystems und seiner Bestandteile, mit dem Ziel:

- Informationen für die Argumentation in der betrieblichen Auseinandersetzung zu gewinnen und
- den Rechtfertigungsdruck auf die Unternehmensleitung für beabsichtigte Maßnahmen zu erhöhen.

Personalplanungssysteme können beispielsweise wie folgt gegliedert sein:

- Die Personalbedarfsplanung steht im Zentrum der Personalplanung und ermittelt den geplanten Personalbedarf, der dann mit dem Personalbestand abgeglichen wird. Bei der Personalbedarfsplanung sind vor allem auch Ausfallzeiten zu berücksichtigen, wie beispielsweise Urlaubszeiten, Krankheitszeiten, Freistellungszeiten, Qualifikationszeiten, Einarbeitungszeiten u.v.m. Wird die Quote für solche Ausfallzeiten vom Arbeitgeber zu niedrig angesetzt,

führt dieses unweigerlich zur Leistungsverdichtung. Deshalb ist es für die Interessenvertretung wichtig, auf diese Planung Einfluss zu nehmen.
- Die Personalentwicklungsplanung ermittelt die notwendigen Qualifikationen der Beschäftigten und legt Qualifikationsmaßnahmen zur Bedarfsdeckung fest.
- Die Personaleinsatzplanung ordnet Arbeitskräften entsprechende Arbeitsplätze zu. Das gilt sowohl für kurz- und mittelfristigen Arbeitskräfteeinsatz, als auch für mittel- und langfristige Anpassung des Arbeitskräftepotenzials an entsprechende Arbeitsplätze.

Hilfreich für die Durchsetzung der Übernahmeforderung kann aber auch das Mitbestimmungsrecht des Betriebsrats bei der Durchführung von Mehrarbeit sein. Nach § 87 Abs. 1 Nr. 3 BetrVG hat der Betriebsrat ein Mitbestimmungsrecht bei Mehrarbeit.

Mehrarbeit ist nicht unvermeidbar. Durch eine ausreichende Personalreserve, durch bessere Materialbevorratung sowie durch verbesserte Planungsabläufe können viele der scheinbar notwendigen Überstunden reduziert werden.

Bedeutung für die Auszubildenden

Mit dem Hinweis, eine abgeschlossene Berufsausbildung mache es für Jugendliche doch viel leichter, einen neuen Arbeitsplatz zu finden, versuchen viele Unternehmen, die Nicht-Übernahme als unproblematisch darzustellen. Umfragen bestätigen, dass es mit einer abgeschlossenen Ausbildung tatsächlich einfacher ist, einen Arbeitsplatz zu finden als ohne Ausbildung. Dennoch bedeutet Nicht-Übernahme erst einmal für die Betroffenen, dass sie keine Chance haben, Berufserfahrung zu sammeln. Arbeitslosigkeit unmittelbar nach der Ausbildung mindert auch erheblich das Arbeitslosengeld. Berufsfremde Beschäftigung und Arbeitslosigkeit entwerten die mit der Ausbildung erworbenen Qualifikationen in immer kürzerer Zeit. Die Abwanderung ausgebildeter Fachkräfte vermindert die Chance strukturpolitischer Entwicklungen in den Regionen. Die Nicht-Übernahme und Entlassung in die Arbeitslosigkeit vermindern die Attraktivität der Firmen, mitunter auch ganzer Berufsgruppen oder Branchen. Immer weniger Schulabgänger interessieren sich für eine berufliche Ausbildung. Die Nicht-Übernahme verstärkt diesen bereits vorhandenen Trend.

Übernahme in ein unbefristetes Arbeitsverhältnis

Übernahmebetriebsvereinbarung

§ 1 Präambel und Zielsetzung

Zwischen Geschäftsleitung und Betriebsrat besteht Einvernehmen, dass für alle in der Firma ... ausgebildeten Azubis im Anschluss an ihre Ausbildung eine Weiterbeschäftigung entsprechend ihrer Qualifikation anzustreben ist. Zielsetzung dieser Betriebsvereinbarung ist es, den mittel- bis langfristigen Qualifikationsbedarf der Firma ... durch betriebliche Ausbildung und Weiterbeschäftigung zu decken sowie allen auslernenden Jugendlichen die Möglichkeit zur Erlangung von Berufspraxis zu eröffnen.

§ 2

Die Geschäftsleitung verpflichtet sich, dem Betriebsrat sowie der JAV rechtzeitig vor stattfindenden Abschlussprüfungen (mindestens 4 Monate vor dem Tag der voraussichtlichen letzten Prüfungsleistung) alle erforderlichen Informationen und Unterlagen, die für eine Weiterbeschäftigung relevant sind, zur Verfügung zu stellen. Hierzu zählen vor allem:
- Anzahl und Berufe der Auslernenden,
- Personalplanungsunterlagen (gem. § 92 BetrVG), vor allem Informationen zur Personalbedarfsplanung (Absatz/Produktionsplanung), Personalentwicklungsplanung (Qualifikationsstruktur etc.) sowie Personaleinsatzplanung,
- Unterlagen zu Überstunden, Kurzarbeit, Fehlzeiten (Krankheit, Qualifizierung, Urlaubsüberhänge etc.),
- Planungen für die anstehende Weiterbeschäftigung (welche bzw. wie viele Auslerner, in welchen Abteilungen bzw. Tätigkeiten etc.).

§ 3

Die Geschäftsleitung verpflichtet sich, unverzüglich nach der Information des Betriebsrats und der JAV die konkrete Übernahme zu beraten. Liegen Tatsachen vor, aufgrund derer dem Arbeitgeber die unbefristete Weiterbeschäftigung aller Auslerner nicht zugemutet werden kann, ist der Betriebsrat/die JAV darüber zu informieren, welche Ausgebildeten nicht übernommen werden sollen. Die ggf. erforderliche Auswahl unterliegt der Mitbestimmung des Betriebsrats gem. § 99 BetrVG.

§ 4

Soll ein/e Ausgebildete/r nicht übernommen werden, muss ihm/ihr dieses in jedem Fall spätestens drei Monate vor Beendigung der Berufsausbildung schriftlich mitgeteilt werden. Anderenfalls wird unabhängig von § 3 ein unbefristetes Arbeitsverhältnis begründet.

Übernahme in ein unbefristetes Arbeitsverhältnis

§ 5

Ist eine unbefristete Übernahme nach eingehender Prüfung aller relevanten Tatsachen nicht möglich, jedoch eine befristete Übernahme für den Arbeitgeber zumutbar, beträgt diese mindestens zwölf Monate.

§ 6

Finden während des Zeitraums der Übernahmeberatungen Verhandlungen über einen Interessenausgleich und Sozialplan statt, ist die Übernahmeproblematik hierin zu integrieren. Auslerner, die nicht übernommen werden sollen, erhalten hierbei den gleichen Status wie die anderen Beschäftigten des Betriebs.

§ 7

Ändert sich im Zeitraum von zwölf Monaten nach einer Nichtübernahme die personalpolitische Situation des Betriebs, erhalten bei eventuellen Neueinstellungen die Nichtübernommenen Vorrang. Rechte, die aus Betriebszugehörigkeitszeiten während der Ausbildung erworben wurden, bleiben erhalten.

§ 8

In-Kraft-Treten/Kündigungsfrist

Umlagefinanzierung

Grundlagen

Unter Umlagefinanzierung ist ein gesetzlicher bundes- oder landesweiter Lastenausgleich zwischen ausbildenden und nichtausbildenden Betrieben und Verwaltungen zu verstehen (→ **Duales Ausbildungssystem**).
Nicht zufällig spielt die Frage der Kosten bei den Ursachen für die rückläufige Ausbildungsbereitschaft eine wesentliche Rolle. Diese Kosten sind ungleich verteilt. Weniger als ein Fünftel der Unternehmen trägt die Ausbildungslast für die übrigen Betriebe und Verwaltungen. Dass mehr als 80 % der Unternehmen ihren qualifizierten Fachkräftenachwuchs zum Nulltarif rekrutieren, widerspricht nicht nur der sozialen, sondern jeder Form von Marktwirtschaft, deren Güter und Dienstleistungen zu entsprechenden Preisen gehandelt werden. Gleichzeitig ist die gewaltige »Umlagefinanzierung« über Mittel aus Beitrags- und Steuereinnahmen unverantwortlich, schränkt sie doch die originären Aufgaben der öffentlichen Hand immer weiter ein.
Die Gewerkschaften sprechen sich für einen gesetzlich geregelten Lastenausgleich aus, der die Verantwortung verbindlich dorthin verweist, wo sie hingehört: In die Wirtschaft selbst. Freiwillige Lösungen wären aus ordnungspolitischen Überlegungen natürlich vorzuziehen. Aber die Wirtschaft ist nachweislich freiwillig nicht in der Lage, ein ausreichendes Ausbildungsplatzangebot sicherzustellen. Deshalb brauchen wir ein Lastenausgleichsverfahren zwischen ausbildenden und nicht ausbildenden Betrieben, der alle Unternehmen und Verwaltungen, die von qualifiziertem Fachpersonal profitieren, an den Kosten dieser Qualifizierung gleichmäßig beteiligt. Die Gewerkschaften haben dazu ein Umlageverfahren zwischen allen Betrieben und Verwaltungen vorgeschlagen, das wieder mehr Betriebe veranlassen soll, ihren Nachwuchs über eigene Ausbildungsleistung zu rekrutieren; anderen soll ermöglicht werden, über den Eigenbedarf hinaus Ausbildungsplätze anzubieten. Damit soll ein ausreichendes und auswahlfähiges Ausbildungsplatzangebot sichergestellt werden.
Leider gibt es auf Bundesebene bisher keine politischen Mehrheiten für eine gesetzliche Umlagefinanzierung. Zwar legten im März 2004 die Bundestagsfrak-

tionen von SPD und Bündnis 90/Die Grünen den Gesetzentwurf eines Berufsausbildungssicherungsgesetzes (BerASichG) vor, das auch tatsächlich im April 2004 mit rot-grüner Mehrheit im Bundestag beschlossen wurde, aber in Kraft gesetzt wurde es nicht. Es ist bei Appellen an die Wirtschaft geblieben.

Auf Ebene der Bundesländer gab es Bewegung hinsichtlich einer gesetzlichen Regelung, 2023 hat Bremen eine Umlagefinanzierung beschlossen. Diese soll nun ab 2024 umgesetzt werden. In Berlin gab es ebenso Pläne für ein entsprechendes Gesetz, das allerdings durch eine neue Landesregierung zunächst nicht weiterverfolgt wurde.

Das eine Umlagefinanzierung erfolgreich sein kann, zeigt die seit vielen Jahren erfolgreich praktizierte Branchenumlage im Baugewerbe, ebenso die zunächst als Landesregelungen geschaffene Umlage in der Pflegeausbildung, die inzwischen eine bundesweite Umlage für die Pflegeausbildung ist. Mit der Pflegeausbildungsumlage haben sich die Vergütungen verbessert und die Ausbildung ist für junge Menschen attraktiver geworden, die Ausbildungszahlen sind seitdem gestiegen.

Nach den Vorstellungen der Gewerkschaften soll eine Umlagefinanzierung so funktionieren:

1. *Abgabe als Umlage der tatsächlichen Ausbildungskosten*
   Alle Betriebe und Verwaltungen würden zu einer Berufsausbildungsabgabe verpflichtet in Höhe eines an den tatsächlichen Gesamt-Ausbildungskosten eines Jahres orientierten Hebesatzes. Als Bezugsgröße für diesen Hebesatz wären verschiedene Alternativen denkbar, über die letztlich politisch pragmatisch entschieden werden müsste.

2. *Das Finanzaufkommen nachfrageorientiert ermitteln*
   Da das Bundesverfassungsgericht die Nachfrageorientierung als Kriterium eines ausreichenden Angebots festgeschrieben hat, müsste sich der Hebesatz an den Ausbildungskosten ausrichten, die durch die aktuelle Zahl der Bewerber induziert werden.

3. *Vorabzug der eigenen Ausbildungsaufwendungen zulassen*
   Von dem nach Punkt 1 und 2 ermittelten Betrag sollte das Unternehmen seine bereits erbrachten Ausbildungsaufwendungen vorweg abziehen können, sodass nur noch die Differenz zum ermittelten Abgabebetrag de facto abzuführen wäre. Um den Nachweis der Eigenaufwendungen für Ausbildung zu erleichtern und den Prüfaufwand zu minimieren, sollte mit Pauschalbeträgen gerechnet werden, die aus den durchschnittlichen Nettokosten aller Betriebe abgeleitet sind.

4. *Zahlungsempfänger ist die Bundesagentur für Arbeit*
   Die Ausbildungsabgabe könnte mit den Sozialabgaben auf dem üblichen Weg über die Krankenkassen an die Bundesagentur für Arbeit abgeführt werden.

Ausbildung würde so leichter mit einer regionalen Arbeitsmarktpolitik verknüpft werden können.
5. *Abgabe auf regionale Strukturförderung ausrichten*
Mit den abgeführten Beiträgen müsste bei der Bundesagentur für Arbeit gesonderte Fonds zur Förderung der Aufgaben der beruflichen Erstausbildung eingerichtet werden, aus dem zusätzliche Ausbildungsplätze in folgender Prioritätenfolge zu finanzieren wären:
   a. betriebliche Ausbildungsplätze,
   b. Plätze in Ausbildungsverbünden und
   c. außerbetriebliche Ausbildungsplätze
6. *Die Selbstverwaltung der Arbeitsagenturen sichert Beteiligung*
Die Fondsmittel müssten durch die Verwaltungsausschüsse der regionalen Arbeitsagenturen verteilt werden. Eine Aufblähung der Bürokratie wäre auf diese Weise erfolgreich zu vermeiden.
7. *Ausnahmen und besondere Vergünstigungen*
Tarifvertragliche Vereinbarungen zur Finanzierung der Ausbildung in einer Branche sowie Ausgaben für betriebliche Maßnahmen sollten Vorrang haben und müssten mit zu zahlenden Beiträgen verrechnet werden. Das Gesetz sollte in diesem Sinne einen Mindeststandard setzen, über den einzelne Branchen hinausgehen können. Kammerumlagen wären ebenfalls in Vorabzug zu bringen.

Es wäre denkbar, Klein- oder Kleinstbetriebe (beispielsweise bis fünf Beschäftigte) von der Regelung zu befreien. Zu prüfen wäre auch, ob Unternehmensneugründungen mit bis zu fünf Beschäftigten für einen bestimmten Zeitraum von Zahlungen in die regionalen Ausbildungsfonds ausgenommen werden sollten.

Unternehmensmitbestimmung

Begriff

Angesichts der Abhängigkeit der Arbeitnehmer:innen und der Macht der Unternehmer mit ihren sozialen und politischen Folgen ist die Forderung nach Mitbestimmung unverzichtbarer Teil der Gewerkschaftsbewegung in ihrem Bemühen um sozialen Fortschritt und politische Freiheit. Dabei steht fest, dass Demokratie unteilbar ist. Die formale Freiheit und Gleichheit im politischen Raum und fortbestehende Abhängigkeit im wirtschaftlichen Bereich ergeben keine Demokratie.
Nicht zuletzt aufgrund der Erfahrungen in der Zeit des Faschismus forderten die Gewerkschaften, aber auch die Parteien einschl. der CDU in ihrem Aalener Programm die notwendige Einheit politischer und wirtschaftlicher Mitbestimmung. In den ersten Jahren nach 1945 traten die Unternehmer die Flucht nach vorne an und boten von sich aus an, Arbeitnehmer:innen und Gewerkschaften in den Aufsichtsräten der Unternehmen zu beteiligen. Die Unternehmensmitbestimmung in der Eisen- und Stahlindustrie geriet jedoch kurze Zeit später wieder in Gefahr, da die damalige Bundesregierung den vertraglich geschaffenen Zustand nicht anerkennen wollte. In Anbetracht einer sehr breiten Kampfbereitschaft in der Eisen- und Stahlindustrie sowie im Bergbau kam es dann jedoch am 10. 4. 1951 zur Verabschiedung des Montan-Mitbestimmungsgesetzes durch den Deutschen Bundestag.
In den anderen Wirtschaftsbereichen aber wurden aufgrund der Wiederherstellung der alten Macht- und Besitzverhältnisse die sehr weitgehenden Mitbestimmungsrechte in wirtschaftlichen Fragen massiv durch das BetrVG 1952 zurückgeführt bzw. zum Teil sogar aufgehoben.
In den darauffolgenden Jahren wurden die Forderungen nach einer weitergehenden Unternehmensmitbestimmung immer lauter und mündeten in das Gesetz über die Mitbestimmung der Arbeitnehmer vom 4. 5. 1976 (Mitbestimmungsgesetz 76) ein.
Heute existieren sieben gesetzliche Systeme einer Beteiligung von Vertretern der Arbeitnehmer:innen und ihrer Gewerkschaften in den Organen von Unterneh-

Unternehmensmitbestimmung

men und Konzernen. Diese Beteiligung wird als Unternehmensmitbestimmung bezeichnet, im Gegensatz zur betrieblichen Mitbestimmung durch die Betriebsräte.

Es handelt sich dabei um folgende Gesetze:
- Gesetz über die Mitbestimmung der Arbeitnehmer in den Aufsichtsräten und Vorständen der Unternehmen des Bergbaus und der Eisen und Stahl erzeugenden Industrie vom 21. 5. 1951 (Montan-Mitbestimmungsgesetz),
- Gesetz zur Ergänzung des Gesetzes über die Mitbestimmung der Arbeitnehmer in den Aufsichtsräten und Vorständen der Unternehmen des Bergbaus und der Eisen- und Stahlerzeugenden Industrie vom 7. 8. 1956 (Montan-Mitbestimmungs-Ergänzungsgesetz),
- Gesetz über die Mitbestimmung der Arbeitnehmer vom 4. 5. 1976 (Mitbestimmungsgesetz 1976),
- Gesetz über die Drittelbeteiligung der Arbeitnehmer im Aufsichtsrat (Drittelbeteiligungsgesetz 2004), in dieses Gesetz wurden die §§ 76 ff. BetrVG 1952 zum 1. 7. 2004 überführt.
- SE-Ausführungsgesetz (SEAG) und SE-Beteiligungsgesetz (SEBG) v. 22. 12. 2004, mit dem die Europäische Aktiengesellschaft (SE = »Societas Europaea«) gemäß der Verordnung und der Richtlinie der Europäischen Union in deutsches Recht überführt worden ist.
- SCE-Ausführungsgesetz (SCEAG) und SCE-Beteiligungsgesetz (SCEBG), mit dem die Europäische Genossenschaft (SCE) gemäß der Verordnung und der Richtlinie der Europäischen Union in das deutsche Recht eingeführt worden ist.
- Gesetz zur Umsetzung der Umwandlungsrichtlinie und zur Änderung weiterer Gesetze, mit dem die Umwandlungsrichtlinie (EU) 2019/2121 des Europäischen Parlaments und des Rates vom 27. 11. 2019 zur Änderung der Richtlinie (EU) 2017/1132 in Bezug auf grenzüberschreitende Umwandlungen, Verschmelzungen und Spaltungen in deutsches Recht umgesetzt wurde.

Die Unternehmensmitbestimmung findet dabei im Aufsichtsrat des Unternehmens – bei der Europäischen Aktiengesellschaft alternativ auch im Board – statt. Die Anzahl der Arbeitnehmervertreter:innen im Aufsichtsrat wird ebenso wie das Verfahren zur Erlangung eines Aufsichtsratsmandats in den Mitbestimmungsgesetzen im Einzelnen aber unterschiedlich geregelt.

Ziel dieser Gesetze ist es, eine Teilhabe an wichtigen unternehmerischen Planungen und Entscheidungen zu sichern. Dabei stehen die Teilnahme an der Auswahl und der laufenden Kontrolle der Unternehmensleitung (Vorstand, Geschäftsführung) im Vordergrund sowie die Mitgestaltung der Unternehmenspolitik in den Grundzügen.

Seit dem Jahr 2004 haben Unternehmerverbände, ihnen nahestehende Professoren sowie die CDU/CSU und FDP die Unternehmensmitbestimmung wieder in

Frage gestellt. Ihr Ziel ist es, die Zahl der Arbeitnehmervertreter:innen im Aufsichtsrat zu reduzieren und die Gewerkschaftsvertreter:innen aus den Aufsichtsräten zu entfernen. Zuletzt musste noch der EuGH (18. 7. 2017 – C-566/15) entscheiden, dass der Ausschluss außerhalb Deutschlands beschäftigter Arbeitnehmer:innen von den Wahlen der Arbeitnehmervertreter:innen im Aufsichtsrat einer deutschen Muttergesellschaft nach dem MitbestG 76 nicht gegen die Arbeitnehmerfreizügigkeit verstößt (vgl. Anmerkung Heuschmid, AuR 18, 96).

Die gesetzlichen Regelungen können heute nicht darüber hinwegtäuschen, dass sich die Unternehmensmitbestimmung schleichend auf dem Rückzug befindet. So ist die Anzahl der mitbestimmten Unternehmen im Geltungsbereich des Mitbestimmungsgesetzes 76 von 767 Unternehmen im Jahr 2002 auf 638 Unternehmen im Jahre 2018 zurückgegangen. Erst im Jahr 2022 war wieder ein leichter Anstieg auf 655 Unternehmen zu verzeichnen (Mitbestimmungsportal der Hans-Böckler-Stiftung: *https://www.mitbestimmung.de/html/starke-arbeitnehmerbank-in-635-197.html*). Einzelne Großunternehmen, aber insbesondere auch der Mittelstand, sind ideenreich bei der Vermeidung der Unternehmensmitbestimmung nach dem Mitbestimmungsgesetz 76 und nutzen dafür die vielfältigen Schlupflöcher, die das nationale und das europäische Recht bieten. Bei einer Umwandlung eines Unternehmens zu einer Europäischen Aktiengesellschaft (SE) kann das zu mehr Beteiligung für die Beschäftigten führen. In den letzten Jahren ist aber zu beobachten, dass gerade bei kleineren und mittleren Firmen die SE-Umwandlung dazu missbraucht wird, um Mitbestimmung zu vermeiden. Lücken im europäischen Recht ermöglichen die Mitbestimmungsflucht. So sind in Deutschland mindestens 2,1 Millionen Beschäftigte in insgesamt 307 Unternehmen, Stand Februar 2020, durch legale juristische Kniffe (bei 194 Unternehmen) oder rechtswidrige Ignorierung der Gesetze (bei 113 Unternehmen) von der paritätischen Mitbestimmung ausgeschlossen (im Einzelnen: *https://www.boeckler.de/de/auf-einen-blick-17945-17961.htm*: Mitbestimmung in Europa ausbauen; Mitbestimmung der Zukunft, Mitbestimmungsreport der Hans-Böckler-Stiftung Nr. 58, April 2020; Böckler Impuls, 9/20, S. 1; Gieseke/Misterek/Sick: 4 von 5 großen SE vermeiden die paritätische Mitbestimmung, HBS, November 2021; *https://www.boeckler.de/de/boeckler-impuls-was-europa-fur-arbeitnehmer-tun-muss-23262.htm*; *https://www.freitag.de/autoren/der-freitag/trickreich-gegen-mitbestimmung*). Das gilt es zu verhindern. Gleichzeitig sind die gesetzlichen Lücken zu schließen, und die Unternehmensmitbestimmung ist auszubauen.

Mit dem Gesetz für die gleichberechtigte Teilhabe von Frauen und Männern in Führungspositionen der Privatwirtschaft und des öffentlichen Dienstes vom 24. 4. 2015 soll der Anteil weiblicher Führungskräfte in Spitzenpositionen der deutschen Wirtschaft und der Bundesverwaltung erhöht werden. Die Regelungen für die Privatwirtschaft betreffen Unternehmen, die börsennotiert sind und/oder der Unternehmensmitbestimmung unterliegen.

Unternehmensmitbestimmung

Aufgabenstellung

Die wesentlichen Aufgaben des mitbestimmenden Aufsichtsrats stellen sich wie folgt dar:
- Bestellung und Abberufung der Vorstandsmitglieder der AG bzw. der Geschäftsführer der GmbH;
Festsetzung und Kontrolle der Gesamtbezüge der einzelnen Vorstandsmitglieder der AG bzw. der einzelnen Geschäftsführer der GmbH;
- laufende Überwachung und Kontrolle der Geschäftsführung des Vorstandes der AG bzw. der Geschäftsführung der GmbH;
- die Zustimmung zu bestimmten Geschäften des Vorstandes der AG bzw. der Geschäftsführung der GmbH, die durch den Aufsichtsrat, die Satzung der AG bzw. dem Gesellschaftervertrag der GmbH festgelegt werden kann;
- Erteilung des Prüfungsauftrages an den Abschlussprüfer für den Jahres- und – ggf. – den Konzernabschluss;
- Feststellung des Jahresabschlusses bei der AG.

Von der Unternehmensmitbestimmung werden alle sogenannten Kapitalgesellschaften erfasst. Neben der Aktiengesellschaft sowie der GmbH sind dieses die Kommanditgesellschaft auf Aktien, der Versicherungsverein auf Gegenseitigkeit, die Gesellschaft mit beschränkter Haftung sowie die Erwerbs- und Wirtschaftsgenossenschaft. Daneben erfasst das Mitbestimmungsgesetz 1976 unter bestimmten Voraussetzungen auch die kapitalistisch strukturierte Kommanditgesellschaft. Damit ist die GmbH & Co. KG gemeint. Nicht erfasst sind die sogenannten Personengesellschaften wie die Einzelfirma, die offene Handelsgesellschaft (OHG) bzw. die Kommanditgesellschaft (KG). Weiterhin unterliegen der Unternehmensmitbestimmung nicht die Unternehmen der öffentlichen Hand, die nicht privatrechtlich, sondern öffentlich-rechtlich organisiert sind. In diesem Bereich gibt es jedoch häufig sondergesetzliche Regelungen sowie Vereinbarungen über Arbeitnehmervertreter:innen im Verwaltungsrat.

Arbeitnehmervertreter:innen im Aufsichtsrat unterscheiden sich bezüglich ihrer Aufgabenstellung grundsätzlich von den übrigen Aufsichtsratsmitgliedern der Kapitalseite: Als Vertreter der Arbeitnehmer:innen im Aufsichtsrat haben sie interessenpolitische Aufgaben für die Belegschaft wahrzunehmen.

Die Unternehmensmitbestimmung darf nicht darüber hinwegtäuschen, dass auch das Vorhandensein von Arbeitnehmervertreter:innen im Aufsichtsrat nicht zu einer Gleichberechtigung zwischen Arbeitnehmer- und Kapitalseite führt. Das Letztentscheidungsrecht haben im Konfliktfall noch immer die Aktionäre bzw. Gesellschafter, die die fehlende Zustimmung des Aufsichtsrats ersetzen können. Für einen derartigen Beschluss ist eine Dreiviertelmehrheit der abgegebenen Stimmen in der Hauptversammlung (AG) bzw. Gesellschafterversammlung (GmbH) erforderlich (§ 111 Abs. 4 Aktiengesetz).

Bedeutung für die JAV

Trotz alledem ist die Wirksamkeit der Unternehmensmitbestimmung nicht zu unterschätzen. So können auch Arbeitnehmervertreter:innen im Aufsichtsrat mit entsprechender Unterstützung der Belegschaften ihren Forderungen Nachdruck verleihen.

Weiterhin ist der Aufsichtsrat eine wichtige Informationsquelle, insbesondere für strategische Entscheidungen. Dabei darf jedoch nicht verkannt werden, dass die Mitglieder des Aufsichtsrats – dieses betrifft auch die Arbeitnehmervertreter:innen – einer Verschwiegenheitspflicht nach den §§ 116, 93 AktG, § 25 Abs. 1 MitbestG sowie § 1 Abs. 1 Nr. 3 DrittelbG unterliegen. Danach sind vertrauliche Angaben, Berichte und Beratungen sowie Betriebs- und Geschäftsgeheimnisse des Unternehmens, die Aufsichtsratsmitgliedern durch ihre Tätigkeit im Aufsichtsrat bekannt geworden sind, geheim zu halten. Diese Geheimhaltungspflicht ist aber nur dann gegeben, wenn die Angaben im Zusammenhang mit Unternehmensaktivitäten stehen und die den Angaben zugrunde liegenden Tatsachen relativ unbekannt sind. Letzteres ist schon dann zu verneinen, wenn die Presse oder die Arbeitnehmerschaft auch nur einen Teil dessen kennt. Diese Geheimhaltungspflicht ist dann problematisch, wenn sogar Abstimmungsergebnisse und das Abstimmungsverhalten einzelner Aufsichtsratsmitglieder der Verschwiegenheitspflicht unterliegen sollen. Keine Probleme gibt es demgegenüber wohl dann mit der Geheimhaltungspflicht, wenn ein Aufsichtsratsmitglied sein eigenes Abstimmungsverhalten offen legt. Das Geschäftsgeheimnisgesetz vom 18.4.2019 (BGBl. I, S. 466), dass die RL (EU)2016/943 über den Schutz vertraulichen Know-hows und vertraulicher Geschäftsinformationen (Geschäftsgeheimnisse) vor rechtswidrigem Erwerb sowie rechtswidriger Nutzung und Offenlegung (Geheimnisschutz-RL) vom 8.6.2016 umsetzt, ändert an der bisherigen Geheimhaltungs- und Verschwiegenheitspflicht grundsätzlich nichts. Damit bleiben die bisherigen Regelungen (s. o.) maßgeblich.

Die Verschwiegenheitspflicht der Aufsichtsratsmitglieder gilt nach der Rechtsprechung auch gegenüber dem Betriebsrat bzw. der JAV, selbst wenn ein/e Arbeitnehmervertreter:in im Aufsichtsrat gleichzeitig Betriebsratsmitglied ist (→ **Betriebsgeheimnis oder Geschäftsgeheimnis**).

Internethinweise

https://www.boeckler.de/de/newsletter.htm
https://www.mitbestimmung.de/html/arbeitshilfen-aufsichtsrat-570.html

Urlaub

Grundlagen

Der Länge des Urlaubs, die Fragen, wann und unter welchen Voraussetzungen er genommen werden kann, welches Entgelt der Arbeitnehmer während des Urlaubs erhält, und wann unter welchen Voraussetzungen er genommen werden kann, ist im BUrlG geregelt, für Jugendliche gilt die Bestimmung des § 19 JArbSchG.
Diese gesetzlichen Regelungen schreiben Mindeststandards fest. Wo ein Tarifvertrag gilt, ist der Urlaubsanspruch regelmäßig höher, es wird häufig ein zusätzliches Urlaubsgeld gewährt. Die Grundsätze der Urlaubsgewährung können außerdem in einer Betriebsvereinbarung geregelt werden. Auch eine arbeitsvertragliche Regelungen oder eine betriebliche Übung führen zu einer Verbesserung gegenüber der gesetzlichen Basis.
Der Arbeitgeber hat Jugendlichen nach § 19 JArbSchG für jedes Kalenderjahr einen bezahlten Erholungsurlaub zu gewähren. Dort ist auch die Dauer des Urlaubs geregelt, die vom jeweiligen Lebensalter zu Beginn des Kalenderjahres abhängig ist.
Der Urlaub beträgt jährlich
1. mindestens 30 Werktage, wenn der Jugendliche zu Beginn des Kalenderjahres noch nicht 16 Jahre alt ist,
2. mindestens 27 Werktage, wenn der Jugendliche zu Beginn des Kalenderjahres noch nicht 17 Jahre alt ist,
3. mindestens 25 Werktage, wenn der Jugendliche zu Beginn des Kalenderjahres noch nicht 18 Jahre alt ist.

Jugendliche, die im Bergbau unter Tage beschäftigt werden, erhalten in jeder Altersgruppe einen zusätzlichen Urlaub von 3 Werktagen.
Es kommt also auf das Alter zu Beginn des Kalenderjahres an und nicht darauf, wie alt der Jugendliche ist, wenn er den Urlaub nimmt. Ein Jugendlicher, der am 2. Januar 16 Jahre alt wird, hat in diesem Jahr einen Urlaub von 30 Werktagen, weil er am 1. Januar, also zu Beginn des Kalenderjahres noch 15 Jahre alt war.

Ebenfalls unerheblich ist, ob zu diesem Zeitpunkt das Ausbildungsverhältnis schon begonnen hatte.

Als Werktage gelten unabhängig davon, an welchen und wie viel Tagen in der Woche gearbeitet wird; alle Kalendertage, die nicht Sonn- oder gesetzliche Feiertage sind, also auch der Samstag, zählen als anrechenbarer Urlaubstag.

Nach § 19 Abs. 3 JArbSchG soll der Urlaub Berufsschülern in der Zeit der Berufsschulferien gegeben werden. Geschieht das nicht, ist für jeden Berufsschultag, an dem die Berufsschule während des Urlaubs besucht wird, ein weiterer Urlaubstag zu gewähren.

Der gesetzliche Mindesturlaubsanspruch für Jugendliche nach § 19 JArbSchG gilt auch für jugendliche Heimarbeiter, wie § 19 Abs. 4 JArbSchG bestimmt. Dort ist auch für diesen Personenkreis die Höhe des Urlaubsentgelts festgelegt.

Für Arbeitnehmer die keine Jugendlichen sind, gilt nach § 4 BUrlG ein Mindestanspruch von 24 Werktagen. Für sie gelten auch die übrigen Regelungen des BUrlG, die wesentlichen Bestimmungen auch für Jugendliche (§ 19 Abs. 4 JArbSchG). Dies bedeutet im Einzelnen Folgendes:

Der volle Urlaubsanspruch wird erstmalig nach sechsmonatigem Bestehen des Arbeitsverhältnisses erworben.

Anspruch auf ein Zwölftel des Jahresurlaubs für jeden vollen Monat des Bestehens des Arbeits- oder Ausbildungsverhältnisses hat der Jugendliche für Zeiten eines Kalenderjahres, für die er wegen Nichterfüllung der Wartezeit in diesem Kalenderjahr keinen vollen Urlaubsanspruch erwirbt bzw. wenn er vor erfüllter Wartezeit aus dem Arbeits- oder Ausbildungsverhältnis ausscheidet bzw. wenn er nach erfüllter Wartezeit in der ersten Hälfte eines Kalenderjahres aus dem Arbeits- oder Ausbildungsverhältnis ausscheidet.

Der Lohnspruch während des Urlaubs richtet sich nach dem Durchschnittsverdienst der letzten dreizehn Wochen (Referenzprinzip), wobei Überstundenzuschläge nicht mitzurechnen sind. Anders als etwa bei Krankheit (§ 4 EFZG) oder der Wahrnehmung betriebsverfassungsrechtlicher Aufgaben (§ 37 Abs. 2 BetrVG) ist nicht das Arbeitsentgelt zu zahlen, dass in der ausgefallenen Arbeitszeit zu zahlen gewesen wäre (Lohnausfallprinzip).

Wie für erwachsene Arbeitnehmer sind auch bei Jugendlichen bei der zeitlichen Festlegung des Urlaubs die Urlaubswünsche des Jugendlichen zu berücksichtigen, es sei denn, dass ihrer Berücksichtigung dringende betriebliche Belange oder die Urlaubswünsche anderer Arbeitnehmer oder Jugendlicher, die unter sozialen Gesichtspunkten den Vorrang verdienen, entgegenstehen.

Der Urlaub ist, wenn möglich, zusammenhängend zu gewähren und zu nehmen und er muss im laufenden Kalenderjahr gewährt und genommen werden. Eine Übertragung des Urlaubs auf das nächste Kalenderjahr ist nur statthaft, wenn dringende betriebliche oder in der Person des Arbeitnehmers oder Jugendlichen

Urlaub

liegende Gründe dies rechtfertigen. In diesem Fall muss der Urlaub in den ersten drei Monaten des folgenden Kalenderjahrs gewährt und genommen werden.

Während des Urlaubs darf keine dem Urlaubszweck widersprechende Erwerbstätigkeit geleistet werden.

Bei Erkrankungen während des Urlaubs werden die durch ärztliches Zeugnis nachgewiesenen Tage der Arbeitsunfähigkeit auf den Jahresurlaub nicht angerechnet.

Bei Langzeitkranken ging man im deutschen Arbeitsrecht bisher davon aus, dass sie ihren Urlaubsanspruch spätestens mit dem 31.3. des Folgejahres verlieren. Nach der Entscheidung des EuGH vom 20.1.2010 ist jedoch ein solcher entschädigungsloser Verzicht von Urlaub mit Europäischen Recht nicht vereinbar.

Bedeutung für den Betriebsrat/die JAV

In Betriebsratsbetrieben gilt das Betriebsverfassungsgesetz. Nach § 87 Abs. 1 Nr. 5 BetrVG zählt zum erzwingbaren Mitbestimmungsrecht die Aufstellung allgemeiner Urlaubsgrundsätze und des Urlaubsplans sowie die Festsetzung der zeitlichen Lage des Urlaubs für einzelne Arbeitnehmer, wenn zwischen dem Arbeitgeber und den beteiligten Arbeitnehmern kein Einverständnis erzielt wird.

Jugendliche sollten also darauf achten, dass sie in ihrer Urlaubsplanung nicht beeinträchtigt werden. Im Zweifel haben betriebliche Belange zurückzustehen, zumal durch das Gebot, den Urlaub während der Berufsschulferien zu nehmen, die zeitliche Dispositionsfreiheit der Jugendlichen ohnehin erheblich eingeschränkt ist. Die JAV soll also darauf achten, dass der Betriebsrat bei der Vereinbarung allgemeiner Urlaubsgrundsätze mit dem Arbeitgeber, die besondere Situation der Jugendlichen angemessen in der Vereinbarung berücksichtigt.

Validierung

Grundlagen

Die Validierung ist ein 2024 neu im BBiG aufgenommenes Verfahren zur Feststellung der beruflichen Handlungsfähigkeit unabhängig von einem formalen Berufsausbildungsabschluss. Damit soll es Menschen ermöglicht werden, nicht durch eine Berufsausbildung erworbene berufliche Kompetenzen sichtbar und verwertbar zu machen. Ab dem 1.1.2025 wird die Validierung erstmals ermöglicht.
Zuständig für das Validierungsverfahren sind die zuständigen Stellen nach §§ 71 ff. BBiG, u.a. die Industrie- und Handelskammern und die Handwerkskammern. Auf individuellen Antrag führt eine zuständige Stelle das Feststellungsfahren durch, Vergleichsmaßstab ist ein Ausbildungsberuf nach § 4 BBiG, der als Referenzberuf benannt wird. Bescheinigt wird die individuelle berufliche Handlungsfähigkeit, wenn diese überwiegend oder vollständig mit der für die Ausübung des Referenzberufes erforderlichen beruflichen Handlungsfähigkeit vergleichbar ist.
Antragsberechtigt ist, wer seinen Wohnsitz in Deutschland hat oder die notwendige Berufstätigkeit (das Eineinhalbfache der Zeit, die als Ausbildungsdauer für den Referenzberuf vorgesehen ist) mindestens zur Hälfte im Inland absolviert hat. Außerdem darf die antragstellende Person noch keinen Berufsabschluss im Referenzberuf haben, sich nicht in einem Berufsausbildungsverhältnis im Referenzberuf befinden und das 25. Lebensjahr muss vollendet sein. Unter 25-jährige sollen primär eine duale Berufsausbildung durchlaufen und sind damit nicht Zielgruppe für ein Validierungsverfahren.
Zugelassen zum Validierungsverfahren wird, wer nachweist, dass er mindestens das Eineinhalbfache der Zeit, die als Ausbildungsdauer für den Referenzberuf vorgeschrieben ist, in diesem tätig gewesen ist. Außerdem muss glaubhaft gemacht werden, dass die berufliche Handlungsfähigkeit die erworben wurde, überwiegend oder vollständig mit der des Referenzberufes vergleichbar ist.
Wurde im Feststellungsverfahren nur die überwiegende, aber nicht vollständige Vergleichbarkeit mit der für die Ausübung des Referenzberufes erforderlichen

Validierung

beruflichen Handlungsfähigkeit festgestellt, kann ein Ergänzungsverfahren durchgeführt werden. Hierfür muss glaubhaft gemacht werden, dass die für eine vollständige Vergleichbarkeit fehlende berufliche Handlungsfähigkeit erworben wurde.

Für die Durchführung des Feststellungsverfahrens oder des Ergänzungsverfahrens bestimmt die zuständige Stelle aus dem Kreis der nach § 40 BBiG berufenen Prüfenden im Referenzberuf Feststellungstandems für mindestens ein Jahr und höchstens die Dauer der Berufungsperiode. Ein Feststellungstandem besteht im Grundsatz aus je einem oder einer Beauftragten der Arbeitgeber und der Arbeitnehmerseite. Mit Zustimmung der Mitglieder eines Feststellungstandems kann die zuständige Stelle abweichend vorsehen, dass an den Feststellungen anstelle des jeweils zweiten Mitglieds des Feststellungstandems hauptamtliche Mitarbeitende der zuständigen Stelle oder von beherrschten Tochterunternehmen beisitzen. Sie müssen allerdings in den Prüfungsgebieten sachkundig und für die Mitwirkung geeignet sein (§ 40 Abs. 1 Satz 2 BBiG gilt entsprechend).

Die Feststellung erfolgt mit geeigneten Instrumenten, hierzu gehören insbesondere mündliche und praktische Aufgaben sowie die Einbeziehung von Arbeitsergebnissen aus der Tätigkeit im Referenzberuf. Auf schriftliche Aufgaben soll verzichtet werden, wenn die Feststellung mittels anderer Instrumente mit vertretbarem Aufwand möglich ist.

Im Feststellungsbescheid werden die festgestellten und die nicht festgestellten Fertigkeiten, Kenntnisse und Fähigkeiten der für die Ausübung des Referenzberufs erforderlichen beruflichen Handlungsfähigkeit ausgewiesen. Ist eine vollständige Vergleichbarkeit gegeben, wird der Bescheid in Form eines schriftlichen Zeugnisses über die vollständige Vergleichbarkeit der beruflichen Handlungsfähigkeit ausgewiesen.

Bedeutung für den Betriebsrat/die JAV

Betriebsrat und JAV sollten darauf achten, dass Validierungsmöglichkeiten nicht zulasten der dualen Berufsausbildung gehen. Die Validierung ist eine Alternative zur Berufsausbildung für Menschen die älter als 25 Jahre sind und deren Lebenssituation eine Ausbildung nicht ermöglicht. Auch für über 25-jährige sollte, wenn möglich primär eine Ausbildung geprüft werden.

Für die Teilnahme an den Verfahren werden die zuständigen Stellen voraussichtlich Gebühren erheben. Der Betriebsrat kann sich dafür einsetzen, dass die Gebühren vom Arbeitgeber übernommen werden. Hierzu kann auch eine Betriebsvereinbarung geschlossen werden.

Bedeutung für die Beschäftigten

Ältere Beschäftigte ohne Berufsabschluss können mit der erfolgreichen Teilnahme am Validierungsverfahren vorhandene berufliche Kompetenzen nachweisen und eine Gleichwertigkeitsbescheinigung erhalten. Wer ein Validierungsverfahren erfolgreich durchlaufen hat, hat zwar immer noch keinen Berufsabschluss, aber ein Zeugnis darüber, das er über gleichwertige Kompetenzen verfügt, wie diejenigen, die einen Berufsabschluss führen. Damit wird die Beschäftigungsfähigkeit verbessert und der Nachweis kann auch Eingruppierungsrelevant sein. Außerdem werden die Chancen auf berufliche Weiterentwicklung im Betrieb verbessert und neue Wege für Weiterbildung eröffnet.

Verbesserungsvorschlag

Begriff

Grundsätzlich steht das Recht am Arbeitsergebnis dem Arbeitgeber zu, der daran Eigentum erwirbt und dafür zur Lohnzahlung verpflichtet ist.
Davon gibt es neben patent- oder gebrauchsmusterfähigen → **Arbeitnehmererfindungen** zwei Ausnahmen:
Einerseits dann, wenn es sich beim Arbeitsergebnis um einen technischen Verbesserungsvorschlag handelt, der zwar nicht patent- oder gebrauchsmusterfähig ist, dem Arbeitgeber aber eine ähnliche Vorzugsstellung gewährt wie ein Patent- oder Gebrauchsmusterrecht. Hier besteht ein Vergütungsanspruch des Arbeitnehmers, wenn der Arbeitgeber den Vorschlag verwertet.
Eine weitere Ausnahme vom Grundsatz, dass mit dem Lohn die Arbeitsergebnisse abgegolten sind, ergibt sich dann, wenn der Arbeitnehmer einen Verbesserungsvorschlag gemacht hat, der auch vom Arbeitgeber verwertet wird.
Das BAG hat entschieden, dass eine Sonderleistung eines Arbeitnehmers dann besonders zu vergüten ist, wenn sie dem Arbeitgeber einen nicht unerheblichen Vorteil bringt. Dies setzt voraus, dass der Arbeitgeber den Verbesserungsvorschlag auch umsetzt und daraus einen finanziellen Nutzen zieht.

Bedeutung für den Betriebsrat/die JAV

Auch Auszubildende können → **Arbeitnehmererfindungen** und auch Verbesserungsvorschläge machen. Sie haben daher, wenn der Arbeitgeber den Verbesserungsvorschlag umsetzt und er einen Nutzen daraus zieht und wenn es sich um eine Sonderleistung handelt, der Verbesserungsvorschlag sich also nicht unmittelbar auf die geschuldete Arbeitsleistung des Arbeitnehmers oder Auszubildenden bezieht, einen angemessenen Vergütungsanspruch.
In der Praxis, insbesondere von Großbetrieben, ist ein gut ausgebautes Verbesserungsvorschlagswesen selbstverständlich. Geregelt wird dies üblicherweise in

Verbesserungsvorschlag

Betriebsvereinbarungen über das Verbesserungsvorschlagswesen. Dort sind die Kriterien festgelegt, wann ein Verbesserungsvorschlag vorliegt, wie er betrieblich zu behandeln ist und wie die Vergütung, insbesondere bei Umsetzung des Verbesserungsvorschlags, zu bemessen ist.
Der Betriebsrat hat nach § 87 Abs. 1 Nr. 12 BetrVG ein Mitbestimmungsrecht bei der Aufstellung von Grundsätzen über das betriebliche Verbesserungsvorschlagswesen.

Musterbetriebsvereinbarung

Betriebliches Vorschlagswesen

Gemäß § 87 Abs. 1 Ziffer 12 BetrVG wird folgende Betriebsvereinbarung zwischen der Firma ... und dem Betriebsrat – besteht ein Gesamtbetriebsrat, durch diesen – für die Bewertung von Verbesserungsvorschlägen geschlossen:

§ 1 Geltungsbereich

Die Vereinbarung gilt für alle Arbeitnehmer im Sinne des § 5 Abs. 1 BetrVG.

§ 2 Verbesserungsvorschlag

(1) Jede Idee und Anregung, die dazu beiträgt, einen betrieblichen Zustand zu verbessern, gilt als Verbesserungsvorschlag im Sinne dieser Vereinbarung, es sei denn, sie ist patent- und gebrauchsmusterfähig oder ein qualifizierter technischer Verbesserungsvorschlag nach § 20 Abs. 1 ArbNErfG (vgl. aber § 14 Abs. 2).
(2) Ein Verbesserungsvorschlag kann beispielsweise beinhalten:
1. Verbesserung der Arbeitssicherheit, des Gesundheitsschutzes und Erhöhung der Betriebssicherheit,
2. Zweckmäßigkeit von Arbeitsverfahren und Arbeitsplatzgestaltung,
3. Einsatz und bessere Ausnutzung maschineller und anderer technischer Hilfsmittel aller Art,
4. Verbesserung der Qualität, Reduzierung von Ausschuss und Fehlern,
5. Einsparung von Material oder Betriebsmittelkosten oder sonst notwendiger Aufwendungen,
6. Verbesserung der Sozialeinrichtungen oder der Organisation der Sozialeinrichtungen,
7. Verbesserung des Umweltschutzes.

Verbesserungsvorschlag

§ 3 Einreichen von Verbesserungsvorschlägen

(1) Verbesserungsvorschläge können schriftlich oder mündlich von einzelnen oder als Gruppenvorschlag von mehreren Belegschaftsmitgliedern gemeinsam eingebracht oder vorgebracht werden. Werden sie mündlich vorgebracht, hat die Geschäftsstelle den Vorschlag schriftlich zu formulieren oder bei der Formulierung zu helfen und von dem oder den Einreichern unterschreiben zu lassen. Soweit Vordrucke vorhanden sind, sollen diese genutzt werden.
(2) Der Eingang eines Vorschlages ist dem Einsender unverzüglich schriftlich zu bestätigen. Gleichzeitig ist ihm die Nummer, unter der sein Vorschlag registriert ist, von der Geschäftsstelle mitzuteilen.

§ 4 Organe des betrieblichen Vorschlagswesens

Die Organe des betrieblichen Vorschlagswesens sind: die Geschäftsstelle, § 5; der Bewertungsausschuss, § 6; und der Berufungsausschuss, § 7.

§ 5 Geschäftsstelle

(1) Der Arbeitgeber hat eine Geschäftsstelle zu bilden. Die Geschäftsstelle besteht aus dem Leiter und je nach den betrieblichen Notwendigkeiten aus der erforderlichen Zahl von Sachbearbeitern bzw. einem Beauftragten für das Vorschlagswesen.
(2) Die Geschäftsstelle hat folgende Aufgaben:
1. die Vorschläge zu registrieren und zu bestätigen (§ 3 Abs. 2),
2. den Vorschlagenden bei der Abfassung und Formulierung ihrer Vorschläge behilflich zu sein,
3. die Schutzfähigkeit der Verbesserungsvorschläge, gegebenenfalls in Verbindung mit einer Patentabteilung, zu überprüfen (vgl. § 16 Abs. 2 bis 4),
4. evtl. nötige Stellungnahmen der zuständigen Betriebs- und Abteilungsleiter einzuholen,
5. die Sitzungen des Bewertungsausschusses und Berufungsausschusses vorzubereiten,
6. abschließende Erledigungen aufgrund der Entscheidung der Ausschüsse,
7. Intensivierung und Förderung von Maßnahmen für das betriebliche Vorschlagswesen.

(3) In kleineren Betrieben werden die Aufgaben der Geschäftsstelle durch den Beauftragten für das betriebliche Vorschlagswesen wahrgenommen.

§ 6 Der Bewertungsausschuss

(1) **Zusammensetzungen**
1. Es wird ein Bewertungsausschuss gebildet, der sich paritätisch zusammensetzt. Der Arbeitgeber benennt seine Vertreter. Der Betriebsrat benennt die Vertreter der Arbeitnehmer.

Verbesserungsvorschlag

2. Je ein Arbeitgeber- und ein Arbeitnehmervertreter wechseln sich jährlich im Vorsitz ab.

(2) **Geschäftsführung**
1. Die Geschäftsführung des Ausschusses obliegt der Geschäftsstelle.
2. Der Leiter der Geschäftsstelle nimmt an den Sitzungen beratend teil, soweit er nicht als Vertreter der Geschäftsstelle zu den stimmberechtigten Mitgliedern gehört.
3. Der Ausschuss tritt monatlich einmal oder nach Bedarf zusammen.
4. Er ist beschlussfähig, wenn mindestens je die Hälfte der Arbeitgeber- und Arbeitnehmermitglieder anwesend sind. Beide Seiten können Ersatzvertreter bestimmen.
5. Beschlüsse werden mit einfacher Stimmenmehrheit gefasst. Bei Stimmengleichheit entscheidet die Stimme des jeweiligen Vorsitzenden.
6. Der Bewertungsausschuss kann Gutachten anfordern und Sachverständige beratend hinzuziehen.
7. Die Sitzungen sind nicht öffentlich, die Beratungen sind vertraulich zu behandeln. Das gilt nicht gegenüber Arbeitgeber und Betriebsrat. Über jede Sitzung ist ein Protokoll anzufertigen und von allen Mitgliedern zu unterschreiben.
8. Hat der Bewertungsausschuss über einen Verbesserungsvorschlag eines seiner Mitglieder oder von Familienangehörigen zu entscheiden, so darf dieses Mitglied an der Beratung und Entscheidung über seinen Vorschlag nicht teilnehmen. Für diesen Fall hat die jeweilige Gruppe einen Vertreter zu bestimmen.

(3) **Aufgaben des Bewertungsausschusses**
Der Bewertungsausschuss hat die Aufgaben:
1. über die Zugehörigkeit des Einsenders zum Geltungsbereich nach § 1 dieser Vereinbarung zu entscheiden,
2. zu entscheiden, ob ein Verbesserungsvorschlag im Sinne von § 2 vorliegt,
3. die Vergütung anhand der Vergütungsrichtlinien festzusetzen,
4. dem Einsender über das Ergebnis der Prüfung und Bewertung einen schriftlichen Bescheid zu erteilen,
5. die Überprüfung nach § 12 vorzunehmen.

§ 7 Der Berufungsausschuss

(1) Es kann ein Berufungsausschuss gebildet werden, der über die Einsprüche nach § 9 Abs. 2 entscheidet.
(2) Für seine Einrichtung, Zusammensetzung und Geschäftsführung gelten die gleichen Prinzipien wie für den Bewertungsausschuss.
(3) Die Mitglieder des Bewertungsausschusses können nicht Mitglieder des Berufungsausschusses sein.

Verbesserungsvorschlag

§ 8 Behandlung der Verbesserungsvorschläge

(1) Verbesserungsvorschläge sind der Geschäftsstelle zuzuleiten. Sie kann Annahmestellen einrichten. Andere Stellen des Betriebes bzw. des Unternehmens, denen Vorschläge bekannt werden, haben diese unverzüglich in verschlossenem Umschlag an die Geschäftsstelle weiterzuleiten.

(2) Um eine möglichst gerechte Beurteilung herbeizuführen, ist es notwendig, jeden eingereichten Vorschlag anonym zu behandeln. Deshalb hat die Geschäftsstelle jeden Vorschlag sofort mit einer Registriernummer zu versehen. Die weitere Behandlung des Vorschlages darf nur unter der Registriernummer erfolgen, der Name des Vorschlagenden darf nicht in Erscheinung treten.

(3) Die Unterlagen, aus denen sich ergibt, welche Namen der jeweiligen Registriernummer zugeordnet sind, sind unter Verschluss zu halten.

(4) Für die Priorität eines Vorschlages ist das Eingangsdatum maßgebend. In Zweifelsfällen wird eine Klärung in einer Besprechung mit allen Beteiligten versucht.

§ 9 Bewertungsbescheid und Einsprüche

(1) Über das Ergebnis der Prüfung und Bewertung erhält der Einsender einen schriftlichen Bescheid des Bewertungsausschusses, wenn die Prüfung länger als zwei Monate dauert, einen Zwischenbescheid.

(2) Gegen Entscheidungen des Bewertungsausschusses steht sowohl dem Einsender als auch dem Arbeitgeber das Recht des Einspruches zu. Er ist binnen einer Frist von einem Monat nach Zustellung des Bescheides bei der Geschäftsstelle einzulegen. Der Bewertungsausschuss überprüft in diesem Fall nochmals seine Entscheidung.

(3) Ändert der Bewertungsausschuss seine Entscheidung nicht ab oder ist der Widersprechende auch mit der neuen Entscheidung nicht einverstanden, dann ist der Vorschlag dem Berufungsausschuss vorzulegen.

(4) Gegen die Entscheidung des Berufungsausschusses steht der Rechtsweg zum Arbeitsgericht innerhalb von drei Monaten nach Zustellung der Entscheidung des Berufungsausschusses offen. Entsprechendes gilt, wenn kein Berufungsausschuss besteht.

§ 10 Vergütung (Prämie)

Alle Verbesserungsvorschläge werden nach folgenden Kategorien vergütet:
1. Vorschläge, deren Nichtverwertung der Arbeitgeber zu vertreten hat, sind so zu vergüten, als ob sie ausgeführt würden.
2. Vorschläge, die nicht ausgeführt werden können oder keinen Nutzen bringen, bei denen jedoch ein persönliches Bemühen des Einsenders anzuerkennen ist, sind mit einem Anerkennungsschreiben und einer Geld- oder Sachprämie in angemessener Höhe zu vergüten.
3. Ist der Kostenvorteil, der durch den Verbesserungsvorschlag entsteht, nicht genau zu bestimmen, wird die Prämie durch den Bewertungsausschuss unter Berücksichtigung des Bewertungsschemas 2 festgesetzt.

Verbesserungsvorschlag

4. Die Vergütung für Vorschläge, deren Kostenvorteil nicht erfassbar ist, ist ebenso wie die für Vorschläge, bei denen der Kostenvorteil errechenbar ist, nach oben hin nicht begrenzt.
5. Für Vorschläge, die zu errechenbaren Ersparnissen führen, wird während der Nutzungsdauer eine jährliche oder eine einmalige Vergütung gezahlt.
6. Die Festsetzung der Vergütung erfolgt nach Ablauf einer zwölfmonatigen Nutzungsdauer. Vorher sind angemessene Abschlagszahlungen zu leisten. Abschlagszahlungen sind auch zu leisten, wenn der Nutzen des Vorschlags nicht errechenbar ist.

§ 11 Prämienberechnung

(1) Als Grundlage zur Prämienberechnung dienen – entsprechend dem Bewertungsschema 1 – alle rechnerisch erfassbaren Ersparnisse, die sich während einer zwölfmonatigen Nutzungszeit ergeben, wenn man den Betriebszustand ohne die vorgeschlagene Verbesserung mit dem Betriebszustand nach Durchführung der Verbesserung unter sonst gleichen Bedingungen vergleicht.
(2) Von diesem Betrag erhält der Vorschlagende jährlich x % (5–30 %, bei einmaliger Vergütung 30–60 %).
(3) Gemeinkosten werden dabei nicht berücksichtigt; Investitionen nur in Höhe der steuerlichen Abschreibung.
(4) Eine Begrenzung in der Höhe der Vergütung oder eine Degression ist ausgeschlossen.
(5) In geeigneten Fällen kann auch eine Umsatzerhöhung der Prämienberechnung zugrunde gelegt werden.

§ 12 Nachbewertung

Ist eine einmalige Vergütung bezahlt worden, hat der Vorschlagende das Recht, bei wesentlich geänderten Umständen eine Neuberechnung zu verlangen. Die Neuberechnung kann auch in der Weise erfolgen, dass an die Stelle der einmaligen Vergütung eine laufende Vergütung tritt. In diesem Fall ist die bereits erfolgte Zahlung entsprechend zu berücksichtigen.

§ 13 Zusatzprämie, Förderungsmaßnahmen

(1) Eine Zusatzprämie in Höhe von 10–20 % der ermittelten Vergütung erhalten die Beschäftigten, die aufgrund ihrer Ausbildung und Stellung im Unternehmen wenig oder keinen Einfluss haben (Auszubildende, Hilfs- und angelernte Arbeiter).
(2) Einreicher, die sich durch mehrere gute Verbesserungsvorschläge ausgezeichnet haben, werden bei Förderungsmaßnahmen bevorzugt berücksichtigt.

Verbesserungsvorschlag

§ 14 Rechte und Schutz des Einsenders

(1) Grundsatz des betrieblichen Vorschlagswesens muss es sein, Ideen und Gedankengut des Einreichers zu schützen.

(2) Vorschläge, bei denen zu erwarten ist, dass sie Arbeitnehmererfindungen oder qualifizierte technische Verbesserungsvorschläge im Sinne des § 20 Abs. 1 ArbNErfG sind, müssen der zuständigen Patentabteilung zugeleitet werden. Über das Ergebnis der Beurteilung ist der Einsender zu unterrichten. Falls der Vorschlag patent- oder gebrauchsmusterfähig ist, muss der Einsender rechtzeitig informiert werden. In diesem Fall regeln sich die Rechtsbeziehungen nach den Bestimmungen des Gesetzes über Arbeitnehmererfindungen vom 25.7.1959.

(3) Das Datum der Übergabe des Verbesserungsvorschlages an die Patentabteilung gilt (damit) als Meldedatum einer Diensterfindung nach § 5 des Arbeitnehmererfindergesetzes.

(4) Vorschläge, für die Schutzrechte beantragt, aber nicht gewährt werden, müssen erneut als Vorschläge im Sinne dieser Vereinbarung behandelt werden.

(5) Nach der Installierung von Anlagen und Aufnahme der Produktion sind Sperrfristen für die Einreichung von Verbesserungsvorschlägen ausgeschlossen.

(6) Einsender von Vorschlägen, die während der Bearbeitungszeit ihres Vorschlages – aus welchen Gründen auch immer – aus dem Unternehmen ausscheiden, behalten alle Rechte, die sich aus dieser Vereinbarung ergeben.

(7) Der Vergütungsanspruch geht im Falle des Ablebens auf die gesetzlichen Erben des Einsenders über.

§ 15 Kündigung

Diese Betriebsvereinbarung kann mit einer Frist von drei Monaten jeweils zum Jahresende gekündigt werden.

Verbesserungsvorschlag

Bewertungsbogen
Schema 1 – Ersparnis errechenbar

Kostenart	Kosten vor Einführung €	Kosten nach Einführung €	Differenz = Ersparnis €
Personalkosten			
Materialkosten			
Energiekosten			
Erhöhung der Anlagenausnutzung			
Wartungskosten			
Betriebsstoffe			
Geräte und Werkzeuge			
Sonstige Kosten			
Summe			
Grundprämie = Jahresersparnis à x % (5–60 %)			
Grundprämie à Korrekturfaktoren = auszuzahlende Prämie = Euro			

Schema 2 – Ersparnis nicht errechenbar

Anwendungsbereich	Wert für den Betrieb			
	gering 5–15	mittel 16–30	hoch 31–50	sehr hoch 51–100
Arbeitssicherheit				
Gesundheits- und Umweltschutz				
Arbeitserleichterung				
Qualitätsverbesserung				
Leistungssteigerung				
Wertsummen				
Gesamtpunktzahl				
Gesamtpunktzahl à Geldfaktor = Grundprämie à 20,- € = €				
Grundprämie à Korrekturfaktoren = auszuzahlende Prämie				

Lenz

Verbesserungsvorschlag

Korrekturfaktoren

			Faktor
F 1 Aufgaben und Verantwortungsbereich	Der Vorschlag fällt: in oben genannte Bereiche des Einsenders	nicht:	1,0
		teilweise:	0,75
		überwiegend:	0,50
		ganz:	0,25
F 2 Fachgebiet	Der Vorschlag betrifft:	das eigene Fachgebiet des Vorschlagenden	1,0
		das erweiterte oder ein verwandtes Fachgebiet	1,25
		ein fremdes Fachgebiet	1,5
F 3 Anstoß zum Vorschlag	Der Anstoß zum Vorschlag erfolgte:	ohne Auftrag aus eigener Überlegung	1,0
		nach Auftrag ohne Angabe der Lösungsmöglichkeit	0,75
		nach Auftrag mit grob umrissener Lösungsmöglichkeit	0,5

Verbundausbildung

Grundlagen

Verbundausbildung bedeutet, dass sich mehrere Unternehmen und/oder Verwaltungen zu einer Organisationsgemeinschaft zusammenschließen, mit dem Ziel die Berufsausbildung gemeinsam zu organisieren. § 10 Abs. 5 BBiG sieht ausdrücklich vor, dass zur Erfüllung der vertraglichen Verpflichtungen der Auszubildenden, mehrere natürliche oder juristische Personen in einem Ausbildungsverbund zusammenwirken können. Die Verantwortlichkeit für die einzelnen Ausbildungsabschnitte sowie für die Ausbildungszeit insgesamt muss allerdings sichergestellt sein.
Im Ausbildungsvertrag muss klar geregelt sein, wer für die Ausbildung verantwortlicher Vertragspartner ist. Der Vertragspartner ist somit Ausbildender und verantwortlich für die Rechte und Pflichten, die aus dem Ausbildungsvertrag erwachsen, unabhängig bei welchem Verbundpartner gerade die Ausbildung stattfindet. Jedes Mitglied des Ausbildungsverbunds kann als Vertragspartner und somit Ausbildender auftreten. Soll der Ausbildungsverbund selbst Vertragspartner sein, muss es sich um eine selbstständige juristische Person handeln, also beispielsweise eine GmbH oder Verein.

Bedeutung für den Betriebsrat/die JAV

Nach § 97 Abs. 1 BetrVG hat der Betriebsrat ein Beratungsrecht bei der Einführung von Berufsausbildung sowie bei der Teilnahme an außerbetrieblichen Berufsbildungsmaßnahmen. Bei der Durchführung von Maßnahmen zur beruflichen Bildung hat der Betriebsrat nach § 98 BetrVG ein Mitbestimmungsrecht. Ebenso auch nach § 99 BetrVG bei personellen Einzelmaßnahmen, darunter fällt auch die Einstellung von Auszubildenden.
Der Betriebsrat sollte darauf achten, wer den Ausbildungsvertrag abschließt und somit Vertragspartner des/der Auszubildenden ist. Daraus leitet sich ab, wer für

Verbundausbildung

die Durchführung der Ausbildung, für das Ausbildungspersonal oder die Qualitätssicherung der Berufsausbildung verantwortlich ist.

Aus dem Vertragsverhältnis ergibt sich auch, in welchem Betrieb der/die Auszubildende Arbeitnehmer im Sinne des § 5 Abs. 1 BetrVG ist und somit wahlberechtigt zum Betriebsrat/zur JAV ist. Wichtig ist auch zu beachten, welche Tarifverträge zur Anwendung kommen. Auch hier ist entscheidend, wer Vertragspartner ist.

Weitere Ausführungen finden sich auch im Abschnitt → **Außerbetriebliche und überbetriebliche Ausbildung.**

Verkürzung der Ausbildung

Grundlagen

Auszubildende und Ausbildende können nur gemeinsam gegenüber der zuständigen Stelle (z. B. IHK oder Handwerkskammer) beantragen, die Ausbildungszeit zu verkürzen. Das BBiG sieht als Voraussetzung hierfür in § 8 Abs. 1 BBiG lediglich vor, dass zu erwarten sein muss, dass das Ausbildungsziel in der gekürzten Zeit zu erreichen ist. Auch bei einer Teilzeitberufsausbildung nach § 7a BBiG kann eine anteilige Verkürzung der Ausbildungszeit beantragt werden. Ein Antrag auf Verkürzung der Ausbildungszeit kann zu jeder Zeit gestellt werden.
Eine kürzere Ausbildungszeit kann durch eine Anrechnung einer beruflichen Vorbildung nach § 7 BBiG oder durch im Einzelfall vorliegende Gründe beantragt werden. Solche Gründe können in der schulischen Vorbildung liegen (z. B. Abitur) oder in einer sehr guten Zwischenprüfung bzw. in sehr guten Berufsschulnoten.
Der Hauptausschuss des Bundesinstituts für Berufsbildung hat folgende Empfehlung zur Abkürzung und Verlängerung der Ausbildungszeit / zur Teilzeitausbildung verabschiedet: *https://www.bibb.de/dokumente/pdf/HA129.pdf.*
§ 7a BBiG sieht die Möglichkeit von Teilzeitberufsausbildung vor. Die tägliche oder die wöchentliche Ausbildungszeit kann für einen bestimmten Zeitraum oder gänzlich um bis zu 50 % reduziert werden. Entsprechend der Reduzierung verlängert sich die gesamte Ausbildungsdauer, jedoch maximal um das 1,5-fache der regulären Dauer – auf Verlangen der Auszubildenden auch noch darüber hinaus bis zum nächstmöglichen Prüfungstermin. Hierbei muss die Verlängerung auf ganze Monate gerundet werden.
Teilzeitmodelle öffnen neue Gestaltungsräume:
- Sie lassen sich mit Verkürzungen und Verlängerungen kombinieren.
- Sie können durch nachträgliche Vertragsänderungen auch flexibel angepasst werden.
- Für Menschen mit Behinderung können Teilzeitmodelle eine Alternative zu Fachpraktikerberufen nach § 66 BBiG sein.

Bedeutung für den Betriebsrat/die JAV

Sollte der Arbeitgeber generell nur noch verkürzt ausbilden, hat der Betriebsrat ein Mitbestimmungsrecht nach § 98 Abs. 1 BetrVG. Bei einer Verkürzung im Einzelfall besteht kein Mitbestimmungsrecht.

Bedeutung für die Auszubildenden

Eine Verkürzung ist nur möglich, wenn der Arbeitgeber ebenso dazu bereit ist. In jedem Fall sollte eine Verkürzung genau überlegt sein. Schließlich muss die berufliche Handlungskompetenz im gewählten Ausbildungsberuf in einer kürzeren Zeit nachgewiesen werden. Gute Schulabschlüsse aus dem allgemeinbildenden Schulbereich bedeuten nicht automatisch, dass eine berufliche Handlungskompetenz vorhanden ist. Entschließt man sich zu einer Verkürzung der Ausbildungszeit, sollten rechtzeitig Unterlagen gesammelt werden, die darauf hindeuten, dass das Ausbildungsziel in der kürzeren Zeit erreicht werden kann, z. B. Prüfungsergebnisse, Beurteilungen und Berufsschulzeugnisse.
Das Bundesinstitut für Berufsbildung bietet Informationen zur Teilzeitberufsausbildung: *https://www.bibb.de/de/1304.php.*

Virtuelle Sitzungen

Grundlagen

Traditionell waren Betriebsratssitzungen immer Präsenzsitzungen, **Telefonkonferenzen** oder **Videositzungen** durften nicht stattfinden. Betriebsratsmitglieder konnten sich selbstverständlich per Video zusammenschalten, auch alle Mitglieder in einer Konferenz. Es handelte sich aber nicht um eine Betriebsratssitzung, insbesondere konnten keine Beschlüsse gefasst werden. Das hat sich während der Zeit der Corona-Pandemie verändert. Zunächst wurde der Situation entsprechend eine Ausnahmeregelung geschaffen, dann wurde das BetrVG dauerhaft geändert. Es lässt jetzt in § 30 Abs. 2 BetrVG die Betriebsratssitzung als Video- und Telefonkonferenz zu, für die **JAV gilt die Regelung entsprechend** (§ 65 Abs. 1 BetrVG).

Der Betriebsrat entscheidet allein, ohne dass die Zustimmung des Arbeitgebers erforderlich wäre. Er prüft in eigener Verantwortung, ob die gesetzlichen Vorgaben eingehalten sind. Sieht die Geschäftsordnung Videositzungen vor, so entfaltet das allenfalls betriebsratsinterne Bindungswirkung, der Arbeitgeber kann nicht verlangen, dass sie durchgeführt werden.

Es müssen bestimmte Voraussetzungen erfüllt sein:

- Die Voraussetzungen für eine solche virtuelle Sitzung müssen in der **Geschäftsordnung** festgelegt sein. Sie müssen dort inhaltlich geregelt sein, die Entscheidung kann nicht etwa dem Vorsitzenden übertragen werden. Die Geschäftsordnung kann bestimmen, ob nur Video- oder auch Telefonsitzungen möglich sind. Es kann ratsam sein, Telefonkonferenzen auf rein informative Sitzungen zu beschränken, da die Kommunikationsmöglichkeiten eingeschränkt und die Kontrolle der Nichtöffentlichkeit nur schwer möglich ist.
- Die Geschäftsordnung muss den **Vorrang der Präsenzsitzung** sichern. Insbesondere kann ein bestimmter Prozentsatz festgelegt werden.
- Ein Viertel der Mitglieder des Betriebsrats kann innerhalb einer vom Vorsitzenden zu bestimmenden Frist diesem gegenüber widersprechen.
- Aufzeichnungen sind nicht erlaubt.

Virtuelle Sitzungen

- Wahlen sind auf virtuellen Sitzungen nicht möglich, Einigkeit besteht hier zumindest für geheime Wahlen.
- Interessant ist in diesem Zusammenhang die Entscheidung des ArbG Frankfurt (18. 8. 2020 – 26 BVGa 382/20): Ist eine Präsenzsitzung anberaumt, eine virtuelle oder eine Hybridsitzung aber möglich, so ist zu prüfen, ob aus besonderen Gründen in der Person des Teilnehmers (hier besonderes Risiko eines schweren Verlaufs in der Corona-Zeit) die persönliche Teilnahme unzumutbar ist und ihm daher die Zuschaltung per Video zu ermöglichen ist.

Muster für eine Geschäftsordnungsregelung

1. Präsenzsitzungen haben Vorrang, Betriebsratssitzungen können aber auch als Video- oder Telefonkonferenz durchgeführt werden.
2. Video- oder Telefonkonferenzen kommen insbesondere in folgenden Fällen in Betracht:
   - Sicherung des Gesundheitsschutzes für die Teilnehmer der Betriebsratssitzung,
   - Eilbedürftigkeit und Dringlichkeit von zu behandelnden Tagesordnungspunkten und
   - drohende Beschlussunfähigkeit bei Durchführung einer Präsenzsitzung.

   Von derartigen Fällen abgesehen sollen ca. 60 Prozent der Betriebsratssitzungen im Kalenderjahr als Präsenzsitzungen stattfinden.
3. Ob die Betriebsratssitzung als Präsenzsitzung oder als Video- oder Telefonkonferenz stattfindet, entscheidet der Vorsitzende – ist er verhindert der Stellvertreter – nach pflichtgemäßem Ermessen. Telefonkonferenzen werden unabhängig von den Sitzungen bei Bedarf zur Information und Beratung der Mitglieder des Betriebsrates durchgeführt.
4. Alle teilnahmeberechtigten Personen der Betriebsratssitzung müssen technisch die Möglichkeit zur Teilnahme nach den Vorgaben der DSGVO haben.
5. In der Einladung zu einer Betriebsratssitzung als einer Video- oder Telefonkonferenz hat der Vorsitzende eine angemessene Frist für den Widerspruch gemäß § 30 Abs. 2 Nr. 2 BetrVG zu bestimmen.
6. Betriebsratsmitglieder, denen nach eigener Einschätzung, insbesondere die Anreise mit öffentlichen Verkehrsmitteln nicht zumutbar ist, können einer Präsenzsitzung des BR im Rahmen einer Videokonferenz zugeschaltet werden, wenn hierfür die technischen Voraussetzungen im Betrieb bestehen. Voraussetzung hierfür ist, dass der Betroffene drei Arbeitstage vor der geplanten Sitzung dem Vorsitzenden anzeigt, dass eine Teilnahme in Präsenz unzumutbar ist.
7. Die SBV und JAV sind entsprechend ihres Recht auf Teilnahme an der Betriebsratssitzung in gleicher Weise zu laden. Teilnahmeberechtigte Beauftragte einer Gewerkschaft sind ebenso zu laden.
8. Technisch muss bei der Videokonferenz gewährleistet sein, dass das Datenschutzniveau gemäß der DSGVO gesichert ist. Bei der virtuellen Sitzung des Betriebsrats müssen alle Teilnehmer, d.h. sowohl der Moderator (i.d.R. BR-Vorsitzender) als auch die teilnehmenden Betriebsratsmitglieder die Systemeinstellungen so vor-

nehmen, dass nicht nur der Datenschutz, sondern auch die Vorgaben des BetrVG (Nichtöffentlichkeit, Geheimhaltung) eingehalten werden. Dies gilt insbesondere dann, wenn vertrauliche und/oder geheimhaltungsbedürftige Themen (z. B. personenbezogene Daten bei Anhörungen nach § 99 BetrVG oder Betriebs- und Geschäftsgeheimnisse gem. § 79 BetrVG) auf der Tagesordnung stehen.

9. Der Vorsitzende weist nach Eröffnung der Sitzung vor Eintritt in die Tagesordnung darauf hin, dass die Sitzung nicht öffentlich (§ 30 Satz 4 BetrVG) ist und alle an der Video- bzw. Telefonkonferenz teilnehmenden Personen sich in einem nichtöffentlichen Raum aufhalten und sicherstellen müssen, dass unbefugte Personen nicht mithören. Die Betriebsratsmitglieder haben bei der Anwesenheitsabfrage durch den Vorsitzenden zu versichern, dass in dem von ihnen genutzten Raum nur teilnahmeberechtigte Personen anwesend sind.

10. Die Anwesenheit und die Versicherung nach Nr. 9 Satz 2 nach § 34 Abs. 1 BetrVG sind gegenüber dem Vorsitzenden in Textform zu bestätigen. Dies soll nach Möglichkeit durch eine E-Mail erfolgen. Sofern das nicht möglich ist, kommen dafür auch SMS oder Messenger- und Chatfunktionen in Frage, wenn die Anwesenheitsbestätigungen zur dauerhaften Verwendung aufbewahrt, gespeichert und somit der Anwesenheitsliste beigefügt werden können (§ 34 Abs. 1 Satz 3 BetrVG).

11. Es werden keine geheimen Abstimmungen im Rahmen einer Videokonferenz durchgeführt. Es erfolgen keine Beschlussfassungen im Rahmen einer Telefonkonferenz. Telefonkonferenzen werden nur zur Information und Beratung durchgeführt.

12. Zur Beschlussfassung ruft der Vorsitzende ausdrücklich auf und nennt dabei die zur Abstimmung gestellte Beschlussvorlage. Es wird der Beschlusstext vorgelesen und ggf. nach weiteren Anträgen gefragt. Die Abstimmung erfolgt über die Chatfunktion des Systems. Hierfür gibt der Vorsitzende die Abstimmung frei, indem er die Mitglieder zu einem Votum (Ja, Nein oder Enthaltung) im Chat auffordert. Ist das Votum abgegeben, schließt der Vorsitzende die Abstimmung und zählt die Stimmen aus. Dies kann auf den Protokollführer übertragen werden. Das Abstimmungsergebnis wird sodann in dem Protokoll vermerkt.
Alternativ ruft der Vorsitzende jedes anwesende Mitglied namentlich auf und fragt nach dessen Votum und notiert es. Nachdem alle anwesenden Mitglieder ihr Votum abgegeben haben, nennt der Vorsitzende das Ergebnis der Abstimmung. Dieses wird anschließend in der Sitzungsniederschrift festgehalten.

13. Auch von den Betriebsratssitzungen als Video- oder Telefonkonferenz ist eine Niederschrift anzufertigen, die von dem Vorsitzenden und einem weiteren Mitglied zu unterzeichnen ist (§ 34 Abs. 1 Satz 2 BetrVG).

Wahl der JAV

Rechtliche Grundlagen

Die Voraussetzungen für die Wahl einer JAV sind in § 60 BetrVG geregelt. Zunächst muss für die Wahl einer JAV ein Betrieb (→ **Betriebsbegriff**) vorliegen. Dieser Betrieb muss »in der Regel« mindestens fünf Arbeitnehmer:innen beschäftigen,
- die noch nicht das 18. Lebensjahr vollendet haben (jugendliche Arbeitnehmer:innen) oder
- die zu ihrer Berufsausbildung beschäftigt sind.

Hinsichtlich der Definition der/des zur Berufsausbildung Beschäftigten gelten für die JAV die gleichen Kriterien wie für die Betriebsratswahl.
Zu diesem Personenkreis zählt,
- wer aufgrund eines Berufsausbildungsvertrags nach § 3 Berufsbildungsgesetz beschäftigt ist,
- wem im Regelfall kraft Vertrags berufliche Kenntnisse und Fähigkeiten vermittelt werden.

Der betriebsverfassungsrechtliche Begriff der Berufsausbildung geht weit über den des → **Berufsbildungsgesetzes (BBiG)** hinaus, sodass darunter auch Anlernlinge, → **Praktikant:innen**, Volontär:innen, dual Studierende, Umschüler:innen, Gesundheits- und Krankenpflegeschüler:innen und Teilnehmer:innen an berufsvorbereitenden Maßnahmen für jugendliche Arbeitslose und andere fallen. Nicht erfasst sind jedoch Schülerpraktikant:innen sowie Helfer:innen im freiwilligen sozialen/kulturellen/ökologischen Jahr und Bundesfreiwilligendienstleistende. Auch Auszubildende, die die Ausbildung in sogenannten reinen Ausbildungsbetrieben vornehmen (Bildungswerke, Berufsförderungswerke u. a.), sind in diesen nach Ansicht des BAG nicht wahlberechtigt, da sie nicht zur Belegschaft des Ausbildungsbetriebs gehören. Allerdings können diese nach § 51 BBiG eine Interessenvertretung wählen (→ **außerbetriebliche Ausbildung**). Getrennt davon betrachtet werden müssen außerbetriebliche Auszubildende, die im Rahmen ihrer Ausbildung ein betriebliches Praktikum absolvieren bzw. Auszubildende als Teilnehmende von kooperierenden außerbetrieblichen Aus-

bildungsmaßnahmen: Sie sind als wahlberechtigt zur JAV in die Wählerliste des Praktikumsbetriebs bzw. Ausbildungsbetriebs mit aufzunehmen.
Dual Studierende sind jedenfalls dann wahlberechtigt, wenn sie ein ausbildungsintegriertes Studium absolvieren, d. h. neben dem Studienabschluss auch einen Berufs- und somit Ausbildungsabschluss erwerben.
Ein Anhaltspunkt für eine Wahlberechtigung liegt vor, wenn eine Vertragsbeziehung zwischen Dual Studierenden und dem Betrieb bzw. Unternehmen besteht. So können auch praxisintegriert dual Studierende wahlberechtigt im Betrieb sein, wenn im Vertrag die Vermittlung von beruflichen Fähigkeiten und Kenntnissen aufgeführt wird, sie also Beschäftigte im Sinne des BetrVG (§ 5 Abs. 1 und § 61) sind (vgl. → **Dual Studierende/duale Studiengänge**).
Bei einer → **überbetrieblichen Ausbildung** in einem Unternehmen sind die Auszubildenden in dem für die Ausführung der Ausbildung verantwortlichen Betrieb wahlberechtigt. Wurde in einem Unternehmen entschieden, statt der Ausbildung in mehreren Betrieben die Ausbildung in einer überbetrieblichen Ausbildungsstätte zu betreiben, sind die Auszubildenden dort auch wahlberechtigt.
Bei einem unternehmensübergreifenden Ausbildungsverbund wiederum sind die Auszubildenden lediglich bei dem Unternehmen wahlberechtigt, bei dem die Auszubildenden ihren Berufsausbildungsvertrag unterschrieben haben. Diese Regelung wird jedoch in Teilen der Literatur angezweifelt.
Alle Jugendlichen sowie die zu ihrer Berufsausbildung beschäftigten Arbeitnehmer:innen sind gem. § 61 Abs. 1 BetrVG wahlberechtigt zur JAV (aktives Wahlrecht). Diejenigen hierunter, die das 16. Lebensjahr bereits vollendet haben, sind zudem berechtigt, an der Betriebsratswahl teilzunehmen. Sie besitzen ein sogenanntes Doppelwahlrecht. Maßgebend ist grundsätzlich das Alter, bzw. der Status ihrer Berufsausbildung am Wahltag. Weitere Voraussetzung für das Bestehen des aktiven Wahlrechts ist, dass am Tag der JAV-Wahl das Ausbildungs- bzw. Arbeitsverhältnis besteht und die Eintragung in die Wählerliste erfolgt ist (§ 38 i. V. m. § 2 Abs. 3 WO).
Einem größeren Personenkreis wird demgegenüber die Wählbarkeit (passives Wahlrecht) zugestanden. Nach § 61 Abs. 2 BetrVG sind neben den Personengruppen, die das aktive Wahlrecht haben, auch diejenigen Arbeitnehmer:innen wählbar, die das 25. Lebensjahr noch nicht vollendet haben, gleichwohl aber nicht mehr zu ihrer Berufsausbildung beschäftigt sind. Wählbar sind somit alle zur Berufsausbildung Beschäftigten und alle Arbeitnehmer:innen, die nicht älter als 25 sind, ohne dass es darauf ankommt, dass sie noch in der Berufsausbildung stehen. Wählbar in den Betriebsrat ist hingegen, wer das 18. Lebensjahr bereits vollendet hat.
Maßgebender Zeitpunkt für die Altersberechnung ist jedoch beim passiven Wahlrecht der Tag des Beginns der Amtszeit und nicht der Tag der Wahl. Voraussetzung für das passive Wahlrecht ist ebenfalls die Eintragung in der Wähler-

Wahl der JAV

liste, was jedoch nicht für den Personenkreis der nichtwahlberechtigten jungen Beschäftigten gilt.
Eine Mitgliedschaft sowohl in der JAV als auch im Betriebsrat (Doppelmitgliedschaft) ist nach § 61 Abs. 2 Satz 2 BetrVG ausgeschlossen. Auch wenn diese Vorschrift nicht für Ersatzmitglieder gilt, verlieren in den Betriebsrat nachgerückte Ersatzmitglieder ihr Amt in der JAV automatisch. Daher empfiehlt es sich bei einer Mitgliedschaft in der JAV als Ersatzmitglied im BR direkt nach der Wahl eine Erklärung abzugeben, die schriftlich festhält, dass ein Nachrücken erst bei einem dauerhaften Nachrücken in das BR-Gremium erfolgt. Dies ist möglich, da JAV-Mitglieder bei Interessenkollisionen eigenständig entscheiden können, welche betriebsverfassungsrechtlichen Pflichten vorrangig behandelt werden (vgl. → **Doppelmitgliedschaft in JAV- und BR-Gremien**).
Für die Wahlberechtigung zur JAV ist es nicht erforderlich, dass die/der Wahlbewerber:in mindestens sechs Monate dem Betrieb angehört.
Bei der Durchführung der Wahl wird zwischen dem vereinfachten und dem normalen Wahlverfahren unterschieden. Das vereinfachte Wahlverfahren ist in den in § 60 Abs. 1 BetrVG genannten Betrieben mit in der Regel 5 bis 100 wahlberechtigten Arbeitnehmer:innen anzuwenden. In Betrieben mit in der Regel mehr als 100 Wahlberechtigten wird die Wahl grundsätzlich im normalen Wahlverfahren durchgeführt. Der Wahlvorstand kann jedoch mit dem Arbeitgeber das vereinfachte Wahlverfahren vereinbaren, wenn in einem Betrieb 101 bis 200 jugendliche Arbeitnehmer:innen und zur Berufsausbildung Beschäftigte beschäftigt sind.

Bestellung und Aufgaben des Wahlvorstandes
Grundsätzliche Voraussetzung für die Durchführung einer Wahl der JAV ist die Bildung eines Wahlvorstandes. Dessen Bestellung ist Aufgabe des Betriebsrats und nicht etwa einer noch im Amt befindlichen JAV. Die Bestellung des Wahlvorstandes hat im normalen Wahlverfahren spätestens 8 Wochen (vereinfachtes Wahlverfahren: 4 Wochen) vor Amtsende einer bereits bestehenden JAV durch den Betriebsrat zu erfolgen. Dabei bestellt der Betriebsrat den Vorsitzenden, wobei der Wahlvorstand immer aus einer ungeraden Personenzahl bestehen muss.
Wenn die Voraussetzungen für die Wahl einer JAV sich erst im Laufe der Zeit ergeben, z.B. weil in den vorhergehenden Wochen vermehrt jugendliche Arbeitnehmer:innen eingestellt wurden, muss der Betriebsrat unverzüglich den Wahlvorstand bestellen.
Eine Bestellung des Wahlvorstandes durch den Gesamt- bzw. Konzernbetriebsrat oder das Arbeitsgericht ist in folgenden Fällen möglich (§ 63 Abs. 3 i.V.m. § 16 Abs. 2 und 3 BetrVG):

Wahl der JAV

- In einem Betrieb ohne JAV ist der Betriebsrat untätig geblieben und hat den Wahlvorstand nicht bestellt, obgleich die Voraussetzungen zur Wahl einer JAV gegeben waren.
- Der Betriebsrat hat in einem Betrieb, in dem das normale Wahlverfahren anzuwenden ist, den Wahlvorstand bis spätestens sechs Wochen vor Ablauf der Amtszeit der bisherigen JAV nicht bestellt.
- Der Betriebsrat hat in einem Betrieb, in dem das vereinfachte Wahlverfahren anzuwenden ist, den Wahlvorstand bis spätestens drei Wochen vor Ablauf der Amtszeit der bisherigen JAV nicht bestellt.

Die Bestellung des Wahlvorstandes durch das Arbeitsgericht kann beantragt werden:

- durch drei jugendliche Arbeitnehmer:innen des Betriebs
- durch den Betriebsrat
- durch die im Betrieb vertretene Gewerkschaft.

Dem Wahlvorstand muss mindestens ein Mitglied angehören, das ein passives Wahlrecht zum Betriebsrat hat (§ 38 Wahlordnung zum BetrVG (WO)). Voraussetzung ist somit, dass mindestens ein Mitglied des Wahlvorstandes eine Betriebszugehörigkeit von mindestens sechs Monaten aufweist und mindestens 18 Jahre alt ist. Des Weiteren sollen in Betrieben mit weiblichen und männlichen Arbeitnehmer:innen dem Wahlvorstand Frauen und Männer angehören. Es ist möglich, dass auch Kandidat:innen für die zu wählende JAV dem Wahlvorstand angehören.

Soweit das Arbeitsgericht den Wahlvorstand auf Antrag einsetzt, können keine betriebsfremden Personen zu Mitgliedern des Wahlvorstandes bestellt werden. Dies gilt insbesondere für Gewerkschaftssekretärinnen und Gewerkschaftssekretäre. Der Wahlvorstand hat die Aufgabe, unverzüglich die Wahlen einzuleiten, durchzuführen und das Wahlergebnis festzustellen. Die Tätigkeit des Wahlvorstandes wird im Wesentlichen in den §§ 38 bis 40 i. V. m. den §§ 1 bis 5 WO festgelegt. Die wichtigsten Aufgaben des Wahlvorstandes sind:

- Aufstellung der Wählerliste und Bestimmung des anzuwendenden Wahlverfahrens,
- Bestimmung der Zahl der zu wählenden Jugend- und Auszubildendenvertreter:innen sowie der auf das Minderheitengeschlecht entfallenden Mindestsitze,
- Erlass des Wahlausschreibens,
- Behandlung der Einsprüche gegen die Richtigkeit der Wählerliste,
- Feststellung des Wahlergebnisses,
- Einberufung der konstituierenden Sitzung der JAV.

Der Wahlvorstand hat mit einfacher Stimmenmehrheit seine Beschlüsse zu fassen. Die Sitzungen sind in einer Niederschrift zu protokollieren, wobei ein sogenanntes Beschlussprotokoll genügt, das lediglich die in der Sitzung gefassten Beschlüsse wiedergibt.

Wahlvorstände können seit 2021 nichtöffentliche Sitzungen via Video- oder Telefonkonferenz abhalten. Auch Beschlüsse sind digital möglich. Ausnahmen bilden dabei folgende Sitzungen, welche in Präsenz stattfinden müssen:
- Sitzung zur Prüfung der eingereichten Vorschlagslisten,
- Durchführung des Losverfahrens,
- Wahlversammlung.

Dabei muss sichergestellt sein, dass Dritte keine Kenntnis vom Inhalt der Sitzung nehmen können, so sind beispielsweise Aufzeichnungen untersagt. Die Bestätigung der Teilnahme an der Sitzung erfolgt gegenüber der/dem Vorsitzenden in Textform.

Unklarheiten bestehen häufig darin, wie der Wahlvorstand mit Arbeitnehmer:innen bzw. Auszubildenden verfährt, deren Arbeits- bzw. Berufsausbildungsverhältnisse etwa wegen Langzeiterkrankung oder wegen Elternzeit ruhen. Der Wahlvorstand ist hier nicht verpflichtet, diese gesondert über die Wahl zur Jugend- und Auszubildendenvertretung zu informieren oder ihnen automatisch Briefwahlunterlagen zu übersenden (ArbG Köln 22.9.2017 – 1 BV 122/17). Allerdings sollten alle Wege genutzt werden die Wahlberechtigten über die Wahl zu informieren, beispielsweise auch aus dem Betrieb abwesende Kolleg:innen. Es besteht die Möglichkeit der Zusendung der Briefwahlunterlagen ohne vorherigen Antrag. Dies sollte bei einer bestehenden Wahlberechtigung genutzt werden.

Die Amtszeit des Wahlvorstandes endet,
- wenn trotz Setzen einer Nachfrist keine Wahlvorschläge zur Wahl der JAV eingegangen sind;
- wenn feststeht, dass die erforderliche Mindestzahl von fünf wahlberechtigten Arbeitnehmer:innen gem. § 60 Abs. 1 BetrVG nicht mehr vorhanden ist;
- mit der Konstituierung der aus der Wahl hervorgegangenen JAV.

Wählerliste, Wahlausschreiben und Wahlvorschläge

Vor der Einleitung der Wahl hat der Wahlvorstand eine Wählerliste aufzustellen, da die Eintragung in die Wählerliste Voraussetzung für die Ausübung des aktiven Wahlrechts ist. In die Wählerliste sind alle jugendlichen Arbeitnehmer:innen nach § 60 Abs. 1 BetrVG getrennt nach Geschlecht einzutragen.

Wegen der Besonderheiten beim passiven Wahlrecht hat der Wahlvorstand in der Ausschreibung darauf hinzuweisen, dass auch bestimmte Arbeitnehmer:innen wählbar sind, die nicht in der Wählerliste aufgeführt sind. Des Weiteren ist in dem Wahlausschreiben auf die Besonderheiten des Unterschriftenquorums der Wahlvorschläge zur JAV hinzuweisen.

Alle diese Anforderungen an das Wahlausschreiben lassen sich durch den Wahlvorstand dann ohne große Schwierigkeiten berücksichtigen, wenn der Wahlvor-

stand eine Formularsammlung für die Wahl der JAV im normalen bzw. vereinfachten Wahlverfahren benutzt (→ **Literatur und Internet**).
Die Wahlvorschläge von Arbeitnehmer:innen in Betrieben mit mehr als 20 Wahlberechtigten müssen Stützunterschriften enthalten. In Betrieben mit 21 bis 100 Wahlberechtigten sind zwei Stützunterschriften mit dem Wahlvorschlag gemeinsam beim Wahlvorstand einzureichen. In Betrieben mit mehr als 100 Wahlberechtigten muss von mindestens 1/20 der Wahlberechtigten der Wahlvorschlag unterzeichnet sein, maximal aber von 50 Wahlberechtigten.
Die Wahlvorschläge von Gewerkschaften müssen von je zwei Beauftragten der betreffenden Gewerkschaft unterschrieben werden. Nur dann darf die Bezeichnung der Gewerkschaft auch als Kennwort verwendet werden. Die Frage, ob ein gewerkschaftlicher Wahlvorschlag auch dann vorliegt (und dann das Kennwort einer Gewerkschaft nutzen darf), wenn er »nur« Stützunterschriften von Beschäftigten des Betriebs enthält, hat das BAG in einem Beschluss vom 15.5.2013 (Az. 7 ABR 40/11) verneint.
Sofern die JAV nur aus einem Mitglied besteht, muss in den entsprechenden Wahlvorschlägen deutlich gekennzeichnet sein, ob sie für das einzige Mitglied oder das Ersatzmitglied, das in einem getrennten Wahlvorgang ermittelt wird, erfolgen.

Größe und Zusammensetzung der JAV
Aus § 62 BetrVG ergibt sich die Größe der JAV. Dabei schreibt das Gesetz eine ungerade Anzahl an Mitgliedern vor. Maßgebender Zeitpunkt für die Ermittlung der Größe der JAV ist der Tag des Erlasses des Wahlausschreibens, da sich die Größe der zu wählenden JAV nach der Zahl der wahlberechtigten Arbeitnehmer:innen richtet. Der Wahlvorstand hat dabei nach pflichtgemäßem Ermessen die Größe festzulegen. In § 62 BetrVG ist davon die Rede, dass die »in der Regel« Beschäftigten zugrunde zu legen sind. Der Wahlvorstand hat sich dabei an der Zahl der Beschäftigten zu orientieren, die nach seiner Auffassung unter normalen Umständen regelmäßig im Betrieb beschäftigt werden.
Nach Möglichkeit sollen bei der Zusammensetzung der JAV die verschiedenen Beschäftigungsarten und Ausbildungsberufe, für die der Betrieb ausbildet, berücksichtigt werden (§ 62 Abs. 2 BetrVG). Besteht die JAV aus drei oder mehr Mitgliedern, muss das Geschlecht, das unter den jugendlichen Arbeitnehmer:innen in der Minderheit ist, mindestens seinem zahlenmäßigen Verhältnis entsprechend in der JAV vertreten sein (§ 62 Abs. 3 BetrVG). Die Anzahl der Mindestsitze für das Geschlecht in der Minderheit wird nach dem d'Hondtschen Höchstzahlensystem ermittelt und ist im Wahlausschreiben bekannt zu geben. Der maßgebende Zeitpunkt für die Ermittlung der Anzahl der Arbeitnehmer:innen des jeweiligen Geschlechts ist der Tag des Erlasses und Aushangs des Wahlausschreibens.

Wahl der JAV

Seit Dezember 2018 ist die Geschlechtsangabe divers personenstandsrechtlich anerkannt. Im Betriebsverfassungsgesetz und der Wahlordnung wurde im Zuge der Novellierung 2021 der Umgang mit möglichen drei Geschlechtern im Betrieb im Zusammenhang mit den Wahlen nicht geklärt. Des Gesetzeswortlaut ist mit dem Begriff »Geschlecht« neutral formuliert und lässt somit Raum für ein umfassendes Geschlechterverhältnis. Bisher gibt es keine eindeutige Klärung dazu, wann divers als Minderheitengeschlecht berücksichtigt wird, ob die Sitzverteilung nach dem d'Hondtschen Höchstzahlsystem auch zwei Minderheitengeschlechter berücksichtigen kann oder ob im Falle einer zu kleinen Anzahl des Minderheitengeschlechts und damit fehlender Mindestsitze die Minderheitengeschlechter summiert werden.

Durchführung der Wahl
Die Wahl der JAV erfolgt geheim und unmittelbar. Für die Durchführung der Wahl ist zwischen dem normalen und dem vereinfachten Wahlverfahren zu unterscheiden.

Vereinfachtes Wahlverfahren
Die Wahl der JAV erfolgt im vereinfachten Wahlverfahren auf einer Wahlversammlung auf Grundlage der bis eine Woche zuvor eingereichten gültigen Wahlvorschläge. Ort, Tag und Zeitpunkt der Wahlversammlung sind im Wahlausschreiben bekannt zu geben.
Im vereinfachten Wahlverfahren erfolgt die Wahl der JAV immer als Personenwahl (Mehrheitswahl).
Bei der Wahl der aus einer Person bestehenden JAV haben die Wahlberechtigten zwei Stimmen. Die Wahlen der – aus einer Person bestehenden – JAV sowie die des Ersatzmitglieds sind jeweils in getrennten Wahlgängen durchzuführen.

Normales Wahlverfahren
Im normalen Wahlverfahren ist nach den Grundsätzen der Listenwahl (Verhältniswahl) aufgrund von Wahlvorschlägen nach dem d'Hondtschen Höchstzahlensystem zu wählen, sofern mehr als ein Wahlvorschlag eingereicht wird. Wird demgegenüber nur ein Wahlvorschlag eingereicht, findet die Personenwahl (Mehrheitswahl) Anwendung.
Bei der Verhältniswahl hat der/die Wahlberechtigte nur eine Stimme, die für eine bestimmte Liste abgegeben werden kann. Maßgebend ist am Ende allein, wie viele Stimmen auf die einzelnen Vorschlagslisten entfallen.
Bei der Mehrheitswahl kann die/der Wahlberechtigte auf dem Stimmzettel so viele Kandidat:innen ankreuzen, wie Mitglieder der JAV zu wählen sind. Dabei ist zu beachten, dass zwar weniger, aber nicht mehr Kandidat:innen angekreuzt werden dürfen, als Mitglieder für die JAV zu wählen sind. Wenn mehr Kandidat:innen angekreuzt werden, ist die Stimmabgabe ungültig.

Sowohl für das vereinfachte als auch für das normale Wahlverfahren sieht die Wahlordnung neben der klassischen Wahl per Stimmzettel im Wahlbüro auch die Möglichkeit der schriftlichen Stimmabgabe im Rahmen einer Briefwahl gemäß den §§ 24 ff. BetrVG vor. Neben dem Antrag von Wahlberechtigten die Wahl mittels schriftlicher Stimmabgabe durchzuführen, kann der Wahlvorstand die Unterlagen ohne vorherigen Antrag an diejenigen versenden, die voraussichtlich am Wahltag nicht im Betrieb anwesend sind. Dabei ist es ausreichend, dass die Möglichkeit dazu besteht. Eine generelle Briefwahl für alle Wahlberechtigten ist gesetzlich nicht vorgesehen.

Eine elektronische Stimmabgabe per Online-Wahl ist nicht von der Wahlordnung vorgesehen. Auch die Bestimmungen zur Briefwahl können nicht dahin ausgelegt werden, dass ein Online-Wahlverfahren von ihnen erfasst wäre.

Zeitpunkt der Wahlen

Die regelmäßigen Wahlen der JAV finden alle zwei Jahre in der Zeit vom 1. Oktober bis 30. November statt. Da die ersten Wahlen 1972 stattfanden, werden die nächsten 2026, 2028 usw. durchgeführt.

Außerhalb dieses Zeitraums findet eine Neuwahl statt, wenn trotz erfolgtem Eintritt aller Ersatzmitglieder die Zahl der JAV-Mitglieder unter die gesetzlich erforderliche Mitgliederzahl gesunken ist.

Für den Fall, dass die Zahl der jugendlichen Arbeitnehmer:innen oder der zu ihrer Berufsausbildung Beschäftigten unter die Grenze der für das Bestehen einer JAV erforderlichen Mindestzahl sinkt, endet das Amt der JAV automatisch. Voraussetzung ist aber hierfür, dass das Absinken der Zahl nicht nur vorübergehender Natur ist.

Außerdem ist eine JAV außerordentlich zu wählen, wenn
- bisher keine JAV bestanden hat, nun aber die Voraussetzungen für die Wahl einer JAV erfüllt sind;
- die JAV mehrheitlich ihren Rücktritt entschieden hat;
- die JAV durch die Entscheidung eines Arbeitsgerichts aufgelöst wurde oder ihre Wahl erfolgreich angefochten wurde.

Auch wenn das Bestehen eines Betriebsrats Voraussetzung für die Arbeit der JAV ist, führt ein vorrübergehender Wegfall des Betriebsrats nicht zu einem Wegfall der JAV.

Wird eine JAV außerhalb des regelmäßigen Wahlzeitraums gewählt, findet nach § 13 Abs. 3 BetrVG eine Wiedereingliederung in den regelmäßigen Wahlzyklus statt. Hierbei ist zwischen zwei Fällen zu unterscheiden:
- Ist die JAV am 1. Oktober des nächsten regelmäßigen Wahlzeitraums bereits ein Jahr oder länger im Amt, ist sie neu zu wählen.
- Ist die JAV hingegen am 1. Oktober des nächsten regelmäßigen Wahlzeitraums noch kein Jahr im Amt, wird sie erst bei der übernächsten Wahl neu gewählt.

Wahl der JAV

Wahl- und Kündigungsschutz
Hinsichtlich des Wahlschutzes gelten die Regelungen zur Betriebsratswahl (§ 63 Abs. 2 BetrVG i. V. m. § 20 BetrVG). Die Verbote der Behinderung und der unzulässigen Beeinträchtigung der JAV-Wahl richten sich grundsätzlich gegen jede/n. Praktische Bedeutung haben sie allerdings in erster Linie zur Abwehr arbeitgeberseitiger Beeinträchtigungen.
Darüber hinaus besteht für Wahlvorstandsmitglieder und Wahlbewerber:innen der besondere Kündigungsschutz nach § 103 BetrVG (Schutz vor einer fristlosen Kündigung) und der nachwirkende Kündigungsschutz nach § 15 Abs. 3 Satz 2 KSchG (Schutz vor einer fristgemäßen Kündigung). Für Wahlvorstandsmitglieder beginnt der Schutz nach § 103 BetrVG vom Zeitpunkt ihrer Bestellung an. Für Wahlbewerber:innen beginnt dieser Schutz mit dem Zeitpunkt der Aufstellung des Wahlvorschlags. Der Schutz nach § 103 BetrVG endet grundsätzlich mit der Bekanntgabe des Wahlergebnisses für diese beiden Personengruppen, wobei für gewählte Wahlbewerber:innen der Schutz nach § 103 BetrVG weiter gilt (und durch die Schutzvorschriften nach den §§ 78, 78a BetrVG und § 15 KSchG ergänzt wird), da sie ja nunmehr JAV-Mitglieder sind.
Der nachwirkende Kündigungsschutz beginnt für ehemalige Wahlvorstandsmitglieder und nicht gewählte Wahlbewerber:innen mit der Bekanntgabe des Wahlergebnisses und dauert sechs Monate. Innerhalb dieser Frist sind Kündigungen unzulässig.
Wurde die Bestellung des Wahlvorstandes beim Arbeitsgericht beantragt, ist eine fristgemäße Kündigung der antragstellenden Arbeitnehmer:innen nach § 15 Abs. 3a KSchG vom Zeitpunkt der Antragstellung an bis zur Bekanntgabe des Wahlergebnisses oder für die Dauer von drei Monaten unzulässig.

Wahlkosten
Die Kosten der Wahl trägt der Arbeitgeber. Dies betrifft die Fortzahlung des Arbeitsentgelts sowohl während der Ausübung des Wahlrechts als auch während der Betätigung im Wahlvorstand. Des Weiteren hat der Arbeitgeber die Kosten für Schulungsveranstaltungen zu tragen, an denen der Wahlvorstand aufgrund der komplizierten gesetzlichen Regelungen zur Durchführung der JAV-Wahl unbedingt teilnehmen sollte. Gleiches gilt für Literatur, über die der Wahlvorstand verfügen sollte, um seine Aufgaben sachgerecht erfüllen zu können.

Bedeutung für den Betriebsrat/die JAV/ den Wahlvorstand

Dem Betriebsrat kommt bei der JAV-Wahl eine entscheidende Rolle zu, denn er bestellt den Wahlvorstand und initiiert somit die Wahlen. Sollte aufgrund von fehlenden Voraussetzungen keine Wahl zur JAV möglich sein, muss fortlaufend beobachtet werden, ob sich dies ändert – besonders in den Zeiträumen, in denen neue Auszubildende eingestellt werden. Eine immer wichtigere Bedeutung erhält dabei auch eine neue Ausbildungsform: das Duale Studium. Hier ist eine Wahlberechtigung genau zu prüfen. Auch Praktikant:innen müssen bei der Frage der Wahlberechtigung genau betrachtet werden.
Der Betriebsrat und der Wahlvorstand sollten für die Durchführung der JAV-Wahlen auf eine entsprechende vorhergehende Qualifizierung bestehen. Gewerkschaften bieten diese neben zahlreichen Arbeitshilfsmitteln und einer qualifizierten Beratung an.
Gerade wenn noch keine JAV besteht, sollten die Wahlberechtigten vor dem Beginn des Wahlverfahrens durch den Betriebsrat – ggf. unter Einbeziehung der zuständigen Gewerkschaft – umfassend über die JAV und die JAV-Wahlen informiert werden. Wichtig ist dabei genau zu benennen, welche Vorteile die Wahlberechtigten mit einer JAV haben. Sollte bisher keine JAV bestehen, können JAVen aus branchenverwandten Betrieben oder Unternehmen eingeladen werden, um bei einer Versammlung ein realistisches Bild der JAV-Arbeit zu vermitteln. Wenn bereits eine JAV besteht, kann sie diese Aufgabe übernehmen.
Für den Fall, dass eine bestehende JAV vollständig nicht mehr kandidieren kann oder möchte, sollte sie sich rechtzeitig darüber verständigen, wie eine Übergabe der Arbeit an die neuen JAV-Mitglieder erfolgen kann. Diesen Prozess sollte der Betriebsrat bzw. ein von ihm beauftragtes Mitglied begleiten.
Der JAV-Wahlkampf sollte möglichst lebendig ausgestaltet werden. Mit Aktionen und Hilfsmitteln, wie Videobotschaften, Wahlplakaten oder auch Newslettern kann gut für die eigene Kandidatur bzw. Liste geworben werden. In der Wahlkampfzeit ist (wie auch in der späteren JAV-Arbeit) besonders auf den intensiven persönlichen Kontakt zu allen Wahlberechtigten zu achten, um möglichst nah an ihren Themen und Problemen zu sein und über die eigenen Positionen bzw. die eigene Arbeit zu informieren.
Neu gewählte JAV-Mitglieder sollten unverzüglich eine Grundlagenqualifizierung mit einer Dauer von mindestens einer Woche erhalten, um in alle wichtigen Rechte und Pflichten eingeführt zu werden. Der Arbeitgeber trägt dafür alle anfallenden Kosten. Ein entsprechender Anspruch ergibt sich aus § 65 i. V. m. § 37 Abs. 6 und 7 BetrVG (→ **Bildungsurlaub**). Darüber hinaus sollten neu gewählte JAVen darauf achten, sich möglichst schnell mit anderen JAVen aus der Region

Wahl der JAV

und/oder der Branche zu vernetzen, um möglichst schnell von den Erfahrungen der anderen zu profitieren. Hier bieten Gewerkschaften entsprechende Konferenzen oder Arbeitstagungen für JAVen an. Sowohl für die Seminare als auch für die Arbeitstagungen können sich die JAVen ohne Kürzung von Bezügen von der Ausbildung bzw. Arbeit freistellen.
Im Internet finden sich auf den Portalen *www.jav.info* und *www.jav-portal.de* viele aktuelle Informationen rund um die JAV-Wahl und den Einstieg in die JAV-Arbeit.

Internethinweise

www.jav.info
www.jav-portal.de

Weiterbildung

Grundlagen

Der Weiterbildungsbegriff ist weit gefasst. Zu nennen sind beispielsweise die betriebliche Weiterbildung, die politische Weiterbildung, die im Allgemeinwissen angesiedelte Weiterbildung oder die musische Weiterbildung.
Für die berufliche Entwicklung steht die betriebliche Weiterbildung im Vordergrund, bei der man zwischen Anpassungs-, Erhaltungs- und Aufstiegsweiterbildung unterscheiden kann. Die Anpassungsweiterbildung dient dazu, den Beschäftigten auf eine neue oder veränderte Aufgabenstellung in einem Tätigkeitsfeld vorzubereiten. Die Erhaltungsweiterbildung dient dazu, die ständige Fortentwicklung des fachlichen, methodischen und sozialen Wissens im Aufgabengebiet zu gewährleisten. Die Aufstiegsweiterbildung dient dem beruflichen Aufstieg, oftmals verbunden mit höherwertigen Aufgaben.
Weiterhin kann man die betriebliche Weiterbildung danach unterscheiden, ob sie vom Arbeitgeber veranlasst ist oder auf Bestreben des/der Beschäftigten stattfindet.

Bedeutung für den Betriebsrat/die JAV

Um der zunehmenden Bedeutung der Weiterbildung gerecht zu werden, ist es wichtig, dass Betriebsrat und JAV diese als Handlungsfeld begreifen. Das BetrVG sieht konkrete Einflussmöglichkeiten für die betriebliche Interessenvertretung vor. Der Betriebsrat kann vor allem die Qualifizierung von Arbeitnehmer:innen zur Sicherung und Förderung von Beschäftigung einsetzen.
Nach § 96 Abs. 1 BetrVG (Förderung der Berufsbildung) sollen Arbeitgeber und Betriebsrat die Berufsausbildung der Arbeitnehmer:innen fördern. Auf Verlangen des Betriebsrats hat der Arbeitgeber den Berufsbildungsbedarf zu ermitteln und mit ihm Fragen der Berufsausbildung zu beraten. Der Betriebsrat kann hierzu eigene Vorstellungen entwickeln und vorschlagen. Der Berufsbildungs-

Weiterbildung

bedarf ergibt sich entsprechend der Gesetzesbegründung (BT-Drs. 14/5741) aus einer Ist-Analyse, aus der Erstellung eines Soll-Konzeptes und der Ermittlung der betrieblichen Berufsbildungsinteressen der Arbeitnehmer:innen. Absatz 2 verpflichtet Arbeitgeber und Betriebsrat dazu, darauf zu achten, dass den Arbeitnehmer:innen die Teilnahme an betrieblichen oder außerbetrieblichen Berufsbildungsmaßnahmen ermöglicht wird.

Nach § 97 Abs. 1 BetrVG (Einrichtungen und Maßnahmen der Berufsausbildung) hat der Arbeitgeber mit dem Betriebsrat über die Errichtung und Ausstattung betrieblicher Einrichtungen zur Berufsausbildung, die Einführung betrieblicher Berufsbildungsmaßnahmen und die Teilnahme an außerbetrieblichen Berufsbildungsmaßnahmen zu beraten. Absatz 2 räumt dem Betriebsrat ein erzwingbares Mitbestimmungsrecht ein, wenn der Arbeitgeber Maßnahmen plant oder bereits vorgenommen hat, die dazu führen, dass die beruflichen Kenntnisse und Fähigkeiten zur Erfüllung der Aufgaben des/der Arbeitnehmers/in nicht mehr ausreichen. Der Betriebsrat kann insofern auch initiativ tätig werden und somit entsprechende Maßnahmen einfordern.

Nach § 98 BetrVG (Durchführung betrieblicher Bildungsmaßnahmen) hat der Betriebsrat ein Mitbestimmungsrecht, welches sich im Wesentlichen auf die Teilnehmerauswahl und auf das Bildungspersonal bezieht.

§ 90 BetrVG sieht vor, dass der Arbeitgeber den Betriebsrat bezüglich der Gestaltung der Arbeitsplätze, des Arbeitsablaufs und der Arbeitsumgebung unterrichtet, sowie vorgesehene Maßnahmen und ihre Auswirkungen auf die Arbeitnehmer:innen mit dem Betriebsrat berät. Dabei geht es vor allem um Anforderungen, die sich aus Veränderungen für die Arbeitnehmer:innen ergeben. Der Betriebsrat soll so rechtzeitig in Beratungen einbezogen werden, dass seine Vorschläge und Bedenken eingebracht und bei der Planung berücksichtigt werden können.

Nach § 92 BetrVG muss der Betriebsrat über die Personalplanung unterrichtet werden, vor allem über den gegenwärtigen Bedarf und sich daraus ergebende personellen Maßnahmen, beispielsweise notwendige Berufsbildungsmaßnahmen. Der Betriebsrat kann Vorschläge für die Einführung einer Personalplanung und deren Umsetzung machen.

§ 92a BetrVG befasst sich mit der Beschäftigungssicherung. Der Betriebsrat kann dem Arbeitgeber Vorschläge zur Sicherung und Förderung von Beschäftigung machen. Solche Vorschläge können ausdrücklich auch die Qualifizierung von Arbeitnehmer/innen betreffen. Der Arbeitgeber ist verpflichtet, die Vorschläge mit dem Betriebsrat zu beraten.

Mögliche Vorgehensweisen des Betriebsrats:
1. Entwicklung von Aufgaben und Zielen orientiert am Bedarf der Betriebe und den Bedürfnissen der Beschäftigten (§§ 96 Abs. 1 und 97 Abs. 2 BetrVG),

2. Formulierung von Eckpunkten für eine betriebliche Weiterbildung aus Sicht der Arbeitnehmer:innen (Grob- und Feinplanung),
3. Verhandlung der Eckpunkte mit dem Arbeitgeber und Auseinandersetzung mit seinen Vorstellungen/Vorschlägen,
4. Installierung eines Verfahrens zur kontinuierlichen Beratung über Weiterbildung im Betrieb/Vereinbarung über Prozessrahmen,
5. Durchführung/Umsetzung der vereinbarten Maßnahmen (§§ 92 Abs. 2 und 98 BetrVG),
6. Auswertung der Erfahrungen und Ergebnisse der durchgeführten Maßnahmen und Erstellung neuer Kompetenzprofile,
7. Abschluss einer Betriebsvereinbarung zur betrieblichen Berufsbildung/Weiterbildung.

Bedeutung für die Jugendlichen und Auszubildenden

Um dauerhaft die Beschäftigungsfähigkeit in der Wissens- und Informationsgesellschaft zu sichern, ist ein lebenslanges bzw. lebensbegleitendes Lernen eine wichtige Voraussetzung. Die Möglichkeit der Teilhabe an Weiterbildung entwickelt sich zunehmend zu einer neuen sozialen Frage. Aus- und Weiterbildung bestimmen die persönlichen Entwicklungs- und Entfaltungsmöglichkeiten und leisten einen wichtigen Beitrag zur Wettbewerbsfähigkeit von Unternehmen. Vor diesem Hintergrund wird Weiterbildung immer stärker als ein selbstverständlicher Bestandteil der beruflichen Entwicklung begriffen. Der Umfang an Weiterbildungsmaßnahmen und deren Anbietern stieg in den zurückliegenden Jahren rasant an.

Die Zugangsmöglichkeiten für Beschäftigte zu Weiterbildungsmaßnahmen sind unterschiedlich und abhängig von Faktoren wie Alter, Geschlecht, Nationalität, Qualifikationsniveau oder Betriebsgröße. Für un- und angelernte Arbeitnehmer:innen ist eine vom Betrieb veranlasste Weiterbildung eher selten. Dieser Personenkreis ist von Weiterbildung überwiegend ausgeschlossen und hat selbst wenig Erfahrung und somit Bereitschaft, sich weiterzubilden.

Für betriebliche Weiterbildung ist der Betriebsrat mit seinen oben beschriebenen Mitbestimmungs- und Gestaltungsmöglichkeiten ein wichtiger Ansprechpartner. Um sich weiter zu bilden, besteht in vielen Bundesländern die Möglichkeit Bildungsurlaub in Anspruch zu nehmen (→ **Bildungsurlaub**).

Es gibt eine Vielzahl von Betriebsvereinbarungen und tariflichen Regelungen, die den Weiterbildungsbereich betreffen.

Auf der Anbieterseite von Weiterbildungsmaßnahmen gibt es eine riesige Vielfalt. So gibt es ca. 10 000 Weiterbildungsträger mit rund 400 000 Angeboten. Hier

Weiterbildung

den Überblick zu behalten ist kaum möglich. Eine Hilfe bei der Auswahl der richtigen Bildungsträger und -maßnahmen bietet die vom Bundesinstitut für Berufsbildung herausgegebene »Checkliste Qualität beruflicher Weiterbildung« (*https://www.bibb.de/de/14260.php*).

Eckpunkte für eine Betriebsvereinbarung zur betrieblichen Weiterbildung

Der folgende Vorschlag einer Betriebsvereinbarung zur Förderung der betrieblichen Weiterbildung umschreibt einen Rahmen, auf dessen Basis in den Betrieben Konkretisierungen und Anpassungen vorgenommen werden sollen. Der Vorschlag enthält zwar konkrete Vorschläge für Verfahren, ersetzt detaillierte betriebliche Verfahrensregelungen allerdings nicht.
Im Wesentlichen werden Regelungstatbestände angesprochen, die
- eine grundsätzliche Verständigung über betriebliche Initiativen und ihre Zielsetzungen unterstützen,
- konzeptionelle Grundlagen wie z. B.: eine prozessorientierte Anlage, systematische Bedarfsermittlung, betriebliche Organisation und Mitwirkung des Betriebsrats klären,
- Ansprüche an Maßnahmen und die Durchführung von Maßnahmen festlegen – dies insbesondere zur Erhöhung der Akzeptanz und zur Einbindung von Weiterbildung in die betriebliche Organisation.

Dieser Vorschlag grenzt sich inhaltlich ab, von z. B. Unterweisungen bei Neueinstellungen oder den entsprechenden Pflichtenbeschreibungen des Betriebs oder betrieblichen Führungskräften gemäß der §§ 81 und 82 BetrVG.

Die einzelnen und nachfolgend detailliert behandelten Regelungsbedarfe sind:
- Präambel, Zielsetzungen,
- Grundsätze, Bildungskonzept,
- Bildungsausschuss, Bedarfsermittlung,
- Ansprüche, Anmeldemodalitäten, Auswahl der Teilnehmer,
- Teilnahmerecht des Betriebsrats,
- Einfluss auf durchführende Verantwortliche,
- Kosten, Zertifizierung/Dokumentation,
- Regelungen zur Weiterbeschäftigung/Kostenrückerstattung,
- Transparenz/Information der Beschäftigten,
- sonstige Regelungen.

Präambel

Für die (Name des Unternehmens) ist es von entscheidender Bedeutung, wie die Mitarbeiter darauf vorbereitet werden, die Probleme der Zukunft zu lösen. Kenntnisse, Fertigkeiten und Fähigkeiten jedes Einzelnen sind dabei ein bestimmender Faktor. Unternehmensleitung und (Gesamt-)Betriebsrat haben in eingehenden Gesprächen

Weiterbildung

Einvernehmen darüber erzielt, dass es in Zukunft verstärkter Anstrengungen bedarf, um die Beschäftigten der betrieblichen Bereiche auf die erhöhten Anforderungen vorzubereiten, die sich aus technologischen und arbeitsorganisatorischen Veränderungen ergeben werden. Vor diesem Hintergrund kommt der Weiterbildung von Beschäftigten – als Maßnahmen der Qualifizierung und Personalentwicklung – zunehmende Bedeutung zu.

Zielsetzung

Diese Betriebsvereinbarung wird mit der Zielsetzung abgeschlossen, eine den wirtschaftlichen und technischen Belangen des Betriebs und den beruflichen Interessen der Mitarbeiter gleichermaßen entsprechende betriebliche Weiterbildung zu gewährleisten.
Qualifizierungs- und Personalentwicklungsmaßnahmen werden für alle Beschäftigten durchgeführt. Sie sollen
- der Sicherung der Arbeitsplätze dienen,
- helfen, dass sich alle Beteiligten rechtzeitig und umfassend auf neue und/oder geänderte Arbeitsverfahren oder Arbeitsorganisationen einstellen können,
- die Sicherung und Entwicklung beruflicher Perspektiven für die Beschäftigten unterstützen, deren bisherige Tätigkeit z.B. aufgrund des Strukturwandels, der Reorganisation oder der Rationalisierung wesentliche Änderungen erfährt oder sogar ganz entfällt,
- den Aufbau und kontinuierlichen Ausbau des Qualifizierungsbestandes des Unternehmens fördern und damit der Weiterentwicklung des Unternehmens und der Beschäftigten dienen,
- die Weiterentwicklung der Qualifikation und des Leistungspotentials der Beschäftigten als Grundlage des beruflichen Aufstiegs und zum Einstieg in neue Tätigkeitsfelder beinhalten.
- Fachliche, methodische und soziale Kompetenzen der Beschäftigten fördern und ausbauen; auch sollten ökologische und ökonomische Kompetenzen vermittelt und/oder erhöht werden.

Grundsätze der Durchführung

Bei der Gestaltung einzelner Weiterbildungsmaßnahmen sind Lernformen zu finden und zu erproben, die die persönlichen Fähigkeiten und Erfahrungen der Teilnehmer:innen nutzen und einbeziehen und ihre Lernmotivation anregen und fördern.
Wo immer dies möglich ist, sollten arbeitsplatznahe Lernformen entwickelt werden, um eine unmittelbare Verknüpfung mit den betreffenden betrieblichen Tätigkeiten zu erreichen.
Vor technischen und organisatorischen Änderungen und vor dem Einsatz von Geräten und Maschinen sind die betroffenen Beschäftigten rechtzeitig und umfassend über die Arbeitsmethoden und über ihre Aufgaben zu unterrichten und zu qualifizieren. Ihnen liegt der Leitgedanke zugrunde, den Mitarbeitern einen Überblick und die Ein-

Weiterbildung

sicht in den Aufbau und die Funktionsprinzipien des Produkts, der Betriebsmittel, der verwendeten technologischen Verfahren und der Arbeits- und Betriebsorganisation zu vermitteln.

Wesentlicher Anreiz der Teilnahme ist die Möglichkeit der Anwendung der erworbenen Kenntnisse und Fertigkeiten in der betrieblichen Tätigkeit. Innerhalb dieses Rahmens setzt das Angebot an Weiterbildungsmaßnahmen in erster Linie auf die Eigenmotivation der Beschäftigten und die Freiwilligkeit der Teilnahme.

Von den Betriebsparteien wird im Einzelfall festgelegt, welche Konsequenzen erfolgreich abgeschlossene Weiterbildungen für die Entgeltung haben.

Bildungskonzept – Planung

Arbeitgeber und Betriebsrat arbeiten in einem ständigen Prozess zusammen und beraten mit dem Ziel des Einvernehmens über grundsätzliche Fragen, Ziele und Instrumente der Qualifizierung und Personalentwicklung
- Bedarfsermittlung, Konzeption, Durchführung und Steuerung der Maßnahmen
- zwingenden Personalentwicklungs- und Qualifizierungsbedarf als Voraussetzung zur Ausübung bestimmter Funktionen
- Bewertung der im laufenden Jahr durchgeführten Maßnahmen
- Qualifizierungs- und Entwicklungsplanung für das Folgejahr

Arbeitgeber und Betriebsrat bilden zu diesem Zweck einen paritätisch besetzten Bildungsausschuss für die betriebliche Weiterbildung.

Bildungsausschuss

Im Betrieb/Unternehmen ist ein paritätisch besetzter Bildungsausschuss einzurichten. Dieser Ausschuss besteht aus mindestens 3 Vertreter:innen der Unternehmensleitung und der Arbeitnehmer:innen. Die Vertreter:innen der Arbeitnehmer:innen werden vom Betriebsrat benannt.

Um die Ziele dieser Vereinbarung zu erreichen, erstellt der Bildungsausschuss eine jährlich fortzuschreibende Bildungsplanung und schlägt – auf der Basis einer systematischen Bedarfsermittlung (siehe nächster Abschnitt) die durchzuführenden Weiterbildungsmaßnahmen vor, die zwischen Betriebsrat und Unternehmensleitung zu vereinbaren sind.

Dem Bildungsausschuss sind von der Unternehmensleitung rechtzeitig und umfassend alle zur Bildungsplanung notwendigen Unterlagen und Informationen zur Verfügung zu stellen. Hierzu gehören insbesondere alle Daten der Investitions- und Personalplanung.

Bei der Aufstellung des Bildungsplans hat der Bildungsausschuss insbesondere darauf zu achten, dass allen Beschäftigten der Zugang zu Bildungsmaßnahmen geöffnet wird. Geringer qualifizierte oder durch Umstellung des Betriebs oder Investitionsentscheidungen besonders gefährdete Gruppen sind bevorzugt zu fördern.

Die Aufgaben des Bildungsausschusses bei der Durchführung der Bildungsmaßnahmen erstrecken sich insbesondere auf:

Weiterbildung

- Die Festlegung der konkreten Ziele (Jahresziele) der Qualifizierung und Personalentwicklung.
- Die Weiterbildungsmaßnahmen, die das Unternehmen durchführt.
- Die Festlegung der Grundsätze und der Verfahren zur Teilnahme an Maßnahmen der betrieblichen Bildung und Personalentwicklung.
- Die Festlegung der Methoden und des Ablaufs der Weiterbildung sowie Art, Zahl und Zeitpunkt begleitender Erfolgskontrollen.
- Die Auswahl und Ausstattung der Unterrichtsräume und sonstiger betrieblicher Einrichtung der Weiterbildung.
- Die Ausstattung der Teilnehmer:innen mit Ausbildungsmitteln.
- Bewertungsverfahren und -kriterien für durchgeführte Maßnahmen.

Weitere noch zu vereinbarende Personalentwicklungsmaßnahmen wie z. B. Potenzialbeurteilung, Projektaufgaben, Jobrotation, Coaching, individuelle Entwicklungsplanung, Mitarbeitergespräche, Beurteilungen, Trainees, Auswahlverfahren etc.

Es bietet sich an, auch die Erstellung des Angebots an beruflicher Erstausbildung, gegliedert nach Zahl und Berufsbild der Ausbildungsplätze sowie die Festlegung des einzelnen Ausbildungsplatzes und die dort zu vermittelnden Lernziele im Rahmen des betrieblichen Durchlaufplans, von diesem Ausschuss erledigen zu lassen.

Der Bildungsausschuss überwacht die Durchführung der Maßnahmen und erstellt zum Abschluss des jeweiligen Kalenderjahres einen Bildungsbericht. Berichtszeitraum ist die Zeit vom 1.1. des vorangegangenen bis zum 31.12. des abgelaufenen Kalenderjahres. Der Bildungsbericht umfasst alle aufgrund dieser Betriebsvereinbarung durchgeführten Bildungsmaßnahmen. Er enthält insbesondere Angaben über Art, Anzahl, Dauer, Personal und Kosten der Bildungsmaßnahmen sowie Angaben über Teilnehmer:innen und ihre Verteilung auf die einzelnen Beschäftigungsgruppen.

Die Weiterbildungsmaßnahmen werden in Form einer Befragung der Teilnehmer:innen ausgewertet. Die Ergebnisse werden dem Bildungsausschuss vorgelegt und mögliche Verbesserungen der Maßnahmen dort besprochen.

Die Rechte des Betriebsrats gemäß BetrVG bleiben unberührt. Der Betriebsrat kann grundsätzlich Vorschläge unterbreiten und Initiativen ergreifen.

Kommt der Bildungsausschuss zu keiner von beiden Seiten getragenen Entscheidung, so trifft diese die Unternehmensleitung zusammen mit dem Betriebsrat. Kommt es zwischen Unternehmensleitung und Betriebsrat zu keiner Einigung, so ersetzt der Spruch der Einigungsstelle die Einigung zwischen Unternehmen und Betriebsrat gem. § 76 BetrVG. Der Spruch der Einigungsstelle ist entsprechend § 76 Abs. 6 Satz 2 BetrVG verbindlich.

Bedarfsermittlung

Unternehmensleitung und Betriebsrat stimmen darin überein, dass die auf systematischer Bedarfserhebung basierende Weiterbildung ein Grundpfeiler für den Unternehmenserfolg und den Erfolg der Mitarbeiter gleichermaßen ist. Deshalb wird der Ermittlung des Weiterbildungsbedarfs ein besonders hoher Stellenwert beigemessen. Die Ermittlung des Weiterbildungsbedarfs erfolgt zielgruppenspezifisch.

Weiterbildung

Der Bedarf wird mindestens einmal jährlich im Wesentlichen durch Gespräche der Beschäftigten mit ihren Vorgesetzten ermittelt. Die Gesprächsform ist den betrieblichen Bereichen üblichen Kommunikationsformen zu entsprechen (z. B. können dies sein: Mitarbeitergespräche, persönliche Qualifizierungsgespräche, Gruppengespräche). Dabei sind außer den betrieblichen Belangen auch die Weiterbildungsinteressen der Beschäftigten zu berücksichtigen. Der Betriebsrat kann sich dazu bei den Beschäftigten informieren und im Betrieb sachkundig machen.

Auf der Grundlage der Ergebnisse der Ermittlung des Weiterbildungsbedarfs erfolgen Beratungsgespräche in dem paritätisch besetzten Bildungsausschuss. Der Betriebsrat kann die Interessen der Beschäftigten in die Beratungen des Bildungsausschusses einbringen. Mindestens einmal jährlich wird der zu deckende betriebliche Qualifizierungsbedarf für die Bildungsplanung festgelegt.

Ansprüche auf Weiterbildung

Alle Beschäftigten im Geltungsbereich dieser Vereinbarung haben zur Sicherung und zur Förderung der beruflichen Weiterbildung einen Anspruch auf die Teilnahme an Weiterbildungsmaßnahmen im Rahmen der Bestimmungen dieser Vereinbarung.

Grundsätze der Gleichbehandlung unterschiedlicher Personengruppen sind zu berücksichtigen. Die besondere Förderung von Frauen sowie der Beschäftigten, die beruflich geringer qualifiziert sind, wird verfolgt. Im Weiterbildungsprogramm sind entsprechende Maßnahmen auszuweisen.

Um den Beschäftigten Rechnung zu tragen, deren Beschäftigungsverhältnis durch Elternzeiten oder andere längere Ausfallzeiten unterbrochen werden, können
- für diese Beschäftigten Weiterbildungsmaßnahmen während der Abwesenheit angeboten werden;
- bei Wiederaufnahme der Beschäftigung besondere Weiterbildungsmaßnahmen vereinbart werden;
- in geeigneten Fällen Vertretungen angeboten werden.

Anmeldemodalitäten/Auswahl der Teilnehmer

Auf der Grundlage der Bildungsplanung und des verabschiedeten Weiterbildungsprogramms können Beschäftigte zur Teilnahme vorgeschlagen werden:
- durch ihre jeweils zuständigen Führungskräfte/betriebliche Vorgesetzte,
- durch sich selbst,
- durch den Betriebsrat.

Über die Teilnahme entscheidet die zuständige betriebliche Stelle aufgrund der festgelegten Zielgruppe für die jeweilige Maßnahme.

Meldet sich ein/e Beschäftigte/r zu einer Weiterbildungsmaßnahme an und wird diese vom Vorgesetzten abgelehnt, wird diese/r Beschäftigte beim nächsten Termin bevorzugt berücksichtigt. Die Ablehnung der Teilnahme muss begründet werden.

Weiterbildung

Beschäftigten, die sich nicht wie vorgesehen an einer Weiterbildungsmaßnahme beteiligen, sowie bei einem Abbruch der Weiterbildung, dürfen keine Nachteile entstehen.
Die Rechte des Betriebsrats gemäß BetrVG bleiben unberührt.

Teilnahmerecht des Betriebsrats

Der Betriebsrat, die Jugendvertretung und die Schwerbehindertenvertretung haben das Recht, an allen Aus- und Weiterbildungsmaßnahmen teilzunehmen.
Ihre sonstigen Ansprüche auf Schulungsmaßnahmen gemäß BetrVG bleiben davon unberührt.

Einfluss auf Personalentwicklungsverantwortliche

Dem Betriebsrat sind zur Wahrnehmung seiner Aufgaben gem. § 98 Abs. 2 BetrVG rechtzeitig die Personen bekannt zu geben, die mit der Durchführung der betrieblichen Bildungsmaßnahmen beauftragt werden sollen.
Alle internen Personen, die mit der Durchführung der betrieblichen Bildungsmaßnahmen beauftragt sind, haben jährlich einen Anspruch auf bezahlte Freistellung von der Arbeit zur Teilnahme an Weiterbildungsmaßnahmen, die der Ausbilderqualifizierung dienen. Für diesen Personenkreis ist vom Bildungsausschuss ein besonderes Fortbildungsprogramm aufzustellen.

Kosten

Der Arbeitgeber trägt die erforderlichen Kosten der Weiterbildungsmaßnahme sowie die notwendigen Reisekosten im Rahmen der jeweils geltenden steuerrechtlichen Vorschriften.
Die Zeit der Weiterbildungsmaßnahme sowie die innerhalb der vereinbarten individuellen regelmäßigen wöchentlichen Arbeitszeit liegende Reisezeit gelten als Arbeitszeit. Soweit die Weiterbildung außerhalb der vereinbarten täglichen oder wöchentlichen regelmäßigen Arbeitszeit stattfindet, finden die manteltariflichen Bestimmungen Anwendung.
Externe Qualifizierungsmaßnahmen, an denen die Teilnahme in überwiegendem Maße persönlich motiviert ist und deren Nutzung und Verwertung für das Unternehmen nicht unmittelbar ersichtlich ist, können auf Antrag durch Freistellung, teilweise Kostenbeteiligung des Unternehmens etc. gefördert und unterstützt werden.

Zertifizierung

Inhalt und Gestaltung einer beschäftigungsbezogenen Weiterbildungsmaßnahme bzw. einer Maßnahmenfolge – sowohl interne als auch externe Maßnahmen – orientieren sich in der Regel an den Ausbildungsinhalten anerkannter Ausbildungsberufe. Es erfolgt eine entsprechende Zertifizierung der jeweiligen Weiterbildungs-

Weiterbildung

maßnahme. Geschieht dies nicht durch den Träger der Weiterbildungsmaßnahme, so übernimmt (Name des Unternehmens) diese Zertifizierung.

Weiterbeschäftigung/Kostenrückerstattung

Aus der Teilnahme an Fort- und Weiterbildungsmaßnahmen darf den Arbeitnehmer:innen keine Verpflichtung zur Aufrechterhaltung des Arbeitsverhältnisses oder eine entsprechende Kostenrückerstattung bei frühzeitiger Beendigung des Arbeitsverhältnisses entstehen.

Transparenz

Um allen Beschäftigten die Möglichkeit zu eröffnen, an den Weiterbildungsmaßnahmen, soweit sie ihrer Bestimmung nach nicht auf bestimmte betriebliche Funktionen oder Beschäftigte begrenzt sind, teilzunehmen, sind die Maßnahmen in geeigneter und betriebsüblicher Weise zu veröffentlichen.
Um die Programme für die Beschäftigten möglichst transparent zu machen, ihnen eine Orientierung zu ermöglichen und ihre Motivation zur Nutzung des erweiterten Lernangebots zu fördern, sollen Möglichkeiten einer Verbesserung der Information der Mitarbeiter über die Weiterbildungsprogramme in ausgewählten Bereichen erprobt werden.

Sonstiges

Während der Qualifizierungsmaßnahmen ist eine ausreichende Personalbesetzung sicherzustellen. Die Vorgesetzten haben Weiterbildungsmaßnahmen rechtzeitig einzuplanen und für notwendigen Ersatz zu sorgen.
Im Rahmen von Fortbildungs- und Umschulungsmaßnahmen dürfen keine Leistungsbeurteilungen erstellt, sondern allenfalls Lernzielkontrollen durchgeführt werden. In die Personalakte werden nur nicht wertende Teilnahmebescheinigungen aufgenommen.

Werkstudierende

Grundlagen

Werkstudierende sind Studierende, die zur Sicherung ihres Lebensunterhalts erwerbstätig sind. Sie sind nicht zu Ausbildungszwecken im Betrieb, sondern in das operative Geschäft eingebunden.
Die Beschäftigungsmodelle können ganz unterschiedlich sein. Manche arbeiten durchgängig auch während des Semesters zwei Tage in der Woche im Betrieb, manche nur in der vorlesungsfreien Zeit in Vollzeit. Andere wiederum kombinieren beides (siehe dazu auch → **Ferienjobs**).

Arbeitsrechtlicher Status
Werkstudierende sind normale Beschäftigte. Dabei sind sie befristet und/oder in Teilzeit beschäftigt. Der sogenannte Werkstudierendenstatus betrifft einzig die Sozialversicherung. Werkstudierende sind von der Sozialversicherungspflicht befreit, anders als → **dual Studierende/duale Studiengänge**. Häufig werden die Bezeichnungen Werkstudierende (Arbeitnehmer:innen) und Werkvertragsnehmer:innen (Selbstständige) vermischt. Ob eine Person Arbeitnehmer:in ist, kann anhand verschiedener Voraussetzungen überprüft werden. Treffen folgende Punkte zu, handelt es sich um eine abhängige Beschäftigung: wenn die Beschäftigung inhaltlich, örtlich und zeitlich den Weisungen des Arbeitgebers unterliegt und der/die Werkstudierende/r in den Betriebsablauf integriert ist. Werksstudierende sind somit abhängig Beschäftigte.

Bedeutung für die Werkstudierenden

Der/die Werkstudierende schließt einen privatrechtlichen Vertrag mit dem Arbeitgeber, der zur Leistung von Diensten (nicht nur eines Erfolgs) verpflichtet. Es gelten alle Gesetze, Tarifverträge und Betriebsvereinbarungen. Der Betriebsrat ist Ansprechpartner für die Werkstudierenden.

Werkstudierende

Bedeutung für den Betriebsrat/die JAV

Es gelten alle Mitbestimmungsrechte des Betriebsrats auch für Werkstudierende. Laut Urteil des BAG (11.11.2008 – 1 ABR 68/0) müssen Arbeitgeber in Betrieben mit einer Vergütungsordnung alle Arbeitnehmer:innen bei der Einstellung entsprechend in diese eingruppieren. Die Eingruppierung von Werkstudierenden muss dem Betriebsrat zur Zustimmung vorgelegt werden. Eine Schlechterstellung der Werkstudierenden bei der Eingruppierung ist ein Verstoß gegen den Gleichbehandlungsgrundsatz und stellt ggf. sogar einen Fall von Diskriminierung von Beschäftigten in Teilzeit dar. Außerdem wirkt eine korrekte Eingruppierung der Werkstudierenden nach Tätigkeit möglichem Lohndumping im Betrieb entgegen.

Werkvertrag und Scheinwerkvertrag

Grundlagen

Wenn in einem Betrieb Beschäftigte einer Fremdfirma tätig werden, kann es sich um Leiharbeitnehmer handeln, aber auch um sogenannte Werkvertragsarbeitnehmer.

Was ist der Unterschied?
Bei der Leiharbeit (→ **Leiharbeit**) haben die Gewerkschaften politisch einige Standards zu ihrer sozialen Sicherung durchsetzen können: So gilt grundsätzlich das Gleichbezahlungsgebot, Leiharbeitnehmer werden vom Betriebsrat des Entleihbetriebs mit repräsentiert, sofern Arbeitgeberentscheidungen dort fallen, und schließlich braucht der Verleiher eine Erlaubnis, bei der seine Seriosität überprüft wird.
Polemisierend sprechen Arbeitgeber und ihre Verbände von der »Überregulierung der Leiharbeit« und suchen nach anderen Wegen. Ein solches Mittel zum Zweck kann die Ausweitung von Werkverträgen bis hin zu Scheinwerkverträgen sein.
Beim Werkvertrag wird – anders als beim Dienstvertrag und eben auch beim Arbeitsvertrag – nicht eine bestimmte Dienstleistung für eine bestimmte Zeit geschuldet. Vielmehr soll der beauftragte Unternehmer ein bestimmtes Arbeitsergebnis liefern, also ein Werk.
Die Beauftragung eines Handwerkers ist typischerweise ein Werkvertrag: Er soll Leitungen verlegen, ein Dach reparieren, ein Zimmer streichen …
In diesen Zusammenhang gehört auch die Auslagerung solcher Arbeiten, die nicht zum Unternehmenszweck gehören und die ein anderer besser kann:
- Ein Import-/Exportunternehmen beauftragt eine IT-Firma, eine Softwarte maßgeschneidert zu entwickeln.
- Viele Arbeitgeber betreiben keine eigene Kantine mehr, sondern lassen dies von einem Caterer erledigen.
- Reinigungskräfte gehören nicht mehr zum Unternehmen, sondern zu einer Gebäudereinigungsfirma.

Werkvertrag und Scheinwerkvertrag

Die vorgenannten Beispiele sind nicht angreifbar. Mit dem Ziel, aus der tariflichen und sozialen Absicherung der Arbeitnehmer zu flüchten, werden Werkverträge im eigentlichen Kernbereich des Unternehmenszwecks eingesetzt:
- Ein Automobilhersteller lässt bestimmte Produktionsstraßen von Subunternehmern bewirtschaften.
- Werkvertragsunternehmer werden eingesetzt, um Spitzenbelastungen, Einsatzdienste und Rufbereitschaft abzudecken.

Zu nennen ist an dieser Stelle auch die Verlagerung von Arbeit auf »freie Mitarbeiter«.

Hier ähnelt die Konstruktion die der Leiharbeit, nur eben ohne die dort erreichten sozialen Absicherungen. Häufig erfolgt die Verlagerung von bisher selbst ausgeübten Tätigkeiten auf einen Werkvertragsunternehmer (»Outsourcing«). Wenn es gelingt nachzuweisen, dass ein Betriebsübergang vorliegt, können zumindest für ein Jahr besitzstandswahrend die alten Arbeitsbedingungen gesichert werden (Anwendung des Tarifvertrages, wenn der Werksunternehmer nicht tarifgebunden ist).

Bedeutung für den Betriebsrat/die JAV

Bei Leiharbeitnehmern ist der Betriebsrat nach § 99 BetrVG zu beteiligen und kann der Einstellung widersprechen. Bei Werkvertragsunternehmern und deren Arbeitnehmern besteht ein solches Beteiligungsrecht nicht. Der Arbeitgeber hat hier aber nach § 80 Abs. 2 Satz 1 BetrVG den Betriebsrat umfassend und vollständig zu unterrichten und die »Rechtsnatur« des Vertragsverhältnisses durch Unterlagen zu belegen, wobei hier vor allem der schriftliche Werkvertrag selbst in Betracht kommt.

Der Betriebsrat kann sodann prüfen, ob es sich um einen nicht angreifbaren Werkvertrag handelt oder aber um einen Scheinwerkvertrag. Nach der Rechtsprechung des BAG kommt es hierbei nicht auf den Vertragstext an, sondern auf die tatsächliche Praxis (BAG 15.4.2014 – 3 AZR 305/11). Stellt der Betriebsrat fest, dass die vermeintlichen Werksarbeitnehmer in die betrieblichen Abläufe eingegliedert sind und ihre Arbeit nach Weisungen der Vorgesetzten des Stammbetriebes – nicht des Werkunternehmers – ausführen, handelt es sich um einen Scheinwerkvertrag. Der Betriebsrat kann dann geltend machen, dass er an der Einstellung zu beteiligen gewesen wäre und da es an einer Beteiligung fehlte, der Werksunternehmer mit seinen Arbeitnehmern aus dem Betrieb zu entfernen sei. Er kann aber stattdessen auch darauf drängen festzustellen, dass diese Arbeitnehmer in Wirklichkeit der Belegschaft des Stammunternehmens zuzurechnen sind.

Zeugnis

Grundlagen

Der Ausbildende hat dem Auszubildenden bei Beendigung des Berufsausbildungsverhältnisses ein Zeugnis auszustellen, wie § 16 BBiG bestimmt.
Hat der Ausbildende die Berufsausbildung nicht selbst durchgeführt, so soll auch der Ausbilder das Zeugnis unterschreiben.
Das Zeugnis muss Angaben enthalten über Art, Dauer und Ziel der Berufsausbildung sowie über die erworbenen Fertigkeiten und Kenntnisse des Auszubildenden. Auf Verlangen des Auszubildenden sind auch Angaben über Führung, Leistung und besondere fachliche Fähigkeiten aufzunehmen.
Das Berufsausbildungsverhältnis endet mit dem Ablauf der Ausbildungszeit bzw. mit Bestehen der Abschlussprüfung, wenn der Auszubildende vor Ablauf der Ausbildungszeit die Abschlussprüfung besteht. In den anerkannten Ausbildungsberufen sind nach § 37 BBiG Abschlussprüfungen durchzuführen, wobei dem Prüfling über die Abschlussprüfung ein Zeugnis auszustellen ist.
Im Übrigen haben natürlich ganz allgemein Arbeitnehmer bei Beendigung des Arbeitverhältnisses nach § 630 BGB einen Anspruch auf Erteilung eines schriftlichen Zeugnisses entweder als einfaches Zeugnis über Art und Dauer der Tätigkeit oder auf Verlangen des Arbeitnehmers auf ein qualifiziertes Zeugnis, welches sich auch auf die Leistung und das Verhalten im Arbeitsverhältnis erstreckt. Hier hat sich seit Jahrzehnten ein sogenannter Zeugniscode entwickelt, da einerseits nämlich ein Zeugnis wohlwollend abgefasst sein soll und den Beurteilten nicht in seiner weiteren Entwicklung behindern soll, andererseits aber auch richtig sein und der Wahrheit entsprechen muss. Dem ungetreuen Kassierer beispielsweise, der vielleicht fristlos wegen Unterschlagung entlassen wurde, darf der Arbeitgeber in einem Zeugnis nicht irreführend besondere Ehrlichkeit bescheinigen.
Gewisse Anhaltspunkte über häufig in Zeugnissen verwendete Formulierungen und was damit gemeint ist, gibt nachstehende Übersicht über den Zeugniscode.

Zeugnis

Übersicht: Zeugniscode

Das steht im Zeugnis	und das ist gemeint
Er (sie) hat die ihm (ihr) übertragenen Arbeiten stets zu unserer vollsten Zufriedenheit erledigt	sehr gute Leistungen
Er hat die ihm übertragenen Arbeiten stets zu unserer vollen Zufriedenheit erledigt	gute Leistungen
Er hat die ihm übertragenen Arbeiten zu unserer Zufriedenheit erledigt	ausreichende Leistungen
Er hat die ihm übertragenen Arbeiten im Großen und Ganzen zu unserer Zufriedenheit erledigt	mangelhafte Leistungen
Er hat sich bemüht, die ihm übertragenen Arbeiten zu unserer Zufriedenheit zu erledigen	unzureichende Leistungen
Er hat alle Arbeiten ordnungsgemäß erledigt	Er ist ein Bürokrat, der keine Initiative entwickelt
Mit seinen Vorgesetzten ist er gut zurechtgekommen	Er ist ein Mitläufer, der sich gut anpasst
Er war sehr tüchtig und wusste sich gut zu verkaufen	Er ist ein unangenehmer Mitarbeiter
Wegen seiner Pünktlichkeit war er stets ein gutes Vorbild	Er war in jeder Hinsicht eine Niete
Wir haben uns im gegenseitigen Einvernehmen getrennt	Wir haben ihm gekündigt
Er bemühte sich, den Anforderungen gerecht zu werden	Er hat versagt
Er hat sich im Rahmen seiner Fähigkeiten eingesetzt	Er hat getan, was er konnte, aber das war nicht viel
Alle Arbeiten erledigte er mit großem Fleiß und Interesse	Er war eifrig, aber nicht besonders tüchtig
Er zeigte für seine Arbeit Verständnis	Er war faul und hat fast nichts geleistet
Wir lernten sie als umgängliche Kollegin kennen	Viele Mitarbeiter sahen sie lieber von hinten als von vorn
Sie ist eine zuverlässige (gewissenhafte) Mitarbeiterin	Sie ist zur Stelle, wenn man sie braucht, allerdings ist sie nicht immer brauchbar
Durch seine Geselligkeit trug er zur Verbesserung des Betriebsklimas bei	Er neigt zu übertriebenem Alkoholgenuss

Stichwortverzeichnis

A
Abfindung 390, 420
- gesetzlicher Anspruch 420

Abmahnung 19
- ausländerfeindliches Verhalten 20
- Personalakte 19
- Rechtsmittel gegen Abmahnung 22
- Warnfunktion 22

Abschlussprüfungen 106
Akkordarbeit 23
- Formen der Akkordarbeit 24
- Geldfaktor 24
- Gesundheitsgefährdung 25
- Zeitakkord 24

Akkordlohn 23
Alkoholverbot 518
- mitbestimmungspflichtig 518

Allgemeine Aufgaben der JAV 26
Allgemeines Gleichbehandlungsgesetz 39, 545
- Praktikum 509

Änderungskündigung 43
- Drei-Wochen-Frist 45
- Kündigungsschutzklage 44
- Mitbestimmungsrechte des Betriebsrats 45

Angemessene Vergütung 192
Anrechnung der Berufsschulzeit 235, 320, 392, 406
Anregungsrecht der JAV 28
Antrag auf Übernahme 527
Anwalt 61
Anzeigepflicht 75
Arbeit 4.0 263, 445
Arbeitgeber 50
- juristische Personen 50
- natürliche Personen 50
- Organ der Betriebsverfassung 51
- sozialer Gegenspieler 51
- Vertragspartei 52

Arbeitgeberwechsel 269
Arbeitnehmer 50
Arbeitnehmerbegriff 53
- arbeitnehmerähnliche Personen 54
- Definition 53
- zur Berufsausbildung Beschäftigte 54

Arbeitnehmererfindung 55
- Arbeitnehmererfindungsgesetz 55
- Diensterfindungen 55
- freie Erfindungen 57
- Patent anmelden 56
- Richtlinien für die Vergütung 55

Stichwortverzeichnis

- unbeschränkte Inanspruchnahme 55
- Verbesserungsvorschlagswesen s. dort 57

Arbeitnehmerhaftung 58
Arbeitnehmerschutzrecht 277
Arbeitsgericht 61
- Berufsrichter 61
- ehrenamtlicher Richter 61
- Streitigkeiten zwischen Auszubildenden und Ausbilder 61

Arbeitskampf 560
Arbeitskleidung 63
- Schutzbekleidung 63

Arbeitslosengeld 420
Arbeitsordnung 66
- Beispiel 67
- Direktionsrecht 66
- Mitbestimmungsrecht 66
- Regelungsbereiche 66

Arbeitsplatzbegehung 69
Arbeitsstättenverordnung 71
- Raumtemperatur 72

Arbeitsunfähigkeit 73
Arbeitsunfähigkeitsbescheinigung 75
- Erkrankungen im Ausland 75
- Stellungnahme des Medizinischen Dienstes 76

Arbeitsverhinderung 77, 87
- Arbeitsverhinderung aus persönlichen Gründen 77
- Beispiel 78
- bezahlte Freistellung von der Arbeit 78
- Krankheit 77
- Rechtsgrundlage 77

Arbeitsvertrag 52, 415
Arbeitszeit 80, 134, 337
- Arbeitszeitgesetz 80
- Definition (tägliche…) 81

- Jugendarbeitsschutzgesetz 80
- Ruhepausen 519
- Schichtarbeit 523

Arbeitszeitgesetz 85
- Bundeseinheitliche Feiertage 86
- Schutzgesetz 85
- Sonn- und Feiertagsbeschäftigung 86
- Sonn- und Feiertagsruhe 86
- Überstunden 85

Arztbesuch 87
- Gleitzeitregelung 87
- Lohnfortzahlungsanspruch 87

Assessment-Center 88
- Mitbestimmungsrecht 88

Assistierte Ausbildung 90, 324
Aufgaben der JAV 400
Aufsichtsbehörde nach dem Jugendarbeitsschutzgesetz 91
- Bergamt 91
- Gewerbeaufsichtsämter 91

Ausbildende Fachkräfte 93
- Mitbestimmungsrecht 94
- Rahmenbedingungen 93

Ausbilder 95, 235
- Jugendarbeitsschutzgesetz 95

Ausbilder/Ausbildereignungsverordnung 392
Ausbildereignungsprüfung AEVO 125
- Qualitätsmanagement 126

Ausbildereignungsverordnung 95
Ausbildung
- digitale Medien 306

Ausbildung 4.0 98
Ausbildungsbeauftragte 93
- Mitbestimmungsrecht 94
- Rahmenbedingungen 93

Ausbildungsbedingungen 69
Ausbildungsberufe 100
- Ausbildungsordnung 100

Stichwortverzeichnis

- Verzeichnis der Berufsausbildungsverhältnisse 100
Ausbildungsfremde Tätigkeit 102, 116
Ausbildungsintegrierendes duales Studium 315
Ausbildungskonzepte
- digitale Medien 306
Ausbildungskosten, Rückzahlung von 104
- Berufsfortbildungsverträge 104
- Rückzahlungsklauseln 104
Ausbildungsmittel 106
- Aufgaben der JAV 401
Ausbildungsordnung 108, 235
Ausbildungsplan 117
Ausbildungsplätze
- Aufgaben der JAV 401
Ausbildungsplatzsituation 122, 337
- Ausbildungsverträge mit Frauen 123
- umlagefinanzierte Ausbildungsgarantie 124
Ausbildungsqualität 125
- Qualitätsstandards 125
Ausbildungsrahmenplan 102, 285
Ausbildungsreife 129
Ausbildungsreport 131
Ausbildungsvergütung 133
- Vergütungsanspruch und Mindestvergütung 134
Ausbildungsvertrag 121, 577
Ausbildungsvertragsmuster 149
- Inhalt des Vertrags 149
Ausbildungswerkstatt 511
Ausbildungszeit 80
- Mitbestimmungsrecht 83
- Ruhepausen 81
- Schichtzeit 81
- Teilnahme am Berufsschulunterricht 81

Ausbildungszweck 102
Ausländerfeindliches/rassistisches Verhalten 171
Ausländische Arbeitnehmer:innen/Menschen mit Migrationshintergrund 171
- Ausbildungspersonal 177
- Beschwerdeverfahren 177
- betriebliche Berufsbildung 177
- betriebliche Bildungsmaßnahmen 177
- Betriebsvereinbarung 180
- Gleichbehandlung 172
- Handlungsmöglichkeiten 173
- Integration 172
- Maßnahmen beim Betriebsrat beantragen 178
- Maßnahmen zur Bekämpfung von Rassismus und Fremdenfeindlichkeit 176
- personelle Maßnahmen 176
- Überwachungsrecht 176
- Ungleichbehandlung 176
Ausschüsse für Berufsbildung 185
- Aufgaben 185
Außerbetriebliche Ausbildung 189f.
- integrative Form 189
- Interessenvertretung 190
- kooperierendes Modell 189
- Qualifizierung von Jugendlichen für den Arbeitsmarkt 189
Außerbetriebliche Berufsbildungsmaßnahmen 624
Außerbetriebliche und überbetriebliche Ausbildung 189
Aussetzen von Beschlüssen des Betriebsrats 194
Auswahlrichtlinie 196
Auswahlverfahren 196

Stichwortverzeichnis

Auszubildende
- Kurzarbeit 424
Azubi-Wohnen 123, 200
- Azubi-Wohnheime 201
- Mitarbeitenden-Wohnen 201

B
BDSG 482
- Arbeitnehmerrechte 482
Beendigung des Ausbildungsverhältnisses 204
- Ablauf der Ausbildungszeit 204
- Abschlussprüfung 204 f.
- Kündigung 204
Befristeter Arbeitsvertrag 206
- arbeitsrechtlicher Gleichbehandlungsgrundsatz 211
- aus sachlichem Grund 207
- Befristungsregelung 208
- Befristung unwirksam 208
- besonderer Kündigungsschutz 212
- Fallgruppen 206
- Handlungsmöglichkeiten für den Betriebsrat 214
- Informationsansprüche des Beschäftigten 217
- kalendermäßig befristet 208
- Kettenarbeitsverträge 208
- Klage 217
- Klagefrist 208
- negative Auswirkungen 214
- ohne Sachgrund 209
- ordentliche Kündigung 212
- Schriftform 208
- Übernahme des Auszubildenden 211
- ungeschütztes Arbeitsverhältnis 213
- Zeitbefristung 211
- Zweckbefristung 208

Benachteiligte Jugendliche 323
Benachteiligtenförderung 322
Berichtsheft 106, 218
- Ausbildungsnachweis 218
- Zulassungsvoraussetzung 218
Berufsausbildungsverhältnis 228
- berufliche Fortbildung 228
- berufliche Umschulung 228
- Berufsbildung 228
Berufsausbildungsvertrag 117
Berufsbegleitender dualer Studiengang 316
Berufsbildung 230, 235, 237, 320, 500
- Berufsbildungsgesetz 230
- Jugendarbeitsschutzgesetz 230
Berufsbildungsbedarf 97, 232 f., 623
- Bildungsbedarfsanalyse 233
Berufsbildungsbericht 2024 122
Berufsbildungsgesetz 235
- offene Reformanforderungen 236
- Verbesserungen 236
Berufsbildungsgesetz (BBiG) 235, 320, 498
Berufsbildungsvalidierungs- und -digitalisierungsgesetz 236
Berufsgenossenschaften 238
Berufsgrundbildungsjahr 240
Berufsintegrierender dualer Studiengang 316
Berufsschule 235, 242
Berufsschulpflicht 235, 244, 320
Berufsschulzeit 80
Beschäftigtenschutzgesetz
- Mitbestimmungsrecht 374
- sexuelle Belästigung 374
Beschäftigungssicherung 624
Beschäftigungsverbote und -beschränkungen 245

Stichwortverzeichnis

- Akkordarbeiten 245
- betriebsärztliche Betreuung 245
- gefährliche Arbeit 245

Beschlussverfahren 61

Beschwerderecht 247
- Beeinträchtigung 247
- Einigungsstelle 248
- individuelles Beschwerdeverfahren 247
- keine Nachteile 248
- Klageverfahren 248
- kollektives Beschwerdeverfahren 248
- Rechtsanspruch 248
- Repressalien 249
- Wahlrecht 247

Beschwerderecht der JAV 28

Beschwerdestelle 545

Betriebliche Altersversorgung 250

Betriebliche Berufsbildungsmaßnahmen 624

Betrieblicher Ausbildungsplan 117

Betriebliches Eingliederungsmanagement 252
- Arbeitsunfähigkeit 252
- Rehabilitation 253

Betriebliche Sozialleistung 250

Betriebliche Übung 250

Betriebliche Weiterbildung 623

Betriebsänderung 389

Betriebsbegehung 27, 69, 120

Betriebsbegriff 255
- Beschlussverfahren 258
- Betriebsteile 256
- Definition 255
- gemeinsamer Betrieb mehrerer Unternehmen 257
- Kleinstbetrieb 257
- Leitungsapparat 257

Betriebsbuße 259

Betriebsgeheimnis oder Geschäftsgeheimnis 260
- Definition 261
- Persönlichkeitsschutz 262
- Verstöße 262
- Zeitraum der Schweigepflicht 260

Betriebsrat 175, 263, 270, 447
- Aufgabenstellung 265
- Gestaltungsfunktion 265
- Interessengegensatz 264
- Künstliche Intelligenz 265
- Mitwirkungs- und Mitbestimmungsrecht 266
- Schutzfunktion 265
- Unterrichtungs- und Beratungsrechte 447
- vertrauensvolle Zusammenarbeit 264
- Vertretungsorgane 264
- Zusammenarbeit mit der JAV 29

Betriebsratssitzung
- Antragsrecht 120
- Stimmrecht 120

Betriebsrundgänge 70

Betriebsübergang 269

Betriebsvereinbarung 216, 269, 271, 285
- Ausschlussfristen 273
- Bedeutung 275, 449
- beenden 273
- befristeter Arbeitsvertrag 216
- Form 271
- formlos 274
- freiwillige Betriebsvereinbarungen 216, 271
- Grundsatz 271
- Günstigkeitsprinzip 272
- im Betrieb an geeigneter Stelle ausgelegt 272
- kollektiv gestalten 275

Stichwortverzeichnis

- Kräfteverhältnis widerspiegeln 275
- Nachwirkung 273
- Rechte und Pflichten 275, 449
- Rechtswirkung 271
- Regelungsabrede 273
- Schriftform 272
- unmittelbar und zwingend 272
- Unterschrift 272
- Verzicht 276
- Vorrang gesetzlicher oder tariflicher Regelungen 271
- Wirkung 274
- zu Auswahlrichtlinien 448
- zur Berufsbildung 447–449
- zwingende Betriebsvereinbarung 271

Betriebsvereinbarung Menschen mit Migrationshintergrund 180
Betriebsverfassungsgesetz 277
Betriebsversammlung 278, 394
- Abteilungsversammlung 278
- Arbeitgeberbericht 280
- Arbeitgeber Teilnahmerecht 280
- Arbeitsentgelt 280
- außerbetriebliche Personen 281
- Dauer 281
- Einberufung 279
- Einladungsfrist 281
- Gewerkschaft 280
- Hausrecht 281
- Inhalte 281
- JAV 282
- leitende Angestellte 281
- Teilnahme 280
- Teilversammlung 278
- weitere 279
- Zeitpunkt 281

Beurteilungsgrundsatz 285
Beurteilungssystem 285
Bildungsurlaubsgesetz 292

Bildungsurlaubsmaßnahme 292
Blockunterricht 297
- Freistellung 297

Bundeselterngeld- und Elternzeitgesetz 473
Bundesurlaubsgesetz 590
- Berufsschüler 591
- Erkrankung 592
- Erwerbstätigkeit 592
- Mitbestimmungsrecht 592
- Übertragung des Urlaubs 591
- Urlaubswünsche des Jugendlichen 591

Bußgeldvorschrift/Strafvorschrift 299

D

Datenschutz 300, 480, 512
- Betriebliche Mitbestimmung 301
- Bundesdatenschutzgesetz (BDSG) 300
- Datenschutzgrundverordnung 300, 480

Deutscher Qualifikationsrahmen DQR 303
- Fachkompetenz 303
- Personale Kompetenz 303

Digitale Medien
- Ausbildung 306
- didaktische Konzepte 306

Digitale Medien in der Ausbildung
- Mitbestimmung 307

Digitalisierung 100, 511
Digitalisierung der Arbeitswelt 322

Drogentests 311
Duales Ausbildungssystem 235, 320, 582
Duales Studium
- Voraussetzung 316

Duales System 231, 242
Duale Studiengänge 314
- Arten 315
Dual Studierende
- Kurzarbeit 426

E
Eignung der Ausbildungsstätten 125
Einfachberufe/Schmalspurausbildung 322
Einigungsstelle 325, 390, 447 f.
- Anrufung 326
- Beisitzer 326
- Beschlüsse 325
- Betriebsratsbeschluss 326
- Friedenspflicht 325
- JAV-Vertreter 327
- Mitglieder 326
- Spruch 328
- ständige Einrichtung 326
- Ultima-ratio-Prinzip 327
- Vorsitzender 326
- Zuständigkeit 325
Einstellung 196
- von Auszubildenden 311
Einstellungstest 196
Einstellungsuntersuchung 311
Einstellungsverfahren 196
Einstiegsqualifizierungen für Jugendliche – EQ 329
Elterngeld 473
Entgeltausfall
- gesundheitliche Betreuung Jugendlicher 361
Entgeltfortzahlungsgesetz 73
Erholungszweck
- Ruhepause 519
Ersatzmitglied 527
Erstuntersuchung 360

F
Fachkräfteeinwanderungsgesetz 174
Fachkräfte für Arbeitssicherheit 292
Fahrtkosten 334
- Besuch der Berufsschule 334
- Montage 334
- Teilnahme an Prüfungen 334
Familienbetrieb, -haushalt 336
- Beschäftigungsverbot 336
- landwirtschaftliche Familienbetriebe 336
- Personensorgeberechtigte 336
Ferienjobs 337
Flüchtlinge 171, 173
- Arbeitsmarktzugang 173
Förderkonzept 324
Fördern statt Auslesen 286
Fragebogen zur Ausbildungsqualität 27
Freistellung 69, 292, 340
Freiwillige betriebliche Sozialleistungen 250
Fristlose Kündigung 343, 526
- Probezeit 344
- wichtiger Grund 343

G
Gefährliche Arbeiten 346, 392
Geheimhaltungspflicht
- soziale Netzwerke 549
- Voraussetzungen 260
Gemeinschaftsbetrieb 257
Gesamtbetriebsrat 348
Gesamt-Jugend- und Auszubildendenvertretu 348
Gesamt-Jugend- und Auszubildendenvertretung 348
- Errichtung 348
- Geschäftsführung 348

645

Stichwortverzeichnis

- Verfahren bei Abstimmungen 348
- Zusammensetzung 348

Geschäftsgeheimnisgesetz 589
Geschäftsordnung 352, 547
- Ersatzkandidat:innen 352
- Gesamt-Jugend- und Auszubildendenvertretung 352
- JAV 352

gestreckte Abschlussprüfung 48
Gesundheitliche Betreuung Jugendlicher 87, 360
Gesundheitsdaten 480f.
Gewerbeaufsicht 362
- Überwachung 362

Gewerkschaft 363
- Beauftragter 365
- Betätigungsmöglichkeit 365
- Betätigungsrecht 366
- Betriebsrat 364
- gewerkschaftlicher Vertrauenskörper 364
- im Betriebsverfassungsgesetz 363
- JAV 364
- Koalitionsbegriff 363
- Öffnungsklauseln 364
- Rechte 365
- Stellung im Betriebsverfassungsgesetz 364
- Tarifautonomie 364
- Tarifvorrang 364
- Vertrauensleute 366
- Voraussetzung 363
- Zugangsrecht 365

GJAV 348
Gleichberechtigung 368, 372
- Benachteiligung 369
- Betriebsvereinbarung 376
- Durchsetzung 373
- Geschlechterquote 371

- Gleichberechtigungsgebot 368
- Vereinbarkeit von Beruf und Familie 372
- Zielvorgabe Frauenanteil 371

Gleitende Arbeitszeit 379
- Gleitzeitvereinbarungen 379
- Kernarbeitszeit 379

H

Handwerksinnung 381
Handwerkskammer 381
- Aufgaben 381
- Handwerksrolle 381

Hausrecht 395
Hinweisgeberschutz 383
Hinweisgeberschutzgesetz
- externe Meldestelle 384
- interne Meldestellen 384
- Repressalien 383
- Verstöße 384

I

Industrie 4.0 263, 445
Industrie- und Handelskammer
- Aufgaben 387
- Berufsbildungsausschuss (BBA) 387

Initiativrecht der JAV 27
Interessenausgleich 270
Interessenausgleich und Sozialplan 389
- Betriebsänderung 389

Internetquellen 431, 433

J

JAV 26f., 178, 266, 400, 445
- allgemeine Aufgaben 26
- Anregungsrecht der JAV 28
- Beschluss 29
- Beschwerderecht der JAV 28
- Betriebsbegehungen 27

Stichwortverzeichnis

- Betriebsrat 28
- erforderliche Unterlagen 31
- Fragebogenaktion 27
- Informationen 30
- Initiativrecht 27
- Mitbestimmungsrechte 445
- rechtzeitige Unterrichtung 30
- Stichproben 26
- Stimmrecht für die JAV 29
- Teilnahmerecht 30
- Überwachungsrecht 26
- Unterlagen 30
- Unterrichtung durch den Betriebsrat 30
- Ziel der JAV-Arbeit 29
- Zusammenarbeit mit dem Betriebsrat 29

JAV-Sitzungen 547
JAV und Betriebsrat 266
- Antrag beim Betriebsrat 267
- Beispiel für einen Aussetzungsantrag 268
- Beschluss des Betriebsrats aussetzen 267
- Besprechungen mit dem Arbeitgeber 267, 403
- Betriebsratssitzungen 266
- Teilnahmerecht 266

JAV und Personalrat 490
- Antragsrecht 491
- Beschluss aussetzen 491
- Monatsgespräche 491, 497
- Sitzungen 490, 497

JAV und Personalvertretungsrecht
- Aufgaben 496
- Unterrichtungsanspruch 496

Jugendarbeitsschutzausschüsse 391 f.
Jugendarbeitsschutzgesetz 392
Jugend- und Auszubildendenversammlung 394

Jugend- und Auszubildendenvertretung 400
- Arbeitsmöglichkeiten 402
- Zusammenarbeit von JAV und Betriebsrat 403

K

Kinderarbeit 392, 404
Kinderarbeitsschutzverordnung
- Beschäftigungsverbot 405
- zulässige Beschäftigungen 405

Kleinbetriebe 415, 419
Koalitionsfreiheit 560
Konsensprinzip 109
Konzernbegriff 256
Konzern-Jugend- und Auszubildendenvertretung 407
- Anzahl der Mitglieder 408
- Ausschüsse 409
- Sitzungen 409

Krankenrückkehrgespräch 252
Krankheitsbedingte Kündigung 253
Kündigung 196, 269, 411, 417
- Änderungskündigung 412
- dringende betriebliche Interessen 417
- Form der Kündigung 411
- fristlose Kündigung 412
- Kündigungsfrist 412
- Kündigungsschutzklage 412
- ordentliche Kündigung 412
- personen- oder verhaltensbedingte Gründe 417
- unwirksam 269

Kündigung des Ausbildungsverhältnisses 414
- Kündigungsfrist 414
- Probezeit 414

Kündigungsfrist 415

647

Stichwortverzeichnis

Kündigungsschutz 417, 526
- besonderer 526
- Kündigungsfrist 418

Kündigungsschutzgesetz 417, 526
Kündigungsschutzklage 419
- drei Wochen 419

Kündigungsschutzprozess 419
- Auflösung des Arbeitsverhältnisses 420
- nachträgliche Klagezulassung 420
- Zahlung einer Abfindung 420

Künstliche Intelligenz 422
- Mitbestimmungsrechte 423
- Prüfungen 423

Kurzarbeit 424
Kurzarbeitergeld 424

L

Lebensbegleitendes Lernen 625
Leiharbeit 428
- ArbSchutzKontrollG 428
- Gleichbezahlungsgebot 429
- Leiharbeitnehmer in der Betriebsverfassung 430

Leistungsverweigerungsrecht 103
Lerninselausbildung 511
Literatur 431
- Ausstattung 431
- Fachzeitschriften 432
- Gesetzestexte 431
- Kommentare 432
- Periodika 431

Lohnausfallprinzip 73

M

Mankogeld 60
Mankohaftung 59
Maßnahmen zum Schutz der Gesundheit 436
Maßregelungsklausel 560

Mentale Gesundheit 436
- Gefährdungsbeurteilung 438
- Mitbestimmung 437
- psychische Belastungen 436

Migrant:innen 171
Mindestalter für Beschäftigung 441
- Aufsichtsbehörde 441
- Betriebspraktikum 441
- Schulferien 441

Mindestausbildungsvergütung 443
- Angemessenheit 443
- Branchenstandard 444
- Tarifverträge 443

Mindestlohn
- Praktikum 506

Mindestlohngesetz
- Ausbildungsvergütung 133
- Praktikum 509

Mindestvergütung 443
- Angemessenheit 443
- Branchenstandard 444
- Tarifverträge 443

Mitbestimmung 448
- Ausschreibung von Ausbildungs- und Arbeitsplätzen von Ausbildern 457
- Auswahlrichtlinien 458
- bei Kündigungen 460
- Betriebsänderungen 460
- Betriebsrat 448
- Beurteilungsgrundsätze 458
- Durchführung betrieblicher Bildungsmaßnahmen 459
- Einrichtungen und Maßnahmen der Berufsbildung 459
- Einstiegsqualifizierung für Jugendliche 330
- Förderung der Berufsbildung 458

- Mitbestimmung bei personellen Einzelmaßnahmen 460
- Personalfragebogen 458

Mitbestimmung und Ausbildung 445

Mitbestimmungsrecht 48, 120, 196, 277, 325, 445, 455
- Beschäftigungssicherung 457
- betriebliche Bildungsmaßnahme 448
- Beurteilungsfragen 448
- Ferienjobs 339
- Gestaltung der Ausbildung 445
- Initiativrecht 456
- JAV 455
- Personalplanung 457
- Ruhepause 520
- Schichtarbeit 523
- soziale Angelegenheiten 456

Mobbing 463
- Tatsachen 463
- wichtiger Grund 463

Mobile Arbeit 464
- Betriebsvereinbarung 465
- Homeoffice 464
- Mitbestimmung 464

Mobile Ausbildung
- Ausbildungsinhalte 468
- Mitbestimmung des Betriebsrats 468

Modulausbildung 471

Mutterschutz 473
- Beschäftigungsverbot 473
- Elterngeld 474

Mutterschutzgesetz 473

N

Nachtarbeit/Nachtruhe 475
- Ausnahmen 475
- Berufsschulunterricht 475
- mehrschichtige Betriebe 475

Nachuntersuchung 361

Nachweisgesetz 52, 477
- Inhalte des Arbeitsvertrags 477
- Praktikanten 478

Nachweispflicht 75

New Work 98

Nichtraucherschutz 72, 517

Niederschrift 547

Novellierung Berufsbildungsgesetz 2020 235

P

Pausenräume
- Ruhepausen 520

Personalakte 480
- Abmahnung 484
- Anfertigung von Notizen 483
- Betriebsrat 485
- Bundesdatenschutzgesetz 481
- Einsicht 483
- elektronische Datenbanken 481
- Entfernung von unrichtigen Angaben 484
- Erklärungen zum Inhalt 483
- Hinzuziehung 485
- Inhalt 480
- Mitbestimmung des Betriebsrats 485
- Regelungen des Einsichtnahmerechts 485

Personalplanung 624

Personalplanungssystem 578
- Personalbedarfsplanung 578
- Personaleinsatzplanung 579
- Personalentwicklungsplanung 579

Personalrat 486
- Anhörungsrecht« 488
- Aufgabenstellung 487
- Beteiligungsrecht 487
- Einigungsstelle 489

Stichwortverzeichnis

- gleichberechtigte Partner 487
- Informationsrecht 487
- Initiative 487
- JAV 490
- Mitbestimmungsrecht 489
- Mitwirkungsrecht 488
- vertrauensvolle Zusammenarbeit 486

Personalvertretungsrecht 493
- Beteiligungsrechte 494
- JAV 495
- sachlicher Anwendungsbereich 493
- Wahl der JAV 495

Personelle Einzelmaßnahmen
- Praktikum 507

Pflegeberufegesetz 498
Pflichten des Ausbildenden 503
- Berichtshefte 503
- Besuch der Berufsschule 503
- Prüfungsanforderungen 503
- Vergütung 504
- Zeugnis 503

Pflichten des Auszubildenden 505
- Ausbildungsziel 505

Politische Weiterbildung 623
Praktikum 506
Praxisintegrierendes duales Studium 315
Probezeit 415
Probezeit in der Berufsausbildung 510
- Kündigungsfrist 510

Programm gegen Jugendarbeitslosigkeit 337
Prüfungen 106, 514
- Abschlussprüfung 514
- Berichtsheft 515
- Zwischenprüfung 515

Q

Qualifizierte Ausbildungsberufe 323
Qualität der Ausbildung 285
Qualität der Berufsausbildung 131

R

Rauchen am Arbeitsplatz/Alkoholverbot 517
Raucher 517
Raumtemperatur 72
Regelungsabrede 274
Reintegration 253
Ruhepause 519
- Dauer 519

S

Samstagsarbeit/Sonntagsarbeit/Feiertagsarbeit 521
- Ausnahmen 521
- Beschäftigungsverbot 521

Schadensersatzanspruch 462, 546
Schichtarbeit 523
Schmerzensgeld 463
Schmerzensgeldanspruch 546
Schüler:innenvertretung 243, 524
Schutzbestimmung 340, 526
Schutzvorschriften 526
- duales Studium 527

Schwerbehinderte Menschen 531
- begleitende Hilfen 535
- Beschäftigungspflicht des Arbeitgebers 533
- betriebliches Eingliederungsmanagement 533
- Budget für Ausbildung 534
- Definition 531
- Eingliederung 531
- Gleichgestellte 535
- Gleichstellung 531
- Integrationsamt 535

- Integrationsvereinbarung 533
- Jugendliche 534
- Kündigung 535
- Verpflichtung des Betriebsrats 533

Schwerbehindertenvertrauensleute 292

Schwerbehindertenvertretung 538
- Anhörungsrecht 540
- Aufgaben 540
- Aussetzung eines Betriebsrats- bzw. Personalratsbeschlusses 544
- betriebliches Eingliederungsmanagement 542
- Informationsrecht 540
- Initiativrecht 542
- Inklusionsvereinbarung 540, 543
- Monatsgespräche 543
- Stellvertretung 538
- Teilnahmerecht 543
- Überwachungsauftrag 543
- wahlberechtigt 538
- Wahlen 538

Sexuelle Belästigung 546
- Betriebsvereinbarung 546

Sitzungen 547
- Aufgaben der JAV 402

Sitzungen der Jugend- und Auszubildendenvertretung 547

Social Media 549
- Messenger-Dienste 549
- Nutzung während der Arbeitszeit 550

Soziale Netzwerke 549

Sprechstunden 551

Standardberufsbildpositionen 552

Stilllegung 389

Stimmrecht
- Sitzungen der JAV 547

Strafvorschriften 556
- Ordnungswidrigkeit 556

Streik 560
- Checkliste Einbeziehen Auszubildender 561
- Ziel 560

Streikrecht Auszubildender 560

Streitigkeiten zwischen Auszubildenden und Ausbilder 563
- Ausschüsse 563
- Schlichtungsspruch 563

Stufenausbildung 564

T

Tarifautonomie/Koalitionsfreiheit 566
- Streikrecht 566
- Tarifvertrag 566

Tarifvertrag 192, 269, 567
- Firmentarifvertrag 567
- normativer Teil 567
- schuldrechtlicher Teil 567
- Verbandstarifvertrag 567
- Vergütung 192

Tarifverträge 415
- Mindestausbildungsvergütung 443

Teilnahmerecht an Betriebsratssitzungen 120

Teilstilllegung 389

Teilzeitarbeit 568

Teilzeitarbeitsplatz 528

Teilzeitausbildung 570

Teilzeitberufsausbildung 607
- Ausbildungsvergütung 571
- Auswirkung auf Berufsschule 572
- Teilzeitmodelle 571
- Verlängerte Dauer der Ausbildung 571

Teilzeit- und Befristungsgesetz 568

Stichwortverzeichnis

Telefongespräche, E-Mail, Internet
  private Nutzung 574
Telefonkonferenzen 609

U
Überbetriebliche Ausbildung 189 f.
Übernahme 311
– Aufgaben der JAV 401
Übernahmeanspruch nach § 78a
  BetrVG 527
Übernahme in Teilzeit 568
Übernahme von Auszubildenden
  577
Umgruppierung 196
Umlagefinanzierung 321, 582
Umorganisation 389
Umzug 389
Unternehmensbegriff 256
Unternehmensmitbestimmung
  585
– Aufgabenstellung 588
– Gesetze 586
– JAV 589
Unterrichtungs-, Beratungs- und Mitbestimmungsrechte 445
Urabstimmung 561
Urlaub 590
– Langzeitkranke 592
– Mindeststandards 590
– Referenzprinzip 591
– Tarifvertrag 590
– Übertragung 591
– Werktage 591
– zusammenhängend 591
– zusätzliches Urlaubsgeld 590
– Zwölftel des Jahresurlaubs 591
Urteilsverfahren 61

V
Validierung 593
Validierungsverfahren 593

– Ergänzungsverfahren 594
– Feststellungsverfahren 593
Verbesserungsvorschlag 596
– Arbeitnehmererfindungen 596
– Musterbetriebsvereinbarung
  597
– Sonderleistung eines Arbeitnehmers 596
– Vergütungsanspruch 596
Verbundausbildung 321, 605
Vergütung
– Praktikum vor oder nach dem
  Studium 508
Verkürzung der Ausbildung 607
Versetzung 196
Versetzungspläne 120
Videositzungen 609
Virtuelle Sitzungen 609
– Geschäftsordnung 609

W
Wahl der JAV 612
– aktives Wahlrecht 613, 616
– Bedeutung für den Betriebsrat/die
  JAV/den Wahlvorstand 621
– dual Studierende 613
– Durchführung der Wahl 618
– Geschlechtsangabe divers 618
– Größe der JAV 617
– JAV-Wahlen 258
– normales Wahlverfahren 614,
  618
– passives Wahlrecht 613, 616
– vereinfachtes Wahlverfahren 614,
  618
– Voraussetzung 612 f.
– Wahlausschreiben 616 f.
– Wählerliste 616
– Wahlvorschlag 616
– Wahlvorstand 614 f., 617
Wahlrecht zur JAV 191

Warnstreik 560
Weiterbildung 623
– Anpassungsweiterbildung 623
– Aufstiegsweiterbildung 623
– Erhaltungsweiterbildung 623
Werkstudierende 633
Werkvertrag und Scheinwerkvertrag 635
– Einstellung 636
– Leiharbeitnehmer 635

Z
Zeugnis 637
– Zeugniscode 637
Zweijährige Einfachberufe 322

Kompetenz verbindet

Andreas Berkenkamp

Die Arbeit der JAV

Grundlagen nach dem BetrVG – Praxistipps – Fallbeispiele
2025. Ca. 150 Seiten, kartoniert
ca. € 39,-
ISBN 978-3-7663-7420-2

Was ist Aufgabe einer Jugend- und Auszubildendenvertretung? Wie läuft die Zusammenarbeit mit dem Betriebsrat? Welche Formalien sind beim Beschluss zu beachten? Welche Rechte hat die JAV gegenüber dem Arbeitgeber? Wie funktioniert der Übernahmeanspruch? Hat jedes Mitglied Anspruch auf Schulungen?

Wer neu in der JAV ist, wird mit vielen neuen Themen und Fragen konfrontiert. »Frage und Antwort« - Andreas Berkenkamp gibt Auskunft, klar und verständlich.

Mit Antworten auf Fragen zu:
- Rechten und Pflichten der JAV-Mitglieder
- Geschäftsführung der JAV allgemein
- JAV-Sitzungen und Beschlussfassungen
- Aussetzung von Betriebsratsbeschlüssen
- Teilnahme der JAV an Betriebsratssitzungen
- Rechte gegenüber dem Arbeitgeber
- Grundlagen der Mitbestimmung
- Arbeitszeitrecht
- Arbeitsschutzrecht

Bund-Verlag

Kompetenz verbindet

Andreas Splanemann

Die Jugend- und Auszubildendenvertretung

Tipps und Arbeitshilfen für die Praxis – Zusammenarbeit mit Betriebsrat und Personalrat – inkl. Online-Quiz
6., aktualisierte und neu bearbeitete Auflage
2025. 225 Seiten, kartoniert
€ 29,-
ISBN 978-3-7663-7515-5
Erscheint im März 2025

Starthilfe für die frisch gewählte JAV: Die Neuauflage bündelt Antworten auf die Fragen, die das neue Amt mit sich bringt.

Schnell und verlässlich liefert der Ratgeber wichtiges Basiswissen und handliche Tipps für alle Belange der täglichen Arbeit in der Interessenvertretung der jungen Kollegen.

Aus dem Inhalt:
- Die ersten Schritte, Rechte und Pflichten im jungen Gremium
- Infos und Werkzeuge, Checklisten und Musterschreiben
- Schulterschluss mit dem Betriebsrat, Zusammenarbeit mit dem Arbeitgeber
- JAV-Sitzungen, Protokolle und JAV-Versammlung
- Geschäftsführung der JAV und Organisation der JAV-Arbeit

Bund-Verlag

Kompetenz verbindet

Lakies / Malottke / Berkenkamp

BBiG – Berufsbildungsgesetz

Kommentar für die Praxis. Mit Kurzkommentierung des Jugendarbeitsschutzgesetzes (JArbSchG)
8., neu bearbeitete und aktualisierte Auflage
2025. Ca. 900 Seiten, gebunden
Subskriptionspreis gültig bis 13. März 2025: ca. € 89,–
Danach: ca. € 98,–
ISBN 978-3-7663-7400-4

Praxisnah und klar verständlich erläutern Autorin und Autoren das Recht der Berufsausbildungsvorbereitung, der Berufsausbildung, der beruflichen Fortbildung und Umschulung – für alle Bereiche der Wirtschaft, einschließlich des Handwerks. Erläutert werden auch die arbeitsrechtlichen Vorschriften außerhalb des BBiG, die für die Berufsausbildung von Bedeutung sind. Die Empfehlungen und Hinweise des Bundesinstituts für Berufsbildung sind eingearbeitet. Der Anhang enthält eine Kommentierung des Jugendarbeitsschutzgesetzes.

Vorteile auf einen Blick:
- Aktuelle, umfassende, praxisnahe und verständliche Darstellung
- Für alle Bereiche der Wirtschaft, einschließlich des Handwerks
- Inklusive Kommentierung zum neuen Berufsbildungsvalidierungs- und digitalisierungsgesetz« (BVaDiG)

Bund-Verlag